增訂二版

租稅法新論

林進富 著

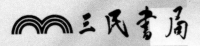

三民書局

國家圖書館出版品預行編目資料

租稅法新論／林進富著.－－增訂二版一刷.－－臺
北市；三民，2002
　　面；　　公分
　ISBN 957-14-3591-0　（平裝）

　　1.租稅－法令,規則等

580

網路書店位址　http://www.sanmin.com.tw

© 租 稅 法 新 論

著作人	林進富
發行人	劉振強
著作財產權人	三民書局股份有限公司
	臺北市復興北路三八六號
發行所	三民書局股份有限公司
	地址／臺北市復興北路三八六號
	電話／二五〇〇六六〇〇
	郵撥／〇〇〇九九九八——五號
印刷所	三民書局股份有限公司
門市部	復北店／臺北市復興北路三八六號
	重南店／臺北市重慶南路一段六十一號
初版一刷	西元一九九九年四月
初版三刷	西元二〇〇〇年十月
增訂二版一刷	西元二〇〇二年二月

編　號　S 58475

基本定價　拾貳元捌角

行政院新聞局登記證局版臺業字第〇二〇〇號

ISBN　957-14-3591-0　（平裝）

謹以本書
獻給
對我關懷備至的

乾媽　　林詩齡
乾妹　　鄭立洵

增訂二版序

　　千禧年的第一年，對國內的經濟而言，確實是一個相當凜冽的寒冬，不但失業率屢創新高，經濟成長率亦持續的向下沉淪。不過，千禧年的第一年，對國內租稅法制的落實，卻是一個令人振奮的春天。

　　在八十七年底，為了健全國內的行政救濟制度，立法院分別將訴願法及行政訴訟法，由原來的二十八條以及三十四條，大幅增修為一○一條以及三○八條。這樣「大刀闊斧」的徹底翻修，稱之為行政救濟制度的革命，實在是不為過。由於國內行政救濟案件中，又以租稅行政救濟為最大宗，因此，行政救濟新制度的建立，尤其是言詞辯論的採行，對人民租稅權益的保障而言，確能達到「立竿見影」的功效。新訴願法及行政訴訟法，在八十九年七月一日開始施行之後，隨著千禧年的到來，已逐漸「開花結果」，使人民租稅權益得到確切的保障，著實令人欣慰。

　　此外，國內信託法及信託業法雖分別於八十五年一月二十八日及八十九年七月二十一日公布生效，然而，與信託息息相關的信託稅法，卻一直付諸闕如，以致造成信託法及信託業法適用上的缺憾。所幸，在千禧年第一年的六月間，立法院有感於此，遂於所得稅法、營業稅法、遺產及贈與稅法以及土地稅法中，增訂有關信託的課稅規定，使信託的課稅方式及信託相關業務的推展能有所依循，不但對現有信託金融商品（例如保險金信託、不動產信託以及代客操作等）的普及有「推波助瀾」的功效，甚至，對將來金融資產證券化及不動產證券化制度的推行亦有莫大助益，實在值得稱許。

　　由於行政救濟及信託涉及租稅法之範圍甚廣，不宜於租稅各法中予以分割說明，而應將其視為一整體來加以分析，方能窺其堂奧。準此，筆者遂將「行政救濟制度之革命」及「信託稅法」列為本書之附錄，期能就行政救濟的新制度及信託的課稅法則，為完整之剖析，以免讀者有「見樹不見林」的遺憾。

　　　　　　　　　林進富
　　　　　　　　　序於眾信協合國際法律事務所
　　　　　　　　　中華民國九十一年元月十五日

序

　　租稅法是一門結合法律、會計與經濟的學科，因此，任何僅以單一角度切入租稅法的思考方式，稍有不慎，都可能會造成以偏概全的遺憾。

　　筆者有感於斯，在過去多年的租稅法實務工作以及公費赴美求學期間，一直努力於嘗試透過法律、會計與經濟的整合，來架構、分析以及解釋租稅法。

　　今筆者以班門弄斧之姿，將多年來努力的一點小小成果集結成書，行野人獻曝之舉，希望各界多予指正；更衷心期盼，藉由筆者的拋磚引玉，有志之士能夠共襄盛舉，一起加入研究租稅法的行列，讓租稅法，有朝一日，也能夠成為國內法律界的顯學。

林進富

序於協合國際法律事務所

中華民國八十八年一月十二日

租稅法新論　目次

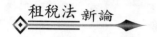

第一章

租稅法基礎理論

第一章

歷
史
發
展
基
礎
與
與
概
論

一、租稅的原理

❖ ㈠租稅的定義

租稅到底是什麼東西呢？美國著名的政治家 Benjamin Franklin 曾說過一句這樣的名言：「在這個世界上沒有什麼事情是絕對的，除了死亡和租稅」(In this world nothing can be said to be certain, except death and taxes.)。也許 Benjamin Franklin 把租稅說得太過誇張了，但是從人類歷史的角度來看，租稅對於人類文明的重要性實在不亞於死亡。然而我們還是不禁要問租稅究竟到底是什麼東西呢？截至目前為止，國內外的學者專家就租稅一詞尚無一個統一的定義；不過，一般而言，我們可以將租稅定義為：「國家或政府為支應其支出藉以維繫其功能的運作而強制的剝奪人民或其他主體的財產權所收取之金錢或其他財產。」就以國內為例，八十八年下半年及八十九年度國庫收入約為新臺幣二兆四仟億元，其中取自租稅收入的部分即高達新臺幣一兆九仟億元，約占 80%；由這樣的統計數字即可充分說明租稅對一個國家的重要性了。

❖ ㈡租稅的功能

租稅對一個國家的重要性是不言而喻的，其不但可以滿足政府的各項支出，且政府亦可藉由租稅來達成其他的施政目標。茲將租稅的主要功能分述如下：

1.國家財政的主要來源

一般而言，政府為了維繫其功能的正常運作必然會有所支出，而其最主要的資金來源即為租稅收入，惟如政府的租稅收入不足支

應其各項支出的話,則會產生所謂的預算赤字 (budget deficit);此時,政府通常就會以發行公債的方式來籌措其所需之資金,以免政府的功能運作因之而中輟。因此,租稅的主要功能之一即是作為國家財政最主要的資金來源,而使政府的各項功能得以正常運作。

2.提振經濟發展

透過租稅優惠法制的建立,可以誘導民間增加消費、提升投資人的投資意願以及鼓勵國內產業從事外銷,藉以來達到提振經濟發展的目的。日本於一九九八年下半年所進行的大規模減稅措施,藉以來刺激其深陷不景氣的經濟,即是運用租稅體制的架構來提振經濟發展。因此,租稅也常兼具提振經濟發展的功能。

3.促進社會安全

由於租稅負擔的分配強烈的要求公平性,因此,任何不符合公平原則的租稅法制都可能會導致人民的反抗以及引起社會的不安。此外,由於租稅又肩負有社會財富重分配以及照顧弱勢族群的功能,故而,促進社會安全也就成為租稅的主要功能之一。

4.維繫政治安定

租稅對人民經濟生活的影響,可謂既深且鉅,而這也正足以說明了為何人民對於任何稅制的興革皆懷有高度的敏感性。因此,任何稅制的興革都可能會引起社會的高度關切,甚至於導致政治的不安定。就以七十七年間,政府突然宣佈自七十八年度起要恢復課徵證券交易所得稅為例,國內股票市場即因此一超級大利空而應聲無量大跌,同時並引發了投資人大規模的抗議;最後,政府迫於強大的民意之下只好宣佈自七十九年度起再次免徵證券交易所得稅。再則,一九九〇年間,由於英國首相 Margaret Thatcher 執意要課徵人

頭稅 (poll tax)，遂引發了英國民眾大規模的群眾抗爭，其後不但該稅制胎死腹中，且亦同時導致了 Margaret Thatcher 的下野。所以說，租稅體制的良窳與政治的安定是息息相關的。

◈ (三)租稅公平分配的法則

政府需要租稅收入來支應其各項支出，使其功能得以正常運作；然而政府的租稅收入則是取之於民，也就是所謂的「羊毛出在羊身上」。因此，如何將租稅負擔合理公平的分配於全體人民即是政府在建立任何租稅體制時應該考量的最重要因素。

承前所述，由於租稅負擔的分配強烈的要求公平性，因此，實有必要來深入探究租稅公平分配的理論。一般而言，租稅公平分配的原則有二，亦即：

1.受益原則 (benefit approach)

此一原則的中心思想即為受益者付費原則，亦即每一個人應以其對於政府所提供的服務受益程度的多寡，以作為衡量其應負擔稅負多寡的基準。儘管此一原則在理論上概念清晰、淺顯易懂，但不可諱言的，其在實務的運作上則存有無法克服的盲點。由於政府所提供的服務項目成千上萬，再加上有些服務項目本質上即具有不可分割的特性，譬如國防、外交以及司法等，因此，究竟要如何來決定每一個人自政府提供的服務所受益的程度多寡，即是一道無解的命題。而這也說明了為何只有少數的稅目，例如使用牌照稅、政府規費以及汽車燃料使用費等，可以用受益原則來作為其立論基礎。

2.量能課稅原則 (ability-to-pay approach)

此一原則係以每一個人支付租稅能力的大小來決定其應負擔稅負的多寡。因此，所得較多、財產較多或者是消費較多的人，由於

其支付租稅的能力相對的也較大，故而，其所負擔的稅負相對的亦應該較多。而由此一原則又可衍生出所謂的「垂直的平等」(vertical equity) 以及「水平的平等」(horizontal equity) 的概念，茲分述如下：

(1)垂直的平等：「垂直的平等」所秉持的理念就是所謂的「不等者不等之」。也就是說，具有不同等級或水準的所得、財產或消費的人，其因此所應負擔的稅負自然要有所不同。至於其中不同的程度究竟如何？在各國課稅方式的立法例中，則有所謂的比例法 (proportionality)、累進法 (progressivity) 以及累退法 (regressivity) 之分。一般而言，所得及財產的課稅方式皆採累進法，而消費的課稅方式則採比例法。此外，由於累進法具有縮減貧富差距以達到社會財富重分配的目的，因此，相當符合社會主義或福利國家的理念；然而，在理論上其亦可能會產生抑制人民取得額外所得或財產的反效果，因而有可能會導致人民不願增加勞動以獲取額外所得或財產的現象。

(2)水平的平等：「水平的平等」所秉持的理念就是所謂的「等者等之」(equal treatment of equals)。也就是說，具有相同等級或水準的所得、財產或消費的人，其因此所應負擔的稅負自然要相同。至於如何來衡量所得、財產或消費的等級或水準，則須考量許多複雜的因素，例如所得的類型、財產的評價以及消費的對象等；因此，整個租稅體系就會顯得相當繁雜而瑣碎。而這也相對的會增加政府的稽徵成本，同時也會造成許多漏稅 (tax evasion) 及避稅 (tax avoidance) 等不公平的現象。

❖ (四)租稅體系 (tax system) 架構的基準

一個國家租稅體系的好壞，關係其政治安定及社會安全至鉅。因此，在架構任何租稅體系時，都必須考量下列幾項的基準：

1. 公平性 (fairness, equity)

租稅體系必須符合公平分配的原則，如此不但可以滿足人民對租稅公平的強烈要求，且亦不至於招致民怨，或者是引發不必要的抗爭。

2. 促進經濟繁榮 (promotion of economic prosperity)

租稅體系必須要同時能夠促進經濟的繁榮，亦即應以各種租稅優惠來引導人民從事有利於整體社會的經濟活動，藉以提升全民的生活水準，如此才能滿足人民對政府施政的要求。

3. 簡單性 (simplicity)

租稅體系必須符合簡單的原則，如此人民的遵守成本 (compliance cost) 才會降低，人民也才會有意願去遵守稅法相關的規定。

4. 易執行性 (enforceability)

租稅體系必須符合易執行的原則，如此政府徵收稅捐的成本 (collection cost) 才會降低，也才符合成本效益 (cost-efficient) 的原則。

5. 中立性 (neutrality)

租稅體系必須符合中立的原則，也就是說要儘量對各種經濟行為的課稅方式採取「一視同仁」的做法，如此才不至於對社會上的經濟活動造成扭曲的情形，以及產生經濟資源錯置的現象。

◈ (五)稅基的定義及種類

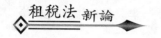

1.稅基 (tax base) 的定義

社會上的經濟活動林林總總，再加上人民財產的種類亦不勝枚舉，因此，究竟要以何種經濟行為或那些財產來作為課稅的對象，即是如何界定稅基的問題。因此，所謂的稅基係指：「租稅課徵所繫之標的或行為而言，換言之，就是租稅義務構成要件的要素之一。」由於稅基乃構成租稅義務的前提要件，故而，其範圍的大小勢將影響人民租稅義務的多寡。

2.稅基的種類

依據各國的立法例，稅基的種類一般而言有下列幾項：

⑴所得(income)：亦即以所得的取得及多寡作為衡量課稅義務大小的標準。所得稅及土地增值稅的稅基即是所得。

⑵消費(consumption)或交易(transaction)：亦即以消費或交易金額的大小作為衡量課稅義務多寡的標準。關稅、營業稅、貨物稅及證券交易稅的稅基即是營業或買賣行為，也就是消費或交易行為。

⑶財富(wealth)：亦即以財富的多少作為衡量課稅義務多寡的標準。遺產稅、贈與稅、房屋稅及地價稅的稅基即是財產、房屋或土地的價值。

⑷憑據(receipt)：亦即以憑據的出具或憑據的金額作為衡量課稅義務大小的標準。印花稅及契稅的稅基即是收據或契約憑據。

❖ ㈥租稅的政策

儘管一般人都會高唱「公平與正義是無價的」。但是，在現實的環境之中，吾人則必須領悟「公平與正義都是要付費的」；因此，當吾人致力於公平與正義的追求時，即必然的要考量到公平與正義對吾人的價值與為達成此一目的吾人所必須付出的心力以及代價二者

之間是否成一合理之比例。租稅體制的建構也同樣要考量所謂的成本效益問題 (cost-benefit analysis)。因此，當政府在制定其租稅政策時，其最高的指導原則應是如何在公平與成本效益之間作一合理的取捨；也就是說，任何租稅政策都必須符合成本效益的原則，亦即稅收的增加必須大於社會整體利益的減少或成本的增加，抑或社會整體利益的增加或成本的減少必須大於稅收的減少。因此，除了公平分配的原則之外，租稅尚肩負有下列的政策：

1. 獎勵民間投資

藉由獎勵民間從事投資，不但可以促進資本的形成，以利於企業的籌資以及擴展；此外，亦可發展資本市場，達到資本大眾化的目的。

2. 刺激或抑制民間消費

政府靈活運用減稅的措施，可以達到刺激民間消費的目的，如此則可以提振內需，增加勞工市場的就業率，進而促進經濟的成長。此外，政府也可以運用加稅的措施，一方面來增加國庫的收入，另一方面也可以達到抑制民間消費的目的，以免經濟的成長過熱，產生通貨膨脹的現象。

3. 社會安全

政府可以提供租稅優惠的誘因，來鼓勵民間儲蓄，以達到藏富於民的目的。此外，政府也可以藉由提供租稅的優惠，來照顧社會上的弱勢族群，以使其經濟生活不虞匱乏。而政府透過這些種種措施，則可達到社會安全的目的。

4. 鼓勵研發創新

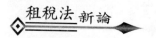

政府可以藉由提供租稅的優惠，來鼓勵民間從事研發創新，如此，一方面可以提升產業的國際競爭力，並使得產業得以升級，另一方面，也可以提升人民的生活水準。

5. 社會財富重分配

藉由遺產及贈與稅的課徵，再加上所得稅累進稅率的適用，可以達到社會財富重分配的目的，消弭「富者恆富、窮者恆窮」的不合理現象，減低貧富之間的差距以及可能的衝突。

6. 鼓勵外銷

政府也可以提供租稅優惠的誘因，來鼓勵產業從事外銷，藉以一方面累積充足的外匯存底，以防金融危機的產生，另一方面，則可促進經濟的成長。

7. 獎勵民間參與公共建設

政府也可以獎勵民間來積極參與相關的公共建設，藉以一方面提振需求，刺激供給，另一方面，也可以減輕政府財政的負荷。

8. 促進民間從事公益活動，達成社會祥和

藉由相關租稅措施的優惠，可以導引民間從事公益性的活動，甚至於參與有關政黨政治的活動，亦利於達成社會祥和以及全民政治的目的。

9. 調整外部性 (externality) 的不合理現象

社會上有些經濟行為可能會導致經濟學上所謂的外部性 (externality) 的問題，譬如環境及噪音的污染等。由於這些經濟活動並未考量到外部性的成本，以至於造成社會大眾必須額外負擔其成本，

而使其因此能享有不公平的利潤或報酬。藉由相關的租稅優惠措施，可以導引企業致力於環境及噪音污染的改善及防治，藉以調整此一不合理的現象。

10.鼓勵人力資本 (human capital) 的投資

由於人力資本對於競爭力的提升、產業的升級以及經濟的長遠發展的重要性，並不亞於實體資本 (physical capital)；因此，政府就可以藉由提供相關的租稅優惠，來鼓勵民間對人力資本的投資，以厚植民間的生產力，提升人民的生活水準。

二、 租稅法與其他法律的互動關係

◈ (一)租稅法與憲法暨其相關法律的互動關係

憲法是一切法律的母法，因此，憲法的原理原則，自然可適用於租稅法之上。茲將其中與租稅法有關的憲法原理原則臚列如下：

1.比例原則

「比例原則」為現代民主法治國家行政行為所應遵循的憲法原則，其係著眼於「目的與手段的關係」，亦即其要求行政機關為達成某一特定的行政目的所採取的行政手段與其所欲達成的行政目的之間必須具備所謂的適當性、必要性以及狹義的比例性。其中適當性原則係要求行政手段必須要能夠達到所欲達成的行政目的。而必要性原則，又可稱為最少侵害原則，亦即如果同時有數種可以達到相同或類似行政結果的行政手段可資運用，行政機關即應採取對人民

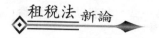

負擔或傷害最少的手段。至於，狹義比例原則認為縱使某一特定的行政手段係為達成某一特定的行政目的所必要，惟如該行政手段對人民所產生的不利益與其所達成的公益二者之間顯然不成比例者，行政機關亦不得採取此一行政手段。憲法第二十三條規定：「以上各條列舉之自由權利，除為防止妨礙他人自由，避免緊急危難，維持社會秩序，或增進公共利益所必要者外，不得以法律限制之」，即為比例原則的法源依據。準此原則，司法院大法官會議做了幾個與租稅法關係密切的解釋，茲分述如下：

Ⅰ. 大法官會議釋字第三二七號解釋

解釋文

所得稅法第一百十四條第二款前段：「扣繳義務人已依本法扣繳稅款，而未依第九十二條規定之期限按實填報或填發扣繳憑單者，除限期責令補報或填發外，應按扣繳稅額處百分之二十之罰鍰，但最低不得少於一千五百元；逾期自動申報或填發者，減半處罰」，旨在掌握稅源資料，維護租稅公平，就違反此項法律上作為義務應予制裁部分，為增進公共利益所必要，與憲法尚無牴觸。惟對於扣繳義務人已將所扣稅款依限向國庫繳清，僅逾期申報或填發扣繳憑單者，仍依應扣繳稅額固定之比例處以罰鍰，又無合理最高額之限制，應由有關機關檢討修正。

解釋理由書

中華民國七十八年十二月三十日修正公布之所得稅法第一百十四條第二款前段：「扣繳義務人已依本法扣繳稅款，而未依第九十二條規定之期限按實填報或填發扣繳憑單者，除限期責令補報或填發外，應按扣繳稅額處百分之二十之罰鍰，但最低不得少於一千五百元；逾期自動申報或填發者，減半處罰。」乃對扣繳義務人未於法定期限填報或填發之制裁規定。其就違反義務者，課以一定之制裁，係為貫徹扣繳制度，督促扣繳義務人善盡其應盡之作為義務，俾稽

徵機關得以掌握稅源資料，達成維護租稅公平並確保國庫收入之必要手段，並非徒然增加扣繳義務人之負擔，就違反此項法律上作為義務應予制裁部分而言，為增進公共利益所必要，與憲法尚無牴觸。惟對於扣繳義務人已將所扣稅款依限向國庫繳清，僅逾期申報或填發扣繳憑單者，仍依應扣繳稅額固定之比例處以罰鍰，又無合理最高額之限制，有導致處罰過重之情形，應由有關機關檢討修正。

Ⅱ. 大法官會議釋字第三三九號解釋

解釋文

　　中華民國六十年一月九日修正公布之貨物稅條例第十八條第一項，關於同條項第十二款，應貼於包件上或容器上之完稅或免稅照證，不遵規定實貼者，**不問有無漏稅事實，概處比照所漏稅額二倍至十倍之罰鍰之規定**（現已修正），**顯已逾越處罰之必要程度，不符憲法保障人民權利之意旨**；財政部六十六年十二月二十日臺財稅字第三八五七二號函釋「凡未按規定貼查驗證者，不再問其有無漏稅，均應按該條文規定以漏稅論處」，均應不予援用。

解釋理由書

　　中華民國六十年一月九日修正公布之貨物稅條例第十八條第一項，關於同條項第十二款，應貼於包件上或容器上之完稅或免稅照證，不遵規定實貼者，沒入其貨物，並處比照所漏稅額二倍至十倍罰鍰之規定（現已修正），固為防止逃漏稅款，以達核實課徵之目的，惟租稅秩序罰，有行為罰與漏稅罰之分，如無漏稅之事實，而對單純違反租稅法上作為或不作為之義務者，亦比照所漏稅額處罰，顯已逾越處罰之必要程度，不符憲法保障人民權利之意旨。財政部六十六年十二月二十日臺財稅字第三八五七二號函，本於上開規定釋示：「凡未按規定貼查驗證者，不再問其有無漏稅，均應按該條文規定以漏稅論處」，均應不予援用。

Ⅲ. 大法官會議釋字第三五六號解釋

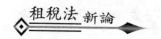

解釋文

　　營業稅法第四十九條就營業人未依該法規定期限申報銷售額或統一發票明細表者，應加徵滯報金、怠報金之規定，旨在促使營業人履行其依法申報之義務，俾能確實掌握稅源資料，建立合理之查核制度。加徵滯報金、怠報金，係對營業人違反作為義務所為制裁，其性質為行為罰，此與逃漏稅捐之漏稅罰乃屬兩事。上開規定，為增進公共利益所必要，與憲法並無牴觸。惟在營業人已繳納其應納稅款情形下，行為罰乃依應納稅額固定之比例加徵滯報金與怠報金，又無合理最高額之限制，依本院大法官釋字第三二七號解釋意旨，主管機關應注意檢討修正，併此說明。

解釋理由書

　　違反稅法之處罰，有因納稅義務人逃漏稅捐而予處罰者，此為漏稅罰；有因納稅義務人違反稅法上之作為或不作為義務而予處罰者，此為行為罰。營業稅法第三十五條第一項規定：「營業人除本法另有規定外，不論有無銷售額，應以每二月為一期，於次期開始十五日內，填具規定格式之申報書，檢附退抵稅款及其他有關文件，向主管稽徵機關申報銷售額、應納或溢付營業稅額。其有應納營業稅額者，應先向公庫繳納後，檢同繳納收據一併申報。」同法第四十九條規定：「營業人未依本法規定期限申報銷售額或統一發票明細表，其未逾三十日者，每逾二日按應納稅額加徵百分之一滯報金，金額不得少於四百元；其逾三十日者，按核定應納稅額加徵百分之三十怠報金，金額不得少於一千元。其無應納稅額者，滯報金為四百元，怠報金為一千元。」旨在促使營業人履行其依法申報之義務，俾能確實掌握稅源資料，建立合理之查核制度。加徵滯報金、怠報金，係對營業人違反作為義務所為之制裁，其性質為行為罰，此與逃漏稅捐之漏稅罰乃屬兩事。上開營業稅法第四十九條之規定，為增進公共利益所必要，與憲法並無牴觸。惟在營業人已繳納其應納

稅款之情形下，行為罰仍依應納稅額固定之比例加徵滯報金與怠報金，又無合理最高額之限制，依本院大法官釋字第三二七號解釋意旨，主管機關應注意檢討修正。至行政罰之責任要求，本院釋字第二七五號解釋已有釋示，均併指明。

2.法律保留原則

「法律保留原則」，顧名思義，係指某些與人民基本權利或政府組織等重要事項有關的規定必須保留給立法機關透過制定法律的方式來加以規定，不容行政機關任意以行政命令來加以干預；此外，如果法律授權行政機關訂定法規命令予以規範者，該項授權亦須為具體明確之規定。憲法第十九條規定：「人民有依法律納稅之義務。」而中央法規標準法第五條則規定：「左列事項應以法律定之：一、憲法或法律有明文規定，應以法律定之者。二、關於人民之權利、義務者。三、關於國家各機關之組織者。四、其他重要事項之應以法律定之者。」此外，中央法規標準法第六條亦規定：「應以法律規定之事項，不得以命令定之。」以上規定，即為法律保留原則的法源依據。準此原則，司法院大法官會議做了幾個與法律保留原則關係密切的解釋，茲分述如下：

Ⅰ.大法官會議釋字第二八九號解釋

解釋文

　　稅法規定由法院裁定之罰鍰，其處理程序應以法律定之，以符合憲法保障人民權利之意旨。本院院解字第三六八五號、第四○○六號解釋及行政院於中華民國六十一年十月十二日修正發布之財務案件處理辦法，係法制未備前之措施，均應自本解釋公布之日起，至遲於屆滿二年時失其效力。

解釋理由書

　　國家因人民違反稅法而課處罰鍰，雖屬行政處分性質之行政秩

序罰，惟基於立法政策之考量，亦非不可於稅法規定由法院以裁定為之。法院依此規定所應處理之罰鍰裁定案件，乃為民事、刑事訴訟案件以外之其他訴訟案件，而由於法院組織法修正前，普通法院管轄之訴訟案件，僅有民事與刑事兩種，實務上依本院以往解釋將之歸於刑事訴訟程序處理，並由行政院於中華民國四十三年十月二日發布財務案件處理辦法為處理之準據，實為法制未完備前之不得已措施，此種情形不宜任其長久繼續存在。上述稅法規定由法院裁定之罰鍰，其處罰及救濟程序自應以法律定之，以符憲法保障人民權利之意旨。惟為顧及有關法律之制定尚需相當時間，本院院解字第三六八五號及第四〇〇六號解釋謂：「法院罰鍰裁定確定後，不得以發現新證據聲請更正原裁定」、「抗告法院所為違反稅法之裁定，縱有錯誤，在現行法上尚無補救之途」、暨六十一年十月十二日修正發布之上述財務案件處理辦法，均應自本解釋公布之日起，至遲於屆滿二年時失其效力。在此期間，主管機關應本民事、刑事及行政訴訟程序各有不同之意旨，並參酌行政訴訟制度及財務案件執行程序之改革，就有關法律通盤檢討修正，併此說明。

Ⅱ.大法官會議釋字第三一三號解釋

解釋文

對人民違反行政法上義務之行為科處罰鍰，涉及人民權利之限制，其處罰之構成要件及數額，應由法律定之。若法律就其構成要件，授權以命令為補充規定者，授權之內容及範圍應具體明確，然後據以發布命令，始符憲法第二十三條以法律限制人民權利之意旨。民用航空運輸業管理規則雖係依據民用航空法第九十二條而訂定，惟其中因違反該規則第二十九條第一項規定，而依同規則第四十六條適用民用航空法第八十七條第七款規定處罰部分，法律授權之依據，有欠明確，與前述意旨不符，應自本解釋公布日起，至遲於屆滿一年時，失其效力。

解釋理由書

　　對人民違反行政法上義務之行為科處罰鍰，涉及人民權利之限制，其處罰之構成要件及數額，應由法律定之。若法律就其構成要件，授權以命令為補充規定者，授權之內容及範圍應具體明確，然後據以發布命令，始符合憲法第二十三條以法律限制人民權利之意旨。民用航空運輸業管理規則雖係依據民用航空法第九十二條授權而訂定，惟其中第二十九條第一項：「民用航空運輸業不得搭載無中華民國入境簽證或入境證之旅客來中華民國」，係交通部於中華民國七十七年九月十五日修正時，為因應解除戒嚴後之需要而增訂。民用航空業因違反此項規定而依同規則第四十六條適用民用航空法第八十七條第七款處罰部分，法律授權之依據，有欠明確，與前述意旨不符，應自本解釋公布日起，至遲於屆滿一年時，失其效力。至民用航空法第八十七條第七款規定：「其他違反本法或依本法所發布命令者」，一律科處罰鍰（同法第八十六條第七款亦同），對應受行政罰制裁之行為，作空泛而無確定範圍之授權，自亦應一併檢討，併此指明。

　　Ⅲ. 大法官會議釋字第三九四號解釋

解釋文

　　建築法第十五條第二項規定：「營造業之管理規則，由內政部定之」，概括授權訂定營造業管理規則。此項授權條款雖未就授權之內容與範圍為明確之規定，惟依法律整體解釋，應可推知立法者有意授權主管機關，就營造業登記之要件、營造業及其從業人員之行為準則、主管機關之考核管理等事項，依其行政專業之考量，訂定法規命令，以資規範。至於對營造業者所為裁罰性之行政處分，固與上開事項有關，但究涉及人民權利之限制，其處罰之構成要件與法律效果，應由法律定之；法律若授權行政機關訂定法規命令予以規範，亦須為具體明確之規定，始符憲法第二十三條法律保留原則之

意旨。營造業管理規則第三十一條第一項第九款，關於「連續三年內違反本規則或建築法規規定達三次以上者，由省（市）主管機關報請中央主管機關核准後撤銷其登記證書，並刊登公報」之規定部分，及內政部中華民國七十四年十二月十七日（七四）臺內營字第三五七四二九號關於「營造業依營造業管理規則所置之主（專）任技師，因出國或其他原因不能執行職務，超過一個月，其狀況已消失者，應予警告處分」之函釋，未經法律具體明確授權，而逕行訂定對營造業者裁罰性行政處分之構成要件及法律效果，與憲法保障人民權利之意旨不符，自本解釋公布之日起，應停止適用。

解釋理由書

　　對於人民違反行政法上義務之行為科處裁罰性之行政處分，涉及人民權利之限制，其處罰之構成要件及法律效果，應由法律定之。若法律就其構成要件，授權以命令為補充規定者，授權之內容及範圍應具體明確，然後據以發布命令，始符憲法第二十三條以法律限制人民權利之意旨，本院釋字第三一三號解釋可資參照。準此，凡與限制人民自由權利有關之事項，應以法律或法律授權命令加以規範，方與法律保留原則相符。故法律授權訂定命令者，如涉及限制人民之自由權利時，其授權之目的、範圍及內容須符合具體明確之要件；若法律僅為概括授權時，固應就該項法律整體所表現之關聯意義為判斷，而非拘泥於特定法條之文字；惟依此種概括授權所訂定之命令祇能就執行母法有關之細節性及技術性事項加以規定，尚不得超越法律授權之外，逕行訂定制裁性之條款，此觀本院釋字第三六七號解釋甚為明顯。

　　建築法第十五條第二項規定：「營造業之管理規則，由內政部定之」，概括授權內政部訂定營造業管理規則。此項授權條款並未就授權之內容與範圍為明確之規定，惟依法律整體解釋，應可推知立法者有意授權主管機關，就營造業登記之要件、營造業及其從業人員

之行為準則、主管機關之考核管理等事項，依其行政專業之考量，訂定法規命令，以資規範。內政部於中華民國七十二年五月十一日修正發布之營造業管理規則第三十條第一項第十一款（七十五年四月三十日修正條次為第三十一條第一項第九款，迄至現行規則規定之條次相同），關於「連續三年內違反本規則或建築法規規定達三次以上者，由省（市）主管機關報請中央主管機關核准後撤銷其登記證書，並刊登公報」之規定，及內政部七十四年十二月十七日（七四）臺內營字第三五七四二九號關於「營造業依營造業管理規則所置之主（專）任技師，因出國或其他原因不能執行職務，超過一個月，其狀況已消失者，應予警告處分」之函釋，雖係基於公共利益之考量，屬行政主管機關行使監督權之範疇；但已涉及人民權利之限制，揆諸前開說明，仍有法律保留原則之適用。蓋「撤銷登記證書之處分」，係指對於違反管理規則所定義務之處罰，將其已享有之權益，予以不利之處分；而警告處分既發生撤銷登記證書之法律效果，亦屬行政處罰種類之一，均應以法律或法律具體明確授權之規定為依據，方符憲法保障人民權利之意旨。

綜上所述，建築法第十五條僅概括授權訂定營造業管理規則，並未為撤銷登記證書之授權，而其他違反義務應予處罰之構成要件及制裁方式，該法第八十五條至第九十五條已分別定有明文，是上開營造業管理規則第三十一條第一項第九款及內政部七十四年十二月十七日（七四）臺內營字第三五七四二九號函，均欠缺法律明確授權之依據，逕行訂定對營造業裁罰性行政處分之構成要件及法律效果，與憲法保障人民權利之意旨不符，自本解釋公布之日起，應停止適用。

Ⅳ. 大法官會議釋字第五○五號解釋

解釋文

中華民國七十六年一月二十六日修正公布之獎勵投資條例（七

十九年十二月三十一日因施行期間屆滿而當然廢止）第六條第二項
規定，合於第三條獎勵項目及標準之生產事業，經增資擴展供生產
或提供勞務之設備者，得就同條項所列獎勵擇一適用。同條例授權
行政院訂定之施行細則第十一條第一項第二款復規定，增資擴展選
定免徵營利事業所得稅四年者，應於其新增設備開始作業或開始提
供勞務之次日起一年內，檢齊應附文件，向財政部申請核定之，此
與公司辦理增資變更登記係屬兩事。財政部六十四年三月五日臺財
稅第三一六一三號函謂：生產事業依獎勵投資條例第六條第二項規
定申請獎勵，應在擴展之新增設備開始作業或提供勞務以前，辦妥
增資變更登記申請手續云云，核與前開施行細則之規定不合，係以
職權發布解釋性行政規則對人民依法律享有之權利增加限制之要
件，與憲法第二十三條法律保留原則牴觸，應不予適用。

解釋理由書

行政機關為執行法律，得依其職權發布命令，為必要之補充規
定，惟不得與法律牴觸，迭經本院解釋有案。七十六年一月二十六
日修正公布之獎勵投資條例第六條第二項規定，合於第三條獎勵項
目及標準之生產事業，經增資擴展供生產或提供勞務之設備者，得
就同條項所列獎勵擇一適用。同條例授權行政院訂定之施行細則第
十一條第一項第二款復規定，增資擴展選定免徵營利事業所得稅四
年者，應於其新增設備開始作業或開始提供勞務之次日起一年內，
檢齊應附文件，向財政部申請核定之。依公司法第一百二十九條第
三款規定，股份有限公司之股份總額及每股金額為章程必要記載事
項，故公司依同法第二百七十八條規定增加資本者，應經股東會決
議，變更章程，復為同法第二百七十七條第一項所明定。因增加資
本而增加股份總數者，於股東會決議通過後，由董事會依公司法第
二百六十六條以次之規定發行新股。以上增資之事項應由半數以上
之董事及至少監察人一人依同法第四百十八條規定申請為變更登

記；俟中央主管機關換發執照後，方為確定，同法第三百八十九條規定甚明。綜上以觀，股份有限公司增加資本經股東會決議通過後，發行新股，收取股款，即得由公司運用，其由公司用以新增設備開始作業或提供勞務並非法律所禁止，此與公司辦理增資變更登記係屬兩事，聲請人辦妥增資變更登記手續尚非該新增設備開始作業或提供勞務之前提要件。是財政部六十四年三月五日臺財稅第三一六一三號函謂：生產事業依獎勵投資條例第六條第二項規定申請獎勵，應在擴展之新增設備開始作業或提供勞務以前，辦妥增資變更登記申請手續云云，核與前開施行細則之規定不合，係以職權發布解釋性行政規則對人民依法律享有之權利增加限制之要件，與憲法第二十三條法律保留原則牴觸，應不予適用。

3.特別法優於普通法原則

中央法規標準法第十六條規定：「法規對其他法規所規定之同一事項而為特別之規定者，應優先適用之。其他法規修正後，仍應優先適用」，此即為特別法優於普通法原則的法源依據。

◈ (二)租稅法與其他行政相關法律的互動關係

由於租稅涉及國家或政府與人民或其他主體之間的關係，因此，一般而言，租稅法係為行政法體系的一環。也就是說，有關行政法的原理原則，除相關租稅法律有特別明文加以排除適用之外，皆可適用於租稅法之上。此外，其他行政相關法律的規定亦與租稅法產生許多互動的關係。一方面，這些規定具有補充租稅法不足的功能，另一方面，甚至成為租稅法的特別規定，因而具有優先於租稅法適用的效力。茲將與租稅法密切相關的其他行政相關法律的規定，分

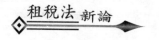

述如下：

1. 訴願法及行政訴訟法

由於租稅的相關法律就租稅行政處分的訴願及行政訴訟程序所規定之內容並不周延，因此，租稅行政處分的訴願及行政訴訟程序就必須要適用訴願法及行政訴訟法的有關規定。

2. 財政收支劃分法

至於有關租稅的分類以及其歸屬的劃分法則，蓋依財政收支劃分法之相關規定。茲分述如下：

(1)該法第六條規定：「稅課劃分為國稅、直轄市及縣（市）（局）稅。」

(2)該法第八條規定：「下列各稅為國稅：一、所得稅。二、遺產及贈與稅。三、關稅。四、營業稅。五、貨物稅。六、菸酒稅。七、證券交易稅。八、期貨交易稅。九、礦區稅。前項第一款之所得稅總收入百分之十、第四款之營業稅總收入減除依法提撥之統一發票給獎獎金後之百分之四十及第五款之貨物稅總收入百分之十，應由中央統籌分配直轄市、縣（市）及鄉（鎮、市）。第一項第二款之遺產及贈與稅，應以在直轄市徵起之收入百分之五十給該直轄市；在市徵起之收入百分之八十給該市；在鄉（鎮、市）徵起之收入百分之八十給該鄉（鎮、市）。第一項第六款之菸酒稅，應以其總收入百分之十八按人口比例分配直轄市及臺灣省各縣（市）；百分之二按人口比例分配福建省金門及連江二縣。」

(3)該法第十二條規定：「下列各稅為直轄市及縣（市）稅：一、土地稅，包括下列各稅：地價稅。田賦。土地增值稅。二、房屋稅。三、使用牌照稅。四、契稅。五、印花稅。六、娛樂稅。七、特別稅課。前項第一款第一目之地價稅，縣應以在鄉（鎮、市）徵起之

收入百分之三十給該鄉（鎮、市），百分之二十由縣統籌分配所屬鄉
（鎮、市）；第二目之田賦，縣應以在鄉（鎮、市）徵起之收入全部
給該鄉（鎮、市）；第三目之土地增值稅，在縣（市）徵起之收入百
分之二十，應繳由中央統籌分配各縣（市）。第一項第二款之房屋稅，
縣應以在鄉（鎮、市）徵起之收入百分之四十給該鄉（鎮、市），百
分之二十由縣統籌分配所屬鄉（鎮、市）。第一項第四款之契稅，縣
應以在鄉（鎮、市）徵起之收入百分之八十給該鄉（鎮、市），百分
之二十由縣統籌分配所屬鄉（鎮、市）。第一項第六款之娛樂稅，縣
應以在鄉（鎮、市）徵起之收入全部給該鄉（鎮、市）。第一項第七
款之特別稅課，指適應地方自治之需要，經議會立法課徵之稅。但
不得以已徵貨物稅或菸酒稅之貨物為課徵對象。」

3. 公職人員選舉罷免法

公職人員選舉罷免法第四十五條之四規定：「自選舉公告之日
起，至投票日後三十日內，候選人所支付與競選活動有關之競選經
費，於第四十五條之一規定最高限額內，減除接受捐贈，得於申報
所得稅時作為當年度列舉扣除額。個人對於候選人競選經費之捐贈，
不得超過新臺幣二萬元；其為營利事業捐贈者，不得超過新臺幣三
十萬元。候選人接受競選經費捐贈之總額，不得超過第四十五條之
一規定之競選經費最高限額。個人對於依法設立政黨之捐贈，不得
超過綜合所得總額百分之二十，其總額並不得超過新臺幣二十萬元；
其為營利事業捐贈者，不得超過所得額百分之十，其總額並不得超
過新臺幣三百萬元。前二項之捐贈，個人得於申報所得稅時，作為
當年度列舉扣除額；其為營利事業捐贈者，得列為當年度之費用或
損失。但對於政黨之捐贈，政黨推薦之候選人於該年度省（市）以
上公職人員選舉之平均得票率未達百分之五者，不適用之。該年度
未辦理選舉者，以上次選舉之年度得票率為準。如其為新成立之政

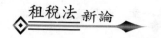

黨者，以下次選舉之年度得票率為準。營利事業連續虧損三年以上者，不得捐贈競選經費。」此一規定即為租稅法的特別規定，依據特別法優於普通法原則，應優先於所得稅法之相關規定適用之。

4. 臺灣地區與大陸地區人民關係條例

臺灣地區與大陸地區人民關係條例第二十四條規定：「臺灣地區人民、法人、團體或其他機構有大陸地區來源所得者，應併同臺灣地區來源所得課徵所得稅。但其在大陸地區已繳納之稅額，准自應納稅額中扣抵。前項扣抵之數額，不得超過因加計其大陸地區所得，而依其適用稅率計算增加之應納稅額。」此外，同條例第二十五條亦規定：「大陸地區人民、法人、團體或其他機構有臺灣地區來源所得者，其應納稅額分別就源扣繳，並應由扣繳義務人於給付時，按規定之扣繳率扣繳，免辦理結算申報。」上揭規定亦皆為租稅法的特別規定，故而依據特別法優於普通法原則，應優先於所得稅法之相關規定適用之。

5. 行政程序法

此外，行政程序法第四十六條規定：「當事人或利害關係人得向行政機關申請閱覽、抄寫、複印或攝影有關資料或卷宗。但以主張或維護其法律上利益有必要者為限。行政機關對前項之申請，除有下列情形之一者外，不得拒絕：一、行政決定前之擬稿或其他準備作業文件。二、涉及國防、軍事、外交及一般公務機密，依法規規定有保密之必要者。三、涉及個人隱私、職業秘密、營業秘密，依法規規定有保密之必要者。四、有侵害第三人權利之虞者。五、有嚴重妨礙有關社會治安、公共安全或其他公共利益之職務正常進行之虞者。前項第二款及第三款無保密必要之部分，仍應准許閱覽。當事人就第一項資料或卷宗內容關於自身之記載有錯誤者，得檢具

事實證明，請求相關機關更正。」因此，納稅義務人於受行政機關不利之行政處分而欲提起行政救濟者，即可引用上開規定，向行政機關申請閱覽、抄寫、複印或攝影有關資料或卷宗，以充分掌握行政機關據以作成行政處分之相關證據及資料，期能「知己知彼、百戰百勝」。

◈ ㈢租稅法與民法暨其相關法律的互動關係

1. 民法法律概念的借用

　　由於租稅課徵所繫之標的或行為本身的基礎法律關係，以及租稅義務構成要件規定所使用的法律概念的用語，一般而言，皆以民法為基準。因此，基於法律整體適用的一致性原則，除非租稅法本身有特別規定者外，租稅法上所使用之法律概念的用語應與民法上所使用之法律概念的用語做同一之解釋，此即所謂的法律概念的借用。例如民法第一百二十條之規定：「以時定期間者，即時起算。以日、星期、月或年定期間者，其始日不算入」、第一百二十一條之規定：「以日、星期、月或年定期間者，以期間末日之終止，為期間之終止。期間不以星期、月或年之始日起算者，以最後之星期、月或年，與起算日相當之一日，為期間之末日。但以月或年定期間，於最後之月，無相當日者，以其月之末日，為期間之末日」以及第一百二十二條之規定：「於一定期日或期間內，應為意思表示或給付者，其期日或期間之末日，為星期日、紀念日或其他休息日時，以其休息日之次日代之」等有關期間如何計算之法律概念，即為租稅法借用民法法律概念的最佳例證。

2. 民法法律條文的類推適用

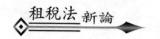

此外，有些民法的基本原理原則，在不違背租稅法所獨具的公法關係的前提之下，亦可類推適用於租稅法。例如民法第一百四十八條之規定：「權利之行使，不得違反公共利益，或以損害他人為主要目的。行使權利，履行義務，應依誠實及信用方法」以及第三百三十四條之規定：「二人互負債務，而其給付種類相同，並均屆清償期者，各得以其債務，與他方之債務，互相抵銷。但依債務之性質，不能抵銷者，不在此限」，即是租稅法類推適用民法法律條文的典範。

3.信託法

有關信託行為的課稅法則，信託法本身亦有相關之規定可以補充租稅法的不足。譬如，信託法第十條即規定：「受託人死亡時，信託財產不屬於其遺產。」此一規定即可作為遺產及贈與稅法的補充規定。

4.保險法

有關保險金額的課稅方式，保險法本身也有相關之規定可以補充租稅法的不足。譬如，保險法第一百十二條即規定：「保險金額約定於被保險人死亡時給付於其所指定之受益人者，其金額不得作為被保險人之遺產。」此外，同法第一百十三條亦規定：「死亡保險契約未指定受益人者，其保險金額作為被保險人遺產。」這些規定都可作為遺產及贈與稅法的補充規定。

◈ (四)租稅法與刑法的互動關係

租稅法中的租稅刑罰規定本身具有特別刑法的性質，而依據刑法第十一條之規定：「本法總則於其他法令有刑罰之規定者，亦適用之。但其他法令有特別規定者，不在此限。」因此，涉及租稅刑罰規定的部分即應適用刑法總則之相關規定。

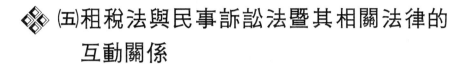 ㈤租稅法與民事訴訟法暨其相關法律的互動關係

1. 民事訴訟法

由於稅捐稽徵法第二十四條有關租稅保全的規定有牽涉假扣押，再加上行政訴訟法諸多規定皆準用民事訴訟法，因此，就有關租稅保全及租稅行政訴訟如何適用的部分即與民事訴訟法不可分割。

2. 強制執行法

由於行政執行係依據行政執行法之規定，而行政執行法諸多規定皆準用強制執行法，因此，如果發生納稅義務人欠稅未繳的情形者，稅捐稽徵機關依行政執行法執行時，即會涉及強制執行法。

㈥租稅法與刑事訴訟法的互動關係

稅捐稽徵機關如發現納稅義務人有違反租稅法中有關租稅刑罰的規定時，依法即應將該等案件移送檢調機關，而檢調機關所為之偵查或起訴程序以及法院的審判程序，即應依據刑事訴訟法的有關規定。

㈦租稅法與商業會計法的互動關係

依據商業會計法之相關規定，公司必須依據一般公認會計原則編制其財務報表。一般而言，公司皆會於編制財務報表之後，再以調整稅務會計與財務會計差異的方式，來編制稅務報表，並以之作為辦理營利事業所得稅結算申報的依據。因此，就編制稅務報表而

言，租稅法與商業會計法二者是息息相關的。

三、租稅法的法源

租稅法的法源相當廣泛，茲分述如下：

❖ (一)憲　法

憲法是一切法律的母法。租稅法既然是法律的一種，自然也不例外。而依憲法第一百七十一條之規定：「法律與憲法牴觸者無效。法律與憲法有無牴觸發生疑義時，由司法院解釋之。」因此，如果租稅法之規定與憲法牴觸者，該項規定即屬無效。

❖ (二)法　律

依據憲法第一百七十條之規定：「本憲法所稱之法律，謂經立法院通過，總統公布之法律。」此外，中央法規標準法第二條則規定：「法律得定名為法、律、條例或通則。」因此，舉凡以法、律、條例或通則定名者，皆為法律。法律是租稅法的本體，也就是說，所有涉及人民納稅義務之規定皆應以法律定之，蓋因憲法第十九條規定：「人民有依法律納稅之義務」以及中央法規標準法第五條規定：「左列事項應以法律定之：一、憲法或法律有明文規定，應以法律定之者。二、關於人民之權利、義務者。三、關於國家各機關之組織者。四、其他重要事項之應以法律定之者。」使然。

❖ (三)條約及協定

由於國際間的貿易往來以及投資行為的逐漸頻繁，各國基於互惠原則以及租稅稽徵的經濟原則，都會彼此簽訂互免租稅、避免重複課稅或互相協助合作的條約或協定，我國也不例外。而依據所得

稅法第一百二十四條之規定:「凡中華民國與其他國家所簽訂之所得稅協定中,另有特別規定者,依其規定。」因此,條約或協定規定的本身即具有租稅法特別法的性質, 優先於租稅法的相關規定適用之。此外,就條約或協定的法律性質,亦有司法院大法官會議釋字第三二九號解釋可供參酌:

解釋文

　　憲法所稱之條約係指中華民國與其他國家或國際組織所締結之國際書面協定,包括用條約或公約之名稱,或用協定等名稱而其內容直接涉及國家重要事項或人民之權利義務且具有法律上效力者而言。其中名稱為條約或公約或用協定等名稱而附有批准條款者,當然應送立法院審議,其餘國際書面協定,除經法律授權或事先經立法院同意簽訂,或其內容與國內法律相同者外,亦應送立法院審議。

解釋理由書

　　總統依憲法之規定,行使締結條約之權;行政院院長、各部會首長,須將應行提出於立法院之條約案提出於行政院會議議決之;立法院有議決條約案之權,憲法第三十八條、第五十八條第二項、第六十三條分別定有明文。依上述規定所締結之條約,其位階同於法律。故憲法所稱之條約,係指我國(包括主管機關授權之機構或團體)與其他國家(包括其授權之機構或團體)或國際組織所締結之國際書面協定,名稱用條約或公約者,或用協定等其他名稱而其內容直接涉及國防、外交、財政、經濟等之國家重要事項或直接涉及人民之權利義務且具有法律上效力者而言。其中名稱為條約或公約或用協定等名稱而附有批准條款者,當然應送立法院審議,其餘國際書面協定,除經法律授權或事先經立法院同意簽訂,或其內容與國內法律相同(例如協定內容係重複法律之規定),或已將協定內容訂定於法律者外,亦應送立法院審議。其無須送立法院審議之國際書面協定,以及其他由主管機關或其授權之機構或團體簽訂而不

屬於條約案之協定，應視其性質，由主管機關依訂定法規之程序，或一般行政程序處理。外交部所訂之「條例及協定處理準則」，應依本解釋意旨修正之，乃屬當然。

至條約案內容涉及領土變更者，並應依憲法第四條之規定，由國民大會議決之。而臺灣地區與大陸地區間訂定之協議，因非本解釋所稱之國際書面協定，應否送請立法院審議，不在本件解釋之範圍，併此說明。

此外，最高法院二十三年上字第一○七四號判例的見解亦相當值得參考：

「上海公共租界內設置之法院，其土地管轄應以案件在各該法院管轄區域內發生者為限，此徵之關於上海公共租界內中國法院之協定第五條第二項所載，其他案件在各該法院管轄區域內發生者，應由工部局捕房起訴云云，至為明顯。國際協定之效力優於國內法，該協定關於土地管轄，既有此特別規定，自無適用刑事訴訟法第十三條之餘地。」

◈ ㈣命 令

依據中央法規標準法第三條之規定：「各機關發布之命令，得依其性質，稱規程、規則、細則、辦法、綱要、標準或準則。」因此，舉凡以規程、規則、細則、辦法、綱要、標準或準則定名者，皆為命令。由於租稅法所適用之範圍相當廣泛，且所涉及之交易型態亦千變萬化，因此，由立法機關所制定之法律規定即常發生捉襟見肘的現象。此時即有賴於各機關發布之命令來加以解釋及補充。是故，命令就租稅法的適用而言，往往扮演一個舉足輕重的角色。一般而言，命令可分為緊急命令、法規命令及行政規則三類，茲分述如下：

1. 緊急命令

依據憲法增修條文第二條第三項之規定:「總統為避免國家或人民遭遇緊急危難或應付財政經濟上重大變故,得經行政院會議之決議發布緊急命令,為必要之處置,不受憲法第四十三條之限制。但須於發布命令後十日內提交立法院追認,如立法院不同意時,該緊急命令立即失效。」此即為緊急命令之法源依據。故而,儘管緊急命令在名義上只是命令的一種,惟其實質上的效力卻具有一般法律(租稅法)特別法的性質,因此,自然優先於一般法律(租稅法)的相關規定適用之。

2. 法規命令

法規命令又名「委任命令」,亦即各機關基於法律授權所訂定之命令而言,其與法律有同一之效力;惟其不得超越法律授權的具體範圍,否則依據「法律保留原則」,即屬無效。與租稅法有關之命令大都為此一類型之命令。就法規命令之法律效力,行政法院五十六年判字第一五〇號判例頗值得參考:

「查五十一年八月十四日修正公布施行之現行貨物稅條例第十四條第一項第二款前段雖規定用作製造另一應課貨物稅之原料者免徵貨物稅,但依同條第二項規定,此項免稅辦法,由財政部定之,又同條例第二十二條規定,關於各項貨物稅之稽徵、登記、查驗規則,由財政部擬訂呈請行政院核定之,此種立法授權行政機關訂立之辦法及規則,應與法律有同一之效力,關於免稅之辦法或規則未經訂定施行前,修正之現行貨物稅條例關於免稅之規定,事實上無從實施,貨物稅稽徵規則至五十二年六月十七日始經行政院核定公佈施行,其一百六十二條至一百六十八條對於用作製造另一課稅貨物之原料貨物之免稅辦法及程序,始有詳細之規定。在現行貨物稅

條例施行後至貨物稅稽徵規則施行之一段期間，約有一年二個月，其用作製造另一應課貨物稅之貨物汽水之原料糖所已繳之貨物稅，財政部為應臺灣省汽水果汁飲料工業同業公會請求，特於五十四年三月二十三日以（五四）臺財稅發第一八八四號令准飲料品工廠可申請退還在此一年兩個月內無法辦理免稅手續所採用原料糖之貨物稅，惟應憑原完稅照退稅，如僅憑進貨憑證及產品出廠完稅照存根聯核退，則不予照准，此種對於未能辦理免稅手續之原料糖貨物稅准予退還之辦法，仍屬上開貨物稅條例授權訂定之範圍，被告官署依據該項命令規定所為之原處分，於法並非無據。」

3.行政規則

行政規則又名職權命令，亦即行政機關依其法定職權所訂定之命令。一般而言，與租稅法有關的行政規則皆會以原則、須知、方案、要點、注意事項及補充規定等名稱來加以命名。儘管租稅法上行政規則的本質僅係就行政機關內部的行政事項來加以規範，但是經由行政機關內部自我約束的結果，其效力往往及於一般的納稅義務人，因而產生對外的效力。

❖ (五)大法官會議解釋

依據憲法第七十八條之規定：「司法院解釋憲法，並有統一解釋法律及命令之權」以及司法院大法官審理案件法第二條之規定：「司法院大法官，以會議方式，合議審理司法院解釋憲法與統一解釋法律及命令之案件；並組成憲法法庭，合議審理政黨違憲之解散案件。」因此，大法官會議解釋依其解釋對象的不同而分別具有憲法或法律位階的效力。故而，如租稅法或其命令被大法官會議解釋為與憲法或法律相牴觸者，則該部分之租稅法或其命令之規定，即屬無效。

❖ ㈥判　例

　　儘管行政法院判例的法律效力究竟如何並無法源的依據。但是，實務上皆認為行政法院的判例具有約束行政法院法官審理案件的效力，亦即與最高法院判例具有約束法院法官審理案件的效力一樣；因此，其效力即與法律相當。所以，與租稅法有關之行政法院判例，即具有補充租稅法的功能。此外，有關行政法院判例法律上的效力，行政法院六十二年判字第六一〇號判例相當值得參考：

　　「行政訴訟法第廿四條規定，有民事訴訟法第四百九十六條所列各款情形之一者，當事人對於本院判決，固得提起再審之訴，惟民事訴訟法第四百九十六條第一項第一款所謂『適用法規顯有錯誤』，係指原判決所適用之法規與該案應適用之現行法規相違背，或與解釋判例有所牴觸者而言，至於法律上見解之歧異，再審原告對之縱有爭執，要難謂為適用法規錯誤，而據為再審之理由。」

❖ ㈦行政法院庭長評事聯席會議紀錄

　　儘管行政法院庭長評事聯席會議紀錄的法律效力究竟如何亦無法源的依據，但是透過行政法院法官自我約束的結果，其效力往往與行政法院判例相類似。

❖ ㈧行政法院判決

　　行政法院判決的效力僅及於該等具體之案件，且依行政訴訟法第二一六條之規定：「撤銷或變更原處分或決定之判決，就其事件有拘束各關係機關之效力。原處分或決定經判決撤銷後，機關須重為處分或決定者，應依判決意旨為之。前二項之規定，於其他訴訟準用之」，也就是說，各關係機關就該等具體案件所為之處分或解釋不得與行政法院判決之內容相左。

❖ ㈨訴願決定書

行政訴願決定書的效力亦僅及於該等具體之案件，且訴願法第九十五條之規定：「訴願之決定確定後，就其事件，有拘束各關係機關之效力；就其依第十條提起訴願之事件，對於受委託行使公權力之團體或個人，亦有拘束力」，也就是說，各關係機關就該等具體案件所為之處分或解釋亦不得與訴願決定的內容相左。

❖ ㈩財政部的解釋函令

儘管財政部解釋函令的法律效力究竟如何也無法源的依據，但是透過財政部以及行政法院引用的結果，　其效力往往與命令相類似。財政部針對租稅法規所為的解釋函令（釋示）多如牛毛，納稅義務人稍有不察，即可能動輒得咎；因此，財政部的解釋函令在租稅法的適用上就顯得相當重要。司法院大法官會議釋字第二八七號解釋就解釋函令有一深入之說明：

解釋文

行政主管機關就行政法規所為之釋示，係闡明法規之原意，固應自法規生效之日起有其適用。惟在後之釋示如與在前之釋示不一致時，在前之釋示並非當然錯誤，於後釋示發布前，依前釋示所為之行政處分已確定者，除前釋示確有違法之情形外，為維持法律秩序之安定，應不受後釋示之影響。財政部中華民國七十五年三月二十一日臺財稅字第七五三〇四四七號函說明四：「本函發布前之案件，已繳納營利事業所得稅確定者，不再變更；尚未確定或已確定而未繳納或未開徵之案件，應依本函規定予以補稅免罰」，符合上述意旨，與憲法並無牴觸。

解釋理由書

行政機關基於法定職權，就行政法規所為之釋示，係闡明法規

之原意，性質上並非獨立之行政命令，固應自法規生效之日起有其適用。惟對同一法規條文，先後之釋示不一致時，非謂前釋示當然錯誤，於後釋示發布前，主管機關依前釋示所為之行政處分，其經行政訴訟判決而確定者，僅得於具有法定再審原因時依再審程序辦理；其未經訴訟程序而確定者，除前釋示確屬違法，致原處分損害人民權益，由主管機關予以變更外，為維持法律秩序之安定，應不受後釋示之影響。財政部中華民國七十五年三月二十一日臺財稅字第七五三○四四七號函說明四：「本函發布前之案件，已繳納營利事業所得稅確定者，不再變更，尚未確定或已確定而未繳納或未開徵之案件，應依本函規定予以補稅免罰」，符合上述意旨，與憲法並無牴觸。又稅捐稽徵法第二十八條之規定，係指適用法令錯誤或計算錯誤溢繳稅款者，納稅義務人得於五年之法定期間內，申請退還。故課稅處分所依據之行政法規釋示，如有確屬違法情形，其已繳稅款之納稅義務人，自得依此規定申請退還。惟若稽徵機關作成課稅處分時，適用當時法令並無錯誤，則已確定之課稅處分，自不因嗣後法令之改變或適用法令之見解變更而受影響，應無上開規定之適用，乃屬當然。至財政部中華民國六十九年三月二十八日發布之臺財稅字第三二五五二號函，並非本件確定終局裁判所適用之法律或命令，聲請人當時繳納稅款，亦因未請求行政救濟，行政法院無從就該函為應否適用之判斷，故不在本件解釋範圍。

㈡法源位階

原則上，法源適用位階的法則如下：
(1)法律與憲法牴觸者無效。
(2)命令與法律或憲法牴觸者無效。
(3)特別法優於普通法適用。
(4)下級機關訂定之命令不得牴觸上級機關之命令。

(5)行政法院判決、訴願決定具有拘束各關係機關之效力。

此外，就法源適用位階的法則而言，司法院大法官會議釋字第三三七號解釋頗值得參考：

解釋文

營業稅法第五十一條第五款規定，納稅義務人虛報進項稅額者，除追繳稅款外，按所漏稅額處五倍至二十倍罰鍰，並得停止其營業。依此規定意旨，自應以納稅義務人有虛報進項稅額，並因而逃漏稅款者，始得據以追繳稅款及處罰。財政部中華民國七十六年五月六日臺財稅字第七六三七三七六號函，對於有進貨事實之營業人，不論其是否有虛報進項稅額，並因而逃漏稅款，概依首開條款處罰，其與該條款意旨不符部分，有違憲法保障人民權利之本旨，應不再援用。至首開法條所定處罰標準，尚未逾越立法裁量範圍，與憲法並無牴觸。

解釋理由書

違反稅法之處罰，有因逃漏稅捐而予處罰者，亦有因違反稅法上之作為或不作為義務而予處罰者，營業稅法第五十一條第一項本文規定：「納稅義務人有左列情形之一者，除追繳稅款外，按所漏稅額處五倍至二十倍罰鍰，並得停止其營業。」依其意旨，乃係就漏稅行為所為之處罰規定，因之，對同條項第五款之「虛報進項稅額者」加以處罰，自應以有此行為，並因而發生漏稅之事實為處罰要件，此與稅捐稽徵法第四十四條僅以未給付或未取得憑證為處罰要件，不論其有無虛報進項稅額並漏稅之事實者，尚有不同。財政部七十六年五月六日臺財稅字第七六三七三七六號函未明示上述意旨，對於有進貨事實之營業人，不論是否有虛報進項稅額，並因而逃漏稅款，概依首開條款處罰，其與該條款意旨不符部分有違憲法保障人民權利之意旨，應不再援用。至營業稅法第五十一條之處罰，乃在防止漏稅，以達正確課稅之目的，其處罰標準，尚未逾越立法裁量

範圍，與憲法尚無牴觸。

營利事業銷售貨物，不對直接買受人開立統一發票，應依稅捐稽徵法第四十四條規定論處，財政部六十九年八月八日（六九）臺財稅字第三六六二四號函所採之見解，業經本院大法官會議釋字第二五二號解釋，認與憲法並無牴觸。營業人買受貨物，不向直接出賣人取得統一發票，依同一法理，適用稅捐稽徵法第四十四條處罰，與上開解釋意旨相符。此項行為罰與漏稅罰，其處罰之目的不同，處罰之要件亦異，前者係以有此行為即應處罰，與後者係以有漏稅事實為要件者，非必為一事。其違反義務之行為係漏稅之先行階段者，如處以漏稅罰已足達成行政上之目的，兩者應否併罰，乃為適用法律之見解及立法上之問題，併予說明。

四、租稅法的解釋原則

正所謂世事變化萬千，法令時而有窮。然而，透過法令的解釋，不但能夠填補法令的不足以及強化法令的規範目的，並可進而賦與法令新的生命力，使其能與時俱新。因此，租稅法的解釋對租稅法的適用而言，其重要性實不容置疑。

司法院大法官會議釋字第四二〇號解釋就租稅法的解釋原則有一鞭辟入裏的見解，深值吾人細繹：

解釋文

涉及租稅事項之法律，其解釋應本於租稅法律主義之精神，依各該法律之立法目的，衡酌經濟上之意義及實質課稅之公平原則為之。行政法院中華民國八十一年十月十四日庭長、評事聯席會議所為：「獎勵投資條例第二十七條所指『非以有價證券買賣為專業者』，應就營利事業實際營業情形，核實認定。公司登記或商業登記之營業項目，雖未包括投資或其所登記投資範圍未包括有價證券買賣，

然其實際上從事龐大有價證券買賣，其非營業收入遠超過營業收入時，足證其係以買賣有價證券為主要營業，即難謂非以有價證券買賣為專業」不在停徵證券交易所得稅之範圍之決議，符合首開原則，與獎勵投資條例第二十七條之規定並無不符，尚難謂與憲法第十九條租稅法律主義有何牴觸。

解釋理由書

按獎勵投資條例（七十九年十二月三十一日因施行期間屆滿而失效）之制定，係以獎勵投資，加速經濟發展為目的，藉稅捐減免之優惠為其主要獎勵方法。為期各種生產事業及營利事業均能公平同霑其利，並防止有以迴避租稅行為，獲取不正當減免稅捐優惠，該條例乃規定各種享受獎勵之條件，予以節制。

公司為營利事業之一種，為確保其合法正常經營，公司法第十二條、第十五條第一項規定：「公司設立登記後，有應登記之事項而不登記，或已登記之事項有變更而不為變更之登記者，不得以其事項對抗第三人。」「公司不得經營登記範圍以外之業務。」公司如經營某種登記範圍以外之業務，而怠於公司法第十二條之登記並違反同法第十五條第一項所規定之限制，除前者不得以其事項對抗第三人，後者公司負責人應負民、刑事責任外，尚不影響該公司以經營該種事業為其營業之事實。

七十六年一月二十六日修正公布之獎勵投資條例第二十七條規定：「為促進資本市場之發展，行政院得視經濟發展及資本形成之需要及證券市場之狀況，決定暫停徵全部或部分有價證券之證券交易稅，及暫停徵全部或部分非以有價證券為專業之證券交易所得稅。」行政院依此規定，於七十六年十二月一日以臺（七六）財第二七九四七號函核定自七十七年一月一日起至同年十二月三十一日止繼續停徵非以有價證券買賣為專業者之證券交易所得稅。涉及租稅事項之法律，其解釋應本於租稅法律主義之精神，依各該法律之立法目

的，衡酌經濟上之意義及實質課稅之公平原則為之。是基於公平課稅原則，獎勵投資條例第二十七條所定「非以有價證券買賣為專業者」，自應就營利事業實際營業情形，核實認定。公司登記（包括商業登記）之營業項目，雖未包括投資或其所登記投資範圍未包括有價證券買賣，然其實際上從事龐大有價證券買賣，其買賣收入遠超過其已登記之營業收入，足認其為以有價證券之買賣為主要營業時，自不得以怠於公司法第十二條之登記義務或違反同法第十五條第一項所規定之限制等迴避租稅行為，主張其非以有價證券買賣為專業，而享受免徵證券交易所得稅之優惠。行政法院八十一年十月十四日庭長、評事聯席會議所為：「獎勵投資條例第二十七條所指『非以有價證券買賣為專業者』，應就營利事業實際營業情形，核實認定。公司登記或商業登記之營業項目，雖未包括投資或其所登記投資範圍未包括有價證券買賣，然其實際上從事龐大有價證券買賣，其非營業收入遠超過營業收入時，足證其係以買賣有價證券為主要營業，即難謂非以有價證券買賣為專業」不在停徵證券交易所得稅之範圍之決議，符合首開原則，與獎勵投資條例第二十七條之規定並無不符，尚難謂與憲法第十九條租稅法律主義有何牴觸。

至獎勵投資條例施行細則第三十二條規定:「本條例第二十七條所稱『以有價證券買賣為專業者』，係指經營有價證券自行買賣業務之證券自營商及經公司登記或商業登記以投資為專業之營利事業」，依上開說明，與立法意旨未盡相符部分，應不適用，併予敘明。

茲將租稅法的解釋原則臚列如下:

◈ (一)法令文義

吾人須知法令文義是法律解釋的起點，同時也就法律解釋的範疇加以設限；也就是說，法律解釋不可以超越法令可能的文義，否

則即逾越了法律解釋的範疇，而進入所謂的造法活動。租稅法的解釋自然也不例外，甚至有過之而無不及，畢竟「租稅法定主義」是一切租稅法解釋所應奉行的第一法則，且不容輕易的以租稅公平原則或實質課稅原則等為由來加以動搖。

◈ (二)立法目的

再者，法律的解釋，並無創設或變更法律的效力，所以其解釋自不得逾越立法本旨的範圍。因此，吾人在從事法律解釋時，尤其是有關租稅法的解釋，除了法令文義之外，自應一併注意法條的規範意旨，亦即所謂的立法目的。一般而言，我們可以從行政機關的法條草案說明以及立法機關立法過程的資料當中，得知法條的規範意旨。此外，行政法院六十一年判字第一六九號判例就法令解釋的範疇有相當精湛的見解，深值吾人參酌：

「依營業稅法第七條第三款規定，原始繳納貨物稅之廠商銷售其貨物，得分為批售與零售，前者免徵營業稅，後者則否。本件原告係原始繳納貨物稅之廠商，其所屬桃園服務站銷售已繳貨物稅之貨物未繳營業稅，為兩造所不爭。原告主張是項貨物均係批售，依法應免繳營業稅。被告官署則以財政部（五九）臺財稅發字第二八八九二號令釋：貨物稅廠商設立之服務站係屬門市部性質，其銷售已稅貨物，應一律視為零售，予以課徵營業稅；故原告銷售上述貨物，縱屬批售，亦無免徵營業稅規定之適用云云為抗辯。查法律之解釋，旨在闡明法條之真意，使條文規定得為適當之應用，並無創設或變更法律之效力，故其解釋不得逾越立法本旨之範圍。營業稅法第七條第三款對於原始繳納貨物稅之廠商銷售貨物，既有批售與零售之分，而原告公司之服務站又為該公司之一部分，其營利事業登記證所載業務，復有批發一項，則其經營批發業務，自不得視同零售，如原告銷售上述貨物果係批售，自應適用首開規定免徵營業

稅。」

　　此外，行政法院八十年判字第二四四七號判決之見解亦相當精湛：

　　「查遺產及贈與稅法第十七條第一項第二款後段係規定：『……其第一順序中未滿二十歲者，並得按其年齡距屆滿二十歲之年數，每年加扣二十五萬元。』所謂『第一順序』，依民法第一千一百三十八條第一款規定，係指直系血親卑親屬而言，其中包括各種親等不同之直系血親卑親屬在內，即子、孫、曾孫等均屬之。雖該法修正時其立法理由有『……又父母對其未成年子女負有教養之義務，故被繼承人死亡後，遺有受其扶養之未成年子女者，因年齡不同，其需扶養之年數亦異，宜按該未成年子女距屆滿二十歲之年數，每年加扣二十五萬元、爰於第二款後段增訂規定如上，以保障其教養費用……』之說明。然與該法條修正之條文，並不一致，自應以法律之規定為準。解釋法律，如法律條文文義並無不明，自無再探求立法理由之必要。財政部 78.6.18. 臺財稅第七八○○九四九四一號函釋，引用上開遺產及贈與稅法修正理由認為由被繼承人之孫子女繼承時，即無遺產及贈與稅法第十七條第一項第二款後段扣除額規定之適用，與立法文義自難謂合。且租稅乃有關人民權利義務之事項，依中央法規標準法之規定，應以法律定之。如被告機關認為由被繼承人之孫子女繼承將導致租稅之不公平，容易誤導納稅義務人規避稅負，自應積極建議迅為修正該法條，以為因應，其不此之圖，竟依上述財政部（七八）臺財稅第七八○○九四九四一號函釋，以行政命令之途徑，謀求救濟與租稅法定主義，自屬有違。」

◈ ㈢公平原則

　　承前所述，租稅負擔的分配強烈的要求公平性，因此，當吾人在從事有關租稅法的解釋時，自應使其能夠符合租稅公平的原則。

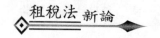

此外，由於租稅的課徵往往會涉及複雜或大量的經濟活動，故而，其應納稅額的計算方式及過程可能會牽涉相當廣泛；然而，儘管有這樣先天上不易克服的缺陷，亦不容以稽徵便利性或簡化稽徵手續等為由而輕言犧牲租稅的公平性。司法院大法官會議釋字第二一八號解釋即是最佳的例證：

解釋文

　　人民有依法律納稅之義務，憲法第十九條定有明文。國家依法課徵所得稅時，納稅義務人應自行申報，並提示各種證明所得額之帳簿、文據，以便稽徵機關查核。凡未自行申報或提示證明文件者，稽徵機關得依查得之資料或同業利潤標準，核定其所得額。此項推計核定方法，與憲法首開規定之本旨並不牴觸。惟依此項推計核定方法估計所得額時，應力求客觀、合理，使與納稅義務人之實際所得相當，以維租稅公平原則。至於個人出售房屋，未能提出交易時實際成交價格及原始取得之實際成本之證明文件者。財政部於六十七年四月七日所發（六七）臺財稅字第三二二五二號及於六十九年五月二日所發（六九）臺財稅字第三三五二三號等函釋示：「一律以出售年度房屋評定價格之百分之二十計算財產交易所得」，不問年度、地區、經濟情況如何不同，概按房屋評定價格，以固定不變之百分比，推計納稅義務人之所得額自難切近實際，有失公平合理，且與所得稅法所定推計核定之意旨未盡相符，應自本解釋公布之日起六個月內停止適用。

解釋理由書

　　憲法第十九條規定：「人民有依法律納稅之義務」，國家依據所得稅法課徵所得稅時，無論為個人綜合所得稅或營利事業所得稅，納稅義務人均應在法定期限內填具所得稅結算申報書自行申報，並提示各種證明所得額之帳簿、文據，以便稽徵機關於接到結算申報書後，調查核定其所得額及應納稅額。凡未在法定期限內填具結算

申報書自行申報或於稽徵機關進行調查或復查時，未提示各種證明所得額之帳簿、文據者，稽徵機關得依查得資料或同業利潤標準，核定其所得額，所得稅法第七十一條第一項前段、第七十六條第一項、第七十九條第一項、第八十條第一項及第八十三條第一項規定甚明。此項推計核定所得額之方法，與憲法首開規定之本旨並不牴觸。惟依推計核定之方法，估計納稅義務人之所得額時，仍應本經驗法則，力求客觀、合理，使與納稅義務人之實際所得額相當，以維租稅公平原則。至於個人出售房屋，未能提示交易時實際成交價格及原始取得之實際成本之證明文件，致難依所得稅法第十四條第一項第七類第一目計算所得額者，財政部於六十七年四月七日所發（六七）臺財稅字第三二二五二號及於六十九年五月二日所發（六九）臺財稅字第三三五二三號等函釋示：「一律以出售年度房屋評定價格之百分之二十計算財產交易所得」，此時既不以發見個別課稅事實真相為目的，而又不問年度、地區、經濟情況如何不同，概按房屋評定價格，以固定不變之百分比，推計納稅義務人之所得額，自難切近實際，有失公平合理，且與所得稅法所定推計核定之意旨未盡相符，應自本解釋公布之日起六個月內停止適用。

臺灣省稅務局於六十七年二月三日所發（六七）稅一字第五九六號函，已為上開財政部函所涵蓋，無庸另行解釋，併予敘明。

❖ ㈣經濟實質

一般而言，為了達成某一經濟目的或從事某種交易，往往可以透過許多不同法律架構的安排來加以完成；因此，納稅義務人基於減輕其租稅負擔的考量，自然會選擇對其較為有利的法律架構來進行交易或其他經濟上的安排，此即吾人所謂的租稅規劃。由於租稅的這個特性，使得吾人在從事租稅法的解釋時，自應深入分析特定交易或安排的經濟實質，如有發生迴避租稅的結果，則應評估其可

能的課稅情形。至於，何謂迴避租稅，則是人云亦云、莫衷一是。事實上，迴避租稅與合法節稅往往只是一線之隔，彼此的界線相當模糊，極難定奪。在實務上，法院及行政機關於發生有迴避租稅的不公平現象時，則會以所謂的「實質課稅原則」來體現此一經濟實質的租稅法解釋原則。

◈ ㈤法令漏洞的填補

1. 類推適用

由於租稅法本身的規定實在不太可能鉅細靡遺的涵蓋所有形態的交易或經濟行為，掛萬漏一的情形在所難免；故而，有時即有必要類推適用其他法律的規定，以填補租稅法的不足。不過，因為租稅法與刑法的特質極為相近，二者皆強烈的要求法定主義，亦即租稅的課徵或刑罰的科處皆必須要有法律明文的規定方可，原則上，不容許法院或行政機關以類推適用其他法律規定的方式來對人民課徵租稅或科處刑罰，惟如類推適用其他法律規定的結果於人民有利或者是並不會額外增加人民負擔的話，則不在禁止之列。司法院大法官會議釋字第二五七號解釋即是最好的典範：

解釋文

貨物稅條例修正前第四條第一項第十六款㈢，係就「凡用電力調節氣溫之各種冷氣機、熱氣機等」電器類課徵貨物稅之規定。行政院於中華民國六十四年七月二十一日修正發布之貨物稅稽徵規則第一百零三條之一第二項第六款規定，對於國外進口裝配汽車冷暖氣機用之壓縮機，按冷暖氣機類徵收貨物稅，固與貨物稅條例首開條文之用語未盡相符。惟該規則係以此種壓縮機不僅為冷暖氣機之主要機件，且祇能供裝配汽車冷暖氣機之用，仍屬上開條例所規定之電器類範圍，而於冷暖氣機裝配完成後，並不再課徵貨物稅，無

加重人民納稅義務之虞。上述規則將汽車冷暖氣機用之壓縮機，依冷暖氣機類課徵貨物稅，亦為簡化稽徵手續，防止逃漏稅捐及維持課稅公平所必要，與憲法第十九條尚無牴觸。

解釋理由書

　　貨物稅條例修正前第四條第一項第十六款㈢，係就「凡用電力調節氣溫之各種冷氣機、熱氣機等」電器類課徵貨物稅之規定。又同條例第十二條及第十六條第二項分別規定:「凡由國外輸入應課貨物稅之貨物，應按照海關估價，加繳納進口稅捐後之總價徵收貨物稅」，「國外輸入之貨物，由海關於徵收關稅時代徵之」。行政院依同條例第二十二條，於中華民國六十四年七月二十一日修正發布之貨物稅稽徵規則第一百零三條之一第二項第六款:「國外進口裝配汽車冷暖氣機用之壓縮機，應按照海關核定之關稅完稅價格加計關稅及其他進口稅捐之總額，乘以四倍作為貨物稅之完稅價格徵收貨物稅，並發給鋁質貨物稅查驗證」，係對於國外進口裝配汽車冷暖氣機用之壓縮機，折算課徵冷暖氣機貨物稅，所為之補充規定，固與貨物稅條例首開條文之用語未盡相符。惟該規則係以此種壓縮機，性質特殊，不僅為冷暖氣機之主要機件，且祇能供裝配汽車冷暖氣機之用，仍屬上開條例修正前第四條第一項第十六款㈢所規定之電器類範圍，而汽車冷暖氣機各組件，又係散裝於汽車內，無單一固定之形體，如不對此種壓縮機，課徵汽車冷暖氣機之貨物稅，則對於以化整為零方式進口之汽車冷暖氣機各部機件，即難以課徵貨物稅，而同時或先後進口其他汽車冷暖氣機用之零組件或進口壓縮機裝配完成汽車冷暖氣機後，均不再課徵貨物稅，其原所課徵者，既屬法有明文之冷暖氣機類之貨物稅，並未新增稅目或變更原定稅率，無加重人民納稅義務之虞，上述規則亦為簡化稽徵手續、防止逃漏稅捐及維持課稅公平所必要，與憲法第十九條尚無牴觸。

再者,行政法院五十二年判字第三四五號判例也相當值得參考:「公法與私法,雖各具特殊性質,但二者亦有其共通之原理,私法規定之表現一般法理者,應亦可適用於公法關係。依本院最近之見解,私法中誠信公平之原則,在公法上應有其類推適用,關於舊所得稅法第五十三條之規定,營利事業之固定資產,在獎勵投資條例、營利事業資產重估價辦法及營利事業資產重估價處理準則等法令施行以前毀棄時,其帳面上之殘餘價額,固無從溯及適用獎勵投資條例第十三條,營利事業資產重估價辦法第九條及營利事業資產重估價處理準則第四十四條等規定,惟按之誠信公平之原則,參照司法院院解字第三四八九號第三項解釋意旨及舊所得稅法第五十二條規定之旨趣,應參酌當地躉售物價總指數上漲幅度,比例增高其帳面數額,與廢料售價收入比較,以核定其有無收益,如有收益,始據以課徵營利事業所得稅。本件原告購進××、××兩輪時之三十九年,與解體出售計算其收益憑以課稅之四十八年,臺北市躉售物價上漲比率達三倍有奇,(見臺灣省政府主計處編印之〈臺灣物價統計月報〉第一期、第十五期及第四十八期。)可見原告於三十九年間入帳之該兩輪價額,與四十八年間之實際價額,已顯不相符,如果依此種與實際不符之價額,與解體出售廢料所收之價款,兩相比較而算出其盈餘,實際必不正確,若復從而課徵營利事業所得稅,自難謂為合理。上開法令規定之資產重估,係因自三十八年幣制改革以後,物價指數繼續上揚,致營利事業帳面資產,遠較市價為低,造成虛盈實虧現象,為澈底消除此種不合理現象,故有資產重估之規定,(依該項規定,營利事業之固定資產,得按重估價基準日之年份,即就營利事業帳面所有之資產辦理重估價之日之年份,與取得該項資產年份臺北市躉售物價總指數之比率,重估其固定資產之價款。)使其帳面價值與實際相合,以免除不合理之稅負。(參照工業發展投資研究小組編印『中華民國投資法令』前言。)對於各該法令

公布施行前已發生之同樣情形之事件，其課稅處分尚未確定者，若
恝置不顧，任其負擔不合理之稅捐，不予救濟，當非政府制訂各該
法令之本意，而與各該法令施行以後之同樣情形事件相比較，亦顯
有違稅法上公平之原則，原處分未考慮物價上漲幅度，以重估原告
三十九年購進之該兩輪帳面上殘餘價值，不能不認為有違誠信公平
之原則，亦即難謂為適法。」

此外，行政法院六十年判字第四一七號判例所持的不同見解，
則頗值得商榷：

「公法之適用，以明文規定者為限，公法未設有明文者，自不
得以他法之規定而類推適用，此乃適用法律之原則。原告於五十六
年間先後進口橡膠溶劑二批，臺南關誤令其繳納貨物稅九十九萬餘
元，當時貨物稅條例尚未開徵是類稅目，經被告官署如數退還誤徵
之稅款，原告請求比照所得稅法及營業稅法加息退稅之規定請求加
給利息。被告官署因稅法係屬公法，不得類推適用其他法律，予以
拒絕，不得謂有所違誤。」

2.目的性限縮

有時法律依照其原定的規範計畫，就某些事項，本應消極地加
以排除或為例外之規定，但是由於立法上的疏忽以致於未設此但書。
此時吾人即可運用法律的解釋，本諸該項法律的規範意旨，針對此
一「隱藏性的法律漏洞」來加以限縮其適用之範圍，此即所謂的「目
的性限縮」。譬如說，原獎勵投資條例第二十七條中所規定的「非以
有價證券買賣為專業的營利事業」，依其立法意旨即應「加以限縮」
而使之不包括「從事龐大有價證券買賣致使其非營業收入顯然超過
其營業收入且不相當之非以有價證券買賣為專業的營利事業」。

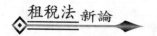

五、租稅法的適用法則

◆ (一)實體從舊、程序從新原則

「實體從舊原則」，亦即所謂的「法律不溯既往原則」，是一般法律的適用原則之一，租稅法自然也不例外；故而，除非基於特定重大公益的要求，否則，有關租稅權利義務本體的發生及其內容如何，均應適用行為時或事實發生時所施行法律的規定。再則，由於租稅的課徵涉及許多的稽徵程序，因此，該等程序性的法規如有變動，行政機關自應適用變動後的新規定來加以處理，此即所謂的「程序從新原則」。司法院大法官會議釋字第五四號解釋就「實體從舊原則」之見解言簡意賅，可供吾人參酌：

「現行遺產稅法既無明文規定溯及既往，則該法第八條但書，對於繼承開始在該法公布以前之案件，自不適用。」

此外，下列行政法院判例的見解亦頗值贊許：

Ⅰ.行政法院四十九年判字第一四○號判例

四十七年七月二日修正公布施行之現行實施都市平均地權條例第十一條，係屬新增，四十五年五月間原告申報地價時適用之舊實施都市平均地權條例，並無此項規定。依法律不溯既往之原則，自不能因原告申報地價後法律新增有該項新規定而溯及既往變更其原申報之地價，使與公告地價相等，以重行核課地價稅及戶稅。學者主張強行法規有溯及既往之效力者，係就既得權利而言。謂法律之強行規定施行前人民所既得之權利，於該強行規定施行後，亦應受其支配。原告擴張解釋謂強行法規本質上具有溯及既往之效力，其見解殊無可採。本件原告申報地價高出公告地價，既無既得權利可言，自不能不遵守法律不溯既往之原則，亦即無適用申報後修正施

行之上開條例第十一條之餘地。至原告援引土地法第一百九十四條
之規定，姑無論本件原告該項土地原屬田地，僅經都市計畫編為公
園預定地，在都市計畫未實施建設以前，原不能即謂係依法律限制
不能使用之土地，而概予免稅。況原告此項主張，亦與其聲請更正
申報地價無關，（地價高低為課稅多寡問題而非免稅與否之問題）自
尤無足取。

　　Ⅱ.行政法院五十四年判字第一七九號判例

　　原告系爭之五十一年度所得稅，在實體上固應適用舊法，惟其
稽徵程序開始時，現行所得稅法已經施行，程序上自應適用新法，
合先說明。本件原告既自承未設帳簿，經被告官署派員就地調查，
又無何項憑證可供稽核，依所得稅法第八十三條之規定，被告官署
固得依查得之資料或同業利潤標準，核定其所得額；但依同法施行
細則第七十二條規定，同法第七十九條所稱查得之資料，係指納稅
義務人之收益損費資料，又依同細則第七十三條規定，同法第七十
九條所規定之同業利潤標準，應由省區（直轄市）稽徵機關擬訂，
報請財政部核備，關於同法第八十三條所規定之查得之資料及同業
利潤標準，當亦作同一之解釋，被告官署核定原告五十一年度所得
額，既無同業利潤標準可資依據，亦未查得原告之具體收益損費資
料，僅憑空認定原告執行獸醫業務情況較另一同業為佳，即提高核
定其所得額，於法自嫌無據。

　　Ⅲ.行政法院五十八年判字第四五八號判例

　　財政部（五一）臺財稅發第七二一八號令規定之計算公式，與
同部（五四）臺財稅發第○三七一六號令規定之計算公式，其計算
方法既有不同，自屬另一命令規定之事項，而不得視為前一公式之
解釋。姑不問後一公式是否適當，但既係五十四年始行頒布，該命
令又未規定開始生效之日期，自祇能於頒布後始生效力。原稽徵機
關竟適用五十四年頒行之後一公式以計算原告五十三年度營利事業

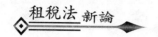

所得稅獎勵免稅之所得額，按之法令不溯既往之原則，自難認為適法。

Ⅳ.行政法院六十一年判字第五五六號判例

依五十二年三月七日修正之所得稅法施行細則第七十條規定，公司未分配盈餘，以股東會決議之數為準，其有關盈餘撥補程序中得彌補虧損數，自亦應以股東會決議數為準。至五十七年十二月三十日所得稅法修正後，公司未分配盈餘扣除以往年度虧損，依同法第八十八條第四項第一款規定，則以經稽徵機關核定者為準。業經財政部 61.7.31. 臺財稅第三六三九六號令釋有案。本件原告申請免予預扣五十八年度未分配盈餘，用於彌補五十七年底止之累積虧損，被告官署所為駁回之理由，無非以財政部 59.7.21. 臺財稅第二五五○八號令「以往年度虧損應以經稽徵機關核定者為準。」為其不予撥補之依據。惟查原告五十七年止之累積虧損數額，在所得稅法未修正前，自應依當時適用之所得稅法施行細則第七十條規定，以股東會決議之未分配盈餘，彌補以往年度之虧損數，並無報經稽徵機關核定之規定。被告官署引用修正後之所得稅法之規定，而為不利於原告之論據，顯與法律不溯既往之原則有違。

❖ (二)從新從優原則

所謂的「從新從優原則」，又名「從新從輕原則」，實乃源於刑法第二條之規定：「行為後法律有變更者，適用裁判時之法律。但裁判前之法律有利於行為人者，適用最有利於行為人之法律。保安處分，適用裁判時之法律。處罰之裁判確定後，未執行或執行未完畢，而法律有變更，不處罰其行為者，免其刑之執行。」由於租稅法與刑法的法律特質極為相近，因此，此一原則即為租稅法所借用，並將之形諸法條之中，茲分述如下：

(1)稅捐稽徵法第一條之一規定：「財政部依本法或稅法所發布之

解釋函令，對於據以申請之案件發生效力。但有利於納稅義務人者，對於尚未核課確定之案件適用之。」

⑵稅捐稽徵法第四十八條之三規定：「納稅義務人違反本法或稅法之規定，適用裁處時之法律。但裁處前之法律有利於納稅義務人者，適用最有利於納稅義務人之法律。」

⑶營業稅法第五十三條之一規定：「營業人違反本法後，法律有變更者，適用裁處時之罰則規定。但裁處前之法律有利於營業人者，適用有利於營業人之規定。」

此外，行政法院八十六年二月十九日的庭長評事聯席會議紀錄亦就從新從優原則有所闡述：

「營業稅法第五十一條所訂按所漏稅額處五倍至十倍罰鍰部分之規定。於八十四年八月二日修正公布之新法修正為按所漏稅額處一倍至十倍罰鍰，依當時實體從舊之法例，對於在修正前之違章案件應適用行為時法並不生問題，惟自八十五年七月三十日修正稅捐稽徵法第四十八條之三，明定新舊法之適用採從新從優原則，準此對於科罰尚未確定案件，自以適用修正後之營業稅法規定為有利於當事人。為本院同仁一致之共識，然對此類案件之裁判，則各庭觀點互異，而有不同之判決，頗有提會討論之必要。

甲說：科罰部分全部撤銷

稅捐稽徵法第四十八條之三既明定採從新從輕原則，自應適用有利於納稅義務人之修正後營業稅法規定，原處分及一再訴願決定適用修正前營業稅法處罰，無可維持，應併予撤銷（本院八十五年度判字第二〇二〇號判決）。其立論基礎，係認處罰金額（依倍數計算）多寡，屬行政裁量權範圍，基於司法不宜干涉行政權，原處罰鍰既經撤銷命由原處分機關依法重為處分，則由其依職權裁罰即可，毋須由本院為逕定科罰金額之變更判決。

乙說：依被告表明變更之罰鍰倍數為變更判決

稅捐稽徵法修正後，其第四十八條之三明定關於處罰部分採從新從輕原則。營業稅法第五十一條修正後較有利於納稅義務人，原處分及一再訴願決定適用修正前營業稅法第五十一條處罰，原告主張應適用修正後之營業稅法，其訴為有理由。惟本件事實及應適用之法規皆已明確，且被告亦同意變更處罰之倍數，基於訴訟經濟原則，依行政訴訟法第二十六條規定，就被告同意變更之處罰倍數逕為變更判決。又被告既已同意變更處罰倍數，已無干涉行政機關裁量權之虞。

丙說：按原處分科罰金額（倍數）依新、舊法所訂比例為變更判決

原處分係依舊法最低處罰倍數（五倍）計罰，衡諸相當之比例，認依新法科以一倍（最低倍數）之罰鍰為宜，被告主張參照修正稅務違章案件裁罰金額或倍數參考表按三倍科罰，尚無可採。故原處分所處超過一倍罰鍰部分皆撤銷。其餘之訴駁回（本院八十五年度判字第二七一三號判決）。按行政機關在法定量罰範圍限度內，所為科罰金額（倍數）之核定處分，固屬其行政裁量之職權，除其適用法規與認定事實錯誤外，法院審判權不得予以干涉，且不得更為不利於行政救濟請求人之裁判。惟本案係因法律變更，應採有利於納稅義務人之新法科罰，則衡諸相當之比例，就行政機關依行政裁量權核定之罰鍰金額（倍數），與新、舊法所訂科罰範圍之金額（倍數）依比例計算而為科罰，顯已脫離行政裁量權範圍，要屬本院職權之行使，自得為變更判決，且不得為超逾一定比例計算之金額或倍數否則即有違行政訴訟法第二十七條與本院六十二年判字第二九八號判例所示不利益變更禁止規定。如依甲說將科罰部分撤銷，被告重為處分時，若有上述超逾一定比例科罰情事，即已逾越其行政裁量權限，依同法第一條第二項以違法論。

決議：多數採甲說」

❖ (三)特別法優於普通法原則

依據中央法規標準法第十六條之規定:「法規對其他法規所規定之同一事項而為特別之規定者,應優先適用之。其他法規修正後,仍應優先適用。」此即所謂的「特別法優於普通法原則」。由於租稅法的特別法相當多,因此,在適用租稅法時,即應特別留意特別法的相關規定。

❖ (四)後令優於前令原則

「後令優於前令原則」適用的對象為行政機關就行政法規所為之釋示,因此,原則上,在後之釋示應優先於在前之釋示適用之。前揭司法院大法官會議釋字第二八七號解釋就此有相當清楚之闡釋。

❖ (五)整體適用原則

「整體適用原則」主要是針對法規適用的整體性而言,亦即在適用法規時,不能僅選擇性的適用對其有利的規定,而排拒對其不利的規定,也就是說,如果要某一特定法規的話,就必須將其中有利與不利的規定一體適用,不能將之割裂後再加以適用。司法院大法官會議釋字第三八五號解釋就「整體適用原則」的闡述相當精湛:

解釋文

憲法第十九條規定人民有依法律納稅之義務,固係指人民有依據法律所定之納稅主體、稅目、稅率、納稅方法及納稅期間等項而負納稅義務之意,然課人民以繳納租稅之法律,於適用時,該法律所定之事項若權利義務相關連者,本於法律適用之整體性及權利義務之平衡,當不得任意割裂適用。獎勵投資條例施行期間內,經依該條例第三條核准受獎勵之外國公司,於該條例施行期間屆滿後,

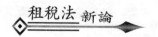

既仍得繼續適用該條例享受租稅優惠,自應一併依同條例第十六條第三項之規定,於其稅後盈餘給付總公司時,扣繳百分之二十所得稅,方符立法原意。財政部八十年九月二十四日臺財稅字第八○○三五六○三二號對此之函釋,符合上開意旨,與憲法並無牴觸。

解釋理由書

憲法第十九條規定人民有依法律納稅之義務,固係指人民有依據法律所定之納稅主體、稅目、稅率、納稅方法及納稅期間等項而負納稅義務之意,然課人民以繳納租稅之法律,於適用時,該法律所定之事項若權利義務相關連者,本於法律適用之整體性及權利義務之平衡,當不得任意割裂適用。中華民國七十六年一月二十六日修正公布之獎勵投資條例第三條核准獎勵之外國公司,依同條例第十六條第三項規定,其所設分公司之所得,於繳納營利事業所得稅後,將其稅後盈餘給付總公司時,應按其給付額扣繳百分之二十所得稅,立法意旨係因外國公司在我國境內之分公司既享受租稅減免之優惠,則其稅後盈餘欲給付總公司時,自應負擔上述所得稅扣繳之義務,否則,外國公司即得以成立分公司之方式規避我國稅負。故兩者係相互關連之規定,要不得割裂適用。茲前述獎勵投資條例雖於七十九年十二月三十一日施行期間屆滿而失效,惟在該條例施行期間內核准之案件(五年或四年免稅),就該個案言,尚不因該條例施行期間屆滿而失效,仍繼續適用該條例予以獎勵,俾保障投資人之權益。是經核准獎勵投資之外國公司於獎勵投資條例施行期間屆滿後,既仍得享受免稅優惠,其與此相關連之總公司稅負,自應併依同條例第十六條第三項扣繳所得稅,方符原立法意旨。財政部八十年九月二十四日臺財稅字第八○○三五六○三二號函稱:「如原已享受及繼續享受獎勵投資條例租稅優惠之外國公司,其在臺分公司所產生之相關稅後盈餘,於八十年以後匯回總公司時,為期課稅公平,仍應依獎勵投資條例第十六條第三項規定,按給付額扣繳百

分之二十所得稅」，乃係本於法律適用之整體性，不得任意割裂所為之釋示，符合上開意旨，與憲法並無牴觸。

六、租稅法的適用流程

◈ (一)租稅義務構成要件分析

　　由於租稅法與刑法的法律特質極為相近，因此，有關刑法上的構成要件分析法則即可為租稅法所借用。因此，在租稅法的適用流程中，首先，就是要進行所謂的租稅義務構成要件分析，也就是說，到底特定的行為、交易、安排、經濟活動或法律關係是否「該當」特定的租稅法規所定的構成要件要素，而產生所謂的租稅義務。行政法院六十年判字第二七八號判例就此即有一簡要之說明：

　　「查公司法第二十三條規定，公司負責人執行公司業務，違反法令致他人受有損害時，固應與公司負連帶賠償責任，然此項私法上之損害賠償責任與公法上之納稅義務，迥不相侔，不容混淆，故公司負責人於公司倒閉解散時，未依所得稅法第十九條規定向該管稽徵機關申報註銷登記者，僅得依同法第一百零四條規定責令補辦註銷登記手續，並處以一百元以下罰鍰，該公司負責人並無賠繳公司欠稅之義務。」

　　再則，由於租稅法的公法特性，以至於租稅義務的法律性質即與民法上的債權債務關係大異其趣；因此，有些適用於民法上債權債務關係的規定，即無適用或類推適用於租稅義務之餘地。行政法院五十七年判字第二五三號判例即是最好的說明：

　　「欠徵稅款，係人民對於國家所負公法上之義務，除法律另有規定外，無民法消滅時效規定之適用。」

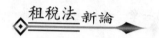
❖ ㈡租稅義務減免要件分析

如果確定特定的行為、交易、安排、經濟活動或法律關係「該當」於特定的租稅法規所定的構成要件要素的話，此時，並不必然會產生租稅義務，蓋因如有租稅義務減免要件存在的情形，即可以豁免或減輕其租稅義務。由於租稅法規相當龐雜，因此，在適用過程當中即應特別留心注意有關租稅義務減免的要件規定，以免額外支付不必要的租稅。

❖ ㈢稅率的適用

如果確定特定的行為、交易、安排、經濟活動或法律關係「該當」於特定的租稅法規所定的構成要件要素且負有租稅義務的話，一般而言，即應將其中所涉及的金額乘上納稅義務人所適用的稅率，來決定其實際應負擔之租稅金額。

❖ ㈣舉證法則

在租稅法的適用流程之中，到底特定的行為、交易、安排、經濟活動或法律關係是否「該當」特定的租稅法規所定的構成要件要素，以及是否有租稅義務減免要件存在的情形，徵納雙方之間經常會發生爭議。此時，究竟應由誰負責提出證據來證明該等不明的事實，即是所謂的「舉證法則」的問題。依據民事訴訟法第二百七十七條之規定：「當事人主張有利於己之事實者，就其事實有舉證之責任。」因此，原則上，租稅法上舉證責任分配的法則即遵循此一原則；也就是說，因為租稅係有利於稽徵機關，故而，稽徵機關就構成租稅義務的具體事實須負有舉證的責任，惟納稅義務人應就租稅義務減免要件存在的事實負舉證的責任。不過，由於租稅涉及國家的財政至鉅，因此，如果某一特定事實的舉證對納稅義務人而言並不太

困難且負擔亦不大，但如由稽徵機關來舉證可能不符合成本效率的原則或是有窒礙難行之處，此時基於公益以及稽徵經濟原則的考量，即可能會有例外之規定，而由納稅義務人來負擔舉證的責任。一般而言，實務上的見解亦皆秉持此一原則，茲分述如下：

Ⅰ. 司法院大法官會議釋字第二二一號解釋

解釋文

　　遺產及贈與稅法施行細則第十三條規定：「被繼承人死亡前因重病無法處理事務期間舉債或出售財產，而其繼承人對該項借款或價金不能證明其用途者，該項借款或價金，仍應列入遺產課稅。」旨在貫徹遺產及贈與稅法第一條及第十七條第一項第八款之規定，以求認定課稅遺產之正確，為防止遺產稅之逃漏及維持課稅之公平所必要，並未增加法律所定人民之納稅義務，與憲法第十九條並無牴觸。至具體案件應稅遺產之有無，仍應依舉證責任分配之法則，分由稅捐稽徵機關或納稅義務人盡舉證責任，併予指明。

解釋理由書

　　按憲法第十九條：「人民有依法律納稅之義務。」遺產及贈與稅法第一條規定：「凡經常居住中華民國境內之中華民國國民死亡時遺有財產者，應就其在中華民國境內境外全部遺產，依本法規定，課徵遺產稅。經常居住中華民國境外之中華民國國民，及非中華民國國民，死亡時在中華民國境內遺有財產者，應就其在中華民國境內之遺產，依本法規定，課徵遺產稅。」遺產繼承人並負有依同法所定稽徵程序申報繳納之義務。同法第十七條第一項第八款復規定，被繼承人死亡前，未償之債務，具有確實證明者，應自遺產總額中扣除。惟被繼承人在重病無法處理事務期間，對外舉債或出售財產，縱屬真實，依一般情形，亦難自行處理其因舉債所得之借款，或因出售財產所得之價金，該項借款或價金，自應由繼承人證明其用途，以防止繼承人用被繼承人名義舉債或出售財產為手段，隱匿遺產。因

此為貫徹該第一條及第十七條第一項第八款之規定，同法施行細則第十三條乃規定：「被繼承人死亡前因重病無法處理事務期間舉債或出售財產，而其繼承人對該項借款或價金不能證明其用途者，該項借款或價金，仍應列入遺產課稅。」此項規定，旨在兼顧繼承人之利益及認定課稅遺產之正確，為防止遺產稅之逃漏及維持課稅之公平所必要，並未增加法律所定人民之納稅義務，與憲法第十九條並無牴觸。至具體案件應稅遺產之有無，仍應依舉證責任分配之法則，分由稅捐稽徵機關或納稅義務人盡舉證責任，併予指明。

Ⅱ．行政法院三十二年判字第一六號判例

「行政官署對於人民有所處罰，必須確實證明其違法之事實。倘所提出之證據自相矛盾不能確實證明違法事實之存在，其處罰即不能認為合法。」

Ⅲ．行政法院三十九年判字第二號判例

「當事人主張事實，須負舉證責任，倘所提出之證據，不足為其主張事實之證明，自不能認其主張之事實為真實。又行政官署對於人民有所處罰，必須確實證明其違法之事實。倘不能確實證明違法事實之存在，其處罰即不能認為合法。」

Ⅳ．行政法院六十一年判字第七〇號判例

「認定事實，須憑證據，不得出於臆測，此項證據法則，自為行政訴訟所適用。本案查扣之引擎及輪胎，既非在原告進口之廢鐵中查獲，其查獲之地點與原告堆放進口廢鐵，亦非同一處所，查獲之時間又在原告進口廢鐵驗訖多日之後，原處分僅憑密報人之指述，加以推測羅織，認定查獲之引擎及輪胎，即係原告進口廢鐵中夾帶之物，未免懸揣，自與證據法則有違。」

Ⅴ．行政法院六十二年判字第四〇二號判例

「事實之認定，應憑證據，為訴訟事件所適用之共通原則。行政罰之處罰，雖不以故意為要件，然其違法事實之認定，要不能僅

憑片面之臆測，為裁判之基礎。」

Ⅵ.行政法院七十年判字第一一七號判例之二

「個人綜合所得稅之課徵係以收付實現為原則，有利息約定之抵押借款業已登記於公文書，稅捐稽徵機關對債權人即可作有按時收取利息之推定，苟債權人主張未收付實現有利於己之事實者，應負舉證責任。」

第二章

租稅法基本法則

與租稅法有關的基本原則真可謂林林總總，其中就包括了租稅法定主義、實質課稅原則、信賴保護原則、法律保留原則、誠實信用原則、租稅公平原則、實體從舊原則、從新從優原則以及一事不二罰原則等。茲將其影響層面較為廣泛的基本原則，詳細分析如下：

一、租稅法定主義

　　「租稅法定主義」，又名「租稅法律主義」，是「法律保留原則」在租稅法上的具體實現，而其法律特性則是與刑法上所謂的「罪刑法定主義」互相呼應。刑法第一條規定：「行為之處罰，以行為時之法律有明文規定者，為限」，此即為「罪刑法定主義」的法源依據。反之，憲法第十九條規定：「人民有依法律納稅之義務」，則為「租稅法定主義」的法源依據。至於憲法第十九條規定，人民有依法律納稅之義務，則係指人民僅依法律所定之納稅主體、稅目、稅率、納稅方法及租稅減免等項目而負繳納義務或享受減免繳納之優惠，舉凡應以法律明定或法律未予規定之租稅項目，原則上，自不得比照、比附援引或類推適用其他法令之規定，或者另以命令作不同之規定，或甚至於增列法律所無之限制，以致於限縮母法之適用，否則即屬違反租稅法律主義。反之，舉凡法律並未明定免除或減輕人民依法律所定之繳納義務者，原則上，亦不得比照、比附援引或類推適用其他法令之規定，或者另以命令或解釋作不同之規定，否則亦屬違反租稅法律主義。準此原則，司法院大法官會議做了幾個與租稅法關係密切的解釋，茲分述如下：

　　Ｉ．司法院大法官會議釋字第一五一號解釋
解釋文
　　查帳徵稅之產製機車廠商所領蓋有「查帳徵稅代用」戳記之空白完稅照，既係暫代出廠證使用，如有遺失，除有漏稅情事者，仍

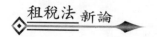

應依法處理外，依租稅法律主義，稅務機關自不得比照貨物稅稽徵規則第一百二十八條關於遺失查驗證之規定補徵稅款。

解釋理由書

按查帳徵稅之一般廠商遺失查驗證時，貨物稅稽徵規則第一百二十八條固有「應按該項查驗證應貼貨件之稅價計補稅款結案」之規定，惟稅務機關加蓋「查帳徵稅代用」戳記之空白完稅照，係暫代出廠證使用，遺失時，同規則並無按遺失查驗證補稅之明文，其第一百二十五條復另有處理之規定；從而查帳徵稅之產製機車廠商所領蓋有「查帳徵稅代用」戳記之空白完稅照，如有遺失，除有漏稅情事者，仍應依法處理外，依租稅法律主義，稅務機關自不得比照貨物稅稽徵規則第一百二十八條關於遺失查驗證之規定補徵稅款。

Ⅱ.大法官會議釋字第二一○號解釋

解釋文

中華民國六十九年十二月三十日修正公布之獎勵投資條例第二十三條第三項第一款，關於限額免納所得稅之利息，係規定「除郵政存簿儲金及短期票券以外之各種利息」，並未排除私人間無投資性之借款利息，而中華民國七十年八月三十一日發布之獎勵投資條例施行細則第二十七條認該款「所稱各種利息，包括公債、公司債、金融債券、金融機構之存款及工商企業借入款之利息」，財政部（七十）臺財稅字第三七九三○號函並認「不包括私人間借款之利息」。縱符獎勵投資之目的，惟逕以命令訂定，仍與當時有效之首述法條「各種利息」之明文規定不合，有違憲法第十九條租稅法律主義之本旨。

解釋理由書

按人民有依法律納稅之義務，為憲法第十九條所明定，所謂依法律納稅，兼指納稅及免稅之範圍，均應依法律之明文。至主管機

關訂定之施行細則，僅能就實施母法有關事項而為規定，如涉及納稅及免稅之範圍，仍當依法律之規定，方符上開憲法所示租稅法律主義之本旨。

中華民國六十九年十二月三十日修正公布之獎勵投資條例第二十三條第三項第一款，關於限額免納所得稅之利息，係規定「除郵政存簿儲金及短期票券以外之各種利息」，並未排除私人間無投資性之借款利息，而中華民國七十年八月三十一日發布之獎勵投資條例施行細則第二十七條認該款「所稱各種利息，包括公債、公司債、金融債券、金融機構之存款及工商企業借入款之利息」，財政部（七十）臺財稅字第三七九三〇號函並認「不包括私人間借款之利息」。縱符獎勵投資之目的，惟逕以命令訂定，仍與當時有效之前述法條「各種利息」之明文規定不合，有違憲法第十九條租稅法律主義之本旨。至獎勵投資條例第二十三條第三項，於中華民國七十三年十二月三十日修正，關於限額免納所得稅之利息，改採列舉規定後，已不包括私人間其他借款之利息，上述施行細則第二十七條關於免稅利息範圍之規定，亦已修正刪除，該財政部函自不再適用，由於本院釋字第一七七號解釋文第二項明示「本院依人民聲請所為之解釋，對聲請人據以聲請之案件，亦有效力」，本件聲請人據以聲請之行政訴訟確定終局裁判所適用之法令，雖已失效，仍有解釋之必要，併此說明。

Ⅲ. 司法院大法官會議釋字第二一七號解釋

解釋文

憲法第十九條規定人民有依法律納稅之義務，係指人民僅依法律所定之納稅主體、稅目、稅率、納稅方法及納稅期間等項而負納稅之義務。至於課稅原因事實之有無及有關證據之證明力如何，乃屬事實認定問題，不屬於租稅法律主義之範圍。財政部中華民國七十二年二月二十四日（七二）臺財稅字第三一二二九號函示所屬財

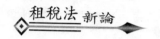

稅機關，對設定抵押權為擔保之債權，並載明約定利息者，得依地政機關抵押權設定及塗銷登記資料，核計債權人之利息所得，課徵所得稅，當事人如主張其未收取利息者，應就其事實負舉證責任等語，係對於稽徵機關本身就課稅原因事實之認定方法所為之指示，既非不許當事人提出反證，法院於審判案件時，仍應斟酌全辯論意旨及調查證據之結果，判斷事實之真偽，並不受其拘束，尚難謂已侵害人民權利，自不牴觸憲法第十五條、第十九條規定。

解釋理由書

　　憲法第十九條規定，人民有依法律納稅之義務，乃在揭示「租稅法律主義」，其主要意旨係指人民僅依法律所定之納稅主體、稅目、稅率、納稅方法及納稅期間等項而負納稅之義務，課徵租稅固不得違反上述意旨，惟關於個別事件課稅原因事實之有無及有關證據之證明力如何，則屬事實認定問題，不屬於租稅法律主義之範圍。

　　財政部中華民國七十二年二月二十四日（七二）臺財稅字第三一二二九號函提示所屬財稅機關，內載：「抵押權之設定登記，依民法第七百五十八條及土地法第四十三條規定，具有絕對效力。債權人貸款與債務人，由債務人提供不動產，向地政機關辦妥抵押權設定登記，並載明約定利息者，稽徵機關自得依該登記資料，在抵押權塗銷登記前之年度，依法核計利息所得，依所得稅法第十四條第一項第四類規定課稅，因私人借貸非公司行號可比，其無支付利息之帳冊可稽，無法適用收付實現之原則，當憑其登記文件作有按期收取利息之認定，當事人如主張其未收取利息者，應就其事實負舉證責任，所提出之證據，必須具體且合於一般經驗法則，如僅由債務人私人出具之證明，要不得採認」等語，縱有未盡妥洽之處，惟係對於稽徵機關本身就課稅原因事實之認定方法所為之指示，既非不許當事人提出反證，法院於審判案件時，仍應斟酌全辯論意旨及調查證據之結果，判斷事實之真偽，並不受其拘束，尚難謂已侵害

人民權利，自不牴觸憲法第十五條、第十九條之規定。

　　IV.司法院大法官會議釋字第三四六號解釋

解釋文

　　憲法第十九條規定人民有依法律納稅之義務，係指有關納稅之義務應以法律定之，並未限制其應規定於何種法律。**法律基於特定目的，而以內容具體、範圍明確之方式，就徵收稅捐所為之授權規定，並非憲法所不許。**國民教育法第十六條第一項第三款及財政收支劃分法第十八條第一項關於徵收教育捐之授權規定，依上開說明，與憲法尚無牴觸。

解釋理由書

　　憲法第十九條規定人民有依法律納稅之義務，前經本院釋字第二一七號解釋釋明其意旨。有關納稅義務之事項，固宜於名為稅法之法律中規定之，惟憲法並未限制其應規定於何種法律，而立法機關就某種稅捐是否課徵，認為宜授權主管機關裁量，因而以目的特定、內容具體及範圍明確之方式，所為之授權規定，亦非憲法所不許。國民教育法為支應辦理國民教育所需經費，於其第十六條第一項第三款規定：「省（市）政府就省（市）、縣（市）地方稅部分，在稅法及財政收支劃分法規定限額內籌措財源，逐報行政院核定實施，不受財政收支劃分法第十八條第一項但書之限制。」財政收支劃分法第十八條第一項但書規定：「但直轄市、縣（市）（局）為籌措教育科學文化支出財源，得報經行政院核准，在第十六條所列縣（市）（局）稅課中不超過原稅捐率百分之三十徵收地方教育捐。」依其立法意旨，係因法律所定有關地方稅之稅捐率，有其伸縮彈性，本已由地方民意機關通過決定，無須於徵收不超過原稅捐率百分之三十地方教育捐時，再經地方民意機關同意，以免發生困難。並非謂行政機關可提高其經地方民意機關通過決定之原稅捐率；而祇係授權主管機關在法律所定不超過原稅捐率百分之三十之範圍內，得逐行

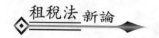

核定實施而已。其情形合於上述目的特定、內容具體及範圍明確之授權要件，與憲法尚無牴觸。至為籌措國民教育經費來源，是否祇對多種地方稅中之某種稅加徵一定比率之教育捐，則屬行政機關在法律授權範圍內依法裁量之問題，應由行政機關通盤斟酌並隨時檢討改進之，乃屬當然，合併指明。

Ⅴ.司法院大法官會議釋字第三六七號解釋

解釋文

營業稅法第二條第一款、第二款規定，銷售貨物或勞務之營業人、進口貨物之收貨人或持有人為營業稅之納稅義務人，依同法第三十五條之規定，負申報繳納之義務。同法施行細則第四十七條關於海關、法院及其他機關拍賣沒收、沒入或抵押之貨物時，由拍定人申報繳納營業稅之規定，暨財政部發布之「法院、海關及其他機關拍賣或變賣貨物課徵營業稅作業要點」第二項有關不動產之拍賣、變賣由拍定或成交之買受人繳納營業稅之規定，違反上開法律，變更申報繳納之主體，有違憲法第十九條及第二十三條保障人民權利之意旨，應自本解釋公布之日起至遲於屆滿一年時失其效力。

解釋理由書

憲法第十九條規定，人民有依法律納稅之義務，係指人民僅依法律所定之納稅主體、稅目、稅率、納稅方法及租稅減免等項目而負繳納義務或享受減免繳納之優惠，舉凡應以法律明定之租稅項目，自不得以命令作不同之規定，否則即屬違反租稅法律主義，業經本院釋字第二一七號及第二一○號著有解釋。

有關人民自由權利之限制應以法律定之且不得逾越必要之程度，憲法第二十三條定有明文。但法律之內容不能鉅細靡遺，立法機關自得授權行政機關發布命令為補充規定。如法律之授權涉及限制人民自由權利者，其授權之目的、範圍及內容符合具體明確之條件時，亦為憲法之所許。本院釋字第三四五號解釋認稅捐稽徵法第

二十四條第三項及關稅法第二十五條之一第三項授權訂之限制欠稅
人及欠稅營利事業負責人出境實施辦法與憲法尚無牴觸，釋字第三
四六號解釋認國民教育法第十六條第一項第三款及財政收支劃分法
第十八條第一項，關於徵收教育捐之授權規定係屬合憲，均係本此
意旨。若法律僅概括授權行政機關訂定施行細則者，該管行政機關
於符合立法意旨且未逾越母法規定之限度內，自亦得就執行法律有
關之細節性、技術性之事項以施行細則定之，惟其內容不能牴觸母
法或對人民之自由權利增加法律所無之限制，行政機關在施行細則
之外，為執行法律依職權發布之命令，尤應遵守上述原則。本院釋
字第一六八號、第二七四號、第三一三號及第三四六號解釋分別闡
釋甚明。

　　民國七十四年十一月十五日修正公布之營業稅法第二條第一
款、第二款規定，銷售貨物或勞務之營業人、進口貨物之收貨人或
持有人為營業稅之納稅義務人，依同法第三十五條之規定，負申報
繳納之義務。而七十五年一月二十九日發布之營業稅法施行細則第
四十七條則規定：「海關拍賣沒入之貨物，視為由拍定人進口，依本
法第四十一條之規定辦理。法院及其他機關拍賣沒收、沒入或抵押
之貨物如屬營業人所有者，應於拍定時，由拍定人持同拍賣貨物清
單，向拍賣機關所在地主管稽徵機關申報繳納營業稅或取具免稅證
明。法院及其他機關點交拍定貨物或換發移轉證明時，應驗憑繳稅
證明或免稅證明。」顯係將法律明定之申報繳納主體營業人變更為拍
定人（即買受人）；財政部於七十五年四月一日以臺財稅字第七五二
二二八四號函發布之「法院、海關及其他機關拍賣或變賣貨物課徵
營業稅作業要點」第二項之㈠有關不動產之拍賣、變賣由拍定或成
交之買受人繳納營業稅之手續規定，亦與營業稅法之規定不符，雖
因營業稅係採加值稅之型態，營業稅額於售價之外另加而由買受人
負擔，上開細則及要點之規定，並未增加額外稅負，但究屬課予買

受人申報繳納之義務，均已牴觸營業稅法，有違憲法第十九條及第二十三條保障人民權利之意旨，應自本解釋公布之日起至遲於屆滿一年時失其效力。至主管機關如認為法院及其他機關拍賣或變賣不動產與普通營業人銷售之情形不同，為作業上之方便計，其申報繳納營業稅之義務人有另行規定之必要，亦應逕以法律定之，併此指明。

二、實質課稅原則

「實質課稅原則」是經濟實質的租稅法解釋原則的體現。蓋因租稅法所重視者，應為足以表徵納稅能力之實質的經濟事實，而非其外觀之法律行為或形式上之登記事項，對實質上相同經濟活動所產生之相同經濟利益，應課以相同之租稅，始符合租稅法律主義所要求之公平及實質課稅原則，實質課稅原則為租稅法律主義之內涵及當然歸趨。故有關課徵租稅構成要件事實之判斷及認定，自亦應以其實質上經濟事實關係及所產生之實質經濟利益為準，而非以形式外觀為準，否則勢將造成鼓勵投機或規避稅法之適用，無以實現租稅公平之基本理念及要求，此即為「實質課稅原則」的具體內涵。事實上，「實質課稅原則」主要係為導正「租稅規避」或者是「租稅迴避」的不公平現象。而所謂的「租稅規避」或「租稅迴避」則係指：「當納稅義務人的行為或安排於經濟實質上已具備或該當了租稅義務構成要件時，其卻故意違反租稅法的立法意旨，濫用法律形式或法律行為，蓄意製造外觀上或形式上存在的法律關係或法律狀態，而使其不具備或該當租稅義務構成要件，或者具備或該當租稅義務減免要件，藉以減輕或免除其依法應納之租稅」而言。而為了租稅的公平原則以及防止租稅規避以確保國家租稅的徵收，本應就其事實存在的經濟實質來加以課稅。因此，「實質課稅原則」係用以對付

「租稅規避」的武器，其背後之基本法理乃為租稅的公平原則。藉由「實質課稅原則」的適用，即可對那些「濫用」法律形成的可能性來規避租稅的納稅義務人，否認其所「濫用」之私法行為之形式，而確實依其經濟活動的實質來加以課稅。此即為德國租稅通則第四十二條規定:「納稅義務人不能藉民法之形式或濫用其形成可能性而規避或減輕租稅，如其有濫用情形，仍應依適合其經濟上之行為、事實或各相關之法律狀態下所應徵收之金額予以徵收」之意旨。至於，仿傚美國內地稅法 (Internal Revenue Code) 第四百八十二條所制定的所得稅法第四十三條之一規定:「營利事業與國內外其他營利事業具有從屬關係，或直接間接為另一事業所有或控制，其相互間有關收益、成本、費用與損益之攤計，如有以不合營業常規之安排，規避或減少納稅義務者，稽徵機關為正確計算該事業之所得額，得報經財政部核准按營業常規予以調整」，則是將「實質課稅原則」具體的形諸明文。然而，吾人須知「實質課稅原則」引用的要件之一，則是要有「法律形成可能性」的「濫用」，如果沒有「濫用」「法律形成可能性」之情形時，行政機關就不可以「恣意」的引用「實質課稅原則」來加以課稅。茲將行政法院及行政機關就「實質課稅原則」所表示之見解，分述如下:

Ⅰ.行政法院七十四年判字第一四八八號判決

按法院得依已明瞭之事實，推定應證事實之真偽，為行政訴訟法第三十三條準用民事訴訟法第二百八十二條所明定。本件原告等共同出資購買坐落新竹縣新豐鄉員山段一三〇之三三、一三〇之六、一三〇之七及一四五之一二五號等土地，並共同出資以原告等之名義為共同起造人，在其上興建房屋計五十五戶出售等情，業據原告卓××、林××分別於六十九年十月七日及七十年四月一日在被告機關新竹縣財稅警聯合查緝小組應訊時供認在卷，有該談話筆錄附原處分卷可稽，復有建造執照、建屋出售收款明細表等件附原處分

71

卷足按。又被告機關派員於六十九年九月十八日實地訪察，其建屋現場設有建興新城招牌及接待中心，並經被告機關答辯綦詳。核其情形足據以認定原告等委係合夥興建房屋出售營利無訛。原告等主張其各人均有不同之固定職業，並非有經營共同之事業，其先後於六十二年及六十六年共同買受土地，隨即於六十六年九月各所有權人協議將土地分割分別管理，因土地共同之規劃，道路共同之利用，故共同申請建造執照。然均係個別提供材料，個別委託營造廠承包施工技術，個人分別支付工資價款，個別出售房屋，所得房屋價款亦依規定分別申報個人財產交易所得稅，顯係各土地所有人建屋處分個人財產之行為，原告之間並無合夥關係之存在云云，固據提出土地登記簿謄本、土地分割分管協議書、承包工資合約書、工程合約書、建造執照申請書、購買建築材料之統一發票、交屋證明、瓦斯錶押錶金收據等件影本為證。惟查原告卓××、林××於新竹縣財稅警聯合查緝小組調查時，既分別供認係原告等共同出資購買土地及出資建屋出售，已如上述，並供稱與營造商間所訂立合約書於完工後作廢，沒有保存無法提供等語，迨至提起訴願時始提出各原告等與營造商間分別訂立之承包工資合約書，足見上開承包工資合約書乃事後專為行政爭訟而製作者，不足採為有利原告之證據。又原告等所提供之材料工資統一發票，其抬頭有原告等個人名義者，亦有卓××等九人或陳××等三十四人名義者，亦不足資以證明原告等有個別發包、分別購買材料及分別支付工資之事實。次查原告等共有系爭土地係於六十七年七月十四日、十八日及六十八年五月十日始辦理分割，而申請建造執照日期則為六十七年三月、五月及六十六年十一月，亦即彼等係於開始建屋之後始分割土地，而原告等於查緝小組調查期間始終未提出已協議分割之證明，迨至申請復查時始提出，亦可見該土地分割分管協議書乃事後所製作，仍不足以證明原告等早已分割共有土地個別使用。此外原告等亦未能提出

建屋出售收支款項之流程以資證明確係個別之個人建屋而非合夥建屋出售營業。依上所述，原告等所訴各節皆無足採，從而，被告機關認定原告等係屬合夥組織之營利事業，合夥建屋出售營利屬實，乃據以補徵其營業稅於法洵無違誤，訴願及再訴願決定遞予維持，亦無不合。至財政部（六七）臺財稅字第三三四六八號函第一、二項所釋示情形與本件案情各異，於本件殊無適用之餘地。又財政部（六七）臺財稅字第三一九〇三號、第三二二五二號函係有關出售房屋計算財產交易所得之釋示，核與本件係補徵營業稅者不同，亦難據以比附援引。原告等另申報個人財產交易所得稅及以個人名義報繳房屋契稅、土地增值稅等行為，均無非以此形式上之外觀作為其漏稅行為之掩飾手段，依實質課稅之稅法解釋原則，更不足為其卸責之依據。

II．行政法院八十三年判字第三五一號判決

按當事人對於本院之判決，提起再審之訴，必須該判決具有行政訴訟法第二十八條所列各款情形之一者，始得為之。而同條第一款所謂：「適用法規顯有錯誤」，係指原判決所適用之法規與該案應適用之現行法規相違背，或與解釋判例有所牴觸者而言，至於法律上見解之歧異，再審原告對之縱有爭執，要難謂為適用法規錯誤，而據為再審理由。

本件再審意旨無非係謂：其係以營業一般進出口貿易及經銷代理國內外廠商產品投標報價業務為主要業務，並非證券自營商，亦非類似證券自營商之以投資股票買賣為專業，所出售之三筆股票，依行為時獎勵投資條例第二十七條、及同條例施行細則第三十二條之規定，應免徵證券交易所得稅，詎原判決竟維持一再訴願決定及原處分，將該證券交易所得併課營利事業所得稅，有違憲法第七條、第八十條及上開法律之規定，及違反課稅公平、信賴保護、實體從舊等原則與租稅法定主義，原判決適用法規顯有錯誤等語。

惟查本件再審原告所主張之上開再審事由，業經本院原判決於再審原告營利事業所得稅事件前訴訟程序中詳予審酌，分別予以指駁，並於理由欄中論明：「租稅法所重視者，應為足以表徵納稅能力之實質的經濟事實，而非其外觀之法律行為或形式上之登記事項，對實質上相同經濟活動所產生之相同經濟利益，應課以相同之租稅，始符合租稅法律主義所要求之公平及實質課稅原則，實質課稅原則為租稅法律主義之內涵及當然歸趨。故有關課徵租稅構成要件事實之判斷及認定，自亦應以其實質上經濟事實關係及所產生之實質經濟利益為準，而非以形式外觀為準，否則勢將造成鼓勵投機或規避稅法之適用，無以實現租稅公平之基本理念及要求。而本件行為當時獎勵投資條例第二十七條所指非以有價證券買賣為專業者，應就營利事業實際營業情形，核實認定。設公司登記或商業登記之營業項目，雖未包括投資或其所登記投資範圍未包括有價證券買賣，然其實際上未經營所登記之營業項目，無營業收入，卻從事龐大有價證券買賣，或從事與其投資項目無關之有價證券買賣，其非營業收入與營業收入比較，顯然超過，且不相當時，足證其係以買賣有價證券為主要營業，即難謂非以有價證券買賣為專業。否則無異鼓勵從事違反公司登記或營業登記之營業者以獲免稅之優惠，自非立法之本旨。又當時獎勵投資條例施行細則第三十二條所舉者為『以有價證券買賣為專業』之事業，並非該條以外情形之營業。即為同條例第二十七條所定『非以有價證券買賣為專業』之營業。本件原告於七十六年七月十三日經核准設立登記，登記資本額三千萬元，當時公司名稱雖未標明『投資』二字（七十八年六月二十九日始更名為投資公司），惟當時登記之所營事業有經營投資業務，且其當年度實際經營有價證券買賣，證券交易所得高達七六、〇六九、四二五元，較當年度實收股本三千萬元為多，且至七十七年十二月三十一日除尚未出售之有價證券（股票）一一三、五五一、六三六元及長

期投資一八、○○○、○○○元外，並無期末存貨已如前述，難謂
其實際上非以有價證券買賣為專業。又原處分援引本院六十九年判
字第五三九號判決為法令之依據固非允洽，惟其依前開所得稅法規
定之精神，以原告實際從事有價證券之買賣為主要業務之事實，核
定原告買賣有價證券所得課徵所得稅，自與實質課稅，及公平課稅
之原則相符，而與前開憲法暨法律之規定，及法律上各項原則無違。
原告起訴意旨難認有理由，應予駁回」在案。經查，本件行為時獎
勵投資條例（該條例已於八十年一月三十日廢止）第二十七條明定
「為促進資本市場之發展，行政院得視經濟發展及資本形成之需要
及證券市場之狀況，決定……暫停徵全部或部分非以有價證券買賣
為專業者證券交易所得稅」，其所謂「非以有價證券買賣為專業者」
究何所指，係屬不確定之法律概念，行政機關對上該不確定之法律
概念，於執行時雖可依職權認定之，然行政機關認定之結果，對法
院非當然有拘束力，依現行行政法學通說，仍得由法院予以審查。
又法官依據法律獨立審判，憲法第八十條載有明文。而各機關依其
法定職掌所發布之行政命令，法官於審判時，固可予以引用，但仍
得依據法律，表示適當之不同見解，並不受其拘束，司法院著有釋
字第一三七號、第二一六號解釋，可資參照。查前獎勵投資條例施
行細則第二十七條所稱「以有價證券買賣為專業者」之意義，雖於
第三十二條將之定義為「係指經營有價證券自行買賣業務之證券自
營商及經公司登記或商業登記以投資為專業之營利事業」，反面解
釋，即謂非經營有價證券自行買賣業務之證券自營商，以及未經公
司登記或商業登記以投資為專業之營利事業，則屬「非以有價證券
買賣為專業者」。然該施行細則之性質，核僅屬由行政院依法律（即
獎勵投資條例）之授權所發布之行政命令而已，依上述說明，法院
非當然即應受拘束，本院於審判時，仍得依據法律，表示適當之不
同見解。是本院認為前獎勵投資條例第二十七條規定所稱「非以有

價證券買賣為專業者」，應就營利事業實際營利情形核實認定，自係依據法律，獨立審判之結果，難謂違法。再審原告主張是否屬非以有價證券買賣為專業者，應專就前獎勵投資條例施行細則第三十二條規定認定乙節，純係誤解。次查，「營利事業所得稅之計算，以其本年度收入總額減除各項成本費用、損失及稅捐後之純益額為所得額」，行為時所得稅法第二十四條第一項定有明文。又「為促進資本市場之發展，行政院得視經濟發展及資本形成之需要及證券市場之狀況，決定……暫停徵全部或部分非以有價證券買賣為專業者證券交易所得稅。」固為行為時（即六十九年十二月三十日修正）獎勵投資條例（該條例業於八十年一月三十日廢止）第二十七條所明定，其所謂「非以有價證券買賣為專業者」，應就營利事業實際營業等情形，核實認定。設公司登記或商業登記之營業項目，雖未包括投資或其所登記投資範圍未包括有價證券買賣，然其實際上未經營所登記之營業項目，無營業收入，卻從事龐大有價證券買賣，或從事與其投資項目無關之有價證券買賣，其非營業收入與營業收入比較，顯然超過，且不相當時，足證其係以買賣有價證券為主要營業，即難謂非以有價證券買賣為專業。否則無異鼓勵從事違反公司登記或營業登記之營業者以獲免稅之優惠，自非立法之本旨。獎勵投資條例施行細則第三十二條所舉者為「以有價證券買賣為專業」之事業，並非該條以外情形之營業，即為同條例第二十七條所定「非以有價證券買賣為專業」之營業，此為本院最近一致所採之見解。至於再審原告所援引本院七十三年度判字第一二三二號、七十三年度判字第一六五○號以及八十一年度判字第九五○號等判決，並未經本院著為判例，並無拘束原判決之效力。從而原判決以再審原告有登記經營投資業務，且其當年度實際經營有價證券買賣，證券交易所得高達七六、○六九、四二五元，而本身主要業務收入僅一、七三二、六○○元，另本期全無薪資支付，亦無設備，實難謂非以有價證券

買賣為專業，自不得免稅為由，因而核駁其所提起之行政訴訟，經核其認事用法與該案應適用之現行法規並無違背，且與解釋判例毫無牴觸。本件再審原告所主張之上開再審理由無非係其一己對前獎勵投資條例第二十七條規定所稱「非以有價證券買賣為專業者」應如何認定所持法律見解之歧異，揆諸首揭法條規定及說明，自不符法定再審要件。其遽提起本件再審之訴，難謂有理由，應予駁回。

Ⅲ. 財政部臺財稅第八○○一四六九一七號函

主旨：免徵土地增值稅之農業用地，如經查明係第三者利用農民名義購買，則原無免徵土地增值稅之適用，應予補徵原免徵稅額。復請　查照。

說明：二、取得依法免徵土地增值稅之農業用地，在地目未變更前興工闢建球場，如該球場係先經教育部依法許可設立，且已領有興工之建照者，尚非屬非法使用，依本部 79.10.16. 臺財稅第七九○三三○六七六號函規定，不宜引用土地稅法第五十五條之二第三款規定處罰。故取得依法免徵土地增值稅之農業用地，經繼續耕作一段時間後，供高爾夫球場申請設立登記，如係依法定程序變更使用，尚無補徵原免徵土地增值稅或處罰問題。惟類此情形，如經查明係第三者利用農民名義購買農地，則屬脫法行為，依實質課稅原則，應無免徵土地增值稅之適用。

然而，在實務上，行政法院或行政機關卻常常將「實質課稅原則」與其他法律原則或概念混為一談，以致於產生誤引誤用的現象，茲將其中犖犖大者，臚列如後：

1.核實課稅原則

「核實課稅原則」亦可稱為「核實認列原則」，係「舉證責任分配法則」在租稅法上的具體表現，其主要的內涵為：「行政機關就任

何符合租稅義務構成要件或租稅義務減免要件之事實，皆應依法確實加以查核，並依實際上或實質的內容來認列，不得僅憑片面或臆測之詞，而為租稅核課之處分。」但是，吾人經常可以發現行政法院或行政機關會將「核實課稅原則」誤以為是「實質課稅原則」，並加以引用；此一謬誤的現象，實宜加以匡正之。茲將誤引誤用的行政法院判決及行政機關解釋函令，分述如下：

Ⅰ.行政法院七十年判字第三三四號判決

按「經復查、訴願或行政訴訟確定應補繳稅款者，稅捐稽徵機關應於復查決定或接到訴願決定書或行政法院判決書正本後十日內，填發補繳稅款繳納通知書，通知納稅義務人繳納，並自該項補繳稅款應繳納期間屆滿之次日起，至填發補繳稅款繳納通知書之日止，按補繳稅額，依當地銀行業通行之一年期定期存款利率，按日加計利息，一併徵收」，為稅捐稽徵法第三十八條第三項所明定。又租稅行政救濟程序，基於租稅法律主義及實質課稅原則之關係，關於課稅要件事實之是否具備，自必須經過相當時間之調查，始能明白，同時基於證據調查上之方便起見，訴願或再訴願機關，以及行政法院，就稅務案件之待證事實，有不明瞭者，自得撤銷原處分或原決定，由原處分機關或原決定機關核實詳查，另為適當合法之處分，而原處分機關遵照詳查依法再行處分，或訴願機關所為再行決定，縱令逾越行為時所得稅法第八十二條復查決定期間二十天，現行稅捐稽徵法第三十五條復查決定期間二個月，訴願法第二十條訴願決定期間三個月之訓示規定，仍無礙於依上開規定加計利息之計算。本件原告六十一年度綜合所得稅，被告機關核定補徵稅額二、九三六、三六五元，經發單通知繳納，其限繳日自六十五年五月一日至同年月十日止，原告不服，申請復查，並提起訴願、再訴願及行政訴訟，前經本院另案以六十六年度判字第四六九號判決撤銷重核，被告機關依判決意旨重核結果，更正其應補徵之稅額為二、

六八四、三五七元，原告仍不服，復又循行政救濟程序請求救濟，迨六十九年一月十五日，經本院另案以六十九年度判字第二〇號判決「原告之訴駁回」確定各等情為原告所不爭，且有本院調閱之上開本院各該判決可證，從而被告機關依稅捐稽徵法第三十八條第三項規定，就其應補繳之稅額，按日加計利息共一、〇六七、四六三元，一併徵收，揆諸上述說明，於法尚無不當。

II. 行政法院七十一年判字第二〇一號判決

查所得稅法第十四條第一項第二款執行業務者帳簿之設置，雖僅規定至少應設日記帳一種，至應再設置何項補助帳或明細表，目前尚無其他規定，但原告所設置之日記帳若有未依規定記載、設帳、保存憑證，或未能提供證明所得以供查核時，依實質課稅之原則，被告機關自得依其查得之資料據以計算原告之所得並據以課稅，原告堅持課稅一以其設置之日記帳為準，未免誤會。

III. 行政法院七十五年判字第一六四二號判決

本件原告就被告機關核定七十一年執行業務所得，主張其承辦郭×賜等案件計三十二件本收取報酬，及核課年度不符二十五件，經提出證明書申請復查，被告機關復查決定以原告雖提出證明書，尚乏佐證資料可供查核，又核課年度以結案判決日期之年度為準，未予追減。案經原告提起訴願，臺灣省政府訴願決定將上開復查決定撤銷，由原處分機關重行查核，另為處分，被告機關自應就未收取報酬及核課年度不符兩部分再行查核。卷查被告機關重查期間就未收取報酬部分曾向各該當事人函查渠等委任訴訟案件，有無給付報酬，如未給付報酬則係基於如何關係或如何原因請予以說明後，嗣經各該訴訟當事人函復；或因選舉為原告助選，或因與原告為親友關係，故委任原告辦理訴訟案件時，原告囿於情誼而未收受報酬等語。此有各該當事人簽名蓋章之復函三十二件附原處分卷可稽，查被告機關既認定原告所提出之證明書尚乏證據力，因而向各該當

事人一一去函調查各訴訟當事人分別委任原告辦理訴訟案件究竟有無給付律師報酬，則對各該當事人復函所載內容有無與原證明書相符，所述是否真實，自應加以斟酌。如認上開復函仍不足採，則其理由為何，有無進一步查證必要，依實質課稅之原則及行政救濟之立法本意，亦均應於復查決定書內詳加說明，乃被告機關七十四年五月二十二日七十四南市稅法字第二八五三四號復查決定書及該案復查報告書就原告未收取報酬部分及其有關證據取捨，均棄置不論，僅就核課年度不符部分而為決定而不及其他，要難謂無違背一般證據法則之違法。

Ⅳ. 行政法院七十九年判字第一五五三號判決

本件原告七十五年度綜合所得稅結算申報，關於其與乃弟林樂山於七十五年間將共有各應有部分二分之一之座落高雄市新興區中山一路二八九號房屋一至六樓出租租賃所得部分，被告機關認為過低，乃參照當地一般租金調整核定為七八四、一四九元併課綜合所得稅。固非無見。惟按課稅須符合公平之原則，查系爭房屋一至六樓係原告與其弟林樂山共有各應有部分二分之一，經原告陳明，且為被告機關所不爭執，而系爭房屋一至六樓係出租與紅花餐廳或中華大飯店。原告之弟林樂山部分，七十五年租賃收入，經被告機關重為復查決定，追減租賃所得為二四七、三八一元，為被告機關所是認，而原告部分，被告機關參照當地一般租金重為復查核定，其租賃所得為七八四、一四九元，同一租賃標的、同一年度，而原告與林樂山參各租賃所得，相差如此懸殊，寧謂符合公平原則？則被告機關據以調整計算原告租賃所得所參照之當地一般租金是否符合當地一般租金之客觀標準，自有重行調查之必要。次按財產出租，其約定之租金，顯較當地一般租金為低，稽徵機關得參照當地一般租金調整計算租賃收入，固為所得稅法第十四條第五類第五款所規定，惟參照當地一般租金調整結果，其租賃收入超過土地法第九十

七條第一項之限制時，就其超過部分之課稅，應以能證明出租人有此項現實收入者為限，以符實質課稅之原則。為本院最近之一致見解。本院以前有關參照當地一般租金調整計算之租賃收入，據以課稅，涉及土地法第九十七條第一項規定所為之判決，與前述本院最近見解歧異者，不宜援引。本件參照當地一般租金調整原告租賃所得，超過土地法第九十七條第一項規定之限制時，被告機關如就其超過部分據以課稅，應有確切之證據證明原告有該項現實收入，始足昭折服。綜上所述，本件被告機關所為核定原告租賃所得七八四、一四九元，尚有可議。一再訴願決定遞未糾正，均嫌速斷。原告執以指摘，非全無理由。

Ｖ．行政法院八十三年判字第一七七三號判決

查所得稅法中關於營利事業所得之計算係規定於第二十四條第一項：「營利事業所得之計算，以其本年度收入總額減除各項成本費用、損失及稅捐後之純益額為所得額。」顯係採取「實質課稅原則」以符公平課稅之要求，從而對權利金之規定，除免稅之權利金需取具主管機關專案核准支付之證明外，非免稅者，即無專案核准限制之必要，而應根據納稅義務人提供審核之資料據實認定。財政部於八十二年十二月三十日修正頒行之營利事業所得稅查核準則於第八十七條第二款後段將時過境遷不合時宜之修正前所揭示：「不符合上開免稅規定者，應視其支付權利金或技術報酬金之性質，分別取得經濟部投資審議委員會、工業局或中央標準局核准支付之證明」及「毋須經事業主管機關核准者」等文字刪除，而就屬於非免稅權利金之查核部分逕行規定為「營利事業使用國外營利事業或非我國境內居住個人之著作權所支付之權利金，或非屬上開案件所支付之權利金或技術服務報酬者，應由稽徵機關憑雙方簽訂之合約，核實認定。但其支付之金額，超出一般常規者，應提出正當理由及證明文件，以憑核定，否則不予認定。」俾資遵循，即係本諸「實質公平課

稅原則」之旨趣所訂定。茲原告既已陳明其八十年度支付之技術報酬金已按所得稅法之規定取具受款人證明、合約，並依法扣繳申報且提出此等相關證據資料供核在案，乃被告未顧及前述查核準則第八十七條第二款後段規定之精神所在，從實體上切實加以審核決定取捨，率以其係支付國外之技術報酬金，未依規定取得經濟部投資審議委員會核准支付之證明為由，未准認列扣除，難謂允當。一再訴願決定未加以糾正，遞予維持，同有可議。

2. 實質所得人課稅原則

「實質所得人課稅原則」乃信託行為的課稅法則之一。由於信託行為成立時必須將信託財產移轉予受託人，而產生財產所有權的變動，惟受託人僅取得信託財產之名義所有權以及對之管理或處分的權限，並不享有信託財產之利益，實質利益享有者則為受益人。因此，當信託財產孳生所得時，即應就其實質的所得人——即受益人——來加以課稅，而非以名義上的所得人——即受託人——作為課稅的主體。行政法院七十八年度判字第二○二一號判決即為「實質所得人課稅原則」的最佳例證：

按「凡公債、公司債、金融債券、各種短期票券、存款及其他貸出款項利息之所得，應合併計入個人之綜合所得總額。」所得稅法第十四條第一項第四類定有明文。又租稅負擔公平之原則，為稅制基本原則之一，而所謂負擔公平，不僅止於形式上之公平，更應就實質上使其實現。法律形式上所得之歸屬者，通常固為經濟利益之享受者，然兩者之間有所出入時，縱法律形式上為有效之行為，在租稅法上仍應就實質上經濟利益之享受者予以課稅，始合負擔公平之原則。本件原告七十三〔及七十四〕年度綜合所得稅結算申報，為申報所得總額，〔分別為〕三、一○四、六四一〔及〕二、一六一、三○○元，嗣經人檢舉短漏報利息所得，並經臺灣省稅務局中區稽

核組查證及被告機關復查決定，認定原告借款除詹○○部分仍按原告自行申報之利率計算外，其餘張○○、王○○部分，蓄意壓低抵押放款利率，致七十三年度張○○短報利息所得二七、二八八元，王○○短報利息所得一六四、七○○元，七十四年度張○○短報利息所得六四、八六一元，王○○短報利息所得六四、○○○元，另原告利用劉黃○○名義在華南商業銀行豐原分行利息所得七十三年度八二一、九九三元，七十四年度五一一、○一三元，又原告七十三年度漏報取自陳○貴之票據貼現放款利息五、六七○元，七十四年度漏報取自陳○忠之票據貼現放款利息二九三、七九七元，共計短漏報利息所得七十三年度六八三、九六四〔及〕七十四年度九三四、四七一元，據以發單補徵原告七十三年度〔及〕七十四年度綜合所得稅四○三、八七一〔及〕二三九、四八五元，揆諸首揭法條規定及說明，並無違誤。原告訴稱：㈠被告機關及一再訴願決定機關認定原告有短漏報利息所得，純係憑抵押借款之債務人談話筆錄，並無實質證據。㈡劉黃○○存款利息所得，業已依法報稅。㈢陳○貴、陳○忠所交付之支票乃給付貨款及償還本金，而非支付利息云云。第查㈠原告借款與張○○、王○○設定抵押，固依中央銀行核定放款利率辦理抵押權設定登記。惟實際放款利率並非按地政機關登記資料計算，均經張○○、王○○在中區稽核組供證在卷，有訪談筆錄在原處分卷可稽。原告在申請復查時，雖提出張○○出具之證明書，證明借款利息確依登記約定之利率，惟案重初供，其證明與訪談筆錄，既不相符，自無足採。㈡原告為分散利息所得，利用劉黃○○名義在華南商業銀行豐原分行開戶存款，收取利息，已為原告所不爭執，雖劉黃○○利息所得業已依法申報所得稅，惟此項所得實際所得者既為原告，依首揭說明所示實質所得者課稅原則，本件實質所得者，既屬原告自應由原告去申報，並據以課稅，始符租稅負擔公平之原則。至劉黃○○已繳納之綜合所得稅，於本案確

定後，應據以核定辦理退稅。被告機關已在行政救濟決定應補稅額通知書中註明，並不發生重複課稅之問題。㈢陳○貴票據乃用以支付利息，業經其在中區稽核組供明，有訪談筆錄附卷可證，其事後所出具之證明書雖證明係應付予豐泰鞋行之貨款，惟與其初供不符，自非可採。陳○忠交付暐星股份有限公司之支票，均已兌現，有支票影本附原處分卷可稽。原告稱用以清償本金，既無證據證明又與民法第三百二十三條之規定不符，亦無可採。綜上所述，原告所訴各節，均無可採，一再訴願決定，遞予維持原處分，均無不合。

然而，在實務上，「實質所得人課稅原則」與「實質課稅原則」則常被混為一談。

3.類推適用

除此之外，「實質課稅原則」與租稅法上的「類推適用」亦常發生混為一談的情形。所謂租稅法上的「類推適用」係就租稅法上的「公開漏洞」，來加以填補適用。譬如，就民法有關抵銷之規定，租稅法上並無相應之規定，如有納稅義務人欠繳稅捐但又有應退還之工程受益費時，則該納稅義務人可否主張抵銷？此即為租稅法上的「公開漏洞」。此時，即可類推適用民法有關抵銷之規定來加以填補適用。（詳參財政部臺財稅字第七九○一二五二七四號函）此一概念雖與「實質課稅原則」有本質上的差異，然而，在實務的運作當中，二者之間的界線則相當的模糊。

4.目的性限縮

再則，「實質課稅原則」與租稅上的「目的性限縮」也常被混為一談。而所謂的「目的性限縮」係就租稅法上的「隱藏漏洞」，來加以填補適用。此一概念雖亦與「實質課稅原則」有本質上的差異，惟在實務上，二者之間的界線亦相當的模糊。

三、信賴利益保護原則

「信賴利益保護原則」所涵蓋的對象包括行政機關的授益處分、解釋函令以及行政行為。當人民因為信賴行政機關的處分、決定或解釋的有效存在，並根據該等處分、決定或解釋而就其生活關係或經濟活動為適當的安排時，依據「信賴利益保護原則」，此一人民因「信賴」所形成的利益即應受到法律的保護；因此，即使事後發現有違法的情事或基於重大的公益而須變更原行政機關的處分、決定或解釋者，行政機關亦須衡量公益與信賴利益二者的孰輕孰重，亦即如果變更的結果對公益有重大的危害或者人民的信賴利益顯然大於所欲維護的公益，且人民的信賴並無不值得保護的情形時，自不得輕言變更原處分、決定或解釋。此外，如行政機關衡量結果，認為應變更原處分、決定或解釋者，亦應給予該人民合理的補償。訴願法第八十條之規定：「提起訴願因逾法定期間而為不受理決定時，原行政處分顯屬違法或不當者，原行政處分機關或其上級機關得依職權撤銷或變更之。但有左列情形之一者，不得為之：一、其撤銷或變更對公益有重大危害者。二、行政處分受益人之信賴利益顯然較行政處分撤銷或變更所欲維護之公益更值得保護者。行政處分受益人有左列情形之一者，其信賴不值得保護：一、以詐欺、脅迫或賄賂方法，使原行政處分機關作成行政處分者。二、對重要事項提供不正確資料或為不完全陳述，致使原行政處分機關依該資料或陳述而作成行政處分者。三、明知原行政處分違法或因重大過失而不知者。行政處分之受益人值得保護之信賴利益，因原行政處分機關或其上級機關依第一項規定撤銷或變更原行政處分而受有損失者，應予補償。但其補償額度不得超過受益人因該處分存續可得之利益」，即為此一原則之具體實現。準此原則，行政法院做了幾個與租

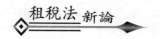

稅法關係密切的判決，茲分述如下：

Ⅰ.大法官會議釋字第五二五號解釋

解釋文

　　信賴保護原則攸關憲法上人民權利之保障，公權力行使涉及人民信賴利益而有保護之必要者，不限於授益行政處分之撤銷或廢止（行政程序法第一百十九條、第一百二十條及第一百二十六條參照），即行政法規之廢止或變更亦有其適用。行政法規公布施行後，制定或發布法規之機關依法定程序予以修改或廢止時，應兼顧規範對象信賴利益之保護。除法規預先定有施行期間或因情事變遷而停止適用，不生信賴保護問題外，其因公益之必要廢止法規或修改內容致人民客觀上具體表現其因信賴而生之實體法上利益受損害，應採取合理之補救措施，或訂定過渡期間之條款，俾減輕損害，方符憲法保障人民權利之意旨。至經廢止或變更之法規有重大明顯違反上位規範情形，或法規（如解釋性、裁量性之行政規則）係因主張權益受害者以不正當方法或提供不正確資料而發布者，其信賴即不值得保護；又純屬願望、期待而未有表現其已生信賴之事實者，則欠缺信賴要件，不在保護範圍。

　　銓敘部中華民國七十六年六月四日臺華甄四字第九七〇五五號函將後備軍人轉任公職考試比敘條例第三條第一款適用對象常備軍官，擴張及於志願服四年預備軍官現役退伍之後備軍人，有違上開條例之意旨，該部乃於八十四年六月六日以臺中審一字第一一五二二四八號函釋規定：「本部民國六十四年十一月十五日六四臺謨甄四字第三五〇六四號函暨七十六年六月四日七六臺華甄四字第九七〇五五號函，同意軍事學校專修班畢業服預備軍官役及大專畢業應召入伍復志願轉服四年制預備軍官役依法退伍者，比照『後備軍人轉任公職考試比敘條例』比敘相當俸級之規定，自即日起停止適用」，未有過渡期間之設，可能導致服役期滿未及參加考試，比敘規定已

遭取銷之情形，衡諸首開解釋意旨固有可議。惟任何行政法規皆不能預期其永久實施，受規範對象須已在因法規施行而產生信賴基礎之存續期間，對構成信賴要件之事實，有客觀上具體表現之行為，始受信賴之保護。前述銓敘部七十六年六月四日函件雖得為信賴之基礎，但並非謂凡服完四年預備軍官役者，不問上開規定是否廢止，終身享有考試、比敘之優待，是以在有關規定停止適用時，倘尚未有客觀上具體表現信賴之行為，即無主張信賴保護之餘地。就本件而言，其於比敘優待適用期間，未參與轉任公職考試或取得申請比敘資格者，與前述要件不符。主管機關八十四年六月六日之函釋停止適用後備軍人轉任公職考試比敘條例有關比敘之規定，符合該條例之意旨，不生牴觸憲法問題。

解釋理由書

　　法治國為憲法基本原則之一，法治國原則首重人民權利之維護、法秩序之安定及誠實信用原則之遵守。人民對公權力行使結果所生之合理信賴，法律自應予以適當保障，此乃信賴保護之法理基礎，亦為行政程序法第一百十九條、第一百二十條及第一百二十六條等相關規定之所由設。行政法規（包括法規命令、解釋性或裁量性行政規則）之廢止或變更，於人民權利之影響，並不亞於前述行政程序法所規範行政處分之撤銷或廢止，故行政法規除預先定有施行期間或經有權機關認定係因情事變遷而停止適用，不生信賴保護問題外，制定或發布法規之機關固得依法定程序予以修改或廢止，惟應兼顧規範對象值得保護之信賴利益，而給予適當保障，方符憲法保障人民權利之意旨。

　　制定或發布法規之機關基於公益之考量，即社會整體利益優先於法規適用對象之個別利益時，自得依法定程序停止法規適用或修改其內容，若因此使人民出於信賴先前法規繼續施行，而有因信賴所生之實體法上利益受損害者，倘現有法規中無相關補救規定可資

援用時（如稅捐稽徵法第四十八條之三等），基於信賴之保護，制定或發布法規之機關應採取合理之補救措施或訂定過渡期間之條款，俾減輕損害。至有下列情形之一時，則無信賴保護原則之適用：一、經廢止或變更之法規有重大明顯違反上位規範情形者；二、相關法規（如各種解釋性、裁量性之函釋）係因主張權益受害者以不正當方法或提供不正確資料而發布，其信賴顯有瑕疵不值得保護者；三、純屬法規適用對象主觀之願望或期待而未有表現已生信賴之事實者，蓋任何法規皆非永久不能改變，法規未來可能修改或廢止，受規範之對象並非毫無預見，故必須有客觀上具體表現信賴之行為，始足當之。至若並非基於公益考量，僅為行政上一時權宜之計，或出於對部分規範對象不合理之差別對待，或其他非屬正當之動機而恣意廢止或限制法規適用者，受規範對象之信賴利益應受憲法之保障，乃屬當然。

銓敘部中華民國七十六年六月四日臺華甄四字第九七〇五五號函將後備軍人轉任公職考試比敘條例第三條第一款適用對象常備軍官，擴張及於志願服四年預備軍官現役退伍之後備軍人，有違上開條例之意旨，該部乃於八十四年六月六日以臺中審一字第一一五二二四八號函釋規定：「本部民國六十四年十一月十五日六四臺謨甄四字第三五〇六四號函暨七十六年六月四日七六臺華甄四字第九七〇五五號函，同意軍事學校專修班畢業服預備軍官役及大專畢業應召入伍復志願轉服四年制預備軍官役依法退伍者，比照『後備軍人轉任公職考試比敘條例』比敘相當俸級之規定，自即日起停止適用。」姑不論銓敘部七十六年六月四日之函件，是否牴觸前開條例規定，維護憲法所揭示公開競爭考試制度及法律所定正常文官甄補管道，其利益顯然優於對少數延長役期預備軍官賦予之特殊優待，該部八十四年六月六日之函釋停止七十六年規定之適用，未有過渡期間之設，可能導致服役期滿未及參加考試，比敘規定已遭取銷之情形，

固有可議之處，要屬符合公益之措施。

　　銓敘部七十六年六月四日發布之上開函件，雖得為信賴之基礎，惟係基於招募兵員之權宜措施，與法律之規定既不一致，自不能預期其永久實施，除已有客觀上具體表現信賴之行為者外，尚不能因比敘措施廢止即主張其有信賴利益之損失。就本件而言，參與轉任公職考試或取得申請比敘資格，乃表現其服役之初即對應考試服公職可獲優待具有信賴之客觀具體行為。是以於停止適用時，尚未應考試及格亦未取得公務人員任用資格者（本件聲請人遲至八十六年始應特種考試後備軍人轉任公務人員考試及格），難謂法規廢止時已有客觀上信賴事實之具體表現，即無主張信賴保護之餘地。主管機關八十四年六月六日之函釋停止適用後備軍人轉任公職考試比敘條例有關比敘之規定，符合該條例之意旨，不生牴觸憲法問題。

　　II．行政法院七十六年判字第四七四號判決

　　本件原告陳○章所有座落高雄縣岡山鎮挖子段九二九、九五九一二地號土地參加被告機關舉辦岡山鎮嘉峰農地重劃，原告受分配華崗段二二九號、華興段三八、六四地號土地。原告以原有土地因重劃後分配予他人所有部分，其原在上開土地上所種植之長期農作物（即芒樹）無法遷移，向被告機關請求予以補償。被告機關依據內政部 72.8.20. 七十二內地字第一七六二八四號函釋示，認應由原告自行遷移，固非全無見地。惟查內政部上開函說明㈡係謂「各縣市政府於徵求農地重劃區內土地所有權人優先辦理重劃時，該同意書之內容應加列一項：『重劃區內土地，原有長期農作物者，如因配合農路、水路規劃設計系統，依法未能仍分配予原所有權人時，應由原所有權人於分配確定後，土地交接前自行遷移之。』並於農地重劃計畫書中一併列入公告之。」是政府機關依農地重劃條例第八條規定優先辦理農地重劃，關於重劃區內種有長期農作物之土地，因配合農路、水路規劃設計系統，於辦理分配時，部分土地無法按原位

置分配予原所有權人時，依內政部上開函釋，應先徵求土地所有權人同意自行遷移原有農作物，至屬明顯。本件被告機關於優先辦理岡山鎮嘉峰農地重劃，有無依內政部上開函釋預先徵求重劃區土地所有權人之同意，於分配後自行遷移原有長期農作物，尚欠明瞭。若土地所有權人未同意時，應如何處理，能否提出異議，有無農地重劃條例第二十六條規定之適用，上開內政部函未一併釋示，實為本件應予審究之點。蓋以公法上之爭訟，應有信賴保護原則之適用，亦即當事人信賴行政機關之決定存在，已就其生活關係有適當的安排者，必須予以保護或給予合理之補償。農地重劃條例第十七條固僅規定「重劃區內應行拆遷之土地、改良物或墳墓應予補償」，而未及地上農作物，然法律未規定者，並非當然視為有意省略，而仍應依相關法條，予以合理之解釋及處理。按長期農作物定著於土地上，其經濟價值通常與所定著之土地有密切關係，一旦自該土地遷離即無從或無法移植於其他土地，若遽行脫離土地，即失其經濟價值，核與短期農作物，按季節種植收穫，一經收穫即與土地分離不影響其價值者不同，亦即長期農作物之遷離，恰與土地改良物之拆遷情形相若。此際，主辦機關若能參酌有關法條規定予以合理之補償，始無違辦理農地重劃應顧及土地所有權人權益之意旨。本件原告陳〇章主張其原種植之芒樹已達十五年以上，一經遷離土地即不能活，乃被告機關未就上述各節詳予審酌之前，遽以法律無補償之明文，遂依內政部上開函釋認應由原告自行遷移而拒絕原告補償之請求，尚嫌率斷，訴願及再訴願決定未加審酌遞予維持原處分，亦嫌速斷。原告起訴意旨據以指摘，非全無理由。

Ⅲ. 行政法院八十三年判字第五六〇號判決

按「已規定地價之土地，於土地所有權移轉時，應按其土地漲價總數額徵收土地增值稅」、「農業用地在依法作農業使用時，移轉與自行耕作之農民繼續耕作者，免徵土地增值稅。」及「本條例第二

十七條所稱自行耕作之農民，以依本條例第四條規定從事農業經營者為限。」固分別為土地稅法第二十八條、第三十九條之二第一項（農業發展條例第二十七條）及農業發展條例施行細則第十四條第二項所明定。又「農業用地，承受人之戶籍謄本職業欄雖記載為農夫，惟既經查明實際上係公司之負責人，而非從事農業經營之農民，應不得依農業發展條例第二十七條規定免徵土地增值稅。」復經財政部七十四年六月十八日臺財稅字第一七七三二號函釋有案。本件原告於七十八年七月間出售臺北市士林區溪山段三小段二五〇及二六三地號二筆土地予楊恭聰，經被告所屬士林分處核准依農業發展條例第二十七條規定免徵土地增值稅在案。嗣被告複核農業用地免徵土地增值稅案發現系爭土地承買人楊恭聰並非名實相符之農民，乃發單補徵原免徵之土地增值稅。原告不服，申請復查，復查決定以系爭土地承買人楊恭聰係擔任康邦公司之負責人，且其七十六年、七十七年及七十八年綜合所得稅申報書，亦申報有偉樺公司薪資所得，全年度分別為九六、〇〇〇元、一〇八、〇〇〇元及一〇八、〇〇〇元，有綜合所得稅結算申報書影本附原處分卷可稽。是原處分認定楊恭聰並非自行耕作之農民，不適用上開免徵土地增值稅之規定，予以駁回，固非無見。惟查本件系爭土地買受人楊恭聰固自七十五年十一月二十六日起擔任設立登記之康邦公司負責人，然依原處分卷附康邦公司七十七年度營利事業所得稅結算申報書該公司全年度無營業收入，原告訴稱楊恭聰僅係該公司名義上負責人，從未參與該公司業務之經營，是否毫不足取，已值研究。又楊恭聰七十六、七十七及七十八年度綜合所得稅申報書申報有偉樺公司薪資所得全年度分別為九六、〇〇〇元、一〇八、〇〇〇元及一〇八、〇〇〇元，衡諸一般職工薪資所得，是否偏低？原告所稱該薪資所得並非專任農業以外職業（否則薪資不會如此少），而係為勞保（早期無農保）而每月申報最低薪資九、〇〇〇元，仍係自任耕作之農民，是

否不符實情，而不可採，亦堪商榷，況核准免徵土地增值稅之處分，乃對人民之授益處分，此種授予人民利益之行政處分，因違法而發生是否應予撤銷時，依一般行政法理，應委諸行政機關裁量，故行政機關對於公益與信賴利益之孰輕孰重，自應加以審酌衡量，如撤銷對公益有重大危害或受益人之信賴利益，顯然大於撤銷所欲維護之公益，且其信賴並無不值得保護之情形時，自不得輕言撤銷該違法之行政處分。依內政部於行為時所頒「自耕能力證明書之申請及核發注意事項」第三項規定，專任農耕以外之職業者，始不應核發自耕能力證明書，原處分卷附農業用地移轉土地增值稅調查處理意見表，楊恭聰自耕能力情形，既經檢附主管機關核發自耕能力證明書及戶籍謄本記載為直接從事農業生產之農民，審查結果符合規定，准予免徵土地增值稅。而上開楊恭聰營業登記情形及課稅資料，既在稅捐稽徵機關掌握之中，而未為發現，則其審查過程難謂無疏失。似此情形原告主張，其將土地售予楊恭聰時，楊恭聰曾出示區公所核發之自耕能力證明書，始將土地售予楊君，如果屬實，是否有信賴保護原則之適用，亦有斟酌之餘地。被告徒以事後查明楊恭聰非屬名實相符之農民，乃發單補徵土地增值稅，尚嫌速斷。一再訴願決定，遞予維持，亦有疏略。原告據以指摘，尚非全無可採，應將再訴願決定、訴願決定及原處分均予撤銷，由被告審酌授益之違法行政處分得否撤銷及如何撤銷之法理，另為處分，以昭折服。

四、一事不二罰原則

「一事不二罰原則」的規範對象為行政罰，其係指：「縱使同一行為分別違反數個行政法令所規定的義務，而產生所謂的法規競合，行為人依然不應受到行政機關二次以上的處分，而應由行政機關依罰責較重的規定處分之。」 此一原則乃係承襲刑法第五十五條的規

定：「一行為而觸犯數罪名，或犯一罪而其方法或結果之行為犯他罪名者，從一重處斷」而來。蓋依「舉重以明輕」的法律解釋原則，既然違反刑法的規定有所謂的「想像競合」（即一行為而觸犯數罪名，從一重處斷）或「一事不二罰原則」的適用，則與違反刑法規定相較之下反社會程度較輕微的違反行政法規定的行為，自然也應該適用「一事不二罰原則」，而不應有更不利於行為人之處置。因此，如一行為分別違反租稅法所定之義務，而同時觸犯數個行為罰或漏稅罰之處罰規定者，原則上，即應有「一事不二罰原則」的適用；在實務上，行政法院亦皆秉持此一原則。然而，行政法院庭長評事聯席會議卻另行加上一個限制，亦即究竟有無「一事不二罰原則」的適用，還須視其所違反之租稅法規定所欲規範之對象及所欲達成之行政目的是否同一而定；此一見解，不無疑問。茲將行政法院及財政部的見解臚列如下：

Ⅰ.大法官會議釋字第五○三號解釋

解釋文

　　納稅義務人違反作為義務而被處行為罰，僅須其有違反作為義務之行為即應受處罰；而逃漏稅捐之被處漏稅罰者，則須具有處罰法定要件之漏稅事實方得為之。二者處罰目的及處罰要件雖不相同，惟其行為如同時符合行為罰及漏稅罰之處罰要件時，除處罰之性質與種類不同，必須採用不同之處罰方法或手段，以達行政目的所必要者外，不得重複處罰，乃現代民主法治國家之基本原則。是違反作為義務之行為，同時構成漏稅行為之一部或係漏稅行為之方法而處罰種類相同者，如從其一重處罰已足達成行政目的時，即不得再就其他行為併予處罰，始符憲法保障人民權利之意旨。本院釋字第三五六號解釋，應予補充。

解釋理由書

　　按當事人對於確定終局裁判所適用之本院解釋，發生疑義，聲

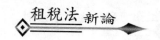

請補充解釋，經核確有正當理由者，應予受理。本件聲請人因營業稅事件，經行政法院確定終局判決引用本院釋字第三五六號解釋作為判決之依據，惟該號解釋對納稅義務人違反作為義務被處行為罰與因逃漏稅捐而被處漏稅罰，究應併合處罰或從一重處斷，並未明示，其聲請補充解釋，即有正當理由，合先敘明。

　　違反租稅義務之行為，涉及數處罰規定時可否併合處罰，因行為之態樣、處罰之種類及處罰之目的不同而有異，如係實質上之數行為違反數法條而處罰結果不一者，其得併合處罰，固不待言。惟納稅義務人對於同一違反租稅義務之行為，同時符合行為罰及漏稅罰之處罰要件者，例如營利事業依法律規定應給與他人憑證而未給與，致短報或漏報銷售額者，就納稅義務人違反作為義務而被處行為罰與因逃漏稅捐而被處漏稅罰而言，其處罰目的及處罰要件，雖有不同，前者係以有違反作為義務之行為即應受處罰，後者則須有處罰法定要件之漏稅事實始屬相當，除二者處罰之性質與種類不同，例如一為罰鍰、一為沒入，或一為罰鍰、一為停止營業處分等情形，必須採用不同方法而為併合處罰，以達行政目的所必要者外，不得重複處罰，乃現代民主法治國家之基本原則。從而，違反作為義務之行為，如同時構成漏稅行為之一部或係漏稅行為之方法而處罰種類相同者，則從其一重處罰已足達成行政目的時，即不得再就其他行為併予處罰，始符憲法保障人民權利之意旨。本院釋字第三五六號解釋雖認營業人違反作為義務所為之制裁，其性質為行為罰，此與逃漏稅捐之漏稅罰乃屬兩事，但此僅係就二者之性質加以區別，非謂營業人違反作為義務之行為罰與逃漏稅捐之漏稅罰，均應併合處罰。在具體個案，仍應本於上述解釋意旨予以適用。本院前開解釋，應予補充。

　　Ⅱ.行政法院八十五年六月份庭長評事聯席會議紀錄

決議文

按稅法上關於行為罰與漏稅罰屬不同之處罰範疇。一行為分別違反法令所定義務，同時觸犯數個行為罰或漏稅罰之處罰規定者，有無一事不二罰法理之適用，應視其是否屬同一行為，且其規範之對象及所欲達成之行政目的是否同一而定。稅捐稽徵法第四十四條規定以營利事業依規定應給與他人憑證而未給與，應自他人取得憑證或應保存憑證而未保存為構成要件，屬行為罰，而營業稅法第五十一條第一款規定為漏稅罰，以未依規定申請營業登記而營業為構成要件，二者構成要件截然不同，自非屬同一行為。則以個別之行為分別觸此二種處罰之規定者，應併予處罰，並無一事不二罰法理之適用。

Ⅲ.行政法院八十四年判字第一二四七號判決

按「納稅義務人有左列情形之一者，除追繳稅款外，按所漏稅額處五倍至二十倍罰鍰……五、虛報進項稅額。」為營業稅法第五十一條第五款所明定。又「營利事業依法規定應給與他人憑證而未給與，應自他人取得憑證而未取得，……應就其未給與憑證，未取得憑證……，經查明認定之總額，處百分之五罰鍰。」復為稅捐稽徵法第四十四條所規定。本件原告於七十五年八月八日向虛設行號之盈燕公司取得統一發票金額三○○、○○○元，充作進項憑證，扣抵銷項稅額，經被告查獲，予以補徵營業稅確定在案。被告乃據以審理違章成立，依營業稅法第五十一條第五款虛報進項稅額按漏稅額處十倍之罰鍰一五○、○○○元，原告不服，申請復查，提起訴願，均未獲變更，向財政部提再訴願，經該部八十三年十二月十二日臺財訴第八三○一七五四九○號再訴願決定及原處分關於違反營業稅科處罰鍰部分均撤銷，由原處分機關另為處分。其餘再訴願駁回，固非無見。　惟原告對其餘再訴願駁回部分仍表不服，　提起行政訴訟。查營業稅法第五十一條第五款虛報進項稅額屬漏稅罰，稅捐稽徵法第四條未取得憑證屬行為罰，此項漏稅罰與行為罰，其處罰之

目的不同，處罰之要件亦異，前者係以有漏稅之事實為其處罰要件與後者以有此行為即受處罰者，固非必為一事，惟其未取得憑證為虛報進項稅額之先行階段行為者，如已依營業稅法第五十一條第五款處以漏稅罰已足達成行政上之目的，則二者勿庸併罰，此為本院最近所持一致之見解。本件漏稅罰與行為罰既為不可分之事件，漏稅罰業已由再訴願機關將訴願決定及原處分關於違反營業稅法科處罰鍰部分均撤銷，由原處分機關另為處分，則行為罰部分，亦應由原處分機關合併審理，原告起訴意旨，雖未指摘及此，惟原處分既有可議，應由本院將再訴願決定、訴願決定及原處分，關於違反稅捐稽徵法科處罰鍰部分均撤銷，由被告另為適法之處分，以資適法。又原告主張其確有向盈燕公司進貨事實，已載諸於臺灣臺南地方法院檢察署七十八年度偵字第三六〇四號不起訴處分書，應無違章行為一節，既有原處分卷附不起訴處分書可據，則是否屬實，被告應先予查明以為可否裁罰之依據，合併指明。

IV. 財政部臺財稅字第八五一九〇三三一三號函

主旨：納稅義務人同時觸犯租稅行為罰及漏稅罰相關罰則之案件。依本函規定處理，請 查照。

說明：一、鑑於納稅義務人同時觸犯租稅行為罰及漏稅罰相關罰則之案件，行政法院庭長評事聯席會議就部分案件已作成決議，採擇一從重處罰處理，對稽徵機關處理此類案件已形成實質拘束力，如稽徵機關仍堅持併罰，恐徒增行政救濟案件，浪費稽徵人力，並將造成提起行政救濟者，可獲行政法院判決擇一從重處罰；未提起行政救濟者，則併合處罰之不公平現象，誠非妥適，爰有一致規定之必要。二、案經本部八十五年三月八日邀集法務部、本部相關單位及稽徵機關開會研商，並作成左列結論，應請參照辦理：㈠納稅義務人觸犯營業稅法第四十五條或第四十六條，如同時涉及同法第五十一條各款規定者，參照行政法院八十四年五月十日五月份第二

次庭長評事聯席會議決議意旨，勿庸併罰，應擇一從重處罰。㈡營業人觸犯營業稅法第五十一條各款，如同時涉及稅捐稽徵法第四十四條規定，參照行政法院八十四年九月二十日九月份第二次庭長評事聯席會議決議意旨，勿庸併罰，應擇一從重處罰。㈢納稅義務人觸犯營業稅法第四十五條或第四十六條，如同時涉及稅捐稽徵法第四十四條及營業稅法第五十一條各款規定者，參照上開行政法院庭長評事聯席會議決議意旨，勿庸併罰，應擇一從重處罰。㈣納稅義務人觸犯所得稅法第一百十條第一項，如同時涉及稅捐稽徵法第四十四條規定者，稅捐稽徵法第四十四條部分，國稅局應通報由稅捐稽徵處處理。㈤納稅義務人觸犯貨物稅條例第二十八條第一款，如同時涉及同條例第三十二條第一款規定者，參照上開行政法院庭長評事聯席會議決議意旨，勿庸併罰，應擇一從重處罰。㈥代徵人觸犯娛樂稅法第十二條，如同時涉及同法第十四條及稅捐稽徵法第四十四條規定者，參照上開行政法院庭長評事聯席會議決議意旨，勿庸併罰，應擇一從重處罰。㈦本部以往相關函釋與上開規定牴觸者，自本函發布日起不再適用。

第三章

稅捐稽徵法

一、稽徵程序概論

吾人須知，當特定的行為、交易、安排、經濟活動或法律關係「該當」於特定的租稅法規所定的構成要件時，依據租稅法的適用法則，此時即應檢視下列的事項來確定納稅義務人實際上依法應繳納稅負的金額：

1.納稅義務人為何人？

租稅法上所規定的納稅義務人可能與實際上負擔租稅的人會有所不同，因此，確定納稅義務人究竟為何人，實可謂之為稅捐稽徵程序的第一個步驟。

2.有無減免租稅的優惠可供適用？

確定納稅義務人究竟為何人之後，緊接著，即可檢視該特定的行為、交易、安排、經濟活動或法律關係是否「該當」於特定的租稅減免的構成要件，或者是該納稅義務人是否有減免租稅的優惠可供引用。

3.納稅義務人所應適用之稅率為何？

確定納稅義務人依法應負擔租稅之後，即可將其中所涉及的金額乘上該納稅義務人所應適用之稅率，如此就可以得知該納稅義務人實際上依法應繳納稅負的金額。

當吾人確定了納稅義務人實際上依法應繳納稅負的金額之後，原則上，納稅義務人依法即應自行向稅捐稽徵機關申報並繳納稅款。但是，如果納稅義務人並未依法自行向稅捐稽徵機關申報或者有滯報、短報或漏報的情形時，或者是稅捐稽徵機關誤認納稅義務人並

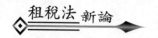
未如實向其申報者，則稅捐稽徵機關即應依據下列的程序來進行稅捐的稽徵：

1. 自行核定應納稅負

稅捐稽徵機關可於法定的核課期間（五年或七年）之內從事調查的工作，並於調查事實之後，自行核定納稅義務人依法應繳納稅負的金額，然後將核定通知書送達予納稅義務人。

2. 逕行處分或移送調查

如果調查結果發現，納稅義務人有違反租稅法規定之義務時，亦即應課處納稅義務人行為罰或漏稅罰；此時，稅捐稽徵機關即應依據情節的輕重，逕行對納稅義務人處分。此外，如果調查結果另外發現，納稅義務人有違反租稅刑罰的規定時，稅捐稽徵機關即應依法將該等案件移送檢調機關進行調查。

3. 租稅的保全

稅捐稽徵機關如認為有保全租稅的必要時，即可依法禁止納稅義務人財產的移轉、對納稅義務人的財產進行假扣押、限制納稅義務人出境或者乾脆就提前開徵該項稅捐。

4. 納稅義務人或稅捐稽徵機關對核定處分的反應及採行的對策

(1)納稅義務人置之不理：納稅義務人可能對稅捐稽徵機關的核定處分會採取置之不理的策略，並期待稅捐稽徵機關能夠「大人不計小人過」，將納稅義務人逐漸淡忘。然而，一般而言，此種策略奏效的機率並不大，納稅義務人實不宜貿然從之；畢竟，不要忘了，稅捐稽徵機關依法還是可以對納稅義務人的財產進行強制執行的。

(2)**納稅義務人覺得沒問題並逕行繳稅或退稅：** 如果納稅義務人對稅捐稽徵機關的核定處分並無異議者，其即可能會乖乖的在繳款期限內繳納稅款或者接受稅捐稽徵機關的退稅。

(3)**稅捐稽徵機關逕行撤銷原違法之核定處分：** 如果事後稅捐稽徵機關發現其核定處分有違法的情形，依據行政法的法理，稅捐稽徵機關即可逕行撤銷該違法之核定處分，且不受稅捐稽徵法第二十八條五年期間的限制。只不過，此種情形在實務上並不多見，畢竟要稅捐稽徵機關自己承認錯誤，並且拿石頭砸自己的腳，是一件何等艱難的事啊！

(4)**申請更正：** 納稅義務人如果發現稅捐稽徵機關的核定通知文書內有記載、計算錯誤或重複時，於規定的繳納期間之內，可以要求稅捐稽徵機關查對更正之。

(5)**申請復查：** 納稅義務人如對於稅捐稽徵機關的核定處分不服者，即可依法於繳納期間屆滿翌日起算三十日內，申請復查。此外，稅捐稽徵機關對有關復查之申請，應於接到申請書後二個月內復查決定，並作成決定書，通知納稅義務人。前項期間屆滿後，稅捐稽徵機關仍未作成決定者，納稅義務人得逕行提起訴願。

(6)**訴願：** 納稅義務人對稅捐稽徵機關之復查決定如有不服，得依法自稅捐稽徵機關之復查決定書送達之次日起三十日內向稅捐稽徵機關的上級主管機關提起訴願。至於訴願機關之訴願決定，依據訴願法第八十五條之規定，自收受訴願書之次日起，應於三個月內為之；必要時，得予延長，並通知訴願人及參加人。延長以一次為限，最長不得逾二個月。

(7)**行政訴訟：** 依據行政訴訟法第四條之規定，人民因中央或地方機關之違法行政處分，認為損害其權利或法律上之利益，經依訴願法提起訴願而不服其決定，或提起訴願逾三個月不為決定，或延長訴願決定期間逾二個月不為決定者，得向高等行政法院提起撤銷

103

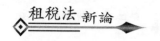

訴訟。

(8)**聲請大法官會議解釋**：納稅義務人如不服行政訴訟之判決，並認為行政訴訟之判決所適用之法律或命令發生有牴觸憲法之疑義者，即可聲請司法院大法官會議解釋憲法。聲請大法官會議解釋如果成功者，納稅義務人則可以該解釋作為再審理由向行政法院聲請再審。

(9)**補稅或退稅並加計利息**：經依復查、訴願或行政訴訟等程序終結決定或判決，應退還稅款者，稅捐稽徵機關應於復查決定，或接到訴願決定書，或行政法院判決書正本後十日內退回；並自納稅義務人繳納該項稅款之日起，至填發收入退還書或國庫支票之日止，按退稅額，依繳納稅款之日郵政儲金匯業局之一年期定期存款利率，按日加計利息，一併退還。此外，經依復查、訴願或行政訴訟程序終結決定或判決，應補繳稅款者，稅捐稽徵機關應於復查決定，或接到訴願決定書，或行政法院判決書正本後十日內，填發補繳稅款繳納通知書，通知納稅義務人繳納，並自該項補繳稅款原應繳納期間屆滿之次日起，至填發補繳稅款繳納通知書之日止，按補繳稅額，依原應繳納稅款期間屆滿之日郵政儲金匯業局之一年期定期存款利率，按日加計利息，一併徵收。

(10)**徵收**：納稅義務人如對稅捐稽徵機關的核定處分置之不理或提起行政救濟而告確定並應補稅者，稅捐稽徵機關即應進行稅捐的徵收程序。一般而言，稅捐的徵收期間為五年，自繳納期間屆滿之翌日起算；且應徵之稅捐未於徵收期間徵起者，稅捐稽徵機關即不得再行徵收。

(11)**滯納金**：納稅義務人如未於繳納期限繳稅者，一般而言，稅捐稽徵機關即應對納稅義務人加徵滯納金。至於依稅法規定逾期繳納稅捐應加徵滯納金者，每逾二日按滯納數額加徵百分之一滯納金。

(12)**強制執行**：納稅義務人如於繳納期限屆滿後逾三十日仍未繳

納者，稅捐稽徵機關即應將案件移送法務部行政執行署進行強制執行。此時，吾人應留意租稅債權優先性的問題，亦即租稅債權是否具有優先於其他債權受清償的效力。

⒀**適用法令錯誤申請退稅**：納稅義務人如認為有因適用法令錯誤或計算錯誤溢繳之稅款的情形時，即可自繳納之日起五年內提出具體證明，向稅捐稽徵機關申請退稅；逾期未申請者，不得再行申請。

二、納稅義務與納稅義務人

◈ (一)納稅義務的法律性質

租稅對一個國家的重要性是不言而喻的，因此，人民對國家的納稅義務相較於私人之間的債權債務關係就顯得重要多了。故而，各國的立法例多將租稅債權的受償順序列在一般債權之前，甚至將之等同於擔保債權，藉以確保國家稅收的充足，我國自然也不例外。稅捐稽徵法第六條規定：「稅捐之徵收，優先於普通債權。土地增值稅之徵收，就土地之自然漲價部分，優先於一切債權及抵押權」，即是租稅債權優先受償原則的體現。然而，私人之間的債權債務關係錯綜複雜，甚至會衍生其他的法律關係，因此，其與租稅債權之間受償的順序究竟為何，實有深入探討的必要，茲分述如下：

1.形成權

所謂的形成權係指：「只要基於權利人單方之意思表示就可以使法律關係發生、消滅或變更的權利」，例如抵銷權、撤銷權、終止權及解除權等。由於，形成權只須權利人單方之意思表示就可以使法律關係發生、消滅或變更，因此，其法律效力自然優先於債權。而

租稅債權既然是廣義債權的一種，故而，形成權的法律效力也就應該優先於租稅債權。茲以抵銷權為例：依據民法第三百三十四條之規定：「二人互負債務，而其給付種類相同，並均屆清償期者，各得以其債務，與他方之債務，互相抵銷。但依債務之性質，不能抵銷者，不在此限」以及第三百三十五條之規定：「抵銷，應以意思表示，向他方為之。其相互間債之關係，溯及最初得為抵銷時，按照抵銷數額而消滅。前項意思表示，附有條件或期限者，無效」，因此，如果符合抵銷的要件，即使國家對於債務人尚有租稅債權，亦不影響於抵銷權人行使其抵銷權的權利；也就是說，在抵銷權行使的範圍內，抵銷權的效力優先於租稅債權。此外，公司法第一百六十七條第一項但書之規定：「但於股東清算或受破產之宣告時，得按市價收回其股份，抵償其於清算或破產宣告前結欠公司之債務」以及破產法第一百十三條之規定：「破產債權人於破產宣告時，對於破產人負有債務者，無論給付種類是否相同，得不依破產程序而為抵銷。破產債權人之債權為附期限或附解除條件者，均得為抵銷」，亦應做同一之解釋。在實務上，財政部臺財稅字第八三○一一八五一九號函亦秉持此一原則：

主旨：××塑膠工業股份有限公司於○○塑膠工業股份有限公司（以下稱○○公司）解散清算時，依公司法第一百六十七條第一項但書規定收回○○公司投資於該公司之全部持股，以抵償○○公司於清算前結欠該公司之債務，應不受稅捐稽徵法第六條第一項稅捐優先權之限制。

說明：二、依稅捐稽徵法第六條第一項規定，稅捐之徵收優先於普通債權，而公司依公司法第一百六十七條第一項但書規定收回股份行使抵償權，經本部函准經濟部八十三年三月八日經（八三）商第二○二一四九號函復略以其屬清算程序之特別規定，得逕行適用該條項之規定辦理。是以，本案應不受稅捐稽徵法第六條第一項

稅捐優先權之限制。

2.執行費用

依據強制執行法第二十九條之規定：「債權人因強制執行而支出之費用，得求償於債務人者，得準用民事訴訟法第九十一條之規定，向執行法院聲請確定其數額。前項費用及其他為債權人共同利益而支出之費用，得求償於債務人者，得就強制執行之財產先受清償」，因此，強制執行費用即得就強制執行之財產先受清償。然而，此一優先受償的效力究竟為何，是否具有優先於租稅債權的效力，財政部七十一年臺財稅字第三五九〇三號函所表示之見解，即相當值得贊許：

主旨：法院拍賣之土地，拍賣價款不足支付執行費用，其執行費用依照強制執行法第二十九條第二項規定，得就強制執行之財產，優先於土地增值稅受清償。

說明：二、按取得執行名義之費用及執行費用，係債權人在聲請強制執行前或執行程序進行中，為使強制執行可能而墊支之必要費用，依強制執行法第二十九條第二項，得就強制執行之財產先受清償；而土地增值稅乃執行拍賣所發生，其受償順序，似在取得執行名義之費用及執行費用之後，前經司法行政部函釋有案。

3.取回權

依據破產法第一百十一條之規定：「出賣人已將買賣標的物發送，買受人尚未收到，亦未付清全價而受破產宣告者，出賣人得解除契約，並取回其標的物。但破產管理人得清償全價而請求標的物之交付」，此一權利係屬破產程序之特別規定且與形成權或物上請求權相當，故而，在法律解釋上，其效力自應優先於租稅債權。

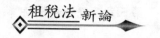

4.信託物返還請求權

　　依據信託法第十條之規定：「受託人死亡時，信託財產不屬於其遺產」、第十一條之規定：「受託人破產時，信託財產不屬於其破產財團」、第十二條第一項前段之規定：「對信託財產不得強制執行」、第十三條之規定：「屬於信託財產之債權與不屬於該信託財產之債務不得互相抵銷」、第十四條之規定：「信託財產為所有權以外之權利時，受託人雖取得該權利標的之財產權，其權利亦不因混同而消滅」以及第六十五條之規定：「信託關係消滅時，信託財產之歸屬，除信託行為另有訂定外，依左列順序定之：一、享有全部信託利益之受益人。二、委託人或其繼承人」，即可知信託物或信託利益返還請求權實隱含有物上請求權的特性，因此，即使國家對於受託人，即信託財產名義上的所有權人，有租稅債權，亦不影響於受益人或委託人或其繼承人行使其信託物或信託利益返還請求權，也就是說，在信託物或信託利益返還請求權行使的範圍內，信託物或信託利益返還請求權的效力應優先於租稅債權。

5.船舶優先權

　　依據海商法第二十四條之規定：「左列各款債權，有優先受償之權：一、訴訟費及為債權人之共同利益而保存船舶或標賣並分配賣價所支出之費用，船鈔、港埠建設費、引水費、拖船費，自船舶開入最後港後之看守費、保存費、檢查費。二、船長海員及其他服務船舶人員，本於僱傭契約所生之債權，其期間未滿一年者。三、為救助及撈救所負之費用及報酬，及船舶對於共同海損之分擔額。四、船舶所有人或船長、海員之過失所致之船舶碰撞或其他航行事變，旅客及船長、海員之身體傷害，貨載之毀損或滅失，加於港埠設施之損害賠償。五、船長在船籍港外，依其職權為保存船舶或繼續航

行之實在需要所為之行為，或契約所生之債權。六、對於託運人所負之損害賠償。前項第一款至第五款所列優先權之位次，在船舶抵押權之前」，此即為所謂的「船舶優先權」。至於，「船舶優先權」是否具有優先於租稅債權的效力呢？吾人以為，既然大部分的「船舶優先權」優先受償的位次在船舶抵押權之前，其自然亦應優先於租稅債權。此外，受償位次在船舶抵押權之後「船舶優先權」是否亦具有優先於租稅債權的效力呢？吾人以為，基於鼓勵海上運送的政策，宜應做同一之解釋。

6.擔保物權

所謂的擔保物權係指：「為確保特定債權之受償，而於債務人或第三人所有之財產上所設定，具有擔保作用之物權」，也就是說，當特定債權已屆清償期而未受清償者，擔保物權人即有權將擔保物權的標的物變價或直接取回，並以變價所得之價款或該標的物之價值，優先來清償該特定債權。一般而言，除了土地增值稅之徵收，就土地之自然漲價部分，優先於抵押權之外，擔保物權皆具有優先於租稅債權的效力。茲將各種擔保物權及其優先受償的法律效力分述如下：

(1)**抵押權**：依據最高法院二十二年上字第二五二號判例：「抵押權人就抵押物之賣得價金，有優先於他債權人而受清償之權，此在民法第八百六十條雖無優先字樣，而依民法第八百七十四條及第八百七十七條但書之規定，甚為明顯。」

(2)**質權**：依據最高法院四十九年臺上字第二二一一號判例：「民法第八百九十三條之規定，祇謂質權人於債權屆期未受清償時，有拍賣質物優先受償之權利，並非認其必須負有拍賣之義務。故質權人就質物行使權利或逕向債務人請求清償，仍有選擇之自由，要無因拋棄質權，而債權亦歸於消滅之理。」

(3)**留置權**: 依據民法第九百三十六條之規定:「債權人於其債權已屆清償期而未受清償者,得定六個月以上之相當期限,通知債務人,聲明如不於其期限內為清償時,即就其留置物取償。債務人不於前項期限內為清償者,債權人得依關於實行質權之規定,拍賣留置物或取得其所有權。不能為第一項之通知者,於債權清償期屆滿後,經過二年仍未受清償時,債權人亦得行使前項所定之權利」;因此,留置權之行使及其優先受償的效力與質權相同。

(4)**動產抵押**: 依據動產擔保交易法第十五條之規定:「稱動產抵押者,謂抵押權人對債務人或第三人不移轉占有而就供擔保債權人之動產設定動產抵押權,於債務人不履行契約時,抵押權人得占有抵押物,並得出賣,就其賣得價金優先於其他債權,而受清償之交易」;故而,動產抵押權與前揭抵押權之優先受償的效力相同。

(5)**附條件買賣**: 依據動產擔保交易法第二十六條之規定:「稱附條件買賣者,謂買受人先占有動產之標的物,約定至支付一部,或全部價金,或完成特定條件時,始取得標的物所有權之交易」以及第二十八條之規定:「標的物所有權移轉於買受人前,買受人有左列情形之一,致妨害出賣人之權益者,出賣人得取回占有標的物。一、不依約定償還價款者。二、不依約定完成特定條件者。三、將標的物出賣、出質或為其他處分者。出賣人取回占有前項標的物,其價值顯有減少者,得向買受人請求損害賠償」,因此,附條件買賣優先受償的效力與動產抵押權相同。

(6)**信託占有**: 依據動產擔保交易法第三十二條之規定:「稱信託占有者,謂信託人供給受託人資金或信用,並以原供信託之動產標的物所有權為債權之擔保,而受託人依信託收據占有處分標的物之交易」以及第三十四條之規定:「受託人有左列情形之一者,信託人得取回占有標的物: 一、不照約定清償債務者。二、未經信託人同意將標的物遷移他處者。三、將標的物出質或設定抵押權者。四、

不依約定之方法處分標的物者」，故而，信託占有優先受償的效力亦與動產抵押權相同。此外，在實務上，從行政法院七十七年判字第一三七七號判決中可推知行政法院亦持相同之見解：

「按『運達中華民國口岸之貨物，依規定不得進口者，海關應責令納稅義務人限期辦理退運；如納稅義務人以書面聲明放棄或不在海關規定期限內辦理退運，海關得將其貨物變賣，所得價款於扣除應納關稅及必要費用後，如有餘款，應繳歸國庫。』行為時關稅法第五十五條之一第一項，定有明文。本件關係人綺凡公司委由美報關股份有限公司向被告機關申報自西德進口如事實欄記載之貨物一臺，經被告機關審查結果，來貨為舊品，惟輸入許可證上並未註明舊品，係屬貨證不符，應不准進口，綺凡公司雖於七十三年十二月二十七日向被告機關申請辦理退運，惟未依限辦理，被告機關五堵支關遂於七十四年五月十七日以（七四）基五估㈤字第四一九號函請該公司於文到一個月內辦理退運手續，逾期依關稅法第五十五條之一規定處理，不再通知，旋據綺凡公司之申請，復於七十四年六月二十一日以（七四）基五估㈤字第五三四號函准予展期一個月，即應在同年七十四年七月十七日前辦理退運，逾期仍依關稅法第五十五條之一之規定處理，絕不准再展延。嗣因綺凡公司未依限辦理退運，被告機關遂依規定將來貨變賣。旋原告以來貨為其信託占有登記，其有優先追償之權，於七十六年一月六日函請被告機關發給來貨賣價款扣除應納關稅及必要費用後之餘款，以抵償債權，案經被告機關以（七六）基普押字第○三四三號函復略以：本案係逾期不退運物，該關已依關稅法第五十五條之一第一項規定將其貨物變賣，所剩餘依法應解繳國庫。原告再次申請被告機關仍函復不准，揆諸首揭法條規定，並無違誤。原告雖主張：本件進口貨物機器，係經進口商綺凡公司依據經濟部國貿局所發輸入許可證辦理進口，並據以辦理結匯並請求墊借款項而持向原告設定信託占有，以資擔

保其結匯款之償還者，其信託占有並經主管機關依法辦妥登記，依法已發生動產擔保交易法第五條所定之效力，申言之，上開機器貨物或其賣得價金，即應屬原告銀行所有，原告銀行並得就之主張優先抵充信託人之費用、利息及原本，所謂優先受償，自係先於關稅受償，被告機關遽將關稅列於『抵押債權』之先而為沖銷，已屬不當。況查沒收供犯罪所用之財產，應以其所有權屬於犯人者為限。『沒收』時其標的物上原有抵押權概不受影響，則『變賣』時其抵押權自亦不應受其影響……。又本件進口之機器經荷蘭國出口商裝運出口時，即以原告銀行為提貨人，依法上開貨物有無退運之理由，亦應通知該提單持有人即原告銀行，乃被告機關怠未通知原告銀行於先，事後不加補救，又拒將變賣之價金返還原告銀行，無理至極……各云云。第按『登記機關應於業經登記之標的物之顯著部分烙印或粘貼標籤以資識別。』動產擔保交易法施行細則第十六條規定甚明。另臺灣省亦於七十四年二月十五日函原告應在標的物明顯部位烙印或裝訂標籤(見卷附件十一之㈠說明二)。查本案貨物於拍賣前，被告機關駐庫關員曾查封貨物，並未見標的物上有任何烙印或粘貼任何標籤（見卷附件九）；且原告於本案貨物拍賣前，從未函告或向被告機關申請准單以憑進入倉庫烙印或粘貼標籤之紀錄，顯見原告並未依照前述規定辦理。又尚未報關完稅進口貨物，尚非正式進口得在國境內自由流通貨物，並從私法上根本否認其融通性及讓與性。本案貨物既為尚未完稅放行進口之貨物，原告主張本案貨物已辦妥信託占有登記，進而主張其對系爭貨物之所有權及優先抵充信託人費用、利息及原本……優先於關稅受償，衡諸上開說明，要非可採。至於原告主張……沒收供犯罪所用之財產……部分，查本案案情，係因系爭來貨為舊品，依規定不得報運進口，復因進口之綺凡公司，未依限辦理退運，海關依法處理與『沒收供犯罪所用之財產……』情事無關，原告引司法院解字第三八五五號解釋對之加以指摘顯屬

誤會。未查本案來源出口國為西德（詳卷附件一），並非荷蘭。且本案報運進口時，其進口報單上所附之提貨單（卷附件十四）中明載收貨為綺凡公司，並無原告為提貨人之記載，被告機關依關稅法第四條之規定，視綺凡公司為本案權利義務主體，依法處置，難謂於法無據。原告上開主張，均非可採。訴願、再訴願決定，遞予維持原處分，均無不合。」

7.信託讓與擔保

依據最高法院七十年臺上字第一〇四號判例：「債務人為擔保其債務，將擔保物所有權移轉與債權人，而使債權人在不超過擔保之目的範圍內，取得擔保物所有權者，為信託的讓與擔保，債務人如不依約清償債務，債權人得將擔保物變賣或估價，而就該價金受清償」，因此，信託讓與擔保優先受償的效力應與擔保物權相同。

8.優先債權

私法上基於平等原則要求當債務人之全部財產不足清償其全部負債時，除了法律另有其他明文的規定之外，所有債權人應按其各別債權額占全部債權額之比例乘以債務人之全部財產所得出之金額來受償，此即所謂的債權人平等原則。準此原則，一般私人之間的債權是否具有優先受償的法律效力，即應視其是否在法律上有明文的規定而定，前揭船舶優先權即為明例。至於優先債權是否具有優先於租稅債權的效力呢？原則上，吾人以為應做肯定之解釋，茲將其他法定之優先債權及其優先受償的效力分述如下：

⑴工資：依據財政部臺財稅第八〇〇二五九六五七號函之解釋：

主旨：關於稅捐與工資何者優先受償問題，請依說明二辦理。

說明：二、本案經法務部會商行政院勞工委員會及本部等有關機關獲致結論如左：「按勞動基準法第二十八條第一項規定：『雇主

因歇業、清算或宣告破產,本於勞動契約所積欠之工資未滿六個月部分,有最優先受清償之權。」係指該工資優先於普通債權及無擔保之優先債權而言。上開工資與稅捐,何者優先受償?端視該稅捐就其受償順序有無特別規定以為區別。例如土地增值稅之徵收,就土地之自然漲價部分,優先於一切債權及抵押權(稅捐稽徵法第六條第二項);應繳或應補繳之關稅,就應繳關稅而未繳清之貨物優先於抵押權(參見關稅法第三十一條第二項、第三項及司法院大法官會議釋字第二一六號解釋)等,自當依其規定優先於上開工資而受償。至於受償順序未有特別規定之稅捐,自當依稅捐稽徵法第六條第一項規定,優先於普通債權而受償。惟該稅捐債權與上開同屬優先於**普通債權之工資債權並存時,基於保障勞工之基本生存權及維護社會安定,以工資(勞動基準法第二十八條第一項)較無特別規定之稅捐優先受償為宜**」,顯然,實務上,工資債權具有優先於租稅債權的效力。

(2)**重整債務**:依據公司法第三百十二條之規定:「左列各款,為公司之重整債務,優先於重整債權而為清償:一、維持公司業務繼續營運所發生之債務。二、進行重整程序所發生之費用。前項優先受償權之效力,不因裁定終止重整而受影響」以及稅捐稽徵法第八條之規定:「公司重整中所發生之稅捐,為公司重整債務,依公司法之規定清償之」,因此,公司重整中所發生之稅捐,為公司重整債務,與其他重整債務受償的順序相同。至於其他非屬公司重整中所發生之稅捐,其受償的順序自然應在重整債務之後了。實務上,財政部六十七年臺財關字第二三一八九號函亦持相同之見解:

「㈠查關稅為對國外進口貨物所課徵之進口稅,依三十六年司法院院解字第三五七八號解釋『欠稅,由破產法第一○三條第四款規定推之,非不得為破產債權,此類破產債權,如法律別無優先受償之規定,自應與其他破產債權平均分配』。又公司法第二百九十六

條第二項重整債權準用破產法破產債權節之規定，本案欠繳關稅，應屬重整債權。又依關稅法第五十五條第三項規定，關稅較普通債權優先清償，故其歸類，依公司法第二百九十六條第一項規定，應屬優先重整債權，本案該公司重整計畫書將其與普通債權並列為無擔保債權，自與規定不合。㈡本案滯納金與滯報費，係因納稅義務人違反關稅法規定應受之行政制裁，依公司法第二百九十六條第二項規定重整債權準用破產法破產債權節之規定，應屬無擔保重整債權，與民法上之違約金，遲延利息之性質顯有不同，依法不能同意免除。㈢進口原料記帳關稅，在裁定重整前已逾外銷期限者，依關稅法規定，應即補繳稅捐並加徵滯納金，自應列入重整債權。㈣同順位重整債權，其清償本應按債權之比例為之，此為法律誠信公允原則，且依公司法及破產法有關規定，並無『主要債權』優先『非主要債權』償還之根據。」

　　⑶**破產財團費用**：依據破產法第九十七條之規定：「財團費用及財團債務，應先於破產債權，隨時由破產財團清償之」以及稅捐稽徵法第七條之規定：「破產財團成立後，其應納稅捐為財團費用。由破產管理人依破產法之規定清償之」，因此，破產財團成立後，其應納稅捐為財團費用，與其他破產財團費用受償的順序相同。至於其他破產財團成立之前所發生之稅捐，其受償的順序自然應在破產財團費用之後了。

❖ ㈡納稅義務人

1.納稅義務人的確定

　　法律上所規定之納稅義務人，原則上，即為實質上負擔稅負之人，惟亦常有例外之規定。因此，在適用任何租稅法之規定時，即應先行確定納稅義務人究為何人。茲將其中例外之規定，分述如下：

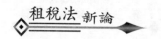

(1)稅捐稽徵法第十二條規定:「共有財產,由管理人負納稅義務;未設管理人者,共有人各按其應有部分負納稅義務,其為公同共有時,以全體公同共有人為納稅義務人。」此外,行政法院七十七年判字第五三五號判決亦值得吾人參考:

「卷查本件原告之被繼承人李〇旺於四十二年五月八日死亡,遺有同坐落第四二五、四二五－一號二筆土地,其繼承人有原告及林〇玉等五人,均未按期申報遺產,迨六十二年遺產及贈與稅法公布施行後,亦未補行申報。嗣原告於七十二年三月十日檢附其他繼承人李〇樺、李郭〇志、蔡李〇女之繼承權拋棄書及印鑑證明書、與李〇樺、李〇治保證林〇玉、李〇雲拋棄繼承之保證書,自行具名填具申報書申報遺產稅,後於七十二年八月三十一日,又第二次自行填具申報書,指其他繼承人未拋棄繼承,申報遺產,被告機關依其申報,指定其應納稅額,復據原告於七十二年十二月十四日將稅款全部繳納完畢,取得遺產稅繳清證明書後,持向臺北縣三重地政事務所辦理土地所有權繼承登記時,則登記為原告持分五分之二,李〇樺、林〇玉及李〇雲各持分五分之一,凡此情形,均有戶籍登記簿、遺產稅申報書、繼承權拋棄書、保證書、印鑑證明書、遺產稅繳納通知書及土地登記簿等影本,附原處分卷內可證,在行準備程序及言詞辯論時,亦為兩造所不爭。是本件原告係自行具名申報遺產,並自動繳清全部遺產稅款,事甚明顯。次查關於繼承權之拋棄,依修正前民法第一千一百七十四條第二項規定,其繼承人應於知悉其得繼承之時起二個月內以書面向法院、親屬會議或其他繼承人為之。如繼承人未於該規定期間內拋棄其繼承權者,嗣後為繼承權之拋棄,亦不生效力,就此亦經司法院以院解字第三八四五號解釋有案,至繼承人何時知悉遺有遺產,應非所問。本件原告之被繼承人李〇旺於四十二年五月八日死亡,其餘繼承人李〇樺等則以其於六十一年五月一日始知其被繼承人遺有財產,而於六十一年六月

一日，始立具繼承權拋棄書，拋棄其繼承權，依前述規定，其拋棄
雖難認有效力，然依修正前民法第一千一百五十一條規定，繼承人
有數人時，在分割遺產前，各繼承人對於遺產全部為公同共有。此「公
同共有」之財產，依稅捐稽徵法第十二條後段規定，其所負納稅義
務，則以其全體公同共有人即全體繼承人為納稅義務人，亦即每一
繼承人對遺產稅之全部，均有繳納義務，此與「分別共有」之財產，
由共有人各按其應有部分負納稅義務之情形不同。因此原告對於繼
承財產，即被繼承人李○旺之遺產，其繼承人，除原告外，即令尚
有李○樺等人，但原告對其應納之遺產稅，仍不能不負有全部繳納
責任。原告以其應繼分僅有遺產五分之二，不應繳納全部遺產稅云
云，委不足採。又稅捐稽徵法係於六十五年十月二十二日公布施行，
故關於為公同共有之遺產其遺產稅之稽徵，自該法公布施行後，自
應依該法第十二條之規定而為辦理。本院六十一年判字第四四二號
及六十二年判字第六四二號判例，固均認二人以上共同繼承遺產者，
各繼承人各按其遺產繼承之比例，分擔納稅義務，但當時稅法上並
未規定公同共有財產之納稅義務，原告申報遺產，既在該稅捐稽徵
法公布施行之後，法律上已有新規定，即應依該法條之規定為之，
自無再適用上述判例之餘地。況依稅捐稽徵法同法第十九條第一項
及第三項規定，稅捐稽徵機關為稽徵稅捐所發之各種文書，對公同
共有人中之一人為送達者，其效力及於全體。因之，被告機關核發
之遺產稅繳納通知書，雖僅送達於原告，但對其他繼承人，亦有效
力，仍難謂有所不合，原告指被告機關送達之該通知書，只通知原
告，而未依前開判例意旨，一併通知其他繼承人，事非合法云云，
亦無可取。茲原告應納之遺產稅，既據原告自行全部繳納完畢，其
適用法令及計算稅額，又無錯誤，自不發生溢繳問題，原告請求以
其應繼分之比率為準，核算其應納稅額，退還其溢繳部分之稅款，
被告機關函復否准，揆諸首揭說明，經核並無違誤。一再訴願決定，

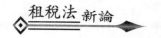
遞予維持亦無不合。」

　　(2)稅捐稽徵法第十三條規定：「法人、合夥或非法人團體解散清算時，清算人於分配賸餘財產前，應依法按稅捐受清償之順序，繳清稅捐。清算人違反前項規定者，應就未清繳之稅捐負繳納義務。」此外，實務上，財政部之解釋函令亦值得參酌，茲臚列如下：

　　Ⅰ.財政部六十七年臺財稅字第三〇五二五號函

　　主旨：公司經解散清算終結報請法院備查後，罰鍰案件始予移送懲罰，能否予實體上之裁罰一案。說明：二、公司辦理解散清算時，對於明知應行繳納之稅款，如未依法通知稽徵機關參與債權分配，其清算程序於法不合，可由稽徵機關洽請法院依非訟事件法第二十三條第一項規定，撤銷對該公司清算完結准予備查之裁定，令其重為清算。在重行清算完結前，其法人人格既未消滅，自可對其違法漏稅案件，移送法院對該公司裁定處罰。三、公司經辦理清算完結，並聲報法院准予備查後，始發現有違法漏稅情事，如未依前項說明洽請法院撤銷其清算完結准予備查之裁定，其清算程序既已終結，不能再對法人人格已告消滅之公司補徵稅款及處罰。(註：罰鍰自八十一年十一月二十五日起改由稽徵機關自行處分)

　　Ⅱ.司法行政部臺六八函民字第〇五九九一號函、財政部臺財稅第三五二六七號函

　　主旨：關於營利事業違章漏稅，而未於清算程序中通知稽徵機關申報債權，逕向法院聲請清算完結，致應補徵之稅款及罰鍰無法受償，應如何補救疑義乙案。

　　說明：二、查民法第四十條第二項規定：「法人至清算終結止，在清算之必要範圍內，視為存續。」是清算人如依法定程序辦理清算完結，依公司法第九十二條或第三百三十一條第三項規定，將結算表冊等項送經股東或股東會承認，而解除其責任後，即生清算完結之效果。其嗣後向法院聲報清算完結，不過為備案性質，法律並無

應由法院核准之規定，法院受理此類事件，無須以裁定准予備查或駁回其聲請。(參考最高法院六十七年度臺抗字第四一六號裁定)三、反之，清算人如有不法行為，明知公司尚有違章漏稅情事，為逃避納稅義務，於造具表冊時故為虛偽之記載，或違背公司法第八十八條或第三百二十七條規定之清算程序，怠於通知稽徵機關申報債權，則縱已辦理清算完結手續，將表冊送經股東或股東會承認，並向法院聲報備查，依同法第九十二條但書及第三百三十一條第三項但書規定，清算人之責任並未解除，自亦不生清算完結之效果，其公司法人人格仍視為存續，此際稽徵機關似可聲請法院本於對法人之監督職權，命令清算人重新將欠稅列入清算，清算人如不遵守法院命令，法院可依民法第四十三條規定科清算人以罰鍰之處分，並得依民法第三十九條規定將之解任，及依同法第三十八條另選清算人辦理清算。四、法院對於聲報清算完結事件，既無為任何處分之必要，臺灣××地方法院前受理××企業有限公司聲報清算完結事件時，縱承辦推事在其聲請狀上為「附卷備查」之批示，亦不能認為法院之意思表示（裁定），稽徵機關自無從對之聲請撤銷或提起抗告。惟為防止營利事業假借清算手段規避應補徵之稅款及罰鍰，本部已另函臺灣高等法院轉知所屬各法院重申本部六十七年十二月十一日臺（六七）函民字第一○八一七號函意旨，於受理聲報清算完結事件時，務必行文有關稽徵機關，查明有無違章欠稅情事，以便依法處理。

Ⅲ.財政部臺財稅字第七九○三八三九七四號函

按所得稅法第七十五條第二項規定：「營利事業在清算期間之清算所得，應於清算結束之日起三十日內，依規定格式書表向該管稽徵機關申報」，其所稱「清算結束之日」，參照公司法第三百三十一條等有關規定，應係指清算人了結現務、收取債權、清償債務、分派剩餘財產時而言，並非指清算完結，已向法院聲報備查之日，否

則法人人格已消滅，納稅主體不存在，如何辦理清算申報。故清算人在向法院聲報備查前，依上開規定，負有申報清算所得之義務，若有清算所得而未依法辦理申報及繳稅，遽向法院聲報清算完結備查，清算人即有公司法第九十二條但書及第三百三十一條第三項但書規定之不法行為，依據前司法行政部（六八）函民字第〇五九一號函規定，清算人之責任並未解除，自亦不生清算完結之效果，公司法人人格仍視為存續。

(3)稅捐稽徵法第十四條規定：「納稅義務人死亡，遺有財產者，其依法應繳納之稅捐，應由遺囑執行人、繼承人、受遺贈人或遺產管理人，依法按稅捐受清償之順序，繳清稅捐後，始得分割遺產或交付遺贈。遺囑執行人、繼承人、受遺贈人或遺產管理人，違反前項規定者，應就未清繳之稅捐，負繳納義務。」

(4)稅捐稽徵法第十五條規定：「營利事業因合併而消滅時，其在合併前之應納稅捐，應由合併後存續或另立之營利事業負繳納之義務。」此一規定，只不過是公司法第七十五條規定：「因合併而消滅之公司，其權利義務，應由合併後存續或另立之公司承受」的重申罷了。

2.納稅義務人的不可變更性

納稅義務人一旦由法律所明定，即不可藉由行政機關的命令或私人之間的約定來加以變更，此乃「租稅法定主義」之當然解釋。此外，非法律所明定之納稅義務人，縱使其就稽徵機關之處分具有利害關係，亦不得代納稅義務人向稽徵機關為不服之表示或為其他之請求。前揭司法院大法官會議釋字第三六七號解釋即為最佳之例證。此外，行政法院亦秉持此一原則，茲分述如下：

Ⅰ.行政法院四十八年判字第三一號判例

本件原告向謝某購買土地，被告官署以納稅通知單通知謝某補

徵其上手契稅，係以謝某為補徵上手契稅之對象，縱令此項納稅通知單係送達於原告處所，原告亦不因此而負繳納此項上手契稅之公法上義務。又縱使此項稅款係由原告支出繳付，亦屬原告與謝某間私法上之關係，不能因此而變更公法上納稅義務人之地位。且投納該項契稅申請書之申請人及契稅繳納收據聯暨報核聯所載之納稅人，亦均為謝某而非原告，是該項補徵之契稅，自非原告所得請求退還，被告官署拒絕原告此項請求，於原告之權利或利益亦不生任何損害，原告對之，自不得提起訴願。

Ⅱ.行政法院五十六年判字第五四號判例

所得稅法所規定之申請復查，係屬納稅義務人公法上之權利，原難認係民法第七百四十二條所指之抗辯，非基於私法關係而負保證債務之原告（納稅保證人）所得主張，且原告既係依據上開民法規定而行使其權利，為被告官署拒絕，原告對之有所爭執，自仍屬私法關係之爭執，無提起行政爭訟之餘地。

Ⅲ.行政法院六十九年判字第一號判例

按土地增值稅除土地所有權無償移轉者外，以原土地所有權人為納稅義務人，其由取得所有權人申報並代為繳納者，既係代為繳納，納稅主體自仍為原來之納稅義務人，而非代繳之人。

三、稽徵程序

◈ (一)核課期間

當納稅義務人未於法定期限內自行向稅捐稽徵機關申報納稅或者有滯報、短報或漏報的情形發生者，為了確保國家的稅收，並同時兼顧法律關係的安定性，法律遂規定稅捐稽徵機關僅得於一定期間之內來從事調查的工作，並於調查事實之後，核定納稅義務人依

法應繳納稅負的金額；如果逾越此一特定期間，稅捐稽徵機關即不得再行向納稅義務人補稅處罰。此一特定期間即為所謂的核課期間，其法律性質與民法的除斥期間相類似。基此原則，稅捐稽徵法第二十一條遂規定：「稅捐之核課期間，依左列規定：一、依法應由納稅義務人申報繳納之稅捐，已在規定期間內申報，且無故意以詐欺或其他不正當方法逃漏稅捐者，其核課期間為五年。二、依法應由納稅義務人實貼之印花稅，及應由稅捐稽徵機關依稅籍底冊或查得資料核定課徵之稅捐，其核課期間為五年。三、未於規定期間內申報，或故意以詐欺或其他不正當方法逃漏稅捐者，其核課期間為七年。在前項核課期間內，經另發現應徵之稅捐者，仍應依法補徵或並予處罰，在核課期間內未經發現者，以後不得再補稅處罰」，並於稅捐稽徵法第二十二條就核課期間之起算為規定：「前條第一項核課期間之起算，依左列規定：一、依法應由納稅義務人申報繳納之稅捐，已在規定期間內申報者，自申報日起算。二、依法應由納稅義務人申報繳納之稅捐，未在規定期間內申報繳納者，自規定申報期間屆滿之翌日起算。三、印花稅自依法應貼用印花稅票日起算。四、由稅捐稽徵機關按稅籍底冊或查得資料核定徵收之稅捐，自該稅捐所屬徵期屆滿之翌日起算。」此外，財政部七十四年臺財稅第一七一五五號函亦值得吾人參考：

「遺產稅、贈與稅、契稅及土地增值稅應如何適用稅捐稽徵法第二十一條有關稅捐核課期間之規定，請依照行政院秘書處七十四年五月十六日臺（七四）財第八八一六號函規定辦理。

附件：行政院秘書處七十四年五月十六日臺（七四）財第八八一六號函

主旨：關於貴部報院函為遺產稅、贈與稅、契稅及土地增值稅，逾越稅捐稽徵法第二十一條規定之稅捐核課期間，納稅義務人自行申報或申請發給納稅證明時，究應如何處理一案奉示：『參酌本院有

關單位研議結論辦理。』說明：一、復貴部七十三年十二月十九日（七三）臺財稅字第六五〇三八號報院函。二、抄附本院有關單位研議結論一份。本院有關單位研議結論：㈠稅捐稽徵機關依稅法規定核課稅捐，乃屬行政行為，稅捐稽徵法第二十一條第一項所定之稅捐核課期間，乃行政行為之行為期間，並非時效。因此，逾越核課期間，依同條第二項規定，即不得再補稅處罰。㈡土地增值稅，依土地稅法第四十九條規定，土地所有權移轉或設定典權時，權利人及義務人應於訂定契約之日起三十日內，向主管地政機關申請土地所有權變更或設定典權登記，權利人及義務人不於土地權利變更後一個月內申請土地權利變更登記，土地法第七十三條第二項雖定有處罰，然此乃就不於期限內申請土地權利變更登記而設之規定，並非對土地增值稅之申報期限及處罰之規定。又土地增值稅之稽徵程序，依土地稅法第四十九條規定，於申請所有權變更或設定典權登記時，主管地政機關於收到申請書後，註明該土地之公告現值及審核結果，移送主管稽徵機關，主管稽徵機關於收件之日起十日（編者註：現行法改為七日）內核定應納之土地增值稅額，並填發稅單送達納稅義務人。是其核課須以土地移轉或設定典權之登記為準，徵諸平均地權條例第三十六條第一項『土地增值稅之徵收……於土地所有權移轉或設定典權時行之。』其理益明。從而，主管稽徵機關並無調查有無土地所有權移轉或設定典權之約定而逕行課徵增值稅之職權。故增值稅之核課期間，通常應自主管地政機關移送主管稽徵機關收件之日起算。若未申請移轉或設定典權登記，縱有移轉或設定典權之契約，尚不發生核課期間問題。㈢遺產稅及贈與稅既經遺產及贈與稅法第二十三條、第二十四條定有應申報之明文，而契稅亦於契稅條例第二條列有應申報之規定，則遺產稅、贈與稅及契稅為稅捐稽徵法第二十一條第一項第一款所定『申報繳納之稅捐』，其核課期間之起算，自應適用同法第二十二條第一款及第二款規定。如已逾

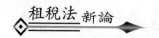

核課期間，依同法第二十一條第二項規定，便不得再補稅處罰。」

◈ (二)徵收期間

當納稅義務人的納稅義務確定之後，稅捐稽徵機關即應進行稅捐的徵收。為了使此一法律關係能早日確定藉以維護交易的安全以及基於「法律不保護在自己權利上睡覺的人」的原則，法律遂規定稅捐稽徵機關應於一定期限之內向納稅義務人為租稅的徵收，如果應徵之稅捐未於一定期間徵收者，稅捐稽徵機關即不得向納稅義務人再行徵收。此一特定期間即為所謂的徵收期間，其法律性質則與民法的消滅時效較為相似；因此，此一特定期間即可因特定之事由而中斷，且如納稅義務人因不知徵收期間已屆滿而誤向稅捐稽徵機關繳納稅款者，納稅義務人亦不得以「不當得利」的法理為由，向稅捐稽徵機關主張請求返還。基此原則，稅捐稽徵法第二十三條遂規定：「稅捐之徵收期間為五年，自繳納期間屆滿之翌日起算；應徵之稅捐未於徵收期間徵起者，不得再行徵收。但於徵收期間屆滿前，已移送法院強制執行，或已依強制執行法規定聲明參與分配，或已依破產法規定申報債權尚未結案者，不在此限。應徵之稅捐，有第十條、第二十五條、第二十六條或第二十七條規定情事者，前項徵收期間，自各該變更繳納期間屆滿之翌日起算。依第三十九條暫緩移送法院強制執行或其他法律規定停止稅捐之執行者，第一項徵收期間之計算，應扣除暫緩執行或停止執行之期間。」至於財政部臺財稅字第八三一六二二七八四號函之見解則對納稅義務人較為有利，亦值得吾人參酌：

主旨：臺南縣陳清和先生出售所有永康鄉大灣段三〇八三地號土地，申請核發已逾越核課期間之地價稅繳款書乙案，請依稅捐稽徵法第二十一條第二項後段規定辦理。請查照。

說明：一、復貴廳八十三年九月十七日八三財稅二字第〇一二

四九二號函。二、稅捐及罰鍰已逾徵課期間，依稅捐稽徵法第二十一條第二項規定，應不得再補稅處罰，尚不得因本案納稅義務人之申請而核發已逾核課期間之稅額繳款書。三、至稅捐及罰鍰已逾徵收期間，依稅捐稽徵法第二十三條第一項規定亦不得再行徵收，本部六十八年九月十五日臺財稅第三六四九三號函所為納稅義務人明知該條規定而自願繳清者，各級公庫可照收之釋示，尚有未合，應不再適用。

❖ ㈢租稅保全

　　承前所述，租稅對一個國家的重要性是不言而喻的，因此，如何確保國家的租稅債權於屆滿繳納期限時納稅義務人皆能如期繳納稅款，即成為一個相當重要的問題。基此，法律遂賦予稅捐稽徵機關足以確保租稅債權的武器，以免國家稅收遭受不當的侵蝕。故而，稅捐稽徵法第二十四條即規定：「納稅義務人欠繳應納稅捐者，稅捐稽徵機關得就納稅義務人相當於應繳稅捐數額之財產，通知有關機關，不得為移轉或設定他項權利；其為營利事業者，並得通知主管機關，限制其減資或註銷之登記。前項欠繳應納稅捐之納稅義務人，有隱匿或移轉財產、逃避稅捐執行之跡象者，稅捐稽徵機關得聲請法院就其財產實施假扣押，並免提供擔保。但納稅義務人已提供相當財產擔保者，不在此限。納稅義務人欠繳應納稅捐達一定金額者，得由司法機關或財政部，函請內政部入出境管理局，限制其出境；其為營利事業者，得限制其負責人出境。但其已提供相當擔保者，應解除其限制。其實施辦法，由行政院定之」，而稅捐稽徵法第二十五條亦規定：「有左列情形之一者，稅捐稽徵機關，對於依法應徵收之稅捐，得於法定開徵日期前稽徵之。但納稅義務人能提供相當擔保者，不在此限：一、納稅義務人顯有隱匿或移轉財產，逃避稅捐執行之跡象者。二、納稅義務人於稅捐法定徵收日期前，申請離境

者。三、因其他特殊原因，經納稅義務人申請者。納稅義務人受破產宣告或經裁定為公司重整前，應徵收之稅捐而未開徵者，於破產宣告或公司重整裁定時，視為已到期之破產債權或重整債權。」茲將租稅保全之措施詳細分析如下：

1.限制移轉、設定他項權利或減資、註銷登記

此一措施乃係為防止納稅義務人藉由移轉其財產或於其財產上設定擔保物權，或者是藉由減資或註銷營業登記將營利事業之財產轉移等脫產的方式，以規避稅捐稽徵機關稅捐徵收的執行而設的。因此，如果納稅義務人欠繳應納稅捐者，稅捐稽徵機關基於保全國家的稅收，即得就納稅義務人相當於應繳稅捐數額之財產，通知有關機關，不得為移轉或設定他項權利；其為營利事業者，並得通知主管機關，限制其減資或註銷之登記。在實務上，有幾則主管機關的解釋函令相當值得參酌：

Ⅰ.內政部六十七年臺內地字第七七三五四○號函

主旨：執行法院依強制執行法規定通知地政機關為查封、假扣押或假處分登記之不動產，因欠繳稅捐，復由稅捐稽徵機關函為禁止處分登記時，地政機關應如何處理疑義一案，請照說明二處理。

說明：二、案經函准司法行政部六十七年一月二十一日臺（六七）函民字第○○五八二號函表示意見如次：㈠經執行法院，依強制執行法第十一條規定通知地政機關為查封、假扣押或假處分登記之不動產，稅捐稽徵機關復依稅捐稽徵法第二十四條第一項規定通知禁止移轉或設定負擔之登記，或經稅捐稽徵機關通知禁止處分、設定負擔登記之不動產，執行法院復通知為查封、假扣押或假處分之登記者，地政機關均直接予以登記，並將該項登記之事由分別通知執行法院及稅捐稽徵機關。稅捐稽徵機關，應即將債務人欠繳稅捐金額向執行法院聲明參與分配，如其稅捐金額尚未確定者，應由

執行法院予以提存。㈡該不動產嗣後如經執行法院拍賣、移轉所有權時，地政機關應於接獲執行法院囑託塗銷查封、假扣押或假處分登記函後，同時塗銷依稅捐稽徵機關通知所為之禁止處分，設定負擔登記。㈢該不動產之查封、假扣押或假處分登記，嗣後經執行法院撤銷其執行處分者，地政機關除依該執行法院囑託函辦理塗銷查封、假扣押或假處分登記外，不影響依稅捐機關通知所為之禁止處分、設定負擔登記。

Ⅱ.財政部六十九年臺財稅字第三九一一六號函

二、關於納稅義務人欠繳應納稅捐，經稅捐稽徵機關依稅捐稽徵法第二十四條第一項規定，就納稅義務人相當於欠繳稅捐數額之財產，通知有關機關為禁止處分登記後，該受禁止處分之財產，在納稅義務人清繳稅捐前，法院可否逕查封拍賣乙節，茲准法務部六十九年七月二十九日法（六九）律字第一○四七號函復略稱：「稅捐稽徵法第二十四條第一項『不得為移轉或設定他項權利』之規定，其立法精神，在防止納稅義務人藉移轉財產以逃避稅捐，係禁止納稅義務人之自由處分行為。但執行法院依國家公權力實施查封拍賣，應不在禁止之列。稅捐稽徵機關遇此情形，仍可參與分配，國家之租稅債權，仍可獲得充分之保障。」依稅捐稽徵法第二十四條第一項為禁止處分之財產，既經法務部認為執行法院仍可查封拍賣，則受禁止處分之財產，其經法院拍賣後，自不宜繼續予以禁止處分。本案××工業股份有限公司受禁止處分之不動產，稅捐稽徵機關應轉請有關機關塗銷其禁止處分登記。三、嗣後對於欠稅人業經禁止處分登記之財產，除應儘速移請法院強制執行以求償還欠稅外，倘在強制執行前，該受禁止處分登記之財產，已因另案債務糾紛被法院查封拍賣者，稅捐稽徵機關應依「臺灣地區土地房屋強制執行聯繫辦法」第四條之規定注意參與分配，以保庫收。

Ⅲ.財政部七十一年臺財稅字第三三六二八號函

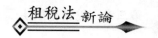

稅捐稽徵機關依稅捐稽徵法第二十四條第一項規定，通知有關機關對於納稅義務人之財產不得為移轉或設定他項權利時，應副知各該納稅義務人。

IV．財政部臺財稅字第七五四五三○二號函

按稅捐稽徵法第二十四條第一項前段規定「納稅義務人欠繳應納稅捐者，稅捐稽徵機關得就納稅義務人相當於應繳稅捐數額之財產，通知有關機關，不得為移轉或設定他項權利」。是項禁止必須稅捐稽徵機關之「通知」能夠發生影響實體法上權利義務關係之效力，始有適用上之實益。查股票之移轉，在記名股票須合法背書，並經交付，在無記名股票只須交付，即生移轉之效力；至於是否記載於股東名簿，只是得否對抗公司之效力問題（參照公司法第一六五條第一項），不影響轉讓之成立。至以股票為質權之標的時，依民法第九百零八條規定，無記名股票因交付其股票於質權人，記名股票因背書並交付其股票於質權人，即生設定質權之效力；均不以記載於股東名簿為設定質權之生效要件。故稅捐稽徵機關對欠稅之股份有限公司股東，通知該公司禁止其股票移轉或設定他項權利，並不能發生法律上阻止財產權移轉及設定他項權利之效力。因此納稅義務人欠繳應納稅捐，稅捐稽徵機關不宜就納稅義務人持有之股票，通知發行公司禁止其移轉或設定他項權利。

V．財政部臺財稅字第八四一六○五一三六號函

主旨：納稅義務人欠繳應納稅捐或罰鍰，稅捐稽徵機關尚不宜依稅捐稽徵法第二十四條第一項前段規定，通知金融機構禁止納稅義務人提領其銀行存款。惟符合該條第二項規定者，仍得聲請法院就該存款實施假扣押，以資保全。請查照。

說明：一、復貴廳八十三年九月六日八三財稅三字第○一二一一五號函。二、查稅捐稽徵法第二十四條第一項前段規定之「有關機關」，係指政府機關，尚不包括金融機構在內。故納稅義務人欠繳

應納稅捐或罰鍰，稅捐稽徵機關尚不宜依稅捐稽徵法第二十四條第一項前段規定，通知金融機構禁止納稅義務人提領其銀行存款。

VI.財政部臺財稅字第八四一六六〇八三八號函

主旨：已依動產擔保交易法規定設定動產抵押或附條件買賣登記之車輛，應仍可再受理稅捐稽徵機關囑託禁止處分登記，請惠予轉知各監理機關配合辦理。

說明：二、稅捐稽徵機關依稅捐稽徵法第二十四條規定，對欠稅人所有車輛函請監理機關辦理禁止處分登記時，雖該車輛已依動產擔保交易法規定設定動產抵押或附條件買賣，惟如該車輛所有權仍屬欠稅人所有時，依貴部（編者註：交通部）八十四年六月二十九日交路八十四字第〇二九六二六號函規定，監理機關仍應予受理。

2.聲請假扣押

為了保全國家的稅收，法律遂賦予稅捐稽徵機關優於一般民事債權人之保全程序；也就是說，當欠繳稅捐之納稅義務人有隱匿或移轉財產，逃避稅捐執行之跡象者，稅捐稽徵機關即得聲請法院就其財產實施假扣押，並免提供擔保。

3.限制出境

納稅義務人欠稅達法定金額者，得由司法機關或財政部函請內政部入出境管理局限制該納稅義務人或其負責人出境。茲將實務上有關限制欠稅人或欠稅營利事業負責人出境之見解臚列如下：

I.司法院大法官會議釋字第三四五號解釋

解釋文

行政院於中華民國七十三年七月十日修正發布之「限制欠稅人或欠稅營利事業負責人出境實施辦法」，係依稅捐稽徵法第二十四條第三項及關稅法第二十五條之一第三項之授權所訂定，其第二條第

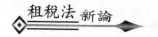

一項之規定，並未逾越上開法律授權之目的及範圍，且依同辦法第五條規定，有該條所定六款情形之一時，應即解除其出境限制，已兼顧納稅義務人之權益。上開辦法為確保稅收，增進公共利益所必要，與憲法尚無牴觸。

解釋理由書

稅捐稽徵法第二十四條第三項規定：「納稅義務人欠繳應納稅捐達一定金額者，得由司法機關或財政部，函請內政部入出境管理局，限制其出境；其為營利事業者，得限制其負責人出境。但其已提供相當擔保者，應解除其限制。其實施辦法，由行政院定之。」關稅法第二十五條之一第三項亦有相同意旨之規定，行政院於中華民國七十三年七月十日修正發布之「限制欠稅人或欠稅營利事業負責人出境實施辦法」，即係依上開法律明文授權所訂定。其第二條第一項規定：「在中華民國境內居住之個人或在中華民國境內之營利事業，其已確定之應納稅捐或關稅，逾法定繳納期限尚未繳納，其欠繳稅款及已確定之罰鍰單計或合計，個人在新臺幣五十萬元以上，營利事業在新臺幣一百萬元以上者，由稅捐稽徵機關或海關報請財政部，函請內政部入出境管理局，限制該欠稅人或欠稅營利事業負責人出境」，並未逾越上開法律授權之目的及範圍，且依同辦法第五條規定，有該條所定六款情形之一時，應即解除其出境限制，已兼顧納稅義務人之權益。上開辦法限制出境之規定，為確保稅收，增進公共利益所必要，與憲法第十條、第二十三條規定，均無牴觸。

Ⅱ.財政部六十八年臺財稅字第三四九二七號函

依限制欠稅人或營利事業負責人出境實施辦法（註：現行限制欠稅人或欠稅營利事業負責人出境實施辦法）規定限制出境之營利事業負責人，係指以依法得代表該營利事業之法定代理人為限。其為公司組織者，乃係經公司董事會或股東會議合法授權之董事長或執行業務而代表公司之股東。至非公司組織之獨資或合夥營利事業，

亦可參照商業登記法第九條第二項所稱之負責人為限。

Ⅲ．財政部七十二年臺財稅字第三四二八三號函

主旨：關於股份有限公司董事長死亡或因故不能行使職權，且未指定代理人，董事會又未依法推選新董事長，而公司欠稅在新臺幣一百萬元以上，並已停業，可否限制其常務董事或董事出境乙案，復如說明。

說明：二、股份有限公司董事長死亡或因故不能行使職權，依據經濟部經（七二）商四○五一九號函釋，股份有限公司之董事長因故不能行使職權時，應依公司法第二百零八條第三項規定，由副董事長代理之；無副董事長或副董事長因故不能行使職權時，由董事長指定常務董事一人代理之；未設常務董事者指定董事一人代理之；董事長未指定代理人者，由常務董事或董事互推一人代理之。至董事長死亡者，應即依法補選董事長，惟在董事長未及選出之前，得由常務董事互推一人暫時執行董事長職務（非代理人）。三、如公司未依前項規定辦理時，可依公司法第八條規定，限制常務董事或董事出境。

Ⅳ．財政部臺財稅字第八五一九一五○三六號函

主旨：對於已提起行政救濟之欠稅案件，究應否限制欠稅人出境，重行核釋處理原則，請查照。

說明：一、個人或營利事業欠繳應納稅捐，而提起行政救濟者，在行政救濟終結前，原則上應免予限制該欠稅人或欠稅營利事業負責人出境，如有左列情形之一，且合於「限制欠稅人或欠稅營利事業負責人出境實施辦法」第二條第三項規定之限制出境標準者，應予限制出境：㈠納稅義務人經復查決定仍有應納稅額，而未繳納半數或提供相當擔保而提起訴願，經審酌確有限制出境之必要者。㈡欠稅人或欠稅營利事業之負責人有潛逃國外，或隱匿或移轉財產以逃避稅捐執行之跡象者。二、本部八一臺財稅第八一○七七三七九

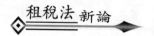

○號函釋自本函發布日起不再適用。三、各稽徵機關對於先前依本部八一臺財稅第八一○七七三七九○號函釋報請限制出境之案件，應即按本函原則於一週內清理有無續行限制出境之必要。

Ⅴ.財政部臺財關字第八六○○三九○一一號函

重整人在執行職務範圍內為公司負責人，在重整期間，得限制出境，如該重整人係由法院選派之律師或會計師所擔任者，則不予限制出境。

然而，吾人以為限制欠稅人或欠稅營利事業負責人出境的適法性，相當令人質疑，茲分析如下：

按限制欠稅人或欠稅營利事業負責人出境的「稅捐保全」措施多年來一直飽受納稅義務人以及各界人士的詬病，痛陳其動輒輕易犧牲人民的基本人權以換取稅捐稽徵機關收取稅捐的一時便利，二者權衡輕重，實有失偏頗，顯見其與「比例原則」有相當程度的違背，故而可能有違憲之嫌。誠然，確保國家租稅債權的實現有其必要性，此亦即稅捐稽徵法第六條第一項規定：「稅捐之徵收，優先於普通債權」以及同法第二十四暨二十五條有關「稅捐保全」及「提前開徵」之所以規定的原因。然而，國家為了確保其租稅債權的實現，就捨犧牲人民的基本人權之外別無他途嗎？果真如此，則無話可說；實則，不然也。蓋因國家為了確保其租稅債權得以實現，最直接而有效的方法應是訴諸強制執行納稅義務人所有之財產，而非間接迂迴以限制納稅義務人出境來「強制」其納稅。目前限制納稅義務人出境的措施無異於「以大砲轟小鳥」，不但招惹民怨且亦無法達到確保國家租稅債權實現的目的，其制度的存廢實值吾人深入加以探究。

儘管有財政部臺財稅字第八七一九五八五五六號函之解釋：

「納稅義務人欠繳應納稅捐，經稽徵機關就其相當於應繳稅捐

數額之財產禁止處分，且該禁止處分財產，其價值相當於納稅義務人欠繳之應納稅捐者，得免再對其為限制出境處分，惟該禁止處分之財產，其價值如不足欠繳之應納稅捐者，則仍得依有關規定限制其出境。」

可以適度的減輕了限制欠稅人或欠稅營利事業負責人出境對人民基本人權的侵害，然而，此一稅捐保全規定的合憲性依然有相當的爭議空間。

反觀，美國稅法上有關「稅捐保全」的規定則是簡單、直接又有效，實值國內未來修法加以參考，依據美國「內地稅法」(Internal Revenue Code) 第六三二一條 (Section 6321) 之規定，「欠稅人因故意或過失未繳納稅款者，相當於應繳稅捐數額之欠稅人之財產上，美國政府享有抵押權 (Lien)。」其中所稱之 Lien 在國內法律體系上係相當於民法第五百三十一條所謂的「法定抵押權」，只不過其標的不限於欠稅人所有之不動產，同時亦及於欠稅人所有之動產。這樣的規定，就確保國家稅收而言，實優於稅捐稽徵法第六條第一項「稅捐之徵收優先於普通債權」的規定；就稅捐保全而言，不但無庸如稅捐稽徵法第二十四條，就納稅義務人相當於應繳稅捐數額之財產，通知有關機關限制移轉或設定負擔或聲請法院就納稅義務人之財產實施假扣押，且亦無須以限制欠稅人或其負責人出境為「手段」來「強制」欠稅人繳納稅款。美國稅法上的 Lien 制度配合了若干的除外規定，例如善意受讓、成立在先的擔保物權或法定的擔保物權等可以排除 Lien，再加上一套完備的「公示制度」，亦即即時的將 Lien 登錄於「公共目錄」(Public Index) 上，藉以來保護交易的安全。(詳參美國內地稅法第六三二三條之規定) 此種稅捐保全的措施實值國內立法借鏡。事實上，國家為了實現其租稅債權本應針對欠稅人的財產來追償，拿欠稅人的人身自由來逼迫其納稅，其手段與目的的相關性即相當可議。

　　至於日本稅法有關稅捐優先性及保全的規定則與國內規定相近，其國稅徵收法第八條有關租稅優先性之規定與稅捐稽徵法第六條第一項之規定相當；而其同法第四十七條有關就滯納之欠稅人之財產實施「假扣押」之規定則與稅捐稽徵法第二十四條第二項之規定相對應，只不過其實施「假扣押」之要件並不限於欠稅人有隱匿或移轉財產、逃避稅捐執行之跡象，只要欠稅人未依規定期限納稅即可。此外，日本稅法上並無因納稅義務人欠繳應納稅捐而限制其或其負責人出境之規定。

　　由美國及日本稅法上有關「稅捐保全」的相關規定可得知，我國稅捐稽徵法第二十四條第三項有關限制欠稅人或欠稅營利事業負責人出境做為「稅捐保全」手段的規定真可謂是我國租稅法制上「獨獲的創見」，其創意的靈感猶如「神來之筆」，令人費解。此種無助於國家租稅債權實現，嚴重違反保障基本人權的憲法宣言，又與法律先進國家立法潮流相左的「倒行逆施」，其存在的必要性顯已無立足之地。反而是政府相關部門應針對如何確保國家租稅債權的實現，通盤檢討目前法令的缺失，儘速廢止或修正不合時宜的陋規，方可止「惡法亦法」之譏。

4. 提前徵收

　　原則上，如果納稅義務人顯有隱匿或移轉財產，逃避稅捐執行之跡象者，或其於稅捐法定開始徵收日期前申請離境者，稅捐稽徵機關即得於法定開徵日期前稽徵之，藉以來保全國家的稅收。

5. 提供相當擔保

　　稅捐稽徵法第二十四條第二、三項以及第二十五條第一項皆有但書規定，來排除稅捐稽徵機關保全租稅措施的適用，此一但書即是由納稅義務人提供相當擔保；至於何謂相當擔保，一般而言，蓋

依稅捐稽徵法第十一條之一之規定：「本法所稱相當擔保，係指相當於擔保稅款之左列擔保品：一、黃金，按九折計算，經中央銀行掛牌之外幣、核准上市之有價證券，按八折計算；其計值辦法，由財政部定之。二、政府發行經規定可十足提供公務擔保之公債，按面額計值。三、銀行存款單摺，按存款本金額計值。四、其他經財政部核准，易於變價及保管，且無產權糾紛之財產。」此外，下列財政部有關相當擔保之解釋函令亦值得參酌：

Ⅰ.財政部六十三年臺財稅字第三七六七○號函

說明：二、目前工商業資金調度困難確屬實情，類似案件，在擔保品易於保管且不易損壞之原則下，可予考慮接受辦理。三、××纖維工業公司提供擔保之原料，應按其提供日前一日市價之七折計值，並由該公司依動產擔保交易法及其施行細則等有關法令規定，向臺北市建設局辦理動產擔保登記後提供抵押。

Ⅱ.財政部臺財稅字第八三一五八一七五一號函

主旨：以土地提供繳稅擔保，或為稅捐保全之標的時，按土地公告現值加四成估價。請查照並轉知。

Ⅲ.財政部臺財稅字第○九○○四五○四四三號

主旨：納稅義務人以已辦妥建物所有權登記之房屋提供繳稅擔保，或為稅捐保全之標的時，其金額按稽徵機關核計之房屋現值加二成估價。請　查照轉知。

❖ ㈣查對更正

依據稅捐稽徵法第十七條之規定：「納稅義務人如發現繳納通知文書有記載、計算錯誤或重複時，於規定繳納期間內，得要求稅捐稽徵機關，查對更正」，此一有關查對更正之規定常與行政救濟程序發生混沌，也就是說，納稅義務人常會將依法應以行政救濟來進行的程序誤以查對更正為之。茲將實務上有關查對更正之見解分述如

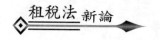

下：

Ⅰ．行政法院六十年判字第二三七號判例

所得稅法第八十一條第二項規定所稱核定稅額通知書之記載或計算有錯誤時，納稅義務人得向該管稽徵機關查對或請予更正者，係指通知書之文字記載或查定項目之數字上計算錯誤而言。其對查定之事實或法令之適用有所異議者，應依本法第八十二條之規定申請複查。

Ⅱ．行政法院七十九年判字第三八三號判決

按納稅義務人如發現繳納通知文書有記載、計算錯誤或重複時，於規定繳納期間內，得要求稅捐稽徵機關查對更正，稅捐稽徵法第十七條定有明文。又核定稅額通知書之記載或計算有錯誤時，納稅義務人得於通知書送達後十日內，向該管稽徵機關查對或請予更正。所稱通知書之記載或計算有錯誤者，係僅指通知書之文字記載或各查定項目之數字上計算錯誤而言，復為行為時所得稅法第八十一條第二項及其施行細則第七十六條前段所規定。本件原告七十四年度營利事業所得稅結算申報，經被告機關核定後，原告以其前向中船公司訂購之毅利輪已於七十二年十二月接船參加營運，七十四年度應付該船船價之利息計一七、五三七、三一七元，因申報當時未據中船公司通知，未曾計入損益列報，延至七十五年間始達成協議，請准予補列上項利息支出，並予追認云云，申請更正。案經被告機關以（七六）財北國稅審壹字第八四二三三號函復，略以原告申請追認應付未付貨款利息一節，非屬稅捐稽徵法第十七條及行為時所得稅法施行細則第七十六條之更正範圍，未便准予更正等語，未准所請，揆諸前開說明，尚無不合，訴願、再訴願決定遞予維持，亦無違誤。原告雖起訴主張：其於七十四年度應付之償還進口器材外幣部分利息四筆共一七、五三七、三一七元因與中船公司協商經年，始於七十五年達成協議，應由原告負擔，係屬無法於當年度確知之

費用，致無法估列，依所得稅法第三十條規定及財政部 65.11.30. 臺財稅字第三七九〇四號函釋，應准補列云云，並提出中船公司 75.4.29.（七五）船業一〇五四二號函及明細表為證。惟查本件應付利息，依上開規定及函釋，縱應准以費用列支減除，原告既未依法於當年度結算列報，若將系爭利息，於七十五年度過期帳處理，則應於該年度認列，非屬稅捐稽徵法第十七條及行為時所得稅法施行細則第七十六條所定，得申請更正之範圍，原處分否准補列七十四年度費用，即無不合。

四、行政救濟

　　當納稅義務人對於稅捐稽徵機關的核課處分不服時，依法即可於法定期間內進行行政救濟的程序，否則該項核課之處分即告確定，而產生所謂的「形式上之存續力」，又名「形式上之確定力」，也就是說，納稅義務人再也不能以通常之行政救濟程序來變更或撤銷該項核課之處分。此外，當核課處分確定後，作成該核課處分之稅捐稽徵機關，原則上，亦應受其拘束，此即所謂的「實質上之存續力」，又名「實質上之確定力」；惟基於公益或其他因素的考量，稅捐稽徵機關亦可不受「實質上之存續力」的拘束，自行來變更或撤銷原核課之處分。下列行政法院之見解相當值得贊許：

　　Ⅰ.行政法院五十八年判字第三一號判例

　　納稅義務人依所得稅法規定辦理結算申報而經該稅捐稽徵機關調查核定之案件，如經過法定期間而納稅義務人未申請復查或行政爭訟，其查定處分，固具有形式上之確定力，惟稽徵機關如發見原處分確有錯誤短徵，為維持課稅公平之原則，基於公益上之理由，要非不可自行變更原查定處分，而補徵其應繳之稅額。

　　Ⅱ.財政部四十七年臺財參發字第八三二六號函

說明：二、查行政官署所為之行政處分，如未經訴願決定者，原處分官署若自覺其原處分為不合法，本於行政上之職權作用原得自動撤銷，或另為處分。至業經提起訴願者，除原處分官署於收到訴願書副本後，認訴願為有理由者，得自行撤銷原處分，為訴願法第六條第二項所規定外，受理訴願之行政官署，固應先就程序上加以審核，合於法定程序者，方能進而為實體上之審理，其不合者，即應從程序上予以駁回，不能逾越範圍而為實體上之審定，惟原處分如經訴願行政訴訟依程序上之理由決定維持者，雖已具有形式上之確定力，但尚未具實際上之確定力，如果原處分官署或其上級官署認為該項原處分確有違反法令之規定，則為公益上之理由，未嘗不可再依職權糾正。又訴願之決定拘束原處分或原決定官署之效力，訴願法第十一條定有明文，惟訴願再訴願均為人民之權利或利益因官署之違法或不當處分致受損害而設之救濟方法，苟原處分原決定或再訴願官署，於訴願再訴願之決定確定後，發見錯誤，或因有他種情形，而撤銷原處分另為新處分，倘於訴願人再訴願人之權利或利益並不因之而受何損害，自可本其行政權或監督權之作用，另為處置，不在該條應受拘束之範圍。至若發生新事實，當然得由該管官署另為新處分。三、為確切保護人民權益，對於僅具形式上確定力之行政處分，原處分及其上級官署，自仍應就實體上注意查核，如確有違法或不當，致損害人民權利或利益者，即應依職權撤銷變更。又於訴願再訴願之決定確定後，如發見錯誤，有損害訴願人權利或利益者，亦應依職權予以糾正。

茲將租稅行政救濟的程序詳細分析如下：

❖ (一)復　查

依據稅捐稽徵法第三十五條之規定：「納稅義務人對於核定稅捐之處分如有不服，應依規定格式，敘明理由，連同證明文件，依左

列規定，申請復查：一、依核定稅額通知書所載有應納稅額或應補徵稅額者，應於繳款書送達後，於繳納期間屆滿翌日起算三十日內，申請復查。二、依核定稅額通知書所載無應納稅額或應補稅額者，應於核定稅額通知書送達後三十日內，申請復查。納稅義務人或其代理人，因天災事變或其他不可抗力之事由，遲誤申請復查期間者，於其原因消滅後一個月內，得提出具體證明，申請回復原狀。但遲誤申請復查期間已逾一年者，不得申請。前項回復原狀之申請，應同時補行申請復查期間內應為之行為。稅捐稽徵機關對有關復查之申請，應於接到申請書後二個月內復查決定，並作成決定書，通知納稅義務人。前項期間屆滿後，稅捐稽徵機關仍未作成決定者，納稅義務人得逕行提起訴願」，因此，當納稅義務人對於稅捐稽徵機關的核課處分不服時，即不能直接依據訴願法第一條之規定：「人民對於中央或地方機關之行政處分，認為違法或不當，致損害其權利或利益者，得依本法提起訴願、再訴願。但法律另有規定者，從其規定」，向其上級機關提起訴願，而須依稅捐稽徵法之特別規定先行向原處分機關申請復查，如就原處分機關之復查決定不服者，方可向其上級機關提起訴願。至於稅捐稽徵法第三十五條第一項所規定之期間則為法定不變期間，除法律另有規定者外，不因任何事由而縮減或延長。下列實務上之見解足為吾人之參考：

Ⅰ.行政法院四十八年判字第二三號判例

凡經稽徵機關調查核定之所得稅應納稅額，納稅義務人如有不服，得於核定稅額通知送達後二十日內，依規定格式，敘明理由，連同證明文件、申請復查。納稅義務人對於稽徵機關之復查決定稅額，仍有不服時，始得依法提起訴願及行政訴訟。為所得稅法第七十九條第一項及第四項所明定。本件原告收受被告官署補徵四十四年下期營利事業所得稅之通知，如有不服，自應依照上開規定申請復查。乃原告未經踐行法定必經之復查程序，逕行提起訴願，自難

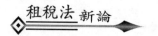

謂為合法。

II.行政法院四十八年裁字第四〇號判例

當事人發見未經斟酌之證物，或得使用該證物者，固得對本院之判決，提起再審之訴，但所謂發見未經斟酌之證物或得使用該證物，係指該項證物於前訴訟程序終結前即已存在，而為再審原告所不知悉，或雖知其存在而不能使用，現始知其存在，或得使用者而言。本件再審原告提出之證物臺北市家畜市場管理處通知及屏東縣稅捐稽徵處東港分處通知，其作成日期，均在原判決送達以後，即於前訴訟程序終結前，並未存在，自與所謂發見未經斟酌之證物或得使用該證物之情形不符。再審原告據以提起再審之訴，自非法之所許。查關於再審原告所得稅部分之原處分及訴願再訴願決定，業經本院原判決予以撤銷，應由再審被告官署依復查程序另為處分。再審原告所主張之上開證物，自可向再審被告官署提出，供為復查之資料。

III.行政法院五十年判字第四五號判例

稽徵機關核定稅額通知書之記載或計算有錯誤時，依所得稅法第七十八條第二項之規定，固得據納稅義務人之申請，予以更正。但稽徵機關調查核定之應納稅額，納稅義務人如有不服而申請復查，則稽徵機關即應依同法第七十九條第三項規定之程序，為之復查決定，不能依前開條項而予更正。二者情形各別，其應適用之法定程序，自不容有所假借。查原告向被告官署所屬潮州分處提出之聲明書內容，所爭執者，為主張其根本不應課徵稅款，並非謂核定稅額通知書之記載或計算，有何錯誤，其為不服應納稅額之調查核定，情實顯然。雖未於聲明書內表明復查字樣，但既主張應予免稅，不論用語如何，要應認其真意為依法申請復查。縱令申請書格式有所不合，證件理由亦未敘明，被告官署儘可飭其補正。乃被告官署所為答復通知，竟依據所得稅法第七十八條第二項而為更正核定。並

未依同法第七十九條第三項之法定程序，為之復查決定，自難謂於法無違。

Ⅳ．行政法院七十五年判字第二〇六三號判決

按原告對於被告機關依同業利潤標準核定其成本部分，經被告機關依第一次再訴願決定撤銷原訴願決定及原處分命重為處分意旨，變更核定其七十年度營利事業所得額後，未再為不服之表示，轉而以其於該年度內承攬景美幹線第六期工程，總價款四十五萬元，惟原告辦理營利事業所得稅結算申報時，將此項收入筆誤申報為四百五十萬元，致溢報該年度營業收入四百零五萬元，被告機關於重為復查決定時應更正而不予更正,致核定之應納稅額有所違誤等情，執為不服理由。迭經訴願、再訴願受理機關以被告機關就本件營業收入部分，係按原告之申報核定，而營業成本部分則依同業利潤標準核定，原告於七十二年五月九日提出復查申請，其申請復查項目及理由僅對營業成本之核定不服，有關營業收入部分之處分原告對之未踐行復查程序，逕行提起訴願、再訴願非法之所許等由，相繼援引行政法院六十二年判字第九十六號判例，自程序上予以決定駁回。被告機關亦執之為答辯理由，並謂原告於七十三年八月三十日始申請更正云云，查本院右揭判例僅謂復查程序中並無異議者，不得一併提起訴願，第原告提起本件行政訴訟，其主要爭執之點，係主張被告機關第一次復查決定係在七十二年十一月三十日作成，而原告就前敍營業收入部分之筆誤，係在同年十月四日檢具事證函請被告機關更正，被告機關之收文號為一〇〇四五八號，有案可查，七十三年八月三十日實係再度請求更正等情。而被告機關就原告此項於訴狀內一再臚陳之事實，未置一字之答辯，其真象究係如何？本院尚無從明瞭，倘原告之主張屬實，則本件之基礎事實與本院六十二年判字第九十六號判例即非盡相同，又稅捐稽徵機關在第一次復查決定作成以前，納稅義務人補提理由，凡與其原來敍明之理由

有所關聯，復足以影響應納稅額之核計者，稅捐稽徵機關均應自實體上予以受理審查，併為復查決定，為本院最近一致之見解。按營利事業所得稅之應納稅額乃由核定之所得額算出，而所得額復由營業收入減除營業成本得之，兩者即有所關聯且與應納稅額之核算有重大影響，被告機關即應進而審查原告是否果有溢報營業收入之事實，以定其應否更正原核定之所得額暨應納稅額，用維稅賦之正確並保障原告之權益，是原告究在何時向被告機關提出有關營業收入部分復查理由乃本案之關鍵所在，自有翔實查明之必要。

◈ (二)訴　願

依據稅捐稽徵法第三十八條第一項之規定:「納稅義務人對稅捐稽徵機關之復查決定如有不服，得依法提起訴願及行政訴訟」以及同法第三十五條第五項之規定:「前項期間屆滿後，稅捐稽徵機關仍未作成決定者，納稅義務人得逕行提起訴願」，納稅義務人對稅捐稽徵機關之復查決定如有不服或稅捐稽徵機關未於法定期限之內作成復查決定者，即得依據訴願法之相關規定提起訴願。而依訴願法第十四條之規定:「訴願之提起，應自行政處分達到或公告期滿之次日起三十日內為之。利害關係人提起訴願者，前項期間自知悉時起算。但自行政處分達到或公告期滿後，已逾三年者，不得提起。訴願之提起，以原行政處分機關或受理訴願機關收受訴願書之日期為準。訴願人誤向原行政處分機關或受理訴願機關以外之機關提起訴願者，以該機關收受之日，視為提起訴願之日」，因此，納稅義務人如欲提起訴願者，即應於此一法定不變期間內為之，否則其訴願即不合法，亦即該稅捐稽徵機關核課之處分即告確定，也就是說，原則上納稅義務人即不得再為任何之爭執。不過，依訴願法第十六條之規定:「訴願人不在受理訴願機關所在地住居者，計算法定期間，應扣除其在途期間。但有訴願代理人住居受理訴願機關所在地，得為

期間內應為之訴願行為者，不在此限。前項扣除在途期間辦法，由行政院定之」，因此，如符合要件者，則上揭法定期間即可扣除在途期間。

有關訴願之審理程序，原則上，蓋依訴願法第七十七條、第七十九條及第八十條之規定，也就是說，應先就程序的合法性為審查，如訴願程序不合法者，則逕以程序上之違法為不受理之決定，無須就實體為任何審查；惟如訴願程序一切合法者，即應再就實體為審查。但是如果訴願是因逾越法定期限而遭駁回者，若原行政處分顯屬違法或不當者，原行政處分機關或其上級機關亦可逕行依據其職權變更或撤銷之。

至於訴願審查方式，依據訴願法第六十三條第二項之規定，受理訴願機關必要時得通知訴願人、參加人或利害關係人到達指定處所陳述意見。訴願人或參加人請求陳述意見而有正當理由者，應予到達指定處所陳述意見之機會。再者，訴願法第六十五條亦規定，受理訴願機關應依訴願人、參加人之申請或於必要時，得依職權通知訴願人、參加人或其代表人、訴願代理人、輔佐人及原行政處分機關派員於指定期日到達指定處所言詞辯論。此外，訴願法第六十七條則規定，受理訴願機關應依職權或囑託有關機關或人員，實施調查、檢驗或勘驗，不受訴願人主張之拘束。受理訴願機關應依訴願人或參加人之申請，調查證據。但就其申請調查之證據中認為不必要者，不在此限。受理訴願機關依職權或依申請調查證據之結果，非經賦予訴願人及參加人表示意見之機會，不得採為對之不利之訴願決定之基礎。

最後，有關訴願決定期限，則依訴願法第八十五條第一項之規定：「訴願之決定，自收受訴願書之次日起，應於三個月內為之；必要時，得予延長，並通知訴願人及參加人。延長以一次為限，最長不得逾二個月。」

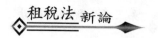

除了以上所述之外，尚有幾則行政法院之見解值得吾人參酌，茲分述如下：

Ⅰ.行政法院四十九年判字第一號判例之二

官署於受理訴願時，應先從程序上加以審核，合於法定程序者，方能進而為實體上之審理。其不合法定程序而無可補正者，即應予以駁回。

Ⅱ.行政法院五十六年判字第一七三號判例

人民不服官署之處分，於法定訴願期限內向原處分官署聲明不服，或誤向非管轄訴願之官署表示不服原處分之意思者，固應認為已有訴願之提起。但如係就同一事件，向非管轄訴願之官署另有請求，而非請求撤銷或變更原處分者，則自不能視為已有訴願之提起。

Ⅲ.行政法院七十五年判字第一○三三號判決

本件再訴願決定以原告於七十四年七月二十七日收受財政部（七四）臺財訴字第五八四一二號訴願決定，有經原告蓋章收受之訴願文書郵務送達證書附財政部（七三）三三○一三號卷可稽，核計其提起再訴願之三十日不變期間自七十四年七月二十八日起算，應於同年八月二十六日屆滿，該日非星期日、紀念日或其他休假日，且原告住於臺北市，亦無訴願法第十條第一項扣除在途期間之適用，而原告竟遲至同年八月二十八日始提起再訴願，亦有行政院外收發室蓋於再訴願書上之收文日戳可按，依行政院暨所屬各級行政機關訴願審議委員會審議規則第十三條第三項前段及第二十五條規定，再訴願提出之日期，以受理再訴願機關實際收受再訴願書之日期為準，因認其再訴願之提起，已逾三十日法定不變期間，乃從程序上予以駁回，固非無見。惟查原告主張其收受訴願決定書日期係七十四年七月三十日，而非七十四年七月二十七日，既已據提出臺北郵局第十八支局送達掛號函件收據第一九○四號正反面影本二紙為證，而該掛號函件收據反面經核亦委實著有七十四年七月三十日郵

戳及原告之印章，是其主張已非完全無據。何況七十四年七月二十七、二十八、二十九日郵務人員送達該訴願決定書時，因收件人即原告不在，致未能送達，復有原告提出信封上註明日期並加蓋郵局戳記之財政部訴願決定書送達公文封原件可證。是本件再訴願是否逾期，自有再加斟酌之必要。本件再訴願決定依郵務送達證書送達日戳認為本件再訴願逾期，從程序上予以駁回再訴願，自有可議。

Ⅳ. 行政法院七十五年判字第一九九六號判決

按依五十九年十二月二十三日修正公布之訴願法第十七條第三項規定：「訴願經收受訴願書之機關認為管轄不合時，應移送有管轄權之機關依法受理。」本件原告因發見其向法院拍得之系爭房屋被拆除，乃於五十八年六月二十六日向臺北市政府請求補償（其原意為請求賠償損害），案經臺北市違章建築處理委員會於五十八年八月二十日函復原告「各項救濟金已由林×訓、林×枝會領，希逕向其自行解決為要」。原告認為不當，於五十九年十二月二十九日曾向內政部提起訴願，內政部既認為原處分機關為臺北市違章建築處理委員會，依行為時訴願法第三條第五款規定，應向臺北市政府提起訴願，不應向內政部提起訴願書，依據首揭法條規定，內政部自應移送有管轄權之機關臺北市政府依法處理，不能以視同撤回訴願處理。乃內政部以 60.1.11. 臺內訴字第四○一一○一號通知原告應向臺北市政府提起訴願，並飭原告於六十年元月三十日以前聲明撤回訴願，逾期不為聲請者，視同撤回，核與首揭法條規定有違。至七十五年一月二十七日原告復向臺北市政府請求補辦徵收，按新標準核發補償費，被告機關函復仍請逕向當事人（指林×枝、林×訓）追還，原告不服，提起訴願及再訴願，縱令認定先後兩次訴願之事實同一，亦應調查原告於五十九年十二月二十九日誤向內政部提起訴願後，該部有否移送臺北市政府？原告有無另向臺北市政府訴願？及臺北市政府處理結果如何，倘先前之訴願案，尚未依法決定，即無原處

分已告確定可言，一再訴願決定謂內政部於六十年一月十一日函知
原告應向臺北市政府提起訴願，惟未照辦，原處分即告確定，茲原
告就同一事由，請求救濟，顯屬對已確定之行政處分提起訴願，要
為程序不合，遞從程序上決定駁回云云，自嫌速斷。矧原告先前之
訴願標的探求原告之真意係請求按原購買房屋之價金及所繳納之契
稅如數賠償，嗣再度提起訴願，已變更訴願之標的，如請求補辦徵
收，並按新標準核發補償，即難謂前後兩案之訴願標的同一，從而
一再訴願決定以被告機關七十五年二月十七日及其他多次復函純係
重申維持原來之處分，並非就新事實所為之處分，自不得對之提起
訴願，從程序上予以駁回，亦屬可議，自應一併予以撤銷，由訴願
機關重為適當之決定，以資適法。

❖ (三)行政訴訟

依據行政訴訟法第四條之規定：「人民因中央或地方機關之違法
行政處分，認為損害其權利或法律上之利益，經依訴願法提起訴願
而不服其決定，或提起訴願逾三個月不為決定，或延長訴願決定期
間逾二個月不為決定者，得向高等行政法院提起撤銷訴訟。逾越權
限或濫用權力之行政處分，以違法論。訴願人以外之利害關係人，
認為第一項訴願決定，損害其權利或法律上之利益者，得向高等行
政法院提起撤銷訴訟」，因此，納稅義務人對訴願決定如有不服，即
得依行政訴訟法提起行政訴訟。至於行政訴訟之起訴期間，蓋依行
政訴訟法第一〇六條之規定：「撤銷訴訟之提起，應於訴願決定書送
達後二個月之不變期間內為之。但訴願人以外之利害關係人知悉在
後者，自知悉時起算。撤銷訴訟，自訴願決定書送達後，已逾三年
者，不得提起」，此一期間為法定不變期間，除法律另有規定者外，
不因任何事由而縮減或延長。

再者，行政訴訟的審理程序與訴願的審理程序相同，也就是說，

應先就程序的合法性為審查，如行政訴訟程序不合法者，依據行政訴訟法第一〇七條之規定，即可逕以程序上之違法予以駁回，無須就實體為任何審查；惟如訴願程序一切合法者，依據行政訴訟法第一九五條之規定，即應再就實體為審查並為判決。

至於行政訴訟之審查方式，由於行政訴訟法已改弦易轍為「二審二級制」，因此，就行政訴訟的審理程序亦由「書面審理原則」轉化為「言詞辯論原則」，藉以充分保障人民的權益以及增進司法的功能。稟此原則，行政訴訟法第一〇九條遂規定，審判長認已適於為言詞辯論時，應速定言詞辯論期日。前項言詞辯論期日，距訴狀之送達，至少應有十日為就審期間。但有急迫情形者，不在此限。因為行政訴訟法已改為「二審二級制」，因此，行政訴訟法另設有上訴制度，而依行政訴訟法第二百三十八條第一項之規定，對於高等行政法院之終局判決，除法律別有規定外，得上訴於最高行政法院。至於提起上訴期間，依據行政訴訟法第二百四十一條之規定，應於高等行政法院判決送達後二十日之不變期間內為之。但宣示或公告後送達前之上訴，亦有效力。再者，由於上訴審係為法律審，因此，即有必要對上訴理由加以設限。行政訴訟法第二百四十二條之規定，對於高等行政法院判決之上訴，非以其違背法令為理由，不得為之，即作如是之規定。而何謂「違背法令」呢？依據行政訴訟法第二百四十三條之規定，判決不適用法規或適用不當者，為違背法令。有下列各款情形之一者，其判決當然違背法令：一、判決法院之組織不合法者。二、依法律或裁判應迴避之法官參與裁判者。三、行政法院於權限之有無辨別不當或違背專屬管轄之規定者。四、當事人於訴訟未經合法代理或代表者。五、違背言詞辯論公開之規定者。六、判決不備理由或理由矛盾者。此外，依據行政訴訟法第二百五十三條之規定，最高行政法院之判決不經言詞辯論為之。但有下列情形之一者，得依職權或依聲請行言詞辯論：一、法律關係複雜或

法律見解紛歧，有以言詞辯明之必要者。二、涉及專門知識或特殊經驗法則，有以言詞說明之必要者。三、涉及公益或影響當事人權利義務重大，有行言詞辯論之必要者。言詞辯論應於上訴聲明之範圍內為之。最後，因為上訴審為法律審，因此，原則上最高行政法院並不就事實重新審究。基此，行政訴訟法第二百五十四條遂規定，除別有規定外，最高行政法院應以高等行政法院判決確定之事實為判決基礎。以違背訴訟程序之規定為上訴理由時，所舉違背之事實，及以違背法令確定事實或遺漏事實為上訴理由時，所舉之該事實，最高行政法院得斟酌之。依前條第一項但書行言詞辯論所得闡明或補充訴訟關係之資料，最高行政法院亦得斟酌之。

最後，依據行政訴訟法第二百十五條之規定，撤銷或變更原處分或決定之判決，對第三人亦有效力。惟無過失而未參加訴訟之第三人如因撤銷或變更原處分或決定之判決而蒙受不利益者，亦應賦予其適當之救濟管道以資權衡。基此，行政訴訟法遂引進「重新審理」的制度，於行政訴訟法第二百八十四條中規定，因撤銷或變更原處分或決定之判決，而權利受損害之第三人，如非可歸責於己之事由，未參加訴訟，致不能提出足以影響判決結果之攻擊或防禦方法者，得對於確定終局判決聲請重新審理。前項聲請，應於知悉確定判決之日起三十日之不變期間內為之。但自判決確定之日起已逾一年者，不得聲請。

至於，實務上有關行政訴訟之見解，有下列幾則可供酌參：

Ⅰ. 司法院大法官會議釋字第一三七號解釋

解釋文

法官於審判案件時，對於各機關就其職掌所作有關法規釋示之行政命令，固未可逕行排斥而不用，但仍得依據法律表示其合法適當之見解。

解釋理由書

　　法官於審判案件時，對於各機關就其職掌所作有關法規釋示之行政命令，或為認定事實之依據，或須資為裁判之基礎，固未可逕行排斥而不用。惟各種有關法規釋示之行政命令，範圍廣泛，為數甚多。其中是否與法意偶有出入，或不無憲法第一百七十二條之情形，未可一概而論。法官依據法律，獨立審判，依憲法第八十條之規定，為其應有之職責。在其職責範圍內，關於認事用法，如就系爭之點、有為正確闡釋之必要時，自得本於公正誠實之篤信，表示合法適當之見解。

　　II. 司法院大法官會議釋字第二一六號解釋

解釋文

　　法官依據法律獨立審判，憲法第八十條載有明文。**各機關依其職掌就有關法規為釋示之行政命令**，法官於審判案件時，固可予以引用，但仍得依據法律，表示適當之不同見解，並不受其拘束，本院釋字第一三七號解釋即係本此意旨；司法行政機關所發司法行政上之命令，如涉及審判上之法律見解，僅供法官參考，法官於審判案件時，亦不受其拘束。惟如經法官於裁判上引用者，當事人即得依司法院大法官會議法第四條第一項第二款之規定聲請解釋。就關稅未繳清之貨物取得動產抵押權者，其擔保利益自不能存在於該貨物未繳之關稅上，此觀關稅法第三十一條第二項、第三項規定甚明。前司法行政部六十五年十一月十五日臺（六五）函民字第〇九九二號及六十七年七月廿二日臺（六七）函民字第〇六三九二號函提示執行法院，於拍賣關稅記帳之進口貨物時，應將該貨物未繳關稅情形，於拍賣公告內載明，並敘明應由買受人繳清關稅，始予點交，此項函示，核與上開法條意旨相符，不屬同法第五十五條第三項規定之範圍，既未侵害動產抵押權人之權益，亦為確保關稅之稽徵所必要，與憲法保障人民財產權之本旨，並無牴觸。

解釋理由書

　　法官依據法律獨立審判，不受任何干涉，憲法第八十條載有明文。各機關依其職掌就有關法規為釋示之行政命令，法官於審判案件時，固可予以引用，但仍得依據法律，表示適當之不同見解，並不受其拘束，本院釋字第一三七號解釋即係本此意旨；司法行政機關所發行政上之命令，不影響於審判權之行使，為法院組織法第九十條所明定。司法行政機關自不得提示法律上之見解而命法官於審判上適用，如有所提示，亦僅供法官參考，法官於審判案件時，不受其拘束。惟上述各種命令，如經法官於裁判上引用者，當事人即得依司法院大法官會議法第四條第一項第二款之規定聲請解釋。本件聲請，依上開說明，應予受理。

　　分期繳稅或稅款記帳之進口貨物，於關稅未繳清前，不得轉讓，其經強制執行或專案核准者，准由受讓人繼續分期繳稅或記帳，關稅法第三十一條第二項、第三項規定甚明。依此規定，就未繳清關稅之貨物取得動產抵押權者，其擔保利益自不能存在於該貨物未繳之關稅上，其因強制執行而受讓該項貨物者，如未獲准繼續分期繳稅或記帳，自須繳清稅款，始可取得貨物，此與同法第五十五條第三項規定係指應繳或應補繳之關稅，就上述情形以外之納稅義務人所有財產受償，僅較普通債權優先者不同。前司法行政部六十五年十一月十五日臺（六五）函民字第〇九九八二號及六十七年七月二十二日臺（六七）函民字第〇六三九二號函提示執行法院，於拍賣關稅記帳之進口貨物時，應將該貨物未繳關稅情形，於拍賣公告內載明，並敘明應由買受人繳清關稅，始予點交，此項函示，核與關稅法第三十一條第二項、第三項之意旨相符，不屬同法第五十五條第三項規定之範圍，既未侵害動產抵押權人之權益，亦為針對關稅特性，確保關稅之稽徵所必要，與憲法保障人民財產權之本旨，並無牴觸。

Ⅲ．司法院大法官會議釋字第三六八號解釋

解釋文

行政訴訟法第四條「行政法院之判決，就其事件有拘束各關係機關之效力」，乃本於憲法保障人民得依法定程序，對其爭議之權利義務關係，請求法院予以終局解決之規定。故行政法院所為撤銷原決定及原處分之判決，如係指摘事件之事實尚欠明瞭，應由被告機關調查事證另為處分時，該機關即應依判決意旨或本於職權調查事證。倘依重為調查結果認定之事實，認前處分適用法規並無錯誤，雖得維持已撤銷之前處分見解；若行政法院所為撤銷原決定及原處分之判決，係指摘其適用法律之見解有違誤時，該管機關即應受行政法院判決之拘束。行政法院六十年判字第三十五號判例謂：「本院所為撤銷原決定及原處分之裁判，如於理由內指明由被告官署另為復查者，該官署自得本於職權調查事證，重為復查之決定，其重為復查之結果，縱與已撤銷之前決定持相同之見解，於法亦非有違」，其中與上述意旨不符之處，有違憲法第十六條保障人民訴訟權之意旨，應不予適用。

解釋理由書

憲法第十六條規定人民有訴訟之權，係指人民有依法定程序，就其權利義務之爭議，請求法院救濟，以獲致終局解決與保障之權利。行政訴訟法第四條規定：「行政法院之判決，就其事件有拘束各關係機關之效力」，即為保障人民依行政訴訟程序請求救濟之權利得獲終局解決。是行政法院所為撤銷原決定及原處分之判決，原機關自有加以尊重之義務；原機關有須重為處分者，亦應依據判決之內容為之，以貫徹憲法保障原告因訴訟而獲得救濟之權利或利益。行政法院六十年判字第三十五號判例謂：「本院所為撤銷原決定及原處分之裁判，如於理由內指明由被告機關另為復查者，該官署自得本於職權調查事證，重為復查之決定，其重為復查之結果，縱與已撤銷之前決定持相同之見解，於法亦非有違。」其中如係指摘事件之事

實尚欠明瞭，應由被告機關調查事證後另為處分者，該機關依判決意旨或本於職權再調查事證，倘依調查結果重為認定之事實，認前處分適用法規並無錯誤，而維持已撤銷之前決定之見解者，於法固非有違；惟如係指摘原決定及處分之法律見解有違誤者，該管機關即應受行政法院判決所示法律見解之拘束，不得違背。上開判例與上述意旨不符之處，有違憲法保障人民訴訟權之意旨，應不予適用。

Ⅳ. 司法院大法官會議釋字第三七一號解釋

解釋文

憲法為國家最高規範，法律牴觸憲法者無效，法律與憲法有無牴觸發生疑義而須予以解釋時，由司法院大法官掌理，此觀憲法第一百七十一條、第一百七十三條、第七十八條及第七十九條第二項規定甚明。又法官依據法律獨立審判，憲法第八十條定有明文，故依法公布施行之法律，法官應以其為審判之依據，不得認定法律為違憲而逕行拒絕適用。惟憲法之效力既高於法律，法官有優先遵守之義務，法官於審理案件時，對於應適用之法律，依其合理之確信，認為有牴觸憲法之疑義者，自應許其先行聲請解釋憲法，以求解決。是遇有前述情形，各級法院得以之為先決問題裁定停止訴訟程序，並提出客觀上形成確信法律為違憲之具體理由，聲請本院大法官解釋。司法院大法官審理案件法第五條第二項、第三項之規定，與上開意旨不符部分，應停止適用。

解釋理由書

採用成文憲法之現代法治國家，基於權力分立之憲政原理，莫不建立法令違憲審查制度。其未專設違憲審查之司法機關者，此一權限或依裁判先例或經憲法明定由普通法院行使，前者如美國，後者如日本（一九四六年憲法第八十一條）。其設置違憲審查之司法機關者，法律有無牴觸憲法則由此一司法機關予以判斷，如德國（一九四九年基本法第九十三條及第一百條）、奧國（一九二九年憲法第

一百四十條及第一百四十條之一）、義大利（一九四七年憲法第一百三十四條及第一百三十六條）及西班牙（一九七八年憲法第一百六十一條至第一百六十三條）等國之憲法法院。各國情況不同，其制度之設計及運作，雖難期一致，惟目的皆在保障憲法在規範層級中之最高性，並維護法官獨立行使職權，俾其於審判之際僅服從憲法及法律，不受任何干涉。我國法制以承襲歐陸國家為主，行憲以來，違憲審查制度之發展，亦與上述歐陸國家相近。

　　憲法第一百七十一條規定：「法律與憲法牴觸者無效。法律與憲法有無牴觸發生疑義時，由司法院解釋之」，第一百七十三條規定：「憲法之解釋，由司法院為之」，第七十八條又規定：「司法院解釋憲法，並有統一解釋法律及命令之權」，第七十九條第二項及憲法增修條文第四條第二項則明定司法院大法官掌理第七十八條規定事項。是解釋法律牴觸憲法而宣告其為無效，乃專屬司法院大法官之職掌。各級法院法官依憲法第八十條之規定，應依據法律獨立審判，故依法公布施行之法律，法官應以其為審判之依據，不得認定法律為違憲而逕行拒絕適用。惟憲法乃國家最高規範，法官均有優先遵守之義務，各級法院法官於審理案件時，對於應適用之法律，依其合理之確信，認為有牴觸憲法之疑義者，自應許其先行聲請解釋憲法以求解決，無須受訴訟審級之限制。既可消除法官對遵守憲法與依據法律之間可能發生之取捨困難，亦可避免司法資源之浪費。是遇有前述情形，各級法院得以之為先決問題裁定停止訴訟程序，並提出客觀上形成確信法律為違憲之具體理由，聲請本院大法官解釋。司法院大法官審理案件法第五條第二項、第三項之規定，與上開意旨不符部分，應停止適用。關於各級法院法官聲請本院解釋法律違憲事項以本解釋為準，其聲請程式準用同法第八條第一項之規定。

 ㈣聲請大法官會議解釋

　　儘管聲請大法官會議解釋本身並非租稅行政救濟程序的一環，但是透過聲請大法官會議解釋卻可以使已經確定之行政法院裁判有「死灰復燃」的一線希望。因為，如果行政法院之裁判所適用之法律或命令經大法官會議解釋為牴觸憲法者，則納稅義務人即可以大法官會議之解釋為由向行政法院提起再審之訴，藉以達成「翻案」的目的。然而，並非所有確定之行政法院裁判皆可透過聲請大法官會議解釋來翻案，只有符合聲請大法官會議解釋要件之行政法院裁判才有可能藉由聲請大法官會議解釋來翻案。至於聲請大法官會議解釋之要件，蓋依司法院大法官審理案件法第五條之規定：「有左列情形之一者，得聲請解釋憲法：一、中央或地方機關，於其行使職權，適用憲法發生疑義，或因行使職權與其他機關之職權，發生適用憲法之爭議，或適用法律與命令發生有牴觸憲法之疑義者。二、人民、法人或政黨於其憲法上所保障之權利，遭受不法侵害，經依法定程序提起訴訟，對於確定終局裁判所適用之法律或命令發生有牴觸憲法之疑義者。三、依立法委員現有總額三分之一以上之聲請，就其行使職權，適用憲法發生疑義，或適用法律發生有牴觸憲法之疑義者。最高法院或行政法院就其受理之案件，對所適用之法律或命令，確信有牴觸憲法之疑義時，得以裁定停止訴訟程序，聲請大法官解釋。聲請解釋憲法不合前二項規定者，應不受理。」此外，有關大法官會議審理案件之議決方式則依司法院大法官審理案件法第十四條之規定：「大法官解釋憲法，應有大法官現有總額三分之二之出席，及出席人三分之二同意，方得通過。但宣告命令牴觸憲法時，以出席人過半數同意行之。大法官統一解釋法律及命令，應有大法官現有總額過半數之出席，及出席人過半數之同意，方得通過。」在實務上，有幾則與大法官會議解釋有關之大法官會議解釋頗值吾人參考，茲分述如下：

　　I.司法院大法官會議釋字第一八五號解釋

解釋文

　　司法院解釋憲法，並有統一解釋法律及命令之權，為憲法第七十八條所明定。其所為之解釋，自有拘束全國各機關及人民之效力，各機關處理有關事項，應依解釋意旨為之，違背解釋之判例，當然失其效力。確定終局裁判所適用之法律或命令，或其適用法律、命令所表示之見解，經本院依人民聲請解釋認為與憲法意旨不符，其受不利確定終局裁判者，得以該解釋為再審或非常上訴之理由，已非法律見解歧異問題。行政法院六十二年判字第六一〇號判例，與此不合部分應不予援用。

解釋理由書

　　憲法第七十八條規定，司法院解釋憲法，並有統一解釋法律及命令之權，旨在使司法院負闡明憲法及法令正確意義之責，其所為之解釋，自有拘束全國各機關及人民之效力，各機關處理有關事項時，應依解釋意旨為之，違背解釋之判例，當然失其效力。法律與憲法牴觸者無效，命令與憲法或法律牴觸者無效，為憲法第一百七十一條第一項及第一百七十二條所明定。確定終局裁判所適用之法律或命令，或其適用法律、命令所表示之見解發生有牴觸憲法之疑義，經本院依人民聲請解釋認為確與憲法意旨不符時，是項確定終局裁判即有再審或非常上訴之理由。蓋確定終局裁判如適用法規顯有錯誤或違背法令，得分別依再審、非常上訴及其他法定程序辦理，為民、刑事訴訟法及行政訴訟法所明定，並經本院釋字第一三五號及第一七七號解釋在案。故業經本院解釋之事項，其受不利裁判者，得於解釋公布後，依再審或其他法定程序請求救濟。

　　行政法院六十二年判字第六一〇號判例稱:「行政訴訟法第二十四條規定，有民事訴訟法第四百九十六條所列各款情形之一者，當事人對於本院判決，固得提起再審之訴，惟民事訴訟法第四百九十六條第一項第一款所謂適用法規顯有錯誤，係指原判決所適用之法

規與該案應適用之現行法規相違背或與解釋、判例有所牴觸者而言。至於法律上見解之歧異，再審原告對之縱有爭執，要難謂為適用法規錯誤，而據為再審之理由。」按確定終局裁判於裁判時所適用之法規或判例，經本院依人民聲請解釋認為與憲法意旨不符時，依上所述，是項確定終局裁判，即有再審或非常上訴之理由，其受不利確定終局裁判者，如以該解釋為理由而請求再審，受訴法院自應受其拘束，不得再以其係法律見解之歧異，認非適用法規錯誤，而不適用該解釋。行政法院上開判例，與此不合部分應不予援用。

Ⅱ．司法院大法官會議釋字第一八八號解釋

解釋文

　　中央或地方機關就其職權上適用同一法律或命令發生見解歧異，本院依其聲請所為之統一解釋，除解釋文內另有明定者外，應自公布當日起發生效力。各機關處理引起歧見之案件及其同類案件，適用是項法令時，亦有其適用。惟引起歧見之該案件，如經確定終局裁判，而其適用法令所表示之見解，經本院解釋為違背法令之本旨時，是項解釋自得據為再審或非常上訴之理由。

解釋理由書

　　司法院大法官會議法第七條中央或地方機關就其職權上適用同一法律或法令所發生之歧見得聲請統一解釋之規定，係基於憲法第七十八條司法院有統一解釋法律及命令之權，使本院負責闡釋法律及命令之正確意義，俾為各機關適用該項法令之準據而設。本院依其聲請所為之解釋，除解釋文內另有明定者外，應自公布日當日起發生效力。本院就法院或命令所為之統一解釋，既為各機關適用法令之準據，於其處理引起歧見之案件及同類案件，適用是項法令時，自亦應有其適用。惟引起歧見之該案件，如經確定終局裁判，而其適用法令所表示之見解，經本院解釋為違背法令之本旨時，即屬適用法規顯有錯誤或違背法令，為保護人民之權益，應許當事人據該

解釋為再審或非常上訴之理由，依法定程序請求救濟。

　　Ⅲ.司法院大法官會議釋字第二〇九號解釋

解釋文

　　確定終局裁判適用法律或命令所持見解，經本院解釋認為違背法令之本旨時，當事人如據以為民事訴訟再審之理由者，其提起再審之訴或聲請再審之法定不變期間，參照民事訴訟法第五百條第二項但書規定，應自該解釋公布當日起算，惟民事裁判確定已逾五年者，依同條第三項規定，仍不得以其適用法規顯有錯誤而提起再審之訴或聲請再審，本院釋字第一八八號解釋應予補充。

解釋理由書

　　司法院有解釋憲法並有統一解釋法律及命令之權，為憲法第七十八條所明定。此項規定，乃賦與本院解決憲法上之疑義或爭議，並闡釋法律及命令正確意義之職權。中央或地方機關就其職權上適用同一法律或命令發生見解歧異，本院依其聲請所為之統一解釋，就引起歧見之該案件，如經確定終局裁判，而其適用法令所表示之見解，經本院解釋為違背法令之本旨時，是項解釋自得據為再審或非常上訴之理由。但如經本院解釋，認法院就法條文義所持裁判上見解，非屬適用法規顯有錯誤者，仍不得據為再審理由，經本院釋字第一八八號函及釋字第二〇八號解釋末段釋明在案。

　　確定終局裁判適用法律或命令所持見解，經本院解釋為違背法令之本旨時，當事人如認有民事訴訟法第四百九十六條第一項第一款之再審理由，提起再審之訴或聲請再審者，其起訴或聲請之法定不變期間，參照同法第五百條第二項但書規定，應自該解釋公布當日起算，始足保障人民之權利。惟確定終局裁判適用法規錯誤，係原確定裁判所生之瑕疵，故民事裁判確定已逾五年者，依同法第五百條第三項規定，仍不得以其適用法規顯有錯誤而提起再審之訴或聲請再審，俾兼顧法律秩序之安定性，本院釋字第一八八號解釋應

予補充。

❖ ㈤不利益變更禁止原則

租稅行政救濟程序的體制係為納稅義務人之利益而設，因此，為了保障納稅義務人不至於因運用行政救濟程序而遭受更為不利之處分或結果，法律遂要求受理行政救濟程序之機關不得對於運用行政救濟程序之納稅義務人為較原處分或決定不利之處分或判決，此即所謂的「不利益變更禁止原則」。

訴願法第八十一條第一項規定：「訴願有理由者，受理訴願機關應以決定撤銷原行政處分之全部或一部，並得視事件之情節，逕為變更之決定或發回原行政處分機關另為處分。但於訴願人表示不服之範圍內，不得為更不利益之變更或處分。」以及行政訴訟法第一百九十五條第二項規定：「撤銷訴訟之判決，如係變更原處分或決定者，不得為較原處分或決定不利於原告之判決。」即為此一原則的體現。

此外，行政法院之見解亦與此一原則相互輝映，茲分述如下：

Ⅰ.行政法院三十五年判字第二六號判例

訴願係人民因行政官署之違法或不當處分，致損害其權利或利益時，請求救濟之方法。受理訴願官署，如認訴願為無理由，祇應駁回訴願，自不得於訴願人所請求範圍之外，與以不利益之變更，致失行政救濟之本旨。

Ⅱ.行政法院六十二年判字第二九八號判例

依行政救濟之法理，除原處分適用法律錯誤外，申請復查之結果，不得為更不利於行政救濟人之決定。

❖ ㈥期間及送達

由於租稅行政救濟程序往往會涉及法定不變期間的計算，而法定不變期間的計算又係以納稅義務人合法收受行政機關或行政法院

之處分、決定或判決之日為起算日，因此，有關期間的計算方式以及合法送達之程序，即成為租稅行政救濟程序不容忽視的一環。

依據公文程式條例第十三條之規定：「機關致送人民之公文，得準用民事訴訟法有關送達之規定」，因此，有關行政機關或行政法院之處分、決定或判決如何為送達，原則上，即依民事訴訟法有關送達之規定。然而，就稽徵文書之送達，稅捐稽徵法第十八條則有特別規定：「稅捐稽徵機關為稽徵稅捐所發之各種文書，應受送達人拒絕收受者，稅捐稽徵機關得將文書寄存送達地之自治或警察機關，並作成送達通知書，黏貼於應受送達人之住所、居所、事務所或營業所門首，以為送達。應受送達人行蹤不明，致文書無法送達者，稅捐稽徵機關應先向戶籍機關查明；如無著落時，應由稅捐稽徵機關保管應送達之文書，而於其牌示處黏貼，並於新聞紙登載公告，曉示應受送達人，應隨時向其領取。前項公示送達，自將公告黏貼牌示處並自登載新聞紙之日起經二十日，發生送達效力。繳納稅捐之文書，稅捐稽徵機關，應於該文書所載開始繳納稅捐日期前送達」，此外，稅捐稽徵法第十九條就應受送達人亦有特別規定：「為稽徵稅捐所發之各種文書，得向納稅義務人之代理人、代表人、經理人或管理人以為送達，應受送達人在服役中者，得向其父母或配偶以為送達；無父母或配偶者，得委託服役單位代為送達。為稽徵土地稅或房屋稅所發之各種文書，得以使用人為應受送達人。對公同共有人中之一人為送達者，其效力及於全體」，以上之規定乃就租稅稽徵所為之特別規定，自應優先於民事訴訟法有關送達之規定適用之。如果，送達不合法者，即不生送達之效力，也就是說，法定不變期間即無從起算。再則，有關法定不變期間的計算方式，除了訴願及行政訴訟程序可以扣除在途期間之外，如有民法第一百二十二條規定：「於一定期日或期間內，應為意思表示或給付者，其期日或期間之末日，為星期日、紀念日或其他休息日時，以其休息日之次日代

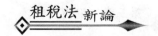

之」之情形者，尚可順延之。而實務上，有數則行政法院及財政部之見解相當值得酌參：

I．行政法院三十一年判字第三號判例

訴願法第四條第一項，訴願自官署之處分書達到之次日起，三十日內提起之。所謂達到係指將文件交付於應行收受人而言。若根本上並未依法送達，則訴願期間即無從起算，不發生訴願逾期問題。

II．行政法院五十四年判字第二六六號判例

本件訴訟主體為原告公司，其於關務署決定書之送達，準照民事訴訟法第一百三十六條規定，自應向原告營業所行之，且原為原告代表人之朱某已於案發時收押，被告官署既未將該項決定書送達於原告營業所，亦未準照民事訴訟法第一百三十條規定，將上項決定書送達由監所長官轉交朱某，而竟付郵投遞朱某之住所，其送達程序自有未合，無從起算其提起行政訴訟之不變期間。

III．行政法院五十七年判字第四五號判例

本件財政部關務署決定書雖於五十六年七月二十一日郵寄原告代表人朱某之服務處所，但未經由朱某本人簽收，而由該處之胡某代收，留置該處之信箱待領，該胡某既非朱某之同居人，亦非其受僱人，則此種送達，自不能發生合法送達之效力。原告於同年九月四日返航高雄港，始接獲上項決定書，而於五十六年九月二十二日向本院提起行政訴訟，尚未逾法定期間。

IV．行政法院七十五年判字第二一六二號判決

關於被告機關之限期補正通知單，依其卷附郵政收件回執記載，係由「竹一大樓管理委員會」收受，原告既設址於該大樓內，則依稅捐稽徵法第十九條第一項前段規定，為稽徵稅捐所發之各種文書得向納稅義務人之代理人……或管理人以為送達，又郵政法第十二條第一項前段亦訂明，各類郵件，除法令另有規定外，應按其表面所書收件人之地址投遞之，經查上述通知單及郵政收件回執記載原

告之地址，與該管理委員會同號，而被告機關通知於七十三年九月十三日查詢之查帳通知聯單，亦係由該管理委員會蓋章收受，原告既於該項通知所定之日到場提供帳證（見被告機關稽查陳××同年十月六日所簽結論與分析意見），足證該管理委員會負有為該大樓內各住戶收受郵件之職責，應視為受僱之管理人自不待言（參見郵政機關送達訴訟文書實施辦法第七條），由其收受上述補正通知自屬合法，原告引用財政部（六七）臺財稅字第三三五一六號函指該項送達不合法，衡之該函僅是為期慎重，要求稽徵機關送達補正通知時，應由營利事業負責人簽章，其由他人代收者，必須註明其身分職務而已，且與上述規定無礙，尚不得據以認定前述送達違法。

　　V．財政部臺財稅字第七五五九四三六號函

　　按稅捐稽徵法第十八條第二項規定「應受送達人行蹤不明，致文書無從送達者，稅捐稽徵機關應先向戶籍機關查明；如無著落時，應由稅捐稽徵機關保管應送達之文書，而於其牌示處黏貼並於新聞紙登載公告，曉示應受送達人，應隨時向其領取。」依上開規定，公示送達須具備「應受送達人行蹤不明，致文書無從送達」及「稅捐稽徵機關向戶籍機關查明仍無著落」之要件。又稅捐稽徵所發之各種文書，除向納稅義務人為送達外，依同法第十九條第一項前段規定「得向納稅義務人之代理人、代表人、經理人或管理人以為送達」，從而同法第十八條第二項所稱應受送達人行蹤不明，應包括同法第十九條第一項所定得為送達之人在內。本案××市××股份有限公司因擅自他遷不明，致該公司六十八年度營利事業所得稅核定通知書及繳款書無從送達，××市稅捐稽徵處未依稅捐稽徵法第十九條第一項前段及同法第十八條第二項前段規定辦理，即予以公示送達，應有未洽。

　　VI．財政部臺財稅字第八〇〇三九六一一五號函

　　主旨：稅單一經依法公示送達，即發生送達之效力，事後納稅

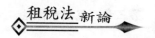

義務人尚難主張公示送達期間身在國外，而阻其效力。

　　說明：二、稅捐稽徵機關為稽徵稅捐所發之各種文書，應受送達人行蹤不明，文書無從送達，經向戶籍機關查明，仍無著落時，依稅捐稽徵法第十八條第二項規定得為公示送達。所稱應受送達人行蹤不明，應係就送達時而言，送達時應受送達人如經稽徵機關查明係行蹤不明，即可依上開法條規定為公示送達，一經依法為公示送達，即發生合法送達之效力，納稅義務人尚難事後主張公示送達期間身在國外，而阻其效力。

❖ (七)補稅及退稅

　　納稅義務人行政救濟結果確定之後，即會產生補稅或退稅的結算，也就是說，如果行政救濟結果對納稅義務人依然不利的話，則納稅義務人即應加計利息補稅，反之，如果行政救濟結果對納稅義務人有利的話，則稅捐稽徵機關即應加計利息退稅給納稅義務人。有關行政救濟後如何補稅或退稅，蓋依稅捐稽徵法第三十八條第二及三項之規定:「經依復查、訴願或行政訴訟等程序終結決定或判決，應退還稅款者，稅捐稽徵機關應於復查決定，或接到訴願決定書，或行政法院判決書正本後十日內退回；並自納稅義務人繳納該項稅款之日起，至填發收入退還書或國庫支票之日止，按退稅額，依繳納稅款之日郵政儲金匯業局之一年期定期存款利率，按日加計利息，一併退還。經依復查、訴願或行政訴訟程序終結決定或判決，應補繳稅款者，稅捐稽徵機關應於復查決定，或接到訴願決定書，或行政法院判決書正本後十日內，填發補繳稅款繳納通知書，通知納稅義務人繳納，並自該項補繳稅款原應繳納期間屆滿之次日起，至填發補繳稅款繳納通知書之日止，按補繳稅額，依原應繳納稅款期間屆滿之日郵政儲金匯業局之一年期定期存款利率，按日加計利息，一併徵收。」

五、強制執行

依據稅捐稽徵法第三十九條之規定:「納稅義務人應納稅捐,於繳納期間屆滿三十日後仍未繳納者,由稅捐稽徵機關移送法院強制執行。但納稅義務人已依第三十五條規定申請復查者,暫緩移送法院強制執行。前項暫緩執行之案件,除有左列情形之一者外,稽徵機關應移送法院強制執行: 一、納稅義務人對復查決定之應納稅額繳納半數,並依法提起訴願者。二、納稅義務人依前款規定繳納半數稅額確有困難,經稽徵機關核准,提供相當擔保者」,因此,原則上,如果納稅義務人欠稅未繳超過三十日者,稅捐稽徵機關即應將該等案件移送法務部行政執行署逕行依據行政執行法之相關規定來對納稅義務人所有之財產進行強制執行。

六、適用法令錯誤之退稅

依據稅捐稽徵法第二十八條之規定:「納稅義務人對於因適用法令錯誤或計算錯誤溢繳之稅款,得自繳納之日起五年內提出具體證明,申請退還;逾期未申請者,不得再行申請」,因此,如有因適用法令錯誤或計算錯誤溢繳之稅款,即使稅捐稽徵機關所為之核課處分已告確定,納稅義務人亦得於法定期間之內向稅捐稽徵機關申請退還溢繳之稅款。此一期間為法定不變期間,除法律另有規定者外,不因任何事由而縮減或延長。實務上,有數則行政法院及財政部之見解相當值得酌參:

Ⅰ.行政法院七十五年判字第一五六七號判決

按納稅義務人對於因適用法令錯誤或計算錯誤溢繳之稅款,得自繳納之日起五年內提出具體證明,申請退還,固為稅捐稽徵法第

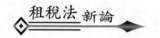

二十八條前段所規定,惟得申請退還溢繳之稅款者,係納稅義務人,且以因適用法令錯誤或計算錯誤為限,否則,即無適用之餘地。本件案外人黎×富繳納座落臺北市內湖區新里族段灣子小段三○八號土地之遺產稅款一、七八七、四六○元,縱為原告所訴係其代為繳納,惟據原告買受系爭土地之不動產買賣契約書內載「遺產稅歸甲方(指原告)負責支理」。此有該不動產買賣契約書影本附卷可稽。是原告代黎×富繳納系爭土地遺產稅,係履行其與黎×富所訂之契約義務,而黎×富就系爭土地能否辦妥繼承登記及系爭土地是否嗣後復被徵收,要屬另一問題,核與黎×富原應繳納之遺產稅無影響。從而黎×富原繳納之系爭土地遺產稅並無適用法令錯誤或計算錯誤之情事。何況,系爭土地遺產稅係以黎×富為納稅義務人,有遺產稅繳納通知單附原處分卷可稽。而公法關係,復無民法上代位權之適用,茲本件原告並非系爭稅款在公法上之納稅義務人,竟以納稅義務人自居,申請退還案外人黎×富名義繳交之系爭遺產稅款,於法尤屬不合。被告機關因據以核駁原告之申請,揆諸首揭法條規定,並無違誤。

Ⅱ.行政法院七十九年度判字第三四一號判決

按「納稅義務人對於因適用法令錯誤或計算錯誤溢繳之稅款,得自繳納之日起五年內提出具體證明,申請退還……」,為稅捐稽徵法第二十八條所明定。本件原告申請退還七十二年及七十三年度綜合所得稅私人抵押貸款利息所得部分所核課之稅款,經被告機關以78.3.14基稅工字第一五一七五號函復未准所請,無非依據臺灣省稅務局78.3.1稅一字第○○八八三號函層轉財政部76.1.6臺財稅字第七五七七二六九號函釋規定為之。惟查財政部76.1.6臺財稅字第七五七七二六九號函謂:「綜合所得稅納稅義務人於七十年至七十三年間有私人間借款之利息,依七十年八月三十一日發布之獎勵投資條例施行細則第二十七條規定及財政部(七十)臺財稅字第三七九三

○號函釋；未能適用六十九年十二月三十日修正公布之獎勵投資條
例第二十三條第三項第一款關於限額免納所得稅規定之案件，不得
依據司法院大法官會議釋字第二一○號解釋申請退還」云云，係以
大法官會議釋字第一七七號及第一八八號解釋認為大法官會議解
釋，除聲請人據以聲請之案件外，其餘應自公布當日起始有其適用，
不得溯及變更為其論據。惟按司法院大法官會議解釋就有關法律之
固有涵義所為之解釋，係以原法條固有之效力為範圍，並非作創設
性之規定。對其固有效力之範圍並無增減，則該項解釋之適用，應
以所解釋之法律本身生效之日起即有其適用，而非以解釋公布日為
準。本件司法院大法官會議釋字第二一○號解釋謂：「就中華民國六
十九年十二月三十日修正公布之獎勵投資條例第二十三條第三項第
一款，關於限額免納所得稅之利息，係規定『除郵政存簿儲金及短
期票券以外之各種利息』，並未排除私人間無投資性之借款利息，而
中華民國七十年八月三十一日發布之獎勵投資條例施行細則第二十
七條認該款『所稱各種利息，包括公債、公司債、金融債券、金融
機構之存款及工商企業借入款之利息』，財政部（七十）臺財稅字第
三七九三○號函並認『不包括私人間借款之利息』縱符獎勵投資之
目的，惟逕以命令訂定，仍與當時有效之首述法條『各種利息』之
明文規定不合，有違憲法第十九條租稅法律主義之主旨」等語，顯
係就前開獎勵投資條例第二十三條第三項第一款所規定關於限額免
納所得稅之利息之範圍所為之解釋，係僅以原法條之固有效力為範
圍，並未作任何創設性之規定，從而，該號解釋之適用，自應以前
開條例本身生效之日起即有其適用。財政部 76.1.6 臺財稅字第七五
七七二六九號函謂依大法官會議解釋字第一七七號及第一八八號解
釋認大法官會議解釋，除聲請人據以聲請之案件外，其餘應自公布
當日起始有其適用，不得溯及變更云云，非無審究之餘地。刻財政
部臺財稅第七八○六五七七四一號函釋就此已有所變更。本件原告

七十二年度七十三年度核定系爭利息所得補稅額係於七十四年一月三十日及七十五年三月四日繳納，有繳款書影本附於原處分案卷可稽，原告於七十七年九月五日申請退還系爭稅款，並未逾越首開法條所定申請退稅之法定期間，被告機關認原告係對已確定之稅額表示不服一節，亦有誤解。從而被告機關以原處分未准原告申請退還系爭稅款，尚嫌未洽。

Ⅲ.行政法院八十七年判字第六六四號判決

按「納稅義務人對於因適用法令錯誤或計算錯誤溢繳之稅款，得自繳納之日起五年內提出具體證明，申請退還；逾期未申請者，不得再行申請。」、「經依復查、訴願、或行政訴訟等程序終結決定或判決，應退還稅款者，稅捐稽徵機關應於復查決定，或接到訴願決定書，或行政法院判決書正本後十日內退回，並自納稅義務人繳納該項稅款之日起，至填發收入退還書或國庫支票之日止，按退稅額，依繳納稅款之日郵政儲金匯業局之一年期定期存款利率，按日加計利息，一併退還。」分別為稅捐稽徵法第二十八條及第三十八條第二項所明定。本件原告對被告核定其八十年至八十三年各期之地價稅，未依稅捐稽徵法第三十五條規定申請復查而告確定，嗣原告以上開已確定並繳納之稅款有溢繳情事，依稅捐稽徵法第二十八條規定申請退稅，經被告核准退還原告八十年至八十三年度溢繳地價稅款及滯納金合計一五、三〇八、一一一元在案。嗣原告復以上開退稅款應按日加計利息一併退還為由，向被告申請加計利息退還，被告以原告請求核與稅捐稽徵法第三十八條規定不符，而否准原告之請求，雖非無見，惟查：稅捐稽徵法第二十八條有關因適用法令錯誤或計算錯誤而溢繳之稅款，得自繳納之日起五年內，請求退還，逾期不得再申請之規定，其性質為公法上不當得利返還請求權之特別時效規定，對請求返還之範圍如何，該條本身未設明文，應屬法律漏洞，而須於裁判時補充。而稅捐稽徵法第三十八條第二項、第三項明定

經依復查、訴願或行政訴訟等程序終結決定或判決應退還稅款或補繳稅款者，均應按日加計利息一併退還或補徵，二者所規定之事項不同，並無普通法與特別法關係，亦無明文相排斥不用，自無排除非經行政救濟程序而申請退還溢繳稅款者之加計利息請求權之效力， 否則不啻鼓勵人民提起行政爭訟， 與疏減訟源之訴訟原則不符。況且稅捐稽徵法第四十八條之一第二項明定納稅義務人自動補報並補繳所漏稅款亦應按日加計利息，如因被告之適用法令錯誤或被告計算錯誤致原告溢繳之稅款在申請退還時不必按日加計利息，則有政府機關失誤不必負責之蠻橫，不符公平之原則，故稅捐稽徵法第二十八條雖無加計利息退還之規定，並不能解釋為該法條就納稅義務人申請退還之溢繳稅款，禁止加計利息返還，此乃本院最近之見解。主管稽徵機關對於地價稅之稽徵程序，除例外另有規定，按照土地稅法第四十、四十三、四十四條規定辦理，由直轄市或縣（市）主管稽徵機關按照地政機關編送之地價歸戶冊及地籍異動通知資料核定，於查定納稅義務人每期應納地價稅額後，填發地價稅單，分送納稅義務人，限期向指定公庫繳納，是地價稅乃底冊稅。系爭地價稅之徵收，因被告適用法令錯誤，導致原告溢繳稅款，為被告所不否認，則原告依法申請退款時，被告自應依上開本院見解，按日加計利息，一併退還。財政部六十八年三月二十一日臺財稅第三一八六三號函釋：「納稅義務人對於因適用法令錯誤或計算錯誤，溢繳之稅款申請返還時，應依稅捐稽徵法第二十八條規定辦理，惟該法條並無加計利息退還，……至同法第三十八條第二項規定經復查、訴願或行政訴訟確定應退還稅款加計利息退還者，指行政救濟案件方有其適用。」僅重複稅捐稽徵法第二十八條及第三十八條第二項之內容，被告以其作為本案拒絕加計利息退款之法令依據，其適用法規難謂無違誤之處，原告據以指摘，尚非全無可採，一再訴願決定遞予維持，亦有疏漏，爰將一再訴願決定及原處分均撤銷，由

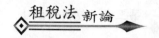

被告依法另為處分,以昭折服。

Ⅳ. 財政部七十年臺財稅字第三○五四九號函

本案既經查明××君所有××段××小段一一○之一、一一○之三、一一一之二地號土地三筆於 63.12.30. 申報土地移轉後,因×君非自耕農而無法辦理產權移轉登記,乃經地政事務所 69.9.18. 北市地一字第×××號函准予撤銷。類此因違反法律禁止規定,買賣自始無效,而申請退還已繳之土地增值稅者,縱係在繳納後逾五年始申請退稅,仍應予以退還;至稅捐稽徵法第二十八條關於應在稅款繳納之日起五年內申請退還,逾期不退之規定,係對適用法令錯誤或計算錯誤溢繳之稅款而為規定,其對本案土地增值稅之退還,應不適用。

Ⅴ. 財政部七十一年臺財稅字第三一○○一號函

土地出賣人與承買人共同申請撤銷原申報之土地移轉現值案件,既經核准並准退稅,因其退稅非屬適用法令錯誤或計算錯誤溢繳之稅款,自不受稅捐稽徵法第二十八條所規定五年期間之限制。

Ⅵ. 財政部臺財稅字第○八九○四五三三三四四號

主旨:納稅義務人依稅捐稽徵法第二十八條規定申請退還溢繳稅款,經稽徵機關核准者,參照行政法院八十六年八月份庭長評事聯席會議決議意旨,准自納稅義務人繳納該項稅款之日起加計利息一併退還。請查照。

說明:二、另納稅義務人依稅捐稽徵法第二十八條規定申請退還溢繳稅款,經稽徵機關駁回後,納稅義務人復提起訴願、再訴願或行政訴訟等程序終結決定或判決應退還稅款者,於依本部七十九年五月十日臺財稅第七九一一八七九四一號函示規定加計利息一併退還時,其所加計之利息亦准自納稅義務人繳納該項稅款之日起算。……四、本函對於發布時未確定案件有其適用。

七、罰　則

　　租稅上的罰則依其法律性質可分為租稅刑罰及租稅行政罰兩種，其中租稅行政罰又可分為漏稅罰及行為罰兩種，亦即如因逃漏稅捐而予處罰者，為漏稅罰，反之，如因違反租稅法上之作為或不作為義務而予處罰者，則為行為罰。茲詳細分析如下：

◈ (一)租稅刑罰

　　吾人須知，由於租稅刑罰規定本身具有特別刑法的性質，因此，依據刑法第十一條之規定：「本法總則於其他法令有刑罰之規定者，亦適用之。但其他法令有特別規定者，不在此限」，故舉凡涉及租稅刑罰規定的部分，除租稅法本身另有規定者外，即應適用刑法總則之相關規定。而依據稅捐稽徵法之規定，租稅刑罰可分為下列數種，茲臚列如下：

1.逃漏稅捐罪

　　依稅捐稽徵法第四十一條之規定：「納稅義務人以詐術或其他不正當方法逃漏稅捐者，處五年以下有期徒刑、拘役或科或併科新臺幣六萬元以下罰金」，此即為逃漏稅捐罪。因此，逃漏稅捐罪之構成要件要素即包括：

　　(1)**納稅義務人要有故意**：納稅義務人之行為必須係出於納稅義務人之故意，方可構成逃漏稅捐罪。因此，如果逃漏稅捐的結果係因納稅義務人之過失所導致者，則納稅義務人之行為尚不構成逃漏稅捐罪。

　　(2)**納稅義務人必須以詐術或其他不正當方法為手段**：納稅義務人必須係以詐術或其他不正當方法為手段來逃漏稅捐，亦即必須要

有積極之作為，方可構成逃漏稅捐罪。否則，縱使有逃漏稅捐的結果，但卻非因納稅義務人以詐術或其他不正當方法為手段或係因納稅義務人消極之不作為而導致者，納稅義務人之行為亦不構成逃漏稅捐罪。

(3)必須要有逃漏稅捐的結果：既然是逃漏稅捐罪，納稅義務人之行為即必須達到逃漏稅捐的結果，亦即造成國家稅收的法益遭受侵害的結果，也就是說，逃漏稅捐罪乃係結果犯，須以發生逃漏稅捐之結果為成立之要件。因此，若納稅義務人之行為僅造成國家稅收的法益有遭受侵害之虞者，則納稅義務人之行為尚不構成逃漏稅捐罪。

2. 違反代徵或扣繳義務罪

依據稅捐稽徵法第四十二條之規定：「代徵人或扣繳義務人以詐術或其他不正當方法匿報、短報、短徵或不為代徵或扣繳稅捐者，處五年以下有期徒刑、拘役或科或併科新臺幣六萬元以下罰金。代徵人或扣繳義務人侵占已代徵或已扣繳之稅捐者，亦同」，此即為違反代徵或扣繳義務罪。因此，違反代徵或扣繳義務罪之構成要件要素即包括：

(1)代徵或扣繳義務人要有故意：代徵或扣繳義務人之行為必須係出於代徵或扣繳義務人之故意，方可構成違反代徵或扣繳義務罪。因此，如果匿報、短報、短徵或不為代徵或扣繳稅捐的結果係因代徵或扣繳義務人之過失所導致者，則代徵或扣繳義務人之行為尚不構成違反代徵或扣繳義務罪。

(2)代徵或扣繳義務人必須以詐術或其他不正當方法為手段：代徵或扣繳義務人必須係以詐術或其他不正當方法為手段來匿報、短報、短徵或不為代徵或扣繳稅捐，亦即必須要有積極之作為，方可構成違反代徵或扣繳義務罪。否則，縱使有匿報、短報、短徵或不

為代徵或扣繳稅捐的結果，但卻非因代徵或扣繳義務人以詐術或其他不正當方法為手段而導致者，代徵或扣繳義務人之行為亦不構成違反代徵或扣繳義務罪。

(3)必須要有匿報、短報、短徵或不為代徵或扣繳稅捐的結果：既然是違反代徵或扣繳義務罪，代徵或扣繳義務人之行為即必須達到匿報、短報、短徵或不為代徵或扣繳稅捐的結果，亦即造成國家稅收的法益遭受侵害的結果。若代徵或扣繳義務人之行為僅造成國家稅收的法益有遭受侵害之虞者，則代徵或扣繳義務人之行為尚不構成違反代徵或扣繳義務罪。

3.教唆或幫助逃漏稅捐罪

依據稅捐稽徵法第四十三條第一及二項之規定：「教唆或幫助犯第四十一條或第四十二條之罪者，處三年以下有期徒刑、拘役或科新臺幣六萬元以下罰金。稅務人員、執行業務之律師、會計師或其他合法代理人犯前項之罪者，加重其刑至二分之一」，此即為教唆或幫助逃漏稅捐罪。因此，教唆或幫助逃漏稅捐罪之構成要件要素即包括：

(1)教唆或幫助故意：教唆或幫助之人之行為必須係出於故意，方可構成教唆或幫助逃漏稅捐罪。因此，如果逃漏稅捐或者匿報、短報、短徵或不為代徵或扣繳稅捐的結果係因過失的教唆或幫助行為所導致者，尚不構成教唆或幫助逃漏稅捐罪。

(2)被教唆或幫助之人所犯之罪必須為逃漏稅捐罪或違反代徵或扣繳義務罪。

(3)被教唆或幫助之人之罪名必須成立：被教唆或幫助之人所犯之逃漏稅捐罪或違反代徵或扣繳義務罪必須成立，教唆或幫助之人方構成教唆或幫助逃漏稅捐罪；此乃係因刑法第二十九條第三項規定：「被教唆人雖未至犯罪，教唆犯仍以未遂犯論。但以所教唆之罪

有處罰未遂犯之規定者，為限」以及最高法院六十年臺上字第二一五九號判例：「刑法上之幫助犯，以正犯已經犯罪為構成要件，故幫助犯無獨立性，如無他人犯罪行為之存在，幫助犯即無由成立」之見解使然。

(4)如具有特定身分而犯此罪者，如稅務人員、執行業務之律師、會計師或其他合法代理人等，則尚可加重其刑至二分之一。

此外，如遇有犯罪行為人非為自然人之情形時，即應以該組織實際負責之行為人為刑罰課處之替代對象。稅捐稽徵法第四十七條規定：「本法關於納稅義務人、扣繳義務人及代徵人應處徒刑之規定，於左列之人適用之：一、公司法規定之公司負責人。二、民法或其他法律規定對外代表法人之董事或理事。三、商業登記法規定之商業負責人。四、其他非法人團體之代表人或管理人」，此即為租稅刑罰轉嫁之規定。再則，如符合稅捐稽徵法第四十八條之一之第一項規定：「納稅義務人自動向稅捐稽徵機關補報並補繳所漏稅款者，凡屬未經檢舉、未經稽徵機關或財政部指定之調查人員進行調查之案件，左列之處罰一律免除；其涉及刑事責任者，並得免除其刑：一、本法第四十一條至第四十五條之處罰。二、各稅法所定關於逃漏稅之處罰」者，則犯罪行為人即可免除其刑。

實務上，有幾則有關租稅刑罰之判例及見解頗值吾人酌參，茲分述如下：

Ⅰ.最高法院七十年臺上字第六八五六號判例

稅捐稽徵法第四十一條之漏稅罪，係屬作為犯，而非不作為犯，即須以詐術或其他不正當方法之作為，以逃漏稅捐，始克成立。依卷存資料，上訴人於六十七年及六十八年均未為綜合所得稅之申報，其無以不正當方法逃漏稅之作為，實甚顯然。依所得稅法第七十九條、第一百零八條第二項及第一百十條第二項之規定，應僅受加徵怠報金及科處罰鍰之處分，原判決遽依以不正當方法逃漏稅捐論擬，

自屬可議。

II. 最高法院七十四年臺上字第五四九七號判例

稅捐稽徵法第四十一條所謂以不正當方法逃漏稅捐，必具有與積極之詐術同一型態，始與立法之本旨符合，如僅屬單純的不作為，而別無逃漏稅捐之積極行為，即不能認與詐術漏稅之違法特性同視，而繩以稅捐稽徵法第四十一條之罪。依原判決記載之事實，上訴人僅有漏報之消極行為，別無類似詐術之不正當方法，以積極行為逃漏稅捐，祇能科以行政罰之罰鍰，不能遽論以該條之罪。

III. 最高法院七十五年臺上字第六一八三號判例

稅捐稽徵法第四十七條第三款所定商業登記法規定之商業負責人應受處罰，係自同法第四十一條轉嫁而來，非因身分成立之罪，此一處罰主體專指商業登記法規定之商業負責人而言，原判決理由既謂上訴人非該實業社之負責人，即非轉嫁之對象，其縱有參與逃漏稅捐之行為，應適用特別規定，成立同法第四十三條第一項之幫助犯，原審引用刑法第三十一條第一項仍以共犯論處斷，且未適用稅捐稽徵法第四十七條第三款之規定，均有未合。

IV. 最高法院七十三年度第四次刑事庭會議決議之二

稅捐稽徵法第四十一條係以詐術或其他不正當方法逃漏稅捐為其犯罪構成要件，所謂詐術必須積極行為始能完成，至以其他不正當方法，亦必具有同一之形態，方與立法之本旨符合。例如造作假單據或設置偽帳以逃漏稅捐之類是，蓋以此等行為含有惡性，性質上屬於可罰性之行為，故在稅法上科以刑事責任。對於其他違反稅法行為，例如不開立統一發票或不依規定申報稅課等等行為，各稅法上另訂有罰鍰罰則，並責令補繳稅款為已足，如另無逃漏稅捐之積極行為，不可納歸刑罰之範疇，此種單純不作為在法律上之評價，不能認與該法第四十一條詐術漏稅之違法特性同視。依該罪構成要件，必須作為方足以表現其違法之惡性，消極的不作為，縱有侵害

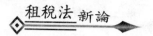

稅捐稽徵之法益，亦難謂與作為之情形等價，故不能以該罪相繩。

V. 行政法院六十七年判字第二八二號判決

按納稅義務人之配偶有所得稅法第十四條各類所得者，依同法第十九條規定，應由納稅義務人合併申報課稅。又所得稅法第一百十五條第三項明訂：納稅義務人故意以詐欺或其他不正當方法逃漏所得稅者，自本法規定之申報期限屆滿之日起，十年內如經另行發現有依本法規定應課徵之所得稅，稽徵機關應補徵應納稅款外，並依本法第一百一十條之規定處罰。本件原告之配偶莊昇如，於民國六十四年三月二十九日亡故，其生前自五十七至五十九年間利用他人名義分散得自環球水泥股份有限公司之股利，經財政部財稅資料稽核單位查明該項股利均流入莊昇如生前開立之臺北市第一銀行大稻埕分行甲存七〇〇號帳戶內，且無再回流至被利用人之事實，如非借用他人名義分散所得，安能任其自由處置，變更名義，將全部股利彙總於其帳戶內，其至予以撥充股款，而達逃避累進稅負之目的，其為以不正當方法逃漏所得稅，至為明確，被告機關依上開法條規定對原告發單補徵各該年度之綜合所得稅，難謂有何違誤。

VI. 最高法院七十二年度臺上字第五九六四號民事判決

逃漏稅捐罪並無處罰預備犯之規定，被告等既非已申報稅捐，其預備逃漏稅捐之行為尚未達於著手實行之階段，自無由成立該項罪名。

VII. 最高法院七十六年度臺上字第六三〇〇號民事判決

稅捐稽徵法第四十一條之逃漏稅捐罪，係結果犯，須以發生逃漏稅捐之結果為成立要件，此項要件自應於事實欄詳為記載，始足為論罪科刑適用法令之依據。原判決認上訴人牽連觸犯稅捐稽徵法第四十一條之逃漏稅捐罪及第四十三條第一項之幫助逃漏稅捐罪，惟事實欄對於上訴人究竟自行及幫助他人逃漏何種稅捐？所逃漏之稅捐數額究有若干？並未詳加認定，明白記載，其論罪科刑失所依

據，已非適法。

◈ ㈡租稅行政罰

　　舉凡違反租稅法之規定而未以租稅刑罰課處之罰則即為租稅行政罰，一般而言，租稅行政罰皆係以罰鍰、停止營業或者是加徵稅額等方式為之。儘管，租稅行政罰對人民基本權利的侵害程度較租稅刑罰為輕微，然而，原則上，其亦須以過失為責任要件方可，也就是說，如果人民並無故意或過失者，縱使產生違反租稅法規定之結果，行政機關亦不得對人民課處租稅行政罰。司法院大法官會議釋字第二七五號解釋即採此一見解：

解釋文

　　人民違反法律上之義務而應受行政罰之行為，法律無特別規定時，雖不以出於故意為必要，仍須以過失為其責任條件。但應受行政罰之行為，僅須違反禁止規定或作為義務，而不以發生損害或危險為其要件者，推定為有過失，於行為人不能舉證證明自己無過失時，即應受處罰。行政法院六十二年度判字第三〇號判例謂：「行政罰不以故意或過失為責任條件」，及同年度判字第三五〇號判例謂：「行政犯行為之成立，不以故意為要件，其所以導致偽報貨物品質價值之等級原因為何，應可不問」，其與上開意旨不符部分，與憲法保障人民權利之本旨牴觸，應不再援用。

解釋理由書

　　人民因違反法律上義務而應受之行政罰，係屬對人民之制裁，原則上行為人應有可歸責之原因，故於法律無特別規定時，雖不以出於故意為必要，仍須以過失為其責任條件。但為維護行政目的之實現，兼顧人民權利之保障，應受行政罰之行為，僅須違反禁止規定或作為義務，而不以發生損害或危險為其要件者，推定為有過失，於行為人不能舉證證明自己無過失時，即應受處罰。行政法院六十

二年度判字第三〇號判例謂:「行政罰不以故意或過失為責任條件」,及同年度判字第三五〇號判例謂:「行政犯行為之成立,不以故意為要件,其所以導致偽報貨品價值之等級原因為何,應可不問」,失之寬泛。其與上開意旨不符部分,與憲法保障人民權利之本旨牴觸,應不再援用。

承前所述,租稅行政罰可分為漏稅罰及行為罰兩種,茲詳細分析如下:

1.行為罰

舉凡因違反租稅法上之作為或不作為義務而予處罰者,即為所謂的行為罰。租稅法上行為罰之規定相當多,且散見於各稅法之中,茲僅就稅捐稽徵法上有關行為罰之規定分述如下:

(1)**違反給與或取得憑證義務:** 依據稅捐稽徵法第四十四條之規定:「營利事業依法規定應給與他人憑證而未給與,應自他人取得憑證而未取得,或應保存憑證而未保存者,應就其未給與憑證、未取得憑證或未保存憑證,經查明認定之總額,處百分之五罰鍰」,此即為違反給與或取得憑證義務之行為罰。

(2)**違反設置或記載帳簿義務:** 依據稅捐稽徵法第四十五條之規定:「依規定應設置帳簿而不設置,或不依規定記載者,處新臺幣三千元以上七千五百元以下罰鍰,並應通知限於一個月內依規定設置或記載;期滿仍未依照規定設置或記載者,處新臺幣七千五百元以上一萬五千元以下罰鍰,並再通知於一個月內依規定設置或記載;期滿仍未依照規定設置或記載者,應予停業處分,至依規定設置或記載帳簿時,始予復業。依規定應驗印之帳簿,未於規定期限內送請主管稽徵機關驗印者,除通知限期補辦外,處新臺幣一千五百元以上一萬五千元以下罰鍰;逾期仍未補辦者,得連續處罰至補辦為止。不依規定保存帳簿或無正當理由而不將帳簿留置於營業場所者,

處新臺幣一萬五千元以上六萬元以下罰鍰」，此即為違反設置或記載帳簿義務之行為罰。

(3)拒絕調查：依據稅捐稽徵法第四十六條之規定：「拒絕稅捐稽徵機關或財政部賦稅署指定之調查人員調查，或拒不提示有關課稅資料、文件者，處新臺幣三千元以上三萬元以下罰鍰。納稅義務人經稅捐稽徵機關或財政部賦稅署指定之調查人員通知到達備詢，納稅義務人本人或受委任之合法代理人，如無正當理由而拒不到達備詢者，處新臺幣三千元以下罰鍰」，此即為拒絕調查之行為罰。

此外，有幾則財政部的解釋函令相當值得參考，茲臚列如下：

Ⅰ.財政部六十九年臺財稅字第三四五二六號函

執行業務者支付費用未自他人取得憑證及保存憑證，現行稅法既無處罰之明文，自亦不得比照稅捐稽徵法第四十四條及所得稅法第一百零五條第三項有關營利事業違反帳證規定處罰。

Ⅱ.財政部六十九年臺財稅字第三六六二四號函

××木業股份有限公司於六十六年度銷售合板與經銷商蔡××君，未依規定以蔡君為買受人開立統一發票，又蔡君將合板轉售與客戶，亦未以客戶為買受人開立統一發票，而由××木業公司逕以蔡君之客戶為買受人開立統一發票，除蔡君應依未辦營業登記擅自營業及漏進漏銷處理外，××木業公司未依規定給與蔡君合法憑證，應依稅捐稽徵法第四十四條規定論處。

Ⅲ.財政部七十年臺財稅字第三五九七七號函

所得稅法第十一條第四項所稱之教育、文化、公益、慈善機關或團體，核非屬同法第十一條第二項所指之營利事業，其本身及其附屬作業組織之財務收支未取具合法憑證或無完備之會計紀錄者，不適用稅捐稽徵法第四十四條及第四十五條之規定辦理；惟應通知限期改進，其逾限未改進者，可依院頒「教育、文化、公益、慈善機關或團體免納所得稅適用標準」有關規定辦理。

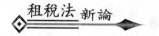

2.漏稅罰

　　舉凡未以詐術或其他不正當方法等積極之作為來逃漏稅捐而予以處罰者，即為所謂的漏稅罰。由於租稅法上漏稅罰之規定相當多，且散見於各稅法之中，於茲不贅述。再者，無論係行為罰或漏稅罰，皆有「一事不二罰原則」之適用，併予說明。

　　此外，在實務上，財政部究竟依據何種標準來進行租稅行政罰的裁處呢？一般而言，財政部皆會以「稅務違章案件裁罰金額或倍數參考表」內所列之裁罰金額或倍數作為其裁處之標準；因此，該參考表的重要性即不言而喻了。

　　再者，無論係行為罰或漏稅罰，皆有「一事不二罰原則」之適用，亦有罰金罰鍰提高標準條例以及財政部七十二年臺財稅字第三六七四九號函：

　　「主旨：稅法所定罰金罰鍰，業經行政院依『戡亂時期罰金罰鍰提高標準條例』第一條前段及第三條規定，予以提高倍數，並自七十二年九月一日起施行。

　　說明：二、戡亂時期罰金罰鍰提高標準條例第一條規定：『依法律應處罰金、罰鍰者，就其原定數額得提高為二倍至十倍。但法律已依一定比率規定罰金或罰鍰之數額或倍數者，依其規定』，第三條規定：『依本條例規定提高罰金罰鍰之法律及其倍數，由主管院定之』。三、各項稅法所定罰金罰鍰提高倍數如次：㈠『所得稅法第一百零四條至第一百零七條、第一百十一條之罰鍰數額』、『使用牌照法第三十三條、第三十四條之罰鍰數額』及『關稅法第四十九條之一之罰鍰數額』，均提高為五倍。㈡『稅捐稽徵法第四十一條至第四十三條之罰金數額』，均提高為十倍。㈢『貨物稅條例第十九條之罰鍰數額』、『印花稅法第二十三條第三項之罰鍰數額』，均提高為三倍。㈣『遺產及贈與稅法第四十四條、第五十二條之罰鍰數額』、『海關

緝私條例第二十三條、第二十五條至第二十七條、第二十九條至第三十五條、第三十六條第二項、第三十七條第二項、第四十條、第四十一條第四項、第四十二條之罰鍰數額』，均提高為二倍。」之適用，併予說明。

❖ ㈢自動補稅之減免罰則

依據稅捐稽徵法第四十八條之一之規定，納稅義務人自動向稅捐稽徵機關補報並補繳所漏稅款者，凡屬未經檢舉、未經稽徵機關或財政部指定之調查人員進行調查之案件，下列之處罰一律免除；其涉及刑事責任者，並得免除其刑：

⑴稅捐稽徵法第四十一條至第四十五條之處罰。

⑵各稅法所定關於逃漏稅之處罰。

前項補繳之稅款，應自該項稅捐原繳納期限截止之次日起，至補繳之日止，就補繳之應納稅捐，依原應繳納稅款期間屆滿之日郵政儲金匯業局之一年期定期存款利率按日加計利息，一併徵收。此一規定乃係仿傚刑法第六十二條有關自首減輕刑責的規定，讓已經違反稅法的納稅義務人能夠有一個自新的機會，因此，有學者將此一規定另名為租稅特赦。

此外，就租稅特赦適用的相關問題，有幾則實務上之見解，可作為補充之說明，茲分述如下：

Ⅰ.財政部六十九年臺財稅字第三一七四七號函

納稅義務人未依法辦理遺產稅或贈與稅之申報，如在未經檢舉及未經稽徵機關或本部指定之調查人員，進行調查前，納稅義務人自動提出補報者，准依稅捐稽徵法第四十八條之一自動補報免罰之規定辦理。

Ⅱ.財政部六十九年臺財稅字第三五一七九號函

依稅捐稽徵法第四十八條之一規定，納稅義務人自動向稅捐稽

徵機關補報並補繳所漏稅款，免按各稅法有關漏報、短報之處罰規定辦理者，係以未經檢舉及未經稽徵機關或財政部指定之調查人員進行調查之案件為限。所稱「未經檢舉」，應指未經他人向稅捐稽徵機關或其他職司調查之機關檢舉而言。本案××電業有限公司六十七年度營利事業所得稅所漏稅額，業經他人於六十八年八月二十七日向調查局臺北市調查處檢舉，而於同年十月一日始由該公司向貴局補報並補繳稅款，自與上開法條規定不合。

Ⅲ. 財政部七十九年臺財稅字第七八〇七〇一二〇號函

查本案檢舉人於七十八年二月二日向宜蘭縣稅捐稽徵處檢舉該轄××建材五金行經營建材買賣，涉嫌違章漏稅，該處於是日下午查獲該行兩本未驗印進銷帳冊，經核對後另發現高雄市××實業等八家公司七十七、七十八年間有漏開發票情事，而於七十八年四月八日通報高雄市稅捐稽徵處。由於××實業等八家公司漏開統一發票涉嫌違章案，係檢舉案件之牽連案件，因此其調查基準日應以宜蘭縣稅捐稽徵處查獲違章證物之日為準。

◈ (四)微罪不舉

依據稅捐稽徵法第四十八條之二之規定，依稅捐稽徵法或稅法規定應處罰鍰之行為，其情節輕微，或漏稅在一定金額以下者，得減輕或免予處罰。前項情節輕微、金額及減免標準，由財政部擬訂，報請行政院核定後發布之。財政部遂依此一立法授權頒布了稅務違章案件減免處罰標準。而此一規定乃係仿傚刑事訴訟法第二百五十三條有關微罪不舉的規定，其主要的考量因素即為稽徵經濟原則，也就是說，當稽徵成本大於可能增加的稅收時，基於成本效益原則的考量，即應放棄此一部分的國家稅收。

第四章

所得稅法

一、所得稅法適用法則概要

由於所得稅往往是一個國家最主要的稅收來源，因此，其受重視的程度即不言而喻。以國內為例，八十八年下半年及八十九年度的稅捐總收入約為新臺幣一兆九千億元，其中所得稅約為新臺幣六千一百億元，約占了所有稅捐收入的三成一。另一方面，因為所得稅所牽涉的範圍以及層面相當廣泛，所以，相對的，其錯綜複雜的程度也居各稅之冠。茲將所得稅法適用法則概要分析如下：

◈ (一)所得的定義

所得稅，顧名思義，乃係針對所得所課徵的租稅；因此，必須先要有所得，才會有要不要課徵所得稅的問題，反之，如果某一特定之收益並非所得的話，也就不會有要不要課徵所得稅的問題了，此乃邏輯之當然推論。至於何謂「所得」呢？就個人而言，以經濟學的角度觀之，所謂的「所得」係指：「特定期間內購買力的增加」，也就是說，將特定期間內個人的消費(consumption)及其淨值的增額(increment in net worth)加總起來就是個人此一期間的「所得」了。此一所得的概念又稱之為「綜合所得」(comprehensive income)，係由美國學者Robert Murray Haig以及Henry Simons所提出，所以又可稱之為Haig-Simons所得定義。儘管此一所得的定義，概念相當清晰且嚴謹，然而，在實務的運作上，卻存有許多不容克服的盲點。事實上，如何合理的計算消費以及淨值的增額，即可能須要投入為數可觀的人力及財力，是否符合成本效益的原則，即是相當值得商榷的問題。更遑論，有些經濟上的所得很難加以量化，甚至根本無從評價。因此，在立法技術的運用之下，一般而言，在租稅法上皆以列舉的方式來就所得加以定義，並以一個蓋括條款來涵蓋所有其他未

經列舉的所得種類，我國自然也不例外。反之，就營利事業而言，其所得則係借用財務會計上淨利的概念來加以定義，亦即以其收入總額減除各項成本費用、損失及稅捐後之純益額為所得額。由於營利事業必須依據一般公認會計原則編制其財務報表，而營利事業於編制財務報表之後，又多會以調整稅務會計與財務會計差異的方式，來編制其稅務報表，並以其稅務報表的淨利作為其所得來辦理其所得稅的結算申報。因此，儘管此一所得的定義，計算方式相當複雜，然而，在實務的運作上，由於調整稅務會計與財務會計之間的差異並不艱難，故而非常符合成本效益的原則。

◈ (二)所得的來源

當吾人確定了某一特定之收益為所得之後，即會產生該項所得是否要課徵所得稅的問題。至於究竟該項所得是否要課徵所得稅，吾人則須先行檢視該項所得的來源究竟為何。茲簡要分析如下：

1.屬地主義

蓋因依據所得稅法第二條第一項之規定：「凡有中華民國來源所得之個人，應就其中華民國來源之所得，依本法規定，課徵綜合所得稅」，因此，除特別法另有規定者外，舉凡所得的來源與中華民國無關者，亦即非中華民國來源所得，即無須課徵綜合所得稅，此即所謂的「屬地主義」。

2.屬人主義

依據所得稅法第三條第二項前段之規定：「營利事業之總機構，在中華民國境內者，應就其中華民國境內外全部營利事業所得，合併課徵營利事業所得稅。」因此，除特別法另有規定者外，舉凡營利事業之總機構在中華民國境內者，其中華民國境內外全部營利事業

所得，即須合併課徵營利事業所得稅，此即所謂的「屬人主義」。至於營利事業之總機構在中華民國境外，如其所得的來源與中華民國無關者，亦即非中華民國來源所得，即無須課徵營利事業所得稅，此則乃係基於互惠的原則使然。

❖ ㈢所得的類型

當吾人確定了某一特定之所得符合「屬地主義」或「屬人主義」的要件，此時該項所得並不必然就要被課徵所得稅，蓋因許多類型的所得或具有特定身分之納稅義務人依法可以享受免稅或減稅的優惠。因此，緊接著吾人即須確定該項所得的類型歸屬及所得取得人之身分，以決定其是否有所得免稅或減稅優惠的適用。

❖ ㈣所得的免稅、減稅與課稅

當政府為了達成特定的施政目的時，往往會以提供租稅優惠的方式來引導民間從事特定的經濟活動或其他行為，以期能藉由民間自主性的調整機制來完成此一特定的施政目的。譬如，政府為了健全國內資本市場以利民間企業的籌資，遂運用免徵證券交易所得稅的租稅優惠來增加市場的流動性以達成此一施政目的，或者是提供符合特定要件之企業免徵營利事業所得稅的優惠，藉以扶植國內特定產業的發展。像這類有關所得稅租稅優惠的規定真可謂林林總總，除了所得稅法本身有關的規定之外，尤其應留心注意其他特別法的相關規定，例如促進產業升級條例、國際金融業務條例以及獎勵民間參與交通建設條例等。因此，縱使某一特定之所得符合「屬地主義」或「屬人主義」的要件，只要此一所得該當所得稅減免之要件或取得該項所得之人符合所得稅減免之要件者，則此一所得即可以享受免徵或減徵的優惠了。當然，如果某一特定之所得符合「屬地主義」或「屬人主義」的要件，且不該當所得稅減免之要件或取得

該項所得之人並不符合所得稅減免之要件者，則此一所得即應被課徵所得稅了。

✦ (五)綜合所得稅

所得稅法將所得稅分為綜合所得稅及營利事業所得稅。茲先就綜合所得稅的計算及課徵方式，簡要說明如下：

1. 收付實現原則

「收付實現原則」是綜合所得稅最重要的基本原則，其主要的內涵為：「所得的課徵必須以實際取得之日為準，就任何尚未收取之所得皆不得課徵所得稅。」然而，如果所得之未收取係肇因於納稅義務人本身故意或過失之行為者，則納稅義務人即不得引用「收付實現原則」，此乃基於「惡意不受法律保護」之法理使然。

2. 綜合所得淨額的計算

將個人在課稅年度之內所取得之全部所得，扣除非中華民國來源所得以及享有租稅減免優惠的所得之後，即為個人的綜合所得總額。然後，將個人的綜合所得總額，減除免稅額及扣除額後，即為個人的綜合所得淨額。

3. 個人綜合所得稅的計算

將個人的綜合所得淨額乘以所適用的綜合所得稅稅率，即為個人應納之綜合所得稅稅額。然後，將個人應納之綜合所得稅稅額，減除已扣繳之所得稅及尚可抵用之投資抵減後，即為個人實際應納之綜合所得稅稅額。

✦ (六)營利事業所得稅

1.權責發生制

　　「權責發生制」是營利事業所得稅最重要的基本原則，其主要的內涵為：「收益於確定應收時，費用於確定應付時，即行入帳，也就是說，所得的課徵不以實際取得之日為準，而係以收益及費用實際入帳之日為準」。

2.營利事業所得的計算

　　營利事業所得之計算，原則上係以其課稅年度內之收入總額減除各項成本費用、損失及稅捐後之純益額即為其所得額。茲將其中構成要素分析如下：

　　(a)收入的認列及調整：除了所得稅法及其他特別法另有規定之外，原則上，營利事業收入的認列蓋依財務會計的「權責發生制」；不過，如果有些所得依法可以免徵所得稅的話，則該項所得即無須列為營利事業的收入。此外，為了防範營利事業不當的以低列收入的方式來減輕其所得稅，法律遂賦予稅捐稽徵機關有權可以就特定交易來調整營利事業收入的金額，使其臻於合理。

　　(b)成本、費用或損失的認列及調整：除了所得稅法及其他特別法另有規定之外，原則上，營利事業成本、費用或損失的認列亦係依據財務會計的「權責發生制」；不過，如果有些成本、費用或損失依法不得列為營利事業之成本、費用或損失的話，則該項成本、費用或損失即無須列為營利事業的成本、費用或損失。此外，為了防範營利事業不當的以高列成本、費用及損失的方式來減輕其所得稅，法律遂以限制營利事業成本、費用及損失得認列之最高金額的方式，以期能遏阻此一不公平之現象。

　　(c)稅捐的認列：一般而言，在財務會計的處理上，稅捐只不過是費用科目下的一個項目而已，也就是說，通常費用已包括了營利

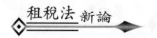

事業所繳納之稅捐。然而,此所謂之稅捐並非指營利事業所得稅而言,而係指其他稅捐。

3.以往年度累積虧損 (net operating loss) 之扣除

由於公司的會計週期 (accounting cycle) 往往與所得稅法所規定的課稅年度並不相同,再加上公司的經營有其延續性,因此,理論上並不適合於每一課稅年度終了就結算一次公司的營運結果。然而,為了所得稅稽徵的經濟性,所得稅法又不得不然要有課稅年度的選定。為了調和此一現象,所得稅法遂規定公司於符合特定要件時,得將其經稅捐稽徵機關核定之前五年內各期虧損,自本年純益額中扣除後,再行核課。因此,公司本年度之純益額可以先行扣除其前五年內各期虧損,如有剩餘,才就剩餘之金額課徵營利事業所得稅。

4.營利事業所得稅的課徵

將營利事業的純益額乘以所適用的營利事業所得稅稅率,即為營利事業應納之營利事業所得稅稅額。然後,將營利事業應納之營利事業所得稅稅額,減除暫繳之所得稅稅額、已扣繳之所得稅稅額及尚可抵用之投資抵減後,即為營利事業實際應納之營利事業所得稅稅額。

◈ ㈦兩稅合一

為了消弭營利事業所得與個人綜合所得重複課稅的不合理現象,國內自八十七年一月一日起開始實施兩稅合一的制度。因此,舉凡營利事業繳納屬八十七年度或以後年度之營利事業所得稅,除所得稅法另有規定外,得於盈餘分配時,由其股東、社員、合夥人或資本主將獲配股利總額或盈餘總額所含之稅額,自當年度綜合所得稅結算申報應納稅額中扣抵。

二、所得的定義

❖ (一)司法院大法官會議釋字第三一五號解釋的評議

承前所述，由於所得稅法就「所得」一詞並未為一嚴謹而完整之定義，以致於在所得稅法的適用上即經常發生似是而非的見解以及指鹿為馬的推論，其中以司法院大法官會議釋字第三一五號解釋為最，其推論邏輯之謬誤簡直令人噴飯，茲分述如下：

解釋文

關於公司超過票面金額發行股票之溢額所得，應否免稅及免稅之範圍如何，立法機關依租稅法律主義，得為合理之裁量。獎勵投資條例第二十五條僅規定：「生產事業依公司法規定，將發行股票超過票面金額之溢價作為公積時，免予計入所得額」，行政院中華民國五十六年十二月七日臺經字第九四九四號令及財政部同年月十日臺財稅發字第一三〇五五號令乃釋示，非生產事業之上述溢額所得無免稅規定，不在免稅之列，與憲法所定之租稅法律主義尚無牴觸。

解釋理由書

依所得稅法第三條第一項及第四條規定，凡在中華民國境內經營之營利事業，其各項所得，除法律有免稅之規定外，應依所得稅法課徵營利事業所得稅。公司超過票面金額發行股票所得之溢額，就所得稅法第二十四條第一項及公司法第二百三十九條第一項但書、第二百四十一條規定綜合觀之，既超出公司登記資本額範圍，而彙積為資本公積，此項公積又可供發給新股之用，應屬公司之所得。立法機關自得就其應否免稅及免稅之範圍如何，為合理之裁量。

獎勵投資條例第二十五條僅規定：「生產事業依公司法規定，將發行股票超過票面金額之溢價作為公積時，免予計入所得額」，行政院中華民國五十六年十二月七日臺經字第九四九四號令及財政部同年月十日臺財稅發字第一三○五五號令釋示：「公司法第二百三十八條對資本公積，並無免稅之規定，至其他法律如獎勵投資條例對某類事業某種所得有免稅條款者，方得據以免稅」，符合上開意旨，與憲法第十九條所定租稅法律主義尚無牴觸。至其後公布之促進產業升級條例，將免稅範圍擴大至不以生產事業為限，係配合經濟發展之新情勢而為之立法裁量，亦不得因而認在前之立法裁量為違憲。

協同意見書　　　　　　　　　　　　　　大法官　鄭建才

一、「公司股票溢價發行之溢額所得」，為公司在所得稅法上之「所得」，亦即有為所得稅稅基之適格。

　㈠稅基如何開發，視民意而定。一經立法，不能僅憑仁智見解之不同，而予否定。

　㈡我國所得稅法建立「有所得即應課稅」之公平原則，又進而採取累進稅率或量情減免以建立「量能課稅」之合理原則。其就「所得」之含義，則於第八條列有十一款，界定其範圍。其最後一款為概括規定，文曰：「在中華民國境內取得之其他收益」。即凡「增加之收入」，不問其名稱及來源如何，概為所得稅法上之「所得」。同法第二十四條就營利事業所得之計算，更有減除費用、損失及稅捐後之純益額為所得額之明示。

　㈢「公司股票溢價發行之溢額所得」，是否為資本以外之「所得」，學理上固有肯定說與否定說之爭論，惟立法機關代表民意，在整體設計上，藉由相關規定之配合（例如：外國股票之發行價格，由市場決定，低於、等於或高於股票面

額均有可能。而我國之股票，採用溢價發行時，則非如此。又如外國未必有發行之溢額所得得予分派之規定，而我國則否），捨否定說而取肯定說，自無不可。

㈣我國公司法第二百三十八條第一款就上述「溢額所得」，如同其他各款之所得然，將之定為「資本公積」，而非定為「資本」。此與外國立法例，例如美國內地稅法五五〇八二節，係規定股票發行之所得，無論低於、等於或高於面額，均不產生課稅所得或扣除損失問題者不同。而同法第二百三十九條第一項但書及第二百四十一條則規定：「公司發行新股時，得依前條之股東會議，將公積（按包括盈餘公積與資本公積）之全部或一部撥充資本，按股東原有股份之比例發給新股。」即所謂「無償配股」者是，與「分派股利」無異。是在此整體設計下，所謂「資本公積」，既與「盈餘公積」同列，而可同供分派之用，法律將之定位為「所得」，使有為所得稅稅基之適格，實屬立法裁量權之正當行使，至於應否免稅則係次一問題（見下述）。

二、有為所得稅稅基之適格者，始能進而考慮應否免稅之問題。

㈠「有所得即應課稅」，係屬原則，已如前述，由於社會或經濟上之特殊理由，自亦得有減免之例外。此則係於有為所得稅稅基之適格後，始能進而考慮之問題。就上述「溢額所得」，前於獎勵投資條例第二十五條規定，所得人係生產事業者免稅，後於現行促進產業升級條例第十九條，擴大免稅對象包括非生產事業者在內，均其適例。將來如經檢討認為此種一部或全部免稅之規定導致之負面影響過大，仍得為刪除免稅規定（即恢復課稅）之立法裁量。

㈡某種「所得」有為所得稅「稅基」之適格後，又為一部或全部免稅之規定，形同活埋「稅基」之一部或全部，傷害

租稅公平原則，不謂不大。吾人如忠於「有所得即應課稅」之租稅公平原則，無寧反過來省思就上述「溢額所得」為一部或全部免稅之規定，是否合理。

㈢「公司股票溢價發行」，並非公司股票必要之發行方式。其採此方式發行者，一面固或有其積極之動機，一面亦多少有膨脹信用，誤導投資大眾判斷之危險。善於「利益輸送」者，終且假此以遂私。我國股戶百分之九十為個人，判斷力較弱，尤易受害。立法機關代表民意經由法律之整體設計，先將其因此而得之「溢額所得」定位為「所得」，然後再考慮是否予以免稅，有其兼顧社會利益之嚴肅意義在。惟演變至今，既由「部分免稅」改為「全部免稅」，則「溢額所得」有為所得稅稅基之適格，名存而實亡。如不考慮恢復課稅，而又不就上述原來之整體設計，為相應之調整，則所謂兼顧社會利益云云，恐適足以製造社會之不平也。

協同意見書　　　　　　　　　　　　　　大法官　楊日然

一、按所得稅法第三條及第八條關於營利事業所得稅課徵的客體即課稅所得的規定，係採概括主義，亦即概括的指稱營利事業之各項所得。此觀所得稅法第八條第十一款概括規定在中華民國境內取得之「其他收益」，均為中華民國來源所得，並未具體指明何種所得始應納入課稅所得範圍，即可明瞭。又依所得稅法第二十四條第一項規定：「營利事業所得之計算，以其本年度收入總額減除各項成本費用、損失及稅捐後之純益額為所得額」，其法條文義所稱「收入總額」，亦係概括的指各項收入而言，並未明定以「營業上之交易收入」為限。故除營業上之交易收入外，其「非營業收益」，亦應納入所得額的計算範圍。所得稅法施行細則第三十一條關於營利事業所得額之計算公式規定，即本此意旨。故從上述所得稅法規定的文義

解釋而言，公司超過票面金額發行股票所得之溢額，既超出公司登記資本額之範圍，而增加該課稅年度之公司資產淨值，即應納入公司所得計算範圍。如認為公司溢價發行股票所得溢額部分，法律並未積極明定應課徵營利事業所得稅乙節，則忽略上述所得稅法規定對於課稅所得係採「概括主義」的立法體例。

二、又稅法有關財政目的規範之解釋，應取向於量能課稅原則，以實現租稅公平。從上述所得稅法第二十四條第一項概括的規定以當年度的「純益額」作為所得額，可知我國所得稅法對於營利事業之課稅所得概念，基本上係參考「純資產增加說」的所得理論的精神，認營利事業既因當年度的純資產增加而具備負擔納稅的經濟能力，故將此「純益額」作為所得額納入課稅範圍，實符合租稅公平負擔的要求。就本件解釋言，公司超過票面金額發行股票所得之溢價收益，固非屬「營業上交易所得」，但仍屬資本交易所生所得，此項所得既足使該公司的純資產增加，而增加納稅義務人在經濟上的納稅能力，則依所得稅法第二十四條第一項規定，將該項溢價收入納入所得額之計算範圍，核與該法條規定的立法意旨以及所得稅法建制上的量能課稅原則，洵無不合。故從立法目的之觀點立論，似亦無對於所得稅法第三條及第二十四條第一項規定的適用範圍，逕行目的論的限縮解釋，俾將公司發行股票之溢價收入排除於課稅所得範圍之外的正當理由存在。

三、至於獎勵投資條例第二十五條規定：「生產事業依公司法規定,將發行股票超過票面金額之溢價作為公積時,免予計入所得額」,此一特別規定,係國家對於生產事業為健全公司資本結構,以配合改善投資環境之獎勵性優惠措施。此一基於經濟政策上之租稅優惠規定,既未納入所得稅法中予以明定,而僅於獎勵投資條例中規定適用於生產事業,則在非生產事業之情形,既非屬獎勵投資之對象,而不在上述租稅優惠之經濟政策目的之適用範圍,即無類推適用上

述優惠規定之餘地。又中華民國四十九年六月二十三日行政院臺四十九經字第三四三八號函送立法院審查之獎勵投資條例草案第八條規定:「生產事業依公司法規定，將超過票面金額發行股票所得之溢價作為公積金時，免予計入所得額」，其立法理由所稱「依公司法規定得溢價發行，其溢額部分為事業之商譽、信用或預期收益之資本化，並非營業收入，故不應徵所得稅」等語，僅能認為該條文對於溢價發行股票之溢額部分給予租稅優惠之獎勵措施時所考慮的因素，並非一概認為凡非營業收入之收益，即非屬課稅所得之範圍。故依據上述立法理由，似尚難遽認非生產事業之公司溢價發行股票所得之溢額部分，不屬課稅所得範圍。

四、再者，所得稅法對於各種所得，究應規定為課稅所得或免稅所得，乃屬立法機關之裁量範圍，祇要其立法裁量未逾越憲法所容許之界限，即難指為違憲。對於公司發行股票超過票面金額之溢價，獎勵投資條例第二十五條基於獎勵投資之經濟政策目的，僅規定於生產事業之情形免予計入所得額，而就非生產事業之情形，則仍納入課稅範圍，並不違背所得稅法之量能課稅原則，自不能認為違憲。至其後於民國七十九年十二月二十九日立法院通過之促進產業升級條例，將免稅範圍擴大至包括非屬生產事業在內之所有公司，乃係配合經濟發展之新情勢，並欲健全公司資本結構所為之立法裁量，仍應屬憲法所容許之範圍。誠然外國立法例可供為本國立法或解釋相關法律之參考，但卻不能替代本國法律。就公司溢價發行股票所得之溢額部分應否計入所得額予以課稅之問題而言，美國及日本稅法對此固均有明文規定排除於課稅所得之計算範圍；但在我國，直至前述促進產業升級條例公布施行之前，稅法對於此種課稅所得，除獎勵投資條例第二十五條規定之情形外，別無免稅規定。是則依憲法第十九條所定租稅法律主義以及課稅合法性原則，行政機關依所得稅法第三條及第二十四條第一項規定據以課稅，難謂有何不合

之處。故行政院中華民國五十六年十二月七日臺經字第九四九四號令及財政部同年月十日臺財稅發字第一三〇五五號令釋示:「公司法第二百三十八條對資本公積,並無免稅之規定,至其他法律如獎勵投資條例對某類事業某種所得有免稅條款者,方得據以免稅」,符合上開意旨,與憲法尚無牴觸。

不同意見書　　　　　　　　　　　　大法官　　　楊建華
　　　　　　　　　　　　　　　　　　　　　　　李志鵬
　　　　　　　　　　　　　　　　　　　　　　　陳瑞堂
　　　　　　　　　　　　　　　　　　　　　　　劉鐵錚
　　　　　　　　　　　　　　　　　　　　　　　吳　庚

　　一、本解釋爭議之重點,為股份有限公司超過股票票面金額發行股票之溢額,應否課徵「營利事業所得稅」? 按憲法第十九條規定人民依法律納稅之義務,乃在揭示租稅法律主義。所謂租稅法律主義,固兼指納稅與免稅而言(釋字第二六七號解釋),但其主要意旨,仍在積極規定人民僅依法律始有納稅之義務,亦即必須先依法律規定有納稅義務後,方生應否免稅之問題,若逕謂法律並未消極的規定免予納稅,即謂人民有積極納稅之義務,或在法律未積極規定納稅義務前,即謂應否免稅,乃立法裁量問題,則均未免本末倒置,而與上開憲法規定意旨有違。多數大法官通過之解釋文,不就公司超過股票票面金額發行股票之溢額,有何法律明確規定應課徵「營利事業所得稅」為合理之說明,即逕以法律並無免稅規定,認不在免稅之列,其與租稅法律主義「依法納稅」(積極的納稅義務)之意旨,顯不相符。

　　二、憲法第十九條規定人民依法律納稅之義務,係指人民僅依法律所定之法律主體、稅目、稅率、納稅方法及納稅期限等項,而

負納稅義務。釋字第二一七號解釋，在所得稅之徵收，依所得稅法第一條規定，分為綜合所得稅及營利事業所得稅。綜合所得稅係對個人徵收，與本件解釋之爭點無關。本件聲請人為營利事業，依所得稅法第三條第一項規定，應納營利事業所得稅，營利事業所得稅如何繳納，同條亦謂「依本法規定」，並未如同法第二條、第三條第二項及第三項概括規定為「中華民國來源所得」，所謂「依本法規定」，依租稅法律主義，究應如何繳納營利事業所得稅，自應以該法之積極納稅規定決之。而營利事業所得之計算，依所得稅法第二十四條第一項規定，以其本年度收入總額，減除各項成本費用、損失及稅捐後之純益額為所得額。既須減除各項「成本費用」「損失及稅捐」後始為營利所得額，自應解為係指營業上之交易收入減除成本費用等後之收益而言。同法第二十五條以下雖就各項特殊情形所得之計算，設有詳細規定，但並未就股票溢額發行就其溢額部分作為營利所得計算訂定明文，而所得稅法施行細則第三十一條，就所得稅法第二十四條營利事業所得額之計算公式，於目前以股份有限公司之營業組織為主要營利事業之納稅義務人情形下，亦未就股票溢額發行之溢額有所規定。至同法第八條乃係就「中華民國來源所得」之名詞，作立法解釋，並非以之作為繳納營利事業所得稅之概括規定，且該規定，並未涉及股票溢價發行之溢額，且與此名詞有關者，為所得稅法第二條個人綜合所得額及同法第三條第二項、第三項跨國營利事業，其無此情形之一般營利事業，應無上述解釋名詞條文之適用。且在課人民以義務之法律，應從嚴適用，此為解釋法律之原則，法律對於股票溢額發行之溢額，既未積極明定其應予繳納「營利事業所得稅」，如以無消極的免稅規定，即認應積極的納稅，與租稅法律主義之意旨，未免不符。

三、就超過票面金額發行股票之「溢額」而言，其「溢額」並非營業上交易所得，無損益計算問題，而係直接列入資產負債表，

實質上乃為股票投入之額外資本，此在經濟部與財政部會商，並經行政院院會通過，完成立法程序之獎勵投資條例及促進產業升級條例草案中有如左之說明：

　　(一)中華民國四十九年六月二十三日行政院臺四十九經字第三四三八號函送立法院審查之獎勵投資條例草案第八條（嗣變更為第二十五條）規定「生產事業依公司法規定，將超過票面金額發行股票所得之溢價作為公積金時，免予計入所得額」。其立法理由則謂「依公司法規定得溢價發行，其溢額部分為事業之商譽、信用或預期收益之資本化，並非營業收入，故不應徵所得稅」。該條例雖僅就生產事業作免稅規定，就其立法理由以觀，乃為一宣示之規定，基本上則係認溢額為資本，並非營業收入。

　　(二)中華民國七十九年十二月二十九日立法院通過之促進產業升級條例第十九條規定「公司依公司法規定，將發行股票金額之溢價作為公積時，免予計入當年度營利事業所得額課稅」，其立法理由亦有「發行股票溢價為股東投入之資本，規定不視為所得額課稅」與三十年以前認為「並非營業收入，故不應徵所得稅」之意見，仍為最高行政主管機關一貫之意見，顯應為本件解釋之重要參考。

　　四、或謂前述獎勵投資條例第八條僅就生產事業規定免稅，其他事業並未規定免稅，在促進產業升級條例未公布前，其他營利事業仍不應免稅。惟本件乃憲法解釋，並非統一解釋，在適用法律之行政機關，以此一法律解釋彼一法律，固可諒解，而解釋憲法機關則應依據憲法意旨解釋法令是否違憲，若亦依此一法律解釋彼一法律為不違憲，則已失其違憲審查之立場。

　　五、作為我國修正稅法之重要參考資料之美國內地稅法第五五○八二節，日本法人稅法第二十二條第二項及第三項第三款，就高

於或低於票面金額之收益及損失（資本交易），均不列入收益金額及損失金額為所得計算範圍。亦因其非為營業收入或損失，而僅為資本交易之故，亦可為股票溢額不應作為營利所得之參考。資本交易與營業收入有別，在無法律依據前，依租稅法律主義，自無從予以課徵營利事業所得稅。

六、就超過票面金額發行股票所得之溢額，應累積為資本公積言，其目的乃在健全公司資本，改善投資環境，以加強經濟發展，若就此非營利所得，課徵其營利事業所得稅，則勢必減少其累積之資本公積，與溢額發行經濟政策上之目的亦有違背。

七、公司法第二百三十八條各款規定累積之資本公積，有其不同性質，是否為營利所得，應分別以觀，同法第二百四十一條概括規定得將公積之全部或一部撥充資本，按股東原有之股份之比例發給新股，而未將第二百三十八條第一款之股票溢額除外，乃係立法上之缺失，於股票溢額非為營利所得之認定無關，否則，又將陷於以此一法律，解釋彼一法律之不妥，有違大法官釋憲之功能。

八、依公司法第二百四十一條將公積撥充資本，於股東取得新股時，如認係所得稅法第十四條第一類之所得，可由取得之股東繳納綜合所得稅，仍有課稅之機會。

綜上所述，行政院中華民國五十六年十二月七日臺經字第九四九四號及財政部同年月十日臺財稅發字第一三〇五五號令，就資本公積不論其性質如何，均予課徵營利事業所得稅，將超過票面金額發行股票所得之溢額，亦併認為「營利所得」，課徵「營利事業所得稅」，有違憲法第十九條依法納稅之原則，並與憲法保障人民財產權之意旨不符，爰提出不同意見書如上。

就此一貽笑大方之解釋，有下列幾點補充說明，茲分述如下：

1.股票之發行並非股票之買賣

　　就發行公司而言，股票之發行與一般股票之買賣有別，不能以一般之買賣視之，而應將之視為股東投入資本的增加。儘管股票之發行會增加公司的淨值，但是同時公司股東對於公司所得請求之權利也會等額的增加，因此，就公司而言，並無任何收益可言。而無收益，即無所得，無所得，何來所得稅之有無呢？此外，財政部六十八年臺財稅第三八八六五號函之見解，也相當值得吾人借鏡：

　　「依照證券交易稅條例第一條規定，買賣有價證券應徵收證券交易稅，貴公司辦理現金增資，部分股東放棄認購新股權利，改由他人認繳，尚非買賣有價證券，應不在課徵證券交易稅之範圍。」

2.股票之面額並非股票之成本

　　公司法之所以規定股票每股之票面金額純粹乃係為方便計算公司設立之初所登記股票之總數額而已，一旦公司成立後股票每股之票面金額即功成身退，失其作用。往後，公司如發行新股者，雖新股每股之發行價格高於股票每股票面金額之部分並不列為股本而係列為資本公積；然而，此一分類只不過是會計科目名稱上的差別，並不影響其經濟實質，也就是說，在經濟實質上，新股每股之發行價格高於股票每股票面金額之部分，充其量也只不過是公司股本的一部分而已。因此，公司發行新股股票之面額並非股票出售之成本，所以，就發行公司而言，根本無任何所得可言。而無所得，何來所得稅之有無呢？

3.股票發行之溢額為公司原有股東之未實現所得，與公司並無關係

公司以溢價發行新股，如果有非原有股東認繳者，則經濟實質上可能受益的人應該是發行公司之原有股東，而非發行公司。蓋因發行公司原有股東之持股成本如低於新股每股之發行價格者，則發行公司之原有股東即享有未實現的投資所得，此一所得必須透過原有股東處分其持股才會實現。因此，公司以溢價發行新股，縱使有可能產生所得，此一所得亦應歸屬發行公司之原有股東，與發行公司本身並無關係。

◈ (二)非所得與所得範疇的界定

至於在實務上則有幾個法律概念與所得經常發生混淆不清的情形，茲詳細分析如下：

1.財產型態的變更

就有關財產型態的變更與「所得」之間的差異，下列實務上之見解相當值得吾人酌參：

Ⅰ.行政法院七十八年判字第二六六三號判決

查原告之父楊○金係祭祀公業楊氏派下員，於七十四年間該祭祀公業將土地被徵收所領取之補償費分配與各派下員，原告之父獲分配六四二、五〇〇元，原告未併計申報綜合所得稅，被告機關以楊○金為原告之扶養親屬，乃將之併課其七十四年度綜合所得稅，原告以祭祀公業所有之土地被徵收後領取補償費，乃派下員公同共有之財產由土地變為現金，並無所得云云，申請復查，被告機關以原告依財政部（七五）臺財稅字第七五三〇四四七號函釋意旨，認祭祀公業派下員領取徵收之補償費，應按其他所得課徵所得稅，並無不合，乃未准變更，一再訴願決定遞予維持，固非無據。惟查祭祀公業除經登記為財團法人者外，尚非獨立之權利義務主體，而僅為某死亡者後裔共有祀產之總稱，其財產為祭祀公業派下員之公同

共有（參照最高法院三十九年臺上字第三六四號、三十七年上字第六〇六四號、四十年臺上字第九九八號判例），故所謂派下權者，即派下員對於祭祀公業財產之權利，因此派下權屬於財產權之一種。公同共有人就共有之財產，固未如分別共有人對外有顯在之應有部分存在，但仍得依公同關係，就共有財產享有權利，故公同共有人雖不得單獨處分其共有權，但其就公同共有物處分所得價金，仍得依公同關係，而受價金之分配，此項分得之價金乃屬財產權之變形，並非對祭祀公業另有其他所得，從而，派下員因祀產（公同共有）之土地被徵收而受分配之補償金，既係公同共有人處分共有財產（祭祀公業土地）後，基於公同關係（派下權）就其價金所受分配之所得亦即派下員就被徵收之公業土地，因土地徵收喪失對該土地之公同共有權而取得之補償金，屬原有財產之型態變更，尚非由另一權利主體移轉補償金，即難謂另有其他所得發生，依所得稅法第二條第一項前段規定之反面解釋，當不發生課徵綜合所得稅問題，而出售土地之所得，依同法第四條第一項第十六款規定，既在免納綜合所得稅之列，則財政部（七五）臺財稅字第七五三〇四四七號函釋意旨，即與祭祀公業為公同共有之性質不符，對於公同關係及公同共有人對於公同共有財產享有財產上權利之性質，亦不無誤會，實無足採。從而被告機關以祭祀公業土地被徵收原告之父獲配之地價補償費，屬所得稅法第十四條第九類其他所得，將其併課當年度綜合所得稅，未免率斷，一再訴願決定未予糾正，均有未合，原告執行指摘，難謂無理由。

Ⅱ.財政部七十四年臺財稅字第二三九七七號函

營利事業以無形資產作價投資另一事業取得股票，核屬投資行為，無須繳納營利事業所得稅，惟當該部分股票轉讓出售，其面額部分係屬出售無形資產之收益，應併入出售年度之非營業收入項下計課營利事業所得稅。至超出面額部分核屬證券交易所得，除被投

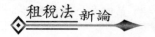

資事業為股票上市公司，在暫停課徵證券交易所得稅之年度得免計入所得課稅外，仍須將此部分證券交易所得列報計課營利事業所得稅。

Ⅲ.財政部七十五年臺財稅字第七五六四二三五號函

公司股東以專門技術作價投資，其所得之股票，依本部六十九臺財稅字第三五三三三號函釋，係以專門技術作價投資之代表，尚無所得發生，應不生課徵所得稅問題。惟股東於取得該項股票後以之轉讓時，應就其面額部分減除原專門技術之取得成本後，以其差額為財產交易所得課徵所得稅，超過面額部分則按證券交易所得課徵所得稅。

2.損害賠償

至於損害賠償與「所得」之間的差異，行政法院五十七年判字第八號判例之見解即相當值得贊許：

「產物保險賠償之給付，如僅足彌補其財產所受災害之損失，固無所得之可言，如保險賠償之給付超過實際之損害，其超過部分，自不能不認為收益。被告官署予以轉列為原告當年收益，並無違誤。」

此外，行政法院八十七年度判字第一六九七號判決亦持同一見解：

「按『凡有中華民國來源所得之個人，應就其中華民國來源之所得，依法課徵綜合所得稅。』『第九類：其他所得：不屬於上類之所得，以其收入額減除成本及必要費用後之餘額為所得額。』『納稅義務人已依本法規定辦理結算申報，但對依本法規定應申報課稅之所得額有漏報或短報情事者，依法處以所漏稅額兩倍以下之罰鍰。』為所得稅法第二條第一項、第十四條第一項第九類、第一百一十條第一項所規定。本件與案外人張德提供自有土地與富山公司合建房屋並收取富山公司支付保證金一五、七○○、○○○元，因富山公

司未依約完工交屋，原告始於八十二年九月十八日與富山公司協議由富山公司以三億四仟六佰萬元買斷原告應分得之房地，並由原告沒收保證金一三、三七〇、〇〇〇元作違約之損害賠償，此有合建契約書、協議書及關係人之談話筆錄等附案可稽。被告原依首揭規定核定原告八十二年度取得其他所得一三、三七〇、〇〇〇元，併課當年度綜合所得稅，固非無見。惟據原告陳稱：系爭第二次協議內容第六條約定：『原合建契約乙方（富山公司）支付甲方（原告）之保證金新臺幣壹仟參佰參拾柒萬元，同意無條件為甲方沒收作「違約之損害賠償」。』本件合建契約自七十八年訂立迄今為時將近九年，富山公司仍未能依約履行，並衍多重糾葛，致原告受有莫大之損害，而依原合建契約書約載合建應於八十年十二月三十一日前完成；而沒收保證金約款之系爭第二次協議係於八十二年九月十八日簽訂，縱使以第三次協議之二億九千萬元計算，原告亦受有依法定利率計算將近二千五百萬元之應取得利息損失；遑論因富山公司遲遲未能履約，致原告遲至八十三年三月間始得將系爭合建土地辦理移轉，因而受有公告現值調高，土地增值稅增繳之損害；故上開保證金收入係為填補損失之損害賠償金，揆諸財政部函釋或法院判決意旨，既屬損害賠償性質，自不應課稅。且所得稅法規定，其他所得必須減除必要成本費用，被告理應翔實查明予以減除，始屬適法云云。按違約金依其性質，可分為制裁性質之違約金與損害賠償性質之違約金，前者為對於債務不履行之懲罰，其違約金債權之發生，以有債務不履行行為已足，不以損害之發生為必要，債權人於違約金外，尚得請求履行或不履行所生之損害賠償。後者係以預定債務不履行之損害賠償總額為目的。當事人如無特別訂定，通常應視為因不履行而生損害賠償之總額。而財政部六十二年五月十四日（六二）臺財稅第三三五三九號函釋示：『一方以撤銷訴訟為條件，由另一方給付之款項，如給付一方確因收受之一方為損害而為給付，則屬損害

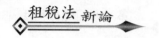

賠償性質，不應課稅。如收受一方，並未受有損害，則其給付應屬
所得稅法第十四條所稱之其他所得範圍，依法應計課綜合所得稅。』
依其規定，亦以『所得淨額』為計課準據。是凡損害賠償金，除法
律另有規定或契約另有訂定外，如屬填補債權人之損害者，免課綜
合所得稅。債權人未受有損害者，始為所得稅法第十四條第九類之
其他所得，併予計課綜合所得稅（本院七十三年判字第一二七五號
判決參照）。本件縱使被告認為原告業已實現沒收保證金之所得，惟
依系爭第二次協議內容第六條約定：『原合建契約乙方（富山公司）
支付甲方（原告）之保證金新臺幣壹仟參佰參拾柒萬元，同意無條
件為甲方沒收作為「違約之損害賠償」。』故上開保證金收入似為填
補損失之損害賠償金，非屬財產交易所得，揆諸首開財政部函釋，
既屬損害賠償性質，自不應課稅。被告對該違約金之性質，究竟屬
於何者，未詳為深究，遽認為其他財產所得，併予計列課稅，自嫌
速斷。一再訴願決定未予糾正，亦嫌疏略。原告執此指摘原處分及
原決定為不當，非無理由，應由本院將原處分及一再訴願決定均予
撤銷，由被告另為適當之處理。」

3. 購入短期票券在未到期前出售

依據財政部六十九年臺財稅字第三七一一四號函之解釋：

「一、營利事業購入六十六年二月一日以後發行之短期票券，
其利息所得，依所得稅法第二十四條第二項規定，由扣繳義務人依
各類所得扣繳率表之規定，於票券到期兌償時一次扣繳稅款，不再
併計納稅人之營利事業所得額。因此，營利事業購入短期票券，在
未到期出售者，並不發生繳納所得稅問題。二、依前項說明，營利
事業購入短期票券，在未到期前出售所取得之利息收入，毋需扣繳
稅款，亦免予併計當期營利事業所得額課稅」；故而，舉凡購入短期
票券，在未到期出售者，即使出售價格高於購入成本而有所得，亦

不發生繳納所得稅問題。此外，財政部臺財稅第八七一九五四八○一號函亦持同一見解：

「營利事業購入短期票券，在未到期前出售發生之所得，依本部六十九年八月二十五日臺財稅第三七一一四號函規定，並不發生繳納所得稅問題，亦免予併計營利事業所得額；其在未到期前出售發生之損失，亦不得列為費用或損失，於計算營利事業所得額時減除。」

然而，吾人以為上揭解釋明顯與「租稅法定主義」的原則有所違背，將應課稅的利息所得或財產交易所得誤以為無所得或免稅所得；因此，其合法性頗值得商榷。至於財政部臺財稅字第八四一六三二四八六號函之見解則相當值得贊許：

「主旨：核釋銀行業、信託投資業及經核准登記之短期票券交易商，其買賣短期票券所取得利息收入之營業稅核課原則。請　查照。

說明：二、銀行業、信託投資業及經核准登記之短期票券交易商，買賣短期票券應按賣出價格（指實際收取之金額）超過買入價格（指實際支付之金額）之差額，或按到期兌償金額（指扣除所得稅款後之實際取得兌償金額）超過買入價格之差額，視為利息收入，依法課徵營業稅；至於銀行業、信託投資業及短期票券交易商以外之營利事業，其買賣短期票券，係財務上之調度，非屬營業行為，該項利息收入免徵營業稅。三、本部六十七年臺財稅第三○五二一號函自本函發布日起，不再適用，尚未確定之案件，應依本函規定辦理。」

4.保證金

財政部臺財稅第八一○七八二二九三號函之見解，認定保證金並非所得，相當值得贊許：

「高爾夫球場（俱樂部）或聯誼社等休閒、育（娛）樂事業，向入會會員收取之保證金，於契約訂定隨時退會准予退還者，非屬銷售勞務收入，免予課徵營利事業所得稅。」

❖ (三)非法所得亦為所得

至於非法取得之所得是否要課徵所得稅呢？由於所得稅法就所得並未區分合法所得及非法所得，因此，縱使係非法取得之所得，只要該項所得並未經有關機關予以沒收，依法即應對其取得之人課徵所得稅。實務上，財政部亦持相同之見解，茲分述如下：

Ⅰ.財政部六十一年臺財稅字第三一一八五號令

查未具有醫師行醫執照，依醫師法第七條規定雖不得執行醫師業務，但在被查獲前既已執行醫師業務，並收取費用，而確有所得者，自應依所得稅法第二條：「凡有中華民國來源所得之個人，應就其中華民國來源之所得，依本法規定課徵綜合所得稅」之規定辦理。本案密醫在被查獲前之執行醫師業務收入，依上開釋示原則自應課徵綜合所得稅，如其所得未有適當資料或記錄可資查核者，應比照本核定之當年度醫師執行業務收入費用標準逕行核定課徵或補徵，其有違反稅法有關規定者並應移罰。

Ⅱ.財政部臺財稅字第八一○七五九七六三號函

納稅義務人××經查獲經營六合彩賭博之收入，其未經沒入部分，核屬所得稅法第十四條第一項第九類之其他所得，應以其收入額減除成本及必要費用後之餘額為所得額，合併課徵綜合所得稅。

三、所得的歸屬原則

❖ (一)屬地主義

　　依據所得稅法第二條之規定:「凡有中華民國來源所得之個人,應就其中華民國來源之所得,依本法規定,課徵綜合所得稅。非中華民國境內居住之個人,而有中華民國來源所得者,除本法另有規定外,其應納稅額,分別就源扣繳」,因此,就綜合所得稅而言,我國係採所謂的「屬地主義」,也就是說,僅就中華民國來源所得課徵所得稅,至於個人非中華民國來源所得則不在課徵之列。然而,臺灣地區與大陸地區人民關係條例第二十四條就此卻有不同之規定:「臺灣地區人民、法人、團體或其他機構有大陸地區來源所得者,應併同臺灣地區來源所得課徵所得稅。但其在大陸地區已繳納之稅額,准自應納稅額中扣抵。前項扣抵之數額,不得超過因加計其大陸地區所得,而依其適用稅率計算增加之應納稅額」,由於此一規定乃係所得稅法之特別規定,故應優先於所得稅法適用之。再則,香港澳門關係條例第二十八條第一項規定:「臺灣地區人民有香港或澳門來源所得者,其香港或澳門來源所得,免納所得稅。」此一規定只不過是重申所得稅法之規定而已。

　　至於何謂「中華民國來源所得」呢?依照所得稅法第八條之規定:「本法稱中華民國來源所得,係指左列各項所得:一、依中華民國公司法規定設立登記成立之公司,或經中華民國政府認許在中華民國境內營業之外國公司所分配之股利。二、中華民國境內之合作社或合夥組織營利事業所分配之盈餘。三、在中華民國境內提供勞務之報酬。但非中華民國境內居住之個人,於一課稅年度內在中華民國境內居留合計不超過九十天者,其自中華民國境外雇主所取得之勞務報酬不在此限。四、自中華民國各級政府、中華民國境內之法人及中華民國境內居住之個人所取得之利息。五、在中華民國境內之財產因租賃而取得之租金。六、專利權、商標權、著作權、秘密方法及各種特許權利,因在中華民國境內供他人使用所取得之權利金。七、在中華民國境內財產交易之增益。八、中華民國政府派

駐國外工作人員，及一般雇用人員在國外提供勞務之報酬。九、在中華民國境內經營工商、農林、漁牧、礦冶等業之盈餘。十、在中華民國境內參加各種競技、競賽、機會中獎等之獎金或給與。十一、在中華民國境內取得之其他收益。」因此，所得稅法只針對取得上述中華民國來源所得之個人課徵綜合所得稅。就此有幾則財政部的解釋函令相當值得吾人酌參：

I．財政部六十三年臺財稅字第三七二七三號函

主旨：我國公司派在各該公司國外分支機構服務，並經常居住國外之員工包括該分支機構於當時僱用之僱員，其因在我國境外提供勞務之薪資，不屬中華民國來源所得，依法免徵所得稅。

說明：依所得稅法第二條之規定，我國綜合所得稅之課徵，係以中華民國來源之所得為對象；又依同法第八條第一項第三款規定，個人在中華民國境內提供勞務之報酬，如非因在中華民國境內提供勞務之報酬，除稅法另有規定者外，應不屬中華民國來源所得。本案我國公司派在國外分支機構服務並經常居住國外之員工，其因在國外提供勞務所得之薪資，自應依法免徵所得稅，結匯時無須扣繳所得稅。

II．財政部六十六年臺財稅字第三一一九六號函

主旨：給付國外律師在國外辦案之報酬，應免扣繳所得稅。

說明：二、查委託國外律師在國外辦理案件所給付之報酬，非屬中華民國來源所得，依法免納並免扣繳所得稅。前經本部六十五臺財稅字第三三八五七號函釋在案。本案貴公司給付國外律師在國外辦案之報酬。依上開函釋自應免扣繳所得稅。惟該國外律師在臺期間執行業務所索取之報酬，除來往機票費用如非報酬之一部分，應免計入所得扣繳所得稅外，其餘給付之報酬，仍應依執行業務報酬之扣繳率扣繳所得稅。

III．財政部六十八年臺財稅字第三六○三四號函

貴事務所與國外會計師事務所約定互換會計師服務，如派赴國外之會計師確係在國外會計師事務所從事實際有關工作，而非進修、受訓性質者，該會計師在國外提供勞務而取得之報酬，非屬我國來源所得，依法免納我國綜合所得稅。

◈ (二)屬人主義

依據所得稅法第三條之規定：「凡在中華民國境內經營之營利事業，應依本法規定，課徵營利事業所得稅。營利事業之總機構，在中華民國境內者，應就其中華民國境內外全部營利事業所得，合併課徵營利事業所得稅。但其來自中華民國境外之所得，已依所得來源國稅法規定繳納之所得稅，得由納稅義務人提出所得來源國稅務機關發給之同一年度納稅憑證，並取得所在地中華民國使領館或其他經中華民國政府認許機構之簽證後，自其全部營利事業所得結算應納稅額中扣抵。扣抵之數，不得超過因加計其國外所得，而依國內適用稅率計算增加之結算應納稅額。營利事業之總機構在中華民國境外，而有中華民國來源所得者，應就其中華民國境內之營利事業所得，依本法規定課徵營利事業所得稅。」因此，就營利事業所得稅而言，我國係採所謂的「屬人主義」，也就是說，營利事業之總機構，在中華民國境內者，應就其中華民國境內外全部營利事業所得，合併課徵營利事業所得稅。至於前揭臺灣地區與大陸地區人民關係條例第二十四條之規定以及香港澳門關係條例第二十八條第二項之規定：「臺灣地區法人、團體或其他機構有香港或澳門來源所得者，應併同臺灣地區來源所得課徵所得稅。但其在香港或澳門已繳納之稅額，得併同其國外所得依所得來源國稅法已繳納之所得稅額，自其全部應納稅額中扣抵。前項扣抵之數額，不得超過因加計其香港或澳門所得及其國外所得，而依其適用稅率計算增加之應納稅額。」則只不過是重申所得稅法之規定而已。

在實務上有幾則行政法院及財政部之見解，可作為補充之說明，茲分述如下：

Ⅰ.行政法院六十二年判字第四二八號判例

營利事業依獎勵投資條例，經財政部核定免徵營利事業所得稅者，其國外分支機構已向所在國繳納之所得稅，不適用所得稅法第三條第二項但書扣抵之規定。

Ⅱ.財政部五十六年臺財稅發字第一二四八六號令

查國外營利事業在我國境內未設置分支機構及代理人，其在國外代銷我國產品所取得之佣金報酬，雖係由國外營利事業負責人前來我國或指定在我國境內其他人員領取新臺幣，其因營業行為並非發生在我國境內，亦非我國來源所得，應准免課營業稅及所得稅。

Ⅲ.財政部六十年臺財稅字第三一五七九號函

營利事業之總機構在中華民國境外，而其分支機構在中華民國境內者，僅就其在中華民國境內部分之營利事業所得課徵營利事業所得稅，其經課徵營利事業所得稅後匯往國外總公司之盈餘，非屬股利之分配，依現行所得稅法規定，無須再行課徵所得稅。

Ⅳ.財政部六十四年臺財稅字第三五〇八〇號函

主旨：所得稅法第三條第二項關於營利事業之總機構在中華民國境內而國外設有分支機構或營業代理人者，就其中華民國境內外全部營利事業所得合併課徵營利事業所得稅之規定，應包括國外分支機構或營業代理人之虧損。

說明：所得稅法第三條第二項所謂「合併課徵營利事業所得稅」，自應先合併計算國內外機構及營業代理人之所得額，國外分支機構有虧損者，亦應併同國內總機構合併計算，俾能正確反映該事業之全部所得。本案××公司××分公司六十一年結算虧損〇〇元，應於取得確實證明後，依上述原則核辦。

Ⅴ.財政部七十六年臺財稅字第七五七五三〇〇號函

　　主旨：在我國設置分支機構之外商，其國外總機構直接對我國境內客戶銷貨或提供勞務，其營利事業所得稅之課徵規定如說明。

　　說明：二、在我國境內設置固定營業場所（分支機構）之外國事業、機關、團體、組織，於新制營業稅實施後，其國外總機構直接對我國境內營業人銷售貨物者，應依修正營業稅法第四十一條之規定課徵營業稅。三、前述外商之國外總機構直接對我國客戶銷售貨物或提供勞務，其營利事業所得稅部分，自民國七十六年一月一日起應依左列規定辦理：銷售貨物：應按一般國際貿易認定，不再認定為在華分支機構之營業收入課稅，惟該國外總機構因該等交易行為所匯撥與在華分支機構之補助經費或佣金，應由在華分支機構依法列計收入報繳營利事業所得稅。提供勞務：國外總機構直接對我國客戶在我國境內提供銷售勞務所取得之報酬，屬於該國外營利事業之中華民國來源所得，應由該國外事業在華分支機構依法繳納營利事業所得稅。

　　Ⅵ.財政部臺財稅字第八○○三五六○三二號函

　　主旨：外國公司在臺分公司將稅後盈餘匯回總公司應否課徵所得稅疑義，核復如說明，請　查照。

　　說明：一、依據臺北市國稅局八十年九月二日（八十）財北國稅審壹字第八二四一八號函辦理。二、營利事業之總機構在中華民國境外，而其分支機構在中華民國境內者，僅就境內部分之營利事業所得課稅，其稅後盈餘匯回國外總公司，非屬股利之分配，依現行所得稅法規定，無須再行課徵所得稅，前經本部六十年三月五日臺財稅第三一五七九號函及七十六年三月九日臺財稅第七五八六七三八號函核釋有案。三、合於原獎勵投資條例第三條生產事業之外國公司，由於已享受該條例規定之優惠，其在臺分公司之所得，於繳納營利事業所得稅後，將稅後盈餘給付總公司時，依同條例第十六條第三項規定，應按給付額扣繳百分之二十所得稅。惟此項規定

已隨同該條例施行屆滿而不再適用，接續之促進產業升級條例已排除外國公司適用租稅優惠，且無類似上開扣繳所得稅之規定，故爾後外國公司在臺分公司之稅後盈餘匯回國外總公司，應依上開本部函釋規定辦理。惟如原已享受及繼續享受原獎勵投資條例租稅優惠之外國公司，其在臺分公司所產生之相關稅後盈餘，於八十年以後匯回總公司時，為期課稅公平，仍應依原獎勵投資條例第十六條第三項規定，按給付額扣繳百分之二十所得稅。

Ⅶ.財政部臺財稅字第八七一九五四五三四號函

臺灣地區人民、法人、團體或其他機構，委請大陸地區或港澳地區之法律事務所或律師，在大陸地區或港澳地區提供法律服務，所給付之報酬，非屬臺灣地區來源所得，尚無「臺灣地區與大陸地區人民關係條例」第二十五條或「香港澳門關係條例」第二十九條規定之適用，應免予扣繳所得稅。

四、所得的類型化

承前所述，由於許多類型的所得依法可以享受免稅或減稅的優惠，因此如何準確的劃分所得的類型，即為所得稅法適用過程中不容忽視的一環。所得稅法第十四條將個人之綜合所得分為十一大類，可堪為所得類型化之準繩，茲詳細分析如下：

❖ ㈠營利所得

即公司股東所獲分配之股利、合作社社員所獲分配之盈餘、合夥組織營利事業之合夥人每年度應分配之盈餘、獨資資本主每年自其獨資經營事業所得之盈餘及個人一時貿易之盈餘皆屬之。其中公司股東所獲分配之股利，包括現金股利及股票股利兩種。至於公司所分配之股利與國外營利事業在臺分支機構匯往總公司之盈餘有

別；由於後者非屬股利之分配，因此，依現行所得稅法規定，無須再行課徵所得稅。

◈ ㈡執行業務所得

即執行業務者，例如律師、會計師、建築師、技師、醫師、藥師、助產士、著作人、經紀人、代書人、工匠、表演人及其他以技藝自力營生者之業務或演技收入，減除業務所房租或折舊、業務上使用器材設備之折舊及修理費，或收取代價提供顧客使用之藥品、材料等之成本、業務上雇用人員之薪資、執行業務之旅費及其他直接必要費用後之餘額。就此，有幾則行政機關之見解，可作為補充之說明，茲分述如下：

Ⅰ. 財政廳五十三年財稅一字第六七三一九號令

查藥劑師直接經營藥局者，當為營利事業之負責人，若僅受僱負責管理職務支領固定薪資，其性質核與醫師受聘於公私立醫院者無異，既非執行業務，其收入為薪資所得，自毋須設置日記帳。

Ⅱ. 財政部六十九年臺財稅字第三七三三〇號函

舞女於舞廳伴舞與舞廳按舞資拆帳取得之報酬，係屬執行業務收入。舞女未依法辦理結算申報，或未依法記帳及保存憑證，或未能提供證明所得額之帳簿文據者；可比照表演人，減除百分之十七必要費用。

Ⅲ. 財政部臺財稅字第七七〇五九五九三二號函

稽徵機關依規定核定律師執行業務所得時，原則上，應依每一審級結案判決年度之執行業務者收入及費用標準核定所得額，並以該判決年度為其所得歸屬年度；惟當事人如提示委任契約及受理委任時已收支酬金證據，經查明屬實者，得改依受委任年度之執行業務者收入及費用標準核定所得額，並以該受委任年度為其所得歸屬年度。

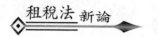

Ⅳ.財政部臺財稅字第八七一九三〇五二一號

仲裁人依法辦理中華民國商務仲裁協會仲裁事件受領之所得，係屬所得稅法第十四條第一項第二類規定之執行業務所得。

❖ ㈢薪資所得

即公私事業職工薪資及提供勞務者之所得。薪資包括：薪金、俸給、工資、津貼、歲費、獎金、紅利及各種補助費。但為雇主之目的，執行職務而支領之差旅費、日支費及加班費不超過規定標準者，及依第四條規定免稅之項目，不在此限。就此，有幾則行政機關之見解，可作為補充之說明，茲分述如下：

Ⅰ.財政部四十九年臺財稅發字第〇三一五五號令

各公有公營事業機構之董監事、監察人按月所領之定額車馬費，既係其職務上所取得，應屬所得稅法第十四條第一項第三類之薪資所得，依法應扣繳稅款，並合併納稅義務人於其他各類所得，課徵綜合所得稅。

Ⅱ.財政部六十八年臺財稅字第三三五七一號函

貴公司如舉辦年終晚會，所支付之各項費用，原可依營利事業所得稅結算申報查核準則第一百零三條規定，按其他費用核實認定，並不視為員工之薪資，應免予扣繳所得稅。至貴公司員工為響應愛國捐獻，將停辦該晚會之節餘款捐獻「自強救國基金」，以代替晚會，上項節餘款應不視為員工之所得，自無需併同薪資所得申報課稅，而各員工自亦不得申報列舉扣除。

Ⅲ.財政部七十四年臺財稅字第一四九一七號函

主旨：函復講演鐘點費與授課鐘點費之區別如說明。

說明：二、公私機關、團體、事業及各級學校，聘請學者、專家專題演講所發給之鐘點費，屬所得稅法第四條第二十三款規定之講演鐘點費，可免納所得稅，但如與稿費、版稅、樂譜、作曲、編

劇、漫畫等全年合計數，超過新臺幣一八○、○○○元以上部分，不在此限。三、公私機關、團體、事業及各級學校，開課或舉辦各項訓練班、講習會，及其他類似性質之活動，聘請授課人員講授課程，所發給之鐘點費，屬所得稅法第八十九條第三項所稱之授課鐘點費，亦即同法第十四條第一項第三類所稱之薪資所得。該授課人員並不以具備教授（包括副教授、講師、助教等）或教員身分者為限。

◈ ㈣利息所得

即公債、公司債、金融債券、各種短期票券、存款及其他貸出款項利息之所得。就此，有幾則行政機關之見解，可作為補充之說明，茲分述如下：

Ⅰ.財政部六十六年臺財稅字第三五一○九號函

個人以不動產向他人抵押貸款，如經調查債權人確未取得利息所得，自不得課徵其所得稅，亦不得比照所得稅法第十四條第一項第五類第三款規定，計算債務人運用該項貸款之所得，課徵債務人之所得稅。

Ⅱ.財政部七十一年臺財稅字第三八六六二號函

納稅義務人王××於六十六年十一月三十日至七十年七月十四日經他人以土地設定抵押權後貸予款項，嗣後稱僅收回本金放棄利息請求權案，經查所附債務人蔡××出具之申請書及證明書等，係屬本件債權債務利息所得之利害關係人出具之私文書，如別無其他足資證明王君確未取得利息之客觀證據，應不得免課利息所得稅，而遽依遺產及贈與稅法第五條第一款規定改課贈與稅。

Ⅲ.財政部臺財稅字第七五四一四一六號函

營利事業或個人買賣發行之公債、公司債及金融債券，買受人若為營利事業，可由該事業按債券持有時間，依債券之面值及利率

計算「利息收入」，如其係於兩付息日間購入債券並於取息前出售者，則以售價減除其購進該債券之價格及依上述計算之利息收入後之餘額作為其證券交易損益。買受人若為個人，因個人一般多未設帳，應一律以其兌領之利息金額併入其當期綜合所得稅課徵。

◈ ㈤租賃所得及權利金所得

即以財產出租之租金所得，財產出典典價經運用之所得或專利權、商標權、著作權、秘密方法及各種特許權利，供他人使用而取得之權利金所得。一、財產租賃所得及權利金所得之計算，以全年租賃收入或權利金收入，減除必要損耗及費用後之餘額為所得額。二、設定定期之永佃權及地上權取得之各種所得，視為租賃所得。三、財產出租，收有押金或任何款項類似押金者，或以財產出典而取得典價者，均應就各該款項按當地銀行業通行之一年期存款利率，計算租賃收入。但財產出租人或出典人能確實證明該項押金或典價之用途，並已將運用所產生之所得申報者，不在此限。四、將財產借與他人使用，除經查明確係無償且非供營業或執行業務者使用外，應參照當地一般租金情況，計算租賃收入，繳納所得稅。五、財產出租，其約定之租金，顯較當地一般租金為低，稽徵機關得參照當地一般租金調整計算租賃收入。就此，有幾則行政機關之見解，可作為補充之說明，茲分述如下：

Ⅰ.財政部六十九年臺財稅字第三六五三三號函

查××公司與日商××公司簽訂工廠合約，該日商雖將其特殊技術及專門知識讓與該公司在我國製造ＰＶＣ，惟該日商仍保有此項特殊技術之主權，此與買賣之效果使賣方喪失其出賣之財產權而買方則取得其買受之財產權，亦即使財產權變易其主體之情形不同。且該公司無權將前項特殊技術轉移、出售或部分轉讓與第三者，此與財產權之買受人應有充分自由得以轉讓其買得之財產權者，亦顯

不相同。是以該公司給付之報酬，性質應係日商在我國境內所取得之權利金，係屬我國來源所得，依照所得稅法第三條末項及同法第八十八條之規定，應由該公司負責依法扣繳。

II. 財政部七十一年臺財稅字第三一四六六號函

借券人取得之借券收入與融資取得分享之借券收入，核屬財產租賃所得，　貴公司向融券人經收借券收入，於轉付借券人與融資人時，均應依法扣繳所得稅款。

III. 財政部臺財稅字第七八〇一五八九七二號函

稽徵機關依所得稅法第十四條第一項第五類規定設算之租金，依土地法第九十七條第一項規定，以不超過土地及其建築物申報總價額年息百分之十為限。

IV. 財政部臺財稅字第八一〇七六一三一八號函

地主提供土地與建設公司合建房屋，所收取建設公司支付之履約保證金，係屬履約擔保性質，尚非因財產出租而收取之押金或財產出典而取得之典價，可免依所得稅法第十四條第一項第五類第三款規定設算地主之租賃所得。

◈ (六)自力耕作、漁、牧、林、礦之所得

即全年自力耕作、漁、牧、林、礦之收入減除成本及必要費用後之餘額。

◈ (七)財產交易所得

即財產及權利因交易而取得之所得。一、財產或權利原為出價取得者，以交易時之成交價額，減除原始取得之成本，及因取得、改良及移轉該項資產而支付之一切費用後之餘額為所得額。二、財產或權利原為繼承或贈與而取得者，以交易時之成交價額，減除繼承時或受贈與時該項財產或權利之時價及因取得、改良及移轉該項

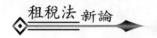

財產或權利而支付之一切費用後之餘額為所得額。就此，有幾則實務上之見解，可作為補充之說明，茲分述如下：

Ⅰ.行政法院七十七年判字第一九七八號判例

未發行公司股票之股份轉讓，並非證券交易，而屬財產交易，其有交易所得者，自應合併當年度所得總額，課徵綜合所得稅。至行政院臺七十財字第一四二〇五號函規定所停徵者為有價證券之交易所得稅，其未發行股票之股份有限公司，於成立時縱有製發股單，因非依公司法第一百六十二條規定發行之股票，僅屬證書之性質，即非有價證券，自不在停徵之列。

Ⅱ.財政部六十七年臺財稅字第三五二二三號函

納稅義務人出讓市場攤位，其為權利賣斷性質者應屬財產交易，依所得稅法第十四條第一項第七類之規定，財產或權利原為出價取得者，以交易時之成交價額減除原始取得之成本及因取得、改良及移轉該項資產而支付之一切費用後之餘額為所得額；如其原始取得成本及改良費用無從查考者，其所得額之計算，以成交價額百分之二十為標準。

Ⅲ.財政部六十七年臺財稅字第三八四九八號函

有限公司之股東轉讓其出資額，核非證券交易，而應屬財產交易。至出資額成本之認定，應以股東取得該出資額所支付之價款為準。

Ⅳ.財政部臺財稅字第八三一五八一〇九三號函

個人出售房屋，其原始取得成本及出售價格之金額，如經稽徵機關查核明確，惟因未劃分或僅劃分買進或賣出房地之各別價格者，應以房地買進總額及賣出總額之差價，按出售時之房屋評定現值占土地公告現值及房屋評定現值之比例計算房屋之財產交易損益。

◈ ㈧競技、競賽及機會中獎之獎金或給與

即參加各種競技比賽及各種機會中獎之獎金或給與。此外，財政部六十九年臺財稅字第三五七九七號函認為:「營利事業員工福利委員會舉辦自強活動，員工參加該項活動所取得之實物獎品，係屬所得稅法第十四條第八類競技競賽及機會中獎之獎金或給與，依同法第八十八條規定，應由扣繳義務人於給付時，按現行各類所得扣繳率表規定，扣繳所得稅。」

❖ ㈨退職所得

即個人領取之退休金、資遣費、退職金、離職金、終身俸及非屬保險給付之養老金等所得。但個人領取歷年自薪資所得中自行繳付儲金之部分及其孳息，不在此限。一、一次領取者，其所得額之計算方式如左: 一次領取總額在十五萬元乘以退職服務年資之金額以下者，所得額為零。超過十五萬元乘以退職服務年資之金額，未達三十萬元乘以退職服務年資之金額部分，以其半數為所得額。超過三十萬元乘以退職服務年資之金額部分，全數為所得額。退職服務年資之尾數未滿六個月者，以半年計; 滿六個月者，以一年計。二、分期領取者，以全年領取總額，減除六十五萬元後之餘額為所得額。三、兼領一次退職所得及分期退職所得者，前二款規定可減除之金額，應依其領取一次及分期退職所得之比例分別計算之。

❖ ㈩其他所得

即不屬於上列各類之所得，以其收入額減除成本及必要費用後之餘額為所得額。就此，有幾則實務上之見解，可作為補充之說明，茲分述如下:

I.行政法院八十七年判字第一四七四號判決

按個人之綜合所得總額，應以其全年營利所得、執行業務所得、薪資所得、利息所得、租賃所得、權利金所得、自力耕作、漁、牧、

219

林、礦之所得、財產交易所得、競技、競賽、機會中獎之獎金或給與及其他所得等各類所得合併計算之；其他所得，以其收入額減除成本及必要費用後之餘額為所得額，為行為時所得稅法第十四條第一項所規定。又納稅義務人已依本法規定辦理結算申報，但對依本法規定應申報課稅之所得額有漏報或短報情事者，處以所漏稅額兩倍以下之罰鍰，亦為同法第一百十條第一項所明定。本件被告以原告七十九年度綜合所得稅結算申報，經其依法務部調查局雲林縣調查站移送資料查得原告之配偶王水村與訴外人沈瑞樟、陳金樹合資一四、二二三、六○○元，於七十九年三月二十五日以原告名義與地主張旺盛等人簽訂購買系爭四筆土地買賣契約，在未辦理所有權移轉登記前，即以原土地所有權人名義將系爭四筆土地轉賣與林嘉信，價款四五、九八六、○○○元，原告之配偶王水村取得差額四、○○○、○○○元，乃就該部分核定為原告配偶七十九年度之其他所得，並據以核定原告七十九年度綜合所得總額為四、五七九、四九三元，應補稅款為一、○八五、九五七元，另按所漏稅額一、○八四、四三七元科處 0.5 倍罰鍰計五四二、二○○元（計至百元止）。原告不服，循序提起行政訴訟，主張：臺灣雲林地方法院八十六年度重訴字第五五號民事判決附表所據以認定之物證資料，認定林嘉信君給予原告之配偶王水村與沈瑞樟部分僅有一一、二○○、○○○元，足可反證原告配偶王水村於被告處所為取得出售土地之差價四、○○○、○○○元之談話並不實在，而係被迫所為，而王水村與沈瑞樟於刑事案在臺灣雲林地方法院審理期間所為各分得七、九四○、六○○元不利己之陳述，亦係被騙所為，與事實亦不相符，事實上，王水村於七十九年四月間取得出售系爭土地之差價僅有五、六○○、○○○元（即林嘉信指定之代書紀昭男以電匯方式交付王水村與沈瑞樟一一、二○○、○○○元之二分之一），扣除王水村原出資額三、六七三、四○○元，其取得之其他所得僅有一、九二六、

六〇〇元，被告核定有誤，其補徵原告當年度綜合所得稅一、〇八五、九五七元及科處罰鍰五四二、二〇〇元均有違誤云云。惟查王水村於八十二年十一月十五日在被告處接受調查時，坦承收受買價差額四、〇〇〇、〇〇〇元有談話記錄附原處分可稽，調查當時沈瑞樟亦在場，且時間為下午二時三十分，原告謂該筆錄出於疲勞偵訊所為，殊無可能，臺灣雲林地方法院八十六年度重訴字第五五號民事判決書附表係該案被告林嘉信於訴訟中為攻擊防禦方法所提供之資料，原難全信，何況林嘉信於該案中陳述除該附表所載付款流程外，另有現金支付並已全部付清，則該附表殊不能為王水村與沈瑞樟僅取得價款一一、二〇〇、〇〇〇元之證明，從而原告指謂其配偶王水村僅取得差價五、六〇〇、〇〇〇元扣除原出資三、六七三、四〇〇元，其取得之其他所得僅有一、九二六、六〇〇元，核無可採。按本件原告配偶王水村七十九年間既有出售土地取得買賣價差四、〇〇〇、〇〇〇元而漏未申報當年度綜合所得稅之事實有如上述，則被告核原告當年度綜合所得總額四、五七九、四九三元，發單課徵其綜合所得稅一、〇八五、九五七元並按所漏稅額科處〇·五倍罰鍰五四二、二〇〇元，揆諸首揭說明，洵非無據，一再訴願決定遞予維持，亦無不合，原告起訴論旨，任意指摘，求為撤銷，核無理由，應予駁回。

Ⅱ.財政部六十六年臺財稅字第三五五八〇號函

國內廠商因違法侵害外國事業所有之專利權或商標權，而給付之損害賠償金，依照所得稅法第八條第十款之規定，係屬該外國事業之中華民國來源所得，應由該國內廠商於給付時，依法按 20% 之扣繳率扣繳所得稅。

Ⅲ.財政部六十八年臺財稅字第三六〇三五號函

主旨：個人買受土地，因出賣人違約，經法院判決而受領之違約金，核屬所得稅法第十四條第一項第九類之其他所得，應以該項

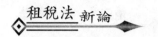

收入額減除成本及必要費用後之餘額，合併課徵綜合所得稅。

說明：二、本案土地買受人二人所取得之違約金，係因出賣人違約，經最高法院判決而取得，自應合併取得年度之所得申報課稅。至×君等代出賣人繳納地價稅，田賦及工程受益費等既經查稱係為達到辦理所有權移轉登記之目的而代為繳納，其與所取得之違約金並無關係，而屬取得土地之費用，自不得列為違約金所得之必要費用。

Ⅳ.財政部七十一年臺財稅字第三六三七五號函

主旨：夫妻離婚時一方給予他方贍養費之課稅疑義核覆如說明。

說明：二、夫妻經法院判決離婚，並判決配偶之一方應給與他方之贍養費，其性質係扶養請求權，為所得之取得或發生原因，屬所得稅法第八條第十一款規定之其他收益，該項所得應依同法第十四條第一項第九類暨同法第四條第四款規定核課所得稅，而免依遺產及贈與稅法第四條第二項規定課徵贈與稅。

Ⅴ.財政部臺財稅字第八四一六三三○○八號函

納稅義務人購買農地，因不具備自耕能力而未辦理產權過戶，旋即出售予第三者，並直接由原地主變更所有權為第三者，其間該納稅義務人所獲之利益，核屬所得稅法第十四條第一項第九類規定之其他所得，應依法課徵綜合所得稅。

◆ (士)變動所得

此外，有些所得的性質乃須累經數年之久方可取得，如果將之視為實際給付年度之所得，並適用累進稅率來對之課徵所得稅，則勢必對該納稅義務人造成不公平的現象。法律為了避免此一不公平現象的發生，遂規定僅就該項所得之一部分來課徵所得稅，其餘部分則予以免徵之優惠，此一類型的所得即為所謂的「變動所得」。例如自力經營林業之所得、受僱從事遠洋漁業，於每次出海後一次分

222

配之報酬、一次給付之撫卹金或死亡補償,超過第四條第四款規定之部分及因耕地出租人收回耕地,而依平均地權條例第七十七條規定,給予之補償等,即僅以其半數作為當年度所得,其餘半數免稅。

此外,有些所得依其客觀合理之情形本應實現,惟可能因個人之偏好、過失或其他法律所不認同之安排而使之未能實現,此時,租稅法本諸租稅公平原則的考量,將此一類型之所得視同已實現,並對之課徵所得稅,即為所謂的「設算所得」。所得稅法上所規定之「設算所得」,主要有下列幾項:

1. 租金設算所得

依照所得稅法第十四條第一項第五類第四款之規定,將財產借與他人使用,除經查明確係無償且非供營業或執行業務者使用外,應參照當地一般租金情況,計算租賃收入,繳納所得稅。

2. 未分配之盈餘強制分配歸戶

依據所得稅法第七十六條之一之規定,公司組織之營利事業,其未分配盈餘累積數超過已收資本額二分之一以上者,應於次一營業年度內,利用未分配盈餘,辦理增資,增資後未分配盈餘保留數,以不超過本次增資後已收資本額二分之一為限;其未依規定辦理增資者,稽徵機關應以其全部累積未分配之盈餘,按每股份之應分配數歸戶,並依實際歸戶年度稅率,課徵所得稅。前項所稱未分配盈餘,除依第六十六條之九第二項規定計算外,其由以前年度盈餘分配之股利或盈餘,並應予以減除。(惟自八十七年度起不適用)

3. 股利設算所得

依據所得稅法施行細則第八十二條第二項之規定,公司之應付股利,於股東會決議分配盈餘之日起,六個月內尚未給付者,視同

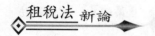
給付。

五、所得的免稅與減稅

◈ ㈠所得的免稅

有關所得免稅的規定，除了所得稅法的特別法有許多特別的規定之外，則以所得稅法第四條、第四條之一以及第四條之二的規定為主，茲將其中較富爭議之項目，詳細分析如下：

1.證券交易所得

依據所得稅法第四條之一規定：「自中華民國七十九年一月一日起，證券交易所得停止課徵所得稅，證券交易損失亦不得自所得額中減除。」然而，何謂「證券交易所得」呢？在實務上，財政部則認為：「所得稅法第四條之一規定停徵所得稅之適用範圍，以我國證券交易稅條例所稱有價證券為限。」而證券交易稅條例第一條第二項則規定：「前項所稱有價證券，係指各級政府發行之債券，公司發行之股票、公司債及經政府核准得公開募銷之其他有價證券。」因此，所謂的「證券交易所得」即僅限於買賣政府債券、公司股票、公司債及經政府核准之其他有價證券所產生之所得。就此，有幾則實務上之見解，可作為補充之說明，茲分述如下：

Ⅰ.財政部五十九年釋復臺財稅字第二○五一一號函

新股認購權利證書，增資配發之新股權利證書以及股款或債款繳納憑證等，依公司法及證券交易法之規定既同屬有價證券，並可自由轉讓，則上項有價證券之買賣，依照證券交易稅條例第一條規定，自均應課徵證券交易稅。

Ⅱ.財政部六十八年臺財稅字第三○三七一號

　　個人因生產事業以未分配盈餘增資擴充，依獎勵投資條例第十二條（註：即現行條例第十三條）規定發行之增資股票，於取得後轉讓時，其轉讓價格如低於股票面值，依同條但書規定，應以實際轉讓價格作為轉讓年度之收益（股利所得）課徵所得稅，如轉讓價格高於股票面值，其超過股票面值部分，係屬證券交易所得，於證券交易所得停徵所得稅期間，自可免徵所得稅，但面值部分，仍應以股利所得申報課稅。

　　Ⅲ. 財政部臺財稅字第八一一六三七五一號函

　　主旨：核釋在國內發行受益憑證募集基金投資國內證券市場有關稅務處理疑義，請　查照。

　　說明：二、證券投資信託股份有限公司在國內發行受益憑證，以募集基金投資國內證券市場，其因買賣有價證券所取得之證券交易所得、股利及利息所得，暨日後買回受益憑證有關稅捐之核課規定如次：……㈥受益憑證持有人轉讓其受益憑證之所得，及受益憑證持有人申請買回受益憑證之價格減除成本後之所得，在證券交易所得停止課徵所得稅期間內，免徵所得稅。……

　　Ⅳ. 財政部臺財稅字第八一一六七二六八八號函

　　主旨：核釋臺灣存託憑證稅捐課徵有關規定，請　查照。

　　說明：二、「募集與發行臺灣存託憑證處理準則」業經本部證券管理委員會八十一年六月二十日（八一）臺財證㈠第○一三二七號令發布施行，有關臺灣存託憑證之稅捐課徵規定如下：……2.臺灣存託憑證轉讓所發生之證券交易所得，依所得稅法第八條第七款規定，核屬中華民國來源所得，應以存託憑證交易時之成交價額減除成本、費用後之餘額為證券交易所得，併計當年度所得額課稅。惟在證券交易所得停止課徵所得稅期間免予課徵，如有損失亦不得自所得額中減除。

　　Ⅴ. 財政部八十三年臺財稅字第八二一五○六二八一號函

主旨：營利事業出售外國政府或公司發行之有價證券所取得之收益，應與其國內營利事業所得合併申報課徵營利事業所得稅，不適用所得稅法第四條之一有關證券交易所得停止課徵所得稅之規定。請　查照。

說明：二、所得稅法第四條之一規定停徵所得稅之適用範圍，以我國證券交易稅條例所稱有價證券為限，尚不包括外國政府或公司發行之有價證券。

Ⅵ. 財政部臺財稅字第八六一九○九三一一號函

主旨：機關認購（售）權證及其標的股票交易之相關稅捐核課事宜。請　查照。

說明：二、有關認購（售）權證及其標的股票交易之相關稅捐之核課，應依下列規定辦理。㈠本部八十六年五月二十三日（八六）臺財證㈤○三○三七號公告，已依證券交易法第六條規定，核定認購（售）權證為其他有價證券，則發行後買賣該認購（售）權證，應依證券交易稅條例第二條第二款規定，按買賣經政府核准之其他有價證券，依每次交易成交價格課徵千分之一證券交易稅，並依現行所得稅法第四條之一規定，停止課徵證券交易所得稅。㈡認購（售）權證持有人如於某一時間或特定到期日，按約定行使價格向發行人購入（售出）標的股票者，係屬發行人（持有人）出賣標的股票之行為，應就所出售之標的股票，依證券交易稅條例第二條規定，按履約價格課徵千分之三證券交易稅。㈢至認購（售）權證持有人如於某一時間或特定到期日，以現金方式結算者，係屬認購（售）權證之標的股票之交易，應對認購（售）權證之發行人（持有人）依標的股票之履約價格按千分之三稅率課徵證券交易稅，及對認購（售）權證持有人（發行人）依標的股票之市場價格按千分之三稅率課徵證券交易稅，並依前開所得稅法規定停止課徵所得稅。

2.期貨交易所得

由於所得稅法第四條之二規定:「依期貨交易稅條例課徵期貨交易稅之期貨交易所得,暫行停止課徵所得稅; 其交易損失, 亦不得自所得額中減除。」因此, 期貨交易所得停止課徵所得稅之規定僅適用於在國內期貨交易所交易之期貨, 而不及於國外期貨之交易。至於國外期貨交易所產生的所得究竟應如何課稅, 則蓋依財政部臺財稅第八二一四八〇〇四三號函之規定:

主旨: 核釋國外期貨交易有關稅捐課徵規定。請　查照。

說明: 國外期貨交易有關稅捐之課徵, 規定如左: ……三、綜合所得稅: ㈠交易所得: 期貨交易所得應屬財產交易所得, 惟交易標的係在國外, 為國外來源所得, 非屬綜合所得稅課稅範圍。本部七十一年十月二十二日臺財稅第三七七二號函規定應自「國外期貨交易法」施行後不再適用。㈡交易保證金及權利金之孳息: 期貨經紀商給付期貨交易人時依規定辦理扣繳。四、營利事業所得稅: ㈠期貨交易人部分: 1.國外期貨交易所得非屬中華民國來源所得, 惟總機構在中華民國境內之營利事業應依所得稅法第三條第二項規定課徵營利事業所得稅。 2.國外期貨交易損益之計算採實現原則, 成本認定依交易習慣採個別辦法。㈡期貨經紀商部分(包括本國期貨經紀商及外國期貨經紀商在我國境內分公司): 1.取自期貨交易人或其他期貨經紀商之佣金、手續費應列為營業收入, 轉付相關機構之佣金、手續費應列為成本費用。 2.存放於期貨經紀商專戶之交易保證金及權利金之孳息應列為收入, 依所得稅法第三條及第八條規定辦理; 依約定給付期貨交易人之孳息為其費用, 應於給付時依所得稅法第八十八條及各類所得扣繳率標準規定辦理扣繳。 3.兌換損益依營利事業所得稅查核準則第二十九條及第九十八條規定辦理。㈢外國期貨經紀商、交易所、結算機構及其他相關機構部分: 在中

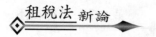

華民國境外提供勞務而自國內期貨經紀商收取之佣金、手續費，非屬中華民國來源所得，其總機構在中華民國境外者，無須課徵營利事業所得稅。

3.勞工退休金

勞工退休金究竟要如何課稅的問題，曾在國內引發相當大的爭議。此一爭議乃係肇因於財政部曾於七十四年以臺財稅字第一五二八五號函認定：「所得稅法第四條第四款及第五款『勞工』一詞之定義，奉行政院核釋，應依勞動基準法之規定辦理，即勞動基準法第三條所定行業之雇主僱用從事工作獲致工資者，自該法公布生效之日起適用」，並因而使為數頗眾的非適用勞動基準法之勞工所領取之勞工退休金遭受課稅的不公平待遇。於是，行政法院八十五年十一月份庭長評事聯席會議紀錄遂將財政部此一不公平之見解加以推翻，並決議：

決議文

現行所得稅法第四條第四款規定，勞工之退休金免繳所得稅，其中「勞工」身分之認定，並不以適用勞動基準法第二條所列各業雇主所僱用從事工作獲致工資者為限。

（法律問題）

「左列各種所得，免納所得稅……四、公、教、軍、警人員、勞工、殘廢者及無謀生能力者之撫卹金、養老金、退休金、資遣費、贍養費。」此為所得稅法第四條第四款所明定。該條款「勞工」一詞之定義，是否得依行政院七十四年四月九日臺內字第六〇五二號函釋及財政部七十四年四月三十日臺財稅字第一五二八五號函釋認定，本院有甲、乙二說，提請　公決。

甲說：「公、教、軍、警人員、勞工、殘廢者及無謀生能力者之撫卹金、養老金、退休金、資遣費、贍養費，免納所得稅」，固為所

得稅法第四條第四款所規定。惟關於「勞工」之定義，自七十二年七月二十日勞動基準法公布施行後，業經財稅之中央主管機關行政院及財政部依中央法規標準法第七條規定，依其法定職權訂定之命令。⑴行政院 74.4.9. 臺內第六〇五二號函：「主旨：所報所得稅法第四條第四款『勞工』之定義，應否適用勞動基準法之規定重新解釋一案，請照法務部議復意見辦理。說明：二、法務部議復意見：查所得稅法第四條在規定免納所得稅之範圍，該條第四款所稱『勞工』，在勞動基準法公布前，固有工廠法及其施行細則作定義規定，惟自勞動基準法公布施行後，除法律有特別規定者外，似宜依勞動基準法有關規定重新解釋，俾免發生法規適用上之歧異。倘因引用勞動基準法對『勞工』之定義，而使所得稅法免稅規定之立法原旨及目的，無法配合或達成，亦宜修正所得稅法或相關法令，似不宜另以行政命令針對『勞工』一詞作不同之解釋。」⑵財政部 74.4.30. 臺財稅第一五二八五號函：「主旨：所得稅法第四條第四款及第五款『勞工』一詞之定義，奉行政院核釋，應依勞動基準法之規定辦理，即勞動基準法第三條所定行業之僱主僱用從事工作獲致工資者，自該法條公布生效之日起適用。」……原告為從事保險業者，並非適於勞動基準法第三條所列舉之八項行業之內，自與受該第三條所定行業之僱主僱用從事工作獲致工資者之情形不同，即不生勞動基準法公布生效之日起適用之可言。因之原告自亦非所得稅法第四條第四款所定之勞工。（七十八年度判字第一六二〇號判決）

乙說：行為時所得稅法第四條第四款所定「勞工」一詞之定義，本法未設明文，亦未明定適用或準用勞動基準法有關規定，因此於法律適用時，參照設有相關規定之法規，如工廠法施行細則第二條、勞工保險條例第六條、第八條及勞動基準法第二條第一款等，以補充及闡明「勞工」一詞之意涵，固無不合。但所得稅法之適用範圍並無限制規定，而行政院 74.4.9. 臺內字第六〇五二號及財政部

74.4.30.臺財稅字第一五二八五號函釋意旨,認所得稅法第四條第四款所定免納所得稅之勞工之退休金者,指所得人於退休時必須屬於勞動基準法第三條所定行業之雇主僱用從事工作獲致工資者,始有其適用,顯然於參照勞動基準法第二條第一項所定「勞工」之定義時,誤以勞動基準法第三條所定該法之適用範圍,限制所得稅法第四條第四款之適用,對受僱於未適用勞動基準法之雇主之勞工權益,增加法律所無之限制,於法已有未合,且未說明勞工之稅法上權益,為何因其雇主是否適用勞動基準法而應有所不同之事實上及法律上理由,於憲法所定平等原則,亦有未符,自應不予適用。本件被告依行政院及財政部前開函釋意旨,否准原告系爭退休金應予全免稅之請求,揆諸上開說明,即屬於法無據……由被告依據所得稅法第四條第四款規定及原告受僱工作之實際情形,另為處分。(八十五年度判字第一二八九號、第一五八四號判決)

決議: 多數採乙說

而財政部則是在各界的一片交相指責的壓力之下,宣布將接受申請退回以前對非適用勞動基準法之勞工所領取之勞工退休金所誤課之所得稅,藉以平息廣大的民怨,並修正所得稅法有關之規定,同時增訂所得稅法第十四條第一項第九類之規定,而使之臻於合理。

此外,有關勞工退休金,尚有一個相當大的爭議。此一爭議乃係肇因於財政部曾於七十四年以臺財稅字第二一六○三號函認定:「二、公司經理人、廠長、人事人員等,雖屬勞動基準法第二條所稱之事業經營之負責人或代表雇主處理有關勞工事務之人,惟依內政部七十四年八月三日七十四臺內勞字第三二九四四號函釋,渠等仍有受僱從事工作獲致工資之實,兼具勞工身分,應同受該法所訂勞動條件之保障。是以,其所領取之退休金,應適用所得稅法第

四條第四款免納所得稅之規定。三、公司之董事長、董事、執行業務股東、監察人等，依經濟部七十四年七月十七日經（七四）商第三○三四三號函釋，均係股東會依委任關係選任，與公司間並無僱傭關係，尚非公司之職員，不得依勞動基準法支領退職金。惟如兼任經理人或職員，並以勞工身分領取之退休金，應適用所得稅法第四條第四款免納所得稅之規定。四、勞動基準法第三條所定行業非屬公司組織者，其『勞工』與『雇主』之認定，應就個案事實，依說明二、三之意旨辦理。」然而財政部臺財稅字第八三一五九三○七五號函卻又一改初衷認為：「准行政院勞工委員會八十三年三月九日臺八十三勞動一字第一一七○五號函略以，依公司法『委任』之經理、總經理不具勞動基準法之勞工身分，其退休金應不得自依該法所提撥之勞工退休準備金中支付。是以，為維護其權益，准另依主旨辦理。」不過，此一爭議已隨著所得稅法第十四條第一項第九類的增訂而煙消雲散了。至於那些退休金被稅捐稽徵機關誤課所得稅之納稅義務人則可依所得稅法第一百二十五條之一的規定：「受雇主僱用從事工作獲致工資之勞工於中華民國七十三年八月一日以後至本法修正施行之前領取撫卹金、退休金、資遣費及非屬保險給付之養老金，原已繳納稅款者，得於本法修正施行後，五年內提出申請發還溢繳之稅款；逾期未申請者，不得再行申請。經稽徵機關核定應發還之稅款，應自納稅義務人繳納該項稅款之日起，至填發國庫支票之日止，按發還稅額，依繳納稅款之日郵政儲金匯業局一年期定期儲金固定利率，按日加計利息，一併發還。依前項規定申請發還原已繳納之稅款，其於本法修正施行前未逾五年期限案件，應由納稅義務人提出申請；已逾五年期限案件，應由納稅義務人提出具體證明申請」，來申請退稅。

4.人身保險之保險金

人身保險之保險金究竟要如何課稅的問題，也有一些爭議。蓋因財政部七十年臺財稅第三五六二三號函認為：「人身保險之保險給付，係指保險業依據保險法人身保險章所辦理之保險，由保險人依保險契約對受益人所為之給付而言，故凡屬人身保險之保險給付，不論其項目名詞，依所得稅法第四條第七款之規定，均應免納所得稅。」然而，保險法卻於八十一年二月二十八日有所修訂，其中人身保險章增訂了「年金保險」一節，因此，上揭財政部的函令是否可以一併適用於「年金保險」，即不得而知了。

此外，有幾則財政機關有關所得免稅的解釋函令，則顯然與「租稅法定主義」所揭櫫之原則有所違背，誤將應課稅所得視為免稅所得，茲分述如下：

Ⅰ.直接稅處二十六年處第二〇三號訓令

娼妓係屬不正當營業，原在取締之列，不予課徵所得稅。

Ⅱ.財政部七十三年臺財稅字第五六六九一號函

個人以血液售給醫院所取得之所得，准免納綜合所得稅，醫院於給付時可免予扣繳稅款。

❖ (二)所得的減稅

有關所得減稅的規定，林林總總，散見於許多法令之中，茲將其中較為重要之項目，詳細分析如下：

1.依華僑回國投資條例或外國人投資條例申請投資經核准者，自投資事業所取得或應分配之盈餘

依據各類所得扣繳率標準第三條之規定，非中華民國境內居住之個人，如有公司分配之股利，合作社所分配之盈餘，合夥組織營利事業合夥人每年應分配之盈餘，獨資組織營利事業資本主每年所

得之盈餘，按給付額、應分配額或所得數扣取百分之三十五；在中華民國境內無固定營業場所之營利事業，如有公司分配之股利，按給付額扣取百分之二十五。但依華僑回國投資條例或外國人投資條例申請投資經核准者，自投資事業所取得或應分配之盈餘，其應納之所得稅，由扣繳義務人於給付時，按給付額或應分配額扣繳百分之二十。

由於此一扣繳比例顯然較之所得稅法第五條所規定之綜合所得稅之最高課稅級距稅率百分之四十為低，故而，經常有所謂的「假華僑、真避稅」情形的發生，也就是說，國內居住之個人，如果其綜合所得稅適用之最高課稅級距稅率超過百分之二十的話，即可利用投資海外的租稅天堂（例如英屬維爾京群島，開曼群島或百慕達等）之紙上公司，再由該紙上公司以外國人的身分，向經濟部投審會申請外人投資，其因此而取得之盈餘分配，則僅按分配額扣繳20%，而無須辦理結算申報，藉以來規避其綜合所得稅。但是隨著兩稅合一的實施之後，此一租稅規避之技倆可以發揮的空間就越來越小了。

2.短期票券之利息

依據所得稅法第十四條第一項第四類第三款之規定，短期票券到期兌償金額超過首次發售價格部分為利息所得，依第八十八條規定扣繳稅款，不併計綜合所得總額。至於短期票券之利息之扣繳率則為百分之二十。因此，納稅義務人如果其所得稅適用之最高課稅級距稅率超過百分之二十的話，即可藉由短期票券的投資來達到減稅的目的。

3.列舉扣除額及特別扣除額

個人如果能夠善加運用列舉扣除額及特別扣除額，亦可達到減

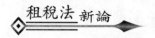
稅的目的。其中又以保險費、購屋借款利息以及儲蓄投資特別扣除最為重要。

4.加速折舊

依據促進產業升級條例第五條及其他所得稅法特別法之相關規定，公司之固定資產，得按加速折舊的規定來縮短耐用年數。而藉由加速折舊的運用可以達到所得稅遞延的效果，故而亦有減稅的功用。

5.變動所得

承前所述，變動所得僅以其半數作為當年度所得，其餘半數免稅，故而亦有減稅的效果。

六、個人綜合所得稅

◈ (一)收付實現原則

承前所述，「收付實現原則」是綜合所得稅最重要的基本原則，其具體的呈現即為財務會計上所謂的「現金收付制」；也就是說，綜合所得的課徵必須以實際取得之日為準，就任何尚未收取之所得皆不得課徵所得稅。儘管此一原則並無法律明文的直接依據，然而，在實務上司法院大法官會議以及行政法院對此則採肯定之見解，茲分述如下：

Ⅰ.司法院大法官會議釋字第三七七號解釋

解釋文

個人所得之歸屬年度，依所得稅法第十四條及第八十八條規定並參照第七十六條之一第一項之意旨，係以實際取得之日期為準，

亦即年度綜合所得稅之課徵，僅以已實現之所得為限，而不問其所得原因是否發生於該年度。財政部賦稅署六十年六月二日臺稅一發字第三六八號箋函關於納稅義務人因案停職後，於復職時服務機關一次補發其停職期間之薪金，應以實際給付之日期為準，按實際給付之總額，課徵綜合所得稅之釋示，符合上開所得稅法之意旨，與憲法尚無牴觸。

解釋理由書

　　認定所得歸屬年度有收付實現制與權責發生制之分，無論何種制度均利弊互見，如何採擇，為立法裁量問題。歷次修正之所得稅法關於個人所得稅之課徵均未如營利事業所得採權責發生制為原則（見中華民國七十八年十二月三十日修正公布之所得稅法第二十二條），乃以個人所得實際取得之日期為準，即所謂收付實現制，此就同法第十四條第一項：個人綜合所得總額，以其全年各類所得合併計算之；第八十八條第一項：納稅義務人有各類所得者，應由扣繳義務人於給付時，依規定之扣繳率或扣繳辦法扣取稅款並繳納之；又第七十六條之一第一項對於公司未分配盈餘歸戶，按其歸戶年度稅率課徵所得稅，而不問其實際取得日期之例外規定，對照以觀，甚為明顯。是故個人綜合所得稅之課徵係以年度所得之實現與否為準，凡已收取現金或替代現金之報償均為核課對象，若因法律或事實上之原因而未能收取者，即屬所得尚未實現，則不列計在內。財政部賦稅署六十年六月二日臺稅一發字第三六八號箋函稱:「查所得之所屬年度，應以實際給付之日期為準，納稅義務人因案停職後，於復職時服務機關一次補發其停職期間之薪金，自應以實際給付之日期為準，按實際給付之總額，合併補發年度課徵綜合所得稅」，符合上述意旨，與憲法尚無牴觸。至於公務員因法定原因停職，於停職期間，又未支領待遇或生活津貼者，復職時一次補發停職期間之俸給，與納稅義務人得依己意變動其所得給付時間之情形不同，此

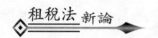

種所得係由長期累積形成，宜否於取得年度一次按全額課稅，應於所得稅法修正時予以檢討，併予指明。

II．行政法院六十一年判字第三三五號判例

所得稅之徵收，以已實現之所得為限，不包括可能所得在內，尚未受償之利息，係屬債權之一部，不能認為所得稅法第八條第四款前段之來源所得，自不得課徵所得稅。否則債權人於未曾受領利息之前，先有繳納所得稅之義務，稅法本旨，當非如是。

III．行政法院七十年判字第一一七號判例之一

個人綜合所得稅之課徵係以收付實現為原則，有利息約定押借款業已登記於公文書，稅捐稽徵機關對債權人即可作收取利息之推定，苟債權人主張未收付實現有利於己之實者，應負舉證責任。

◈ (二)個人綜合所得的計算

依據所得稅法第十四條第一項之規定，個人之綜合所得總額，係以前揭所述中華民國來源之各類所得合併計算之。此外，依據所得稅法第十五條第一項之規定：「納稅義務人之配偶，及合於第十七條規定得申報減除扶養親屬免稅額之受扶養親屬，有前條各類所得者，應由納稅義務人合併報繳」，因此，如有以上情形者，則須合併申報；也就是說，納稅義務人之綜合所得總額，除了其本身之綜合所得總額之外，尚須加計其配偶或受扶養親屬本身之綜合所得總額。再則，依據所得稅法第十六條第一項之規定：「按前兩條規定計算個人綜合所得總額時，如納稅義務人及其配偶經營兩個以上之營利事業，其中有虧損者，得將核定之虧損，就核定之營利所得中減除，以其餘額為所得額」，所以，如符合上揭情形的話，則納稅義務人之綜合所得總額，除了其本身之綜合所得總額之外，尚得扣除核定之虧損。除此之外，如果納稅義務人所取得之所得符合租稅減免優惠之要件者，則納稅義務人之綜合所得總額，即須再行扣除享有租稅

減免優惠之所得。至於個人的綜合所得淨額之計算則依所得稅法第
十三條之規定，亦即將個人綜合所得總額減除免稅額及扣除額後，
即為綜合所得淨額。茲就其中較有爭議之項目，詳述如下：

1. 免稅額

　　有關認列免稅額之要件，在實務上常引發爭議。茲將相關之解
釋臚列如下，以為補充之說明：

　　Ⅰ. 司法院大法官會議釋字第四一五號解釋

解釋文

　　所得稅法有關個人綜合所得稅「免稅額」之規定，其目的在以
稅捐之優惠使納稅義務人對特定親屬或家屬盡其法定扶養義務。同
法第十七條第一項第一款第四目規定：「納稅義務人其他親屬或家
屬，合於民法第一千一百十四條第四款及第一千一百二十三條第三
項之規定，未滿二十歲或滿六十歲以上無謀生能力，確係受納稅義
務人扶養者」，得於申報所得稅時按受扶養之人數減除免稅額，固須
以納稅義務人與受扶養人同居一家為要件，惟家者，以永久共同生
活之目的而同居為要件，納稅義務人與受扶養人是否為家長家屬，
應取決於其有無共同生活之客觀事實，而不應以是否登記同一戶籍
為唯一認定標準。所得稅法施行細則第二十一條之二規定：「本法第
十七條第一項第一款第四目關於減除扶養親屬免稅額之規定，其為
納稅義務人之其他親屬或家屬者，應以與納稅義務人或其配偶同一
戶籍，且確係受納稅義務人扶養者為限」，其應以與納稅義務人或其
配偶「同一戶籍」為要件，限縮母法之適用，有違憲法第十九條租
稅法律主義，其與上開解釋意旨不符部分應不予援用。

解釋理由書

　　憲法第十九條規定人民有依法律納稅之義務，係指稅捐主體、
稅捐客體、稅基及稅率等稅捐構成要件，均應以法律明定之。主管

機關基於法律概括授權而訂定之施行細則，僅得就實施母法有關之事項予以規範，對納稅義務及其要件不得另為增減或創設。所得稅法有關個人綜合所得稅「免稅額」之規定，其目的在使納稅義務人對特定親屬或家屬善盡其法定扶養義務，此亦為盡此扶養義務之納稅義務人應享之優惠，若施行細則得任意增減「免稅額」之要件，即與租稅法律主義之意旨不符。

所得稅法第十七條第一項第一款第四目規定:「納稅義務人其他親屬或家屬，合於民法第一千一百十四條第四款及第一千一百二十三條第三項之規定，未滿二十歲或滿六十歲以上無謀生能力，確係受納稅義務人扶養者」，得於申報所得稅時按受扶養之人數減除免稅額，明示此項免稅額之享有，無論受扶養者為其他親屬或家屬，除確係受納稅義務人扶養外，尚須符合民法第一千一百十四條第四款及第一千一百二十三條第三項之規定，即以具備家長家屬關係為要件。所謂家，民法上係採實質要件主義，以永久共同生活為目的而同居一家為其認定標準，非必以登記同一戶籍者為限。戶籍法第四條雖規定，凡在一家共同生活者為一戶，惟以永久共同生活為目的之家長家屬，有時未必登記為一戶，如警察人員，其戶籍必須設於服務地區（財政部六十九年四月二日臺財稅第三二六三一號函），即其一例。所得稅法施行細則第二十一條之二規定:「本法第十七條第一項第一款第四目關於減除扶養親屬免稅額之規定，其為納稅義務人之其他親屬或家屬者，應以與納稅義務人或其配偶同一戶籍，且確係受納稅義務人扶養者為限」，其「應以與納稅義務人或其配偶同一戶籍」為唯一之認定標準，使納稅義務人不得舉證證明受扶養人確為與其共同生活之家屬，限縮母法之適用，有違首開憲法第十九條租稅法律主義之意旨，此不符部分應不予援用。

II．財政部五十年臺財稅發字第五三六八號令

查綜合所得稅納稅義務人，如有合於所得稅法第十七條第一項

第二款規定扶養條件之同居親屬，即可享受「撫養親屬寬減額」之待遇，至在納稅年度內其實際扶養期間是否屆滿一年，並非核計寬減額（即免稅額）之要件，本案納稅義務人之子女於四十九年七月下旬始滿二十歲，其四十九年度之綜合所得稅有關減除扶養親屬（該子女）寬減額，應仍按一年之寬減額核計。

Ⅲ.財政部五十六年臺財稅發字第○一七二二號令

查所得稅法第十七條第一項第二款第二目規定:「納稅義務人之子女未滿二十歲者，或滿二十歲以上而因在校就學或因身心殘廢或因無謀生能力，受納稅義務人扶養者」，得減除扶養親屬寬減額，本案軍事學校及享有公費待遇之學生均非完全獨立生活，仍須受納稅義務人扶養，應准減除其扶養親屬寬減額。

Ⅳ.財政部六十三年臺財稅字第三二八四二號函

說明: 二、納稅義務人之配偶如在服役，該納稅義務人於申報綜合所得稅時，仍可依所得稅法之規定，申報減除其配偶之免稅額。三、納稅義務人已成年之子女在服役中，依所得稅法之規定，不能再申報減除扶養親屬寬減額。四、納稅義務人之子女如在校就學受納稅義務人之扶養者，納稅義務人可申報減除扶養親屬寬減額；子女是否就讀於公費之學校，所得稅法並無限制。

Ⅴ.財政部六十九年臺財稅字第三四三三二號函

中華民國境內居住之個人在同一課稅年度中，因原配偶死亡後再婚，其與原配偶合併辦理綜合所得稅結算申報時，其原配偶當年度之免稅額，得全額減除。至其與新配偶合併辦理綜合所得稅結算申報時，其新配偶當年度之免稅額，亦得全額減除。

2.扣除額

有關認列扣除額之要件，由於扣除額的類型及項目相當多，因此，在實務上也經常引發爭議。茲將相關之解釋臚列如下，以為補

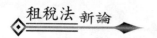

充之說明:

Ⅰ.財政部六十二年臺財稅字第三一○五四號函

查修正前所得稅法第十七條第一項第三款規定納稅義務人本人、配偶及其直系親屬之終身壽險保險費及薪資所得者之傷害等保險費准予扣除免稅,其目的在鼓勵國民保險,茲據報綜合所得稅納稅義務人有利用該款保險費扣除之規定,於首一年以一次付款方式投保鉅額人壽保險,而於次年後,即行退保,以達逃避累進課徵之綜合所得稅情事,不惟違背立法原意,且亦導致稅負不平。是凡綜合所得稅納稅義務人,已依照所得稅法第十七條第一項第三款規定申報扣除保險費,如於契約屆滿前解約者,其原已扣除之保險費,應合併退保年度之綜合所得總額補徵綜合所得稅,以杜取巧。

Ⅱ.財政部六十八年臺財稅字第三一二六三號函

所得稅法第十七條第一項第三款規定得減除之扣除額,以稅捐、捐贈、保險費、醫藥費、災害損失、財產交易損失及薪資特別扣除額為限。臺端給付他人之車禍損害賠償非扣除項目,應不得於綜合所得稅結算申報時申報減除。

Ⅲ.財政部七十一年臺財稅字第三二一九七號函

主旨:非中華民國境內居住之個人而有所得稅法第八條第四款規定之利息所得者,核無獎勵投資條例第二十三條第三項暨所得稅法第十七條第三款第㈧目「儲蓄投資特別扣除」規定之適用,其應納稅額,仍應由扣繳義務人依照規定之扣繳率就源扣繳。

說明:二、獎勵投資條例第二十三條暨所得稅法第十七條第一項第三款第㈧目規定之「儲蓄投資特別扣除」,係個人辦理綜合所得稅結算申報時計算綜合所得淨額之扣除項目之一,僅限於依所得稅法第七十一條規定辦理綜合所得稅結算申報之個人始有其適用。非中華民國境內居住之個人依同法第七十三條第一項規定,不適用第七十一條關於結算申報之規定。因此,非中華民國境內居住之個人,

其利息所得自無上開「儲蓄投資特別扣除」之適用。但非中華民國境內居住之個人，如屬獎勵投資條例第十六條第一項第二款之納稅義務人，依同條第二項規定，仍得就中華民國來源所得總額，依所得稅法之規定辦理結算申報者，其於辦理結算申報時，如所得總額中含有利息所得，該利息所得應有「儲蓄投資特別扣除」之適用。

Ⅳ.財政部臺財稅字第〇八九〇四五四〇四二號

主旨：綜合所得稅納稅義務人及其配偶執行兩個以上專門職業之業務，其中經核定有虧損者，得自同一年度經核定之執行業務所得中減除。惟以執行業務者所執行專門職業之業務均依執行業務所得查核辦法第八條前段，於規定期限內辦理結算申報並能提供證明所得額之帳簿、文據調查，經稽徵機關依帳載核實認定之所得及虧損為限。請　查照。

此外，依據所得稅法第五條第一項之規定，綜合所得稅之免稅額每遇消費者物價指數較上次調整年度之指數上漲累計達百分之三以上時，按上漲程度調整之。調整金額以千元為單位，未達千元者按百元數四捨五入。至於所稱消費者物價指數係指行政院主計處公布至上年度十月底為止十二個月平均消費者物價指數。至於扣除額的調整則蓋依所得稅法第五條之一之規定：「綜合所得稅之標準扣除額、薪資所得特別扣除額及殘障特別扣除額以第十七條規定之金額為基準，其計算調整方式，準用第五條第一項及第四項之規定。前項扣除額及第五條免稅額之基準，應依所得水準及基本生活變動情形，每三年評估一次。」

再者，依據所得稅法第十七條之一規定，個人於年度進行中因死亡或離境，依第七十一條之一規定辦理綜合所得稅結算申報者，其免稅額及標準扣除額之減除，應分別按該年度死亡前日數，或在中華民國境內居住日數，占全年日數之比例，換算減除。

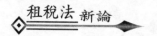

❖ ㈢個人綜合所得稅的計算

將個人的綜合所得淨額乘以所得稅法第五條第二項所規定之課稅級距的稅率

⑴全年綜合所得淨額在三十萬元以下者，課徵百分之六。

⑵超過三十萬元至八十萬元者，課徵一萬八千元，加超過三十萬元以上部分之百分之十三。

⑶超過八十萬元至一百六十萬元者，課徵八萬三千元，加超過八十萬元以上部分之百分之二十一。

⑷超過一百六十萬元至三百萬元者，課徵二十五萬一千元，加超過一百六十萬元以上部分之百分之三十。

⑸超過三百萬元者，課徵六十七萬一千元，加超過三百萬元以上部分之百分之四十。

即為個人應納之綜合所得稅稅額。然後，將個人應納之綜合所得稅稅額，減除已扣繳之所得稅及尚可抵用之投資抵減後，即為個人實際應納之綜合所得稅稅額。

此外，依據所得稅法第五條第三及四項之規定，綜合所得稅課稅級距之金額每遇消費者物價指數較上次調整年度之指數上漲累計達百分之十以上時，按上漲程度調整之。調整金額以萬元為單位，未達萬元者按千元數四捨五入。綜合所得稅免稅額及課稅級距之金額，於每年度開始前，由財政部依據第一項及第三項之規定計算後公告之。至於所稱消費者物價指數係指行政院主計處公布至上年度十月底為止十二個月平均消費者物價指數。

而依據財政部臺財稅字第○八九○四五八一六三號及臺財稅字第○九○○四五○六九○號公告之九十年度綜合所得稅免稅額、標準扣除額、薪資所得特別扣除額、殘障特別扣除額及課稅級距之金額，如下所示：

⑴九十年度綜合所得稅之免稅額，每人全年七萬四千元。

⑵九十年度綜合所得稅之標準扣除額，納稅義務人個人扣除四萬四千元；有配偶者六萬七千元。

⑶九十年度綜合所得稅之薪資所得特別扣除額，每人每年扣除七萬五千元，其申報之薪資所得未達七萬五千元者，就其薪資所得額全數扣除。

⑷九十年度綜合所得稅之殘障特別扣除額，每人每年扣除七萬四千元。

⑸九十年度綜合所得稅課稅級距及累進稅率如左：

①全年綜合所得淨額在三十七萬元以下者，課徵百分之六。

②超過三十七萬元至九十九萬元者，課徵二萬二千二百元，加超過三十七萬元以上部分之百分之十三。

③超過九十九萬元至一百九十八萬元者，課徵十萬二千八百元，加超過九十九萬元以上部分之百分之二十一。

④超過一百九十八萬元至三百七十二萬元者，課徵三十一萬零七百元，加超過一百九十八萬元以上部分之百分之三十。

⑤超過三百七十二萬元者，課徵八十三萬二千七百元，加超過三百七十二萬元以上部分之百分之四十。

❖ ㈣個人綜合所得稅的扣抵或退還

依據所得稅法第十七條之二之規定：「納稅義務人出售自用住宅之房屋所繳納該財產交易所得部分之綜合所得稅額，自完成移轉登記之日起二年內，如重購自用住宅之房屋，其價額超過原出售價額者，得於重購自用住宅之房屋完成移轉登記之年度自其應納綜合所得稅額中扣抵或退還。但原財產交易所得已依本法規定自財產交易損失中扣抵部分不在此限。前項規定於先購後售者亦適用之。」因此，納稅義務人如有以上情形者，即可扣抵或退還其應納或已繳之個人

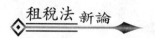

綜合所得稅。此外，就此一規定，有幾則財政部之解釋相當值得讚許，可為補充之說明，茲分述如下：

Ⅰ.財政部七十七年臺財稅字第七六一一五一○六一號函

納稅義務人以本人或其配偶名義出售自用住宅之房屋，而另以其配偶或本人名義重購者，均得適用所得稅法第十七條之二有關扣抵或退還該出售房屋所繳納財產交易所得部分之綜合所得稅。

Ⅱ.財政部臺財稅字第七七○○七五四二四號函

㈠納稅義務人出售自用住宅房屋，於二年內重購樓房乙棟，其中第一層出租或供營業使用，第二、三層供自用住宅使用，如該二、三層之房屋價款超過原出售自用住宅價款者，准予適用所得稅法第十七條之二有關退還或扣抵綜合所得稅之規定。㈡納稅義務人出售自用住宅之房屋後，以自建方式取得自用住宅之房屋，得適用所得稅法第十七條之二規定，至其價額之計算，應由稽徵機關本諸職權辦理。

七、營利事業所得稅

◈ ㈠營利事業之範疇

由於營利事業所得稅課徵之主體為營利事業，因此，如何界定營利事業之範疇，即為適用營利事業所得稅的第一個步驟。然而，何謂「營利事業」呢？依據所得稅法第十一條第二項之規定：「本法稱營利事業，係指公營、私營或公私合營，以營利為目的，具備營業牌號或場所之獨資、合夥、公司及其他組織方式之工、商、農、林、漁、牧、礦、冶等營利事業。」因此，舉凡以營利為目的，具備營業牌號或場所之任何組織，且不論其是否已向主管稽徵機關申請辦理營業登記，皆為所得稅法上之營利事業。財政部五十二年臺財

稅發第○八○八○號令之解釋即為明證:

　　本案之「戲班」、「劇團」雖屬流動性，但其在設立及營業前，應已取得主管官署之核准登記 (如警局之特許營業執照等)，倘各該「戲班」「劇團」，在主管官署所辦營業登記之項目內，已載有負責人姓名，資本，營業牌號及連絡業務之固定場所等記載時，則已具備「營利事業」之要件，自屬所得稅法所稱之營利事業，不應因其未依法向轄區主管稽徵機關申請辦理營業登記，而否認其為「營利事業」，並從而得免課營利事業所得稅。

　　然而，在實務上，則有幾個法律概念與「營利事業」相類似，並經常與之發生混淆的情形，茲詳述如下:

1.執行業務者

　　依據所得稅法第十一條第一項之規定:「本法稱執行業務者，係指律師、會計師、建築師、技師、醫師、藥師、助產士、著作人、經紀人、代書人、工匠、表演人及其他以技藝自力營生者。」在所得稅法上，執行業務者並非營利事業，也就是說，即使執行業務者提供勞務而獲取報酬，有一定之組織且具備營業場所，亦非以營利為目的之營利事業。

2.教育、文化、公益、慈善機構或團體

　　依據所得稅法第十一條第四項之規定:「本法稱教育、文化、公益、慈善機構或團體，係以合於民法總則公益社團及財團之組織，或依其他關係法令，經向主管機關登記或立案成立者為限。」然而，承前所述，既然舉凡以營利為目的，具備營業牌號或場所之任何組織，且不論其是否已向主管稽徵機關申請辦理營業登記，皆為所得稅法上之營利事業;因此，如果教育、文化、公益、慈善機構或團體具備該等要件的話，亦不失為所得稅法上之營利事業。教育、文

化公益、慈善機關或團體免納所得稅適用標準第二條之一第一項之規定:「符合前條規定之教育、文化、公益、慈善機關或團體,其銷售貨物或勞務之所得,除銷售貨物或勞務以外之收入不足支應與其創設目的有關活動之支出時,得將該不足支應部分扣除外,應依法課徵所得稅。」亦採同一見解。至於財政部七十年臺財稅第三五九七七號函之見解則頗值商榷:

「所得稅法第十一條第四項所稱之教育、文化、公益、慈善機關或團體,核非屬同法第十一條第二項所指之營利事業,其本身及其附屬作業組織之財務收支未取具合法憑證或無完備之會計紀錄者,不適用稅捐稽徵法第四十四條及第四十五條之規定辦理;惟應通知限期改進,其逾限未改進者,可依院頒『教育、文化、公益、慈善機關或團體免納所得稅適用標準』有關規定辦理。」

3. 公有事業

依據所得稅法第十一條第三項之規定:「本法稱公有事業,係指各級政府為達成其項事業目的而設置,不作損益計算及盈餘分配之事業組織。」而所得稅法施行細則第四條則補充規定,公有事業係指不以營利為目的之事業組織,其列入各級政府總預算部分,應為其歲計餘絀之淨額及其資金之增減額。但經規定其餘絀淨額俟積有成數即編入各級政府總預算者,從其規定。不過,如果公有事業具備上揭營利事業要件的話,亦可能成為所得稅法上之營利事業。至於財政部六十八年臺財稅字第三〇三四三號函之解釋,則可作為補充之說明:

「依會計法第四條第二項規定,凡政府機關,專為供給財物、勞務或其他利益,而以營利為目的,或取相當代價者,為公有營業機關。本案××市公所經營之××戲院及××海水浴場係屬會計法規定之公有營業機關,其所得不適用免稅之規定。」

4.合作社

依據所得稅法第十一條第五項之規定:「本法稱合作社,係指依合作社法組織,向所在地主管機關登記設立,並依法經營業務之各種合作社。但不合上項規定之組織,雖其所營業務具有合作性質者,不得以合作社論。」因此,如果合作社具備上揭營利事業要件的話,也是所得稅法上之營利事業。至於財政部六十四年臺財稅字第三七五六四號函之解釋,則可作為補充之說明:

「主旨:現行所得稅法及營業稅法有關合作社徵免所得稅及營業稅規定,與合作社法尚無牴觸。

說明:二、合作社法第七條規定:『合作社得免徵所得稅及營業稅』,並無強制免稅含義;至何種合作社應予免稅,應依照稅法之規定辦理,不發生與合作社法規定牴觸問題。」

5.非法人團體

所謂的「非法人團體」係指:「未經法人設立或核准程序之團體,也就是說,雖具有法人之特性,然卻因未經法人設立或核准之程序取得法人資格而不具權利能力之任何組織。」事實上,只要非法人團體具備上揭營利事業的要件,即為所得稅法上之營利事業,其是否具備法人的資格在所不問。稅捐稽徵法第十三條之規定:「法人、合夥或非法人團體解散清算時,清算人於分配賸餘財產前,應依法按稅捐受清償之順序,繳清稅捐。」即為明證。

6.信　託

依據信託法第一條之規定:「稱信託者,謂委託人將財產權移轉或為其他處分,使受託人依信託本旨,為受益人之利益或為特定之目的,管理或處分信託財產之關係。」因此,顯然信託本身,並不符

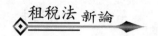

合上揭營利事業的要件，故而非屬所得稅法上之營利事業。而在實務上，則以信託關係之受益人為課徵所得稅之主體，此即為所謂的「實質所得人課稅原則」。

❖ (二)權責發生制

「權責發生制」不但是財務會計的基本準則，同時也是營利事業所得稅最重要的基本原則。蓋依所得稅法第二十二條第一項之規定：「會計基礎，凡屬公司組織者，應採用權責發生制，其非公司組織者，得因原有習慣或因營業範圍狹小，申報該管稽徵機關採用現金收付制。」至於何謂「權責發生制」呢？則依商業會計法第十條第二項之規定：「所稱權責發生制，係指收益於確定應收時，費用於確定應付時，即行入帳。決算時收益及費用，並按其應歸屬年度作調整分錄。」因此，公司組織之營利事業，其會計基礎，除法律另有特別規定外，即應適用商業會計法第十條第二項所規定之權責發生制。然而，在實務上，行政法院卻經常誤將「權責發生制」以為是「核實課稅原則」，令人無所適從，應該予以匡正，其中又以行政法院八十二年五月份庭長評事聯席會議紀錄為最：

法律問題

經營證券經紀業務之證券商，其申報營利事業所得，可否依證券商管理規則第十二條規定，於損失項下列報違約損失準備，有甲、乙二說，請予討論公決，以資統一。

甲說：依查核準則第九十四條規定之備抵呆帳損失及同準則第九十四條之一規定之外銷損失，既係以行政命令規定，准以損失列報，則依證券商管理規則第十二條規定之違約損失準備，既係基於行政命令，然彼此性質相同，依公平原則，自不宜為相異之處理，准以違約損失準備列報。

乙說：查核準則第六十二條第一項所列舉之各項準備，均有法

律之明文規定，例如職工退休金準備、職工退休基金、勞工退休準備金於所得稅法第二十二條，備抵呆帳於所得稅法第四十九條，外銷損失準備於行為時獎勵投資條例第三十一條，外幣債務兌換損失準備於行為時獎勵投資條例第四十三條，除此之外，並無以行政命令准予提列準備者。而證券商違約損失準備係依據證券商管理規則第十二條規定所提列，該管理規則僅為財政部證券管理委員會發布之行政命令，尚非前揭規定之「其他法律」。又證券商於證券商管理規則發布施行前，有關違約損失準備科目，係由盈餘中提撥之公積，屬股東權益項目，惟自七十七年十一月二十四日證券商管理規則訂定發布後，財政部證券管理委員會為配合其施行，乃以七十七年十二月十六日（七八）臺財證㈡第○九五九六號函重新核釋，自七十八年一月起，違約損失費用列為損益表之其他費用，違約損失準備為資產負債表之其他負債，致引起證券商之誤解，以為財務會計之規定亦當然適用於稅務上，然審諸證券商管理規則第十二條規定之立法說明二證券商提列違約損失準備之稅賦應依有關稅法規定辦理，足見該規定及上開函釋僅揭示證券商財務會計之處理，稅賦之申報仍應依稅法之有關規定辦理並自行調整。又系爭違約損失準備，屬尚未實現之損失，依商業會計法第五十八條規定：「因防備不可預估數額之意外損失而提存之準備，或因事實需要而提存之改擴充及償債準備，應作為盈餘之分配，不得作為提存年度之費用或損失。」本件系爭違約損失準備既未實現，依法自難列為損失。

決議：按「營利事業所得之計算，以其本年度收入總額減除各項成本費用、損失及稅捐後之純益額為所得額。」又「因防備不可預估數額之意外損失，而提存之準備，或因事實需要而提存之改良擴充及償債準備，應作為盈餘之分配，不得作為提存年度之費用或損失。」行為時所得稅法第二十四條第一項及商業會計法第五十八條定有明文。是故所得稅法第二十四條第一項得減除之，各項成本費用

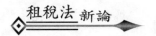

損失，基於核實課稅法則，除法律有特別規定外，應以已實現者為限。

此外，有幾則有關權責發生制之見解，可供吾人酌參：

Ⅰ.行政法院七十四年判字第八二四號判決

按會計基礎，凡屬公司組織者，應採用權責發生制，行為時所得稅法第二十二條第一項前段定有明文。所謂權責發生制，依商業會計法第九條第二項規定，係指收益於確定應收時，費用於確定應付時即行入帳，決算時收益及費用，並按其應歸屬年期作調整分錄。又營利事業會計基礎如採權責發生制，其外銷貨物收入，仍應於權責發生時依法列帳，亦即應列為外銷貨物開始裝船日所屬會計年度之銷貨處理，復經財政部 71.8.3.（七一）臺財稅字第三五七二一號函釋示有案。本件原告於七十年度十二月份有ＦＯＢ交貨條件之交貨一二、八四七、二六九‧七九元（成本一〇、七五二、七八八‧〇四元），原告雖已依照規定開立發票，惟未申報為本期銷貨收入，而係以預收款列報。被告機關原核定認其銷貨條件係ＦＯＢ方式之交易，且貨物已經裝船交運，乃將其轉列為本期銷貨收入，並將相關成本調整增列為本期營業成本。原告主張本件係「目的地交貨」條件之銷貨，與一般起運點交貨之ＦＯＢ方式銷貨性質不同，貨物雖已裝運，尚未到達目的地前，其所有權仍屬原告，且截至七十年底亦未收到國外客戶匯付貨款。一般會計學上應收帳款或銷貨收入列帳均視銷售貨物之所有權是否轉移為認定時點，是本件縱依權責發生制，亦不應列入本期銷貨收入云云。惟查原告既屬公司組織，其會計基礎應採用權責發生制。系爭貨物係採ＦＯＢ銷售方式，不論其係以起運點交貨為條件抑以目的地交貨為條件，原告於收益確定應收時，即應列報為開始裝船日所屬之會計年度之銷貨收入，並不以收到國外客戶貨款為準。又稅務上之權責發生制，依有關稅法

之規定辦理，與一般財務會計上之列帳，不能混為一談。原告指本件貨物裝船後未達目的地前所有權尚屬原告所有，不能列入本期銷貨收入云云，殊非可採。被告機關將銷貨轉列本年度營業收入，並將相關成本一併列為本期營業成本，復查決定仍維持原查，揆諸首揭法條規定及財政部有關函示，洵無違誤，訴願決定遞予維持，亦無不合，再訴願決定所引用財政部 62.7.11. 臺財稅第三五一八〇號函固經該部 71.8.3.（七一）臺財稅字第三五七二一號函明示應予廢止，惟對於其法規之適用及決定之結果並無影響，仍應予以維持。

II . 財政部六十八年臺財稅字第三二二八〇號函

主旨：核釋營利事業應收國外佣金收入如支付之對方為外匯管制國家課徵疑義一案。

說明：二、本部六十七年一月十九日臺財稅第三〇四〇〇號函規定：國外佣金收入權責發生之日期，應以交易完成日為準，……但如支付之對方為外匯管制之國家，且其佣金額度在應經當地政府核准範圍以內者，應以經當地政府核准後為準。三、上項規定係因外匯管制國家申請核准外匯頗費時日，為兼顧實情，乃准以當地政府核准後為準，始認屬權責發生，列為當期收益課稅。惟既有部分營利事業利用上項規定，對於其應得之佣金久未向對方求償；亦未在應付對方之款項中依據民法第三百三十四條規定主張抵銷，致使其應得佣金久未入帳列為收益依法繳納所得稅，殊有未合。茲規定凡以往年度之國外佣金，依前述二函規定迄未列為收益課稅者，應由各稽徵機關通知各該營利事業，在不超過一年之期間內求償，逾期尚未採必要措施以取得該國外佣金者，除能提出無法取償之具體事實為證明，可仍准暫免列為收益課稅外，一律於限期屆滿時列為收益課稅。四、嗣後各稽徵機關對於該項國外佣金，除應切實依本部六十七年臺財稅第三〇四〇〇號函查明其權責是否發生依法課稅外，對於因上函規定暫認為權責尚未發生之國外佣金，均應依前項

規定辦理。

Ⅲ.財政部臺財稅字第八二一四七五七四〇號函

主旨：會計基礎採用權責發生制之營利事業，以支票支付捐贈款項，應按其票載發票日所屬會計年度，依法核認捐贈費用。請查照。

說明：一、參照司法院大法官會議釋字第二三七號解釋略以「營業人收受遠期支票，得於票載發票日開立統一發票之規定，係顧及收受未屆票載發票日支票營業人利益而設，符合當時營業稅法第十二條第一項（現行營業稅法第三十二條第一項）立法意旨」，營利事業以支票支付捐贈款項，基於所得稅法第三十六條之立法意旨及票據法第一百二十八條第二項有關支票在票載發票日前，執票人不得為付款提示之規定，稽徵機關應以支票票載發票日所屬會計年度，依法核認其捐贈費用，並注意追查嗣後支票兌現及受贈資金運用情形，其經查明確有虛偽不實者，應即依法辦理。二、本部七十三年八月四日臺財稅第五七〇九三號函自本函發布日起不再適用。

◈ ㈢營利事業所得的計算

依據所得稅法第二十四條之規定：「營利事業所得之計算，以其本年度收入總額減除各項成本費用、損失及稅捐後之純益額為所得額。營利事業有第十四條第一項第四類利息所得中之短期票券利息所得，除依第八十八條規定扣繳稅款外，不計入營利事業所得額。」又依所得稅法施行細則第三十一條之規定：「本法第二十四條所稱之營利事業所得額，其計算公式舉例如左：一、買賣業：⑴銷貨－（銷貨退回＋銷貨折讓）＝銷貨淨額。⑵期初存貨＋［進貨－（進貨退出＋進貨折讓）］＋進貨費用－期末存貨＝銷貨成本。⑶銷貨淨額－銷貨成本＝銷貨毛利。⑷銷貨毛利－（銷貨費用＋管理費用）＝營業淨利。⑸營業淨利＋非營業收益－非營業損失＝純益額（即所得

額)。二、製造業：⑴（期初存料＋進料－期末存料）＋直接人工＋製造費用＝製造成本。⑵期初在製品盤存＋製造成本－期末在製品盤存＝製成品成本。⑶期初製造成品盤存＋製造成本－期末製成品盤存＝銷貨成本。⑷銷貨－銷貨成本＝銷貨毛利。⑸銷貨毛利－（銷售費用＋管理費用）＝營業淨利。⑹營業淨利＋非營業收益－非營業損失＝純益額（即所得額）。三、其他供給勞務或信用各業：⑴營業收益－營業成本＝營業利益。⑵營業利益－管理或事務費用＝營業淨利。⑶營業淨利＋非營業收益－非營業損失＝純益額（即所得額）。」因此，營利事業所得的計算，原則上，即依上開公式定之。然而，在實務上，就營利事業所得的構成要素，則常有爭議，茲將其中舉舉大者，詳細分析如下：

1.收入的認列及調整

所得稅法上有關營利事業收入的認列準則，除了享有租稅減免優惠的所得之外，原則上與商業會計法所規定的內容相當。然而，就有關營利事業收入的認列，在實務上則常引發爭議，茲將其中較為重要之實務見解臚列如下，以為補充之說明：

Ⅰ.財政部六十四年臺財稅字第三六八五三號函

主旨：營利事業按公司法第二三八條第三款規定，依其處分資產之溢價收入累積為資本公積時，應以照所得稅法規定於課稅後，再以剩餘部分提充資本公積。

說明：三、營利事業於年度結算時，應視處分資產發生之增益（溢價收入）與其他收益之比例，核算應分擔之營利事業所得稅稅額，以其處分資產之增益，減除應分擔之營利事業所得稅稅額後之剩餘部分，提充資本公積。

Ⅱ.財政部六十六年臺財稅字第三五三四五號函

××航業公司新購貨輪乙艘，因遲延交船向賣主按日支付美金

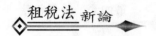

○○元，作為補償損失，此項補償金，屬非營業收入性質，應免徵營業稅，但應列為當期收益，依法繳納營利事業所得稅。

III. 財政部六十七年臺財稅字第三三一八九號函

營利事業長期投資握有附屬事業全部資本或過半數資本者，在長期投資存續狀態中，附屬事業財產淨值之增減，對投資公司言，其投資收益或損失尚未實現，不影響其當期所得之核課，故營利事業投資於其他公司，倘被投資公司當年度決定不分配盈餘時，依營利事業所得稅結算申報查核準則第三十條第一項第一款之規定，可免列投資收益，營利事業所投資之事業發生虧損，原出資額並未折減者，根據同一原則，同準則第九十九條第一款已規定不予認列。

IV. 財政部臺財稅字第七五二五四四七號函

公司處分資產溢價收入暨受贈所得之課稅，應依下列原則辦理：㈠公司出售土地之所得，免列入當年度損益課稅，應以其全數列入資本公積；公司處分土地以外資產之溢價收入，應列入當年度損益課徵營利事業所得稅，以其稅後餘額列入資本公積。㈡公司自個人受贈之所得，免列入當年度損益課稅，應以其全數列入資本公積，公司自營利事業受贈之所得，應列入當年度損益課徵營利事業所得稅，以及稅後餘額列入資本公積。

此外，有幾則財政部有關營利事業收入的認列的解釋，吾人以為與「租稅法定主義」的原則相違背，頗值商榷：

I. 財政部五十九年臺財稅字第二〇五二三號令

查公司法第一條明定公司係以營利為目的之社團法人，本案該××建業公司以其全部資金興建大樓後按股權比例分層借與股東使用而不收取租金，顯與公司之創立目的及其公司章程所載經營業務不符，且該大樓應繳之地價稅房捐維護費公共設施使用費保險費及其他開支，均由使用人平均分攤，且有轉租情事，自非該公司所稱無償借貸性質。本案經邀集有關機關會商決定應由該局參照當地一

般租金標準及按股東使用面積計算該公司之租金收入，依法核課營利事業所得稅，過去未課徵部分，准免依所得稅法第一百十條規定處罰，並應轉飭該公司以後年度均應依此原則申報並作會計處理。

II . 財政部臺財稅字第七五二五六七七號函

主旨：公司組織之營利事業應付之股息、紅利，如因股東請求權已罹時效而消滅者，得逕予轉列資本公積，無需列為公司之其他收入課稅。

說明：二、所得稅法施行細則第八十二條第二項規定，公司之應付股利，於股東會決議分配盈餘之日起，六個月內尚未給付者，視同給付。並應依所得稅法第八十八條辦理扣繳。嗣後如因股東請求權已罹時效而消滅者，得逕予轉列資本公積，無需列為公司之其他收入課稅。

III . 財政部臺財稅字第八二一四七八四四八號函

主旨：營利事業出售未上市公司股票，其售價顯較時價為低者，同意貴局所擬意見,比照營利事業所得稅查核準則第二十二條規定，除其提出正當理由及證明文據經查明屬實者外，應按時價核定其售價。請查照。

說明：一、復貴局八十一年十一月十六日財高國稅審一字第八一〇三七九六一號函。二、主旨所稱時價，應參酌該股票同時期相當交易量之成交價格認定，如同時期查無相當交易量之成交價格，則按交易日公司資產淨值核算每股淨值認定之。

2.成本、費用及損失的認列及調整

所得稅法上有關營利事業成本、費用及損失的認列準則，除了所得稅法及其他特別法另有規定之外，原則上與商業會計法所規定的內容並無差異。不過，為了防範營利事業不當的以高列成本、費用及損失的方式來減輕其所得稅，法律遂以限制營利事業成本、費

用及損失得認列之最高金額的方式，來遏阻此一現象。茲將其中較為重要之規定，分述如下：

(1)**無進貨銷貨憑證之進貨銷貨價額之核定**：依據所得稅法第二十七條之規定：「營利事業之進貨，未取得進貨憑證或未將進貨憑證保存，或按址查對不確者，稽徵機關得按當年度當地該項貨品之最低價格，核定其進貨成本。營利事業之銷貨，未給與他人銷貨憑證，或未將銷貨憑證存根保存者，稽徵機關得按當年度當地該項貨品之最高價格，核定其銷貨價格。」

(2)**非常業水準耗用原料成本之核定**：依據所得稅法第二十八條之規定：「製造業耗用之原料，超過各該業通常水準者，其超過部分非經提出正當理由，經稽徵機關查明屬實者不予減除。」

(3)**資本利息**：依據所得稅法第二十九條之規定：「資本之利息為盈餘之分配，不得列為費用或損失。」

(4)**職工退休金**：依據所得稅法第三十三條之規定：「營利事業定有職工退休辦法者，得報經該管稽徵機關核准，每年度提列職工退休金準備；其數額以不超過當年度已付薪資總額之百分之四為限。但營利事業設置職工退休基金，與該營利事業完全分離，其保管、運用及分配等符合財政部之規定者，報經該管稽徵機關核准，每年度得在不超過當年度已付薪資總額之百分之八限度內，提撥職工退休金，並以費用列支。適用勞動基準法之營利事業，報經該管稽徵機關核准，每年度得在不超過當年度已付薪資總額之百分之十五限度內，提撥勞工退休準備金，並以費用列支。凡已依前兩項規定逐年提列退休金準備、提撥職工退休基金或勞工退休準備金者，以後職工退休，依規定發給退休金或資遣費時，應儘先由職工退休金準備或職工退休基金或勞工退休準備金項下支付；不足支付時，始得以當年度費用列支。營利事業因解散、廢止、合併或轉讓，依第七十五條規定計算清算所得時，職工退休金準備之累積餘額，應轉作

當年度收益處理。」

(5)**設備擴充改良之支出**：依據所得稅法第三十四條之規定：「建築物、船舶、機械、工具、器具及其他營業上之設備，因擴充換置、改良、修理之支出，所增加之價值或效能，非兩年內所能耗竭者，為資本之增加，不得列為費用或損失。」

(6)**災害損失**：依據所得稅法第三十五條之規定：「凡遭受不可抗力之災害損失，受有保險賠償部分，不得列為費用或損失。」

(7)**捐贈**：依據所得稅法第三十六條之規定：「營利事業之捐贈，得依左列規定，列為當年度費用或損失：一、為協助國防建設、慰勞軍隊、對各級政府之捐贈，以及經財政部專案核准之捐贈，不受金額限制。二、除前款規定之捐贈外，凡對合於第十一條第四項規定之機關、團體之捐贈，以不超過所得額百分之十為限。」

(8)**交際費**：依據所得稅法第三十七條之規定：「業務上直接支付之交際應酬費用，其經取得確實單據者，得分別依左列之限度，列為費用或損失：一、以進貨為目的，於進貨時所直接支付之交際應酬費用：全年進貨貨價在三千萬元以下者，以不超過全年進貨貨價千分之一點五為限；經核准使用藍色申報書者，以不超過全年進貨貨價千分之二為限。全年進貨貨價超過三千萬元至一億五千萬元者，超過部分所支付之交際應酬費用，以不超過千分之一為限；經核准使用藍色申報書者，以不超過千分之一點五為限。全年進貨貨價超過一億五千萬元至六億元者，超過部分所支付之交際應酬費用，以不超過千分之零點五為限；經核准使用藍色申報書者，以不超過千分之一為限。全年進貨貨價超過六億元者，超過部分所支付之交際應酬費用，以不超過千分之零點二五為限；經核准使用藍色申報書者，以不超過千分之零點五為限。二、以銷貨為目的，於銷貨時直接所支付之交際應酬費用：全年銷貨貨價在三千萬元以下者，以不超過全年銷貨貨價千分之四點五為限；經核准使用藍色申報書者，

以不超過全年銷貨貨價千分之六為限。全年銷貨貨價超過三千萬元至一億五千萬元者，超過部分所支付之交際應酬費用，以不超過千分之三為限；經核准使用藍色申報書者，以不超過千分之四為限。全年銷貨貨價超過一億五千萬元至六億元者，超過部分所支付之交際應酬費用，以不超過千分之二為限；經核准使用藍色申報書者，以不超過千分之三為限。全年銷貨貨價超過六億元者，超過部分所支付之交際應酬費用，以不超過千分之一為限；經核准使用藍色申報書者，以不超過千分之一點五為限。三、以運輸貨物為目的，於運輸時直接所支付之交際應酬費用：全年貨運運價在三千萬元以下者，以不超過全年貨運運價千分之六為限；經核准使用藍色申報書者，以不超過全年貨運運價千分之七為限。全年貨運運價超過三千萬元至一億五千萬元者，超過部分所支付之交際應酬費用，以不超過千分之五為限；經核准使用藍色申報書者，以不超過千分之六為限。全年貨運運價超過一億五千萬元者，超過部分所支付之交際應酬費用，以不超過千分之四為限；經核准使用藍色申報書者，以不超過千分之五為限。四、以供給勞務或信用為業者，以成立交易為目的，於成立交易時直接所支付之交際應酬費用：全年營業收益額在九百萬元以下者，以不超過全年營業收益額千分之十為限；經核准使用藍色申報書者，以不超過全年營業收益額千分之十二為限。全年營業收益額超過九百萬元至四千五百萬元者，超過部分所支付之交際應酬費用，以不超過千分之六為限；經核准使用藍色申報書者，以不超過千分之八為限。全年營業收益額超過四千五百萬元者，超過部分所支付之交際應酬費用，以不超過千分之四為限；經核准使用藍色申報書者，以不超過千分之六限。公營事業各項交際應酬費用支付之限度，由主管機關分別核定，列入預算。營利事業經營外銷業務，取得外匯收入者，除依前項各款規定列支之交際應酬費外，並得在不超過當年度外銷結匯收入總額百分之二範圍內，列支

特別交際應酬費。」

　　除了以上有關營利事業成本、費用及損失認列之限制之外，依據所得稅法第三十八條之規定，舉凡營利事業經營本業及附屬業務以外之損失，或家庭之費用，及各種稅法所規定之滯報金、怠報金、滯納金等及各項罰鍰，亦不得列為費用或損失。然而，就有關營利事業成本、費用及損失的認列，在實務上引發爭議的情形頗多，茲將其中較為重要之實務見解臚列如下，以為補充之說明：

　　Ⅰ.行政法院五十八年判字第一五號判例

　　營業人一方面借入款項支付利息，一方面貸出款項不收取利息，經查明其借入款項確非營業所必需者，對於相當於該貸出款項支付之利息，不予認定，固為審核四十九年度營利事業所得稅所適用之營利事業所得稅結算申報查帳準則第八十四條第十項所規定；但適用此項規定，當以經查明營業人借入款項，確非其營業所必需為其前提，原告四十九年度借入款項列支利息，貸出款項則不收利息，依照原處分官署所認定之情事，或屬原始憑證欠缺，或屬支付款與業務無關，要均與借款是否確非營業所必需無涉。原處分官署遽援上開查帳準則之規定，而對於該項利息支出不予認定，不能謂無違誤。

　　Ⅱ.行政法院八十二年七月份庭長評事聯席會議紀錄

法律問題

　　營利事業支付國外佣金，超過美金一千元部分，以票匯方式匯付者，應否准予認列？有甲乙兩說，請予討論公決。

甲說：不可認列

　　理由：依營利事業所得稅查核準則第九十二條第一款規定：「佣金或手續費支出，其立有契約者，應與契約之約定相核對，其超出部分，應予剔除。支付國外佣金者，除支付對象為國外營利事業且未超過美金一千元，得以票匯方式匯付外，應以信匯或電匯方式匯

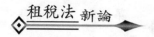

出為限。但國際航運業或遠洋漁業支付國外代理行佣金，不在此限。」則營利事業支付之國外之佣金超過美金一千元者，應以信匯或電匯方式匯出，始得認列。其未依規定之匯付方式支付者，自不得准予認列。

乙說：可以認列

理由：所得稅法對營利事業佣金支出之規定，並無任何限制，自應以實際支付為原則，至於查核準則乃屬財政部行政命令，其第九十二條第一款關於「支付國外佣金者……應以信匯或電匯方式匯出者為限」之規定，似逾所得稅法第二十四條規定範圍。故營利事業如確有支付國外佣金之事實，即應予核實認列。

決議：所得稅法第二十四條對佣金支出之規定，並無任何限制，自應以實際支付為原則。而財政部所發布之營利事業所得稅結算申報查核準則第九十二條卻明定，支付國外佣金者，應以信匯或電匯方式匯出者為限，始得認列，已逾越前開法條規定範圍。

Ⅲ. 行政法院六十八年判字第七三一號判決

按營利事業利用借入款，轉投資於其他營利事業所取得之投資收益，依規定免徵營利事業所得稅者，其因該項借款所支付之利息，應在上述投資收益項下減除，不得列作該投資事業之費用，為營利事業所得稅結算申報查核準則於六十五年二月一日新增第九十七條之一規定，依同準則第一百十六條規定應自查核六十五年度營利事業所得稅結算申報時起適用外，自公布日起施行。此項規定之意旨，乃在防止一般營利事業一方面利用借入款轉投資支付利息以降低所得，一方面取得轉投資收益，又可享受免徵所得稅之取巧行為，核與所得稅法之立法本旨無違。查原告投資於指南觀光樂園，固為六十二年及六十三年之事，然首開查核準則，係六十五年二月一日修訂，應適用於六十六年申報之六十五年營利事業所得稅，應無疑義。而本件所爭執者即為六十五年營利事業所得申報事項，並非六十二

年或六十三年之營利事業所得稅之核定，其六十二年或六十三年投資事實，在六十五年度既仍繼續存在，其貸款利息亦係六十五年度所發生，依據六十五年度當年存在或發生之事實，適用首開查核準則，並無適用行政法規溯及既往之情形，原告就此爭執，顯有誤會。

Ⅳ．行政法院八十三年判字第一七七三號判決

　　查所得稅法中關於營利事業所得之計算係規定於第二十四條第一項：「營利事業所得之計算，以其本年度收入總額減除各項成本費用、損失及稅捐後之純益額為所得額。」顯係採取「實質課稅原則」以符公平課稅之要求，從而對權利金之規定，除免稅之權利金需取具主管機關專案核准支付之證明外，非免稅者，即無專案核准限制之必要，而應根據納稅義務人提供審核之資料據實認定。財政部於八十二年十二月三十日修正頒行之營利事業所得稅查核準則於第八十七條第二款後段將時過境遷不合時宜之修正前所揭示：「不符合上開免稅規定者，應視其支付權利金或技術報酬金之性質，分別取得經濟部投資審議委員會、工業局或中央標準局核准支付之證明」及「毋須經事業主管機關核准者」等文字刪除，而就屬於非免稅權利金之查核部分逕行規定為「營利事業使用國外營利事業或非我國境內居住個人之著作權所支付之權利金，或非屬上開案件所支付之權利金或技術服務報酬者，應由稽徵機關憑雙方簽訂之合約，核實認定。但其支付之金額，超出一般常規者，應提出正當理由及證明文件，以憑核定，否則不予認定。」俾資遵循，即係本諸「實質公平課稅原則」之旨趣所訂定。茲原告既已陳明其八十年度支付之技術報酬金已按所得稅法之規定取具受款人證明、合約，並依法扣繳申報且提出此等相關證據資料供核在案，乃被告未顧及前述查核準則第八十七條第二款後段規定之精神所在，從實體上切實加以審核決定取捨，率以其係支付國外之技術報酬金，未依規定取得經濟部投資審議委員會核准支付之證明為由，未准認列扣除、難謂允當。一再

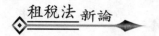

訴願決定未加以糾正，遞予維持，同有可議。

V．行政法院八十三年判字第二二〇九號判決

按「營利事業所得稅之計算，以其本年度收入總額減除各項成本費用，損失及稅捐後之純益額為所得額。」「依本法第四條第十六款第一目之規定，個人或營利事業出售之財產，其交易所得免稅者，如有交易損失，亦不得扣除」分別為所得稅法第二十四條及同法施行細則第八條之四所明定。又「營利事業於七十五年一月一日以後出售房地，土地交易所得免徵所得稅，應如何攤計該土地部分之營業費用，核釋如說明。說明：二、分攤辦法如下：㈢營業外損失中，屬於利息支出部分，除屬專案貸款得個別認定外，其餘一般性貸款應按核定房地售價比例，計算土地應分攤之利息，自利息支出項下減除」，復為財政部七十五年十月十四日臺財稅第七五二六七四〇號函所明釋。經核上開函釋意旨與法律規定無違，應有其效力。

查本件原告七十六年度營利事業所得稅結算申報，於非營業損失項下列報利息支出八四、七〇八、二〇三元，為兩造所不爭執。然經被告機關初查，以其未經營營業登記範圍內之業務，又以大量借款（約七億餘元）方式從事本業以外之證券及土地買賣，所得稅法既規定土地交易所得免稅，則其因大量舉債從事土地買賣業務所生之利息，自不得於年度收入總額中減除為由，乃按出售土地款七〇一、五三九、八五〇元與出售有價證券款五五二、五五三、〇三七元之比例，計算出售土地應分攤之利息為四七、三八五、七八八元，轉列免稅之出售土地收益項下減除，核定本期利息支出為三七、三二二、四一五元。原告不服，申經復查決定，未獲變更，訴經財政部臺財訴字第八二一九一六三八〇號訴願決定將原處分關於利息支出部分撤銷，由被告機關另為處分。嗣經被告機關就利息支出部分重為復查決定，以原告本期申報土地租金收入九、六〇〇、〇〇〇元，亦為土地收入之一部分，應共同分攤利息費用，乃重新計算

262

出售土地應分攤之利息費用為四七、○二五、八○九元（計算式為：84,708,203 元×［701,539,850 元（出售土地款）＋552,533,037 元（出售有價證券款）＋9,600,000 元（土地租金收入）］＝ 47,025,809 元），准予追認利息支出三五九、九七九元，其餘仍未准變更，揆諸首揭法條規定及函釋意旨，洵無違誤。而一再訴願決定遞予維持，亦均無不合。

原告雖訴稱：原告本期出售之土地為七十六年以前就已取得，且已付清價款並辦妥過戶手續，依行為時營利事業所得稅查核準則（下稱查核準則）第九十七條第九款規定其利息自可作費用列支，行政院第二三五七次院會對臺灣省三區國稅局運作檢討報告第一大項「立即核釋改進之稅務法令」亦有相同之指示。原告係非以專營或兼營建屋出售為業之營利事業，所購買之土地係作為固定資產，依財政部七十八年十二月十四日臺財稅第七八一一四七一○號函第三項規定出售房地之處分財產行為，除因出售該房地所發生之費用或損失，依（七五）臺財稅第七五二六七四○號函規定，應歸屬該房地負擔外，一般正常營業發生之費用或損失，不必攤至該房地負擔。而所得稅法第四條規定出售土地免稅，係為促進土地之有效利用，且營利事業出售土地須自負盈虧，並無任何租稅補償，原處分顯與政府政策相悖。況前揭查核準則第九十七條第九款，係該準則於七十一年二月八日修正時所規定，而行為時所得稅法第四條第十六款就營利事業出售土地之交易所得免所得稅之規定，於七十四年十二月三十日修正所得稅法時所增訂，查核準則第九十七條之規定，並未變更。顯見借款購買土地與贍置商品性質之土地，於適用查核準則第九十七條第九款規定時，應無不合之處。被告機關依收入與費用配合之原則，認系爭利息支出應依土地及證券收入比例予以計算，列為土地收入之減除項目，顯然違反租稅法律之基本原則等語。

惟查原告未經營營業登記範圍內之業務，又以大量借款方式從事本業以外之土地買賣業務，既為原告所不爭，而所得稅法第四條復規定土地交易所得免稅，則因大量舉債從事土地買賣業務所生之利息，自不得於年度收入總額中減除，否則一方面可享免稅之優惠，一方面相關利息又得以認列減除，豈非雙重獲益，實有違租稅公平原則。又土地交易所得既然免稅，只是相關之利息不予認列（計入成本費用）而已，原告以舉債方式從事土地交易，利息費用之負擔當為其所預見，理應自行吸收之，不得列入成本費用於收入總額中減除。被告機關依首揭財政部函釋意旨，按出售土地款，出售有價證券款及土地租金收入比例計算有關出售土地應分攤之利息費用後，自利息支出項下減除，而土地交易所得則以土地出售收入減成本及與土地交易有關必要費用之餘額，於法尚屬無違，亦無背於租稅公平原則。次依查核準則第九十七條第九款規定購買土地經辦妥過戶手續後之借款利息，固可作為費用列支，然原告本期有出售土地收入，自應負擔有關利息支出，俾正確計算其所得額，從全年所得額中扣除。而原告買賣土地之借款所發生之利息無法劃分，該出售土地應負擔之利息，不論原告以專營或兼營銷售房屋及土地與否，仍有首揭財政部函釋之適用。至於原告所援引行政院臺八十一訴字第三五三九三號再訴願決定以及被告機關（八三）財北國稅法字第八三○○四三○四號復查決定，因與本件案情不同，且非屬法規性質，尚無拘束本件行政訴訟之效力。綜上所述，原告起訴意旨，無非係持其一己之私見，斤斤指摘，難謂有理由，應予駁回。

VI.財政部四十六年臺財稅字第六○四號令

查營利事業負責人寓所所裝置電話，如屬於該事業財產，其支出電話費用，確屬經營業務所必要者，得准予列支。

VII.財政部六十七年臺財稅字第三二二○二號函

營利事業以宿舍供職工使用所支付費用，應核實認定，不得以

未依薪資所得辦理扣繳而予剔除。

Ⅷ.財政部六十七年臺財稅字第三七八三五號函

主旨：營利事業投資，有關投資事業之認定，應以實現者為要件；如其所投資之事業發生虧損，而原出資額並未折減，則投資損失並未實現，應不予認列。

說明：三、本案被投資事業發生虧損，經股東會決議，由原投資股東按持有股份比例，以資金彌補虧損者，因被投資事業既未依法辦理減資，折減投資事業（股東）原出資額，故投資損失尚未實現，應不予認列。惟如發生虧損之被投資事業，係經依法辦理減資後，再以該項資金辦理增資以恢復原有資本者，則投資事業因被投資事業辦理減資，所折減之出資額，自可以投資損失認列。

Ⅸ.財政部六十九年臺財稅字第三五二九四號函

公司於召開股東會時，以製成品免費贈送股東，如非按出資額比例分送，可作為其他費用列支。

Ⅹ.財政部六十九年臺財稅字第三八三二〇號函

公司組織之營利事業，依公司法第二百三十五條規定分配員工之紅利，係屬盈餘之分配，不能作為當年度費用認列。

Ⅺ.財政部臺財稅字第八三一五八二四七二號函

主旨：核釋營利事業於證券交易所得停止課徵所得稅期間從事有價證券買賣，其營業費用及利息支出之分攤原則。

說明：二、非以有價證券買賣為專業之營利事業，其買賣有價證券部分，除可直接歸屬之費用及利息，應自有價證券出售收入項下減除外，不必分攤一般營業發生之費用及利息。三、以有價證券買賣為專業之營利事業，其營業費用及借款利息，除可合理明確歸屬者得個別歸屬認列外，應按核定有價證券出售收入、投資收益、債券利息收入及其他營業收入比例，計算有價證券出售部分應分攤之費用及利息，自有價證券出售收入項下減除。

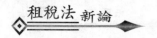

XII.財政部臺財稅字第八四一六○七○四一號函

主旨：以專營、兼營銷售房屋及土地或以有價證券買賣為專業之營利事業，於土地交易所得免徵所得稅或證券交易所得停止課徵所得稅期間，有關利息支出之分攤，仍應依本部七十五年十月十四日臺財稅字第七五二六七四○號函或八十三年二月八日臺財稅第八三一五八二四七二號函規定辦理。

說明：二、為合理計算土地交易所得免徵所得稅或證券交易所得課停徵所得稅部分之損益，本部先後於七十五年十月十四日以臺財稅第七五二六七四○號函規定：「……利息支出部分，除屬專案貸款得個別認定外，其餘一般性質貸款應按核定房地售價比例，計算土地應分攤之利息，自利息支出項下減除」；及八十三年二月八日以臺財稅第八三一五八二四七二號函規定：「……借款利息，除可合理明確歸屬者得個別歸屬認定外，應按核定有價證券出售收入……比例，計算有價證券出售部分應分攤之……利息，自有價證券出售收入項下減除」各在案。三、依前揭函規定，營利事業如能合理明確證明借款用途，其借款利息准個別歸屬認定；未能合理明確證明借款用途者，方須依比例計算土地或有價證券出售部分應分攤之利息。是以，營利事業之利息收入如係來自借款資金，例如借款需作補償性存款或借款資金未全部動用而暫存銀行等，其利息收入雖與利息支出相關，惟因借款資金用於補償性存款或暫存銀行部分，其用途明確，該部分之借款利息准個別歸屬認定，已無須依比例攤計，故應無利息支出應扣除利息收入，再以淨額分攤之問題。至營利事業之利息收入如非來自借款資金,則其利息收入與利息支出並不相關,亦無利息支出應扣除利息收入，再以淨額分攤問題。

3.收入與成本（費用）配合原則

依據商業會計法第六十條第一項之規定，營業成本及費用，應

與所由獲得之營業收入相配合，同期認列；此即所謂的「收入與成本配合原則」。由於公司組織之會計基礎應採權責發生制之規定，故而營利事業所得稅之課徵亦有「收入與成本配合原則」之適用。然而財政部 86.12.11. 臺財稅字第八六一九二二四六四號函釋卻認為：

「主旨：關於認購（售）權證發行人取得之發行認購（售）權證之價款及支付委外避險價款課稅疑義乙案，核復如說明。請　查照。

說明：二、認購（售）權證發行人於發行時所取得之發行價款，係屬權利金收入，依現金所得稅法第二十二條有關公司組織之會計基礎應採權責發生制之規定，應於發行期間內分期計算損益或於履約時認列損益。認購（售）權證發行人於發行後，因投資人行使權利而售出或購入標的股票產生之證券交易所得或損失，應於履約時認列損益，並依所得稅法第四條之一規定辦理。又依證券交易稅實施注意事項第二點規定，發行認購（售）權證，不屬於交易行為，應免徵證券交易稅，自亦非屬營業稅之課稅範圍。三、有關貴事務所建議對認購（售）權證發行價款課徵證券交易稅並停徵所得稅乙節，尚未便採行。至委外避險價款之課稅疑義部分，請提供實際案例之合約書文件後再議。」

也就是說，證券商發行認購權證所收取之權利金必須課徵營利事業所得稅，然而證券商為建立避險部位所支出之成本卻因係屬證券交易損失，不能列為費用扣抵。吾人以為財政部上揭函令顯然與「收入與成本配合原則」相互違背，宜應速為匡正。蓋因，基於「收入與成本配合原則」，發行認購權證之證券商為建立避險部位所支出之成本，既然係屬經營本業及附屬業務之費用，依法即可列為費用扣抵，並與證券商發行認購權證所收取之權利金相互配合。此外，財政部亦顯然誤認發行認購權證之證券商為建立避險部位而買賣標的股票與一般股票之買賣並無差異，實則不然。吾人須知，一般股

票之買賣係為了投資或投機的目的，決定投資與否係取決於其分析的結果，故而投資人有相當的「自主性」。反之，發行認購權證之證券商買賣標的股票則純係為建立避險部位，以使其因發行認購權證而所暴露之風險能有效的降低，此一避險行為實為發行認購權證過程當中不可或缺的一環；因此，發行認購權證之證券商買賣標的股票的避險行為實質上具有「被動」的特性。故而，發行認購權證之證券商為建立避險部位而買賣標的股票，在買賣動機與經濟實質上，即與一般股票之買賣有所不同，絕不可等同視之。因此，財政部將發行認購權證之證券商為建立避險部位所支出之成本視為證券交易損失，顯然並未深究發行認購權證實務的運作及其經濟的實質，其合理性實在堪慮。

此外，就「收入與成本配合原則」，有幾則實務上之見解，可以作為補充之說明：

Ⅰ.行政法院七十二年判字第四二一號判決

按行政訴訟法第二十八條第一款所謂適用法規顯有錯誤者，係指原判決所適用之法規與現行法律相違背或與判例解釋有所牴觸者而言，至於法律見解之歧異或事實上之爭執與適用法規錯誤為截然兩事，自無該款規定之適用。本件再審原告主張其所有廠房及機器設備等僅委託聯染公司代為管理，後來聯染公司既未與再審原告成立租約，則其代墊之房屋稅及地價稅等，自難謂係再審原告之租金收入云云，惟查其上述主張，業經再審原告在前訴訟程序中陳明，原判決已就其主張加以論斷，認再審原告自六十三年四月一日起將其所有土地、廠房及機器設備，供聯染公司營運，由該公司實際使用機器設備，並由該公司代繳房屋及地價稅，按依會計上收入與成本費用配合原則，如收入因特殊事故而無法確知，則其連帶之費用亦應一併以過期帳方式處理，並應在結算申報書內註明其特殊事故所發生之會計事項，以供再審被告機關查核，再審原告並未按正常

途徑處理，既已將上項房地稅捐，以稅捐科目列支費用，而未將使用房地租金收入列帳申報，其匿報所得已堪認定，又協議書係事後作成，不足採取，再審被告機關復查決定仍就聯染公司代繳之房屋稅、地價稅作為再審原告匿報所得，補徵其各該年度營利事業所得稅，洵無不合。再審原告仍持其一己之見解，指為適用法規顯有錯誤，核與上開法定再審要件有不符，要難據為再審之原因。

Ⅱ.行政法院七十五年判字第二四五三號判決

按「以興建房屋出售為專業之建設公司，其在房屋未完成交屋前，因預售行為所發生之推銷費用，基於收入與成本配合原則，應將該批房屋之銷售費用，以遞延費用列帳，配合房屋出售收入，列為出售年度之費用。」為財政部66.1.29.臺財稅第三○六八五號函釋有案。本件原告申報廣告費二、四九八、一四九‧一八元，被告機關初查，以其申報之廣告費，係房地預售及完工後之推廣費，應為全部完工房屋所分攤，乃將期末待售房屋應分攤部分九○一、八四一元轉列預付費用（遞延費用），按諸首揭說明，並無違誤。原告雖主張系爭廣告費，分別係臺中嘉新華廈及士林文昌華廈之推廣支出。依財政部69.2.26.臺財稅第三一六四三號函釋，推銷費用轉列遞延費用，應以房屋完成交屋前所發生之支出始有其適用，而臺中嘉新華廈及士林文昌華廈已分別於七十一年及七十二年八月間完工交屋。原告於完工後為再推銷所支出廣告費用，已非屬預售期間之支出，基於成本與收入配合原則，應列本期（即七十二年）支出費用，毋庸遞延至以後年度云云。惟查原告係以興建房屋出售為業之建設公司，其本期已完工而尚未出售之房屋成本，計有士林文昌華廈六、五四○、○四九‧八三元及臺中嘉新華廈八、二○二、○七九‧七一元，而系爭廣告費，大部分為實品屋之籌建裝潢及餘屋之廣告企劃，有其七十二年度營利事業所得稅簽證申報查帳報告書及廣告費支出明細表影本分別附原處分卷及再訴願卷可稽。是其廣告效果及

於餘屋，應由所有之待售房屋平均分攤，至屬明顯。原告既未能舉
證證明其臺中嘉新華廈及士林文昌華廈於七十二年間全部興建完成
交屋，從而被告機關將期末待售房屋應分攤部分九○一、八四一元
轉列預付費用（遞延費用），徵諸首揭財政部函示意旨，並無違誤。

Ⅲ．行政法院八十二年判字第三六五號判決

按營利事業所得之計算，以其本年度收入總額減除各項成本費
用、損失及稅捐後之純益額為所得額。為行為時所得稅法第二十四
條所明定。又營利事業購置土地之借款利息，應列為資本支出，經
辦妥過戶手續後之借款利息，可作費用列支，營利事業所得稅查核
準則第九十七條第九款亦定有明文。本件原告七十五年至七十七年
度營利事業所得稅結算申報，被告機關初核將其購置土地之借款利
息，在未辦妥過戶手續前部分予以轉列資本支出，揆諸首揭法條規
定，洵非無據。原告雖主張其係以國民住宅及商業樓房等之委託興
建之經營出售為業之建設公司，有關購置供營建使用之土地及委託
營造廠商建造之在建工程之營建成本與一般營利事業供營業使用之
固定資產不同，究其性質與一般營利事業之進貨無異，於結算申報
時，原告以「存貨」科目列報，故有關預付土地購置款，係屬預付
之進貨成本，依查核準則第九十七條第十三款規定顯無利息資本化
之適用。被告機關援引同準則第九十七條第九款規定計算資本化利
息，顯有未合云云。惟按查核準則第九十七條第十三款所定之進貨
係指一般營利事業之商品，因其屬流動資產，只須交付，所有權即
移轉買方，且週轉率高，因此進貨之借款利息列為當期費用亦符合
收入與費用（成本）配合原則，而「土地」屬不動產，不同於一般
動產商品，不論係一般營利事業購置供營業使用之固定資產，抑或
建設公司購置供營建出售，其所有權均須以移轉登記為要件。又所
謂「成本」，一般係指為使資產達於可用（可售）狀態，所發生之一
切必要支出，土地在未辦妥過戶登記前買方尚不能使用或出售，故

凡購買土地，在取得所有權以前之一切必要支出均為其成本，亦即在未辦妥過戶登記前之借款利息支出，依一般公認會計原則認為進貨所發生相關費用應列為進貨之成本，使取得土地之有關成本於損益實現時，依首揭所得稅法第二十四條規定結轉以達收入與費用相配合之原則。從而，本件原告預付土地款，在未辦妥過戶登記前所支付之利息，自當資本化，列為土地成本。原告認無利息資本化之適用，顯有誤解。又原核定於房地出售時將扣除資本化利息後之利息支出，再按當年度核定房地售價比例，計算應分攤之利息，並自利息支出項下減除，並無重複核課情事。至原告所引本院八十一年度判字第五八七號判決認該案係購進之土地，目的在於建屋出售，因兼具進貨性質，故設算之利息，依查核準則第九十七條第九款規定列資本支出，（土地過戶前）或費用支出性質（土地過戶後）或依同條第十三款規定列為財務費用，均可援引適用，由於設算利息屬土地之直接有關費用，應遞延至土地出售年度作為土地收入之減項，以計算土地交易所得或損失，故援用上開兩款之規定，對於原告（該案）當年度課稅所得之計算不生影響。並非認購買土地之借款利息，均得依同準則第九十七條第十三款規定認列。矧前開判決尚未經本院選為判例，亦無拘束本案之效力。原告所訴各節均無足採憑。被告機關所為處分（復查決定）核無違誤，一再訴願決定遞予維持，均屬允適。原告起訴論旨，難謂為有理由，應予駁回。

IV.財政部六十六年臺財稅字第三〇六八五號函

以興建房屋出售為專業之建設公司，其在房屋未完成交屋前，因預售行為所發生之推銷費用，基於收入與成本配合原則，應將該批房屋之推銷費用，遞延費用列帳，配合房屋出售收入，列為出售年度之費用。

V.財政部七十六年臺財稅字第七五七六八七八五號函

以往計程車「靠行」經營，靠行車登記為車行所有，故本部（六

七）臺財稅第三一九九七號函釋規定，靠行車車主之營業收入，應列為車行之營業收入既須併同車行核課，則靠行車所發生之成本費用，依會計學收入與成本費用配合之原則，應准併同車行申報減除，而計程車及車行之司機薪資，應為業者必要之成本費用，故本部（七一）臺財稅第三八九三五號函釋規定，車行列報靠行車車主為司機之薪資，如已依法填具扣繳憑單辦理申報者，應免按虛報薪資論處。

4.不合營業常規交易之調整

為了防範營利事業不當的以低列收入或高列成本、費用及損失的方式來減輕其所得稅，法律遂賦予稅捐稽徵機關有權可以就特定交易來調整營利事業收益、成本、費用與損益的金額，使其臻於合理，此即為所謂的「不合營業常規交易之調整」，亦即所得稅法第四十三條之一所規定的:「營利事業與國內外其他營利事業具有從屬關係，或直接間接為另一事業所有或控制，其相互間有關收益、成本、費用與損益之攤計，如有以不合營業常規之安排，規避或減少納稅義務者，稽徵機關為正確計算該事業之所得額，得報經財政部核准按營業常規予以調整。」就此，有幾則實務上之見解，相當值得吾人參考，茲分述如下:

Ⅰ.行政法院八十年判字第二四〇四號判決

按「營利事業與國內外其他營利事業具有從屬關係，或直接間接為另一事業所有或控制，其相互間有關收益、成本、費用與損益之攤計，如有以不合營業常規之安排，規避或減少納稅義務者，稽徵機關為正確計算該事業之所得額，得報經財政部核准按營業常規予以調整。」為行為時所得稅法第四十三條之一所明定。原告本年度申報營業收入九九一、五八八、〇九五元，被告機關初查核定，以原告持有國華人壽保險股份有限公司（以下稱國華公司）股票三、四三三、一〇〇股，每股單位成本八九‧一四元，竟以每股一九‧

九四元之低價售予其關係企業華瑞投資股份有限公司（以下稱華瑞公司）及集新投資股份有限公司（以下稱集新公司），惟其另一關係企業義新投資股份有限公司於同（七十六）年度卻以每股一一〇元出售國華公司股票三、五〇〇、〇〇〇股，二者每股售價相差九〇・〇六元，顯然原告出售國華公司股票之售價偏低，有與關係企業集新公司及華瑞公司安排損益以規避稅負之事實，乃依所得稅法第四十三條之一規定按營業常規予以調整增列其出售國華公司股票三、四三三、一〇〇股之收入三〇九、一八四、九八六元。原告不服，申請復查主張：原告於七十六年九月為償還借款，決定出售國華公司股票，因其並非上市股票，無公開交易市場，爰參考國華公司七十六年九月三十日之股權淨值十九・九〇元，而以略高於淨值之價格一九・九四元出售，此項價格應為真實之價格。至被告機關所指義新公司同年度出售國華公司股票每股一一〇元，查係因國華公司於七十五年底計劃提出股票上市申請，義新公司於七十六年二月出售國華公司股票，行情自然較高，嗣後國華公司股票上市案於同年四月遭主管機關之擱置，原告於同年九月間出售國華公司股票時，已知該公司股票無法上市，其價格自然下跌，又未上市股票買賣價格，通常以該公司之淨值作為參考，應參照遺產及贈與稅法施行細則第二十九條規定，以公司資產之淨值估定，原告按每股二〇元出售並無偏低情形云云。第查遺產及贈與稅法施行細則第二十九條係就繼承開始被繼承人所遺未公開上市之公司股票之價額規定以該日公司之資產淨額估定，此與市場交易上未公開上市股票買賣之價額如何認定，係屬二事，未公開上市股票買賣之價額，除參酌公司資產淨值外，尚考慮公司營運情況、獲利及將來性等因素，通常以市場之需要性決定，是未公開上市股票買賣價額，並非得當然準用上開規定估定。縱如原告所稱其出售國華公司股票與義新公司交易時，其間相隔半年，惟半年間何以其價格竟相差九〇元，並未據

舉證說明，空言主張自不足採。至被告機關如何按營業常規調整原告公司出售股票所得額，應屬其行政裁量權，被告機關按原告關係企業義新公司同年度出售國華公司股票之價額予以調整，尚難謂其裁量權行使有欠妥適。從而被告機關復查決定未准變更，揆諸首揭法條規定，洵無違誤，訴願及再訴願決定就此部分遞予維持原處分，並無不合。

Ⅱ. 財政部六十五年臺財稅字第三七九三五號函

主旨：××公司六十三年度上半年與其國外關係企業間之進銷貨價格，不合營業常規，貴廳擬依照所得稅法第四十三條之一規定，調整其所得額一案，准予照辦。

說明：××公司六十三年度上半年以每公噸三〇〇美元及三五〇美元之外銷價格，出售其產品聚苯乙烯予其關係企業日本××會社香港支店，與當時國內及國際市場每公噸一、〇〇〇美元左右之價格相差甚鉅（如該公司未提示確實之證明，證明此項外銷價格係屬當時國際市場上正常交易之合理價格者）。依照所得稅法第四十三條之一規定，自可參照當時××公司六十三年五、六月外銷相同產品之價格，調整該公司六十三年五、六月外銷相同產品之價格，調整該公司同期間之外銷價格。至六十三年一至四月份之外銷價格，可向中國石油公司、經濟部工業局及貿易局調查。

Ⅲ. 財政部七十二年臺財稅字第三八二二五號函

營利事業與其關係企業間相互融資，不計收付利息，如彼此因適用之所得稅級距稅率不同，則有規避或減少納稅義務之可能，受託辦理所得稅查核簽證申報之會計師，應依營業常規同時作帳外調整，分別列報其利息收入及利息費用。

5. 營利事業所得的特別計算方式

有些營利事業的所得，由於其成本費用分攤計算有相當程度的

困難，因此，其營利事業所得的計算方式亦即有別於其他的營利事業。茲分述如下：

⑴**國際運輸等事業之營利事業所得**：依據所得稅法第二十五條之規定：「總機構在中華民國境外之營利事業，在中華民國境內經營國際運輸、承包營建工程、提供技術服務或出租機器設備等業務，其成本費用分攤計算困難者，不論其在中華民國境內是否有分支機構或代理人，得向財政部申請核准，或由財政部核定，國際運輸業務按其在中華民國境內之營業收入之百分之十，其餘業務按其在中華民國境內之營業收入之百分之十五為中華民國境內之營利事業所得額。但不適用第三十九條關於虧損扣除之規定。前項所稱在中華民國境內之營業收入，其屬於經營國際運輸業務者，依左列之規定：一、海運事業：指自中華民國境內承運出口客貨所取得之全部票價或運費。二、空運事業：㈠客運：指自中華民國境內起站至中華民國境外第一站間之票價。㈡貨運：指承運貨物之全部運費。但載貨出口之國際空運事業，如因航線限制等原因，在航程中途將承運之貨物改由其他國際空運事業之航空器轉載者，按該國際空運事業實際載運之航程運費計算。前項第二款第一目所稱中華民國境外之第一站，由財政部以命令定之。」因此，如有符合上揭要件之營利事業，即可向財政部申請核准，或由財政部核定，按其在中華民國境內之營業收入一定的百分比作為其營利事業所得。

⑵**國外影片事業之所得**：依據所得稅法第二十六條之規定：「國外影片事業在中華民國境內無分支機構，經由營業代理人出租影片之收入，應以其二分之一為在中華民國境內之營利事業所得額，其在中華民國境內設有分支機構者，出租影片之成本，得按片租收入百分之四十五計列。」所以，營利事業如符合上揭要件者，則其營利事業所得即可按其出租影片之收入一定的百分比計之。

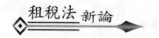

6.營利事業營業期間不滿一年所得之換算

依據所得稅法第四十條之規定:「營業期間不滿一年者,應將其所得額按實際營業期間,相當全年之比例,換算全年所得額,依規定稅率計算全年度稅額,再就原比例換算其應納稅額。營業期間不滿一月者,以一月計算。」因此,營利事業營業期間如不滿一年者,其營利事業所得即應依上揭方式換算之。

❖ ㈣以往年度累積虧損之扣除

承前所述,由於公司的會計週期 (accounting cycle) 往往與所得稅法所規定的課稅年度並不相同,再加上公司的經營有其延續性,因此,理論上並不適合於每一課稅年度終了就結算一次公司的營運結果。然而,為了所得稅稽徵的經濟性,所得稅法又不得不然要有課稅年度的選定。為了調和此一現象,所得稅法第三十九條遂規定:「以往年度營業之虧損,不得列入本年度計算。但公司組織之營利事業,會計帳冊簿據完備,虧損及申報扣除年度均使用第七十七條所稱藍色申報書或經會計師查核簽證,並如期申報者,得將經該管稽徵機關核定之前五年內各期虧損,自本年純益額中扣除後,再行核課。」此即所謂的「以往年度累積虧損之扣除」之規定。然而,就此一規定,在實務上引發爭議的情形亦頗多,茲將其中較為重要之實務見解臚列如下,以為補充之說明:

Ⅰ.司法院大法官會議釋字第四二七號解釋

解釋文

營利事業所得之計算,係以其本年度收入總額減除各項成本費用、損失及稅捐後之純益額為所得額,以往年度營業之虧損,不得列入本年度計算,所得稅法第二十四條第一項及第三十九條前段定有明文。同法第三十九條但書旨在建立誠實申報納稅制度,其扣除

虧損只適用於可扣抵期間內未發生公司合併之情形,若公司合併者,則應以合併基準時為準,更始計算合併後公司之盈虧,不得追溯扣抵合併前各該公司之虧損。財政部中華民國六十六年九月六日臺財稅字第三五九九五號函與上開法條規定意旨相符,與憲法並無牴觸。至公司合併應否給予租稅優惠,則屬立法問題。

解釋理由書

　　營利事業所得之計算,係以其本年度收入總額減除各項成本費用、損失及稅捐後之純益額為所得額,以往年度營業之虧損,不得列入本年度計算,所得稅法第二十四條第一項及第三十九條前段定有明文。惟為鼓勵誠實申報納稅,所得稅法第三十九條但書乃規定:「公司組織之營利事業,會計帳冊簿據完備,虧損及申報扣除年度均使用第七十七條所稱藍色申報書或經會計師查核簽證,並如期申報者,得將經該管稽徵機關核定之前五年(七十八年十二月三十日修正前為前三年)內各期虧損,自本年純益額中扣除後,再行核課。」其本旨係認公司組織之營利事業,其前五年內各期虧損之扣除,須該公司本年度內有盈餘,且在可扣抵期間內未發生公司合併並符合上開要件時,始有適用;若公司合併者,則應以合併基準時更始計算合併後公司之盈虧,不得追溯扣抵合併前各該公司之虧損。財政部六十六年九月六日臺財稅字第三五九九五號函釋:「依所得稅法第三十九條規定意旨,公司組織之營利事業前三年內各期虧損之扣除,以各該公司本身有盈餘時,才能適用,旨在使前三年經營發生虧損之公司,於轉虧為盈時,可以其盈餘先彌補虧損,俾健全其財務。公司如因被合併而消滅,合併後存續之公司與合併而消滅之公司並非同一公司,自不得扣除因合併而消滅之公司前三年內經該管稽徵機關查帳核定之虧損」,符合上開立法意旨,於租稅法律主義並無違背,與憲法亦無牴觸。至公司合併應否給予租稅優惠,則屬立法問題,併此指明。

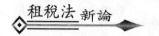

II. 財政部六十四年臺財稅字第三二五六五號函

總公司在美國及香港，而其分公司在我國境內者，除依所得稅法第二十五條規定計算營利事業所得額之國際運輸事業外，如符合同法第四十一條第二項單獨設立帳簿，並計算其營利事業所得額課稅之規定，可適用同法第三十九條有關扣除前三年核定虧損再行核課之規定。

III. 財政部六十六年臺財稅字第三五九九五號函

依所得稅法第三十九條規定意旨，公司組織之營利事業前三年內各期虧損之扣除，以各該公司本身有盈餘時，才能適用，旨在使前三年經營發生虧損之公司，於轉虧為盈時，可以其盈餘先行彌補虧損，俾健全其財務。公司如因被合併而消滅，合併後存續之公司與合併而消滅之公司並非同一公司，自不得扣除因合併而消滅之公司前三年內經該管稽徵機關查帳核定之虧損。

IV. 財政部七十一年臺財稅字第三七四九二號函

公司組織之營利事業，如依規定辦理減資彌補累積虧損者，其經稽徵機關核定之前三年虧損，仍得適用所得稅法第三十九條規定，自本年度純益額中扣除後，再行核課。

V. 財政部七十四年臺財稅字第一八五〇三號函

公司組織之營利事業依所得稅法第三十九條規定將經稽徵機關核定之前三年內各期虧損自本年度純益額中扣除，各該虧損年度如有暫停徵營利事業所得稅之證券交易所得，無須先予抵減各該年度之核定虧損，但停徵期間所發生之損失，亦不得併入前三年核定虧損額，自本年度純益額中扣除。

VI. 財政部七十六年臺財稅字第七五八五九〇一號函

主旨：公司組織之營利事業適用所得稅法第三十九條規定，自本年度純益額中扣除前三年各期核定虧損者，各該虧損年度如依同法第四條第十六款規定免納所得稅之土地交易所得，可免先予抵減

各該期之核定虧損，但出售土地之損失，亦不得併入前三年核定虧損額，自本年度純益額中扣除。

說明：茲例示如次：設某公司上（七五）年度經稽徵機關核定虧損為一百二十萬元，另有依所得稅法第四條第十六款規定出售土地之免稅所得一百萬元。又本（七六）年度純益額為二百萬元，則依所得稅法第三十九條規定自其本年度純益額中扣除七十五年度核定虧損時，其免稅之土地交易所得一百萬元，可免自該年度核定虧損中抵減，即逕以虧損額一百二十萬元自本年度純益額二百萬中扣除。

Ⅶ.財政部臺財稅字第八五一九一八〇八六號函

主旨：核釋公司組織之營利事業虧損年度短漏報情節輕微適用所得稅法第三十九條盈虧互抵疑義。請　查照。

說明：二、公司組織之營利事業，其虧損年度經稽徵機關查獲短漏之所得額，依當年度適用之營利事業所得稅稅率計算之金額不超過新臺幣十萬元，或短漏之所得額占全年核定可供以後年度扣除之虧損金額之比例不超過百分之五，且非以詐術或其他不正當方法逃漏稅捐者，得視為短漏報情節輕微，免依營利事業所得稅藍色申報書實施辦法第二十條第二項規定撤銷其行為年度藍色申報之許可，並免按會計帳冊簿據不完備認定，仍准適用所得稅法第三十九條有關盈虧互抵之規定；其屬會計師查核簽證者，亦同。三、前開營利事業虧損年度短漏報所得已依稅捐稽徵法第四十八條之一規定自動補報，且非以詐術或其他不正當方法逃漏稅捐者，其短漏報情節輕微之適用標準，依前項金額或比例加倍計算。

❖ ㈤營利事業所得稅的課徵

計算出營利事業的純益額之後，再乘上所得稅法第五條第五項所規定之營利事業所得稅課稅級距所適用之累進稅率，亦即：

⑴營利事業全年課稅所得額在五萬元以下者，免徵營利事業所得稅。

⑵營利事業全年課稅所得額在十萬元以下者，就其全部課稅所得額課徵百分之十五。但其應納稅額不得超過營利事業課稅所得額超過五萬元以上部分之半數。

⑶超過十萬元以上者，就其超過額課徵百分之二十五。

即為營利事業應納之營利事業所得稅稅額。然後，將營利事業應納之營利事業所得稅稅額，減除暫繳之所得稅稅額、已扣繳之所得稅稅額及尚可抵用之投資抵減後，即為營利事業實際應納之營利事業所得稅稅額。

八、兩稅合一

◆ ㈠兩稅合一的內涵

吾人須知，依據所得稅法之規定，個人如有所得即須課徵綜合所得稅，而營利事業如有所得又須課徵營利事業所得稅；因此，如果個人自其所投資之營利事業取得股利或盈餘之分配者，則自然會產生同一所得會同時被課徵綜合所得稅以及營利事業所得稅的不合理現象，也就是說，營利事業的所得會先被課徵營利事業所得稅，然後其將稅後盈餘分配給其股東、社員、合夥人或資本主時，其股東、社員、合夥人或資本主又因取得股利而須繳納綜合所得稅。為了消弭此一重複課稅的不合理現象，國內即於八十七年起開始實施「兩稅合一」制。至於所謂的「兩稅合一」乃係指：「將個人綜合所得稅與營利事業所得稅合而為一，使其不再具有重複課稅的情形」。至於其具體的作法則主要有下列幾種：

⑴**合夥法**：就是將營利事業所得稅予以廢止，使得就同一所得

僅課以個人綜合所得稅即可，徹底根除重複課稅的現象。

(2)股利減除法：就是將營利事業所分配之股利或盈餘列為營利事業之費用予以扣減，藉以減少營利事業之課稅所得來減緩重複課稅對營利事業股東、社員、合夥人或資本主的衝擊。

(3)股利免稅法：就是對營利事業分配予其股東、社員、合夥人或資本主之股利或盈餘給與免徵所得稅的優惠，來消除重複課稅對營利事業業主或股東的影響。

(4)股利扣抵法：就是將營利事業所繳納的全部或一部分所得稅透過特定方式可以讓營利事業股東、社員、合夥人或資本主用來扣抵其應納之所得稅。而股利扣抵法因其扣抵方式的不同又可分為「直接扣抵法」及「設算扣抵法」兩種。

❖ (二)設算扣抵法

我國所採行之「兩稅合一」制係為上揭的「設算扣抵法」。至於其扣抵方式則依所得稅法第三條之一之規定：「營利事業繳納屬八十七年度或以後年度之營利事業所得稅，除本法另有規定外，得於盈餘分配時，由其股東、社員、合夥人或資本主將獲配股利總額或盈餘總額所含之稅額，　自當年度綜合所得稅結算申報應納稅額中扣抵。」因此，自八十七年度起，營利事業之股東、社員、合夥人或資本主如有獲配盈餘或股利者，即可將其獲配股利總額或盈餘總額所含之稅額，自當年度綜合所得稅結算申報應納稅額中扣抵之。

❖ (三)股東可扣抵稅額

1.股東可扣抵稅額帳戶的設置

上揭「設算扣抵法」，概念雖然簡單清楚，但是其實際運作卻不是那麼容易。首先，依據所得稅法第六十六條之一的規定：「凡依本

法規定課徵營利事業所得稅之營利事業，應自八十七年度起，在其會計帳簿外，設置股東可扣抵稅額帳戶，用以記錄可分配予股東或社員之所得稅額，並依本法規定，保持足以正確計算該帳戶金額之憑證及紀錄，以供稽徵機關查核。新設立之營利事業，應自設立之日起設置並記載。左列營利事業或機關、團體、免予設置股東可扣抵稅額帳戶：一、總機構在中華民國境外者。二、獨資、合夥組織。三、第十一條第四項規定之教育、文化、公益、慈善機關或團體。四、依其他法令或組織章程規定，不得分配盈餘之團體或組織。」所以，股東可扣抵稅額帳戶的設置即為「兩稅合一」制的第一部。

2.股東可扣抵稅額帳戶的內容

至於股東可扣抵稅額帳戶的內容則依所得稅法第六十六條之三之規定：「營利事業左列各款金額，應計入當年度股東可扣抵稅額帳戶餘額：一、繳納屬八十七年度或以後年度中華民國營利事業所得稅結算申報應納稅額、經稽徵機關調查核定增加之稅額及未分配盈餘加徵之稅額。二、因投資於中華民國境內其他營利事業，獲配屬八十七年度或以後年度股利總額或盈餘總額所含之可扣抵稅額。三、八十七年度或以後年度短期票券利息所得之扣繳稅款按持有期間計算之稅額。四、以法定盈餘公積或特別盈餘公積撥充資本者，其已依第六十六條之四第一項第三款規定減除之可扣抵稅額。五、因合併而承受消滅公司之股東可扣抵稅額帳戶餘額。但不得超過消滅公司帳載累積未分配盈餘，按稅額扣抵比率上限計算之稅額。六、其他經財政部核定之項目及金額。營利事業有前項各款情形者，其計入當年度股東可扣抵稅額帳戶之日期如左：一、前項第一款規定之情形，以現金繳納者為繳納稅款日；以暫繳稅款及扣繳稅款抵繳結算申報應納稅額者為年度決算日。二、前項第二款規定之情形，為獲配股利或盈餘日。三、前項第三款規定之情形，為短期票券轉讓

日或利息兌領日。四、前項第四款規定之情形，為撥充資本日。五、前項第五款規定之情形，為合併生效日。六、前項第六款規定之情形，由財政部以命令定之。營利事業之左列各款金額，不得計入當年度股東可扣抵稅額帳戶餘額：一、依第九十八條之一規定扣繳之營利事業所得稅。二、以受託人身分經營信託業務所繳納之營利事業所得稅及獲配股利或盈餘之可扣抵稅額。三、改變為應設股東可扣抵稅額帳戶前所繳納之營利事業所得稅。四、繳納屬八十六年度以前年度之營利事業所得稅。五、繳納之滯報金、怠報金、滯納金、罰鍰及加計之利息。」

3.股東可扣抵稅額帳戶的減項

此外，有關股東可扣抵稅額的減項，則依所得稅法第六十六條之四之規定：「營利事業左列各款金額，應自當年度股東可扣抵稅額帳戶額中減除：一、分配屬八十七年度或以後年度股利總額或盈餘總額所含之可扣抵稅額。二、八十七年度或以後年度結算申報應納中華民國營利事業所得稅，經稽徵機關調查核定減少之稅額。三、依公司法或其他法令規定，提列之法定盈餘公積、公積金、公益金或特別盈餘公積所含之當年度已納營利事業所得稅額。四、依公司章程規定，分派董監事職工之紅利所含之當年度已納營利事業所得稅額。五、其他經財政部核定之項目及金額。營利事業有前項各款情形者，其自當年度股東可扣抵稅額帳戶減除之日期如左：一、前項第一款規定之情形，為分配日。二、前項第二款規定之情形，為核定退稅通知書送達日。三、前項第三款規定之情形，為提列日。四、前項第四款規定之情形，為分派日。五、前項第五款規定之情形，由財政部以命令定之。」

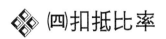 **㈣扣抵比率**

一般而言，營利事業如有盈餘者，並不會將其全部的盈餘都悉數分配給其股東或社員。因此，即有必要就營利事業之股東或社員於獲配盈餘或股利時，得自其當年度綜合所得稅結算申報應納稅額中扣抵該營利事業已繳納營利事業所得稅之比率作一詳盡之規定。此即為所得稅法第六十六條之六之規定:「營利事業分配屬八十七年度或以後年度之盈餘時，應以股利或盈餘之分配日，其股東可扣抵稅額帳戶餘額，占其帳載累積未分配盈餘帳戶餘額之比率，作為稅額扣抵比率，按各股東或社員獲配股利淨額或盈餘淨額計算其可扣抵之稅額，併同股利或盈餘分配。其計算公式如下:

$$稅額扣抵比率 = \frac{股東可扣抵稅額帳戶餘額}{累積未分配盈餘帳戶餘額}$$

股東（或社員）可扣抵稅額

＝股利（或盈餘）淨額×稅額扣抵比率

營利事業依前項規定計算之稅額扣抵比率，超過稅額扣抵比率上限者，以稅額扣抵比率上限為準，計算股東或社員可扣抵之稅額。稅額扣抵比率上限如下: 一、累積未分配盈餘未加徵百分之十營利事業所得稅者，為百分之三三‧三三。二、累積未分配盈餘已加徵百分之十營利事業所得稅者，為百分之四八‧一五。三、累積未分配盈餘部分加徵、部分未加徵百分之十營利事業所得稅者，為各依其占累積未分配盈餘之比率，按前兩款規定上限計算之合計數。第一項所稱營利事業帳載累積未分配盈餘，係指營利事業依商業會計法規定處理之八十七年度或以後年度之累積未分配盈餘。第一項規定之稅額扣抵比率，以四捨五入計算至小數點以下第四位為止;股東或社員可扣抵稅額尾數不滿一元者，按四捨五入計算。」

❖ (五)未分配盈餘的加徵

至於營利事業之未分配盈餘，則須加徵百分之十營利事業所得

稅。而其具體內涵則依所得稅法第六十六條之九之規定:「自八十七
年度起,營利事業當年度之盈餘未作分配者,應就該未分配盈餘加
徵百分之十營利事業所得稅,不適用第七十六條之一規定。前項所
稱未分配盈餘,係指經稽徵機關核定之課稅額,加計同年度依本法
或其他法律規定減免所得稅之所得額、不計入所得課稅之所得額、
已依第三十九條規定扣除之虧損及減除左列各款後之餘額: 一、當
年度應納之營利事業所得稅。二、彌補以往年度之虧損。三、已由
當年度盈餘分配之股利淨額或盈餘淨額。四、已依公司法或其他法
律規定由當年度盈餘提列之法定盈餘公積, 或已依合作社法規定提
列之公積金及公益金。五、依本國與外國所訂之條約, 或依本國與
外國或國際機構就經濟援助或貸款協議所訂之契約中, 規定應提列
之償債基金準備, 或對於分配盈餘有限制者, 其已由當年度盈餘提
列或限制部分。六、已依公司或合作社章程規定由當年度盈餘給付
之董、理、監事職工紅利或酬勞金。七、依證券交易法第四十一條
之規定,由主管機關命令自當年度盈餘已提列之特別盈餘公積。八、
處分固定資產之溢價收入作為資本公積者。九、當年度損益計算項
目, 因超越規定之列支標準, 未准列支, 具有合法憑證及能提出正
當理由者。十、其他經財政部核准之項目。前項第三款至第八款,
應以截至各該所得年度之次一會計年度結束前,已實際發生者為限。
第二項未分配盈餘之計算, 如於申報時尚未經稽徵機關核定者, 得
以申報數計算之。其後經核定調整時, 稽徵機關應依第一百條規定
辦理。第二項所稱課稅所得額, 其經會計師查核簽證申報之案件,
應以納稅義務人申報數為準計算。」其中所謂的「依本法或其他法律
規定減免所得稅之所得額」、「依本法或其他法律規定不計入所得課
稅之所得額」以及「當年度應納之營利事業所得稅」,依據所得稅法
施行細則第四十八條之十第一、二及三項之規定, 分別為:

　⑴依本法或其他法律規定減免所得稅之所得額: 係指下列各款

規定之所得額：一、依所得稅法第四條第十六款及第十七款規定免納所得稅之所得額。二、依所得稅法第四條之一規定停止課徵所得稅之所得額。三、依廢止前獎勵投資條例第六條、促進產業升級條例第八條之一、科學工業園區設置管理條例第十五條、獎勵民間參與交通建設條例第二十八條、農業發展條例第十八條及其他法律規定免徵營利事業所得稅之所得額。

(2)依本法或其他法律規定不計入所得課稅之所得額：係指下列各款規定之所得額：一、依所得稅法第二十四條第二項規定不計入所得額課稅之所得額。二、依所得稅法第四十二條第一項及促進產業升級條例第十六條、第十七條規定，不計入或免予計入所得額課稅之所得額。三、依所得稅法第七十三條之一規定，按規定扣繳率申報納稅之所得額。四、依其他法律規定免計入所得額課稅之所得額。

(3)當年度應納之營利事業所得稅：係指經稽徵機關核定之營利事業所得稅應納稅額，加計依所得稅法第三條第二項、臺灣地區與大陸地區人民關係條例第二十四條第二項及香港澳門關係條例第二十八條第三項規定不得扣抵之已納稅額。但依促進產業升級條例第六條、第七條、第八條、獎勵民間參與交通建設條例第二十九條、第三十三條及其他法律規定抵減之稅額，應予減除。

至於如何劃分公司組織之營利事業分配盈餘的所屬年度，則依財政部臺財稅字第八七一九四一三四三號函：「二、實施兩稅合一制後，為計算依所得稅法第六十六條之九規定應加徵百分之十營利事業所得稅之當年度未分配盈餘，公司組織之營利事業於分配股利或盈餘時，應採個別辨認方式，在其八十六年度以前所累積之可分配盈餘數額、八十七年度或八十七以後各年度可分配盈餘數額之額度內，自行認定其分配盈餘所屬之年度。」

此外，依財政部臺財稅字第八八一九五八二九五號：「主旨：營

利事業依所得稅法第一百零二條之二規定,辦理未分配盈餘申報時,得適用促進產業升級條例第六條、第七條、第八條、獎勵民間參與交通建設條例第二十九條、第三十三條及其他法律之投資抵減規定,抵減其未分配盈餘應加徵之稅額。請查照。說明:…二、　實施兩稅合一制後,促進產業升級條例第六條、第七條、第八條、獎勵民間參與交通建設條例第二十九條、第三十三條及其他法律等投資抵減規定,所稱「抵減當年度應納營利事業所得稅額」,包括抵減稽徵機關核定之當年度營利事業課稅所得額依規定稅率計得之應納稅額及稽徵機關核定之上一年度未分配盈餘按百分之十計得之應加徵稅額。」亦應一併注意。

◈ ㈥對非居住者的衝擊

此外,「兩稅合一」制對於非中華民國境內居住之個人,及在中華民國境內無固定營業場所及營業代理人之營利事業,即所謂的「非居住者」,原則上並無任何影響;也就是說,「非居住者」並無法享受到「兩稅合一」的好處。因為,依據所得稅法第七十三條之二之規定:「非中華民國境內居住之個人,及依第七十三條規定繳納營利事業所得稅之營利事業,其獲配股利總額或盈餘總額所含之稅額,不適用第三條之一規定。但獲配股利總額或盈餘總額所含稅額,其屬依第六十六條之九規定,加徵百分之十營利事業所得稅部分之稅額,得抵繳該股利淨額或盈餘淨額之應扣繳稅額。前項規定之抵繳稅額,應以獲配股利淨額或盈餘淨額之百分之十為準,按分配日已加徵百分之十營利事業所得稅之盈餘,占累積未分配盈餘之比例計算之。」因此,依據各類所得扣繳率標準第三條第一項第一款之規定,「非居住者」中的非中華民國境內居住之個人,如有公司分配之股利、合作社所分配之盈餘、合夥組織營利事業合夥人每年應分配之盈餘或獨資組織營利事業資本主每年所得之盈餘者,應按給付額、

應分配額或所得數扣取百分之三十五的所得稅；而「非居住者」中的在中華民國境內無固定營業場所之營利事業，如有公司分配之股利，按給付額扣取百分之二十五的所得稅。但依華僑回國投資條例或外國人投資條例申請投資經核准者，自投資事業所取得或應分配之盈餘，其應納之所得稅，由扣繳義務人於給付時，按給付額或應分配額扣繳百分之二十的所得稅。然而，如果「非居住者」所獲配之股利總額或盈餘總額所含稅額當中有屬於加徵百分之十營利事業所得稅的部分，則可以按分配日已加徵百分之十營利事業所得稅之盈餘，占累積未分配盈餘之比例來抵繳該股利淨額或盈餘淨額之應扣繳稅額。此一規定之緣由乃係因「非居住者」無法享受到「兩稅合一」的好處，已經是夠慘了，如何又能將未分配盈餘加徵的不利益加諸其身呢？

❖ (七)租稅規避的防範

而為了使「兩稅合一」能順利實施，即有必要就可能之租稅規避的情形來加以防範。此即為所得稅法第六十六條之八之規定：「個人或營利事業與國內外其他個人或營利事業、教育、文化、公益、慈善機關或團體相互間，如有藉股權之移轉或其他虛偽之安排，不當為他人或自己規避或減少納稅義務者，稽徵機關為正確計算相關納稅義務人之應納稅額，得報經財政部核准，依查得資料，按實際應分配或應獲配之股利、盈餘或可扣抵稅額予以調整。」至於如何充分來落實此一規定，則令人相當質疑。

❖ (八)其他重大之影響

1. 儲蓄投資特別扣除項目的縮減

依據所得稅法第十七條之三之規定：「納稅義務人及與其合併報

繳之配偶暨受其扶養親屬，自中華民國八十八年一月一日起取得公司公開發行並上市之記名股票之股利，不適用第十七條第一項第二款第三目第三小目儲蓄投資特別扣除之規定。」此一規定乃係因所得稅法第十七條第一項第二款第三目第三小目規定：「儲蓄投資特別扣除：納稅義務人及與其合併報繳之配偶暨受其扶養親屬於金融機構之存款、公債、公司債、金融債券之利息、儲蓄性質信託資金之收益及公司公開發行並上市之記名股票之股利，合計全年不超過二十七萬元者，得全數扣除，超過二十七萬元者，以扣除二十七萬元為限。但依郵政儲金法規定免稅之存簿儲金利息及本法規定分離課稅之短期票券利息不包括在內。」然而，儲蓄投資特別扣除項目中之所以包含了公司公開發行並上市之記名股票之股利的原因係為減輕重複課稅對個人的衝擊；如今，採行「兩稅合一」之後，重複課稅的問題既已不復存在，故而，此一優惠自當取消，以免造成對個人過多而不必要的保護。

2.公司轉投資獲配之股利或盈餘免稅

依據所得稅法第四十二條第一項之規定：「公司組織之營利事業，因投資於國內其他營利事業，所獲配之股利淨額或盈餘淨額，不計入所得額課稅，其可扣抵稅額，應依第六十六條之三規定，計入其股東可扣抵稅額帳戶餘額。」此一規定乃係「兩稅合一」當然之配套措施。此外，就公司轉投資獲配之股利或盈餘免稅之問題，財政部六十三年臺財稅第三一九五九號函之解釋，則頗值商榷：「合作社從合作金庫所取得除利用資本公積轉增資配股以外之其他轉投資收益，准比照公司之轉投資收益，適用所得稅法第四十二條規定免稅。」

3.教育、文化、公益、慈善機關或團體轉投資獲配之

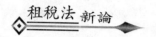

股利或盈餘免稅，且其可扣抵稅額，不得扣抵其應
納所得稅額，亦不得申請退還

依據所得稅法第四十二條第二項之規定：「教育、文化、公益、慈善機關或團體，有前項規定之股利淨額或盈餘淨額者，不計入所得額課稅，其可扣抵稅額，不得扣抵其應納所得稅額，並不得申請退還。」此一規定乃係因為依據所得稅法第四條第一項第十三款之規定，教育、文化、公益、慈善機關或團體，符合行政院規定標準者，其本身之所得及其附屬作業組織之所得免稅。所以，教育、文化、公益、慈善機關或團體本身，一般而言，並無須繳納所得稅，就算其有所得而須繳納所得稅亦無須將其盈餘分配給任何人。因此，教育、文化、公益、慈善機關或團體如有轉投資獲配之股利或盈餘的情形，自然應予以免稅；至於其可扣抵稅額，基於同一理由，再加上教育、文化、公益、慈善機關或團體本身又無盈餘分配的問題，故而，自不得扣抵其應納所得稅額，且亦不得申請退還。

4.以未分配盈餘增資取得之股票股利緩課利益的消滅

依據舊促進產業升級條例第十六條之規定：「以未分配盈餘增資供增置或更新生產機器等用公司以其未分配盈餘增資供左列之用者，其股東因而取得之新發行記名股票，免予計入該股東當年度綜合所得額；其股東為營利事業者，免予計入當年度營利事業所得額課稅。但此類股票於轉讓、贈與或作為遺產分配時，面額部分應作為轉讓、贈與或遺產分配時所屬年度之所得，申報課稅。至實際轉讓價格或贈與遺產分配時之時價，如低於面額時，以實際轉讓價格或贈與、遺產分配之時價申報：一、增置或更新從事生產、提供勞務、研究發展、品質檢驗、防治污染、節省能源或提高工業安全衛生標準等用之機器、設備或運輸設備者。二、償還因增置或更新前

款之機器、設備或運輸設備之貸款或未付款者。三、轉投資於第八條所規定之重要事業者。」此一租稅優惠，隨著「兩稅合一」的採行之後，對於公司組織之營利事業而言，已完全失去其功能，蓋因公司轉投資獲配之股利或盈餘本即免稅，以未分配盈餘增資取得之股票股利自然也在免稅之列。此外，對於個人而言，此一緩課利益的吸引力也極其有限，蓋因個人取得以未分配盈餘增資之股票股利，如果選擇緩課的話，則該股利所隱含之可扣抵稅額即不得用以扣抵其應納所得稅額，且亦不得申請退還。因此，除非緩課的利益大於該股利所隱含之可扣抵稅額用以扣抵應納所得稅額的利益，否則，緩課反而是對個人不利。唯一尚可充分享受緩課利益的就只剩下「非居住者」了，因為「非居住者」本即是「兩稅合一」的化外之民。

九、所得稅的結算申報、暫繳與扣繳

❖ ㈠結算申報

除依法以扣繳方式繳納所得稅而無須辦理結算申報的情形外，個人或營利事業如有所得而須負擔納稅義務者，原則上即應依法辦理結算申報，並繳納其應納稅款或辦理退稅。至於納稅義務人辦理結算申報的方式則可分為：

1. 單獨申報

除稅法另有特別規定者外，個人或營利事業如有所得而須負擔納稅義務者，原則上即應依法辦理單獨申報。

2. 合併申報

依據所得稅法第十五條之規定：「納稅義務人之配偶，及合於第

十七條規定得申報減除扶養親屬免稅額之受扶養親屬，有前條各類所得者，應由納稅義務人合併報繳。納稅義務人之配偶得就其薪資所得分開計算稅額，由納稅義務人合併報繳。計算該稅額時，僅得減除第十七條規定之配偶本人免稅額及薪資所得特別扣除額，其餘符合規定之各項免稅額及扣除額一律由納稅義務人申報減除。納稅義務人之配偶經依前項規定就其薪資所得分開計算稅額者，納稅義務人計算其稅額時，不得再減除配偶之免稅額及薪資所得特別扣除額。」因此，如有以上情形者，依法即應辦理合併申報。由於，辦理合併申報的結果勢必會造成所得額的增加，而隨著所得額的增加必然會適用較高的所得稅稅率級距，而導致應納所得稅額的增加。這樣的現象，往往會造成課稅的不公平，亦即所謂的「對婚姻的懲罰」(marital penalty)；此外，也常引發許多的爭議。茲將實務上之見解分述如下，以為補充之說明：

Ⅰ. 司法院大法官會議釋字第三一八號解釋

解釋文

中華民國五十二年一月二十九日修正公布之所得稅法第十五條、第十七條第一項，關於納稅義務人應與其有所得之配偶及其他受扶養親屬合併申報課徵綜合所得稅之規定，就申報之程序而言，與憲法尚無牴觸。惟合併課稅時，如納稅義務人與有所得之配偶及其他受扶養親屬合併計算稅額，較之單獨計算稅額，增加其稅負者，即與租稅公平原則有所不符。首開規定雖已於中華民國七十八年十二月三十日作部分修正，主管機關仍宜隨時斟酌相關法律及社會經濟情況，檢討改進。

解釋理由書

中華民國五十二年一月二十九日修正公布之所得稅法第十五條、第十七條第一項關於綜合所得稅之納稅義務人應與其有所得之配偶及其他受扶養之親屬合併申報課稅之規定，乃以減少申報及稽

徵件數，節省徵納雙方勞費為目的。就合併申報之程序而言，為增進公共利益所必要，與憲法尚無牴觸。惟合併課稅時，如納稅義務人與有所得之配偶及其他受扶養親屬合併計算稅額，較之單獨計算稅額，增加其稅負者，即與租稅公平原則有所不符。首開規定雖已於中華民國七十八年十二月三十日作部分修正，主管機關仍宜隨時斟酌相關法律及社會經濟情況，就其免稅額及扣除額等規定，通盤檢討改進。

Ⅱ.司法院大法官會議釋字第四一三號解釋

解釋文

　　非中華民國境內居住之個人，經依華僑回國投資條例或外國人投資條例核准在中華民國境內投資，並擔任該事業之董事、監察人或經理人者，如因經營或管理其投資事業需要，於一定課稅年度內在中華民國境內居留期間超過所得稅法第七條第二項第二款所定一百八十三天時，其自該事業所分配之股利，即有獎勵投資條例（現已失效）第十六條第一項第一款及促進產業升級條例第十一條第一項之適用，按所定稅率就源扣繳，不適用所得稅法結算申報之規定，此觀獎勵投資條例第十七條及促進產業升級條例第十一條第二項之規定甚明。行政法院六十三年判字第六七三號判例：「所得稅法第二條第二項及獎勵投資條例第十七條暨同條例施行細則第二十五條之㈠所稱就源扣繳，係指非中華民國境內居住之個人，且無配偶居住國內之情形而言。若配偶之一方居住國內，為中華民國之納稅義務人，則他方縱居住國外，其在國內之所得，仍應適用所得稅法第十五條規定合併申報課稅」，增列無配偶居住國內之情形，添加法律所無之限制，有違憲法所定租稅法律主義之本旨，應不予適用。

解釋理由書

　　獎勵投資條例（已於中華民國七十九年十二月三十一日失效）及促進產業升級條例之立法目的，在獎勵興辦生產事業，加速國家

經濟發展。上開條例所定稅率就源扣繳之規定，優先於所得稅法有關結算申報規定之適用，其依華僑回國投資條例及外國人投資條例經核准在國內投資之人亦適用此一規定者，原在藉此減輕投資人之稅負，提升華僑及外國人投資之意願，以吸收國外資本之方法達成立法之目的。是獎勵投資條例及促進產業升級條例有關所得稅部分，乃所得稅法之特別法，因投資而受獎勵之人民其繳納義務，自應適用上開條例有關減輕稅負之規定（參照本院釋字第一九五號解釋）。

憲法第十九條規定，人民有依法律納稅之義務，係指人民祇有依法律所定之納稅主體、稅目、稅率、納稅方法及稅捐減免等項目而負繳納義務或享受優惠，舉凡應以法律明定之租稅項目，自不得以命令取代法律或作違背法律之規定，迭經本院釋字第二一七號、第三六七號及第三八五號等著有解釋。判例當然亦不得超越法律所定稅目、稅率、稅捐減免或優惠等項目之外，增加法律所無之規定，並加重人民之稅負，否則即有違憲法上之租稅法律主義。依七十六年一月二十六日修正公布之獎勵投資條例第十六條第一項第一款：「依華僑回國投資條例或外國人投資條例申請投資經核准者，其應納之所得稅，由所得稅法規定之扣繳義務人於給付時，按給付額或應分配額扣繳百分之二十」，又同條例第十七條：「非中華民國境內居住之個人，經依華僑回國投資條例或外國人投資條例核准在中華民國境內投資，並擔任該事業之董事、監察人或經理人者，如因經營或管理其投資事業需要，於一課稅年度內在中華民國境內居留期間超過所得稅法第七條第二項第二款所定一百八十三天時，其自該事業所分配之股利，得適用前條第一項第一款之規定」，促進產業升級條例第十一條之規定亦同，是凡符合上開規定之情形者，即有前述所定稅率就源扣繳之適用，不再援引所得稅法結算申報之規定，方符上開條例立法之本意及特別法優於普通法之原理。獎勵投資條例第十七條僅稱非中華民國境內居住之個人，並未附加配偶之居住

條件，乃行政法院六十三年判字第六七三號判例謂：「所得稅法第二條第二項及獎勵投資條例第十七條暨同條例施行細則第二十五條之㈠所稱就源扣繳，係指非中華民國境內居住之個人，且無配偶居住國內之情形而言。若配偶一方居住國內，為中華民國之納稅義務人，則他方縱居住國外，其在國內之所得，仍應適用所得稅法第十五條規定合併申報課稅」，增列無配偶居住國內之情形，添加法律所無之限制，與憲法上租稅法律主義自屬有違，與本解釋意旨不符，應不予適用。至納稅義務人或其配偶是否得因其一方在中華民國境內有住所或有其他情事，而應認定納稅義務人或其配偶不合「非中華民國境內居住之個人」之要件，非獎勵投資條例或促進產業升級條例適用之對象者，應依所得稅法第十五條規定，合併申報其所得，則係另一認定事實適用法律問題，不在本解釋之列。

聲請意旨又泛指民法第一千零二條：「妻以夫之住所為住所，贅夫以妻之住所為住所。但約定夫以妻之住所為住所，或妻以贅夫之住所為住所者，從其約定」違反憲法第七條男女平等之規定部分，並未具體指陳前述民法規定在客觀上有如何牴觸憲法之疑義，亦不在本件受理解釋範圍，併此說明。

Ⅲ. 財政部五十三年臺財稅發字第○九五四四號令

查所得稅法第十五條既已明定，納稅義務人配偶之所得，應由納稅義務人合併申報課稅，依此規定，不論夫妻間採用何種財產制度，其所得均應依法合併申報課稅。

Ⅳ. 財政部六十六年臺財稅字第三五九三四號函

主旨：個人於年度中結婚或離婚，而其配偶於該年度有所得者，於辦理該年度綜合所得稅結算申報時，可自行選擇與其配偶分別或合併辦理結算申報。惟結婚年度以後或離婚年度以前之其他年度，納稅義務人及其配偶，仍應依所得稅法第十五條之規定，合併申報課稅。

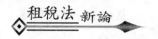

說明：二、於結婚或離婚年度選擇與其配偶分別申報綜合所得稅者，應檢附戶籍謄本，以資證明。至離婚者關於當年度扶養親屬寬減額，得協議由一方申報或分由雙方申報，未經協議者，由離婚後實際扶養之一方申報。

Ⅴ.財政部六十九年臺財稅字第三二四七六號函

說明：二、臺端之子於年度中滿二十歲，於辦理該年度綜合所得稅結算申報，可自行選擇單獨所得稅或與臺端合併申報。如選擇單獨申報，因臺端之子六十八年度之所得僅一萬三千元，未超過規定之免稅額及標準扣除額之合計數，依所得稅法第七十一條第二項規定，得免辦結算申報；惟如申請退還暫繳稅款或扣繳稅款時，則應依同條項但書規定辦理結算申報。

三、臺端之子如選擇與臺端合併申報時，其受扶養期間雖不滿一年，仍可按全年之扶養親屬寬減額扣除，本部五十年臺財稅字第五三六八號函釋有案；惟其當年度中之所得，亦應與臺端合併申報納稅。

Ⅵ.財政部七十六年臺財稅字第七五一九四六三號函

夫妻分居，如已於綜合所得稅結算申報書內載明配偶姓名、身分證統一編號，並註明已分居，分別向其戶籍所在地稽徵機關辦理結算申報，其歸戶合併後全部應納稅額，如經申請分別開單者，准按個人所得總額占夫妻所得總額比率計算，減除其已扣繳及自繳稅款後，分別發單補徵。

此外，有關納稅義務人辦理結算申報的程序以及其他相關的重要事項，茲分述如下：

1.辦理結算申報的期限

依據所得稅法第七十一條之規定，納稅義務人應於每年五月一日起至五月三十一日止，填具結算申報書，向該管稽徵機關，申報

其上一年度內構成綜合所得總額或營利事業收入總額之項目及數額，以及有關減免、扣除之事實，並應依其全年應納稅額減除暫繳稅額、尚未抵繳之扣繳稅額及可扣抵稅額，計算其應納之結算稅額，於申報前自行繳納。但短期票券利息所得之扣繳稅款及營利事業獲配股利總額或盈餘總額所含之可扣抵稅額，不得減除。中華民國境內居住之個人全年綜合所得總額不超過當年度規定之免稅額及標準扣除額之合計數者，得免辦結算申報。但申請退還扣繳稅款及可扣抵稅額者，仍應辦理申報。前二項所稱可扣抵稅額，係指股利憑單所載之可扣抵稅額及獨資資本主、合夥組織合夥人所經營事業繳納之營利事業所得稅額。

2.死亡或離境的結算申報

依據所得稅法第七十一條之一之規定，中華民國境內居住之個人於年度中死亡，其死亡及以前年度依本法規定應申報課稅之所得，除依第七十一條規定免辦結算申報者外，應由遺囑執行人、繼承人或遺產管理人於死亡人死亡之日起三個月內，依本法之規定辦理結算申報，並就其遺產範圍內代負一切有關申報納稅之義務。但遺有配偶為中華民國境內居住之個人者，仍應由其配偶依第七十一條之規定，合併辦理結算申報納稅。中華民國境內居住之個人，於年度中廢止中華民國境內之住所或居所離境者，應於離境前就該年度之所得辦理結算申報納稅。但其配偶如為中華民國境內居住之個人，仍繼續居住中華民國境內者，應由其配偶依第七十一條規定，合併辦理結算申報納稅。合於第四條第十三款規定之教育、文化、公益、慈善機關或團體及其作業組織，應依第七十一條規定辦理結算申報；其不合免稅要件者，仍應依法課稅。

3.結算申報之延期

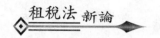

依據所得稅法第七十二條第一項之規定，第七十一條之一第一項規定之申報期限，遺囑執行人、繼承人或遺產管理人，如有特殊情形，得於結算申報期限屆滿前，報經稽徵機關核准延長其申報期限。但最遲不得超過遺產稅之申報期限。

4.代理申報

非居住者之所得原則上僅適用扣繳規定即可，並無須辦理結算申報；然而依據所得稅法第七十三條第一項後段及第二項之規定，非中華民國境內居住之個人，及在中華民國境內無固定營業場所及營業代理人之營利事業，如有非屬第八十八條規定扣繳範圍之所得，並於該年度所得稅申報期限開始前離境者，應於離境前向該管稽徵機關辦理申報，依規定稅率納稅；其於該年度所得稅申報期限內尚未離境者，應於申報期限內依有關規定申報納稅。在中華民國境內無固定營業場所，而有營業代理人之營利事業，除依第二十五條及第二十六條規定計算所得額，並依規定扣繳所得稅款者外，其營利事業所得稅應由其營業代理人負責，依本法規定向該管稽徵機關申報納稅。其中所謂的「如有非屬本法第八十八條扣繳範圍之所得」、「依規定稅率納稅」以及「應於申報期限內依有關規定申報納稅」，依據所得稅法施行細則第六十條第三、四及五項之規定，分別係指有所得稅法第八條所規定之中華民國境內來源所得，及依所得稅法第二條第二項規定，應分別就源扣繳應納稅額，但未列入所得稅法第八十八條扣繳範圍，或雖已列入扣繳所得範圍，但因未達起扣額，或所得稅法第八十九條未規定扣繳義務人者而言；非中華民國境內居住之個人，有非屬扣繳範圍之所得，並於該年度所得稅申報期限開始前離境時，應依當年度所適用同類扣繳所得之扣繳率，其未規定扣繳率者，準用同類之扣繳率，申報納稅；以及納稅義務人，在該年度依所得稅法第七十一條及第七十二條規定之所得稅申報期限

內尚未離境者，其所得應適用上列規定之扣繳率申報納稅。

　　而為了方便非居住者以及其他須離境之居住者能夠順利出境以及確保國家的稅收，在特定的情形之下，該等納稅義務人得先行離境，惟應委任合乎規定之人負責代理其申報納稅，此即為「代理申報」的制度。就此，所得稅法第七十二條第三項即規定，所得稅法第七十一條之一第二項及第七十三條規定之納稅義務人，如有特殊情形，不能依限或自行辦理申報納稅者，得報經稽徵機關核准，委託中華民國境內居住之個人負責代理申報納稅；如有欠繳稅款情事或未經委託會計師或其他合法代理人代理申報納稅者，稽徵機關得通知主管出入國境之審核機關，不予辦理出國手續。而所得稅法施行細則第六十條第一及二項則補充規定，納稅義務人依所得稅法第七十二條第三項規定委託代理人代為申報納稅者，應由代理人出具承諾書，送請該管稽徵機關核准後，依本法代委託人負責履行申報納稅義務。非中華民國境內居住之個人或在中華民國境內無固定營業場所及營業代理人之營利事業，如有非屬本法第八十八條規定扣繳範圍之所得，並無法自行辦理申報者，報經稽徵機關核准，委託在中華民國境內居住之個人或有固定營業場所之營利事業為代理人，負責代理申報納稅。此外，就申報代理人之責任，所得稅法施行細則第六十一條則規定，受委託之代理人，未依規定期間代理申報納稅者，稽徵機關應依所得稅法第七十九條規定，核定納稅義務人之所得額及應納稅額，通知其負責繳納之。因此，申報代理人之責任，不僅只是代理申報而已，其尚須負擔繳納稅款的義務。

5.清算所得之結算申報

　　依據所得稅法第七十五條之規定，營利事業遇有解散、廢止、合併或轉讓情事時，應於截至解散、廢止、合併或轉讓之日止，辦理當期決算，於四十五日內，依規定格式，向該管稽徵機關申報其

營利事業所得額及應納稅額，並於提出申報前自行繳納之。營利事業在清算期間之清算所得，應於清算結束之日起三十日內，依規定格式書表向該管稽徵機關申報，並於申報前依照當年度所適用之營利事業所得稅稅率自行計算繳納。但依其他法律得免除清算程序者，不適用之。前項所稱清算期間，其屬公司組織者，依公司法規定之期限；其非屬公司組織者，為自解散、廢止、合併或轉讓之日起三個月。營利事業未依本條規定期限申報其當期決算所得額或清算所得者，稽徵機關應即依查得資料核定其所得額及應納稅額。營利事業宣告破產者，應於法院公告債權登記期間截止十日前，向該管稽徵機關提出當期營利事業所得稅決算申報；其未依限申報者，稽徵機關應即依查得之資料，核定其所得額及應納稅額。法院應將前項宣告破產之營利事業，於公告債權登記之同時通知當地稽徵機關。就營利事業辦理清算之相關問題，有幾則實務上之見解，可為補充之說明，茲分述如下：

Ⅰ. 財政部六十五年臺財稅字第三〇五三三號函

公司組織之營利事業辦理清算及分派剩餘財產課稅辦法，茲分別規定如次：㈡股東取得剩餘財產之課稅問題：股東於依照公司法第三百三十條規定取得清算人所分派之剩餘財產時，其中屬於股本部分不在課稅之列，其餘部分，除該股東係屬於所得稅法第四十二條規定公司組織之營利事業外，均應依法繳納綜合所得稅或營利事業所得稅，並由清算人依法扣繳之，其公式如次：⑴清算後之資產總額－負債總額－清算費用－清算人之報酬＝剩餘財產。⑵剩餘財產－應納清算所得稅額－股本＝全體股東應稅清算所得額。⑶全體股東應稅清算所得額×分派比例＝個別股東之應稅清算所得額。㈢清算申報後發現應行課稅所得之處理：公司組織經辦理清算申報後，復發現有依所得稅法規定應行課稅之收益者，應由清算人列為清算所得計納營利事業所得稅後，並將稅後餘額分派股東，由各該股東

依前述方式納稅。㈣清算人於分派剩餘財產時，未依法扣繳稅款之處理：在本函到達日前，清算人於分派剩餘財產予股東時，未依所得稅法第八十八條有關公司分派股利之規定扣繳者，准免予賠繳並送罰。惟各股東如未將此項分派之剩餘財產依法申報課稅者，應予補稅送罰。

Ⅱ.財政部臺財稅字第八四一六一一四四六號函

百卓企業股份有限公司辦理清算，該公司於八十二年度以土地交易增益轉列資本公積並辦理增資其無償配發股份金額，非屬股東原出資額，依本部（六二）臺財稅第三一六〇四號函規定，此部分所分派之剩餘財產，應全數作為股東分派年度之投資收益或營利所得申報課徵所得稅。

6.結算申報書

依據所得稅法第七十七條之規定,營利事業所得稅結算申報書,應按左列規定使用之：一、普通申報書：一般營利事業，除核定適用藍色申報書或簡易申報書者外，適用之。二、藍色申報書：凡經稽徵機關核准者適用之。藍色申報書指使用藍色紙張，依規定格式印製之結算申報書，專為獎勵誠實申報之營利事業而設置；藍色申報書及簡易申報書實施辦法，由財政部定之。三、簡易申報書：小規模營利事業適用之。綜合所得稅結算申報書，分一般申報書及簡式申報書兩種，其格式及使用範圍，由財政部定之。

◈ ㈡暫　繳

為了使國庫的租稅收入能夠平均分散於全年而不致於大量的集中在特定的期間，以使國家的歲入歲出能保持良好的流動性，因此，法律遂規定營利事業必須將其全年的所得稅分期預先繳交國庫，此即所謂的「暫繳」制度。而依據所得稅法第六十七條之規定，營利

事業除符合第六十九條規定者外，應於每年九月一日起至九月三十日止，按其上年度結算申報營利事業所得稅應納稅額之二分之一為暫繳稅額，自行向庫繳納，並依規定格式，填具暫繳稅款申報書，檢附暫繳稅款繳款收據，一併申報該管稽徵機關。公司組織法之營利事業，會計帳冊簿據完備，使用第七十七條所稱藍色申報書或經會計師查核簽證，並如期辦理暫繳申報者，得以當年度前六個月之營業收入總額，依本法有關營利事業所得稅之規定，試算其前半年之營利事業所得額，按當年度稅率，計算其暫繳稅額，不適用前項暫繳稅額之計算方式。惟依所得稅法第六十八條之規定，營利事業如未依規定期間辦理暫繳，而於十月三十一日以前已依前條第一項規定計算補報及補繳暫繳稅額者，應自十月一日起至其繳納暫繳稅額之日止，按其暫繳稅額，依第一百二十三條規定之存款利率，按日加計利息，一併徵收。營利事業如逾十月三十一日仍未依規定期間辦理暫繳者，稽徵機關應依前條規定計算其暫繳稅額，並依第一百二十三條規定之存款利率，加計一個月之利息，一併填具暫繳稅額核定通知書，通知該營利事業於十五日內自行向庫繳納。此外，依據所得稅法第六十九條之規定，在中華民國境內無固定營業場所之營利事業，其營利事業所得稅依第九十八條之一之規定，應由營業代理人或給付人扣繳者、經核定之小規模營利事業或依本法或其他有關法律規定免徵營利事業所得稅者，可以不必辦理暫繳。

❖ (三)就源扣繳

為了確實掌握所得稅的如期繳付以及促使納稅義務人能夠依法如期辦理結算申報，並使國庫的租稅收入能夠平均分散於全年而不致於大量的集中在特定的期間，以確保國家的歲入歲出能保持良好的流動性，法律遂規定所得之給付人於給付納稅義務人所得時應依照法定的扣繳比率預先扣繳該納稅義務人應納之所得稅，惟如其全

年扣繳之所得稅超過其依法應納之所得稅者，納稅義務人則可於辦理結算申報時一併辦理退稅，此即所謂的「就源扣繳」制度。「就源扣繳」制度是所有租稅徵收方法中最經濟、最有效率且最不擾民的，惟其適用範圍則有相當之限制，也就是說，其扣繳義務人原則上必須是依法應保持正確的帳簿憑證及會計紀錄的營利事業、機關、組織、營業代理人或執行業務者，否則將難以發揮其應有之功能。茲將「就源扣繳」制度之相關事項，詳細分析如下：

1.適用範圍及對象

依據所得稅法第八十八條之規定：「納稅義務人有左列各類所得者，應由扣繳義務人於給付時，依規定之扣繳率或扣繳辦法，扣取稅款，並依第九十二條規定繳納之：一、公司分配予非中華民國境內居住之個人及在中華民國境內無固定營業場所之營利事業之股利淨額；合作社、合夥組織或獨資組織分配予非中華民國境內居住之社員、合夥人或獨資資本主之盈餘淨額。二、機關、團體、事業或執行業務者所給付之薪資、利息、租金、佣金、權利金、競技、競賽或機會中獎之獎金或給與、退休金、資遣費、退職金、離職金、終身俸、非屬保險給付之養老金、執行業務者之報酬，及給付在中華民國境內無固定營業場所及營業代理人之國外營利事業之所得。三、第二十五條規定之營利事業，依第九十八條之一之規定，應由營業代理人或給付人扣繳所得稅款之營利事業所得。四、第二十六條規定在中華民國境內無分支機構之國外影片事業，其在中華民國境內之營利事業所得額。本條各類所得之扣繳率及扣繳辦法，由財政部擬訂，報請行政院核定發布之。」此外，依據所得稅法第七十三條之一規定：「國際金融業務分行對中華民國境內之個人、法人、政府機關或金融機構授信之收入，除依法免稅者外，應由該分行於第七十一條規定期限內，　就其授信收入總額按規定之扣繳率申報納

稅。」因此，舉凡以上所列之所得類型及納稅義務人皆為「就源扣繳」的適用範圍及對象。

不過，所得稅法施行細則第八十三條則有例外規定：「依本法第八十八條應扣繳所得稅款之各類所得，如有依本法第四條各款規定免納所得稅者，應予免扣繳。但採定額免稅者，其超過起扣點部分仍應扣繳。銀行業貸放款之利息所得、農地房地產業及已登記經營租賃業務營利事業之租賃所得、行紀業或兼營行紀業者收取佣金及營利事業依法開立統一發票之權利金收入，均免予扣繳。」

2.扣繳比率

有關「就源扣繳」之扣繳比率，蓋依各類所得扣繳率標準之相關規定，茲分述如下：

(1)居住者：依據各類所得扣繳率標準第二條之規定，納稅義務人如為中華民國境內居住之個人，或在中華民國境內有固定營業場所之營利事業，按下列規定扣繳：

①薪資按下列兩種方式擇一扣繳，由納稅義務人自行選定適用之：

　　a. 凡公教軍警人員及公私事業或團體按月給付職工之薪資，依薪資所得扣繳辦法之規定扣繳之。碼頭車站搬運工及營建業等按日計算並按日給付之臨時工，其工資免予扣繳，仍應依所得稅法第八十九條第三項之規定，由扣繳義務人列單申報該管稽徵機關。

　　b. 按全月給付總額扣取百分之十。

②佣金按給付額扣取百分之十。

③利息按下列規定扣繳：

　　a. 短期票券之利息按給付額扣取百分之二十。

　　b. 軍、公、教退休（伍）金優惠存款之利息免予扣繳，但

應準用所得稅法第八十九條第三項之規定，由扣繳義務人列單申報該管稽徵機關。

　c. 其餘各種利息，一律按給付額扣取百分之十。

④納稅義務人及與其合併申報綜合所得稅之配偶暨受其扶養之親屬有下列所得者，得依儲蓄投資免扣證實施辦法規定領用免扣證，持交扣繳義務人於給付時登記，累計不超過新臺幣二十七萬元部分，免予扣繳：

　a. 除郵政存簿儲金及短期票券以外之金融機構存款之利息。

　b. 公債、公司債、金融債券之利息。

　c. 儲蓄性質信託資金之收益。

⑤租金按給付額扣取百分之十。

⑥權利金按給付額扣取百分之十五。

⑦競技競賽機會中獎獎金或給與按給付全額扣取百分之十五。但政府舉辦之獎券中獎獎金，每聯獎額不超過新臺幣二千元者，免予扣繳。每聯獎額超過新臺幣二千元者，應按給付全額扣取百分之二十。

⑧執行業務者之報酬按給付額扣取百分之十。

⑨退職所得按給付額減除定額免稅後之餘額扣取百分之六。

　除了以上扣繳比率之規定外，依據各類所得扣繳率標準第八條之規定，中華民國境內居住之個人如有第二條規定之所得，扣繳義務人每次應扣繳稅額不超過新臺幣二千元者，免予扣繳。但短期票券之利息及政府舉辦之獎券中獎獎金，仍應依規定扣繳。扣繳義務人對同一納稅義務人全年給付前項所得不超過新臺幣一千元者，得免依所得稅法第八十九條第三項規定，列單申報該管稽徵機關。

　⑵非居住者：依據各類所得扣繳率標準第三條之規定，納稅義務人如為非中華民國境內居住之個人，或在中華民國境內無固定營

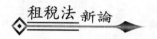

業場所之營利事業，按下列規定扣繳。

①非中華民國境內居住之個人，如有公司分配之股利，合作
　社所分配之盈餘，合夥組織營利事業合夥人每年應分配之
　盈餘，獨資組織營利事業資本主每年所得之盈餘，按給付
　額、應分配額或所得數扣取百分之三十五；在中華民國境
　內無固定營業場所之營利事業，如有公司分配之股利，按
　給付額扣取百分之二十五。但依華僑回國投資條例或外國
　人投資條例申請投資經核准者，自投資事業所取得或應分
　配之盈餘，其應納之所得稅，由扣繳義務人於給付時，按
　給付額或應分配額扣繳百分之二十。

②薪資按給付額扣取百分之二十。但政府派駐國外工作人員
　所領政府發給之薪資按全月給付總額超過新臺幣三萬元部
　分，扣取百分之五。

③佣金按給付額扣取百分之二十。

④利息按給付額扣取百分之二十。

⑤租金按給付額扣取百分之二十。

⑥權利金按給付額扣取百分之二十。

⑦競技競賽機會中獎獎金或給與按給付全額扣取百分之二
　十。但政府舉辦之獎券中獎獎金，其每聯獎額不超過新臺
　幣二千元者得免予扣繳。

⑧執行業務者之報酬按給付額扣取百分之二十。但個人稿費、
　版稅、樂譜、作曲、編劇、漫畫、講演之鐘點費之收入，
　每次給付額不超過新臺幣五千元者，得免予扣繳。

⑨在中華民國境內無固定營業場所及營業代理人之營利事
　業，有上述所列各類所得以外之所得，按給付額扣取百分
　之二十。

⑩退職所得按給付額減除定額免稅後之餘額扣取百分之二

十。

此外，依據各類所得扣繳率標準第六條之規定，在中華民國境內無固定營業場所及營業代理人之營利事業，如有財產交易所得，應按所得額百分之二十五扣繳率申報納稅。非中華民國境內居住之個人，如有財產交易所得或自力耕作、漁、牧、林、礦所得，應按所得額百分之三十五扣繳率申報納稅；如有其他所得，應按所得額百分之二十扣繳率申報納稅。

(3)適用所得稅法第二十五條之營利事業：依據各類所得扣繳率標準第四條之規定，總機構在中華民國境外之營利事業，依所得稅法第二十五條規定，經財政部核准或核定，其所得額按中華民國境內之營業收入百分之十或百分之十五計算，其應納營利事業所得稅依同法第九十八條之一第二款及第三款規定應由營業代理人或給付人扣繳者，按其在中華民國境內之營利事業所得額扣取百分之二十五。

(4)適用所得稅法第二十六條之營利事業：依據各類所得扣繳率標準第五條之規定，所得稅法第二十六條規定，在中華民國境內無分支機構之國外影片事業，按其在中華民國境內之營利事業所得額扣取百分之二十。

(5)國際金融業務分行：依據各類所得扣繳率標準第七條之規定，國際金融業務分行對中華民國境內之個人、法人、政府機關或金融機構授信之收入，應按授信收入總額百分之十五扣繳率申報納稅。

3.無須辦理結算申報者

依據所得稅法第二條第二項之規定，非中華民國境內居住之個人，而有中華民國來源所得者，除本法另有規定外，其應納稅額，分別就源扣繳。此外，所得稅法第七十三條第一項前段及第二項亦規定：「非中華民國境內居住之個人，及在中華民國境內無固定營業

場所及營業代理人之營利事業，在中華民國境內有第八十八條規定之各項所得者，不適用第七十一條關於結算申報之規定，其應納所得稅應由扣繳義務人於給付時，依規定之扣繳率扣繳之。在中華民國境內無固定營業場所，而有營業代理人之營利事業，除依第二十五條及第二十六條規定計算所得額，並依規定扣繳所得稅款者外，其營利事業所得稅應由其營業代理人負責，依本法規定向該管稽徵機關申報納稅。」因此，就非居住者或適用所得稅法第二十五條及第二十六條之營利事業而言，原則上如其有屬第八十八條規定扣繳範圍之所得者，依法僅須就源扣繳即可，無庸辦理結算申報。至於究竟應如何來認定何謂「非中華民國境內居住之個人」的問題，行政法院八十七年度判字第一六五八號判決之見解，即相當值得贊許：

按「本法稱中華民國境內居住之個人，指左列兩種：一、在中華民國境內有住所，並經常居住中華民國境內者。二、在中華民國境內無住所，而於一課稅年度內在中華民國境內居留合計滿一百八十三天者。」「本法稱非中華民國境內居住之個人，係指前項規定以外之個人。」「非中華民國境內居住之個人，及在中華民國境內無固定營業場所及營業代理人之營利事業，在中華民國境內有本法第八十八條規定之各項所得者，不適用本法第七十一條關於結算申報之規定，其應納所得稅應由扣繳義務人於給付時，依規定之扣繳率扣繳之。」為行為時所得稅法第七條第二項、第三項及第七十三條第一項前段所規定。本件原告就其八十一年度之利息、營利及租賃所得計九一七、九六九元，按在中華民國境內居住之個人依行為時所得稅法第七十一條規定辦理結算申報，並經被告核定應退稅七〇、九二二元。嗣因其非屬中華民國境內居住之個人而取有同法第八十八條規定之各項所得，依同法第七十三條第一項規定，其應納所得稅應由扣繳義務人於給付時，依規定之扣繳率扣繳之，乃發單補徵該原退稅款。原告不服，申經被告復查結果未准變更。原告起訴主張：

原告在中華民國境內設有戶籍並領有國民身分證，主觀上已有久住之意思，且設籍在自有建物上，客觀上亦足認定有久住之意思，自符合民法第二十條：「依一定事實，足認以久住之意思，住於一定之地域者，即為設定其住所於該地」，因此，原告依法在中華民國境內有住所，並經常居住在中華民國境內者，自屬在中華民國境內居住之個人，自應適用所得稅法第七十一條規定辦理結算申報；又原核定誤認原告自六十一年七月十三日即已出境美國，並於八十五年六月六日再行遷入高雄市三民區建國一路四九二號，惟實際上，係原告為換領國民身分證依戶政機關之指示辦理程序，原告自始未曾遷出戶籍，何來遷入戶籍，準此，原核定認定事實錯誤云云，惟查原告原設籍高雄市三民區建國一路四九二號，於六十一年七月十三日出境美國，有戶籍資料附卷可稽，而戶籍登記係據實登記人民遷徙情形，國人亦慣以戶籍所在地為其住所，原告既早於六十一年間即登記出境美國，於八十五年六月六日始再行遷入，難謂在中華民國境內設有住所，且其八十一年度迄無入境居留之事實，有內政部警政署入出境管理局八十四年八月九日境信字第三○○一五號函可證。而**按民法第二十條所稱「以久住之意思」一語，應依客觀事實認定，非當事人可任意主張**，本件原告既自六十一年七月十三日即已出境美國，迄無入境居留之事實，至八十五年六月二日始行入境，並於八十五年六月六日再行遷入高雄市三民區建國一路四九二號，此有戶籍謄本、戶籍資料及內政部警政署入出境管理局八十四年八月九日境信字第三○○一五號函可稽，即難謂其在中華民國境內設有住所而為中華民國境內居住之個人，自無適用行為時所得稅法第七十一條關於結算申報之餘地，原告前揭主張尚非可採。被告遂發單追補原退稅七○、九二二元，洵無違誤。一再訴願決定遞予維持，均無不合，原告起訴意旨，難謂有理，應予駁回。

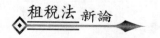

4.扣繳義務人及納稅義務人

依據所得稅法第八十九條之規定：「前條各類所得稅款，其扣繳義務人及納稅義務人如左：一、公司分配予非中華民國境內居住之個人及在中華民國境內無固定營業場所之營利事業之股利淨額；合作社、合夥組織或獨資組織分配予非中華民國境內居住之社員、合夥人或獨資資本主之盈餘淨額，其扣繳義務人為公司、合作社、合夥組織或獨資組織負責人；納稅義務人為非中華民國境內居住之個人股東、在中華民國境內無固定營業場所之營利事業股東、非中華民國境內居住之社員、合夥人或獨資資本主。二、薪資、利息、租金、佣金、權利金、執行業務報酬、競技、競賽或機會中獎獎金或給與，及給付在中華民國境內無固定營業場所或營業代理人之國外營利事業之所得，其扣繳義務人為機關、團體之應扣繳單位主管、事業負責人及執行業務者；納稅義務人為取得所得者。三、依前條第一項第三款規定之營利事業所得稅扣繳義務人，為營業代理人或給付人；納稅義務人為總機構在中華民國境外之營利事業。四、國外影片事業所得稅款扣繳義務人，為營業代理人或給付人；納稅義務人為國外影片事業。扣繳義務人未履行扣繳責任，而有行蹤不明或其他情事，致無從追究者，稽徵機關得逕向納稅義務人徵收之。公私機關、團體、學校、事業或執行業務者每年所給付依前條規定應扣繳稅款之所得，及第十四條第一項第十類之其他所得，因未達起扣點，或因不屬本法規定之扣繳範圍，而未經扣繳稅款者，應於每年一月底前，將受領人姓名、住址、國民身分證統一編號及全年給付金額等，依規定格式，列單申報主管稽徵機關；並應於二月十日前，將免扣繳憑單填發納稅義務人。」由以上可知，扣繳義務人原則上必須是依法應保持正確的帳簿憑證及會計紀錄的營利事業、機關、組織、營業代理人或執行業務者。

5.扣繳稅款之報繳

　　依據所得稅法第九十二條之規定:「第八十八條各類所得稅款之扣繳義務人，應於每月十日前將上一月內所扣稅款向國庫繳清，並於每年一月底前將上一年內扣繳各納稅義務人之稅款數額，開具扣繳憑單，彙報該管稽徵機關查核；並應於二月十日前將扣繳憑單填發納稅義務人。但營利事業有解散、廢止、合併或轉讓，或機關、團體裁撤、變更時，扣繳義務人應隨時就已扣繳稅款數額，填發扣繳憑單，並於十日內向該管稽徵機關辦理申報。非中華民國境內居住之個人，或在中華民國境內無固定營業場所之營利事業，有第八十八條規定各類所得時，扣繳義務人應於代扣稅款之日起十日內，將所扣稅款向國庫繳清，並開具扣繳憑單，向該管稽徵機關申報核驗。」

十、所得稅的稽查、核定與獎懲

 ## (一)所得稅的稽查及核定

1.未依限辦理結算申報之稽查及核定

　　依據所得稅法第七十九條之規定:「納稅義務人未依規定期限辦理結算申報者，稽徵機關應即填具滯報通知書，送達納稅義務人，限於接到滯報通知書之日起十五日內補辦結算申報；其逾限仍未辦理結算申報者，稽徵機關應依查得之資料或同業利潤標準，核定其所得額及應納稅額，並填具核定稅額通知書，連同繳款書，送達納稅義務人依限繳納；嗣後如經調查另行發現課稅資料，仍應依稅捐稽徵法有關規定辦理。綜合所得稅納稅義務人及使用簡易申報書之

小規模營利事業，不適用前項催報之規定；其逾期未申報者，稽徵機關應即依查得之資料或同業利潤標準，核定其所得額及應納稅額，通知依限繳納；嗣後如經稽徵機關調查另行發現課稅資料，仍應依稅捐稽徵法有關規定辦理。」

2.依限結算申報之稽查及核定

依據所得稅法第八十條之規定：「稽徵機關接到結算申報書後，應派員調查，核定其所得額及應納稅額。前項調查，稽徵機關得視當地納稅義務人之多寡，採分業抽樣調查方法，核定各該業所得額之標準。納稅義務人申報之所得額，如在前項規定標準以上即以其原申報額為準，如不及前項規定標準者，應再個別調查核定之。各業納稅義務人所得額標準之核定，應徵詢各該業同業公會之意見。」

3.納稅義務人的提示義務

依據所得稅法第八十三條之規定： 「稽徵機關進行調查或復查時，納稅義務人應提示有關各種證明所得額之帳簿、文據，其未提示者，稽徵機關得依查得之資料或同業利潤標準，核定其所得額。前項帳簿、文據，應由納稅義務人依稽徵機關規定時間，送交調查，其因特殊情形，經納稅義務人申請，或稽徵機關認有必要，得派員就地調查。納稅義務人已依規定辦理結算申報，但於稽徵機關進行調查時，通知提示有關各種證明所得額之帳簿、文據而未依限期提示者，稽徵機關得依查得之資料或同業利潤標準核定其所得額；嗣後如經調查另行發現課稅資料，仍應依法辦理。」

此外，就所得的稽查及核定之相關問題，有幾則實務上之見解，可為補充之說明，茲分述如下：

Ⅰ.司法院大法官會議釋字第二一八號解釋

解釋文

　　人民有依法律納稅之義務，憲法第十九條定有明文。國家依法課徵所得稅時，納稅義務人應自行申報，並提示各種證明所得額之帳簿、文據，以便稽徵機關查核。凡未自行申報或提示證明文件者，稽徵機關得依查得之資料或同業利潤標準，核定其所得額。此項推計核定方法，與憲法首開規定之本旨並不牴觸。惟依此項推計核定方法估計所得額時，應力求客觀、合理，使與納稅義務人之實際所得相當，以維租稅公平原則。至於個人出售房屋，未能提出交易時實際成交價格及原始取得之實際成本之證明文件者。財政部於六十七年四月七日所發（六七）臺財稅字第三二二五二號及於六十九年五月二日所發（六九）臺財稅字第三三五二三號等函釋示：「一律以出售年度房屋評定價格之百分之二十計算財產交易所得」，不問年度、地區、經濟情況如何不同，概按房屋評定價格，以固定不變之百分比，推計納稅義務人之所得額自難切近實際，有失公平合理，且與所得稅法所定推計核定之意旨未盡相符，應自本解釋公布之日起六個月內停止適用。

解釋理由書

　　憲法第十九條規定：「人民有依法律納稅之義務」，國家依據所得稅法課徵所得稅時，無論為個人綜合所得稅或營利事業所得稅，納稅義務人均應在法定期限內填具所得稅結算申報書自行申報，並提示各種證明所得額之帳簿、文據，以便稽徵機關於接到結算申報書後，調查核定其所得額及應納稅額。凡未在法定期限內填具結算申報書自行申報或於稽徵機關進行調查或復查時，未提示各種證明所得額之帳簿、文據者，稽徵機關得依查得資料或同業利潤標準，核定其所得額，所得稅法第七十一條第一項前段、第七十六條第一項、第七十九條第一項、第八十條第一項及第八十三條第一項規定甚明。此項推計核定所得額之方法，與憲法首開規定之本旨並不牴觸。惟依推計核定之方法，估計納稅義務人之所得額時，仍應本經

313

驗法則，力求客觀、合理，使與納稅義務人之實際所得額相當，以
維租稅公平原則。至於個人出售房屋，未能提示交易時實際成交價
格及原始取得之實際成本之證明文件，致難依所得稅法第十四條第
一項第七類第一目計算所得額者，財政部於六十七年四月七日所發
（六七）臺財稅字第三二二五二號及於六十九年五月二日所發（六
九）臺財稅字第三三五二三號等函釋示：「一律以出售年度房屋評定
價格之百分之二十計算財產交易所得」，此時既不以發見個別課稅事
實真相為目的，而又不問年度、地區、經濟情況如何不同，概按房
屋評定價格，以固定不變之百分比，推計納稅義務人之所得額，自
難切近實際，有失公平合理，且與所得稅法所定推計核定之意旨未
盡相符，應自本解釋公布之日起六個月內停止適用。

Ⅱ．行政法院五十六年判字第二八〇號判例

所得稅法第八十條第二項所規定稽徵機關核定之各業所得額之
標準，依同條第三項規定，其作用在於視納稅義務人申報之所得額
是否達此標準，而決定其應否再予個別調查核定，非可依此標準即
作為核定之所得額，至於同法第八十三條第一項所規定之同業利潤
標準，則與同法第七十九條第三項及第六項所規定之同業利潤標準，
係同一意義，同法施行細則第七十三條之規定，於同法第八十三條
第一項所定之同業利潤標準，亦有其適用。被告官署（臺南市稅捐
稽徵處）所自訂之律師業同業標準，無論其所定標準是否適當，既
非依上開施行細則之規定，由省區稽徵機關擬訂報請財政部核備，
自非法律所定之同業利潤標準，被告官署遽據以核定原告之所得額，
難謂適法。

Ⅲ．行政法院八十年判字第八七六號判決

按國家依法課徵所得稅時，納稅義務人未自行申報或提示證明
文件者，稽徵機關得依查得之資料或同業利潤標準，核定所得額，
惟依此項推計核定方法估計所得額時，應力求客觀合理，使與納稅

義務人之實際所得相當，以維租稅公平原則，司法院大法官會議釋字第二一八號解釋闡述甚明。本件被告機關以原告於七十七年度出售其所有系爭房屋未依規定申報該筆財產交易所得，亦未能提供實際成交價格資料供核，乃依財政部七十八年一月三十日臺財稅字第七八○○○三九四四號函核定原告當年度財產交易所得二、二一六、九八四元，固非無據。惟原告主張其於七十年間向高雄地方法院標購系爭房屋及土地，買進價格，房屋一二、七八八、○○○元，土地二、二一二、○○○元，合計一五、○○○、○○○元，嗣於七十七年賣出價格房屋一○、一○○、○○○元，土地六、三九九、三六一元，合計一六、四九九、三六一元，經核算房屋虧損二、六八八、○○○元，土地則餘四、一八七、三六一元，依法已繳納土地增值稅等情，業據原告提出買進時之高雄地方法院不動產權利移轉證書影本，賣出時之高雄地方法院公證書及土地建築改良物所有權移轉契約書等件為證，並為被告機關所不爭執。被告機關以法院公證書，僅為訂立買賣契約行為之證明，供買賣雙方辦理所有權移轉登記之用，其所載買賣價額是否為實際成交價格，法院公證處並未予以查究，且原告迄未提供其他有關收付款證明，俾以認定，因認原告所提地方法院公證書尚難作為系爭房屋實際賣出成交價格之切確證明，而移轉契約書所載買賣價款，亦僅能證明系爭房屋買賣之監證契價，作為稅捐稽徵機關課徵契稅之依據，亦不足為系爭房屋交易時之實際成交價格證明云云。惟查本件原告向高雄地方法院買入系爭房屋之價額為被告機關所不爭，自得予以認定，而其出售價額，雖不能提示收付價款紀錄或其他憑證，以資證明為實際交易價格，然被告機關非不能調查其他有關資料認定其合理交易價格作為其買賣價格，並於以其與買入價格比較其差額計算房屋買賣交易所得，以符合首揭大法官會議解釋之意旨，乃被告機關未據查明交易當時系爭房屋合理買賣價格，亦未敘明其有不可認定合理買賣價

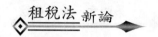

格之事由，遽認原告所提示經法院公證之買賣所有權移轉契約書所載出售價格非實際交易價格，而逕予核定其財產交易所得，不無速斷，有違前開解釋意旨，難謂允洽，一再訴願決定未審酌及此，遞予維持，亦嫌疏略。

◈ (二)罰 則

1.行為罰

有關所得稅之行為罰主要有下列幾種：

(1)滯報金及怠報金：依據所得稅法第一百零八條之規定，納稅義務人違反第七十一條規定，未依限辦理結算申報，但已依第七十九條第一項規定補辦結算申報，經稽徵機關據以調查核定其所得額及應納稅額者，應按核定應納稅額另徵百分之十滯報金，滯報金之金額，不得少於一千五百元。納稅義務人逾第七十九條規定之補報期限，仍未辦理結算申報，經稽徵機關依查得資料或同業利潤標準核定其所得額及應納稅額者，應按核定應納稅額另徵百分之二十怠報金。怠報金之金額，不得少於四千五百元。綜合所得稅納稅義務人、使用簡易申報書之小規模營利事業及依第七十一條規定免辦結算申報者，不適用前二項之規定。

(2)違反扣繳義務：依據第一百十四條之規定：「扣繳義務人如有左列情事之一者，分別依各該款規定處罰：一、扣繳義務人未依第八十八條規定扣繳稅款者，除限期責令補繳應扣未扣或短扣之稅款及補報扣繳憑單外，並按應扣未扣或短扣之稅額處一倍之罰鍰；其未於限期內補繳應扣未扣或短扣之稅款，或不按實補報扣繳憑單者，應按應扣未扣或短扣之稅額處三倍之罰鍰。二、扣繳義務人已依本法扣繳稅款，而未依第九十二條規定之期限按實填報或填發扣繳憑單者，除限期責令補報或填發外，應按扣繳稅額處百分之二十之罰

鍰。但最高不得超過二萬二千五百元，最低不得少於一千五百元；逾期自動申報或填發者，減半處罰。經稽徵機關限期責令補報或填發扣繳憑單，扣繳義務人未依限按實補報或填發者，應按扣繳稅額處三倍之罰鍰。但最高不得超過四萬五千元，最低不得少於三千元。三、扣繳義務人逾第九十二條規定期限繳納所扣稅款者，每逾二日加徵百分之一滯納金。」

⑶未依限或未據實申報或未依限填發免扣繳憑單：依據所得稅法第一百十一條第二項之規定，政府機關、團體、學校、事業之應扣繳單位主管，違反第八十九條第三項之規定，未依限或未據實申報或未依限填發免扣繳憑單者，應通知其主管機關議處。私人團體或事業，違反第八十九條第三項之規定，未依限填報或未據實申報或未依限填發免扣繳憑單者，處該團體或事業一千五百元之罰鍰，並通知限期補報或填發；逾期不補報或填發者，應按所給付之金額處該團體或事業百分之五之罰鍰。但最低不得少於三千元。

⑷未設置股東可扣抵稅額帳戶：依據所得稅法第一百十四條之一規定，營利事業依規定應設置股東可扣抵稅額帳戶而不設置，或不依規定記載者，處三千元以上、七千五百元以下罰鍰，並應通知限於一個月內依規定設置或記載；期滿仍未依照規定設置或記載者，處七千五百元以上、一萬五千元以下罰鍰，並再通知於一個月內依規定設置或記載；期滿仍未依規定設置或記載者，得連續處罰，至依規定設置或記載時為止。

⑸超額分配可扣抵稅額：依據所得稅法第一百十四條之二規定，營利事業有左列各款規定情形之一者，應就其超額分配之可扣抵稅額，責令營利事業限期補繳，並按超額分配之金額，處一倍之罰鍰：一、違反第六十六條之二第二項、第六十六條之三或第六十六條之四規定，虛增股東可扣抵稅額帳戶金額，或短計第六十六條之六規定之帳載累積未分配盈餘帳戶金額，致分配予股東或社員之可扣抵

稅額，超過其應分配之可扣抵稅額者。二、違反第六十六條之五第一項規定，分配予股東或社員之可扣抵稅額，超過股利或盈餘之分配日其股東可扣抵稅額帳戶餘額者。三、違反第六十六條之六規定，分配股利淨額所適用之稅額扣抵比率，超過規定比率，致所分配之可扣抵稅額，超過依規定計算之金額者。營利事業違反第六十六條之七規定，分配可扣抵稅額予其股東或社員，扣抵其應納所得稅額者，應就分配之可扣抵稅額，責令營利事業長期補繳，並按分配之金額處一倍之罰鍰。前二項規定之營利事業有歇業、倒閉或他遷不明之情形者，稽徵機關應就該營利事業超額分配或不應分配予股東或社員扣抵之可扣抵稅額，向股東或社員追繳。

2.漏稅罰

依據所得稅法第一百十條之規定，納稅義務人已依本法規定辦理結算申報，但對依本法規定應申報課稅之所得額有漏報或短報情事者，處以所漏稅額兩倍以下之罰鍰。納稅義務人未依本法規定自行辦理結算申報，而經稽徵機關調查發現有依本法規定課稅之所得額者，除依法核定補徵應納稅額外，應照補徵稅額，處三倍以下之罰鍰。營利事業因受獎勵免稅或營業虧損，致加計短漏之所得額後仍無應納稅額者，應就短漏之所得額依當年度適用之營利事業所得稅稅率計算之金額，分別依前兩項之規定倍數處罰。

承前所述，在實務上，財政部皆會以「稅務違章案件裁罰金額或倍數參考表」內所列之裁罰金額或倍數作為其裁處之標準；因此，宜一併注意該參考表的相關規定。

❖ ㈢告發及檢舉獎金

就核發檢舉人舉發獎金，「財務罰鍰處理暫行條例」及「財務罰鍰給獎分配辦法」，應優先於所得稅法第一百零三條第一項適用之。

而依據財務罰鍰處理暫行條例第三條之規定，罰鍰或罰金及沒收沒入之財物變價，除前條之規定扣繳稅款，並依左列規定先行提獎外，應悉數解庫，其收支全部應編列預算：一、經人舉發而緝獲之案件，就其淨額提撥舉發人獎金不得超過百分之二十。二、主辦查緝機關協助查緝機關之在事人員，就其淨額提撥獎金不得超過百分之二十，其無舉發人之案件，就其淨額提撥獎金，不得超過百分之三十。三、主辦查緝機關協助查緝機關之在事人員獎金之分配辦法，由行政院定之。此外，依據同條例第四條之規定，前條第一款之獎金每案最高額以新臺幣四百八十萬元為限，第二款之獎金每案最高額以新臺幣七百二十萬元為限。此外，依據財政部臺財稅第七七○五五○二○三號函之解釋，㈠舉發甲公司逃漏稅，因此而查獲乙公司漏稅，對乙公司漏稅部分，不核發舉發獎金。㈡舉發甲公司虛報薪資費用漏稅，因而查獲其漏報利息收入。對利息收入漏報部分，不核發舉發獎金。㈢舉發甲公司有漏稅罰情事，因而查獲併有行為罰情事，對該行為罰部分，如係屬同一違章事實所牽涉之漏稅罰及行為罰，應核發舉發獎金。

十一、所得稅的國際租稅協定

依據所得稅法第一百二十四條之規定，凡中華民國與其他國家所簽訂之所得稅協定中，另有特別規定者，依其規定。因此，如所得稅的課徵涉及其他國家的話，及應留心該等國家是否與我國有簽訂關於所得稅的協定以及該協定是否有別於所得稅法的特別規定，如果有特別規定的話，即應優先適用該等規定。目前與我國簽訂關於所得稅的國際租稅協定的國家並不多，而已簽訂之關於所得稅的國際租稅協定則主要可分為下列兩種：

❖ (一)避免雙重課稅及防杜逃稅協定

　　目前與我國簽訂避免所得稅雙重課稅及防杜逃稅協定的國家有新加坡、印尼、南非、紐西蘭、越南、澳大利亞、甘比亞共和國、史瓦濟蘭共和國、馬來西亞及馬其頓共和國等十國。其中與新加坡共和國簽訂的協定自七十一年一月一日起生效。與印尼簽訂的協定，依據財政部臺財稅第八五〇〇六六〇九四號函，自八十五年一月十二日起生效。與南非共和國簽訂的協定，依據財政部臺財稅第八五一九二〇三一五號函，自八十五年九月十二日起生效。與紐西蘭簽訂的協定，依據財政部臺財稅第八六一一五三四三六號函，自八十六年十二月五日起生效。與澳大利亞簽訂的協定，依據財政部臺財稅第八五一九二三九〇一號函，自八十七年五月六日起生效。與越南簽訂的協定，依據財政部臺財稅第八七〇三九五八五一號函，自八十七年五月六日起生效。與甘比亞共和國簽訂的協定，依據財政部臺財稅第八七二七〇八八一二號函，自八十七年十一月四日起生效。與史瓦濟蘭共和國簽訂的協定，依據財政部臺財稅第八八一九〇三六六〇號函，自八十八年二月九日起生效。與馬來西亞簽訂的協定，依據財政部臺財稅第八八一九〇五〇五一號函，自八十八年二月二十六日起生效。與馬其頓共和國簽訂的協定，依據財政部臺財稅第八八〇五〇八九四六號函，自八十八年六月九日起生效。

❖ (二)互免航運所得協定

　　至於與我國簽訂互免航運所得的國家就相當多了，其中包括有美國、南韓、日本、泰國、歐洲經濟共同體會員國、挪威、以色列及澳門等國家及地區。

十二、所得稅法的特別法

❖ (一)促進產業升級條例

所得稅法的特別法當中影響層面最為廣泛的就非促進產業升級條例莫屬了。茲將促進產業升級條例主要的特別規定臚列如下：

1.加速折舊

依據促進產業升級條例第五條之規定，公司購置專供研究與發展、實驗或品質檢驗用之儀器設備及節約能源或利用新及淨潔能源之機器設備，得按二年加速折舊。但在縮短後之耐用年數內，如未折舊足額，得於所得稅法規定之耐用年數內一年或分年繼續折舊，至折足為止。

2.投資抵減

(1)投資自動化生產設備或技術等之稅捐抵減：依據促進產業升級條例第六條之規定，為促進產業升級需要，公司得在下列用途下支出金額百分之五至百分之二十限度內，抵減當年度應納營利事業所得稅額，當年度不足抵減時，得在以後四年度內抵減之：一、投資於自動化設備或技術。二、投資於資源回收、防治汙染設備或技術。三、投資於利用新及淨潔能源，節約能源及工業用水再利用之設備或技術。四、投資於溫室氣體排放量減量或提高能源使用效率之設備或技術。五、投資於網際網路及電視功能、企業資源規畫、通訊及電信產品、電子、電視視訊設備及數位內容產製等提升企業數位資訊效能之硬體、軟體及技術。公司得在投資於研究與發展及人才培訓支出金額百分之三十五限度內，抵減當年度應納營利事業

所得稅；公司當年度研究發展支出超過前二年度研究經費平均數，或當年度人才培訓支出超過前二年度人才培訓經費平均數者，超過部分得按百分之五十抵減當年度應納營利事業所得稅額；當年度不足抵減時得在以後四年度內抵減。前兩項之投資抵減，其每一年度得抵減總額，不超過該公司當年度應納營利事業所得稅額百分之五十為限。但最後年度抵減金額，不在此限。

(2)投資資源貧瘠或發展遲延地區之抵減：依據促進產業升級條例第七條之規定，為促進產業區域均衡發展，公司投資於資源貧瘠或發展遲緩鄉鎮地區之一定產業，達一定投資額或增僱一定人數員工者，得按其投資金額百分之二十範圍內，抵減當年度應納營利事業所得稅額；當年度不足抵減時，得在以後四年度內抵減之。

(3)投資重要科技事業等之抵減：依據促進產業升級條例第八條之規定，為鼓勵對經濟發展具重大效益、風險性高且亟需扶植之新興重要策略性產業之創立或擴充，營利事業或個人原始認股或應募屬該新興重要策略性產業之公司發行之記名股票，持有時間達三年以上者，得依下列規定抵減其當年度應納之營利事業所得稅額或綜合所得稅額；當年度不足抵減時，得在以後四年度內抵減之：一、營利事業以其取得該股票之價款百分之二十限度內，抵減應納之營利事業所得稅額。二、個人以其取得該股票之價款百分之十限度內，抵減應納之綜合所得稅額；其每一年度之抵減金額，以不超過該個人當年度應納綜合所得稅額百分之五十為限。但最後年度抵減金額，不在此限。前項第二款之抵減率，自八十九年一月一日起每隔二年降低一個百分點。至於何謂「原始認股或應募」，則依經濟部工業局80年工六字第○三三六七五號函之解釋：「依據促進產業升級條例第八條之規定，個人或創業投資事業以外之營利事業，原始認股或應募政府指定之重要科技事業及重要投資計畫，其因創立或擴充而履行之記名股票，得以其取得該股票款百分之二十限度內，抵減當

年度應納營利事業所得稅額或綜合所得稅額；另依據促進產業升級
條例施行細則第十七條之規定，前項所稱原始認股，指發起設立時，
發起人所認股份或增資擴展時股東以現金認購之股份，至於現金之
來源，究以原有之資金或以增資之方式，法令上並無任何限制。」

3.五年免稅

依據促進產業升級條例第九條之規定，公司符合第八條新興重
要策略性產業適用範圍者，於其股東開始繳納股票價款之當日起二
年內得經其股東會同意選擇適用免徵營利事業所得稅並放棄適用前
條股東投資抵減之規定，擇定後不得變更。前項選擇適用免徵營利
事業所得稅者，依下列規定辦理：一、屬新投資創立者，自其產品
開始銷售之日或開始提供勞務之日起，連續五年內免徵營利事業所
得稅。二、屬增資擴展者，自新增設備開始作業或開始提供勞務之
日起，連續五年內就其新增所得，免徵營利事業所得稅。但以增資
擴建獨立生產或服務單位或擴充主要生產或服務設備為限。第二項
免徵營利事業所得稅，得由該公司在其產品開始銷售之日或勞務開
始提供之日起，二年內自行選定延遲開始免稅之期間；其延遲期間
自產品開始銷售之日或勞務開始提供之日起最長不得超過四年，延
遲後免稅期間之始日，應為一會計年度之首日。公司以未分配盈餘
轉增資，其增資計畫符合第八條規定之適用範圍者，準用第二項及
第三項之規定。

此外，促進產業升級條例第十條則規定，依第九條規定適用免
徵營利事業所得稅之公司，在免稅期間內，設備應按所得稅法規定
之固定資產耐用年數逐年提列折舊。適用免徵營利事業所得稅之事
業於免稅期間屆滿之日前，將其受免稅獎勵能獨立運作之全套生產
或服務設備或應用軟體，轉讓與其他事業，繼續生產該受獎勵產品
或提供受獎勵勞務，且受讓之公司於受讓後符合第八條新興重要策

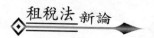

略性產業適用範圍者，其原免稅期間未屆滿部分之獎勵，得由受讓之公司繼續享受。前項情形，轉讓之公司於轉讓後不符合第八條之新興重要策略性產業適用範圍者，應終止其未屆滿之免稅獎勵。

4. 權利金所得免稅

依據促進產業升級條例第十一條之規定，中華民國國民以自己之創作或發明，依法取得之專利權，提供或出售予中華民國境內公司使用，經目的事業主管機關核准者，其提供該公司使用所得之權利金，或售予該公司使用所得之收入，百分之五十免予計入綜合所得額課稅。

5. 提撥國外投資損失準備

依據促進產業升級條例第十二條之規定，公司符合下列情形之一，得按國外投資總額百分之二十範圍內，提撥國外投資損失準備，供實際發生投資損失時充抵之：一、經濟部核准進行國外投資。二、依第六項所定辦法規定，於實行投資後報請經濟部准予備查者。適用前項國外投資損失準備之公司，以進行國外投資總股權占該國外投資事業百分之二十以上者為限。公司法第二項提撥之國外投資損失準備，在提撥五年內若無實際投資損失發時，應將提撥之準備轉作第五年度收益處理。第二項公司因解散、撤銷、廢止、合併或轉讓依所得稅法規定計算清算所得時，國外投資損失準備有累積餘額，應轉作當年度收益處理。

6. 僑外投資所得股利之優惠

依據促進產業升級條例第十三條之規定，非中華民國境內居住之個人及在中華民國境內無固定營業場所之營利事業，依華僑回國投資條例或外國人投資條例申請投資經核准者，其取得中華民國境

內之公司所分配股利或合夥人應分配盈餘應納之所得稅，由所得稅法規定之扣繳義務人於給付時，按給付額或應分配額扣繳百分之二十，不適用所得稅法結算申報之規定。非中華民國境內居住之個人，經依華僑回國投資條例或外國人投資條例核准在中華民國境內投資，並擔任該事業之董事、監察人或經理人者，如因經營或管理其投資事業需要,於一課稅年度內在中華民國境內居留期間超過所得稅法第七條第二項第二款所定一百八十三天時，其自該事業所分配之股利，得適用前項之規定。

7.薪資所得免稅

依據促進產業升級條例第十四條之規定，外國營利事業依華僑回國投資條例或外國人投資條例核准在中華民國境內投資者，該外國營利事業之董事或經理人及所派之技術人員，因辦理投資、建廠或從事市場調查等臨時性工作，於一課稅年度內在中華民國境內居留期間合計不超過一百八十三天者，其由該外國營利事業在中華民國境外給與之薪資所得，不視為中華民國來源所得。

8.股票股利緩課

依據舊促進產業升級條例第十六條之規定，公司以其未分配盈餘增資供左列之用者，其股東因而取得之新發行記名股票，免予計入該股東當年度綜合所得額；其股東為營利事業者，免予計入當年度營利事業所得額課稅。但此類股票於轉讓、贈與或作為遺產分配時，面額部分應作為轉讓、贈與或遺產分配時所屬年度之所得，申報課稅。至實際轉讓價格或贈與遺產分配時之時價，如低於面額時，以實際轉讓價格或贈與、遺產分配之時價申報：一、增置或更新從事生產、提供勞務、研究發展、品質檢驗、防治污染、節省能源或提高工業安全衛生標準等用之機器、設備或運輸設備者。二、償還

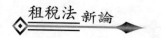

因增置或更新前款之機器、設備或運輸設備之貸款或未付款者。三、轉投資於舊促進產業升級條例第八條所規定之重要事業者。

此外，依據舊促進產業升級條例施行細則第三十七條之規定，依舊促進產業升級條例第十六條第一款、第二款規定以未分配盈餘轉增資申請股票股利緩課所得稅，公司應於股東常會或股東臨時會議決六個月內，檢附公司執照影本、股東會會議紀錄，盈餘撥補表、擴充或償還計畫（含增置生產設備之資金來源及運用說明）及該次增資分配股利基準日證明文件，依下列規定申請核備。一、科學工業園區內之公司，向科學工業園區管理局為之。二、加工出口區內之公司，向加工出口區管理處為之。三、前二款以外之公司，其屬製造業者，向工廠所在地省（市）建設廳（局）為之；製造業相關技術服務業，向設備安裝地省（市）建設廳（局）為之；其他公司，向其目的事業主管機關為之。前項公司分配股利基準日超過股東會決議分配盈餘之日起六個月，或於該六個月內尚未確定股利分配基準日者，以六個月屆滿之日為公司分配股利基準日。因此，如果逾越法定期限方始申請者，可能會導致無法享受此一租稅優惠的結果，亦即失權的效果，行政法院判決八十七年度判字第七九五號即持此一見解：

「按公司以其未分配盈餘增資供一、增置或更新從事生產、提供勞務、研究發展、品質檢驗、防治污染、節省能源或提高工業安全衛生標準等用之機器、設備或運輸設備者。二、償還因增置或更新前款之機器、設備或運輸設備之貸款或未付款者。三、轉投資於第八條所規定之重要事業者之用者，其股東因而取得之新發行記名股票，免予計入該股東當年度綜合所得額；其股東為營利事業者，免予計入當年度營利事業所得額課稅，促進產業升級條例第十六條前段規定有明文。又科學工業園區內之公司，依促進產業升級條例第十六條第一款、第二款規定以未分配盈餘轉增資申請股票股利緩

課所得稅，公司應於股東常會或股東臨時會議決六個月內，檢附公司執照影本、股東會會議紀錄、盈虧撥補表及擴充或償還計劃（含增置生產設備之資金來源及運用說明），向科學工業園區管理局申請核備，復為促進產業升級條例施行細則第三十七條第一款亦有規定。按公司以其未分配盈餘增資發行記名股票，配與其股東，乃公司股東所分配之股票股利，為股東之營利所得，原應計入該年度股東個人之綜合所得總額，課徵所得稅；惟為加速公司資本形成，公司組織以未分配盈餘增資供產業購置機器設備或改善財務結構之特定用途者，准其因增資而配予股東之股票予以緩課，以免因增資所產生稅負之不同而影響公司累積資本。準此可知，公司未分配盈餘，轉為增資後，必須直接供產業購置機器設備或改善財務結構之特定用途者，始有該條款之適用，而公司資金非僅盈餘轉為增資之部分，其資金之運用頻仍，如何認定公司盈餘轉為增資之資金直接供產業購置機器設備或改善財務結構之特定用途，為執行該條款之規定所必需者，促進產業升級條例第四十三條規定其施行細則由行政院定之，行政院訂頒前開施行細則第三十七條第一款規定，即本此必需所設，無違母法授權之意旨，尚未於法律規定外，另行創設新的權利義務，亦與憲法第十九條租稅法定主義及司法院釋字第二一○、三六九、二一七、三八五、四一五、四○二號等解釋無違，應予適用。本件原告於八十五年二月二十八日以其八十三年度未分配盈餘一一八、七一九、五○○元轉增資一案，符合促進產業升級條例第十六條規定，其股東取得股票股利時，免計入所得額課稅，向被告申請核備，被告以原告八十三年度未分配盈餘一一八、七一九、五○○元轉增資增置更新設備，申請緩課股東股票股利所得稅案，已逾申請核備期限，乃以八十五年三月五日(85)園商字第○三六八一號函復歉難同意。原告復於八十五年四月二十四日就其八十三年度未分配盈餘轉增資緩課股東股票股利所得稅申請案提出期限疑義，

向被告請釋，並請求從寬處理。經被告以八十五年七月十九日(85)
園商字第一二三五二號函復仍歉難照准。原告不服，訴稱：促進產
業升級條例施行細則第三十七條（修正前為三十二條）之規定違反
租稅法定主義；原告確已於法定期限內之八十四年十一月十日提出
未分配盈餘轉增資緩課股票股利所得稅之申請，又原告自八十四年
五月十二日起，向被告申請核備擴廠增資。發行股票，並於股票上
明載適用促進產業升級條例第十六條免計股票股利所得等一連串申
請行為，皆為享緩課所得稅優惠而為，而被告自八十四年五月二十
五日以後對原告申請之核准覆函皆係踐行促進產業升級條例施行細
則第三十七條之核備過程，其中被告八十四年五月二十五日園投字
第○六八六八號函要求原告本增資計劃實施後，應依營運計劃經營，
其完成日期為八十七年六月，延展或變更計劃，應經該局核准，足
證其八十三年度未分配盈餘增資擴展計劃，主管機關業已知悉，並
示准核備在案，不得因不見『申請緩課』等語即解釋為非前述規定
之申請，原告應無逾期申請情事；被告未依法定期限通知原告補正，
即逕為駁回之處分，顯然違法云云。惟查促進產業升級條例施行細
則第三十七條第一款規定與憲法第十九條所揭示之租稅法定主義及
司法院釋字第二一○號等解釋無違業如前述，不復贅述。次查原告
為配合擴充產能計劃，於八十四年五月二十日股東常會中決議將其
八十三年度未分配盈餘一一八、七一九、五○○元轉增資，而於八
十五年二月二十八日始依促進產業升級條例第十六條規定，向被告
申請核備其股東取得股票股利時，免計入所得額課稅，有原告八十
四年股東常會議事錄影本及申請核備股東取得股利免計入所得額課
稅申請書附原處分案卷可稽，其申請已逾核備期限。原告雖一再主
張其於八十四年十一月十日已向被告申請核備，有其內部收發文紀
錄資料及切結書影本可證，惟按原告內部收發文紀錄資料及其代表
人葉博任、員工王錦雪之切結書均屬原告片面之主張，原告既未能

提出被告業已收受其上述申請核備之確切證明，則尚難依原告所提出之內部紀錄及負責人、員工之切結書認定其主張為真實。再查被告雖於核准原告增資變更登記核准函內記載『增資擴展供生產之設備，請依科學工業園區設置管理條例施行細則第二十四條之規定，儘速申請核驗發證，俾便辦理免徵營利事業所得稅事宜』等詞，惟此僅係主管機關提示公司若有增資擴展供生產之設備，如擬依科學工業園區設置管理條例第十五條規定享受免徵營利事業所得稅，則應依同條例施行細則第二十四條規定儘速申請核驗發證，其與促進產業升級條例規定之緩課稅係兩種不同措施與程序，且所依據之法律亦不相同。又股票樣張記載『本股票依促進產業升級條例第十六條規定於取得年度免予計入股東所得額課稅』，係原告依股東會決議事項於八十四年十月六日先行付印，但仍須於股東會議決六個月內，分別依促進產業升級條例施行細則第三十七條及第三十八條等規定，向被告申請核備及於裝置完成後六個月內取得完成證明，股東方得享受緩課稅之權利，本件被告認上開股票樣張所記載之文字並不能顯示其已為緩課所得稅之申請，尚無違誤。再按公司所為增資發行新股登記與緩課所得稅之申請，二者所依據之法律規定及效力並不相同，相互間亦無必然關聯性，難謂公司所為申請增資發行新股登記得轉借為增資緩課之申請，原告主張其先前向被告申請發行新股變更登記之申請函應可視為增資擴展申請緩課股票股利所得核備，尚無可採。又原告係逾期申請，尚不生促進產業升級條例施行細則第五條第三項，第四項通知補正之問題。綜上原告所訴各節，均無不採。原處分撥諸首揭規定及說明，洵無違誤。一再訴願決定遞予維持，俱無不妥。原告起訴論旨，非有理由，應予駁回。」

　　然而，吾人以為行政法院上揭判決的理由似與「租稅法定主義」所揭櫫之原則有所違背，且亦與行政法院八十一年判字第九十六號判決：

「按『農業用地在依法作農業使用期間，移轉與自行耕作之農民繼續耕作者，免徵土地增值稅。』『依本條例第二十七條規定申請免徵土地增值稅者，依左列規定辦理：一、耕地：由申請人於申報土地移轉現值時，檢附土地登記簿謄本、主管機關核發之農地承受人自耕能力證明書影本，送該管稽徵機關。二、耕地以外之其他農業用地：由申報人於申請移轉現值時，檢附土地登記簿謄本、承受人戶籍謄本、繼續作農業使用承諾書，送該管稽徵機關。』為農業發展條例第二十七條及其施行細則第十五條第一項所明定。又『農地用地移轉於辦竣產權移轉登記後，始檢附有關證明文件申請免稅，經審查符合規定要件者，准依農業發展條例第二十七條規定免徵土地增值稅。其前提仍以經審查有關證明文件符合規定要件者為限。』、『法院拍賣農業用地免徵土地增值稅案件，應以債務人（原土地所有權人）或拍定人（承受人）檢附農業發展條例施行細則第十五條（平均地權條例施行細則第六十二條）規定之文件，向稅捐稽徵機關申請為限。』亦分別經財政部七十八年一月二十四日臺財稅第七八○○○九四一一號函及七十九年六月三十日臺財稅第七九○○四五八○七號函所明釋。本件原告與柳乾井，洪正德等三人共有坐落苗栗縣後龍鎮苦苓腳段三七三一、三七六八、三七九八等『田』地目土地三筆，因分割共有物，經法院判決變賣分配價金，經臺灣新竹地方法院拍賣，原告與柳乾井之應有部分拍定由洪正德買受，因原告未依被告機關通知規定期限內申請按農業用地移轉免徵土地增值稅，被告機關乃依首揭法條規定及函釋意旨，按一般用地稅率，核課土地增值稅，固非無見。惟查農業發展條例第二十七條之規定，合於該條所定免稅要件者，當然發生免稅效果，本無待乎人民之申請。同條例施行細則第十五條規定，耕地由申請人於申請土地移轉現值時，檢附土地登記簿謄本，主管機關核發之農業承受人自耕能力證明書影本，送該管稽徵機關。旨在使稽徵機關獲得是否為農業

幅地以及承受以有無自耕能力之資料，以為審查之準據。其申請並非發生免稅之要件。除已繳稅款已逾稅捐稽徵法第二十八條之規定期限不得請求退還外，並不因而發生失權之效果。本件系爭土地因分割共有物，經法院判決變賣分配價金，依卷附臺灣新竹地方法院民事執行處七十五年一月二十三日執乙三（五八二三）字第四五五六號函徵詢被告機關應否課徵土地增值稅，除檢附土地標示標明土地地號地目、面積等外，並檢附買受人自耕能力證明書，上開資料，據以審查，是否符合免徵土地增值稅要件，必待當事人申請始予核准，不無可疑。又農業用地免徵土地增值稅，係以移轉登記之日期為準，此就農業發展條例第二十七條規定之文義觀之至明。至於移轉後以非農業用地再行移轉，除原移轉之移轉與自行耕作之農民繼續耕作，係基於雙方通謀虛偽意思表示，應屬無效外，要不能因此影響原移轉人免徵土地增值稅之權益。系爭土地為農業用地原作農業使用，於七十五年一月二十八日移轉與具有自耕能力之農民洪正德，雖洪正德於七十五年二月二十日以非農業用地移轉與吳奇楠，吳奇楠復於七十九年六月四日以非農業用地再移轉與張金龍，能否僅依上開事實即認洪正德承受之時，並非從事農業經營？原告之移轉系爭土地與洪正德，有無通謀之情形？此與原告得否享有免徵土地增值稅之權利，關係至鉅，又洪正德有無自耕能力？亦涉及拍賣是否有效？如果拍賣無效，與能否課徵土地增值稅亦有關聯，自應調查審認，原處分未經詳查即為原告不利之處分，不無速斷，一再訴願決定，遞予維持，亦有未洽，原告據以指摘，非無理由，應由本院將再訴願決定、訴願決定及原處分一併撤銷，由被告機關另為合法之處分，以昭折服。」之趣旨大相逕庭，實難令人折服。

9.員工紅利之優惠

　　依據促進產業升級條例第十九條之一之規定，為鼓勵員工參與

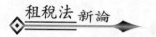

公司經營，並分享營運成果公司，員工以其紅利轉作服務產業之增資者，其因而取得之新發行記名股票，採面額課徵所得稅。

❖ (二)國際金融業務條例

國際金融業務條例對我國欲發展成為亞太金融中心關係至為密切，茲將其中主要的特別規定臚列如下：

1.所得免稅

依據國際金融業務條例第十三條之規定，國際金融業務分行之所得，免徵營利事業所得稅。但對中華民國境內之個人、法人、政府機關或金融機構授信之所得，其徵免應依照所得稅法規定辦理。

2.利息免扣繳

依據國際金融業務條例第十六條之規定，國際金融業務分行支付金融機構、中華民國境外個人、法人或政府機關利息時，免予扣繳所得稅。

❖ (三)獎勵民間參與交通建設條例

獎勵民間參與交通建設條例對我國的交通建設，尤其是高速鐵路，關係至為密切，茲將其中主要的特別規定臚列如下：

1.五年免稅

依據獎勵民間參與交通建設條例第二十八條之規定，本條例所獎勵之民間機構，得自各該交通建設開始營運後有課稅所得之年度起，最長以五年為限，免納營利事業所得稅。適用前項獎勵之民間機構，得自各該交通建設開始營運後有課稅所得之年度起，四年內自行選定延遲開始免稅之期間；其延遲期間最長不得超過三年，延

遲後免稅期間之始日，應為一會計年度之首日。第一項實際適用免
稅之範圍及年限，由財政部會商交通部擬訂，報請行政院核定之。

2.投資抵減

(1)投資興建、營運設備或技術等之投資抵減：依據獎勵民間參
與交通建設條例第二十九條之規定，本條例所獎勵之民間機構，得
在下列支出金額百分之五至百分之二十限度內，抵減當年度應納營
利事業所得稅額；當年度不足抵減時，得在以後四年度內抵減之：
一、投資於興建、營運設備或技術。二、購置防治污染設備或技術。
三、投資於研究與發展、人才培訓之支出。四、其他經行政院核定
之投資支出。前項投資抵減，其每一年度得抵減總額，以不超過該
公司當年度應納營利事業所得稅額百分之五十為限。但最後年度抵
減金額，不在此限。第一項各款投資抵減之適用範圍、施行期限及
抵減率，由財政部會商交通部擬訂，報請行政院核定之。

(2)投資獎勵機構之投資抵減：依據獎勵民間參與交通建設條例
第三十三條之規定，個人或營利事業，原始認股或應募本條例所獎
勵之民間機構因創立或擴充而發行之記名股票，其持有股票時間達
二年以上者，得以其取得該股票之價款百分之二十限度內，抵減當
年度應納綜合所得稅額或營利事業所得稅額；當年度不足抵減時，
得在以後四年度內抵減之。前項投資抵減，其每一年度得抵減總額，
以不超過該個人或營利事業當年度應納綜合所得稅額或營利事業所
得稅額百分之五十為限。但最後年度抵減金額，不在此限。

◈ (四)金融機構合併法

依據金融機構合併法第十七條之規定，金融機構經主管機關許
可合併者，其存續機構或新設機構於申請對消滅機構所有不動產、
應登記之動產及各項擔保物權之變更登記時，得憑主管機關證明逕

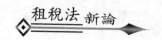

行辦理登記，免繳納登記規費，並依下列各款規定辦理：一、因合併而發生之印花稅及契稅，一律免徵。二、原供消滅機構直接使用之土地隨同移轉時，經依土地稅法審核確定其現值後，即予辦理土地所有權移轉登記，其應繳納之土地增值稅准予記存，由該存續機構或新設機構於該項土地再移轉時一併繳納之；其破產或解散時，經記存之土地增值稅，應優先受償。三、消滅機構依銀行法第七十六條規定承受之土地，因合併而隨同移轉予存續機構或新設機構時，免徵土地增值稅。四、因合併產生之商譽得於五年內攤銷之。五、因合併產生之費用得於十年內攤銷。六、因合併出售不良債權所受之損失，得於十五年內認列損失。前項合併之金融機構，虧損及申報扣除年度，會計帳冊簿據完備，均使用所得稅法第七十七條所稱之藍色申報書或經會計師查核簽證，且如期辦理申報並繳納所得稅額者，合併後存續機構或新設機構於辦理營利事業所得稅結算申報時，得將各該辦理合併之金融機構於合併前，經該管稽徵機關核定之前五年內各期虧損，按各該辦理合併之金融機構股東（社員）因合併而持有合併後存續機構或新設機構股權之比例計算之金額，自虧損發生年度起五年內，從當年度純益額中扣除。

十三、所得稅的節稅、避稅與逃稅

　　吾人須知節稅乃憲法所保障的基本權利，亦即每一納稅義務人在憲法上皆有合法減輕或免除其租稅負擔的權利，此一基本權利絕不容許政府機關恣意的剝奪。而美國聯邦最高法院大法官 Learned Hand 亦曾說過：「安排個人的事務以儘可能的減輕稅負絕非惡事。每個人都這麼做，不論窮人富人，而且他們都做的很對；因為沒有人有義務去繳付比法律所要求的還要多的租稅；租稅是強制性的索取，不是自願的奉獻。任何假道德之名以要求更多的言論都只是偽

善之詞而已。」(There is nothing sinister in so arranging one's affairs to keep taxes as low as possible. Everybody does so, rich and poor; and all do right, for nobody owes any public duty to pay more than the law demands; taxes are enforced, not voluntary contributions. To demand more in the name of morals is mere cant.) 至於避稅 (tax avoidance)，則乃係指納稅義務人在不違反法律規定的範圍之內，以各種法律形式的安排來達到減輕或免除其租稅負擔的目的，惟其結果卻常與租稅法的立法規範有所違背，只不過其與節稅之間往往只是一線之隔，有時根本很難加以區分。

其實，租稅的課徵，本質上即蘊含著國家基於其本身生存的必要性而對人民財產權的適度侵害。而人民為了防範國家對其財產權的侵害逾越了「適度」的範圍，故而在憲法上皆明文規定人民只有依法律之規定才有納稅的義務，藉以遏止行政機關「恣意」以行政命令侵犯人民的財產權，此即為憲法第十九條「租稅法定主義」之立法目的。因此，任何人對法律規定以外，由行政機關所加諸之納稅義務皆可拒絕履行。此外，任何人皆可在法律規定的容許之下，盡其所能的減輕其租稅的負擔。然而，世事變化萬千，法律規定則時而有窮；因此，何謂「法律規定的容許下」呢？即成為眾說紛紜的未定之論。有謂舉凡雖合於法律規定的文義，惟不合於立法目的之租稅減輕行為即為避稅，應為法所不許。然而有謂只要納稅義務人不以詐術或其他不正當方法逃漏稅捐，其他任何租稅減輕的行為皆屬節稅，而為法之所許。不過，在實務上，司法院大法官會議、行政法院以及行政機關卻常以「實質課稅原則」來限縮有違「立法本旨」之租稅減輕行為。誠然，「實質課稅原則」乃係稅制基本指導原則之一，然而如果以「實質課稅原則」作為「恣意」侵犯人民財產權正當化的手段的話，則又恐將陷「租稅法定主義」於空洞化，如此亦非吾人所樂見。

335

誠如大法官會議釋字第二一七號解釋文所言，人民「僅」依「法律」，而非「判決」或者是「行政命令」，所規定之納稅主體、稅目、稅率、納稅方法及納稅期間等項而負納稅之義務。因此，每一個納稅義務人皆可盡其所能的，在不違反法律明文的禁止規定的情況之下，減輕甚或免除其納稅義務。任何假道德之名來駁斥納稅義務人合法的租稅減輕或免除行為的做法；本質上，都是「吃不到葡萄，說葡萄酸」的心理。吾人以為，既然是「世事變化萬千，法律時而有窮」，且租稅法的最高指導原則「租稅法定主義」又不容任意破壞，因此，唯一能夠有效遏止社會普遍都感到其已具相當程度社會「非難性」而應予以禁止之「不合法律意旨及立法目的」之避稅行為，就只能儘快修正相關不合時宜之租稅法了。同時，在相關租稅法律未經立法修正之前，宜切忌「恣意」以行政法院之「判決」，甚至行政機關之「行政命令」來加重人民的納稅義務或者是「任意否認」納稅義務人合於法律文義規定之租稅減輕或免除之交易安排。

至於逃稅，則係指納稅義務人以詐術或其他不正當方法來逃漏稅捐的不法行為，或者是納稅義務人以故意或過失的作為或不作為來違反租稅法之相關規定之漏稅行為，因此，其與節稅或避稅之間則有極其明顯之差異，也就是說，逃稅行為本質上即是構成租稅刑罰或租稅漏稅罰規定之行為。無怪乎有人會說「**窮人逃稅、富人避稅**」(The poor evade, the rich avoid.) 了。

由於所得稅節稅、避稅或逃稅的方式及做法，林林總總，且經常不斷的推陳出新，茲將其中犖犖大者臚列如下：

◈ (一)租稅天堂 (tax haven)

所謂「租稅天堂」，又可稱之為「租稅庇護所」，並無國際上公認的定義，其本身只是一個相對的概念。因此，一個高稅率的國家，譬如美國，即可能視一個低稅率的國家，譬如瑞士，為一個「租稅

天堂」；反之，一個低稅率的國家也可能會認為一個零稅率的國家，譬如百慕達 (Bermuda)，為一個「租稅天堂」。故而，像日本就乾脆將其視為「租稅天堂」的國家或地區詳細列出一個清單來。而法國則在其「一般稅法」(General Tax Code) 第二三八㈠條則規定：「租稅庇護所係指一個對利潤或所得課徵租稅顯然低於法國的國家或領域。」(The tax haven is a foreign state or territory which imposes taxes on profits or income that are substantially lower than in France.) （請詳參 *International Business Law* (Page 718), Ray August, 1993, Pretice Hall, Inc.) 由以上可知，「租稅天堂」只不過是一個「地理」觀念上的名稱而已。然而，由於「租稅天堂」具有低稅率或零稅率的特性，因此，個人如果能夠將所得的取得地設法安排在「租稅天堂」，在「屬地主義」原則的適用之下，即可享受到減稅或免稅的效果了。

❖ ㈡租稅庇護 (tax shelter)

「租稅庇護」的概念常與「租稅天堂」混為一談。事實上，「租稅庇護」與「租稅庇護所」是兩個截然不同的觀念。而所謂「租稅庇護」則係指「投資人合法避免或減輕租稅負擔的方法」(method used by investors to legally avoid or reduce tax liabilities) （請詳參 *Dictionary of Finance and Investment* (Page 466), Third Edition, John Elliot Goodman, 1991, Barron's Education Series, Inc.) 然而更傳神的說法，誠如耶魯大學法學教授 Michael J. Graetz 所述：「『租稅庇護』到底是什麼呢？就像黃色書刊一樣，租稅庇護就是那種當你看到就知道的東西。」(What is a "Tax Shelter" anyway? Like pornography, a tax shelter is something that people know when they see it.) （請詳參 *Federal Income Taxation* (Page 998), Second Edition, Michael J. Graetz, 1988, The Fundamental Press, Inc.) 而美國「內地稅法」(Internal Revenue Code) 則在其第六一一一節 (c) 小節中就「租稅庇護」的定義有

極為繁複而詳盡的規定。

然而,「租稅庇護」究竟是怎樣的一個交易安排呢?一般而言,「租稅庇護」主要是利用下列五項「技倆」來達成的:

(1)**所得的轉嫁**(income shifting):譬如說,高所得的「天王巨星」即可利用「經紀公司」的介入,使其成為「經紀公司」的僱用人員,並且以「經紀公司」的名義來取得其演出的酬勞。如此,即可將其所得(必須適用百分之四十的稅率)「轉嫁」成為「經紀公司」的所得(僅適用百分之二十五的稅率)了。藉由以上之安排,即可達到「五鬼搬運」的「神效」了,而且是在「神不知,鬼不覺」的情況下完成「所得的轉嫁」。

(2)**所得的免稅**(exemption):亦即設法取得各式各樣免稅的所得,譬如說各種利息所得免稅的政府公債、各種人身保險的保險給付、證券交易所得、個人稿費、版稅、樂譜、作曲、編劇、漫畫及講演之鐘點費之收入(合計全年不超過十八萬元之部分)、金融機構之存款、公債、公司債、金融債券之利息及儲蓄性質信託資金之收益(合計全年不超過二十七萬元之部分)、出售土地之交易所得、個人境外所得以及「促進產業升級條例」第六條至第八條之各項「投資抵減」等等。

(3)**稅負的遞延**(deferral of tax):即運用各種可行的方式設法使得現在的所得能夠延後至未來的年度認列,藉以達到「稅負的遞延」,亦即類似於自國家財政當局取得「免利息」的資金來加以運用。譬如說,利用「促進產業升級條例」第五條的「加速折舊」的優惠、第十六條的「增資配股緩課」的優惠,或於年度終了之際利用收款的延後將所得延至次一年度認列等等。

(4)**所得的轉換**(conversion of income):即設法將一般的課稅所得「轉換」成為適用「優惠稅率」的所得,甚至「免稅所得」。譬如說,總機構在中華民國境外之營利事業在中華民國境內提供技術服務,

其成本分攤計算困難者，即可向財政部申請適用以其在中華民國境內之營業收入的百分之三‧七五來計算其應繳納之營利事業所得稅，即可避免適用百分之二十五稅率的結算申報或者是百分之二十的扣繳所得稅。又譬如說，非中華民國境內居住之個人或在中華民國境內無固定營業場所之營利事業，即可依「華僑回國投資條例」或「外國人投資條例」向經濟部投資審議委員會申請投資；經核准者其自投資事業所取得或應分配之盈餘，即可適用百分之二十的扣繳率，而非百分之三十五（個人）或百分之二十五（營利事業）了。此外，亦可透過各式各樣交易的安排，設法使一般課稅所得「轉換」為「證券交易所得」、「土地交易所得」甚或「境外所得」（針對個人而言）等不一而足。

⑸資金的借貸(leverage)：亦即藉由資金的借貸所產生之利息費用設法來增加可減除費用，以減少課稅所得。譬如說，「租稅套利」即是最佳的例證。

以上這五種「租稅庇護」的「技倆」並非「各自獨立」的，納稅義務人可充分發揮其個人的想像力來加以「結合」運用；譬如說，可結合「稅負的遞延」、「所得的轉嫁」、「所得的轉換」再加上「資金的借貸」，即可顯著的減輕稅負，甚至完全避免。其個中「神韻」，就只能「點到為止」了！

❖ ㈢租稅套利 (tax arbitrage)

一般人提起「套利」，總是帶著一種輕蔑的語氣，認為「套利」就是那種「買空賣空」的投機行為；其實這乃是對「套利」本身概念的一種誤解。蓋所謂「套利」係指「同時在二個不同的市場買賣相同或本質相似之證券藉以獲取其間價格差異之利益」。(The simultaneous purchase and sale of the same, or essentially similar, security in two different markets for advantageously different prices.) （請詳參

339

Fundamentals of Investment (Page 832), Second Edition, 1993, Gordon J. Alexander, William f. Sharpe and Jeffrey v. Bailey, Prentice Hall Inc.) 說得更精確一點，「套利」事實上就是「一種無風險、無須投入資金而又能產生利潤的投資策略」。(A zero-risk, zero-net investment strategy that still generate profit.)（請詳參 *Investment* (Page G 1), Second Edition, 1993, Zvi Bodie, Alex Kane and Alan J. Marcus, Richard D. Irwin, Inc.) 而效率的金融市場正是「套利」交易行為所達成的經濟功能之一。由以上說明可知，其實「套利」本身並不是一件「壞事情」，它的存在是有其積極的經濟功能的，而且是一種完全符合法令的規範意旨的交易行為。

反觀，「租稅套利」就是借用投資學上「套利」的概念，利用資金的借貸所產生之利息費用減除「課稅所得」，使得「課稅所得」因之而減少藉以減少所得稅的負擔；並同時利用所借得之資金投資於免稅之投資工具上以獲取免稅所得。因此，只要「免稅所得」加計「所減少之所得稅」之金額大於「利息費用」的話，即為一「無風險」、「無須投入任何資金」而又可「獲取利潤」的「租稅套利」了。茲舉例說明之，今假設甲公司有「課稅所得」計新臺幣壹億元正，因此其本應繳納新臺幣貳仟伍佰萬元的營利事業所得稅（稅率為百分之二十五）。假設甲公司向銀行借款新臺幣壹億元，年利率為百分之十，則其一年的利息費用即為新臺幣壹仟萬元；因此，甲公司的「課稅所得」扣除利息費用後僅剩下新臺幣玖仟萬元，故而其僅須繳納新臺幣貳仟貳佰伍拾萬元的營利事業所得稅，比之未進行借款前之新臺幣貳仟伍佰萬元的營利事業所得稅整整少了新臺幣貳佰伍拾萬元。如果甲公司同時將其所借得之款項全部投資於利息所得免稅的政府公債之上，假設該項政府公債的年利率為百分之八，則甲公司一年的免稅利息所得即為新臺幣捌佰萬元，加計前述之「營利事業所得稅減少金額」新臺幣貳佰伍拾萬元，甲公司由上述交易的

安排總共可獲利新臺幣壹仟伍拾萬元，扣除其所支出之利息費用新臺幣壹仟萬元，其即可「淨賺」新臺幣伍拾萬元，而且是在「無任何風險」且亦「無須投入任何資金」的情況之下獲取的。這樣的交易安排即為典型的「租稅套利」。

此外，納稅義務人亦可利用下列交易的安排達到與前揭「租稅套利」相當之效果，惟可能會有一些風險存在且亦非「無須投入任何資金」：

⑴利用借入款項購買專供研究發展、實驗或品質檢驗用之儀器設備及節省或替代能源之機器設備，藉以享受「促進產業升級條例」第五條所規定之「加速折舊」優惠。

⑵利用借入款項投資於自動化生產設備或技術、購置防治污染設備或技術或投資於研究與發展、人才培訓及建立國際品牌形象之支出，藉以享受「促進產業升級條例」第六條所規定之「投資抵減」優惠。

⑶利用借入款項投資國內有價證券，因其交易所得目前尚屬免稅所得。

⑷個人利用借入款項購置自用住宅，藉以享受「所得稅法」第十七條第一項之「購屋借款利息」的「列舉扣除額」優惠。

誠然，以上所舉的例子並非如典型的「租稅套利」那樣，既可「無須投入任何資金」又可獲取「無任何風險」的利潤。惟如能靈活加以運用的話，一樣可節省不少稅捐的負擔。

綜上所述可知，事實上「租稅套利」就是利用法令規範的不完備，藉由利息費用的減除，實質上來達到稅負的減輕，其與「租稅規避」的結果實屬相當。正因為如此，美國「內地稅法」(Internal Revenue Code) 第二六五節 (a) ⑵即規定：「用以購買或持有完全豁免依本副題課徵稅款之利息之債券之已發生或尚存續之負債之利息不得減除。」(No deduction shall be allowed for interest on indebtedness incurred or continued to purchase or carry obligations the interest on which is wholly exempt from the taxes imposed by this subtitle.) 反觀，我國所得稅法第三十條第一項僅規定：「借貸款項之利息，其應在本營業年度內負擔者，准予減除。」雖有行政法院六十年度判字第三三八號判例：「原告借款係為轉借，非本公司營業所需，其支付之利息自應不予認定。」加以補充之。且「營利事業所得稅結算申報查核準則」第九十七條之一亦曾一度規定（目前已刪除）：「營利事業利用借入款，轉投資於其他營利事業，所取得之投資收益，依規定免徵營利事業所得稅者，其因該項借款所支付之利息，應在上述投資收益項下減除，不得列作該投資事業之費用。」但是依然無法有效來防範「租稅套利」的被「大肆利用」。實務上，雖然有前揭行政法院判例、行政法院七十二年度判字第一五三六號判例：「按所謂營業所必須之借款利息，係指營業上無資金可供周轉而向他人借款之利息而言，如營業資金中尚有餘款足供營運之需時，即非營業所必需，其借款利息不予認定，並無不合」以及行政法院七十年度判字第一二二二號判決：「營利事業主張並非利用借入款，轉投資於其他營利事業者，應以備置正確及詳明之帳冊為前提，倘依其帳冊所載無從證明其資金之來源及流程者，稅捐稽徵機關自得依查得之資料，據以課稅。」藉以限縮所得稅法第三十條第一項之「借貸款項利息之減除」，使其僅限於「營業所必須之借款利息」方可准予減除，並且課以納稅義務人必須提出「資金之來源及流程」之舉證責任，來遏止利息費用減除的「被廣泛使用」；然而如此是否有違「租稅法定原則」以及「舉證責任分配法則」，則容有爭議。蓋依大法官會議釋字第二一七號解釋：「憲法第十九條規定人民有依法律納稅之義務，係指人民僅依法律所定之納稅主體、稅目、稅率、納稅方法及納稅期間等項而負納稅之義務。」因此，以行政法院判例來加重人民的納稅負擔，似有以「司法權」來干預「立法權」之嫌；更何況資金的「混合性」

可能會使得資金來源及流程的「追蹤」(tracing) 存在著先天技術上難以克服的盲點。

　　因此，吾人以為遏止「租稅套利」最適切的做法，應該是仿效美國「內地稅法」第二六五節 (a)(2) 之規定進行所得稅法的修正；否則，徒以行政法院之判例、判決或者是財政部的解釋函令來限縮所得稅法第三十條第一項規定的適用範圍，恐有違反「租稅法定主義」之嫌，實非解決「租稅套利」之正途。

❖ ㈣名義信託

　　借用人頭是目前普遍存在的一個現象，例如借用人頭炒作股票、借用自耕農人頭購買農地以及借用人頭股東設立公司等即為常見之例。俗稱的借用人頭在法律上就是所謂的消極信託或不法信託，其中的消極信託是指信託人僅將其財產在名義上移轉與受託人，而有關信託財產之管理、使用或處分悉仍由信託人自行為之；而不法信託是指信託行為違反強制規定、公序良俗或以依法不得受讓特定財產權之人為該財產權之受益人的情形而言；像利用配偶、子女或他人名義來分散持股的情形就是消極信託，而非自耕農利用自耕農持有農地或利用人頭股東來規避公司法有關股東最低人數規定等即為不法信託。然而，無論是消極信託或是不法信託，其可能會被認定為無效的風險很難加以排除。

　　承上所述，消極信託及不法信託皆有可能會被認定為無效之法律行為，則如受託人拒絕返還信託財產或將信託財產非法轉讓並將價金據為己有的話，信託人或受益人將如何是好呢？由於信託行為無效，依民法一百十三條之規定，信託人本得請求受託人回復原狀；惟如信託人交付信託財產予受託人係基於不法原因所為之給付，且雙方均有所認識，依據民法第一百八十條第四款之規定，信託人依法不得向受託人請求返還信託財產，藉以懲治不法的消極信託及不

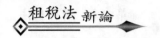

法信託。

　　但是如果信託人以及受託人皆不主張該信託行為無效的話，則應如何來加以課稅呢？究竟應以信託人或受託人為納稅義務人呢？吾人以為應以該信託財產及其收益等經濟利益的實質歸屬人為納稅義務人，方符合實質所得人課稅原則。再則，如受託人不主張前述民法第一百八十條第四款之規定來拒絕返還信託財產的話，則信託財產的回復原狀是否要課稅呢？吾人以為此時如果適用或類推適用信託課稅的法理而無須課稅的話，則無異於鼓勵不法行為；因此，應就信託財產的返還課徵贈與稅、土地增值稅、印花稅或契稅等稅目，藉以懲治不法行為，如此才符合法律所蘊含的公平正義原則且亦為適用法律的當然結果。

　　綜上所述，吾人可知悉借用人頭戶的法律效果以及其相應的課稅方式，在此建議目前已借用人頭戶者，宜儘速採行下列所述的補正措施，以免無法請求返還信託財產而致本身權益受損：

　　⑴宜儘速委請精通財金法專業的律師代為草擬信託契約，將消極信託改為積極信託，賦予受託人管理、處分信託財產的權限，讓一切信託行為合法化，同時依法為信託財產之登記，並將信託意旨及相關之信託契約向稅捐稽徵機關通知核備，以杜絕未來徵納雙方不必要的爭議發生。

　　⑵如為非自耕農借用自耕農人頭購買農地的話，則應改為實際的買賣並成立借貸關係，此外在該農地上宜同時設定最高限額抵押權，另外加簽買權選擇權 (call option) 契約，俟該農地地目變更後再依特定價格來行使買入該土地之權利。舉例說明：甲為非自耕農並看好某一農地的增值潛力以及未來地目變更的可能性，其即可覓一可信賴之自耕農乙與之商議，由甲借貸相當於該農地市價的金額予乙購買該農地，然後甲就在該農地上設定高於所貸金額之最高限額抵押權，並同時簽訂一個買權選擇權契約，俟該農地變更地目後，

甲有權依一定之價格（可將之設計成相當於甲所貸金額加計歷年來之利息）向乙購買該土地。這樣的設計所牽涉的法律關係甚多，因此建議宜委請精通財金法專業的律師代為處理相關問題，以保權益。

⑶另外，投資人如看好某一農地的話，也可以與地主簽訂類似權益交換 (equity swaps) 的契約；如此，不但無須移轉農地所有權，且同時可享受到農地增值的經濟利益，可謂一舉兩得。簡單的說，就是以一定的金額作為價金向農地所有人購買或交換該農地在一定期間內增值的經濟利益，並約定一定期間後再行結算雙方的損益。詳細的設計宜委請財務專家或精通財金法專業的律師代為處理。

如果所有的消極信託以及不法信託都能加以補正為合法的交易行為或信託行為的話，則此一普遍存在的不良現象即可減少，甚或消失；如此，不但可匡正社會風氣，且可促進法治的提升。

❖ ㈤移轉價格 (transfer pricing)

價格移轉是企業集團普遍運用的避稅招數之一，尤其是多國籍企業。藉由價格移轉，企業集團可以設法將其全部或一部的獲利由企業集團當中以低稅率或免稅的「租稅天堂」之法律登記的公司來取得，以減輕或免除其租稅義務。所得稅法第四十三條之一的規定，營利事業與國內外其他營利事業具有從屬關係，或直接間接為另一事業所有或控制，其相互間有關收益、成本、費用與損益之攤計，如有以不合營業常規之安排，規避或減少納稅義務者，稽徵機關為正確計算該事業之所得額，得報經財政部核准按營業常規予以調整，主要即是針對價格移轉而設的。

❖ ㈥假華僑、真避稅

國內居住之個人利用海外租稅天堂 （例如英屬維爾京群島 (British Virgin Islands)，開曼群島 (Cayman Islands) 或百慕達等）之

紙上公司，再由該紙上公司以外國人的身分，向經濟部投審會申請外人投資，其因此而取得之盈餘分配（包括現金股利以及股票股利），依據「各類所得扣繳率標準」第三條第一款但書以及促進產業升級條例第十一條第一項之規定，僅按分配額扣繳百分之二十，無須辦理結算申報。而該國內居住之個人自「租稅天堂」之紙上公司所取得之盈餘分配，由於非屬中華民國來源之所得，依據所得稅法第二條第一項之規定，無須課徵綜合所得稅。因此，如國內居住之個人綜合所得稅適用之稅率大於百分之二十者，即可利用上述的安排，來達到租稅規避的目的，此即所謂的「假華僑、真避稅」。

除了上述「假華僑、真避稅」的安排之外，尚有下列數種類似之安排，亦可達到異曲同工之妙，茲分述如下：

⑴透過租稅天堂的紙上公司購買國內上市公司所發行之海外有價證券（如可轉換公司債或存託憑證），因為可轉換公司債的利息所得扣繳率只有百分之二十，而存託憑證的現金股利及股票股利扣繳率最高也只有百分之三十五；因此，只要國內居住之個人綜合所得稅適用之稅率大於百分之二十或百分之三十五者，即可利用上述安排來規避租稅。

⑵透過租稅天堂的信託組織向經濟部投審會申請外人投資，或再透過符合證管會所規定資格條件之租稅天堂之外國銀行、保險公司、證券商或基金管理機構依華僑及外國人投資證券及其結匯辦法之規定，向證管會申請直接投資國內證券，由於上述投資方式所取得之股利，扣繳率亦僅百分之二十，故實質上與「假華僑、真避稅」之效果相同。

⑶透過指定用途信託資金投資已經證管會核准可直接投資國內證券之租稅天堂的基金管理機構所發行之受益憑證，或已經投審會核准投資之免稅天堂的紙上公司所發行之有價證券，由於上述投資方式所取得之所得的實質稅率亦相當於百分之二十左右；因此，利

用此一方式亦可達到與「假華僑、真避稅」相類似之效果。

　　⑷透過租稅天堂的紙上公司或信託組織購買由國內證券投資信託事業在國外所發行投資國內證券市場之受益憑證，其因此而取得之收益分配，扣繳率最高亦僅為百分之三十五；因此，亦可利用此一安排來減輕租稅負擔，只是所減輕之稅負較其他類型為少罷了！

　　「假華僑、真避稅」係屬相當於德國租稅通則第四十二條所謂的「法律形成可能性的濫用」，依「實質課稅原則」，應以與該經濟事件相當之法律形式來加以課稅。在本例中，即以國內居住之個人為盈餘分配的取得人，依法定稅率來課徵綜合所得稅，而非以租稅天堂之紙上公司來辦理就源扣繳。至於前揭四種與「假華僑、真避稅」相類似之安排，除了第一種亦應係屬法律形成可能性的濫用，其法律效果應與「假華僑、真避稅」相同，茲不贅述；另外三種安排是否構成法律形成可能性的濫用，吾人以為容或有爭議。蓋此三種安排並非純然以虛偽資金的安排來規避租稅，其中間皆有受託人或基金管理機構的積極介入管理或處分信託財產；因此，這三種安排應係屬合法節稅的租稅規劃，而非利用法律漏洞的脫法行為。

　　為填補上述法律適用的不合理所產生的弊端，主管機關宜儘速修正所得稅法第二條第一項之規定，將個人中華民國境外來源之所得，納入課徵個人綜合所得稅的範圍之內，藉以徹底杜絕任何非法或合法的交易安排來規避或減輕稅負，以維租稅公平。此外，在上述規定修正之前，國內居住之個人應利用合法節稅的租稅規劃來替代規避租稅的脫法行為，以免誤觸法網，得不償失。

　　然而隨著「兩稅合一」制的實施之後，此一租稅規避之技倆可以發揮的空間就越來越小了。蓋因「兩稅合一」制對於「非居住者」，原則上並無任何影響；也就是說，「非居住者」並無法享受到「兩稅合一」的好處。因此，如果「居住者」利用「非居住者」的身分取得之稅後股利所得減除相關之成本及法律風險之後較之「居住者」

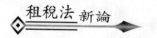
以自己的身分取得之稅後股利所得為少的話，此一方式就無計可施了。

❖ ㈦逃稅技倆

逃漏稅捐的技倆真可謂林林總總、不一而足，並且不斷的與時俱新。主要的做法就是藉由隱匿所得、虛增成本及費用以及虛報負債等方式來減少課稅所得，以達到逃漏稅捐的目的。茲將其中犖犖大者，臚列如下：

Ⅰ.最高法院七十一年臺上字第一一四三號判例

營利事業填報不實之扣繳憑單以逃漏自己稅捐者，除成立稅捐稽徵法第四十一條之罪名外，在方法上又犯刑法第二百十六條，第二百十五條之罪名，應從一重處斷。

Ⅱ.最高法院七十二年度臺上字第五一五號民事判決

查司機劉某、葉某雖先後在被告公司靠行，但均未向被告公司領取薪資，業據被告及證人許某供明在卷，足見被告公司並未發給該靠行司機之薪資，則被告在其業務上制作之七十年度臺南市稅捐稽徵處各款所得扣繳暨扣繳憑單，虛偽登載葉某六十七年全年薪資所得為新臺幣九萬五千元，顯係以增加公司支出減少公司所得，藉以逃漏稅捐，仍難解免稅捐稽徵法第四十一條罪責。

Ⅲ.財政部六十七年臺財稅字第三三三七八號函

主旨：核復營利事業虛報職工薪資逃漏所得稅涉及刑責案件移送處罰疑義一案。

說明：二、營利事業列支職工之薪資，經職工提出異議（檢舉或陳情），如經查明確有虛報情事，或雖經該營利事業否認，但被害人所提證據確鑿，應依所得稅法第一百十條規定移送處罰，並就涉嫌偽造文書部分移送法辦。至經查明並無虛報情事者，既無法證明其有犯罪事實，雖檢舉人或陳情人仍持異議，亦不宜據予移送法辦。

三、稽徵機關對營利事業列支職工之薪資，經查明確有虛報情事，認有觸犯刑法偽造文書印文罪章之嫌疑，依刑事訴訟法第二百四十一條規定告發時，應敘明犯罪嫌疑之事實，並檢具有關證據，移請司法機關偵辦。四、營利事業虛報工資經被害人檢舉之案件，應由營利事業總機構所在地之該管稽徵機關審查後，分別依所得稅法及刑法有關條文規定移送管轄法院偵辦。

◈ ㈧避稅之處置

面對納稅義務人種種避稅的行為，一般而言，實務上皆以「實質課稅原則」來因應。此外，有幾則實務上之見解，則可作為補充之說明，茲分述如下：

Ⅰ.行政法院八十四年判字第二五八八號判決

按「納稅義務人已依本法規定辦理結算申報，但對依本法規定應申報課稅之所得額有漏報或短報情事者，處以所漏稅額兩倍以下之罰鍰。」為行為時所得稅法第一百十條第一項所規定。又納稅義務人涉嫌以虛偽安排將其所持有之緩課股票轉予國外法人之已查僑外資案件，如國外法人自行撤回其投資案，並將股權回復原狀者，其移轉當年度綜合所得稅依規定重行核計結果，如無應補徵稅額者，免予送罰。復經財政部八十一年五月十二日臺財稅第八一一七〇八五九三號函釋有案。本件原告於七十七年度將應由其本人配偶葉林月昭認購之羽田現金增資股份九五三、四二九、二八〇元，藉賀登公司名義認購，致逃漏七十八年度之營利所得三七、三九六、五〇〇元，逃漏綜合所得稅一〇、五六一、八〇五元，案經財政部賦稅署稽核組查獲，移由被告審理，被告乃裁處所漏稅額二倍之罰鍰二一、一二三、六〇〇元，原告不服，申經復查結果，未准變更，訴經財政部訴願決定將原處分撤銷，由原處分機關另為處分。被告依財政部臺財訴字第八三一七九〇〇二三號訴願決定意旨重行復查結

果，以原告於七十七年度將應由其本人及配偶葉林月昭認購之羽田公司現金增資股份九五三、四二九、二八〇元，藉虛偽資金之安排，轉由國外法人名義賀登公司所有，逃漏營利所得三七、三九六、五〇〇元，此不僅有法國里昂信貸銀行臺北分行出具之羽田公司匯出國外款項用途之證明，足資佐證，另由賀登公司於八十年間向經濟部投資審議委員會申請撤銷對羽田公司之投資，益得以證實賀登公司自始即未投資羽田公司，是原告違章事證明確，乃斟酌實情，依原核定漏報營利所得三七、三九六、五〇〇元酌予改處所漏稅額〇‧五倍之罰鍰計五、二八〇、九〇〇元，揆諸首揭法條規定及財政部函釋，並無違誤。訴願及再訴願決定，遞予維持原處分，均無不合，原告以前揭事實欄所載理由，起訴主張：依財政部八十三年二月八日臺財稅字第八三一五八〇四八八號函頒布之稅務違章案件裁罰金額或倍數參考表規定：「短漏報所得屬已填報扣繳憑單；且無夫妻所得分開申報逃漏所得或虛報免稅額或扣除額者，處所漏稅額〇‧二倍之罰鍰」。羽田公司於七十八年五月十三日及同年六月二十一日給付國外賀登公司現金股利時，已辦理扣繳並申報扣繳憑單，是該項股利所得，於財政部調查人員七十九年八月三日進行調查前已填報扣繳憑單，依上開罰鍰倍數表之規定，應處以所漏稅額〇‧二倍之罰鍰，方屬適法。又原告在國外依當地法律設立賀登公司，經投審會核准，投資國內羽田公司，後因政府政策變更，羽田公司將賀登公司持有股份轉為國內股東，同時更正七十八年度已給付賀登公司現金股利與原告。由此以觀，在原告申報七十八年度綜合所得稅時，尚未獲得該項現金股利，故無從辦理申報，益證原告毫無逃漏所得情事云云。經查羽田公司於七十八年五月十三日及同年六月二十一日給付賀登公司現金股利時固已填報扣繳憑單，但扣繳憑單所得人係賀登公司而非原告，原告直至財政部開始調查後（七十九年八月三日臺財稅第七九一二二三九二一號函向法國里昂信貸銀

行、東方銀行調查羽田公司資金流程），賀登公司於八十年六月二十一日始向經濟部投資審議委員會申請撤銷對羽田公司之投資，同日並將股份轉回原股東名下並取具扣繳憑單，是其顯與財政部八十三年二月八日臺財稅第八三一五八○四八八號函頒布之稅務違章案件裁罰金額或倍數參考表規定短漏所得屬已填報扣繳憑單，裁處所漏稅額○‧二倍之罰鍰之規定不符，復查決定因而裁處○‧五倍之罰鍰，並無不合。另主張其在申報七十八年度綜合所得稅時，尚未獲得該項現金股利，故無從辦理申報乙節，經查原告藉虛偽資金之安排，將本應由其本人及其他股東獲得之股利，移轉至國外法人賀登公司所有，以遂行逃漏營利所得之目的，其後因經財政部調查，乃向經濟部投資審議委員會申請撤銷賀登公司對羽田公司之投資並將股份轉回原股東名下，由此觀之，原告應早已明知該項股利所得之存在，要無「無從辦理結算申報」之可言。原告所為主張要屬諉責之詞，尚無可採。原告起訴意旨，非有理由，應予駁回。

Ⅱ.財政部六十二年臺財稅第三一四七一號函

查納稅義務人利用他人名義分散股利所得，藉以規避累進綜合所得稅負之案件，迭經本部稽核單位及稅捐稽徵機關查獲，並補稅送罰在案。惟類此分散股利所得案件情形不一，為求處理一致，特規定認定原則如次：一、納稅義務人居住國內，其配偶或未成年子女居住國外，配偶及未成年子女之所得，依法應由納稅義務人合併辦理結算申報，如經查獲居住國外之配偶或未成年之子女自國內公司分配之股利原係按非居住者扣繳，自應合併重新核定補徵送罰（五十八年六月五日以前依本部（六一）臺財稅字第三四八七四號令規定補稅免予送罰）。原就配偶或子女分別按居住者扣繳之稅款，應於計算補徵稅款時扣抵。二、納稅義務人已成年之子女，居住國內，持有國內公司記名股票所分配之股利，如已依法獨立申報綜合所得稅，應不再追究，但如其子女係由公司無記名股票所獲配之股利，

且經依資金流程查明該項股票之股利實際係歸屬其父母時,則應認定為父母利用子女名義分散所得,依法重行核定補徵送罰。三、納稅義務人居住國外已成年之子女,持有國內公司之記名股票,其股利已按非居住者扣繳稅款者,因該項就源扣繳辦法,係為顧及非中華民國境內居住者之我國來源所得,仍須向居住地政府報稅而設,故如該居住國外之已成年子女能提出該項股利所得已在國外申報納稅之證明文件者,即不再視為納稅義務人分散所得,其不能提出國外已納稅證明文件者,應通知限期准由該居住國外之成年子女補辦結算申報補稅免罰,逾限不補辦者,應合併其父所得重行核定補徵送罰。四、納稅義務人居住國外已成年子女持有國內公司無記名股票,所獲配之股利,如根據資金流程查明實際歸屬居住國內之父母時,應認定為其父母分散所得案件,依法重行核定補稅送罰。五、居住國內之納稅義務人利用居住國外之其他直系親屬或三親等以內旁系血親分散所得者,比照前四項規定辦理。六、根據資金流程查明利用前列各款規定以外者之名義分散所得,納稅義務人如不能提出足以採信之具體反證者,一律按分散所得依法補稅送罰。

Ⅲ.財政部臺財稅字第八○一二七五○七九號函

主旨:來自免稅或低稅率地區之國外法人,自願申請撤回其經依外國人投資條例或華僑回國投資條例核准之投資案者,以將股權回復原狀為原則,至股權回復原狀時所涉及稅捐之處理原則如說明三,請 查照。

說明:二、國人利用來自免稅或低稅率地區之國外法人,以經虛偽安排之資金,承購其投資事業原股東之股份或認購原股東放棄之現金增資股份,涉嫌逃漏有關稅捐者,如自行申請撤回原投資案,其股權以回復原狀為原則,即將國外法人目前所擁有之股份,應依原出讓股份予國外法人或放棄增資認股權而轉由國外法人認購之比例,逐一轉回原真實股東名下。如當事人未將股權回復原狀者,有

關稅捐問題，仍應依實質課稅原則辦理補稅送罰，直至回復原狀為止。三、股權回復原狀時所涉及稅捐之處理原則如下：㈠已查案件：1.國外法人所受配之盈餘，重行按原真實股東應有之比例歸戶課稅，如涉嫌違章並應送罰。惟原以國外法人名義扣繳之稅款，准依前述比例扣抵或退還。2.當事人如繳清補徵之稅款及罰鍰者，比照分散所得案例，由稽徵機關查明發給證明，憑以辦理轉回手續。3.轉回時免徵證券交易稅、贈與稅及證券交易所得稅，而原移轉時所納之證券交易稅及證券交易所得稅准予扣抵或退還。4.緩課股票移轉於國外法人因而繳納之所得稅，准予留抵或退還，並繼續適用緩課之獎勵（國外法人所受配之緩課股票亦同）。惟嗣後移轉、贈與或遺產分配時，應作為收益課稅。㈡未查案件：當事人在未被調查前自動申請撤銷僑外投資案，並將股權轉回原真實股東名下（依法院確認判決或場外交易方式），且就國外法人所受配之盈餘重行按原真實股東應有之比例補繳短漏之所得稅者（依法免罰），除上市公司申請依場外交易方式轉回者，仍應依法繳交證券交易稅外，餘皆比照已查案件辦理。

Ⅳ.財政部臺財稅字第八一一七○八五九三號函

主旨：納稅義務人涉嫌以虛偽安排將其所持有之緩課股票移轉予國外法人之已查僑外資案件，如國外法人自行撤回其投資案，並將股權回復原狀者，其移轉當年度綜合所得稅依規定重行核計結果，如無應補徵稅額者，免予送罰；惟選擇放棄繼續緩課者，應依本部七十年臺財稅第三九六六三號函規定辦理。

說明：二、納稅義務人涉嫌以虛偽安排，將其所持有之緩課股票移轉予國外法人之已查僑外資案件，如國外法人自行撤回其投資案，並將股權回復原狀者，應依本部八十年五月二十七日臺財稅第八○一二七五○七九號函規定，重行歸課其移轉年度之所得稅，至於其是否涉嫌違章，應依本部七十三年九月三日臺財稅第五九○五

一號函規定辦理；如原股東於轉回緩課股票時自願放棄繼續適用緩課，其因移轉緩課股票所繳納之所得稅於計算漏稅額時得一併減除，惟應將緩課股之股票股利計入原取得增資股票年度之所得額課稅，且以不逾越法定核課期間為限。

第五章

營業稅法 加值型及非加值型

一、營業稅法適用法則概要

營業稅對一個國家財政稅收的重要性，僅次於所得稅，因此，亦不容小覷。以國內為例，八十八年下半年及八十九年度的稅捐總收入約為新臺幣一兆九千億元，其中營業稅約為新臺幣三千二百億元，約占了所有稅捐收入的一成七。茲將營業稅法適用法則概要分析如下：

1. 營業的定義

營業稅，顧名思義，乃係針對營業所課徵的租稅；因此，必須先要有營業，才會有要不要課徵營業稅的問題，反之，如果某一行為或交易非屬營業的話，也就不會有要不要課徵營業稅的問題了，此乃邏輯之當然推論。至於何謂「營業」呢？營業稅法並無明文規定。不過，一般而言，營業乃係指社會生活上繼續反覆實施追求的行為，也就是說，營業必須具有持續性與固定性的特質，偶一為之的經濟行為並非營業行為。然而，營業稅法第一條卻僅規定，在中華民國境內銷售貨物或勞務及進口貨物，應課徵營業稅。其中的銷售貨物或勞務及進口貨物與營業的含義即存有相當的爭議空間。

2. 營業稅的納稅義務人

當吾人確定了某一特定之行為或交易為營業之後，即會產生究竟應由何人來負擔營業稅的問題。而既然是營業稅，原則上就應該對營業人課徵，如此才符合營業稅的真諦。基此，營業稅法第二條即規定，營業稅之納稅義務人為：一、銷售貨物或勞務之營業人。二、進口貨物之收貨人或持有人。三、外國之事業、機關、團體、組織，在中華民國境內無固定營業場所者，其所銷售勞務之買受人。

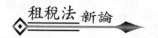

但外國國際運輸事業，在中華民國境內無固定營業場所而有代理人者，為其代理人。

3.營業稅的免徵

當政府為了達成特定的施政目的時，往往會以提供租稅優惠的方式來引導民間從事特定的經濟活動或其他行為，以期能藉由民間自主性的調整機制來完成此一特定的施政目的。譬如，政府為了鼓勵外銷以利國內經濟的發展及外匯存底的累積，遂運用零稅率的營業稅再加上退稅的租稅優惠來達成此一施政目的，或者是提供經營衍生性金融商品、公司債、金融債券、新臺幣拆款及外幣拆款免徵營業稅的優惠，藉以促進國內特定金融商品的發展。像這類有關營業稅租稅優惠的規定真可謂林林總總，除了營業稅法本身有關的規定之外，尤其應留心注意其他特別法的相關規定，例如科學工業園區設置管理條例以及國際金融業務條例等。因此，縱使某一特定之人之特定行為或交易符合「營業人」以及「營業」的要件，只要此一行為或交易該當營業稅減免之要件，則此一行為或交易即可以享受免徵或退稅的優惠了。當然，如果某一特定之人之特定行為或交易符合「營業人」以及「營業」的要件，且不該當營業稅減免之要件者，則此一行為或交易即應被課徵營業稅了。

4.營業稅的課徵方式

營業稅法將營業稅的課徵方式分為適用一般稅額計算的加值型營業人以及適用特種稅額計算的非加值型營業人。茲簡要說明如下：

(1)加值型營業人：所謂的「加值型營業人」，係指僅就其所銷售貨物或勞務之加值部分課徵營業稅之營業人而言，也就是說，原則上以營業人銷售收入所隱含之營業稅額，即所謂的「銷項稅額」，減除相關成本及費用所隱含之營業稅額，即所謂的「進項稅額」，後之

餘額來計算營業人應課徵之營業稅稅額，也就是所謂的「稅額相減法」。此外，「加值型營業人」又因其是否兼營免徵營業稅之貨物或勞務而分為專營營業人及兼營營業人二種，茲簡要說明如下：

  ①**專營營業人**：專營營業人係指專營應課徵營業稅之貨物或勞務之營業人而言，也就是說，營業人所銷售之貨物或勞務皆無適用免徵營業稅的情形。

  ②**兼營營業人**：兼營營業人係指兼營免徵營業稅貨物或勞務之營業人，也就是說，營業人所銷售之貨物或勞務至少有一部分可以適用免徵營業稅的情形。

 ⑵**非加值型營業人**：所謂的「非加值型營業人」，係指就其銷售貨物或勞務之總額課徵營業稅之營業人而言，也就是說，營業人無法將與其銷售貨物或勞務相關之成本及費用所隱含之營業稅額作為其應納營業稅稅額之減項，因此，相對的其所負擔之稅負一般而言亦較「加值型營業人」為重。

5.營業稅的稅率結構

  營業稅的稅率結構可簡要區分為三種，茲分述如下：

 ⑴**一般稅率**：一般稅率目前為百分之五。除營業稅法另有特別規定之外，此一稅率原則上適用於所有加值型營業人銷售貨物或勞務及進口貨物之營業行為。

 ⑵**零稅率**：零稅率，一般而言，僅適用於外銷貨物、與外銷有關的勞務以及國際間的運輸等營業行為。由於適用零稅率的結果將使得營業人的銷項稅額為零，扣除其進項稅額之後，即可產生退稅的效果。

 ⑶**特別稅率**：特別稅率可分為適用於銀行業、保險業、信託投資業、證券業、短期票券業及典當業營業行為的百分之二、適用於保險業再保費收入的百分之一、適用於夜總會、有娛樂節目之餐飲

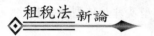

店營業行為的百分之十五、適用於酒家及有女性陪侍之茶室、咖啡廳、酒吧營業行為的百分之二十五、適用於小規模營業人及其他經財政部規定免予申報銷售額之營業人營業行為的百分之一以及適用於農產品批發市場之承銷人及銷售農產品之小規模營業人營業行為的百分之〇‧一。

6.營業稅的申報及繳納

原則上，營業人不論有無銷售額，應以每二月為一期，於次期開始十五日內，填具規定格式之申報書，檢附退抵稅款及其他有關文件，向主管稽徵機關申報銷售額、應納或溢付營業稅額。其有應納營業稅額者，應先向公庫繳納後，檢同繳納收據一併申報。

7.營業稅的退稅及留抵

營業人如有溢付之營業稅額，原則上應由營業人留抵其以後應納之營業稅。不過，如因銷售適用零稅率貨物或勞務、取得固定資產而溢付之營業稅或合併、轉讓、解散或廢止申請註銷登記而溢付營業稅者，則例外可以辦理退稅。

二、營業的定義

❖ ㈠營業稅法上營業的定義

依據營業稅法第一條之規定:「在中華民國境內銷售貨物或勞務及進口貨物，均應依本法規定課徵營業稅。」此即為營業稅課徵客體要件的具體內涵。因此，原則上舉凡在中華民國境內有任何銷售貨物或勞務或進口貨物的行為，依法皆應課徵營業稅。茲將營業稅課徵客體的構成要件分述如下:

1. 「銷售貨物」或「銷售勞務」

依據營業稅法第三條之規定:「將貨物之所有權移轉與他人,以取得代價者,為銷售貨物。提供勞務予他人,或提供貨物與他人使用、收益,以取得代價者,為銷售勞務。但執行業務者提供其專業性勞務及個人受僱提供勞務,不包括在內。有左列情形之一者,視為銷售貨物: 一、營業人以其產製、進口、購買供銷售之貨物,轉供營業人自用;或以其產製、進口、購買之貨物,無償移轉他人所有者。二、營業人解散或廢止營業時所餘存之貨物,或將貨物抵償債務、分配與股東或出資人者。三、營業人以自己名義代為購買貨物交付與委託人者。四、營業人委託他人代銷貨物者。五、營業人銷售代銷貨物者。前項規定於勞務準用之。」因此,乍看之下,營業稅的課徵客體,除了進口貨物之外,似乎就僅限於:

　　(1)將貨物之所有權移轉與他人,以取得代價者。

　　(2)提供勞務予他人,以取得代價者。

　　(3)提供貨物與他人使用、收益,以取得代價者。

　　(4)視為銷售貨物或銷售勞務之情形者。

其實並不盡然,也就是說,上揭規定是否已涵蓋所有的營業行為以及是否符合上揭規定之所有經濟行為即屬應課徵營業稅之營業行為呢?則容或有議。

2. 「在中華民國境內」銷售貨物或勞務

至於如何認定銷售貨物或勞務是否在中華民國境內所為,則蓋依營業稅法第四條之規定:「有左列情形之一者,係在中華民國境內銷售貨物: 一、銷售貨物之交付須移運者,其起運地在中華民國境內。二、銷售貨物之交付無須移運者,其所在地在中華民國境內。有左列情形之一者,係在中華民國境內銷售勞務: 一、銷售之勞務

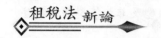

係在中華民國境內提供或使用者。二、國際運輸事業自中華民國境內載運客、貨出境者。三、外國保險業自中華民國境內保險業承保再保險者。」而就此，財政部有兩則解釋，可以作為補充之說明，茲分述如下：

Ⅰ.財政部七十九年臺財稅第七八〇三八八〇一三號函

主旨：×××租賃公司高雄分公司向斯里蘭卡××公司購買機器設備再以融資租賃方式出租與該公司，如該機器並未運回國內，非屬在中華民國境內銷售貨物，依營業稅法第四條第一項規定，該項屬銷售貨物性質之租賃款本金及利息收入，應認定非營業稅課稅之範圍。請 查照。

說明：三、融資租賃係屬分期付款買賣性質，租賃款本金及利息即應認屬銷售貨物應收貨款之一部分，本案標的物既非在中華民國境內銷售，非營業稅課稅之範圍，自不發生是否適用零稅率問題。

Ⅱ.財政部臺財稅字第七九〇二九六六七二號函

主旨：國內營利事業代理國外售票公司，在臺預售國外劇場、歌劇院、演唱會等入場券所收取之票價，因各該表演活動之提供地及使用地均在國外，非屬在中華民國境內銷售勞務，亦不屬中華民國來源所得，依法免納營業稅及營利事業所得稅。

說明：二、至該營利事業向購票人收取票價以外之服務費及向國外售票公司收取之代售佣金，均屬在中華民國境內銷售勞務之收入，應依法課徵營業稅及營利事業所得稅。

3.「進口貨物」

依據營業稅法第五條之規定:「貨物有左列情形之一者,為進口:一、貨物自國外進入中華民國境內者。但進入政府核定之免稅出口區內之外銷事業、科學工業園區內之園區事業及海關管理之保稅工廠或保稅倉庫者，不包括在內。二、貨物自前款但書所列之事業、

工廠或倉庫進入中華民國境內之其他地區者。」故而，乍看之下，似乎如果自國外進口的不是貨物的話，就不是營業稅的課徵客體了。其實不然也，蓋因依營業稅法第二條第三款前段之規定，外國之事業、機關、團體、組織，在中華民國境內無固定營業場所者，其所銷售勞務亦須課徵營業稅，也就是說，自國外進口勞務，如符合特定要件者，亦屬營業稅的課徵客體。

❖ (二)營業行為的實質內涵

　　由於營業行為是營業稅的課稅客體，因此，實有必要釐清其所確實涵蓋的範圍，藉以確定營業稅的適用對象。由於營業稅法第一條僅規定，在中華民國境內銷售貨物或勞務及進口貨物，均應依本法規定課徵營業稅，而並未觸及營業行為的定義。乍看之下，似乎舉凡在中華民國境內有任何銷售貨物或勞務或進口貨物的行為，皆應課徵營業稅，其實並不然也，已如前述。正因為營業行為才是營業稅的課徵標的，故而，在中華民國境內任何銷售貨物或勞務或進口貨物或勞務的行為必須同時符合營業行為的要件，才會有營業稅法的適用；否則的話，就算是發生在中華民國境內銷售貨物或勞務或進口貨物或勞務的行為，亦與營業稅法無關。然而，何謂「營業」呢？吾人以為營業必須符合經常性、非理財性以及自發性三個原則，也就是說，任何經濟行為只要是經常為之，非僅為運用閒置資金或財產，且又非出於法令規定義務所不得不然的話，該等行為即構成營業；反之，如果是偶一為之、係屬運用閒置資金或財產之理財行為或者是基於法令所規定的經濟行為，即非營業。事實上，某一特定之經濟行為究竟是否為營業行為有時也很難定奪，往往必須在深入探究該等經濟行為的實質內涵之後，才能一辨真偽。有幾則經濟部的解釋相當值得吾人參考，茲分述如下：

　　I.經濟部五十五年商字第二七二六〇號函

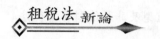

查公司登記經營之業務應以具有經常性者為限，如公司因部分產品外銷情形欠佳暫停生產擬將部分工廠及機器出租，此項行為係屬公司理財行為，不必辦理經營業務登記。

II．經濟部五十九年商字第四二一四九號函

查公司不得經營房地產業務前經規定有案，至於出租廠房係公司經營方式之變更，倘以部分多餘廠房出租，則屬公司理財行為並非其經常之業務，無庸訂入所營業務之內。惟出租全部廠房與他人經營尚須依照公司法第一八五條之規定辦理。

III．經濟部七十八年商字第〇三四九三一號函

公司法第十五條第一項規定「公司不得經營登記範圍以外之業務」，所稱經營業務乃於社會生活上繼續反覆實施追求之行為，故業務應有持續性與固定性；公司「如偶」有轉售向法院標得之廠房、土地獲取利潤，其行為若無持續性，則與公司經營業務觀念尚屬有間，應無公司法第十五條第一項規定之適用。

IV．經濟部八十二年商字第二〇七五四四號函

本案經洽准財政部 82.3.16. 臺財證（法）第一六三八三號函謂：「公司運用餘資，為自己帳戶從事期貨契約或期貨選擇權契約買賣行為，無論其係基於投機或避險，均非屬主要營業活動，係屬資金之運用問題。」準此，若公司運用餘資，為自己帳戶從事期貨契約或期貨選擇權契約買賣行為，不發生適用公司法第十五條第一項規定之問題。

V．經濟部八十二年商字第二二八九六八號函

三、一般公司行號（非證券交易法所定之證券商）透過證券商在公開市場買賣有價證券，係屬公司行號之理財行為，性質上既非屬經營證券業之證券商，自不必將買賣有價證券列為業務項目辦理登記。

此外，就營業的涵蓋範圍，有幾則行政法院及財政部的見解，亦可作為補充之說明，茲臚列如後：

Ⅰ.行政法院六十年判字第六四四號判例

私人購建房屋，長期出租，收取租金，可否認為經營租賃業而課徵營業稅，應以其購建房屋有無出租營利之目的以定。若以出租營利之目的而購建房屋，購建之後，又長期出租，收取租金，即屬事實上經營租賃業務，不能謂非營業行為，自應依租賃業之稅率課徵其營業稅。至行政院臺（五七）財字第四七八八號令飭財政部研訂之徵免營業稅之範圍，係出租人藉租金之收入維持生計為前提，必具備此項前提條件，始有「徵免範圍」之適用。原告以鉅資興建六層大樓，顯有相當資力，而其以大樓中之五層長期出租，收取鉅額租金，足見其建屋之目的，即在出租營利，已逾藉維生計之限度，自無適用上述「徵免範圍」之餘地，仍應認其為事實上經營租賃業務。被告官署依營業稅分類計徵標的表所定租賃業之稅率，課徵其營業稅，於法尚無不合。

Ⅱ.行政法院六十一年判字第一○三號判例

原告雖以製糖為主要業務，但自五十五年至五十八年間將其所有多數土地及營業設備出租，收取租金，事實上已具備兼營租賃業務，該項租金收入，自屬營業額之一部分。至營利事業出租房地產，不能僅按營業登記之項目認定，應依營業稅法規定就其事實上之營業行為課徵營業稅。

Ⅲ.行政法院六十四年判字第二七六號判例

營利事業出售其非經常買進賣出之營利活動而持有之固定資產，始得免徵營業稅，其經常運用信託資金及自有資金購買土地，於短期內出售牟利陸續購進，陸續售出者，自不得免徵營業稅。

Ⅳ.行政法院七十四年判字第一六五三號判決

按「凡在中華民國境內以營利為目的，公營、私營、或公私合

營之事業，均應就其在中華民國境內之營業額，依本法之規定徵收營業稅。」「本法稱營業，指在中華民國境內銷售貨物，提供勞務或從事其他營業活動，取得代價之行為。」「營利事業經營證券買賣已納證券交易稅之營業額，免徵營業稅。」營業稅法第一條、第三條及第六條之第二十三款各定有明文。又依財政部67.1.25.臺財稅字第三〇五二一號函釋示：「銀行業、信託業及經核准登記之短期票券交易商，買賣短期票券，應按賣出價格（指實際收取之金額）超過買入價格（實際支付之金額）之差額，或按到期兌償金額（指到期之票面金額）超過買入金額之差額，視為利息收入，依法課徵營業稅。至於銀行業、信託業及票券交易商以外之營利事業，其買賣短期票券，係財務上之調度，非屬營業行為，該項利息收入免徵營業稅。」原決定以被告機關依照上開法令規定及原告營利事業登記證所登記之營業項目第(5)款為營業處所買賣有價證券（櫃檯買賣）業務，即係指經營投資買賣金融債券及可轉讓銀行定期存單(短期有價證券、票券)業務，應屬票券交易商，其所得短期票券之利息收入，既未繳納證券交易稅，亦未報繳營業稅。因認原告六十八年八月至七十一年十月買賣短期票券計獲得一〇四、二五〇元利息收入未申報營業額報繳營業稅。因而核定原告應補徵營業稅四千一百七十元、教育經費一千零四十二元，滯納金及利息三千九百二十三元，並無不合，而駁回原告之再訴願，固非無見。惟據原告訴稱：於六十七年十一月間存放於合作金庫之定期存款陸拾萬元，係以該定期存單提供業務保證使用，其本金與利息，俱非因營業行為之所得，其利息不應課徵營業稅，對於此項事實，被告機關並不否認（詳準備程序筆錄）。則其主張依前開財政部臺財稅第三〇五二一號函釋應「免徵營業稅」是否毫無足採，即有重加調查、研究之餘地。

Ⅴ.財政部七十六年臺財稅字第七五五八〇六七號函

主旨：營利事業不論專營或兼營投資業務，其購買股票或投資

其他營利事業所取得之股利，非屬營業稅法規定之課稅範圍，應免徵營業稅。

說明：二、營業人取得之股利，核非營業稅法規定之課稅範圍，專營投資業務之營業人取得之進項憑證所支付之進項稅額，應不得申報扣抵或退還。

Ⅵ. 財政部臺財稅字第七七〇五四五七六五號函

主旨：兼營證券自營商之短期票券業，買賣到期日在一年以內之中央銀行發行定期存單、儲蓄券及短期債券，核屬其經營業務範圍所發生之利息收入（包括買賣之利益），應依法報繳營業稅。

說明：二、××等三家票券金融公司（短期票券業），目前均為核准兼營證券自營商（證券業），依其證券商營業特許證所載之業務範圍得在營業處所自行買賣到期日在一年以內之各種債券。故該三家票券金融公司買賣到期日在一年以內中央銀行發行之定期存單、儲蓄券及短期債券，核屬經營業務範圍所發生之利息收入（包括買賣之利益），應照主旨辦理。三、至××等三家票券金融公司基於財務調度目的，將所持有一年期上項債券，經由其他證券商出售，核非屬其經營業務範圍所發生之利息收入（包括買賣之利益），應免徵營業稅。

Ⅶ. 財政部臺財稅字第七七〇五七七〇五五號函

銀行於籌備期間，將已收資本（營運資金）存放於同業銀行，在正式對外營業前所發生之存款利息收入，非屬經營銀行業存放款之銷售額，應免課營業稅。

Ⅷ. 財政部臺財稅字第七八〇六三〇四九三號函

寺廟、宗祠提供納骨塔供人安置骨灰、神位，若由存放人隨喜布施（自由給付）者，得免申辦營業登記並免課徵營業稅，但如訂有一定收費標準，則屬銷售勞務，應依法辦理營業登記課徵營業稅。

Ⅸ. 財政部臺財稅字第七八〇六五四一八一號函

主旨：依法專營投資業務之公司，將餘裕資金存放於金融機構，所收取之利息收入，應免徵營業稅。

說明：二、非金融業之營業人因同業往來或財務調度之利息收入，應免開立統一發票，並免徵營業稅，本部已於七十五年七月三日臺財稅第七五五七四五八號函規定在案。專營投資業務之公司，係依公司法規定組織登記成立者，並非依銀行法及其他法律設立之金融機構，其將餘裕資金存放於金融機構，所收取之利息收入，係屬財務調度運作，應照主旨辦理。

Ⅹ . 財政部臺財稅字第八四一六三二四八六號函

二、銀行業、信託投資業及經核准登記之短期票券交易商，買賣短期票券應按賣出價格（指實際收取之金額）超過買入價格（指實際支付之金額）之差額，或按到期兌償金額（指扣除所得稅款後之實際取得兌償金額）超過買入價格之差額，視為利息收入，依法課徵營業稅；至於銀行業、信託投資業及短期票券交易商以外之營利事業，其買賣短期票券，係財務上之調度，非屬營業行為，該項利息收入免徵營業稅。三、本部六十七年臺財稅第三〇五二一號函自本函發布日起，不再適用，尚未確定之案件，應依本函規定辦理。

Ⅺ . 財政部臺財稅字第八七一九五九六五一號函

主旨：廢資訊物品貯存場向廢資訊物品資源回收管理基金管理委員會領取之回收點補貼費及消費者回收補貼費及回收商（點）向廢資訊物品貯存場領取之消費者回收補貼費，准依修正營業稅法實施注意事項三、㈢代收代付之規定，得於開立之統一發票或普通收據備註欄註明該回收補貼費金額，免予列入銷售額。請　查照。

說明：二、行政院環境保護署公告自八十七年六月一日起開始回收清除、處理廢資訊物品，由廠商依製造數量按月繳存回收基金，消費者可持廢資訊物品至回收商（點）換取消費者回收補貼費，並依次由回收商（點）將回收之廢資訊物品交至貯存場領取回收點補

貼費及同額之消費者回收補貼費，貯存場再依認證數量向管理基金領取回收清除費及同額之回收點補貼費暨消費者回收補貼費。 上述回收商（點）向貯存場領取之消費者回收補貼費及貯存場向該基金管理委員會領取之回收點補貼費與消費者回收補貼費，收取轉付之間無差額，屬代收代付性質，應依主旨辦理。三、至於回收商（點）向貯存場領取之回收點補貼費，及貯存場向該基金管理委員會領取之廢資訊物品回收清除費，係屬銷售勞務收入，應分別依法開立憑證，報繳營業稅。

◈ ㈢營業行為與非營業行為的辨正

　　但是，有幾則財政部的解釋，顯然對營業行為的要件有所曲解，以致於誤將可能非屬營業的經濟行為視為營業或誤將可能屬營業的經濟行為視為非營業行為，造成非法課稅或免稅的情形，茲分述如下：

　　Ⅰ．財政部四十八年臺財稅發字第○八三六三號令

　　商業銀行係屬營業稅法所稱應納營業稅之營業人，其依照規定將保證準備金暨付現準備金繳存於中央主管官署所指定銀行，或基於資金調度之需要，將所收存款轉存於其他銀行，所有利息收入乃係基於營業行為所取得，自應依法課徵營業稅。

　　Ⅱ．財政部六十四年臺財稅字第三五○二四號函

　　營利事業轉讓輸美紡織品配額所收取之價款，應照所收價款開立統一發票，報繳營業稅。

　　Ⅲ．財政部七十六年臺財稅字第七五二四七九九號函

　　地下室停車場車位之轉讓，受讓者雖未取得產權，但享有永久使用權，應屬權利交易性質，如為營業人，係屬銷售勞務，應依法開立統一發票，課徵營業稅。

　　Ⅳ．財政部臺財稅字第七八○一九五一九三號函

營業人無銷貨事實出售統一發票牟取不法之利益，非屬營業稅課徵之標的，免予課徵營業稅。但其虛開或非法出售統一發票之犯行，應視情節依刑法偽造文書罪、詐欺罪及稅捐稽徵法第四十一條或第四十三條規定辦理。

Ⅴ.財政部臺財稅字第八一○二三八一八六號函

銷售經營權部分，係屬權利轉讓使用之交易，核屬銷售勞務，應依法課徵營業稅。

Ⅵ.財政部臺財稅第八一一六七六一四四號函

銀行及信託投資公司係屬金融機構，其因兼營證券業務而繳存於臺灣證券交易所之交割結算基金所孳生之利息收入，參照本部四十八年臺財稅發第八三六三號令規定，仍應依法課徵營業稅；至非金融機構之證券公司取得上項利息收入，應免徵營業稅。

三、營業稅之納稅義務人

依據營業稅法第二條之規定：「營業稅之納稅義務人如左：一、銷售貨物或勞務之營業人。二、進口貨物之收貨人或持有人。三、外國之事業、機關、團體、組織，在中華民國境內無固定營業場所者，其所銷售勞務之買受人。但外國國際運輸事業，在中華民國境內無固定營業場所而有代理人者，為其代理人。」此即為營業稅課徵主體要件的具體內涵。因此，舉凡非上揭所示者，即非營業稅之納稅義務人，也就是說，就算有符合營業要件之經濟行為者，亦無須被課徵營業稅。至於營業人之涵義，則依營業稅法第六條之規定：「有左列情形之一者，為營業人：一、以營利為目的之公營、私營或公私合營之事業。二、非以營利為目的之事業、機關、團體、組織，有銷售貨物或勞務者。三、外國之事業、機關、團體、組織，在中華民國境內之固定營業場所。」因此，營業人並不限於營利事業，

也就是說，非以營利為目的之事業、機關、團體、組織，如有銷售貨物或勞務的話，亦屬於營業人。

此外，在實務上，就營業人究竟應如何認定的問題，有幾則行政法院的判決，相當值得吾人參考：

Ⅰ.行政法院七十七年判字第一四二七號判決

按在中華民國境內銷售貨物，應以本法規定課徵營業稅為營業稅法第一條所定明。又將貨物之所有權移轉於他人取得代價者，為銷售貨物，此等銷售貨物之營業人，應為營業稅之納稅義務人，復為同法第二條第一款、第三條第一項所規定。又所謂營業人，依同法第六條各款所定，不以公私法人團體之事業為限，即個人以營利為目的之私營事業亦包括在內，經查本件原告經營木材買賣有其談話筆錄可證，又於七十五年六月間銷售原木一批與屏東市財發製材工廠，並交付虛設行號之臺北市商寶有限公司開立之發票，作為該廠進項憑證之事實，非僅為原告所不爭，且經財發製材工廠負責人劉財在屏東縣稅捐稽徵處及被告機關談話中分別供明在案，從而被告機關以其未依規定申請營業登記而營業，發單補徵其逃漏之營業稅，經核於法應無違誤，原告引用同法第二條、第三條及第六條、第二十八條之規定，主張銷售貨物之營業人，乃指以營利為目的之事業，而所謂「事業」似不包括個人在內云云，並提出學者許詩玉、顏慶章等著作影本以證，但衡之首揭說明，顯有誤會，蓋同法第六條第一款所稱之營業人，係指以營利為目的之公營、私營或公私合營之事業而言，其中「私營」之事業，應包括個人之獨資事業，與合夥公司組織之營利事業，應不待言，前列學者見解於立法意旨不合，尚非可採，王所舉加值型營業稅法草案第九條中之「個人」一詞，為現行法所刪去一節，縱屬實在，亦無從據以推定前敍私營事業不包括個人獨資之事業在內，所為主張亦不足採。次查原告於被告機關復查中主張其係代林慶雄銷售該批木材，從中賺取佣金，應

屬居間介紹買賣一節,既經被告機關依其提供之林慶雄住址等資料查證結果,非祇無所謂之「文山北路」有通知查證之退回信函附於原處分卷可據,且核前述買受工廠之負責人劉財,亦一再陳明係直接向原告買受該批木材,亦不知木材之來源,且以前亦曾向原告買過等語,原告既迄未提出代林慶雄介紹買賣之證明,其空言主張居間媒介,尚難採信,此外又別無積極證據證明原告主張為實在,被告機關所為駁回之復查決定及嗣後一再訴願決定予以遞次維持,均無不當。

II. 行政法院七十八年度判字第二五七○號判決

按「以營利為目的之公營、私營或公私合營之事業為營業人」、又「營業人漏開統一發票或於統一發票上短開銷售額經查獲者,應就短漏開銷售額按規定稅率計算稅額繳納稅款外,處五倍至二十倍罰鍰」分別為行為時營業稅法(七十四年十一月十五日總統修正公布)第六條第一項第一款及第五十二條所明定。本件原告於七十五年四月至七十七年四月間銷貨漏開統一發票共計五、六六三、五六五元,經法務部調查局臺南市調查站查獲等情,有私帳三冊及原告代表人羅○○調查筆錄、核算表、違章承諾書等件附原處分案卷可稽,被告機關因而據以核定補徵營業稅二八三、一七八元,揆諸首揭法條規定,洵非無據。原告雖主張其於七十五年四月至六月間尚未辦理營業登記,被告機關認應補稅,不無牴觸營業法云云。惟按營業稅法第六條所指之「營業人」,不以辦理營利事業登記者為限,故原告於未辦理登記之七十五年四至六月間,既有營業行為,即應依法繳納營業稅。又本件漏開之營業額既經原告公司代表人承諾,有前開調查筆錄、核算表及承諾書可證,具違章事實已臻明確,原告所稱會計人員不諳會計原理原則一節縱屬不虛,亦難執為本件應免予補稅之依據。原告所訴,核非可採,被告機關所為處分(復查決定),尚無違誤,一再訴願決定遞予維持,均屬允適。

Ⅲ. 行政法院七十九年判字第一四六二號判決

按「在中華民國境內銷售貨物……應依本法規定課徵營業稅。」「營業稅之納稅義務人如左：一、銷售貨物……之營業人。」「營業人有左列情形之一者，主管稽徵機關得依照查得之資料核定其銷售額及應納營業稅額並補徵之……。三、未辦妥營業登記，即行開始營業……。」為營業稅法第一條、第二條、第四十三條第一項明文規定，又「營利事業不申報營業登記……，主管機關應就查得之資料，核定其營業額，計徵營業稅，不以納稅義務人有否營業執照、店號名稱以及營業場所為限。」本院六十九年度判字第五十八號著有判例。查本件原告未辦妥營業登記，於七十七年間在臺北、臺中各地搜購廢鐵管於同年十二月三日、六日、七日、十日、十二日、十三日、十四日共七次銷售予臺北市德如股份有限公司，計價款二、○六○、四四○元，有德如股份有限公司申報之個人一時貿易申報表七紙、原告收據七紙，及原告委任其婿孫佳鈞接受調查之談話筆錄附卷可稽，違章事實洵堪認定，原告以營利為目的持續從事鐵管買賣業務，自非屬個人一時貿易所得，且不屬營業稅法第二十九條免辦營業登記，第八條免徵營業稅之範圍，被告機關依據查得資料予以補徵營業稅一○三、○二二元，揆諸首揭規定暨判例意旨，並無不合。原告訴稱其僅一次交易，分七次付款，欠缺經常性，且係個人獨力搜購廢料一次售與德如股份有限公司，亦無組織性云云，惟查依據德如股份有限公司申報表所載貨物名稱為鐵管，數量是以尺計算，其單價為每尺八元，且係七次申報，七次付款由原告開立收款收據，顯非僅一次交易，所辯殊無可採，原處分並無違誤，訴願及再訴願決定遞予維持，亦無不合。

Ⅳ. 行政法院八十四年判字第三四○號判決

按「稅捐之核課期間，依左列規定：一、……三、未於規定期間內申報，或故意以詐欺或其他不正當方法逃漏稅捐者，其核課期

間為七年。在前項核課期間內，經另發現應徵之稅捐者，仍應依法補徵或並予處罰；在核課期間內未經發現者，以後不得再補稅處罰。」「營利事業依法規定應給與他人憑證而未給與，應自他人取得憑證而未取得，或應保存憑證而未保存者，應就其未給與憑證、未取得憑證或未保存憑證，經查明認定之總額，處百分之五罰鍰。」「營業人未依規定申請營業登記者，除通知限期補辦外，處一千元以上一萬元以下罰鍰；逾期仍未補辦者，得連續處罰。」「納稅義務人，有左列情形之一者，除追繳稅款外，按所漏稅額處五倍至二十倍罰鍰，並得停止其營業：一、未依規定申請營業登記而營業者。……」分別為稅捐稽徵法第二十一條、第四十四條及營業稅法第四十五條、第五十一條所明定。本件原告未依規定辦理營業登記，擅以個人名義於七十八、七十九年度向利昌鋼鐵股份有限公司（簡稱利昌公司）進貨鋼筋並銷售予光泉牧場股份有限公司（簡稱光泉公司）及光利營造有限公司（簡稱光利公司），而由利昌公司直接開立發票予光泉公司及光利公司，計其銷售額七十八年為一、〇六〇、〇三〇元，七十九年為八、四一七、七三三元之事實，有原告出具之說明書、光泉公司及利昌公司出具之說明書影本附原處分卷可稽，而原告對於向利昌公司進貨鋼筋並銷售與光泉公司及光利公司之銷售額亦不爭執，是其違章行為堪以認定，原告雖訴稱：其與謝慶坤出資合夥經營嘉興鐵材行，其延攬光泉公司及光利公司生意，向利昌公司進貨鋼筋，係為合夥事業嘉興鐵材行而為，營業主體為嘉興鐵材行，而非原告個人云云。惟查原告上述說明書表明「本人願接受貴組依法核課一時貿易所得」，光泉公司上述說明書亦載明：「本公司七十八、七十九年度部分鋼筋係向個人購入，由其交來利昌鋼鐵股份有限公司之發票……」利昌公司跳開銷貨發票明細表所載發票買受人為光泉公司及光利公司者，其實際買受人為原告，即原告提起訴願之訴願書狀亦敘明：「訴願人以個人名義，延攬生意兩件，係為一時

貿易，故未辦營利事業登記」在案。況原告主張其向利昌公司進貨
鋼筋銷售予光泉、光利公司係屬其合夥事業嘉興鐵材行之營業，於
其有利，依行政訴訟法第三十三條準用民事訴訟法第二百七十七條
規定應負舉證之責任，卻未能提出其合夥事業嘉興鐵材行經稽徵機
關驗證之帳載有關該鋼筋進、銷營業之帳證資料，以供查證，而其
所提行庫帳戶資料又不足證明其無從事該鋼筋之買賣，　自無可採
認。次查據利昌公司上述說明書所附該公司跳開銷貨發票明細表所
載，原告向利昌公司進貨鋼筋銷售與光泉公司及光利公司多達十七
次，時間跨越七十八年及七十九年，就其交易期間或次數以觀，顯
係反復從事鋼筋買賣之營業，已非所得稅法所稱之一時貿易，而屬
營業稅法第六條第一款之「營業人」。原告既係營業人，竟未依規定
申請營業登記，更進而營業，且其從事鋼筋買賣，應自他人取得憑
證而未取得，及應給與他人憑證而未給與，藉以逃漏營業稅，被告
因而核定補徵營業稅四七三、八八八元，並處罰鍰三、三二〇、一
七六元（即按未給與憑證金額處百分之五罰鍰計四七三、八八八元，
按未取得憑證金額處百分之五罰鍰計四七三、八八八元，按未辦營
業登記處三、〇〇〇元，及按漏稅額處五倍之營業罰鍰計二、三六
九、四〇〇元），揆諸首揭法條規定，洵非無據，一再訴願決定遞予
維持，亦均無不合，原告起訴意旨，難謂有理，應予駁回。

四、營業稅的免徵

　　有關營業稅免徵的規定，除了營業稅法的特別法有許多特別的
規定之外，則以營業稅法第八條、第九條、第三十六條第一項但書
以及第四十一條第二項為主，茲將其中較富爭議之項目以及相關之
實務見解，詳細分析如下：

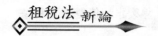

❖ (一)教育文化機構提供之教育勞務

就此,有兩則財政部之解釋可供參考,茲分述如下:

Ⅰ.財政部七十三年臺財稅字第五七八三五號函

××企業管理顧問有限公司附設短期補習班,雖經教育主管機關立案,惟其經營既未與該營利事業分離,其所營之補習費收入,為該營利事業收入之部分,自應依法課徵營業稅。

Ⅱ.財政部臺財稅字第七五四九四一九號函

依法向教育主管機關申請核准登記或立案之短期補習班,其所提供教育勞務,依營業稅法第八條第一項第五款規定免徵營業稅,惟其購買貨物所支付之進項稅額,亦不得申請退還,與公私學校及一般消費者相同。

❖ (二)電視臺銷售廣告、節目播映及節目播出

就此,財政部臺財稅字第八四一六三二四七八號函釋可供參考:

主旨: 關於有線電視系統經營者及有線電視節目播送系統業者營業稅核課原則執行疑義乙案,函復如說明,請　查照。

說明: 二、茲分別核復如次: (一)關於節目播映收入認定部分:關於業者收取之各項收入中,除收視費係屬節目播映收入,得依法免徵營業稅外,其餘安裝費、廣告費、銷售轉換器、解碼器收入、頻道出租收入、製作費、點唱費等各項收費,應依法課徵營業稅。(二)關於節目播映收入開立憑證部分:統一發票使用辦法第四條第十六款雖明定依法登記之電視臺其節目播映收入,得免用或免開統一發票,惟業者如就該項收入申請使用統一發票,現行稅法亦無禁止之規定。(三)關於節目播映收入可否免列入計算不得扣抵比例部分:同意貴廳意見,依兼營營業人營業稅額計算辦法第三條規定,計算不得扣抵比例時,該節目播映收入之免稅銷售額應予列入計算。

❖ ㈢電信機關依法經營之業務

就此,財政部臺財稅字第八六一九一三一四七號函釋可供參考:

主旨:核釋電信業務者經營行動電話業務有關營業稅課徵規定。請　查照。

說明:三、電信業者之用戶使用行動電話透過該業者連接其他國內外電信業者之網路,接通國際電話,該國際電話費收入,准適用零稅率,並免備零稅率證明文件,惟應依規定設置及保存相關帳簿憑證,以供稽徵機關查核。四、外國漫遊電信用戶來臺期間,使用國內電信業者之電信網路接通國際或國內電話,該電話費收入經拆帳後,屬於該母國電信事業收入部分,核非屬營業稅課徵範圍,不課徵營業稅;其屬於國內業者之收入部分,因其勞務提供地及使用地均在中華民國境內,應依法課徵營業稅,惟其中國際電話費之拆帳收入,准適用零稅率,並免備零稅率證明文件,惟應依規定設置及保存相關帳簿憑證,以供稽徵機關查核。

❖ ㈣非加值型營業人銷售其非經常買進、賣出而持有之固定資產

就此,有幾則實務上之見解可供參考,茲分述如下:

Ⅰ.行政法院七十五年判字第一五九八號判決

按營利事業出售其非經常買進、賣出之營利活動而持有之固定資產,免徵營業稅,為營業稅法第六條第十八款所明定,查本件原告所營事業項目,依其提出之公司執照暨營利事業登記證記載共有四項,其第一項即為「委託營造廠商興建國民住宅及商業大樓之出租出售業務」。而原告出售本案座落臺北市公園路三十號七樓之二房屋,原係原告供出租於臺北市銀行使用,於完成時列入固定資產項

目，以收入之租金報繳營業稅，並曾經財政部臺北市國稅局核定辦理資產重估，俱經原告於本件救濟程序一再陳明，而為被告機關所不爭之事實，是該房屋與首揭條文規定非經常買進、賣出之營利活動而持有之固定資產之要件，似尚無不符之處。被告機關未准原告退還系爭營業稅之聲請，係以財政部（六三）臺財稅第三四二七九號函釋:「營利事業從事不動產之營業，其出售非供本身營業使用之不動產與營業稅免稅規定並不符合，仍應依法課徵營業稅」為所持依據。惟查本函釋對所謂供本身營業使用之不動產是否僅以營利事業自身之辦公廳舍為限，尚未明確界定其範圍，揆之首揭法條意旨，營利事業不以買進、賣出為營利活動，而從事其他營業項目之營利收益，如出租與他人使用而收取租金之不動產，能否認係非供本身營業使用之不動產與營業稅法免稅規定不合，又該房屋究係自何時出租於臺北市銀行使用，有無故意藉此逃避營業稅情形，俱尚不無應再詳予調查慎重研議，用使悉符法律規定之餘地。被告機關未詳予查證剖析，遽引上開函釋以原處分未准原告退稅之申請，訴願暨再訴願決定以同一理由遞予維持，視其認事用法，似均未臻周延，原告起訴指摘未合，尚非全無理由，合均予撤銷，由被告機關詳慎研析後另為適當之處分，以資適用。

Ⅱ. 行政法院七十九年判字第一二九〇號判決

本件被告機關以原告於七十五年間出售承受債務人之抵押資產（房屋座落高雄市苓雅區中正二路八一號七、八、九樓含公共設施，土地座落苓雅區林德官段一一九六－一地號，移轉持分一萬分之一三六〇）予眾星裝潢設計股份有限公司，計房價二、五四一、九〇〇元漏未開立統一發票，土地價款四、二〇八、一〇〇元，未依法給予憑證，遂依營業稅法第三十二條第一項，稅捐稽徵機關管理營利事業會計帳簿憑證辦法第二十一條第一項、營業稅法第五十二條及稅捐稽徵法第四十四條規定，就上開房地價款六、七五〇、〇〇

〇元內房屋款二、五四一、九〇〇元部分予以補徵營業稅及土地價
款四、二〇八、一〇〇元部分未依法給予憑證論罰，固非無見。惟
查，本件原告所經營之保管箱、機器、設備及辦公大樓出租等業務
之「租金收入」，前經原告以七十五年六月十七日（七五）第一業會
字第一三七號函向被告機關所屬大安分處申報，並經該分處以七十
五年六月二十五日北市稽安（甲）字第三〇〇〇三號函准予備查，
改按第四章第一節（即一般稅額計算之營業人）規定計算稅額，其
餘營業項目仍按第四章第二節規定辦理，是原告係屬兼營營業人，
為兩造所不爭執。次查「依第四章第二節規定計算稅額之營業人，
銷售非經常買進、賣出而持有之固定資產，免徵營業稅」，「依第四
章第二節規定計算營業稅之營業人，出售向法院承受債務人所有之
不動產，可依規定免徵營業稅」分別為營業稅法第八條第一項第二
十二款所規定及財政部賦稅署 75.11.15. 臺稅二發第七五一八五一
四號函釋在案。茲所稱「依第四章第二節規定計算稅額（或營業稅）
之營業人」，究竟係指專「依第四章第二節規定計算稅額」之專營營
業人抑或包含前揭「兼營營業人」在內，營業稅法及其施行細則均
無規定。被告機關雖引用財政部 77.2.8. 臺財稅第七六一一五九一
一號函釋，主張應不包含「兼營營業人」在內，固有所憑，惟查營
業稅法第八條修正理由（十一）載明：「依第四章第二節計算稅額之
營業人，購置固定資產，如有進項稅額，因不能扣抵，如在出售時
課稅，則形成重複課稅，爰予列入免稅。至依第四章第一節計算稅
額之營業人購進固定資產之進項稅額因已扣抵銷項稅額，實際上已
無稅負，於轉售時自應課徵營業稅。」是則「依第四章第二節計算稅
額之營業人」出售非經常買進、賣出之固定資產時，得否免徵營業
稅，似宜端視其於購置時有無進項稅負為斷，而非以是否專營營業
人為區別標準，如於購置時有進項稅負（不能扣抵），出售時自得免
稅，如於出售時已無進項稅負，則於出售時自應課徵營業稅，其是

否專營營業人或兼營營業人，似無庸置論。被告機關引用之財政部
77.2.8. 臺財稅第七六一一五九一六一號函釋謂「兼營營業人銷售非
經常買進、賣出而持有之固定資產，應依法課徵營業稅」，而不論其
有無進項稅負，是否與營業稅法第八條之立法意旨相符，非無可疑。
原告指摘其未合，似非全無可取。

Ⅲ. 財政部賦稅署七十五年臺稅二發字第七五一八五一四號函

主旨：貴公司（中國人壽保險股份有限公司）出售承受債務人
所有用以抵押之不動產，可依法免徵營業稅。

說明：二、營業稅法第八條第一項第二十二款規定，依第四章
第二節規定計算營業稅之營業人銷售非經常買進、賣出而持有之固
定資產，免徵營業稅。貴公司為依第四章第二節規定計算營業稅之
營業人，出售向法院承受債務人所有之不動產，可依上開規定免徵
營業稅。

Ⅳ. 財政部七十七年臺財稅字第七六一一五九一六一號函

主旨：貴轄××產物保險公司如經核准為兼營營業人，其銷售
非經常買進、賣出而持有之固定資產，應依法課徵營業稅。

說明：二、××產物保險股份有限公司擬將非專屬保險業之銷
售收入，依「營業人開立銷售憑證時限表」特別規定欄規定，申請
依照營業稅法第四章第一節規定計算營業稅額，並依同法第二十五
條規定申報繳納，係屬「兼營營業人營業稅額計算辦法」第二條第
二項所稱之兼營營業人，其銷售非經常買進、賣出而持有之固定資
產，不適用同法第八條第一項第二十二款規定免稅。縱申請自動放
棄進項稅額比例計算扣抵，仍無上項免稅條款規定之適用，應依主
旨辦理。

Ⅴ. 財政部臺財稅第八一○七六○○四四號函

金融業出售債務人設定動產質權之質押物，係以清償其債權為
目的，其所取得之價金，除該質押物之所有權人為營業人者，應視

為質押物所有權人之銷售行為，就賣得之價金依法開立統一發票報繳營業稅外，應准免徵營業稅。

Ⅵ.財政部臺財稅字第八四一六四五九三六號函

專營銷售免稅貨物之營業人，非屬依營業稅法第四章第二節規定計算稅額之營業人，其銷售固定資產尚無同法第八條第一項第二十二款免徵營業稅規定之適用，應依法課徵營業稅。

❖ ㈤各級政府發行之債券及依法應課徵證券交易稅之證券

就此，有幾則財政部之解釋可供參考，茲分述如下：

Ⅰ.財政部臺財稅字第七六一一二二六二二號函

主旨：營業稅法第八條第一項第二十四款規定各級政府發行之債券免徵營業稅，應以買賣中央及省、市政府依法發行之公債、國庫券及債券之本息為限。中央銀行發行之定期存單、儲蓄券及短期債券之利息不屬營業稅免稅範圍。

說明：二、目前各級政府發行之債券計有：中央政府發行之年度公債、愛國公債、建設公債、國庫券；臺灣省政府發行之建設公債、公共建設土地債券；臺北市政府發行之建設公債、平均地權土地債券、公共建設土地債券；高雄市政府發行之平均地權土地債券、公共建設土地債券。凡買賣上開債券之本息（含買賣之利益）應免徵營業稅。三、至中央銀行為調節金融，依中央銀行法第二十七條規定，發行之定期存單、儲蓄券及短期債券，係屬該行業務之運作；金融業（含銀行業、信託投資業、證券業、信用合作社及農、漁會等兼營銀錢營業之信用部）購買該行發行之定期存單、儲蓄券及短期債券所發生之利息收入（包括買賣之利益），不屬營業稅免稅範圍，應依法報繳營業稅。

II.財政部臺財稅字第七六一一五二二五四號函

主旨：××商業銀行於新制營業稅實施後，買賣依法應課證券交易稅之受益憑證，所收取之差額利益及分配之收益依法應免徵營業稅。

說明：二、營業稅法第八條第一項第二十四款規定：「……依法應課徵證券交易稅之證券免徵營業稅。」係以買賣上開依法應課徵證券交易稅之有價證券，並不以已納證券交易稅者為免稅條件，亦即不論證券交易稅停徵與否，均應免徵營業稅。

III.財政部臺財稅字第七七〇一〇七七六八號函

主旨：新制營業稅實施後，營業人（含銀行業及信託投資業）買賣依法應課徵證券交易稅之公司債、金融債券及受益憑證等，所發生之買賣利益及利息收入，應免徵營業稅。

說明：二、公司債、金融債券及受益憑證等有價證券，依證券交易稅條例第一條第一項規定，應徵收證券交易稅，買賣依法應課徵證券交易稅之證券，依營業稅法第八條第一項第二十四款規定，應免徵營業稅。

IV.財政部臺財稅字第八三一五八一五四九號函

營業人（含銀行業及信託投資業）買入依法應課徵證券交易稅之公司債、金融債券等，於持有期間按期領取之利息收入，應免徵營業稅。請　查照。

說明：二、營業人（含銀行業及信託投資業）買賣依法應課徵證券交易稅之公司債、金融債券及受益憑證等，所發生之買賣利益及利息收入，應免徵營業稅，業經本部七十七年八月二十六日臺財稅第七七〇一〇七七六八號函核釋在案，上開規定所稱利息收入，包括營業人買入債券後持有期間按期領取之利息收入在內。

❖ ㈥經營衍生性金融商品、公司債、金融債

券、新臺幣拆款及外幣拆款之銷售額

就此，有幾則財政部之解釋可供參考，茲分述如下：

Ⅰ.財政部臺財稅字第八五一八九八七九四號函

金融業依法經營新臺幣拆款及外幣拆款交易，無論是否透過金融業拆款中心或外匯經紀商居間中介成交，其拆放同業之利息收入，均得適用營業稅法第八條第一項第三十二款免徵營業稅之規定。

Ⅱ.財政部臺財稅第八七一九六六一八四號函

銀行業經營遠期外匯 (DELIVERY FORWARDS, DF)、無本金交割遠期外匯 (NON-DELIVERY FORWARDS, NDF)、換匯 (SWAPS)、新臺幣匯率選擇權 (NTD CCY OPTIONS) 等四種衍生性金融商品，可適用營業稅法第八條第一項第三十二款免徵營業稅之規定。請查照。

Ⅲ.財政部臺財稅字第八八一九〇六九二九號函

核釋銀行業經營保證金交易 (MARGIN TRADING) 之銷售額，可適用營業稅法第八條第一項第三十二款有關衍生性金融商品免徵營業稅之規定，請　查照。

❖ ㈦加值型營業人購買國外之勞務

依據營業稅法第三十六條第一項但書之規定，加值型營業人向在中華民國境內無固定營業場所之外國事業、機關、團體、組織購進之勞務，專供經營應稅貨物或勞務之用者，免徵營業稅。

❖ ㈧加值型營業人進口之貨物

依據營業稅法第四十一條第二項但書之規定，加值型營業人進口供營業用之貨物，除乘人小汽車外，於進口時免徵營業稅。

然而，依據營業稅法第十九條第二及第三項規定，營業人如果

專營免徵營業稅之貨物或勞務者，其全部的進項稅額都不得申請退還，而如果營業人兼營免徵營業稅之貨物或勞務的話，則其進項稅額將有一部分不得扣抵銷項稅額。基此，經營免徵營業稅之貨物或勞務並非百利而無一害的，如果想要享受免徵營業稅的話，就必須要面臨犧牲全部或部分的進項稅額不得申請退還或扣抵銷項稅額的命運。因此，營業稅法第八條第二項遂規定，銷售免徵營業稅貨物或勞務之營業人，得申請財政部核准放棄適用免稅規定，而依有關加值型營業人之規定計算營業稅額，惟經核准後三年內不得變更。

❖ ㈨園區事業自國外輸入自用機器設備

依據科學工業園區設置管理條例第十七條第一及二項之規定，園區事業自國外輸入自用機器設備，免徵進口稅捐、貨物稅及營業稅。但於輸入後五年內輸往保稅範圍外者，應依進口貨物之規定，課徵進口稅捐、貨物稅及營業稅。園區事業自國外輸入原料、物料、燃料及半製品，免徵進口稅捐、貨物稅及營業稅。但輸往保稅範圍外時，應依進口貨物之規定，課徵進口稅捐、貨物稅及營業稅。

❖ ㈩國際金融業務分行的銷售額

依據國際金融業務條例第十四條之規定，國際金融業務分行之銷售額，免徵營業稅。但銷售與中華民國境內個人、法人、政府機關或金融機構之銷售額，其徵免應依照營業稅法規定辦理。

❖ ㈠金融機構經營專屬本業之銷售額

依據營業稅法第八條之二之規定，銀行業、保險業、信託投資業、證券業、期貨業、票券業及典當業，經營專屬本業之銷售額，自中華民國九十五年一月起，免徵營業稅。

五、營業稅的課徵方式

　　營業稅的課徵方式可分為加值型營業人，亦即依據營業稅法第四章第一節規定計算營業稅額之營業人，以及非加值型營業人，亦即依據營業稅法第四章第二節規定計算營業稅額之營業人，茲詳細說明如下：

◈ (一)加值型營業人

　　由於營業稅的課徵客體一般而言可以分為銷售貨物或勞務以及進口貨物兩大類，且銷售貨物或勞務與進口貨物二者計算營業稅的方式又不盡相同；此外，如果加值型營業人同時兼營免徵營業稅的貨物或勞務者，即所謂的「兼營營業人」，則其營業稅的計算方式與專營應課徵營業稅貨物或勞務之加值型營業人也大異其趣，故而實有詳加分述的必要。

1.銷售貨物或勞務營業稅的計算方式

　　依據營業稅法第十五條第一項之規定：「營業人當期銷項稅額，扣減進項稅額後之餘額，為當期應納或溢付營業稅額。」此即為加值型營業人銷售貨物或勞務計算營業稅額之具體內涵，也就是所謂的「稅額相減法」。茲將其構成要素詳細分析如下：

　　⑴銷項稅額：依據營業稅法第十四條之規定：「營業人銷售貨物或勞務，除本章第二節另有規定外，均應就銷售額，分別按第七條或第十條規定計算其銷項稅額，尾數不滿通用貨幣一元者，按四捨五入計算。銷項稅額，指營業人銷售貨物或勞務時，依規定應收取之營業稅額。」因此，所謂的「銷項稅額」就是將營業人銷售貨物或勞務的銷售額乘以營業人銷售的貨物或勞務所適用之營業稅率。至

於究竟要如何計算營業人銷售貨物或勞務的銷售額，則有以下幾種方式：

① 一般的銷售額：依據營業稅法第十六條之規定，一般而言，營業人銷售貨物或勞務的銷售額，係指營業人銷售貨物或勞務所收取之全部代價，包括營業人在貨物或勞務之價額外收取之一切費用。但本次銷售之營業稅額不在其內。而如果貨物係應徵貨物稅或菸酒稅之貨物的話，則其銷售額即應加計貨物稅額或菸酒稅額在內。

② 國際運輸業的營業額：依據營業稅法第十八條之規定：「國際運輸事業自中華民國境內載運客貨出境者，其銷售額依左列規定計算：一、海運事業：指自中華民國境內承載旅客出境或承運貨物出口之全部票價或運費。二、空運事業：㈠客運：指自中華民國境內承載旅客至中華民國境外第一站間之票價。㈡貨運：指自中華民國境內承運貨物出口之全程運費。但承運貨物出口之國際空運事業，如因航線限制等原因，在航程中途將承運之貨物改由其他國際空運事業之航空器轉載者，按承運貨物出口國際空運事業實際承運之航程運費計算。前項第二款第一目所稱中華民國境外第一站，由財政部定之。」此乃國際運輸業營業額計算方式之特別規定。

③ 銷售額的認定：依據營業稅法第十七條之規定，如果營業人以較時價顯著偏低之價格銷售貨物或勞務而無正當理由者，主管稽徵機關得依時價自行認定其銷售額。

此外，依據營業稅法第十五條第二項之規定，營業人因銷貨退回或折讓而退還買受人之營業稅額，應於發生銷貨退回或折讓之當期銷項稅額中扣減之。因此，如果有發生銷貨退回或折讓之情形者，該部分之營業稅額即應自營業人的銷項稅額之中予以扣除。

(2)進項稅額：依據營業稅法第十五條第二項之規定，進項稅額，係指營業人購買貨物或勞務時，依規定支付之營業稅額。此外，依據營業稅法第十五條第三項之規定，營業人因進貨退出或折讓而收回之營業稅額，應於發生進貨退出或折讓之當期進項稅額中扣減之。因此，如果有發生進貨退出或折讓之情形者，該部分之營業稅額即應自營業人的進項稅額之中予以扣除。惟依據營業稅法第十九條第一項之規定：「營業人左列進項稅額，不得扣抵銷項稅額：一、購進之貨物或勞務未依規定取得並保存第三十三條所列之憑證者。二、非供本業及附屬業務使用之貨物或勞務。但為協助國防建設、慰勞軍隊及對政府捐獻者，不在此限。三、交際應酬用之貨物或勞務。四、酬勞員工個人之貨物或勞務。五、自用乘人小汽車。」因此，如有以上之情形者，該部分之進項稅額，即不得用以扣抵銷項稅額。

2.進口貨物營業稅的計算方式

依據營業稅法第二十條之規定：「進口貨物按關稅完稅價格加計進口稅捐後之數額，依第十條規定之稅率計算營業稅額。前項貨物如係應徵貨物稅或菸酒稅之貨物，按前項數額加計貨物稅額或菸酒稅額後計算營業稅額。」也就是說，進口貨物營業稅之計算方式並不適用「稅額相減法」，而是採行與非加值型營業人相同的營業稅計算方式。

3.兼營營業人營業稅的計算方式

依據營業稅法第十九條第三項之規定：「營業人因兼營第八條第一項免稅貨物或勞務，或因本法其他規定而有部分不得扣抵情形者，其進項稅額不得扣抵銷項稅額之比例與計算辦法，由財政部定之。」營業稅法第三十六條第一項之規定：「外國之事業、機關、團體、組織，在中華民國境內，無固定營業場所而有銷售勞務者，應由勞務

買受人於給付報酬之次期開始十五日內，就給付額依第十條或第十一條但書所定稅率，計算營業稅額繳納之。但買受人為依第四章第一節規定計算稅額之營業人，其購進之勞務，專供經營應稅貨物或勞務之用者，免予繳納；其為兼營第八條第一項免稅貨物或勞務者，繳納之比例，由財政部定之。」以及營業稅法第四十一條第二項之規定：「依第四章第一節規定，計算稅額之營業人，進口供營業用之貨物，除乘人小汽車外，於進口時免徵營業稅。但兼營第八條第一項免稅貨物或勞務者，其進口貨物，應徵營業稅之比例及報繳辦法，由財政部定之。」因此，加值型營業人如果同時兼營免徵營業稅的貨物或勞務者，其營業稅的計算方式即應依照財政部所定之方式為之。財政部遂依此授權立法之規定頒布了兼營營業人營業稅額計算辦法（以下簡稱「計算辦法」），以作為兼營營業人計算營業稅額之基準。茲將其中較為重要之規定，分述如下：

(1)兼營營業人的定義：依據計算辦法第二條第二項之規定，兼營營業人係指兼營應課徵營業稅及免徵營業稅貨物或勞務的加值型營業人，或者是兼具加值型營業人及非加值型營業人身分的營業人。

(2)進項稅額不得扣抵銷項稅額比例計算之方式：進項稅額不得扣抵銷項稅額比例計算之方式可分為「比例扣抵法」以及「直接扣抵法」兩種，茲詳述如下：

①比例扣抵法：依據計算辦法第四條之規定，原則上兼營營業人當期應納或溢付營業稅額之計算公式如下：

應納或溢付稅額＝銷項稅額－（進項稅額－依本法第十九條第一項規定不得扣抵之進項稅額）×（1－當期不得扣抵比例）

如兼營營業人有購買國外之勞務者，依據計算辦法第六條之規定，應依下列公式計算其應納營業稅額：

應納稅額＝給付額×徵收率×當期不得扣抵比例

至於何謂「當期不得扣抵比例」呢？則依計算辦法第三條第一項之規定，係指各該期間免稅銷售淨額及非加值型營業人之銷售淨額，占全部銷售淨額之比例。但土地及各級政府發行之債券及依法應課徵證券交易稅之證券之銷售額不列入計算。

此外，依據計算辦法第七條之規定，兼營營業人於報繳當年度最後一期營業稅時，應按當年度不得扣抵比例調整稅額後，併同最後一期營業稅額辦理申報繳納，其計算公式如下：

調整稅額＝當年度已扣抵之進項稅額－（當年度進項稅額－當年度依本法第十九條第一項規定不得扣抵之進項稅額）×（1－當年度不得扣抵比例）

兼營營業人如有進口供營業用之貨物或進口供營業用之勞務者，並應依下列公式調整：

調整稅額＝當年度購買勞務給付額×徵收率×當年度不得扣抵比例－當年度購買勞務已納營業稅額

②**直接扣抵法：**依據計算辦法第八條之一第一項之規定，兼營營業人最近三年內無重大逃漏稅，且帳簿記載完備，能明確區分所購買貨物、勞務或進口貨物之實際用途者，得向稽徵機關申請核准採用直接扣抵法，按貨物或勞務之實際用途計算進項稅額可扣抵銷項稅額之金額及進口貨物、

購買國外勞務之應納稅額,惟核准後三年內不得申請變更。至於直接扣抵法的具體內涵,則依計算辦法第八條之二之規定:

a. 兼營營業人應將購買貨物、勞務或進口貨物、購買國外之勞務之用途,區分為左列三種,並於帳簿上明確記載:㈠專供加值型營業人經營應稅(含零稅率)營業所使用(以下簡稱專供應稅營業用)者。㈡專供經營免稅及非加值型營業人營業所使用(以下簡稱專供免稅營業用)者。㈢供㈠、㈡兩目共同使用(以下簡稱共同使用)者。

b. 兼營營業人當期應納或溢付營業稅額之計算公式如下:

> 應納或溢付稅額=銷項稅額-(進項稅額-依本法第十九條第一項規定不得扣抵之進項稅額-專供經營免稅營業用貨物或勞務之進項稅額-共同使用貨物或勞務之進項稅額×當期不得扣抵比例)

c. 兼營營業人購買國外之勞務,應依下列公式計算應納營業稅額:

> 應納稅額=專供免稅營業用勞務之給付額×徵收率+共同使用勞務之給付額×徵收率×當期不得扣抵比例

d. 兼營營業人於報繳當年度最後一期營業稅時,應按當年度不得扣抵比例調整稅額後,併同最後一期營業稅額辦理申報繳納,其計算公式如下:

> 調整稅額=當年度已扣抵之進項稅額-(當年度

進項稅額－當年度依本法第十九條第一項規定不
得扣抵之進項稅額－當年度專供免稅營業用之貨
物或勞務之進項稅額－當年度共同使用之貨物或
勞務之進項稅額×當年度不得扣抵比例）

兼營營業人如有購買國外之勞務者，並應依下列公式調
整：

調整稅額＝〔當年度購買專供免稅營業用勞務給
付額＋當年度購買供共同使用勞務給付額×當年
度不得扣抵比例〕×徵收率－當年度購買勞務已
納營業稅額

至於上揭計算公式中所指的「當期不得扣抵比例」，其計
算方式與「比例扣抵法」相同。

此外，依據計算辦法第八條之三之規定，經稽徵機關核准採用
直接扣抵法之兼營營業人，未依規定計算扣抵及應納稅額，致短漏
報應納稅額情節重大或發生其他重大逃漏稅者，主管稽徵機關得撤
銷其採用直接扣抵法，改依「比例扣抵法」之規定計算其應納營業
稅額，且經撤銷後一年內不得申請變更。

由於兼營營業人計算營業稅的方式錯綜複雜，因此，在實務上，
所引發之爭議亦相當多。茲將其中較為重要之實務見解，臚列如後，
以作為補充之說明：

Ⅰ.司法院大法官會議釋字第三九七號解釋

解釋文

財政部中華民國七十五年二月二十日臺財稅字第七五二一四三
五號令發布之「兼營營業人營業稅額計算辦法」係基於營業稅法第
十九條第三項具體明確之授權而訂定，並未逾越法律授權之目的及

範圍，與租稅法律主義並無牴觸。又財政部七十七年七月八日臺財稅字第七六一一五三九一九號函釋稱兼營投資業務之營業人於年度中取得之股利，應於年度結束時彙總列入當年度最後乙期免稅銷售額申報，並依兼營營業人營業稅額計算辦法之規定，按當期或當年度進項稅額不得扣抵銷項稅額之比例計算調整應納稅額，併同繳納，僅釋示兼營營業人股利所得如何適用上開辦法計算其依法不得扣抵之進項稅額，並未認股利收入係營業稅之課稅範圍，符合營業稅法意旨，與憲法尚無違背。惟不得扣抵比例之計算，在租稅實務上既有多種不同方法，財政部雖於八十一年八月二十五日有所修正，為使租稅益臻公平合理，主管機關仍宜檢討改進。

解釋理由書

　　現行營業稅法對於營業稅之課徵係採加值型營業稅及累積型轉手稅合併立法制，前者依營業稅法第四章第一節規定，係按營業人進、銷項稅額之差額課稅；後者依同法第四章第二節規定，係按營業人銷售總額課徵營業稅。依營業稅法第十五條第一項規定，營業人當期銷項稅額（指營業人銷售貨物或勞務、或依規定所應收取之營業稅額）扣減進項稅額（指營業人購買貨物或勞務時，依規定支付之營業稅額）之餘額，即為當期應納或溢付營業稅額。營業人得以購買貨物或勞務所支付之進項稅額申報扣抵銷售貨物或勞務之銷項稅額，應以其所銷售之貨物或勞務屬於應稅者為限。依營業稅法第十九條第一項規定同條項所定之進項稅額，不得扣抵銷項稅額，又同條第二項規定專營免稅貨物或勞務者，其進項稅額不得申請退還。但就兼營營業稅法第八條免稅貨物或勞務者，其購進所營免稅貨物或勞務，或營業人非供本業及附屬業務使用之貨物或勞務等第十九條第一項所列之進項稅額，因與得扣抵之進項稅額，有不易明確劃分之情形，為合理計算應納稅額，營業稅法第十九條第三項乃授權財政部就兼營營業稅法第八條第一項免稅貨物或勞務，或因本

法其他規定而有部分不得扣抵情形者，其進項稅額不得扣抵銷項稅額之比例與計算辦法，由財政部定之，作為稽徵或納稅之依據。此種法律基於特定目的，而以內容具體、範圍明確之方式，就徵收稅捐所為之授權規定，並非憲法所不許（釋字第三四六號解釋參照）。

財政部七十五年二月二十日臺財稅字第七五二一四三五號令發布之「兼營營業人營業稅額計算辦法」係基於營業稅法第十九條第三項具體明確之授權而訂定，其所採之比例扣抵法，旨在便利徵納雙方徵繳作業，並未逾越授權之目的及範圍。加值型營業稅係對貨物或勞務在生產、提供或流通之各階段，就銷售金額扣抵進項金額後之餘額（即附加價值）所課徵之稅，涉及稽徵技術、成本與公平，有其演變之過程。關於如何計算兼營營業人之應納稅額，各國多採比例扣抵法，亦有規定帳載完備，得明確劃分勾稽，而經核准者，得採直接扣抵法。財政部於八十一年八月二十五日修正上開辦法，規定自八十一年九月一日起，兼營營業人帳簿記載完備，能明確區分所購買貨物或勞務之實際用途者，得向稽徵機關申請核准採用直接扣抵法，按貨物或勞務之實際用途計算其進項稅額可扣抵銷項稅額之金額，使兼營營業人有所選擇，係在因應我國營業稅制之發展，兼顧實情與公平所為之改進。查主管機關基於法律授權所訂定之各種命令，於不違反法律授權意旨之限度內，並非不得增刪修訂或變更其見解（釋字第二八七號解釋參照），故不能因而認財政部修改前開辦法，兼採直接扣抵法，即謂原本所採之比例扣抵法為違法。

營業稅係以在中華民國境內銷售貨物或勞務及進口貨物為課徵對象，營業稅法第一條設有規定，股利收入不在營業稅課徵範圍。財政部七十七年七月八日臺財稅字第七六一一五三九一九號函釋謂，兼營投資業務之營業人於年中取得之股利，應於年度結束時彙總列入當年度最後乙期免稅銷售額申報，並依兼營營業人營業稅額計算辦法，按當期或當年度進項稅額不得扣抵銷項稅額之比例計算

調整應納稅額，併同繳納，僅釋示兼營營業人股利所得如何適用上開辦法計算其依法不得扣抵之進項稅額，非在增加其銷項稅額，亦非認股利收入係屬營業稅課稅範圍，而對股利收入課徵營業稅，符合營業稅法之意旨，蓋如許股利收入免予列入計算依法不得扣抵比例，則此項與股利收入有關之各項費用之進項稅額，均將併作應課徵營業稅之進項稅額，而予全數扣抵，使其相關進項費用完全無租稅負擔，相較於專營投資業務者之此等進項稅額完全不能扣抵，有失公平，且將誘使專營投資業務者藉銷售少數應稅貨物或勞務而成為兼營投資業務之營業人，將投資業務之進項稅額得以悉數扣抵，規避稅負，自非合理。

綜上所述，上開財政部發布之兼營營業人營業稅額計算辦法及函釋，符合營業稅法意旨，與憲法第十九條所定租稅法律主義尚無牴觸。惟上開函釋，以「股利」收入作為計算進項稅額不得扣抵之比例基礎，文義上易滋將股利擴張解釋為營業稅之課稅適用範圍之誤解；又不得扣抵比例之計算，在租稅實務上既有多種不同方法，財政部雖於八十一年八月二十五日有所修正，為使租稅益臻公平合理，主管機關仍宜檢討改進。

部分不同意見書　　　　　　　　　　　　　　　大法官　孫森焱

財政部發布兼營營業人營業稅額計算辦法（以下簡稱營業稅額計算辦法）係依營業稅法第十九條第三項、第三十六條第一項及第四十一條第二項所訂定，為同辦法第一條所明定。又營業稅係以在中華民國境內銷售貨物或勞務及進口貨物為課徵對象，此觀營業稅法第一條之規定自明。股利收入既不在營業稅法規定之課徵範圍，自無銷項稅額，從而其進項稅額即無從扣抵。其兼營投資業務及加值稅範圍之業務者，於計算進項稅額之扣抵比例時，如未將股利收入之進項稅額剔除，則其與股利收入有關之費用，如投資部門之業

務費用、管理費用、電腦設備及共同使用之水電費、固定資產等相關之進項稅額，均可全數扣抵，固非合理，惟如依財政部七十七年七月八日臺財稅字第七六一一五三九一九號函釋意旨，逕適用營業稅額計算辦法計算可扣抵之進項稅額，其可扣抵之進項稅額將大幅減少，相對增加營業人之稅負，有違租稅法律主義，亦非公平。理由如左：

　　一、依營業稅額計算辦法第二條第一項規定：「兼營營業人應依本法第四章第一節規定計算營業稅額部分，適用本辦法之規定。」同條第二項則規定：「前項稱兼營營業人，指依本法第四章第一節計算稅額，兼營應稅及免稅貨物或勞務者，或兼依本法第四章第一節及第二節規定計算稅額者。」股利收入並非營業稅課徵對象，無營業稅法規定適用之餘地，更不屬應稅或免稅貨物或勞務範圍，即無從適用營業稅額計算辦法將股利收入列為銷售淨額，以之為計算進項稅額不得扣抵銷項稅額比例之基礎。

　　二、股利收入不屬於營業稅法第一條所列課稅範圍，將其與適用營業稅法規定之銷售淨額合併，以計算進項稅額不得扣抵銷項稅額之比例，與免稅銷售淨額併列為比例之中，即係視股利收入為免稅銷售淨額之一種，無異將股利收入列為營業稅之課稅範圍而適用營業稅法第八條之免稅規定。不但牴觸憲法第十九條之規定，且違背營業稅法。

　　三、如將股利收入列入免稅銷售淨額申報，計算應納或溢付稅額，則與股利收入完全無關之費用，例如為購置生產原料或機器而支付之進項稅額，因計入股利收入為免稅銷售淨額之故，其不得扣抵銷項稅額之比例將相對增加，使營業人負擔依法不應負擔之稅負。此種情形解釋理由雖謂「非在增加其銷項稅額」，但確已增加其不得扣抵之進項稅額。

　　實則財政部七十七年七月八日臺財稅字第七六一一五三九一九

號函所顧慮者,無非謂如准許股利收入免予列入計算不得扣抵比例,其有關之進項稅額均可全數扣抵,顯失公平等語。關此情形如將「與股利收入有關之進項稅額」及「與股利收入無關之進項稅額」分開計算,即可維持租稅公平。顧營業稅之課徵,所以按期計算全部銷貨之銷項稅額,於扣除其全部進貨之進項稅額後,以其差額為當期應繳納之稅額,乃因營業人銷售之貨物或勞務有多種,各有不同之進項稅額及銷項稅額,且本期之進貨未必當期銷售,復有後進先銷、呆存未銷之情形,故為權宜計,始按期就全部銷售淨額依免稅及應稅二部分之比例為核計應繳納營業稅額之基礎。營業稅法第十九條第三項爰規定其進項稅額不得扣抵銷項稅額之比例與計算辦法由財政部定之。就股利收入以言,原非營業稅課徵範圍,為營業人營業以外之收入,如為此收入而有所進貨,繳納營業稅,即係營業稅法第十九條第一項第二款前段所定「非供本業及附屬業務使用之貨物或勞務」,其進項稅額不得扣抵銷項稅額。是專供股利收入而負擔之進項稅額不發生與他種應稅貨物或勞務之銷項稅額扣抵之問題,不待適用營業稅額計算辦法而然,實係營業稅法第十九條第一項第二款有此規定之結果。至於與股利收入無關之進項稅額,可否扣抵銷項稅額,更不應因股利收入之多寡而受牽涉。問題之關鍵乃為股利收入而使用之貨物或勞務,為應稅或免稅之銷貨所共用者,其進項稅額究以如何比例扣抵銷項稅額?唯有此情形始發生適用營業稅額計算辦法判斷其比例多寡之問題。以故,本件解釋應將購置生產原料或機器等有關之進項稅額與股利收入有關之進項稅額區分,僅就後者與應稅及免稅之銷貨共用部分適用營業稅額計算辦法計算可扣抵之比例,始屬允當。

　　綜上以觀,有關股利收入使用之貨物或勞務,為應稅或免稅之銷貨所共用者,其進項稅額應以如何比例扣抵銷項稅額,是為進項稅額有部分得依營業稅法第十五條第一項扣抵銷項稅額;有部分依

同法第十九條第一項第二款規定不得扣抵銷項稅額發生之問題。此即同法第十九條第三項所定「因本法其他規定而有部分不得扣抵情形。」其不得扣抵之比例與計算辦法，依同條項規定原係授權財政部定之。惟財政部發布營業稅額計算辦法就此漏未顧及，於其第二條第二項僅規定所稱兼營營業人係指「依本法第四章第一節規定計算稅額，兼營應稅及免稅貨物或勞務者」，或「兼依本法第四章第一節及第二節規定計算稅額者」，未將營業稅法第十九條第一項第二款所定非供本業及附屬業務使用之貨物或勞務發生之進項稅額，與應稅及免稅貨物或勞務發生之進項稅額，以何比例計算之方式亦涵蓋在內，迨民國七十七年七月八日始以臺財稅字第七六一一五三九一九號函規定股利收入仍應適用營業稅額計算辦法計算進項稅額不得扣抵銷項稅額之比例。此函釋意旨，有違租稅法律主義，已如上述。股利收入有關之進項稅額與免稅貨物或勞務之進項稅額有別，如何計算不得扣抵之比例，自應依其法律上性質詳加斟酌，求其適法之計算方法，此與營業稅額計算辦法兼採之直接扣抵法尚有不同，不發生直接扣抵法之規定效力溯及既往之問題。是本件解釋文關於股利收入部分應如左列所示：

又財政部七十七年七月八日臺財稅字第七六一一五三九一九號函釋謂：「兼營投資業務之營業人於年度中取得之股利，應於年度結束時彙總列入當年度最後乙期免稅銷售額申報，並依兼營營業人營業稅額計算辦法之規定，按當年不得扣抵比例計算調整應納稅額，併同繳納。使兼營營業人原得扣抵銷項稅額之進項稅額減少，增加兼營營業人進項稅額之負擔，有違憲法第十九條租稅法律主義之本旨，應准兼營營業人將與股利收入無關之進項稅額分別計算扣抵比例，調整應納稅額。」

就此一司法院大法官會議解釋，吾人以為大法官孫森焱之部分

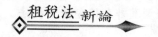

不同意見書的見解，相當值得贊許。筆者於司法院大法官會議作出此一解釋之前，曾於媒體發表與大法官孫森焱部分不同意見書內容相近之意見，並就此一聲請解釋案以專家身分列席司法院大法官會議向出席的大法官做提出說明。茲將其中大要，分述如下：

1. 前 言

財政部於民國七十七年七月八日以臺財稅第七六一一五三九一九號函釋，將營業人的股利收入彙總列入免稅銷售額，依「兼營營業人營業稅額計算辦法」之規定，計算進項稅額不得扣抵比例；致使所有取得股利收入之一般（即加值型）營業人皆因之而變成了「兼營營業人」。財政部雖口口聲聲宣示其並未對股利收入本身課徵營業稅，惟其卻迂迴地利用上揭函釋，將股利收入列入免稅銷售額來計算「兼營營業人」進項稅額不得扣抵比例，藉以增加營業人不得扣抵之進項稅額，並同時減少營業人依法可扣抵之進項稅額，來達到增加營業人應納稅額之目的；也就是說，財政部雖不對股利收入課徵營業稅，但卻利用上揭函釋來減少營業人依法可扣抵之進項稅額，實質上與對股利收入課徵營業稅無異。其中的謬誤，似是而非，實有待進一步的探究及澄清。

2. 股利收入非營業稅之課稅範圍

依據立法院財政委員會民國七十四年六月十二日臺財發字第〇五七號函「營業稅法修正草案」說明部分（即當初之立法理由）第八條第二十八項之規定：「依修正條文第一條規定，營業稅係對銷售貨物或勞務課徵，股利已非營業稅之課稅範圍，是以無庸在此贅列，爰予刪除」。又依據財政部七十六年四月四日臺財稅第七五五八〇六七號函釋：「營利事業不論專營或兼營投資業務，其購買股票或投資其他營利事業所取得之股利，非屬營業稅法規定之課稅範圍，應免

徵營業稅。」此外，行政法院八十三年度判字第八○三號判決亦云：「查原告因轉投資其他營利事業於七十八年度取得股利收入，非屬營業稅課稅範圍……。」由以上立法理由、函釋及判決可知，股利收入非屬營業稅課稅範圍，亦即既非屬銷售貨物範圍，亦非屬銷售勞務範圍，殆無疑義，合先敘明。

3. 非屬營業稅課稅範圍與免徵營業稅二者不宜混為一談

蓋所謂非屬營業稅課稅範圍係指非屬營業稅法第一條所規定之在中華民國境內銷售貨物或勞務及進口貨物而言，亦即自始即非屬營業稅法之課稅客體營業行為，根本完全與營業稅無涉。至於免徵營業稅者係指某些本應課徵營業稅之銷售貨物或勞務之營業行為，惟基於特定的立法政策而予以免徵，藉以達成或推動政府的施政政策而言，例如政府為順利推動我國成為「亞太金融中心」，遂於營業稅法第八條第一項第三十二款規定，經營衍生性金融商品、公司債、金融債券等之銷售額免徵營業稅，即為明證。此外，立法院財政委員會民國七十四年六月十二日（七四）臺財發字第○五七號函「營業稅法修正草案」說明部分（即當初之立法理由）第八條第二十八項亦明白指出，股利已非營業稅之課稅範圍，是以無庸在此（指營業稅法第八條免稅規定）贅列，爰予刪除。是以，非屬營業稅課徵範圍與免徵營業稅係兩個截然不同之法律概念，不宜混為一談。

4. 公司轉投資取得股利收入不應變成兼營營業人

按財政部七十七年七月八日臺財稅第七六一一五三九一九號函釋錯誤地將非屬營業稅課稅範圍的股利收入視為免稅銷售額，並將轉投資取得股利收入之理財行為視為銷售勞務的營業行為，而使得舉凡有轉投資取得股利收入之營業人皆變成了「兼營營業人」，其推

論至為謬誤。須知，所謂的「兼營營業人」係指「兼營營業人營業
稅額計算辦法」第二條第二項所規定，依本法（營業稅法）第四章
第一節規定計算稅額，兼營應稅及免稅貨物或勞務者，或兼依本法
第四章第一節及第二節規定計算稅額者而言。因此，公司基於理財
運用所轉投資取得之股利收入，承前所述，既非屬營業稅課稅範圍，
且亦非屬營業稅法第八條免徵營業稅之貨物或勞務的銷售行為；因
此，本即不該當「兼營營業人」之構成要件，自始即無「兼營營業
人營業稅額計算辦法」之適用，也就是說，自始即與所謂的「比例
扣抵法」完全無關，其理自明，不待贅述。

5.結　論

綜上所述，可得知公司轉投資取得股利收入不應變成「兼營營
業人」；亦即不應適用「兼營營業人營業稅額計算辦法」之相關規定。
因此，參酌司法院大法官會議釋字第一五一及二一〇號解釋文之意
旨，財政部七十七年七月八日臺財稅第七六一一五三九一九號函已
明顯牴觸憲法第一九條租稅法律主義之本旨，致使人民於其憲法上
所保障之權利遭受不法侵害，應屬違憲。

Ⅱ. 行政法院八十四年十月份庭長評事聯席會議

兼營營業稅法第八條第一項第十六款「專賣品菸酒類」免稅貨
物之營業人，要否依財政部訂頒之「兼營營業人營業稅額計算辦法」
第四條計算公式之規定，計算繳納進口貨物應繳之營業稅？本院見
解不一，有甲、乙二說：

甲說：肯定說

依營業稅法第十五條第一項規定，營業人係以銷項稅額扣減進
項稅額後之餘額為其應納或溢付營業稅額。又同法第八條及第九條
規定有免徵營業稅之貨物、勞務及進口貨物，則銷售此項免徵營業
稅之貨物或勞務及進口貨物之營業人，自無以進項稅額申報扣抵銷

項稅額之可言。其為兼營此項免徵營業稅之貨物或勞務及進口貨物之營業人亦然。兼營營業人既有部分進項稅額不得扣抵銷項稅額之情形，營業稅法第十九條第二項、第四十一條第二項但書乃規定就其進項稅額不得扣抵銷項稅額之比例與計算辦法及進口貨物應徵營業稅之比例及報繳辦法由財政部定之。財政部據以訂立兼營營業人營業稅額計算辦法，既有法律授權，亦無牴觸母法之情形，自屬有效。依該辦法第二條第一項規定，兼營營業人應依營業稅法第四章第一節規定計算營業稅部分，即適用該辦法規定。又營業稅法第四十一條第二項但書規定「兼營第八條第一項免稅貨物或勞務者，其進口貨物應徵營業稅之比例及報繳辦法，由財政部定之。」此所謂「進口貨物」即不包括營業稅法第八條第十六款及第九條所指之免稅進口貨物。營業人除進口免徵營業稅之啤酒外；尚進口應稅貨物，屬營業稅法第四章第一節稅額計算適用之對象，就此項進口之應稅貨物，自得適用「兼營營業人營業稅額計算辦法」第三條及第五條規定計算此部分應徵營業稅。又進口應徵營業稅之貨物，即生可扣抵進項稅額問題，則依進項稅額不得扣抵比例計算，尚難謂將免稅之進口啤酒亦計算包括在內課徵營業稅。次按兼營營業人營業稅額計算辦法經財政部於八十一年八月二十五日修正增訂第八條之一、第八條之二、第八條之三，乃增訂直接扣抵法，與原訂之比例扣抵法併行，並未修正刪除原所適用之比例扣抵法，難謂原辦法有逾越立法授權範圍之情事。

乙說：否定說。理由如後：

營業稅法第八條第一項第十六款規定:「經許可銷售專賣品之營業人，依照規定價格銷售之專賣品，免徵營業稅」，係就銷售貨物免徵營業稅之規定，而同法第九條第二款規定:「進口關稅法第二十六條規定之貨物免徵營業稅」，則係就進口貨物免徵營業稅所為之規定；另關稅法第二十六條第七款規定:「進口專賣機關進口供專賣之

專賣品免稅。」準此，依上開規定，其進口及銷售營業稅法第八條第一項第十六款「專賣品菸酒類」貨物均屬免徵營業稅。同法第九條免徵營業稅之進口貨物，除同法第九條第二款但書及第四十一條第二項規定之情形外，其他並無任何應徵營業稅之規定，因此並無法律規定，因其係兼營營業稅法第八條免徵營業稅之情形，而使同法第九條免稅進口貨物變成應稅，則任何行政命令均不能使其變為應稅。營業稅法第四十一條第二項但書固規定：「兼營第八條第一項免稅貨物或勞務者，其進口貨物應徵營業稅之比例及報繳辦法，由財政部定之」，然其所謂「其進口貨物應徵營業稅」，係指同法第九條規定以外於進口時本應課徵營業稅，因其同時亦為可扣抵之進項稅款，為減輕營業人進口時繳稅資金之負擔，特規定於進口時免徵之營業稅而言，並非就原屬免稅者授權其訂定應否課稅。系爭貨物其進口及銷售既均同屬免稅，當無其稅額計算可言。因此，非屬營業稅法第四章稅額計算之適用對象。則無論「兼營營業人營業稅額計算辦法」第二條規定該辦法之適用於一般兼營營業人及特殊兼營營業人，本件均非其適用對象。據此「兼營營業人營業稅額計算辦法」，其適用對象應不及於進口及銷售均屬免稅之本件系爭貨物，若謂其適用於本件系爭貨物，則與其所由授權之營業稅法有關規定，似難謂無牴觸（本院七十九年度判字第一七〇八號、八十一年度判字第一〇二六號、八十二年度判字第一五〇二號、第一八八七號、第二三八四號、第二五四六號、第二八九一號、八十四年度判字第七五九號判決參照）。

以上何說為當？提請公決。

決議：多數採乙說。並將決議文修正如後：

決議文：

　　「兼營營業人營業稅額計算辦法」第四條之計算公式，係依營業稅法第十九條第二項授權制訂，本項條文所稱之「其進項稅額不

得扣抵銷項稅額之比例」，對進口之菸酒或其他營業稅法第九條規定進口免徵營業稅之貨物而言，因自始即無「進項稅額」之存在，殊不生得否扣抵「銷項稅額」問題，若亦將其免稅銷售淨額列入計算當期不得扣抵「銷項稅額」比例，則計得之比值勢必失實，導致可扣抵之進項稅額未克充分扣抵之損害納稅人權利結果。故兼營進口及銷售均免徵營業稅之貨物，應無「兼營營業人營業稅額計算辦法」第四條計算公式之適用。

Ⅲ.行政法院八十六年三月份庭長評事聯席會議紀錄

自司法院八十五年二月十六日釋字第三九七號解釋：「⋯⋯兼營營業人營業稅額計算辦法，係基於營業稅法第十九條第三項具體明確之授權而訂定，與租稅法律主義並無牴觸⋯⋯」後，兼營免稅菸酒之兼營營業人主張：因依「兼營營業人營業稅額計算辦法」第三條及第四條規定計算不得扣抵之進項稅額導致溢繳之營業稅款，即屬適用法令錯誤溢繳之稅款，應依稅捐稽徵法第二十八條規定准予退還等情事，應否准許？有下列二說：

甲說：不應准許。

㈠司法院釋字第三九七號解釋認為：「⋯⋯財政部七十七年七月八日臺財稅字第七六一一五三九一九號函釋稱兼營投資業務之營業人於年度中取得之股利，應於年度結束時彙總列入當年度最後乙期免稅銷售額申報，並依兼營營業人營業稅額計算辦法之規定，按當期或當年度進項稅額不得扣抵銷項稅額之比例計算調整應納稅額，併同繳納，僅釋示兼營營業人股利所得如何適用上開辦法計算其依法不得扣抵之進項稅額，並未認股利收入係營業稅之課稅範圍，符合營業稅法意旨，與憲法尚無違背。」依此類推，兼營免稅菸酒之兼營營業人除帳簿記載完備，能明確區分所購買或勞務之實際用途者，得向稽徵機關申請核准採用直接扣抵法外，仍應適用「兼營營業人營業稅額計算辦法」第四條計算公式計算當期應納或溢付之營業稅

額。㈡前揭解釋理由書指明：關於如何計算兼營營業人之應納稅額，各國多採比例扣抵法，旨在便利徵納雙方徵繳作業，未逾越授權之目的及範圍。㈢本院八十四年十月份庭長評事聯席會議所為：「兼營進口及銷售均免徵營業稅之貨物，應無兼營營業人營業稅額計算辦法第四條公式之適用。」之決議與八十五年二月十六日釋字第三九七號解釋並不衝突，本院八十四年十月份之決議文，有補充說明之必要。㈣兼營辦法並無使免稅進口菸、酒變成應稅貨物之情事。蓋以某商號進口菸酒購入價格新臺幣（以下同）二、○○○、○○○元；銷售價格四、○○○、○○○元及進口食品罐頭三、○○○、○○○元，銷售價格六、○○○、○○○元；進口收銀機（固定資產供銷售應稅及免稅貨物使用）二○○、○○○元及國內運費、租金費用八○○、○○○元（進項稅額四○、○○○元）（營業費用）為例，依兼營辦法採比例扣抵法計算結果，其應納稅額為三十四萬元，而系爭免稅進口菸、酒於銷售時，應納稅額仍為「○」，在計算中並無使其變成應稅貨物之情形。㈤採用比例扣抵法並不一定對兼營營業人不利，與直接扣抵法比較，採比例扣抵法之稅負甚或較輕。

乙說：應准予退還溢繳稅額。

司法院釋字第三九七號解釋，係就股利收入所為解釋，對於進口之菸酒，仍應依本院八十四年十月份庭長評事聯席會議決議，不適用「兼營營業人營業稅額計算辦法」第四條之計算公式。且查上開決議僅認進口及銷售均免徵營業稅之貨物，並無該辦法第四條規定計算公式之適用，非謂該辦法本身有違營業稅法規定而不適用，即與司法院釋字第三九七號解釋意涵，各有所指而並無牴觸，自不因該號解釋公布而失其效力。況查，該號解釋文亦指明：「不得扣抵比例之計算，在租稅實務上既有多種方法，財政部雖於八十一年八月二十五日有所修正，為使租稅益臻公平合理，主管機關仍宜檢討改進」，是則，財政部未據兼營營業人各種不同兼營型態研擬更合理

之計算方法前，兼營免稅菸酒之兼營營業人依前開現行「計算辦法」第三條、第四條規定，計算不得扣抵之進項稅額，導致溢繳之營業稅款，即屬適用法規錯誤溢繳之稅款，應准依稅捐稽徵法第二十八條規定退還。

決議：㈠採甲說。㈡補充本院八十四年十月份法律問題決議文：

本院八十四年十月十八日庭長評事聯席會議，關於兼營營業人營業稅額計算辦法第四條適用問題，決議文所謂「進口及銷售均免徵營業稅之貨物，應無兼營營業人營業稅額計算辦法之適用」，係單指進口及銷售均免徵營業稅之貨物，就其他貨物購入價格部分之進項稅額，應無適用該條公式計算不得扣抵銷項稅額之數額而言，至於其他進項稅額，如進貨所支運費、倉租等及生財設備、營業費用等，如稅捐稽徵機關仍認應按比例扣抵法計算，不得扣抵銷項稅額之數額，應與前述貨物購入價格之進項稅額分別計算，合予補充說明。

Ⅳ. 財政部七十七年臺財稅字第七六一一五三九一九號函

股利收入得彙總列入當年度最後一期之免稅銷售額申報，兼營投資業務之營業人於年度中所取得之股利收入為簡化報繳手續，得暫免列入各期之免稅銷售額申報，俟年度結束，將全年股利收入彙總列入當年度最後一期之免稅銷售額申報，計算應納或溢付稅額；並依「兼營營業人營業稅額計算辦法」之規定，按當年度不得扣抵比例計算調整稅額，併同繳納。

Ⅴ. 財政部臺財稅字第七八○六五一六九五號函

主旨：核定兼營投資業務之營業人，於年度結束時，彙總列入當年度最後一期之免稅銷售額之股利，指現金股利及股票股利。

說明：二、兼營投資業務之營業人於年度中所收之股利收入，為簡化報繳手續，得暫免列入當期之免稅銷售額申報，俟年度結束，將全年股利收入，彙總列入當年度最後一期之免稅銷售額申報計算

應納或溢付稅額，並依「兼營營業人營業稅額計算辦法」之規定，按當年度不得扣抵比例計算調整稅額，併同繳納，本部已於七十七年七月八日臺財稅第七六一一五三九一九號函規定在案。茲據反映，業者對上項股利收入範圍尚欠明瞭，為免分歧，特參照獎勵投資條例施行細則第二十七條規定，明定股利及股票股利（未分配盈餘轉增資）二部分。至取得資本公積轉增資配股部分，係屬資本淨值會計科目之調整，應免予列入免稅銷售額申報。

◈ (二)非加值型營業人

非加值型營業人依其所適用營業稅率的不同,可分為下列三種:

1.銀行業、保險業、信託投資業、證券業、期貨業、票券業及典當業

依據營業稅法第二十一條之規定，銀行業、保險業、信託投資業、證券業、期貨業、票券業及典當業，就其銷售額按第十一條規定之稅率計算營業稅額。但典當業得依查定之銷售額計算之。

2.特種飲食業

依據營業稅法第二十二條之規定，營業稅法第十二條之特種飲食業應就其銷售額按同條規定之稅率計算營業稅額。但主管稽徵機關得依查定之銷售額計算之。

3.農產品批發市場之承銷人、銷售農產品之小規模營業人、小規模營業人及其他經財政部規定免予申報銷售額之營業人

依據營業稅法第二十三條之規定，農產品批發市場之承銷人、銷售農產品之小規模營業人、小規模營業人及其他經財政部規定免

予申報銷售額之營業人，除申請按本章第一節規定計算營業稅額並依第三十五條規定申報繳納者外，就主管稽徵機關查定之銷售額按第十三條規定之稅率計算營業稅額。

此外，依據營業稅法第二十四條第一及二項之規定，銀行業、保險業、信託投資業，經營本法營業人開立銷售憑證時限表特別規定欄所列非專屬本業之銷售額部分，得申請依照本章第一節規定計算營業稅額，並依第三十五條規定申報繳納，惟依前項及第二十三條規定，申請依照本章第一節規定計算營業稅額者，經核准後三年內不得申請變更。

再者，依據營業稅法第二十七條之規定，除營業稅法第十四條、第十五條第一項及第十六條第一項但書之規定外，有關加值型營業人計算營業稅額之規定於非加值型營業人計算營業稅額時準用之。

六、營業稅的稅率結構

營業稅的稅率結構可分為一般稅率、零稅率及特種稅率：

(一)一般稅率

依據營業稅法第十條之規定：「營業稅稅率，除本法另有規定外，最低不得少於百分之五，最高不得超過百分之十；其徵收率，由行政院定之。」行政院依此一立法授權遂於七十五年一月二十日以臺七十五財字第一二七九號函將一般稅率定為百分之五。而除了營業稅法另有特別規定之外，此一稅率原則上適用於所有加值型營業人銷售貨物或勞務及進口貨物之營業行為。

(二)零稅率

依據營業稅法第七條之規定：「左列貨物或勞務之營業稅稅率為

零：一、外銷貨物。二、與外銷有關之勞務，或在國內提供而在國外使用之勞務。三、依法設立之免稅商店銷售與過境或出境旅客之貨物。四、銷售與免稅出口區內之外銷事業、科學工業園區內之園區事業、海關管理保稅工廠或保稅倉庫之機器設備、原料、物料、燃料、半製品。五、國際間之運輸。但外國運輸事業在中華民國境內經營國際運輸業務者，應以各該國對中華民國國際運輸事業予以相等待遇或免徵類似稅捐者為限。六、國際運輸用之船舶、航空器及遠洋漁船。七、銷售與國際運輸用之船舶、航空器及遠洋漁船所使用之貨物或修繕勞務。」由於適用零稅率的結果將使得營業人的銷項稅額為零，如果扣除其進項稅額之後產生溢付營業稅額情形的話，依法則可以辦理退稅。

就零稅率的適用，實務上有幾則財政部的解釋函令，相當值得吾人參考：

Ⅰ.財政部臺財稅字第七五五五六○三號函

三角貿易按收付信用狀差額視為佣金開立發票適用零稅率。新制營業稅實施後，營業人接受國外客戶訂購貨物，收取該國外客戶開立信用狀為保證，治由辦理外匯銀行另行開立信用狀，要由第三國供應商直接對首開國外客戶交貨者，該營業人得按收付信用狀之差額，視為佣金或手續費收入列帳及開立統一發票，並依照營業稅法第七條第一項第二款規定，適用零稅率。

Ⅱ.財政部臺財稅字第七九○六四七四九一號函

主旨：關於　貴轄上威企業股份有限公司，南榮倉儲股份有限公司經營轉口貿易，有關統一發票之開立及適用零稅率之證明文件，函復如說明。請　查照。

說明：二、上威公司接獲國外客戶訂購貨物後，向國內廠商加富公司訂貨，加富公司復轉向第三國供應商訂貨，並委由第三國供應商直接對首開國外客戶交貨之情形，該上威公司可依本部七十五

年七月二十九日臺財稅第七五五五六〇三號函規定，按收付信用狀之差額，視為佣金或手續費收入開立統一發票列帳，並依營業稅法第七條第二款規定適用零稅率。至加富公司部分，應以收取上威公司之貨款與支付第三國供應商貨款之差額，為佣金收入，並至遲應於收到第三國供應商出貨單據（如提貨單等）之日起三日內開立統一發票，其與上威公司及向第三國供應商訂貨之有關文件，應妥慎保存，以供稽徵機關查核。三、依南榮公司與上慶公司合作從事轉口貿易之情形，南榮公司既以收取國外客戶開立之信用狀為保證，洽由辦理外匯銀行轉開國內信用狀予上慶公司，其貨物並以上慶公司名義進口（不經通關程序），即行辦理轉運國外客戶，南榮公司可依前項本部臺財稅第七五五五六〇三號函之規定辦理；至上慶公司部分，可憑海關簽署之輸出許可證上所載之出口金額，依統一發票使用辦法第十條第一項規定開立統一發票，並依營業稅法第七條第一款規定適用零稅率。

Ⅲ．財政部臺財稅第八一〇三二六九五六號函

主旨：關於營業人經營多角貿易應如何開立統一發票暨取具何種證明文件以適用零稅率一案，復如說明。請　查照。

說明：二、國內甲公司接獲國外客戶訂購貨物後，轉向國內乙公司訂貨，乙公司復轉向第三國供應商訂貨，並委由該第三國供應商直接對首開國外客戶交貨之多角貿易型態，應如何開立統一發票暨適用零稅率，茲補充規定如次：㈠甲公司應依本部七十九年六月三十日臺財稅第七九〇六四七四九一號函規定，按收付款差額，視為佣金收入，開立以國外客戶為抬頭之二聯式統一發票，並檢附外匯證明文件、甲公司開立給與乙公司之訂貨文件、及其他有關證明文件（如乙公司開立給與甲公司之商業發票(commercial invoice)，甲公司付款證明文件及第三國供應商交給國外客戶之提貨單影本、送貨單影本等）申報適用零稅率。㈡乙公司應將其收付差額列為佣

金收入，並至遲於收到第三國供應商出貨單據影本（如提貨單影本、送貨單影本）之日起三日內，開立以第三國供應商為抬頭之二聯式統一發票，並檢附甲公司之訂貨文件、第三國供應商開立給與乙公司之商業發票 (commercial invoice) 暨乙公司給付該第三國供應商款項證明文件，及該第三國供應商交給國外客戶之提貨單影本、送貨單影本等證明文件，依營業稅法第七條第二項規定，申報適用零稅率。

◈ ㈢特種稅率

特種稅率依其所適用對象的不同，可以分為六大類，茲詳細分析如下：

(1)銀行業、保險業、信託投資業、證券業、期貨業、票券業及典當業，除經營非專屬本業之銷售額適用百分之五之營業稅稅率外，其營業稅稅率為百分之二。其中所謂的「非專屬本業」之範圍，由財政部擬訂相關辦法，報行政院核定。此外，前揭各行業，除保險業之再保費收入外，應自本條文修正施行之日（八十八年七月一日）起四年內，就其經營非專屬本業以外之銷售額百分之三之相當金額，依目的事業主管機關之規定，沖銷各業逾期債權或提列備抵呆帳。其在期限內所沖銷或提列之金額未符目的事業主管機關之規定者，應另就其未符規定部分之銷售額，按百分之三徵收營業稅。

(2)保險業之再保費收入之營業稅稅率為百分之一。

(3)夜總會、有娛樂節目之餐飲店之營業稅稅率為百分之十五。

(4)酒家及有女性陪侍之茶室、咖啡廳、酒吧等之營業稅稅率為百分之二十五。

(5)小規模營業人及其他經財政部規定免予申報銷售額之營業人，其營業稅稅率為百分之一。

(6)農產品批發市場之承銷人及銷售農產品之小規模營業人，其

營業稅稅率為百分之〇‧一。

七、營業稅的申報及繳納

　　依據營業稅法第三十五條第一及二項之規定，營業人除本法另有規定外，不論有無銷售額，應以每二月為一期，於次期開始十五日內，填具規定格式之申報書，檢附退抵稅款及其他有關文件，向主管稽徵機關申報銷售額、應納或溢付營業稅額。其有應納營業稅額者，應先向公庫繳納後，檢同繳納收據一併申報。營業人銷售貨物或勞務，依第七條規定適用零稅率者，得申請以每月為一期，於次月十五日前依前項規定向主管稽徵機關申報銷售額、應納或溢付營業稅額。但同一年度內不得變更。

　　其次，依據營業稅法第三十六條第一項前段及第二項之規定，外國之事業、機關、團體、組織，在中華民國境內，無固定營業場所而有銷售勞務者，應由勞務買受人於給付報酬之次期開始十五日內，就給付額依第十條或第十一條但書所定稅率，計算營業稅額繳納之。而外國國際運輸事業，在中華民國境內，無固定營業場所而有代理人在中華民國境內銷售勞務，其代理人應於載運客、貨出境之次期開始十五日內，就銷售額按第十條規定稅率，計算營業稅額，並依第三十五條規定，申報繳納。

　　再者，依據營業稅法第三十七條之規定，外國技藝表演業，在中華民國境內演出之營業稅，應依第三十五條規定，向演出地主管稽徵機關報繳。但在同地演出期間不超過三十日者，應於演出結束後十五日內報繳。外國技藝表演業，須在前項應行報繳營業稅之期限屆滿前離境者，其營業稅，應於離境前報繳之。

　　此外，依據營業稅法第三十八條之規定，營業人之總機構及其他固定營業場所，設於中華民國境內各地區者，應分別向主管稽徵

機關申報銷售額、應納或溢付營業稅額。惟加值型營業人得向財政部申請核准,就總機構及所有其他固定營業場所銷售之貨物或勞務,由總機構合併向所在地主管稽徵機關申報銷售額、應納或溢付營業稅額。

八、營業稅的退稅及留抵

依據營業稅法第三十九條之規定:「營業人申報之左列溢付稅額,應由主管稽徵機關查明後退還之:一、因銷售第七條規定適用零稅率貨物或勞務而溢付之營業稅。二、因取得固定資產而溢付之營業稅。三、因合併、轉讓、解散或廢止申請註銷登記者,其溢付之營業稅。前項以外之溢付稅額,應由營業人留抵應納營業稅。但情形特殊者,得報經財政部核准退還之。」因此,營業人如有溢付之營業稅額,原則上應由營業人留抵其以後應納之營業稅,惟如因銷售適用零稅率貨物或勞務、取得固定資產而溢付之營業稅或合併、轉讓、解散或廢止申請註銷登記而溢付營業稅,或者是情形特殊並報經財政部核准者,則例外可以辦理退稅。再者,營業稅法施行細則第四十二條規定,加值型營業人適用零稅率規定而有溢付營業稅額者,就此部分其可退還之稅額,最多為其零稅率銷售額乘以百分之五計算之金額。此外,營業稅法施行細則第四十三條則規定,加值型營業人,取得固定資產而有溢付營業稅額者,就此部分其可退還之稅額,最多則為該固定資產之進項稅額。

至於就營業稅的退稅及留抵的適用,實務上有幾則財政部的解釋函令,相當值得吾人參考:

Ⅰ.財政部臺財稅字第七五六六一二一號函

貴市××大飯店股份有限公司目前正在籌備期間,尚未開始營業,其取得固定資產之進項稅額,准予在辦妥營業登記後,依照營

業稅法第三十九條第二項規定，由主管稽徵機關查明進項貨物確屬該公司所使用，核實退還。

II.財政部臺財稅字第七七〇一一八六七〇號函

公司專營投資業務，除股利收入外，目前既無應稅或零稅率銷售額，當期或當年度取得進項憑證所支付之進項稅額依規定不得申報扣抵或退還；至於營業稅法第三十九條第一項第三款有關因取得固定資產而溢付之營業稅額，由稽徵機關查明後退還之規定，應以有依法可申報扣抵稅額者為前提。公司（註：專營投資公司）之進項稅額既不得申報扣抵，當無溢付稅額可資退還。應按營業稅法第三十六條第一項前段之規定計算報繳營業稅額。

III.財政部臺財稅字第八三一六二五五三八號函

主旨：關於福雄營造有限公司欠繳之印花稅及其罰鍰，可否由營業人依營業稅法第三十九條第二項前段規定之累積留抵稅額予以扣抵乙案，復如說明。請　查照。

說明：二、按營業稅法第三十九條第二項前段既明文規定，第一項以外之溢付稅額，應由營業人留抵應納營業稅，則營業人所欠繳者如非為營業稅，自無上開法條之適用。本案福雄營造有限公司欠繳之印花稅及罰鍰，依上開規定尚不得由該公司依營業稅法第三十九條第二項前段之累積留抵稅額予以扣除。三、惟查福雄營造有限公司已申請獲准解散登記，不再繼續經營業務，該公司依營業稅法第三十九條第一項第三款規定申請退還溢付稅額時，該項留抵稅額即屬該公司應退之稅捐，稅捐稽徵機關自得適用稅捐稽徵法第二十九條及同法施行細則第八條之規定，抵繳該公司之欠稅。

IV.財政部臺財稅字第八七一九五四六二三號函

主旨：關於營業人可否以營業稅累積留抵稅額抵繳滯欠之營業稅、罰鍰、滯納金及利息等疑義，核釋如說明。請　查照。

說明：一、依據本部賦稅署案陳八十七年二月二十七日研商「營

業人短漏報銷售額應否就其累積留抵稅額計算漏稅額」會議高雄市稅捐稽徵處所提臨時動議及臺北市政府財政局八十七年三月二日北市財二字第八七二〇五四六二〇〇號函辦理。二、營業人涉嫌違章，依營業稅法規定裁處罰鍰之案件，雖未提起行政救濟或已提起行政救濟而未以營業稅累積留抵稅額相當之金額提供擔保者，於案件確定後，仍准以現有之累積留抵稅額抵繳其罰鍰。三、營業人前期欠繳之營業稅、滯納金及利息，均准以現有之累積留抵稅額辦理抵繳。四、營業人擅自歇業他遷不明，稽徵機關尚不得逕以該營業人之累積留抵稅額抵繳其滯欠之營業稅及罰鍰；惟如依法申請強制執行，經法院准許以該營業人之累積留抵稅額抵繳其滯欠之營業稅及罰鍰者，當可依法院執行裁定處理。

九、營業稅的罰則

營業稅的罰則如同其他稅法的罰則一樣可以區分為行為罰以及漏稅罰兩種。而依據營業稅法第五十三條之一之規定：「營業人違反本法後，法律有變更者，適用裁處時之罰則規定。但裁處前之法律有利於營業人者，適用有利於營業人之規定。」因此，有關營業稅的罰則即有「從新從優原則」的適用，惟此一規定只不過是稅捐稽徵法第四十八條之三規定：「納稅義務人違反本法或稅法之規定，適用裁處時之法律。但裁處前之法律有利於納稅義務人者，適用最有利於納稅義務人之法律。」的重申罷了。

就此一「從新從優原則」的適用，行政法院於八十六年二月份庭長評事聯席會議紀錄有一決議，頗值吾人酌參：

「營業稅法第五十一條所訂按所漏稅額處五倍至十倍罰鍰部分之規定。於八十四年八月二日修正公布之新法修正為按所漏稅額處一倍至十倍罰鍰，依當時實體從舊之法例，對於在修正前之違章案

件應適用行為時法並不生問題，惟自八十五年七月三十日修正稅捐
稽徵法第四十八條之三，明定新舊法之適用採從新從優原則，準此
對於科罰尚未確定案件，自以適用修正後之營業稅法規定為有利於
當事人。為本院同仁一致之共識，然對此類案件之裁判，則各庭觀
點互異，而有不同之判決，頗有提會討論之必要。

甲說：科罰部分全部撤銷。

　　稅捐稽徵法第四十八條之三既明定採從新從輕原則，自應適用
有利於納稅義務人之修正後營業稅法規定，原處分及一再訴願決定
適用修正前營業稅法處罰，無可維持，應併予撤銷（本院八十五年
度判字第二○二○號判決）。其立論基礎，係認處罰金額（依倍數計
算）多寡，屬行政裁量權範圍，基於司法不宜干涉行政權，原處罰
鍰既經撤銷命由原處分機關依法重為處分，則由其依職權裁罰即可，
毋須由本院為逕定科罰金額之變更判決。

乙說：依被告表明變更之罰鍰倍數為變更判決。

　　稅捐稽徵法修正後，其第四十八條之三明定關於處罰部分採從
新從輕原則。營業稅法第五十一條修正後較有利於納稅義務人，原
處分及一再訴願決定適用修正前營業稅法第五十一條處罰，原告主
張應適用修正後之營業稅法，其訴為有理由。惟本件事實及應適用
之法規皆已明確，且被告亦同意變更處罰之倍數，基於訴訟經濟原
則，依行政訴訟法第二十六條規定，就被告同意變更之處罰倍數逕
為變更判決。又被告既已同意變更處罰倍數，已無干涉行政機關裁
量權之虞。

丙說：按原處分科罰金額（倍數）依新、舊法所訂比例為變更判決。

　　原處分係依舊法最低處罰倍數（五倍）計罰，衡諸相當之比例，
認依新法科以一倍（最低倍數）之罰鍰為宜，被告主張參照修正稅
務違章案件裁罰金額或倍數參考表按三倍科罰，尚無可採。故原處
分所處超過一倍罰鍰部分皆撤銷，其餘之訴駁回（本院八十五年度

判字第二七一三號判決）。按行政機關在法定量罰範圍限度內，所為科罰金額（倍數）之核定處分，固屬其行政裁量之職權，除其適用法規與認定事實錯誤外，法院審判權不得予以干涉，且不得更為不利於行政救濟請求人之裁判。惟本案係因法律變更，應採有利於納稅義務人之新法科罰，則衡諸相當之比例，就行政機關依行政裁量權核定之罰鍰金額（倍數），與新、舊法所訂科罰範圍之金額（倍數）依比例計算而為科罰，顯已脫離行政裁量權範圍，要屬本院職權之行使，自得為變更判決，且不得為超逾一定比例計算之金額或倍數，否則即有違行政訴訟法第二十七條與本院六十二年判字第二九八號判例所示不利益變更禁止規定。如依甲說將科罰部分撤銷，被告重為處分時，若有上述超逾一定比例科罰情事，即已逾越其行政裁量權限，依同法第一條第二項以違法論。

決議：多數採甲說。」

茲就營業稅的行為罰以及漏稅罰擇要分述如下：

❖ (一)行為罰

1.未依規定申請營業登記

依據營業稅法第四十五條之規定，營業人未依規定申請營業登記者，除通知限期補辦外，處一千元以上一萬元以下罰鍰；逾期仍未補辦者，得連續處罰。

2.不使用統一發票

依據營業稅法第四十七條之規定，納稅義務人，有下列情形之一者，除通知限期改正或補辦外，處一千元以上一萬元以下罰鍰；逾期仍未改正或補辦者，得連續處罰，並得停止其營業：

(1)核定應使用統一發票而不使用者。

⑵將統一發票轉供他人使用者。

⑶拒絕接受營業稅繳款書者。

3. 滯納的處罰

依據營業稅法第五十條之規定，納稅義務人，逾期繳納稅款或滯報金、怠報金者，應自繳納期限屆滿之次日起，每逾二日按滯納之金額加徵百分之一滯納金；逾三十日仍未繳納者，除移送法院強制執行外，並得停止其營業。前項應納之稅款或滯報金、怠報金，應自滯納期限屆滿之次日起，至納稅義務人自動繳納或法院強制執行徵收繳納之日止，就其應納稅款、滯報金、怠報金及滯納金，依當地銀行業通行之一年期定期存款利率，按日計算利息，一併徵收。

4. 漏開統一發票

依據營業稅法第五十二條之規定，營業人漏開統一發票或於統一發票上短開銷售額經查獲者，應就短漏開銷售額按規定稅率計算稅額繳納稅款外，處一倍至十倍罰鍰。一年內經查獲達三次者，並停止其營業。

就營業稅的行為罰，實務上有幾則財政部的解釋函令，可為補充之說明，茲分述如下：

Ⅰ.財政部賦稅署臺稅二發字第七五二一三八九號函

國外營利事業與我國境內客戶簽訂契約，派員在我國境內提供勞務收取報酬金者，除國外營利事業僅提供監工、試車或其他技術合作者，得申請主管稽徵機關准予免辦營業登記外，應以在我國境內提供勞務之工作場所或連絡處為分支機構辦理營業登記。

Ⅱ.財政部臺財稅字第七五五八六四三號函

主旨：外國營利事業在我國境內設立之聯絡處，為其總機構辦理採購業務，如無對外營業，得免予辦理營業登記。其國外總機構

匯入之採購費用，不屬營業稅課徵範圍，並免徵營利事業所得稅。外國公司在臺分公司有相同情形者，由總公司匯入之採購費用應一致辦理。

說明：二、外國營利事業在臺聯絡處或分公司，如僅為其總機構辦理採購業務，尚非屬銷售勞務性質，其國外總機構按實際需要匯入之採購費用，並非該聯絡處或分公司在我國境內銷售勞務之銷售額。

III. 財政部臺財稅字第七五一九一九三號函

營利事業因受都市計畫土地分區使用或因建管、衛生或其他法令規定限制，不合有關規定或其他原因等，未能核准設立登記，如已擅自營業，基於有營業即應課稅之賦稅公平原則，該管稽徵機關應予以設籍課稅者，除依法免辦商業登記部分者外，應於核定設籍課稅時，隨即將設籍課稅之稅籍資料通報其所在地商業登記主管機關。

◈ (二)漏稅罰

依據營業稅法第五十一條之規定：「納稅義務人，有左列情形之一者，除追繳稅款外，按所漏稅額處一倍至十倍罰鍰，並得停止其營業：一、未依規定申請營業登記而營業者。二、逾規定期限三十日未申報銷售額或統一發票明細表，亦未按應納稅額繳納營業稅者。三、短報或漏報銷售額者。四、申請註銷登記後，或經主管稽徵機關依本法規定停止其營業後，仍繼續營業者。五、虛報進項稅額者。六、逾規定期限三十日未依第三十六條第一項規定繳納營業稅者。七、其他有漏稅事實者。」此即為營業稅漏稅罰的規定。

至於就營業稅的漏稅罰，有幾則實務上的見解，可為補充之說明，茲分述如下：

Ⅰ. 司法院大法官會議決釋字第三三七號解釋

解釋文

　　營業稅法第五十一條第五款規定，納稅義務人虛報進項稅額者，除追繳稅款外，按所漏稅額處五倍至二十倍罰鍰，並得停止其營業。依此規定意旨，自應以納稅義務人有虛報進項稅額，並因而逃漏稅款者，始得據以追繳稅款及處罰。財政部中華民國七十六年五月六日臺財稅字第七六三七三七六號函，對於有進貨事實之營業人，不論其是否有虛報進項稅額，並因而逃漏稅款，概依首開條款處罰，其與該條款意旨不符部分，有違憲法保障人民權利之本旨，應不再援用。至首開法條所定處罰標準，尚未逾越立法裁量範圍，與憲法並無牴觸。

解釋理由書

　　違反稅法之處罰，有因逃漏稅捐而予處罰者，亦有因違反稅法上之作為或不作為義務而予處罰者，營業稅法第五十一條第一項本文規定：「納稅義務人有左列情形之一者，除追繳稅款外，按所漏稅額處五倍至二十倍罰鍰，並得停止其營業。」依其意旨，乃係就漏稅行為所為之處罰規定，因之，對同條項第五款之「虛報進項稅額者」加以處罰，自應以有此行為，並因而發生漏稅之事實為處罰要件，此與稅捐稽徵法第四十四條僅以未給付或未取得憑證為處罰要件，不論其有無虛報進項稅額並漏稅之事實者，尚有不同。財政部七十六年五月六日臺財稅字第七六三七三七六號函未明示上述意旨，對於有進貨事實之營業人，不論是否有虛報進項稅額，並因而逃漏稅款，概依首開條款處罰，其與該條款意旨不符部分有違憲法保障人民權利之意旨，應不再援用。至營業稅法第五十一條之處罰，乃在防止漏稅，以達正確課稅之目的，其處罰標準，尚未逾越立法裁量範圍，與憲法尚無牴觸。

　　營利事業銷售貨物，不對直接買受人開立統一發票，應依稅捐稽徵法第四十四條規定論處，財政部六十九年八月八日（六九）臺

財稅字第三六六二四號函所採之見解，業經本院大法官會議釋字第二五二號解釋，認與憲法並無牴觸。營業人買受貨物，不向直接出賣人取得統一發票，依同一法理，適用稅捐稽徵法第四十四條處罰，與上開解釋意旨相符。此項行為罰與漏稅罰，其處罰之目的不同，處罰之要件亦異，前者係以有此行為即應處罰，與後者係以有漏稅事實為要件者，非必為一事。其違反義務之行為係漏稅之先行階段者，如處以漏稅罰已足達成行政上之目的，兩者應否併罰，乃為適用法律之見解及立法上之問題，併予說明。

II．財政部臺財稅字第八三一六○一三七一號函

主旨：核釋營業人取得非實際交易對象所開之統一發票作為進項憑證申報扣抵銷項稅額案件之處理原則。請　查照。

說明：一、依據司法院大法官會議八十三年二月四日釋字第三三七號解釋及本部賦稅署案陳「研商有進貨事實之營業人取得不得扣抵憑證申報扣抵或冒退稅款，應如何處理，以符合司法院大法官會議釋字第三三七號解釋意旨等有關事項」會議結論辦理。二、為符合司法院大法官會議釋字第三三七號解釋意旨，對於營業人取得非實際交易對象所開立之統一發票作為進項憑證申報扣抵銷項稅額之案件，應視情節，分別依左列原則處理：㈠取得虛設行號發票申報扣抵之案件：1.無進貨事實者：以虛設行號發票申報扣抵，係屬虛報進項稅額，並逃漏稅款，該虛報進項之營業人除應依刑法行使偽造文書罪及稅捐稽徵法第四十一條之規定論處外，並應依營業稅法第五十一條第五款規定補稅並處罰。2.有進貨事實者：⑴進貨部分，因未取得實際銷貨人出具之憑證，應依稅捐稽徵法第四十四條規定處以行為罰。⑵因虛設行號係專以出售統一發票牟取不法利益為業，並無銷貨事實，故取得虛設行號發票之營業人，自亦無向該虛設行號進貨並支付進項稅額之事實，除該營業人能證明確有支付進項稅額予實際銷貨之營業人，並經稽徵機關查明該稅額已依法報

繳者，應依營業稅法第十九條第一項第一款規定，就其取得不得扣抵憑證扣抵銷項稅額部分，追補稅款，不再處漏稅罰外，其虛報進項稅額，已構成逃漏稅，應依營業稅法第五十一條第五款規定補稅並處罰。㈡取得虛設行號以外其他非實際交易對象開立之憑證申報扣抵案件：1.無進貨事實者：因其並無進貨及支付進項稅額之事實，其虛報進項稅額，逃漏稅款，應依營業稅法第五十一條第五款規定補稅並處罰。 2.有進貨事實者：⑴進貨部分，因未取得實際銷貨人出具之憑證，應依稅捐稽徵法第四十四條規定處以行為罰。⑵至進貨人取得銷貨人以外之營業人所開立之發票申報扣抵，如查明開立發票之營業人已依法申報繳納該應納之營業稅額者，則尚無逃漏，除依前項規定處以行為罰外，依營業稅法第十九條第一項第一款規定，應就其取得不得扣抵憑證扣抵銷項稅額部分，追補稅款。如查明開立發票之營業人並未依法申報繳納該應納之營業稅額者，即有逃漏，除依前項規定處以行為罰外，並應依營業稅法第五十一條第五款規定補稅並處罰。三、稽徵機關依前項原則按營業稅法第五十一條第五款規定補稅處罰時，應就涉案營業人有關虛報進項稅額，並因而逃漏稅款之事實，詳予調查並具體敘明，以資明確。四、本函發文日尚未確定之案件，應依本函規定辦理。

此外，在實務上，財政部究竟依據何種標準來進行租稅行政罰的裁處呢？一般而言，財政部皆會以「稅務違章案件裁罰金額或倍數參考表」內所列之裁罰金額或倍數作為其裁處之標準；因此，該參考表的重要性即不言而喻了。

❖ ㈢勒令停業

一般而言，違反租稅法規定的行為罰及漏稅罰皆以課處罰鍰的方式為之；然而，營業稅法卻仿傚所得稅法第一百零四及第一百十

二條第一項之規定，除了課處罰鍰之外，另外採行了一個「殺雞取卵」、「玉石俱焚」的課處方式，那就是「勒令停業」。因此，營業人如有違反營業稅法第四十七條、第五十條、第五十一條以及第五十二條之規定，在符合特定要件之下，主管稽徵機關即得對營業人為停止營業處分。而依據營業稅法第五十三條第一項之規定，主管稽徵機關，依營業稅法規定，為停止營業處分時，應訂定期限，最長不得超過六個月。但停業期限屆滿後，該受處分之營業人，對於應履行之義務仍不履行者，得繼續處分至履行義務時為止。準此，財政部遂頒布了一個行政規則，稽徵機關辦理營業人違反營業稅法停止營業處分作業要點（以下簡稱「作業要點」），以作為其內部執行單位遵循的法則。茲將作業要點之重要內容擇要說明如下：

1. 停止營業之標準

依據作業要點第三條之規定，停止營業之標準為：

(1)經稽徵機關核定應使用統一發票而不使用，或拒絕接受營業稅繳款書，經二次通知限期改正或補辦，逾期仍未改正或補辦者。

(2)逾規定期限三十日未繳納營業稅、滯報金或怠報金，其合計金額達新臺幣壹拾萬元者。

(3)短報或漏報銷售額，其逃漏稅額一年內合計金額達新臺幣壹拾萬元，業已確定者。

(4)虛報進項稅額一年內合計金額達新臺幣壹拾萬元，業已確定者。

(5)漏開統一發票或於統一發票上短開銷售額，一年內經查獲達三次者。

(6)依其他有關規定或未達前開(1)至(4)項標準，但情節特殊核有停止營業處分之必要者。

2.停止營業之期限

依據作業要點第四條之規定，停止營業之期限為：

⑴營業人於一年內第一次受停止營業之處分者，其期限為七日至十四日；第二次為停止營業之處分者，其期限為十四日至二十八日；第三次以後為停止營業之處分者，其期限為二個月以上，最長不得超過六個月。

⑵營業人於一年內受停止營業處分達三次以上者，次年再為停止營業處分，不受前項規定之限制，其期限為三個月以上，但最長仍不得超過六個月。

⑶營業人違法情節重大者，停止營業處分之期限為六個月，不受前⑴、⑵項規定之限制。

⑷前開⑴、⑵、⑶各項所訂停止營業期限屆滿後，受處分人對於應履行之義務仍不履行者，得繼續處分至履行義務時為止。

然而，此一「殺雞取卵」、「玉石俱焚」的激烈手段是否與憲法的「比例原則」所揭櫫的原理相符，實有相當的爭議空間，茲詳細分別如下：

按國內曾有一家上市公司因為逾期繳納鉅額營業稅，在八十四年十二月二十八日被臺北市稅捐稽徵處勒令停止營業半年，並成為第一家因逾期繳納營業稅而被勒令停止營業的上市公司，引起社會的高度關切。由於該公司在八十三年間早已深陷財務危機之中，如今又被勒令停止營業半年，無異是雪上加霜、屋漏偏逢連夜雨；因此，令人質疑臺北市稅捐稽徵處的做法是否有過當之虞。

臺北市稅捐稽徵處勒令該公司停止營業半年的法源依據是營業稅法第五十條第一項之規定，以及財政部的作業要點；至於作業要點由於並非行政命令，僅係財政部內部的行政作業規章罷了！其本身的規定除了不得違反營業稅法的規定及立法意旨之外，亦不得有

違行政法的一般原則，譬如比例原則。而依據比例原則中的「必要性原則」，行政機關為達到某一特定之行政目的，如有二個以上的手段或措施可以達到該特定之行政時，行政機關應選擇其中對人民基本權利侵害最少的手段或措施，否則即有違「比例原則」，應屬違憲，此可由大法官會議釋字第三二七號及第三五六號解釋意旨窺知。如今該公司既已逾期繳納營業稅，依「營業稅法」第五十條第一項之規定「應」加徵滯納金並移送法院強制執行外，並「得」停止其營業。然而卻僅見臺北市稅捐稽徵處使出勒令停止營業的激烈手段來迫使該公司就範，而看不到臺北市稅捐稽徵處向法院聲請強制執行該公司的財產；令人質疑其為何捨法律之「應為」而就法律之「得為」，此無異本末倒置。更何況，臺北市稅捐稽徵處之所以要勒令該公司停止營業，充其量不過是要達到迫令該公司依法繳納營業稅的行政目的；而為了達到此一行政目的，臺北市稅捐稽徵處本可運用「稅捐稽徵法」第二十四條有關稅捐保全的措施，諸如通知有關機關就該公司相當於應繳稅捐數額之財產不得為移轉或設定他項權利，再加上依法儘速移送法院強制執行即可。究竟有何「必要性」要採行勒令停止營業這樣的行政手段，實在令人費解；且其究竟能否迫令該公司依法繳納營業稅，亦令人質疑。基上所述，臺北市稅捐稽徵處勒令該公司停止營業不但有本末倒置之虞，實有違背「必要性原則」之嫌。

十、營業稅的節稅與避稅

節稅乃憲法所保障的基本權利，且此一基本權利亦不容許政府機關恣意的剝奪，此一法則適用於所有的稅目，營業稅自然也不例外。至於納稅義務人透過法律形式的安排藉以減輕或免除其租稅的負擔，如果與租稅法的立法規範有所違背的話，即有可能會被認定

為避稅。

◈ ㈠營業稅的節稅方式

⑴營業行為的排除：也就是設法將擬進行的交易或安排以非營業行為的方式為之，如此，即可排除營業稅法的適用。

⑵以非營業人為交易主體：就算擬進行之交易或安排係屬營業行為的範疇之內，只要設法以非營業人來擔任該交易的主體的話，亦可排除營業稅法的適用。

⑶營業稅的免徵：設法將擬進行之交易或安排以符合營業稅法或其他特別法所規定免徵營業稅要件的方式為之，如此的話，也可以達到節稅的目的。

⑷善用零稅率的優惠：設法將擬進行之交易或安排以符合營業稅法零稅率優惠要件的方式為之，如此的話，節稅的效用將大為提高。

◈ ㈡營業稅的避稅技倆及其處置

營業稅的避稅技倆主要就是借用上揭所示營業稅節稅方式的概念，然後再加上許多通謀虛偽的法律架構的安排來達成的。面對納稅義務人種種避稅的行為，一般而言，實務上皆以「實質課稅原則」來因應。此外，有幾則財政部之解釋，則可作為補充之說明，茲分述如下：

Ⅰ.財政部臺財稅字第七九○三○五一○八號函

主旨：××建設事業股份有限公司負責人○○○以個人名義申請建造執照，對外以建設公司名義推出乙案，請依說明三查明事實本於權責辦理。

說明：三、個人建屋出售仍得依本部七十三年五月二十八日臺財稅第五三八七五號函將其所得直接歸戶課徵綜合所得稅。惟如查

明係合夥或公司等營利事業出資興建房屋出售，如規避稅負，取巧利用個人名義申請建造執照與銷售之事實者，仍應依法對該營利事業課徵營業稅及營利事業所得稅。四、○○○君如確係個人出資興建房屋出售，應依前開七十三年函釋辦理，惟如經查明係××建設事業股份有限公司利用其負責人之名義建屋出售，則仍屬該公司之營業行為，應依前項說明查照核實辦理。

Ⅱ.財政部臺財稅字第八○一二五○七四二號函

主旨：營業人假借（利用）個人名義建屋出售逃漏稅情形迭有發生，允應加強查核，覈實課稅，以杜取巧而維護租稅公平。請查照。

說明：二、凡具有營利事業型態之營業人，假借（利用）個人名義建屋出售者，應根據事實認定，依法課徵營業稅及營利事業所得稅，並依法處罰，其有涉及刑責者，並應依法究辦，不得適用本部六十五年九月六日臺財稅第三六○三二號函有關個人建屋出售課徵綜合所得稅之規定。

Ⅲ.財政部臺財稅字第八一一六五七九五六號函

主旨：建屋出售核屬營業稅法規定應課徵營業稅之範圍，自本函發布日起，經建築主管機關核發建造執照者，除土地所有權人以持有一年以上之自用住宅用地拆除改建房屋出售者外，均應依法辦理營業登記，課徵營業稅及營利事業所得稅。

說明：二、營業稅法第一條規定：「在中華民國境內銷售貨物或勞務及進口貨物，均應依本法規定課徵營業稅。」同法第三條第一項規定：「將貨物之所有權移轉與他人，以取得代價者，為銷售貨物。」故在中華民國境內建屋出售，係屬在我國境內銷售貨物，自應依上開規定辦理。三、邇來迭據反映，營業人每多假借（利用）個人名義建屋出售，規避營業稅與營利事業所得稅，造成依法登記納稅之業者稅負不公平，亟應予以改進遏止，以杜取巧。四、茲為明確界

定應辦營業登記之範圍，及兼顧以自用住宅用地拆除改建房屋出售之事實，並維護租稅公平，特規定如次：㈠建屋出售者，除土地所有權人以持有一年以上之自用住宅用地，拆除改建房屋出售，應按其出售房屋之所得課徵綜合所得稅外，均應依法辦理營業登記，並課徵營業稅及營利事業所得稅。㈡前項土地所有權人以持有一年以上之自用住宅用地，拆除改建房屋出售者，於計算所得核課綜合所得稅時，應由該土地所有權人檢具建屋成本及費用之支出憑證暨有關契約，憑以計算其所得。五、本函發布日前，營業人假借（利用）個人名義建屋出售者，稽徵機關仍應依照本部八十年七月十日臺財稅第八○一二五○七四二號函規定，加強查核，賡續辦理。六、至本部七十三年五月二十八日臺財稅第五三八七五號函，有關個人出資建屋出售，其財產交易所得計課綜合所得稅之規定，適用之範圍，自本函發布日起，應以依本函規定免辦營業登記並免課徵營業稅及營利事業所得稅者為限。

　　Ⅳ．財政部臺財稅字第八四一六○一一二二號函

　　主旨：個人提供土地與建設公司合建分屋並出售合建分得之房屋，核屬營業稅法規定應課徵營業稅之範圍，自本函發布日起，經建築主管機關核發建造執照之合建分屋案件，附符合說明二之規定者外，均應辦理營業登記，課徵營業稅及營利事業所得稅。請　查照。

　　說明：二、自本函發布日起，經建築主管機關核發建造執照之合建分屋案件，除提供土地之所有權人係屬個人，且係以持有一年以上之自用住宅用地與建設公司合建並出售分得之房屋者，可免辦營業登記，按其出售房屋之所得課徵綜合所得稅外，其餘提供土地合建者出售分得之房屋，均應依法辦理營業登記，課徵營業稅及營利事業所得稅。三、前項所稱「持有一年以上」係指自戶籍遷入日至房屋核准拆除日屆滿一年，或自戶籍遷入日至建造執照核發日屆

滿一年而言；所稱「自用住宅用地」，係指土地稅法第九條規定之自用住宅用地，且都市土地未超過三公畝或非都市土地未超過七公畝者為限，其用地超過上項標準者，應依照規定辦理營業登記。四、與建設公司合建分屋之地主如非屬前述以持有一年以上之自用住宅用地與建設公司合建者，其分得之房屋迄未出售亦未辦理營業登記者，稽徵機關應予列管。五、至於個人提供土地以合建分售或合建分成方式與建設公司合建者，該個人如僅出售土地，應免辦理營業登記。

第六章

土地稅法

一、土地稅法適用法則概要

　　土地稅對一個國家財政稅收的重要性,僅次於所得稅及營業稅,因此，亦相當可觀。以國內為例，八十八年下半年及八十九年度的稅捐總收入約為新臺幣一兆九千億元，其中土地稅約為新臺幣二千一百億元，約佔了所有稅捐收入的一成一。而土地稅法第一條開宗明義即規定，土地稅分為地價稅、田賦及土地增值稅，其中田賦目前已停徵，於茲不贅。由於地價稅乃係以土地的價值為其稅基，因此，其課徵亦負有社會財富重分配的政策意義。至於土地增值稅，則乃係以土地轉讓的增值為其課徵之標的，故而，其本質上應屬所得稅的一種特別類型。茲將土地稅法適用法則概要分析如下：

◈ (一)土地或土地轉讓的定義

　　地價稅及土地增值稅，顧名思義，乃係針對土地的價值或土地轉讓的增值所課徵的租稅；因此，必須先要有土地或土地轉讓，才會有要不要課徵地價稅及土地增值稅的問題。反之，如果某一財產或行為非屬土地或土地轉讓的話，也就不會有要不要課徵地價稅或土地增值稅的問題了，此乃邏輯之當然推論。至於何謂「土地」或「土地轉讓」呢？首先，就「土地」而論，依據土地稅法第十四條之規定，已規定地價之土地，應課徵地價稅。由於土地的存在與否是一個自然的事實，因此，無待於法律的規定。至於土地是否已規定地價，本身也是一個法律事實。再者，就「土地轉讓」而言，依據土地稅法第二十八條第一項之規定，已規定地價之土地，於土地所有權移轉時，應按其土地漲價總數額徵收土地增值稅。因此，只要土地所有權實質上一有移轉的行為或受讓人實質上享有土地所有權的經濟利益者，無論是有償移轉或無償移轉，且亦不論是有效移

轉或無效移轉，皆構成土地轉讓。此外，依據土地稅法第二十九條前段之規定，已規定地價之土地，設定典權時，出典人應依本法規定預繳土地增值稅。但出典人回贖時，原繳之土地增值稅，應無息退還。由於，國內就土地設定典權的情形相當稀少，故而，此一規定並不具實用性，於茲不贅敘。

❖ (二)土地稅的納稅義務人

而當吾人確定了某一特定之財產或行為符合地價稅或土地增值稅的構成要件之後，即會產生究竟應由何人來負擔地價稅或土地增值稅的問題。基此，土地稅法第三條即規定，原則上地價稅之納稅義務人如下：一、土地所有權人。二、設有典權土地，為典權人。三、承領土地，為承領人。四、承墾土地，為耕作權人。前項第一款土地所有權屬於公有或公同共有者，以管理機關或管理人為納稅義務人；其為分別共有者，地價稅以共有人各按其應有部分為納稅義務人。而土地稅法第五條則規定，土地增值稅之納稅義務人如下：一、土地為有償移轉者，為原所有權人。二、土地為無償移轉者，為取得所有權之人。三、土地設定典權者，為出典人。前項所稱有償移轉，指買賣、交換、政府照價收買或徵收等方式之移轉；所稱無償移轉，指遺贈及贈與等方式之移轉。

❖ (三)土地稅的減免

承前所述，當政府為了達成特定的施政目的時，往往會以提供租稅優惠的方式來引導民間從事特定的經濟活動或其他行為，以期能藉由民間自主性的調整機制來完成此一特定的施政目的。譬如，政府為了照顧農民以推行農地農用的政策，遂運用農地移轉免徵土地增值稅的租稅優惠來達成此一施政目的，或者是為了落實「住者有其屋」的施政方針，遂提供自用住宅用地優惠的地價稅率，藉以

發揮穩定社會的功能。像這類有關土地稅租稅優惠的規定真可謂俯拾皆是，除了土地稅法本身有關的規定之外，尤其應留心注意其他特別法的相關規定，例如促進產業升級條例以及獎勵民間參與交通建設條例等。因此，縱使某一特定之財產或行為符合地價稅或土地增值稅的構成要件，只要此一財產或行為該當地價稅或土地增值稅減免之要件，則此一財產或行為即可以享受減免徵的優惠了。當然，如果某一特定之財產或行為符合地價稅或土地增值稅的構成要件且不該當地價稅或土地增值稅減免之要件者，則此一財產或行為即應被課徵地價稅或土地增值稅了。

◈ (四)土地價值或土地轉讓價值的評價標準

由於地價稅與土地增值稅的課稅標的及所隱含的租稅政策互有不同；因此，其評價標準亦大異其趣。地價稅的評價標準，依土地稅法第十五條之規定:「地價稅按每一土地所有權人在每一直轄市或縣（市）轄區內之地價總額計徵之。前項所稱地價總額，指每一土地所有權人依法定程序辦理規定地價或重新規定地價，經核列歸戶冊之地價總額。」至於土地增值稅的評價標準，原則上則依土地稅法第三十條第一項之規定:「土地所有權移轉或設定典權，其申報移轉現值之審核標準，依下列規定: 一、申報人於訂定契約之日起三十日內申報者，以訂約日當期之公告土地現值為準。二、申報人逾訂定契約之日起三十日始申報者，以受理申報機關收件日當期之公告土地現值為準。三、遺贈之土地，以遺贈人死亡日當期之公告土地現值為準。四、依法院判決移轉登記者，以申報人向法院起訴日當期之公告土地現值為準。五、經法院拍賣之土地，以拍定日當期之公告土地現值為準。但拍定價額低於公告土地現值者，以拍定價額為準；拍定價額如已先將設定抵押金額及其他債務予以扣除者，應以併同計算之金額為準。六、經政府核定照價收買或協議購買之土

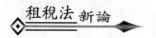

地，以政府收買日或購買日當期之公告土地現值為準。但政府給付之地價低於收買日或購買日當期之公告土地現值者，以政府給付之地價為準。」

❖ ㈤土地稅的計算方式與稅率結構

茲將地價稅及土地增值稅的計算方式及其稅率結構分述如下：

1. 土地價值的計算方式

在進行土地價值的計算之前，原則上應先將土地區分為一般用地、自用住宅用地、特定事業用地、都市計畫公共設施保留地及其他符合減徵要件之用地等，然後再依前揭評價標準分別計算其地價總額。

2. 土地轉讓增值的計算方式

在進行土地轉讓增值的計算之前，原則上亦須將轉讓之土地區分為一般用地、自用住宅用地、經重劃之土地以及區段徵收之抵價地等，然後再依前揭評價標準以及土地稅法第三十一條第一及第二項之規定：「土地漲價總數額之計算，應自該土地所有權移轉或設定典權時，經核定之申報移轉現值中減除左列各項後之餘額，為漲價總數額：一、規定地價後，未經過移轉之土地，其原規定地價。規定地價後，曾經移轉之土地，其前次移轉現值。二、土地所有權人為改良土地已支付之全部費用，包括已繳納之工程受益費、土地重劃費用及因土地使用變更而無償捐贈一定比率土地作為公共設施用地者，其捐贈時捐贈土地之公告現值總額。前項第一款所稱之原規定地價，依平均地權條例之規定；所稱前次移轉時核計土地增值稅之現值，如因繼承取得之土地再行移轉者，係指繼承開始時該土地之公告現值。」計算其分別的土地漲價總數額。

3.免徵地價稅或土地增值稅的項目

依上開規定所計算之地價總額或土地漲價總數額應分別扣除依法免徵地價稅或土地增值稅的項目之後，才是地價稅或土地增值稅的應稅基準。

4.地價稅及土地增值稅的稅率結構

⑴地價稅的稅率結構

①一般用地：依據土地稅法第十六條之規定，地價稅基本稅率為千分之十。土地所有權人之地價總額未超過土地所在地直轄市或縣（市）累進起點地價者，其地價稅按基本稅率徵收；超過累進起點地價者，依下列規定累進課徵：一、超過累進起點地價未達五倍者，就其超過部分課徵千分之十五。二、超過累進起點地價五倍至十倍者，就其超過部分課徵千分之二十五。三、超過累進起點地價十倍至十五倍者，就其超過部分課徵千分之三十五。四、超過累進起點地價十五倍至二十倍者，就其超過部分課徵千分之四十五。五、超過累進起點地價二十倍以上者，就其超過部分課徵千分之五十五。前項所稱累進起點地價，以各該直轄市或縣（市）土地七公畝之平均地價為準。但不包括工業用地、礦業用地、農業用地及免稅土地在內。

②自用住宅用地：依據土地稅法第十七條之規定，合於下列規定之自用住宅用地，其地價稅按千分之二計徵：一、都市土地面積未超過三公畝部分。二、非都市土地面積未超過七公畝部分。國民住宅及企業或公營事業興建之勞工宿舍，自動工興建或取得土地所有權之日起，其用地之地價稅，適用前項稅率計徵。土地所有權人與其配偶及未成年

之受扶養親屬，適用第一項自用住宅用地稅率繳納地價稅者，以一處為限。

③**特定事業用地：** 依據土地稅法第十八條第一及第二項之規定，供下列事業直接使用之土地，按千分之十計徵地價稅。但未按目的事業主管機關核定規劃使用者，不適用之：一、工業用地、礦業用地。二、私立公園、動物園、體育場所用地。三、寺廟、教堂用地、政府指定之名勝古蹟用地。四、經主管機關核准設置之加油站及依都市計畫法規定設置之供公眾使用之停車場用地。五、其他經行政院核定之土地。在依法劃定之工業區或工業用地公告前，已在非工業區或工業用地設立之工廠，經政府核准有案者，其直接供工廠使用之土地，準用前項規定。

④**都市計畫公共設施保留地：** 依據土地稅法第十九條前段之規定，都市計畫公共設施保留地，在保留期間仍為建築使用者，除自用住宅用地外，統按千分之六計徵地價稅。

此外，其他使用目的之土地如有符合土地稅減免規則有關減徵之規定者，即可享受減徵之特別優惠，宜應一併注意。

(2)**土地增值稅的稅率結構**

①**一般用地：** 依據土地稅法第三十三條之規定，土地增值稅之稅率，依下列規定：一、土地漲價總數額超過原規定地價或前次移轉時核計土地增值稅之現值數額未達百分之一百者，就其漲價總數額徵收增值稅百分之四十。二、土地漲價總數額超過原規定地價或前次移轉時核計土地增值稅之現值數額在百分之一百以上未達百分之二百者，除按前款規定辦理外，其超過部分徵收增值稅百分之五十。三、土地漲價總數額超過原規定地價或前次移轉時核計土地增值稅之現值數額在百分之二百以上者，除按前二款規定分

別辦理外，其超過部分徵收增值稅百分之六十。惟自九十
一年一月十七日起二年內，土地增值稅減半課徵。

②自用住宅用地：依據土地稅法第三十四條之規定，土地所
有權人出售其自用住宅用地者，都市土地面積未超過三公
畝部分或非都市土地面積未超過七公畝部分，其土地增值
稅統就該部分之土地漲價總數額按百分之十徵收之，惟自
九十一年一月十七日起二年內，土地增值稅減半課徵；超
過三公畝或七公畝者，其超過部分之土地漲價總數額，依
前條規定之稅率徵收之。前項土地於出售前一年內，曾供
營業使用或出租者，不適用前項規定。第一項規定於自用
住宅之評定現值不及所占基地公告土地現值百分之十者，
不適用之。但自用住宅建築工程完成滿一年以上者不在此
限。土地所有權人，依第一項規定稅率繳納土地增值稅者，
以一次為限。

③經重劃之土地：依據土地稅法第三十九條第四項之規定，
經重劃之土地，於重劃後第一次移轉時，其土地增值稅減
徵百分之四十。

④區段徵收之抵價地：依據土地稅法第三十九條之一第三項
之規定，區段徵收領回抵價地後第一次移轉時，應以原土
地所有權人實際領回抵價地之地價為原地價，計算漲價總
數額，課徵土地增值稅，其土地增值稅減徵百分之四十。

❖ ㈥土地稅的申報、繳納及退稅

1. 土地稅的申報

地價稅的開徵，依據土地稅法第四十條之規定，係由直轄市或
縣（市）主管稽徵機關按照地政機關編送之地價歸戶冊及地籍異動

通知資料核定，每年徵收一次，必要時得分二期徵收；其開徵日期，由省（市）政府定之。納稅義務人並無申報的義務。至於土地增值稅，依據土地稅法第四十九條第一項之規定，土地所有權移轉或設定典權時，權利人及義務人應於訂定契約之日起三十日內，檢附契約影本及有關文件，共同向主管稽徵機關申報其土地移轉現值。但依規定得由權利人單獨申請登記者，權利人得單獨申報其移轉現值。

2.土地稅的繳納

依據土地稅法第四十四條之規定，地價稅納稅義務人或代繳義務人應於收到地價稅稅單後三十日內，向指定公庫繳納。至於土地增值稅，依據土地稅法第五十條之規定，土地增值稅納稅義務人於收到土地增值稅繳納通知書後，應於三十日內向公庫繳納。

3.土地增值稅的退稅

依據土地稅法第三十五條之規定，土地所有權人於出售土地或土地被徵收後，自完成移轉登記或領取補償地價之日起，二年內重購土地合於左列規定之一，其新購土地地價超過原出售土地地價或補償地價，扣除繳納土地增值稅後之餘額者，得向主管稽徵機關申請就其已納土地增值稅額內，退還其不足支付新購土地地價之數額：一、自用住宅用地出售或被徵收後，另行購買都市土地未超過三公畝部分或非都市土地未超過七公畝部分，仍作自用住宅用地者。二、自營工廠用地出售或被徵收後，另於其他都市計畫工業區或政府編定之工業用地內購地設廠者。三、自耕之農業用地出售或被徵收後另行購買仍供自耕之農業用地者。前項規定土地所有權人於先購買土地後，自完成移轉登記之日起二年內，始行出售土地或土地始被徵收者，準用之。第一項第一款及第二項規定，於土地出售前一年內，曾供營業使用或出租者，不適用之。惟依據土地稅法第三十七

條之規定，土地所有權人因重購土地退還土地增值稅者，其重購之土地，自完成移轉登記之日起，五年內再行移轉時，除就該次移轉之漲價總數額課徵土地增值稅外，並應追繳原退還稅款；重購之土地，改作其他用途者亦同。

二、土地或土地轉讓的定義

依據土地稅法第一條之規定，土地稅分為地價稅、田賦及土地增值稅。然而，行政院卻以臺七十六財字第一九三六五號函公告，田賦自七十六年第二期起停徵；因此，於茲僅就地價稅及土地增值稅之課稅標的，詳細分析如下：

❖ ㈠土地的定義

依據土地稅法第十四條之規定，已規定地價之土地，除依土地稅法第二十二條規定課徵田賦者外，應課徵地價稅。因此，顯然可知，地價稅之課稅標的為已規定地價之土地。由於土地的存在與否是一個自然的事實，因此，無待於法律的規定。至於土地是否已規定地價，本身也是一個法律事實。

❖ ㈡土地轉讓的定義

依據土地稅法第二十八條第一項之規定，已規定地價之土地，於土地所有權移轉時，應按其土地漲價總數額徵收土地增值稅。故而可知,土地增值稅之課稅標的為已規定地價之土地所有權之移轉。此外，依據土地稅法第二十九條前段之規定，已規定地價之土地，設定典權時，出典人應依本法規定預繳土地增值稅。但出典人回贖時，原繳之土地增值稅，應無息退還。由於，國內就土地設定典權的情形相當稀少，故而，此一規定並不具實用性，於茲不贅敘。至

於何謂「土地所有權之移轉」呢？由於土地稅法本身並未明文規定，因此，原則上即應借用民法有關不動產物權之有關規定，也就是說，依據民法第七百五十八條之規定，不動產物權，依法律行為而取得、設定、喪失及變更者，非經登記，不生效力。

只不過，因為租稅法就其所規定之租稅義務構成要件，在解釋上，特別重視交易或安排的經濟實質，故而，如有名義與實質發生牴觸的情形發生者，實質之證明力將優先於名義。因此，如果實質上土地所有權移轉之受讓人並未享有該土地之經濟利益者，縱使已辦理土地所有權移轉之登記，亦不該當土地增值稅之課稅要件；反之，如果已辦理土地所有權移轉登記之受讓人實質上已享有該土地之經濟利益者，縱使該移轉有無效之原因或經撤銷者，亦不影響於土地增值稅之課徵。就此，有幾則實務上之見解，相當值得贊許，茲分述如下：

I.行政法院八十二年九月份庭長評事聯席會議紀錄

法律問題

農業用地移轉，經核定免徵土地增值稅後，始發現承受人為非名實相符之農民時，應否課徵以及如何課徵土地增值稅？有甲、乙、丙三說：

討論意見

甲說：不生課徵土地增值稅之問題

理由：按依農業發展條例第二十七條規定農業用地在依法作農業使用期間，移轉與自行耕作之農民繼續耕作者，免徵土地增值稅，其售與非從事農業之農民，自不得免徵土地增值稅，固為法條當然之解釋。惟依土地法第三十條規定私有農地所有權之移轉，其承受人以能自耕者為限，違反者，其所有權之移轉無效。而土地增值稅之課徵，依土地稅法第二十八條規定係於土地所有權移轉時課徵，從而農業用地移轉後發現，其承受人非從事農業之農民，因該所有

權之移轉無效，乃屬自始無效及絕對無效，似應不生課徵土地增值稅之問題，稅捐稽徵機關仍對之補徵土地增值稅，自屬無據。

乙說：應補徵土地增值稅

　　理由：按土地稅法第二十八條前段規定「已規定地價之土地，於土地所有權移轉時，應按其土地漲價總數額徵收土地增值稅。」查土地增值稅係依據漲價歸公之原則，對土地所有權人因土地自然漲價所課徵之稅款，因之，只要有自然漲價以及所有權移轉之事實，除有不課徵之法定理由外，均無不予課徵之理，縱令土地所有權之移轉本身有無效之原因，但既已移轉所有權，又未曾回復原來出賣前之原狀，亦不能謂可不必課稅。至補繳土地增值稅後，倘買受人因系爭土地買賣無效，而將系爭土地所有權回復為原告所有時，被告機關是否應將補徵之稅款退還，係另一問題。

丙說：原則採乙說

　　惟如原土地出賣人信賴原核定免徵土地增值稅之授益處分，且其信賴並無不值得保護之情形，因而原免稅處分未經撤銷，或已經撤銷，但稽徵機關未合理補償受益人因信賴該處分所遭受之財產損失，致其撤銷不合法時，稽徵機關均不得就同一課稅事實，於免稅處分未依法撤銷前，再為徵稅之處分，補徵土地增值稅。

理由：

　　一、稽徵機關就農業用地移轉之事實，已核定免徵土地增值稅，嗣後復自行發現承受人非名實相符之農民，致原已核定之免稅處分因而於法不合時，須先撤銷該違法之免稅處分，始得就同一課稅事實，另為徵稅之處分。

　　二、得撤銷之違法行政處分，如為對人民之授益處分，其撤銷應斟酌善意無過失之受處分人之信賴利益，為立法與學說上一致之見解。

　　三、現行有效法令不能有效保護善意無過失之受處分人利益：

1.行政院六十二年八月九日臺內字第六七九五號函，不得使主管機關就第三人已合法取得之土地權利登記，逕為塗銷登記。 2.自耕能力證明書撤銷前，難謂原土地買賣無效。

決議：按法律行為無效，或嗣後歸於無效，而當事人仍使其經濟效果發生，並維持其存在者，並不影響租稅之課徵。良以稅法所欲掌握者，乃表現納稅能力之經濟事實，而非該經濟事實之法律外觀。土地增值稅係依據漲價歸公之原則，對土地所有權人因土地自然漲價所得利益所課徵之稅款。因之，只要有自然漲價所得以及土地所有權移轉之事實，依土地稅法第二十八條之規定，除有不課徵之法定理由外，均應課徵土地增值稅，並不因土地所有權之移轉本身有無效之原因而有不同。至於有無信賴保護原則之適用，應依其具體個案認定之。

II.行政法院八十一年判字第二七六三號判決

查本件再審原告係以依土地稅法第二十八條規定，土地所有權移轉時，如有漲價，即應徵收土地增值稅，而系爭土地業已移轉，且未因移轉無效而回復原狀，則出賣人既已因移轉受有漲價之利益，殊無不課徵土地增值稅之理由，因認原判決謂可不徵收土地增值稅係適用法規錯誤。則再審被告謂再審原告未主張原判決有何適用法規錯誤之情形，其遽行提起本件再審，有違再審條件云云，顯有錯誤，合先敘明。次查所謂適用法規顯有錯誤，係指原判決所適用之法規與現行法規相違背或與解釋判例有所牴觸者而言。本件系爭土地係於七十九年間由再審被告賣出與訴外人林王碧珠，當時因恒春鎮公所對林王碧珠是否確具有自耕能力，審查不詳，而發給自耕能力證明書，致使再審原告誤以為該林王碧珠承買系爭土地有土地稅法第三十九條之二第一項、農業發展條例第二十七條規定之適用，而核發免繳土地增值稅證明書，並由林王碧珠辦理土地所有權移轉登記完竣。嗣既發覺林王碧珠並非農民，再審被告賣售系爭土地，

實際上並不符合免徵土地增值稅之規定，而予補徵土地增值稅，於法即無不合。原判決謂倘林王碧珠不具自耕能力，則其取得系爭土地所有權移轉登記違反土地法第三十條之規定，應歸無效，土地所有權移轉既應歸無效，即不生課徵土地增值稅問題，再審原告所為補徵系爭土地增值稅於法無據云云，顯係將稅法上之固有概念與民法上之傳來概念，混為一談，疏未注意系爭土地現仍登記在林王碧珠所有，而未移回再審被告所有之事實。按確定判決積極的誤用法規固為適用法規錯誤，而消極的不適用法規，顯然影響裁判者，亦係適用法規錯誤（大法官會議釋字第一七七號解釋參照）。本件再審被告雖謂系爭土地之承買人林王碧珠戶籍登記簿上職業欄載明職業為農，自耕農；系爭土地迄今仍有木瓜、蘆筍、玉米等雜作；自任耕作者非不得兼任他職，林王碧珠利用農暇時間擔任昌興貿易有限公司及墾丁開發股份有限公司日語顧問，無損其為自耕農之身分；事實上林王碧珠自八十年起亦已加入農民保險，不應率而定林王碧珠之自耕農身分。至林王碧珠雖於再審原告恒春分處談話筆錄中自承本身無自耕農身分，故透過其弟媳王陳翩翩向地主購買，並以第一銀行恒春分行榮冠纖維工廠負責人林王碧珠帳戶存款支付價款，但該項談話內容並不真實，係主辦人員誤記，況林王碧珠縱曾以該帳戶存款付款，亦無損其為自耕農之事實云云。惟查林王碧珠戶籍上職業欄之記載，並不能作為其確實從事該職業之證明。又系爭土地上之農作物，亦不能作為訴外人林王碧珠自行耕種之證明。事實上，依照林王碧珠七十八年度、七十九年度綜合所得稅申報書、薪資扣繳憑單及昌興貿易有限公司提供七十九年一月至十二月份林王碧珠薪資印領清冊等，顯足證明系爭土地買賣期間，林王碧珠係在臺北市昌興貿易有限公司及墾丁開發股份有限公司任職，其承受系爭土地並無土地稅法第三十九條之二第一項及農業發展條例第二十七條規定之適用，了無疑問。再審原告所謂其確為自耕農，具有自

耕能力云云，並無可採。查土地增值稅係依據漲價歸公之原則，對土地所有權人因土地自然漲價所課徵之稅款，因之，只要有自然漲價以及所有權移轉之事實，除有不課徵之法定理由外，均無不予課徵之理，縱令土地所有權之移轉本身有無效之原因，但既已移轉所有權，又未曾回復原來出賣前之原狀，亦不能謂可不必課稅。本件原判決認系爭土地買受人因非農民，其買賣契約有無效之原因，自始不生買賣之效力，可以免徵土地增值稅，顯然未注意及土地稅法第二十八條前段「已規定地價之土地，於土地所有權移轉時，應按其土地漲價總數額徵收土地增值稅。」之規定，再審原告指其適用法規錯誤，非無理由。又林王碧珠既非農民，其買受系爭土地無土地稅法第三十九條之二第一項及農業發展條例第二十七條免徵土地增值稅規定之適用，具見上述，則其在前訴訟程序所提之訴，自無理由，因此，應由本院將原判決廢棄，並將再審被告在前訴訟程序所提之訴駁回，以符法制。又本件再審被告補繳土地增值稅後，倘買受人因系爭土地買賣無效，而將系爭土地所有權回復為再審被告所有時，再審原告是否應將補繳之稅款退還，係另一問題，不在本件審究之列，附此敘明。

然而，在實務上則有幾個法律概念與「土地所有權之移轉」經常發生混淆不清的情形，茲詳細分析如下：

1. 已辦理土地所有權移轉登記，惟移轉有無效之原因或經撤銷者

由於土地增值稅之課徵必須要先有土地所有權的移轉，因此，如果土地所有權之移轉有無效之原因或經撤銷，只要實質上該移轉無效或經撤銷之受讓人並未享有該土地之經濟利益者，即不該當土地增值稅之課稅要件。有幾則實務上之見解，可以作為補充之說明，

茲分述如下：

　　Ⅰ. 行政法院八十四年判字第一四三八號判決

　　按依農業發展條例第二十七條規定農業用地在依法作農業使用期間，移轉與自行耕作之農民繼續耕作者，免徵土地增值稅，其售與非從事農業之農民，自不得免徵土地增值稅，固為法條當然之解釋。惟依土地法第三十條規定私有農地所有權之移轉，其承受人以能自耕者為限，違反者，其所有權之移轉無效，而土地增值稅之課徵，依土地稅法第二十八條規定係於土地所有權移轉時課徵，從而農業用地移轉後發現，其承受人非從事農業之農民，因該所有權之移轉無效，乃屬自始無效及絕對無效，且依司法院釋字第三十九號大法官會議解釋意旨，其所有權之移轉登記，應予塗銷，似應不生課徵土地增值稅之問題，稅捐稽徵機關仍對之補徵土地增值稅，自屬無據。本件原告於八十年七月間出售系爭土地予訴外人林熙淳，原經被告機關核定免徵土地增值稅在案，嗣經財政部臺灣省北區國稅局個案調查選案查核上開農地承受人林熙淳，係將自耕農身分借予他人購買系爭農地，乃予補徵土地增值稅，原告不服循序提起行政訴訟等情，為兩造所不爭執。姑不論原告就系爭土地承受人（即登記名義人）林熙淳是否無自耕能力，有所爭執，且其引用最高法院七十三年度第五次民事庭會議決議及同院八十三年度臺上字第五七五號、一三六五號判決謂私有農地所有權之移轉，其承受人以能自耕者為限，並未限定不能自耕者，不得於買受農地時，約定將所有權移轉於有自耕能力之人。故不動產之買賣，在契約內訂明得由買受人指定登記與任何有自耕能力之第三人或具體約定登記與有自耕能力之特定第三人，即非民法第二百四十六條第一項以不能之給付為契約之標的，難認其契約為無效云云。惟查所引上開最高法院之決議及判決，乃就債權法上效力所為之論斷，殊難據以否定土地法第三十條第二項所規定違反同條第一項規定者，其所有權移轉無

效之效力，況如被告機關所指林熙淳係將自耕能力借予他人即洪允科購買系爭農地，依首揭法條及大法官會議解釋，其所有權之移轉無效或應予塗銷，被告機關能否仍認其移轉為適法，遽予補徵土地增值稅，亦非無審究餘地，一再訴願決定未加詳察，遽予維持，均不無疏略，爰均予撤銷，由被告機關另為適法之處分，以昭折服。又一再訴願決定及原處分既均應撤銷，則加計利息一併徵收部分，亦無所附麗，自屬無庸再加以論述，併予敘明。

II. 財政部六十九年臺財稅字第三三〇六四號函

關於被徵收之土地，在辦妥產權登記後，因故撤銷徵收，土地發還原業主，其被徵收時所繳土地增值稅，應准予退還。

III. 財政部六十九年臺財稅字第三九三六一號函

查凡違反法律禁止規定之買賣契約，自始即屬無效。本案既係因原承購人未具自耕農資格違反土地法第三十條規定，經地政機關駁回移轉登記之申請，其原向稽徵機關申報之移轉現值自亦屬無效，稽徵機關既已查明此項事實，為求土地增值稅之課徵確實，自可無待原申報人之申請撤銷，逕予註銷其原申報號碼，且本案既據報當事人已提出申請撤銷其第一次申報，其再次申報現值，自應予以受理。

IV. 財政部七十年臺財稅字第三〇五四九號函

本案既經查明××君所有××段××小段一一〇之一、一一〇之三、一一一之二地號土地三筆於 63.12.30. 申報土地移轉後，因××君非自耕農而無法辦理產權移轉登記，乃經地政事務所 69.9.18. 北市地一字第×××號函准予撤銷。類此因違反法律禁止規定，買賣自始無效，而申請退還已繳之土地增值稅者，縱係在繳納後逾五年始申請退稅，仍應予以退還；至稅捐稽徵法第二十八條關於應在稅款繳納之日起五年內申請退還，逾期不退之規定，係對適用法令錯誤或計算錯誤溢繳之稅款而為規定，其對本案土地增值稅之退還，

應不適用。

Ⅴ.財政部七十年臺財稅字第三五○三一號函

主旨：經法院判決確定土地應由讓售人將所有權移轉登記予承受人指定之第三人，稽徵機關自應依照判決，受理其土地移轉現值申報。至於既已查明承受人與指定之第三人間，已訂有買賣契約實據，自應依照土地稅法第五十四條第二項有關處罰之規定辦理。

說明：二、查土地法第三十條第一項規定：「私有農地所有權之移轉，其承受人以能自耕者為限。」又同條第二項規定：「違反前項規定者，其所有權之移轉無效。」是以本部六十九臺財稅第三九三六一號函釋；凡違反法律禁止規定之買賣契約，自始即屬無效，其已申報之移轉現值，自應准予撤銷，其稅款已繳者並准退還。撤銷後又另行出售予具有自耕農身分者，應予受理其現值申報。三、據查報本案雖係土地承受人因未具自耕農身分，無法辦理所有權移轉登記，但當事人既未依法提出現值申報，又非撤銷原申報另行出售具有自耕農身分者，自無前述釋函之適用。四、本案××地方法院依土地出售人何××與承受人何△△、何○○之買賣契約，判決本案三筆土地應移轉登記為黃××所有，是以法院對該買賣契約，顯非認定為無效。當事人為辦理所有權移轉登記，依據法院確定之判決，依法向稽徵機關提出移轉現值申報，自應予以受理。復查土地稅法第五十四條第二項規定，土地買賣未辦竣權利移轉登記，再行出售者，處再行出售移轉現值百分之二之罰鍰。至於前次移轉依法是否可辦理所有權移轉登記，則非所問。五、本案何△△、何○○因未具自耕農身分，無法辦理所有權移轉登記，而又與黃××訂立買賣契約，且查有實據，核已構成前揭條款處罰之規定，自應依規定處理。

2.未辦理土地所有權移轉登記

依據民法第七百五十八條之規定，不動產物權，依法律行為而取得、設定、喪失及變更者，非經登記，不生效力。因此，如果並未辦理土地所有權移轉登記，即與土地增值稅之課稅要件不相符合。有幾則實務上之見解，可以作為補充之說明，茲分述如下：

I．臺灣省財政廳五十八年財稅二字第九九九○二號令

本案都市土地經法院拍定後，承買人未如限繳足價款，如經法院撤銷原為之拍賣，其應繳增值稅應准註銷。

II．財政部六十五年臺財稅第三七八六○號函

法院拍賣土地，如由原所有權人買回，既經高等法院裁定，認為係屬清償債務之給付，所有權人之主體並未變更，嗣後相同案件，應不再依實施都市平均地權條例第三十二條規定，扣繳土地增值稅。

3.塗銷並回復土地所有權登記

依據財政部七十年臺財稅字第三四三六三號函之規定：

主旨：關於系爭土地經法院判決確定共有權存在，及該土地共有權原以買賣為原因所為之所有權移轉登記，應予塗銷並回復共有權登記時，應否辦理土地現值申報核課土地增值稅乙案，復如說明二。

「說明：二、土地稅法第二十八條前段規定：『已規定地價之土地，於土地所有權移轉時，應按其土地漲價總數額徵收土地增值稅』準此，土地於所有權移轉，辦理移轉登記時，始須辦理土地現值申報，核課土地增值稅。本案系爭土地經法院判決確定共有權存在，及該土地共有權原以買賣為原因所為之所有權移轉登記應予塗銷並回復共有權登記。經查該『回復共有權登記』係回復其原狀所為之一種登記，當事人間尚無土地所有權移轉，無需辦理土地現值申報及核課土地增值稅。」此乃係因塗銷並回復土地所有權登記，在本質上僅為損害賠償的一種方式而已，土地移轉登記之受讓人實質上就

該土地並未享受任何額外之經濟利益，故而，與土地增值稅之課稅要件不相符合。

　　不過，依財政部臺財稅字第〇九〇〇四五五〇四二號解釋，內政部九十年六月二十七日臺（九十）內地字第九〇七三二三二號函，略以：「依土地稅法第二十八條規定『已規定地價之土地，於土地所有權移轉時，應按其土地漲價總數額徵收土地增值稅。』，同法第三十條亦規定土地所有權移轉或設定典權時申報移轉現值之審核標準，是以土地是否申報移轉現值課徵土地增值稅，應視土地是否有移轉或設定典權之情事發生。本案南投地方法院八十六年度訴字第五七號民事判決主文所述。『被告應將坐落南投縣鹿谷鄉大水堀第貳肆壹之壹、第貳肆壹之捌地號之土地應有部分各五分之一分別移轉登記與原告共有，持分各十五分之一』，與該民事判決理由三所載『因被告拒不於約定期間履行支付買賣價金之義務，原告已依法解除兩造買賣契約之事實，已見前述，依首揭法條及判例意旨，原告自得請求負有回復原狀義務之被告，將系爭土地移轉登記與原告』內容雖有不盡一致之處，惟依法務部七十九年七月三日法（七九）律九三六〇號函釋意旨：『判決主文所判斷之訴訟標的始有既判力，若屬判決理由之判斷，除民事訴訟法第四百條第二項所定情形外，難認其有既判力。』……似宜以其主文所判斷之訴訟標的始有既判力，故登記原因應為『判決移轉』，查本案業由南投縣竹山地政事務所……登記原因『判決移轉』辦理登記完竣……。」依上開內政部意見，本案土地業經主管地政機關以登記原因「判決移轉」辦理登記完竣，原土地買賣之移轉登記並未塗銷，依土地法第四十三條規定，該買賣登記仍有效力，故該次移轉行為，仍應依土地稅法第二十八條規定課徵土地增值稅，其已繳納之稅款，應不得退還。

4.信託行為

　　土地因信託行為而轉讓者，由於土地移轉登記之受讓人（即受託人）就該土地並未享受有實質上的經濟利益，因此，縱使該土地名義登記之所有權人有所變更，亦不該當土地增值稅之課稅要件。有幾則實務上之見解亦持相同之見解，相當值得贊許，茲分述如下：

　　Ⅰ.財政部七十年臺財稅字第三四三七九號函

　　主旨：以自然人名義登記之不動產實際係為私立學校、宗教團體（寺廟、教會、教堂）、宗祠等團體所取得，而於登記時未註明係為該團體所取得者，其於將該不動產變更登記為該團體所有時，應如何處理一案，經本部邀集內政部等有關單位會商獲致結論如說明二，請依會商結論之處理原則辦理。

　　說明：二、本案經本部於六十九年十一月十日、十二月二十九日及本（七十）年五月十一日三次邀請內政、教育、法務等部以及省市財政、地政廳、局、處等有關機關開會研商，經獲致結論如下：「凡私立學校、寺廟、教會（堂）、等團體取得之不動產，如係以各團體之創辦人、發起人、董事長、董事或監察人等自然人名義登記所有權，倘於辦理登記時已註明係為設立之學校、寺廟、教會（堂）等團體所取得者，准以更名登記方式變更為該團體名義所有，不課徵契稅或土地增值稅，前經財政部六十六年臺財稅第三二五六九、六十八年臺財稅第三五六〇四號函釋在案；不符上述規定者，即不得以更名方式處理。茲以部分私立學校、寺廟、教會（堂）及宗祠等團體，取得不動產以自然人名義登記者，雖確係為學校、寺廟、教會（堂）及宗祠等團體取得之不動產，但未依前述釋令規定或土地登記規則第八十六條規定，於登記時註明該不動產係為學校、寺廟、教會（堂）、宗祠所取得者。現為遵照政府規定欲辦理登記為學校、寺廟、教會（堂）、宗祠等團體所有時，為解決其稅負之困擾，經會商處理原則如下：㈠私立學校、寺廟、教會（堂）、宗祠等團體所取得之不動產，雖以自然人名義登記，但自始即供該私立學校、

寺廟、教會（堂）、宗祠等團體所使用，並經教育部或內政部證明其取得不動產之資金確為該團體所支付，或以私人名義登記之不動產，有公開之文件紀錄資料可認定該私人為該團體之關係人，並係以該團體之基金或資金為該團體所取得者，准以『更名登記』方式變更登記為該私立學校、寺廟、教會（堂）、宗祠等團體所有，免徵契稅或土地增值稅。㈡私立學校、寺廟、教會（堂）、宗祠等團體，凡在本（七十）年五月十一日（含五月十一日）以前所取得之不動產，仍係以自然人名義登記未註明係為該團體所取得者，應在七十一年六月三十日以前依前項規定，以『更名登記』方式申請辦妥登記為該團體所有，逾期即應切實依照本部六十六年臺財稅第三二五六九、六十八年臺財稅第三五六〇四號函規定辦理。但私立學校如有事實上之困難，無法於上述期限辦妥更名登記者，應由教育部分別編造清冊敘明理由函送當地稅捐機關辦理並函財政、內政兩部備查。㈢私立學校、寺廟、教會（堂）、宗祠等團體，係上述『更名登記』方式登記所有權之不動產土地，如再次移轉他人時，應以更名登記前該土地之原規定地價或前次移轉現值為基礎，計算土地漲價總數額課徵土地增值稅。」請照上述會商結論之處理原則辦理。

II．財政部臺財稅字第八六一九一三一六三號函

主旨：有關土地因信託行為成立而由委託人移轉與受託人，於土地稅法相關條文配合修正前，其土地增值稅之核課，可依說明一規定辦理。請　查照。

說明：一、土地增值稅部分：土地所有權因信託行為成立，而依信託法第一條規定，由委託人移轉與受託人者，其權利變更登記原因既為「信託」，與一般土地所有權移轉情形有別，應不課徵土地增值稅。但於再次移轉應課徵土地增值稅時，其原地價之認定，以該土地不課徵土地增值稅前之原規定地價或前次移轉現值為準。

但是，有幾則實務上的解釋，顯然對土地增值稅的課稅要件有所曲解，以致於誤將可能非屬「土地所有權之移轉」的行為或安排課徵土地增值稅或誤將可能屬應課徵土地增值稅的行為或安排視為非「土地所有權之移轉」，而造成非法課稅或免稅的情形，茲分述如下：

I.行政法院八十四年判字第四八三號判決

按「已規定地價之土地，於土地所有權移轉時，應按其土地漲價總數額徵收土地增值稅。但因繼承而移轉之土地，各級政府出售或依法贈與之公有土地，及受贈之私有土地，免徵土地增值稅。」「土地所有權移轉或設定典權，其申報移轉現值之審核標準，依左列規定：一、……四、依法院判決移轉登記者，以申報人向法院起訴日當期之公告土地現值為準……。」為土地稅法第二十八條及第三十條第一項第四款所明定。本件系爭土地，原所有權人為黃興國，經臺灣高等法院花蓮分院八十二年度上字第三六號民事判決確定其所有權應移轉登記與原告。原告據以於八十二年九月十五日向被告申報土地增值稅現值，被告乃依上開判決書所載起訴日之當期公告現值核課土地增值稅四三四、二二七元。原告不服，申請復查，提起訴願均未獲變更。茲仍不服，起訴主張略謂其係因終止信託關係，訴請法院判決命黃興國將系爭土地所有權移轉登記（更名）與原告。而土地稅法第五條並無終止信託關係辦理所有權移轉登記應徵土地增值稅之規定，被告應依土地稅法第三十條之一之規定，發給免稅證明，始為適法，乃原處分及一再訴願決定駁回之理由，適用同法第二十八條及第三十條第一項第四款之規定，自有違法云云。惟按所謂信託關係，係指信託人將財產所有權移轉與受託人，以達當事人間一定目的之法律行為。受託人就已移轉所有權登記其名義之信託財產，即為法律上之所有權人。既為法律上所有權人，故嗣終止信託關係時，即應將信託財產辦理所有權移轉登記與信託人，非得

以更名方法行之。原告謂法院判命訴外人黃興國將信託之系爭土地所有權移轉登記與伊，實為更名登記云云，尚嫌無據。又土地增值稅之納稅義務人，在「土地為無償移轉者，為取得所有權之人」，「所稱無償移轉，指遺贈及贈與等方式之移轉」，土地稅法第五條第一項第二款及第二項定有明文。既謂「遺贈及贈與等……」，則遺贈、贈與僅為無償移轉之例示，此外自尚包括其他等無償移轉在內。原告謂該法條並無關於信託屬無償移轉所有權之情形亦課徵土地增值稅之規定乙節，亦不足取。此外同法第二十八條但書、第二十八條之一、第三十九條之一及第三十九條之二關於免徵土地增值稅之規定，並無因信託行為移轉土地所有權得免徵土地增值稅之規定。本件原告係因終止信託關係，經法院判決所有權移轉登記，取得系爭土地所有權，從而被告依其起訴時系爭土地當期公告現值，為核課土地增值稅之處分，一再訴願決定遞予維持，揆諸首揭規定及說明，均無不合。原告起訴意旨指為不當，難謂有理。

此一判決，誤將土地因信託行為而轉讓視為一般的土地所有權轉讓，並未實質探究土地增值稅之課稅要件，以致造成誤認。

Ⅱ.財政部六十三年臺財稅字第三二六五六號函

主旨：公司合併，因合併而存續或另立之公司，承受因合併而消滅之公司所有不動產，應報繳土地增值稅及契稅。

說明：二、查公司法第三百九十八條第一項第二款規定，公司合併，因合併而消滅之公司，應為解散登記，其權利義務依同法第七十五條規定，由合併後存續或另立之公司承受。因之，因合併而消滅之公司所有不動產，既移轉由因合併而存續或另立之公司承受，自應依照實施都市平均地權條例及契稅條例規定，報繳土地增值稅及契稅；惟上述公司如係為促進合理經營經經濟部專案核准合併為生產事業者，依照獎勵投資條例第三十三條規定，得免徵契稅，其

453

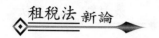

應納之土地增值稅准予記存,由合併後之事業於該項土地再移轉時,一併繳納之。

此一解釋並未深入分析公司合併的法律特性,殊不知,如果公司合併的結果實質上並未造成土地經濟利益享受者的變異的話,例如消滅公司之大部分股東因公司合併而成為存續公司或新設公司之股東,即與土地增值稅之課稅要件不符。

Ⅲ.財政部七十四年臺財稅字第二四九九一號函

主旨:紀君贈與其子土地後撤銷贈與,經法院判決其子應將原受贈土地之所有權移轉登記予紀君,依土地稅法第二十八條暨平均地權條例第三十六條規定,仍應課徵土地增值稅。至於納稅義務人之認定,請依土地稅法第五條規定辦理。

說明:二、案經本部函准內政部七十四臺內地字第三四四三二四號函略以:紀君贈與其子土地後撤銷贈與,既經法院判決其子應將原受贈土地之所有權移轉登記予紀君,依最高法院十八年抗字第二四一號判例,自應依照判決所示辦理所有權移轉登記。又查土地稅法第二十八條暨平均地權條例第三十六條規定,凡已規定地價之土地,於土地所有權移轉時,應按其土地漲價總數額徵收土地增值稅。紀君土地雖屬原贈與之撤銷,但既應辦理所有權移轉登記,依上開規定仍應課徵土地增值稅。

此一解釋並未論及系爭土地經濟利益之實質享受者是否因此而有所變異,僅以土地所有權形式之變更為土地增值稅課徵之依據,顯然有所誤認。

Ⅳ.財政部臺財稅字第七五三三〇四六號函

主旨:因繼承而分割不動產時,不論分割之結果與應繼分是否相當,依照土地稅法第二十八條但書及契稅條例第十四條第一項第

四款之規定，不予課徵土地增值稅或契稅。

說明：二、查民法刪除第一千一百六十七條之意旨，不在增加稅負，而在解決與民法第一千一百五十一條及第一千一百六十八條之矛盾，使條文前後法理一致。至於多人分割遺產，乃係取得遺產單獨所有之手段，且遺產尚包括動產，僅不動產分割，無法審究是否與應繼分相當。基於上述理由，因繼承而分割不動產時，不論分割之結果與應繼分是否相當，依照土地稅法第二十八條但書及契稅條例第十四條第一項第四款之規定，均不課徵土地增值稅或契稅；繼承人先辦理公同共有登記嗣後再辦理分割登記者，亦同。再行移轉核計土地增值稅時，其前次移轉現值，仍應依土地稅法第三十一條第二項規定，以繼承開始時該土地之公告現值為準。

此一解釋之立論依據與土地稅法施行細則第四十二條第二及三項規定所揭櫫之原則顯然有所違背。蓋因依據民法第一千一百五十一條之規定，繼承人有數人時，在分割遺產前，各繼承人對於遺產全部為公同共有。因此，遺產當中如有土地的話，該土地之分割，即為公同共有土地的分割，依法即有土地稅法施行細則第四十二條第二及三項規定之適用。

三、土地稅的納稅義務人

◆ (一)地價稅的納稅義務人

依據土地稅法第三條之規定，地價稅或田賦之納稅義務人如下：一、土地所有權人。二、設有典權土地，為典權人。三、承領土地，為承領人。四、承墾土地，為耕作權人。前項第一款土地所有權屬於公有或公同共有者，以管理機關或管理人為納稅義務人；其為分

別共有者，地價稅以共有人各按其應有部分為納稅義務人；田賦以共有人所推舉之代表人為納稅義務人，未推舉代表人者，以共有人各按其應有部分為納稅義務人。而土地稅法第四條則規定，土地有下列情形之一者，主管稽徵機關得指定土地使用人負責代繳其使用部分之地價稅或田賦：一、納稅義務人行蹤不明者。二、權屬不明者。三、無人管理者。四、土地所有權人申請由占有人代繳者。土地所有權人在同一直轄市、縣（市）內有兩筆以上土地，為不同之使用人所使用時，如土地所有權人之地價稅係按累進稅率計算，各土地使用人應就所使用土地之地價比例，負代繳地價稅之義務。第一項第一款至第三款代繳義務人代繳之地價稅或田賦，得抵付使用期間應付之地租或向納稅義務人求償。

◈ (二)土地增值稅的納稅義務人

依據土地稅法第五條之規定，土地增值稅之納稅義務人如下：一、土地為有償移轉者，為原所有權人。二、土地為無償移轉者，為取得所有權之人。三、土地設定典權者，為出典人。前項所稱有償移轉，指買賣、交換、政府照價收買或徵收等方式之移轉；所稱無償移轉，指遺贈及贈與等方式之移轉。而土地稅法第五條之一則規定，土地所有權移轉，其應納之土地增值稅，納稅義務人未於規定期限內繳納者，得由取得所有權之人代為繳納。依平均地權條例第四十七條規定由權利人單獨申報土地移轉現值者，其應納之土地增值稅，應由權利人代為繳納。

就如何認定土地增值稅的納稅義務人的問題，有幾則實務上之見解，可作為補充之說明，茲分述如下：

Ⅰ.司法院大法官會議釋字第一八〇號解釋

平均地權條例第四十七條第二項、土地稅法第三十條第一項關於土地增值稅徵收及土地漲價總數額計算之規定，旨在使土地自然

漲價之利益歸公，與憲法第十五條、第十九條及第一百四十三條並無牴觸。惟是項稅款，應向獲得土地自然漲價之利益者徵收，始合於租稅公平之原則。

解釋理由書

　　按土地價值非因施以勞力資本而增加者，應由國家徵收土地增值稅，歸人民共享之，憲法第一百四十三條第三項揭示甚明，是土地增值稅應依照土地自然漲價總數額計算，向獲得其利益者徵收，始符合漲價歸公之基本國策及租稅公平之原則。

　　平均地權條例第四十七條第一項規定：「土地所有權移轉或設定典權時，權利人及義務人應於訂定契約之日起一個月內，檢同契約及有關文件共同申請土地權利變更或設定典權登記，並同時申報其土地移轉現值，無義務人時，由權利人申報之」，同條第二項規定：「前項申報人所申報之土地移轉現值，經主管機關審核，其低於申報當期之公告土地現值者，得照其申報之移轉現值收買，或照公告土地現值徵收土地增值稅，其不低於申報當期之公告土地現值者，照申報移轉現值徵收土地增值稅。」從而土地所有權人移轉土地所有權或設定典權，於訂定契約之日起一個月內聲請登記，並申報其土地移轉現值，經主管機關審核，低於當期公告土地現值者，得照價收買或照公告土地現值徵收土地增值稅；其不低於當期公告土地現值者，則照申報移轉現值徵收土地增值稅，與土地之自然漲價，藉課徵土地增值稅以達收歸公用之目的並無違背。又土地稅法第三十條第一項規定：「土地漲價總數額之計算，以納稅義務人及權利人申請移轉或申報設定典權時，該土地之公告現值為計算基礎，但申報之土地實際移轉現值超過公告現值者，應以自行申報之移轉現值為計算基礎。」其所謂公告現值，係指在同法第四十九條所定期限內申請移轉或申報設定典權時之土地公告現值而言，核與上述平均地權條例第四十七條規定之意旨亦相符合。至納稅義務人及權利人未於

規定期間內申請登記繳納土地增值稅，嗣後再申請登記繳納時，除依法處罰或加計利息外，如土地公告現值有不同者，其因自然漲價所生之差額利益，既非原納稅義務人所獲得，就此差額計算應納之部分土地增值稅，即應於有法定徵收原因時，另向獲得該項利益者徵收，始屬公平。如裁判上適用前開法條之見解有所不同，乃法律見解是否允洽問題，要難謂法律之規定牴觸憲法。

綜上所述，平均地權條例第四十七條第二項、土地稅法第三十條第一項關於土地增值稅徵收及土地漲價總數額計算之規定，旨在使土地自然漲價之利益歸公，與憲法第一百四十三條並無牴觸，亦無違反憲法第十五條及第十九條之可言。惟是項稅款，應向獲得土地自然漲價之利益者徵收，始合於租稅公平之原則。

II．行政法院四十八年判字第六七號判例

人民因中央或地方官署之違法或不當處分致損害其權利或利益者，始得提起訴願，為訴願法第一條所明定，所謂損害其權利或利益，係指處分所生之具體效果，直接損害其權利或利益而言。本件被告官署原處分，係依土地法第一百八十二條上段及舊實施都市平均地權條例第二十一條之規定，向出賣土地之土地所有權人徵收土地增值稅，原告為土地買受人，其非土地增值稅課徵之對象，實甚顯然。被告官署通知課徵土地增值稅之處分，自無損害原告權利或利益之可言。縱令原告與土地所有權人間之買賣，曾約定土地增值稅由原告負擔，亦屬私法上之契約，不能變更公法上納稅義務之主體。依該項特約原告固有支出稅款之私法上義務，而公法上之納稅義務人，則仍為土地所有權人。課徵土地增值稅之原處分，其效果僅間接有影響於原告權益，究非直接生損害可比。至原告主張出賣土地之土地所有權人如不繳納此項增值稅時，原告即不獲土地所有權之移轉登記，以及土地出賣人欠稅時應由買受人負擔各節，則更屬因土地所有權人不履行公法上納稅義務致原告受其損害，並非課

徵土地增值稅之原處分對原告之權益直接有所損害,按之首開說明,原告提起訴願,當事人自難謂為適格。

Ⅲ.財政部臺財稅字第八六一九一三一六三號函

主旨:有關土地因信託行為成立而由委託人移轉與受託人,於土地稅法相關條文配合修正前,其地價稅之核課,可依說明二規定辦理。請　查照。

說明:二、地價稅部分:關於首揭信託土地,如屬自益信託,因信託行為而由委託人移轉與受託人後,於信託關係存續中,仍應與委託人在同一直轄市或縣(市)轄區內所有之土地合併計算地價總額,依土地稅法第十六條規定稅率課徵地價稅,分別就各該土地地價占地價總額之比例計算其應納之地價稅,並以受託人為該信託土地之納稅義務人。

四、土地稅的減免

依據土地稅法第六條之規定,為發展經濟,促進土地利用,增進社會福利,對於國防、政府機關、公共設施、騎樓走廊、研究機構、教育、交通、水利、給水、鹽業、宗教、醫療、衛生、公私墓、慈善或公益事業及合理之自用住宅等所使用之土地,及重劃、墾荒、改良土地者,得予適當之減免;其減免標準及程序,由行政院定之。行政院遂依據此一立法授權制定了土地稅減免規則,惟如土地稅減免規則之規定與土地稅法本身之規定有所牴觸的話,自然應以土地稅法本身之規定為準。茲將地價稅及土地增值稅的減免規定,分述如下:

(一)地價稅的減免

地價稅的減免優惠,除了土地稅法第十七條、第十八條、第十

九條及第二十條但書規定之外，主要的部分都規定在土地稅減免規則。其中又以土地稅減免規則第八條第一項的規定最為廣泛，其中即包括了：

(1)財團法人或財團法人所興辦業經立案之私立學校用地、為學生實習農、林、漁、牧、工、礦等所用之生產用地及符合主管教育行政機關所訂管理辦法之員生宿舍用地，經登記為財團法人所有者全免。但私立補習班或函授學校用地，均不予減免。

(2)經主管教育行政機關核准合於「私立社會教育機構規程」規定設立之私立圖書館、博物館、科學館、藝術館及合於「學術研究機構設置辦法」規定設立之學術研究機構，其直接用地全免。但以已辦妥財團法人登記或係辦妥登記之財團法人興辦，且其用地為該財團法人所有者為限。

(3)經事業主管機關核准設立，對外絕對公開，並不以營利為目的之私立公園及體育館場，其用地減徵百分之五十；其為財團法人組織者減徵百分之七十。

(4)經事業主管機關核准設立之私立農、林、漁、牧、工、礦試驗場，辦理五年以上，具有試驗事實，其土地未作其他使用，並經該主管機關證明者，其用地減徵百分之五十。

(5)經事業主管機關核准設立之私立醫院、捐血機構、社會救濟慈善及其他為促進公眾利益，不以營利為目的，且不以同業、同鄉、同學、宗親成員或其他特定之人等為主要受益對象之事業，其本身事業用地全免。但為促進公眾利益之事業，經由當地主管稽徵機關報經省(市)主管機關核准免徵者外，其餘應以辦妥財團法人登記，或係辦妥登記之財團法人所興辦，且其用地為該財團法人所有者為限。

(6)經事業主管機關核准設立之私立公墓，其為財團法人組織，且不以營利為目的者，其用地全免。惟以都市計畫規劃為公墓用地

或非都市土地經編定為墳墓用地者為限。

⑺經事業主管機關核准興建之民營鐵、公路或專用鐵、公路，經常開放並附帶客貨運輸者，其基地全免。

⑻經事業主管機關核准興辦之農田水利事業，所有引水、蓄水、洩水各項建造物用地全免，辦公處所及其工作站房用地減徵百分之五十。

⑼有益於社會風俗教化之宗教團體，經辦妥財團法人或寺廟登記，其專供公開傳教佈道之教堂、經內政部核准設立之宗教教義研究機構、寺廟用地及紀念先賢先烈之館堂祠廟用地全免。但用以收益之祀田或放租之基地，或其土地係以私人名義為所有權登記者不適用之。

⑽無償供給政府機關、公立學校及軍事機關、部隊、學校使用之土地，在使用期間以內全免。

⑾各級農會、漁會之辦公廳及其集貨場、依法辦竣農會登記之倉庫或漁會附屬之冷凍魚貨會庫用地，減徵百分之五十。

⑿經主管機關依法指定之私有古蹟用地，繼續作原來使用而不違反古蹟管理維護規定且無收益者，全免。

此外，依據獎勵民間參與交通建設條例第三十一條之規定，獎勵民間參與交通建設條例所獎勵之民間機構在興建或營運期間，供其直接使用之不動產應課徵之地價稅，得予適當減免。前項減免之標準，由財政部會商交通部擬訂，報請行政院核定之。

❖ ⑵土地增值稅的減免

土地增值稅的減免優惠主要都規定在土地稅法之中，茲分述如下：

1.因繼承而移轉之土地

461

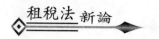

依據土地稅法第二十八條但書前段之規定，因繼承而移轉之土地，免徵土地增值稅。

2. 各級政府出售或依法贈與之公有土地及受贈之私有土地

依據土地稅法第二十八條但書後段之規定，各級政府出售或依法贈與之公有土地及受贈之私有土地，免徵土地增值稅。

3. 私人捐贈供興辦社會福利事業或依法設立私立學校使用之土地

依據土地稅法第二十八條之一之規定，私人捐贈供興辦社會福利事業或依法設立私立學校使用之土地，免徵土地增值稅。但以符合下列各款規定者為限：一、受贈人為財團法人。二、法人章程載明法人解散時，其賸餘財產歸屬當地地方政府所有。三、捐贈人未以任何方式取得所捐贈土地之利益。

4. 配偶相互贈與之土地

依據土地稅法第二十八條之二之規定，配偶相互贈與之土地，不課徵土地增值稅。但於再移轉第三人時，以該土地第一次贈與前之原規定地價或前次移轉現值為原地價，計算漲價總數額，課徵土地增值稅。

5. 被徵收之土地

依據土地稅法第三十九條之規定，被徵收之土地，免徵其土地增值稅。依都市計畫法指定之公共設施保留地尚未被徵收前之移轉，準用前項規定，免徵土地增值稅。但經變更為非公共設施保留地後再移轉時，以該土地第一次免徵土地增值稅前之原規定地價或前次

移轉現值為原地價，計算漲價總數額，課徵土地增值稅。依法得徵收之私有土地，土地所有權人自願按公告土地現值之價格售與需地機關者，準用第一項之規定。經重劃之土地，於重劃後第一次移轉時，其土地增值稅減徵百分之四十。

6.區段徵收之土地

依據土地稅法第三十九條之一之規定，區段徵收之土地，以現金補償其地價者，依土地稅法第三十九條第一項規定，免徵其土地增值稅。但依平均地權條例第五十四條第三項規定因領回抵價地不足最小建築單位面積而領取現金補償者，免徵土地增值稅。區段徵收之土地，依平均地權條例第五十四條第一項、第二項規定以抵價地補償其地價者，免徵土地增值稅。但領回抵價地後第一次移轉時，應以原土地所有權人實際領回抵價地之地價為原地價，計算漲價總數額，課徵土地增值稅，準用土地稅法第三十九條第三項之規定。

7.農業用地在依法作農業使用時，移轉與自行耕作之農民繼續耕作

依據土地稅法第三十九條之二之規定，農業用地在依法作農業使用時，移轉與自行耕作之農民繼續耕作者，免徵土地增值稅。前項不課徵土地增值稅之土地承受人於其具有土地所有權之期間內，曾經有關機關查獲該土地未作農業使用且未在有關機關所令期限內恢復作農業使用，或雖在有關機關所令期限內已恢復作農業使用而再有未作農業使用情事時，於再移轉時應課徵土地增值稅。

8.自用住宅用地的出售

依據土地稅法第三十四條第一項前段之規定，土地所有權人出售其自用住宅用地者，都市土地面積未超過三公畝部分或非都市土

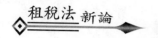

地面積未超過七公畝部分，其土地增值稅統就該部分之土地漲價總數額按百分之十徵收之；惟自九十一年一月十七日起二年內，土地增值稅減半課徵。

9.專案合併

依據促進產業升級條例第十五條第一項第二款之規定，公司為促進合理經營，經經濟部專案核准合併者，事業所有之用地隨同一併移轉時，經依法審核確定其現值後，即予辦理土地所有權移轉登記，其應繳納之土地增值稅，准予記存，由合併後之事業於該項土地再移轉時，一併繳納之；合併之事業破產或解散時，其經記存之土地增值稅，應優先受償。

10.因防治污染、公共安全或維護自然景觀需要主動申請遷廠等

依據促進產業升級條例第十七條之規定，公司因下列原因之一，遷廠於工業區、都市計畫工業區或於促進產業升級條例施行前依獎勵投資條例編定之工業用地，其原有工廠用地出售或移轉時，應繳之土地增值稅，按其最低級距稅率徵收：一、工廠用地因都市計畫或區域計畫之實施，而不合其分區使用規定者。二、因防治污染、公共安全或維護自然景觀需要，主動申請遷廠，並經主管機關核准者。三、經政府主動輔導遷廠者。依前項規定遷建工廠後三年內，將其工廠用地轉讓於他人者，其遷廠前出售或移轉之原有工廠用地所減徵之土地增值稅部分，應依法補徵之。

五、土地價值或土地轉讓價值的評價標準

　　由於地價稅與土地增值稅的課稅標的及所隱含的租稅政策互有不同；因此，其評價標準亦大異其趣。地價稅的評價標準，依土地稅法第十五條之規定：「地價稅按每一土地所有權人在每一直轄市或縣（市）轄區內之地價總額計徵之。前項所稱地價總額，指每一土地所有權人依法定程序辦理規定地價或重新規定地價，經核列歸戶冊之地價總額。」至於土地增值稅的評價標準，原則上則依土地稅法第三十條第一項之規定：「土地所有權移轉或設定典權，其申報移轉現值之審核標準，依下列規定：一、申報人於訂定契約之日起三十日內申報者，以訂約日當期之公告土地現值為準。二、申報人逾訂定契約之日起三十日始申報者，以受理申報機關收件日當期之公告土地現值為準。三、遺贈之土地，以遺贈人死亡日當期之公告土地現值為準。四、依法院判決移轉登記者，以申報人向法院起訴日當期之公告土地現值為準。五、經法院拍賣之土地，以拍定日當期之公告土地現值為準。但拍定價額低於公告土地現值者，以拍定價額為準；拍定價額如已先將設定抵押金額及其他債務予以扣除者，應以併同計算之金額為準。六、經政府核定照價收買或協議購買之土地，以政府收買日或購買日當期之公告土地現值為準。但政府給付之地價低於收買日或購買日當期之公告土地現值者，以政府給付之地價為準。」至於何謂「公告現值」呢？所謂的「公告現值」，依據土地稅法第十二條之規定，係指直轄市及縣（市）政府依平均地權條例公告之土地現值。因此，在計算地價稅及土地增值稅的數額時，即應依上開標準來評定土地的價值或土地轉讓的增值。

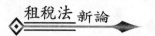

六、 土地稅的計算方式與稅率結構

茲將地價稅及土地增值稅的計算方式及其稅率結構分述如下:

◈ (一)土地價值的計算方式

在進行土地價值的計算之前,原則上應先將土地區分為一般用地、自用住宅用地、特定事業用地、都市計畫公共設施保留地及其他符合減徵要件之用地等,然後再依前揭評價標準分別計算其地價總額。

◈ (二)土地轉讓增值的計算方式

在進行土地轉讓增值的計算之前,原則上亦須將轉讓之土地區分為一般用地、自用住宅用地、經重劃之土地以及區段徵收之抵價地等,然後再依前揭評價標準以及土地稅法第三十一條第一及第二項之規定:「土地漲價總數額之計算,應自該土地所有權移轉或設定典權時,經核定之申報移轉現值中減除左列各項後之餘額,為漲價總數額:一、規定地價後,未經過移轉之土地,其原規定地價。規定地價後,曾經移轉之土地,其前次移轉現值。二、土地所有權人為改良土地已支付之全部費用,包括已繳納之工程受益費、土地重劃費用及因土地使用變更而無償捐贈一定比率土地作為公共設施用地者,其捐贈時捐贈土地之公告現值總額。前項第一款所稱之原規定地價,依平均地權條例之規定;所稱前次移轉時核計土地增值稅之現值,如因繼承取得之土地再行移轉者,係指繼承開始時該土地之公告現值。」計算其分別的土地漲價總數額。此外,所謂的「土地漲價總數額」必須限於土地「自然漲價」所導致的部分,而不及於人為因素所導致的土地漲價的部分。行政法院七十四年判字第一五

一號判決即持此一見解：

　　按「已規定地價之土地於土地所有權移轉時，應按土地漲價總數額徵收土地增值稅。」「經法院拍賣之土地，其土地漲價總數額之計算，以拍定之價額為計算基礎。」「在計算土地漲價總數額時，應自前條規定之基礎中，減除規定地價後，曾經移轉之土地，其前次移轉時核計土地增值稅之現值。」「土地所有權移轉，其移轉現值超過原規定地價或前次移轉時申報之現值，應就其超過總數額依第三十六條第二項之規定扣減後，徵收土地增值稅」及「原規定地價後，曾經移轉之土地，於所有權移轉，以其所申報之土地現值超過前次移轉時，所申報之土地移轉現值之數額為其土地漲價總數額。」固分別為土地稅法第二十八條前段、第三十條第二項後段、第三十一條第一項第一款及平均地權條例第三十八條第一項、同條例施行細則第五十二條第一項第二款所明定。惟查土地增值稅之徵收，係因土地「自然漲價」，而達到漲價歸公之目的，所為之土地政策，為國父孫中山先生遺教中所指示之最高理想。土地之漲價，以「自然漲價」為準，因人為之因素降價後，再回復原價者，即不能謂為「自然漲價」，此觀平均地權條例第三十五條上段之規定自明。土地稅法第三十條第二項後段「經法院拍賣之土地，其土地漲價總數額之計算，以拍定之價額為計算基礎。」法院拍定之價額，常有抵押權、租賃權、地上權、地役權等糾葛及其他危險負擔等因素，而需求競買者少之關係，價額不但不能上漲反而因無人應買，依強制執行法第九十一條、第九十二條之規定數次減價再行拍賣，以低於一般價格而拍定者。此等價格，常須在拍定人取得後將所有權再行移轉時，回復正常價格後，始有自然上漲之情形。其自拍定價格回復至正常價格部分，即不能認為係自然漲價，而予以課徵增值稅。本件土地「已規定地價」（土地稅法第二十八條）為每平方公尺五十六元，原所有人詹××於七十年三月十日，以自然漲價每平方公尺七五〇元，總價

七九、五〇〇元，移轉於謝許××、詹××繳納增值稅三九、六七〇元。謝許××於七十二年七月二十五日，經法院將該土地執行拍賣，降低價格，每平方公尺四九二元，總價五二、一七〇元，由原告等二人承受（債權人），因價格未超過前次移轉現值之七五〇元，謝許××獲得被告機關 72.7.26. 嘉稅貳免字第二七一〇號「免稅」許可。原告等再於七十三年一月二十四日，以自由買賣（非法院拍賣）方式，每平方公尺八〇〇元，總價八四、八〇〇元，移轉於他人，有原土地現值（土地增值稅）申報書影本三件，附被告機關卷內可稽。其中每平方公尺四九二元至七五〇元，係回復原已因自然漲價，由詹××繳納土地增值稅部分，並未再行自然漲價，應獲「免稅」之許可，每平方公尺七五一元至八〇〇元部分，方係自然漲價，應由原所有權人之原告等繳納土地增值稅（土地稅法第五條第一項第一款）部分。被告機關原核定，由原告等自每平方公尺四九二元至八〇〇元之價金全部繳納土地增值稅，然其中四九二元至七五〇元部分，係早經詹××繳納完畢有案，再令原告等繳納，是否有如原告等所主張，有重複課稅之情形，被告機關答辯雖謂「第一次移轉與第二次移轉時現值之差額，乃係核課上手所有權人土地增值稅之依據，第二次與第三次間之差額，則為核課原告等（即此次申報時之所有權人）土地增值稅之依據」云云。惟該項差額中，應否不含回復正常價格部分。否則如本案事例，原告等以四九二元承受後，如第四次自由買賣，每平方公尺七五〇元（賺錢）售予甲。第五次法院拍賣每平方公尺四九二元（賠錢）由乙拍定。第六次自由買賣，每平方公尺七五〇元（賺錢）售予丙。第七次法院拍賣，每平方公尺四九二元（賠錢）由丁拍定。第八次自由買賣，每平方公尺七五〇元（賺錢）售予戊。此數十次買賣，政府豈非可在價額未超過七五〇元之情形下，連續向原告及乙、丁等多人，重複收取土地增值稅。則漲價歸公之土地政策，以及土地稅法之立法意旨，是否如此？

被告機關未能指出理論及實例上之根據，遽行對原告等核課土地增
值稅，不無疏略之處。

❖ ㈢免徵地價稅或土地增值稅的項目

依上開規定所計算之地價總額或土地漲價總數額應分別扣除依
法免徵地價稅或土地增值稅的項目之後，才是地價稅或土地增值稅
的應稅基準。

❖ ㈣地價稅及土地增值稅的稅率結構

1.地價稅的稅率結構

⑴一般用地：依據土地稅法第十六條之規定，地價稅基本稅率
為千分之十。土地所有權人之地價總額未超過土地所在地直轄市或
縣（市）累進起點地價者，其地價稅按基本稅率徵收；超過累進起
點地價者，依下列規定累進課徵：一、超過累進起點地價未達五倍
者，就其超過部分課徵千分之十五。二、超過累進起點地價五倍至
十倍者，就其超過部分課徵千分之二十五。三、超過累進起點地價
十倍至十五倍者，就其超過部分課徵千分之三十五。四、超過累進
起點地價十五倍至二十倍者，就其超過部分課徵千分之四十五。五、
超過累進起點地價二十倍以上者，就其超過部分課徵千分之五十五。
前項所稱累進起點地價，以各該直轄市或縣（市）土地七公畝之平
均地價為準。但不包括工業用地、礦業用地、農業用地及免稅土地
在內。

⑵自用住宅用地：依據土地稅法第十七條之規定，合於下列規
定之自用住宅用地，其地價稅按千分之二計徵：一、都市土地面積
未超過三公畝部分。二、非都市土地面積未超過七公畝部分。國民
住宅及企業或公營事業興建之勞工宿舍，自動工興建或取得土地所

有權之日起，其用地之地價稅，適用前項稅率計徵。土地所有權人
與其配偶及未成年之受扶養親屬，適用第一項自用住宅用地稅率繳
納地價稅者，以一處為限。至於何謂「自用住宅用地」呢？所謂的
「自用住宅用地」，依據土地稅法第九條之規定，則係指土地所有權
人或其配偶、直系親屬於該地辦竣戶籍登記，且無出租或供營業用
之住宅用地而言。此外，土地稅法施行細則第四條就自用住宅用地
之認定標準又加了一項，亦即自用住宅用地上之建築改良物必須屬
於土地所有權人或其配偶、直系親屬所有。此一限制規定是否有違
「租稅法定主義」，容或有議。此外，依據財政部五十八年臺財稅發
字第四五三二號令之規定：「納稅人×××所有尚未建築房屋與其現
住房屋土地相鄰，僅作為庭院種植蔬菜及私人通行路使用，如屬建
築法規所必須預留之空地範圍，可否視為自用住宅用地課徵地價稅，
案經本部邀集內政部、司法行政部臺北市財政局及該廳有關會商結
果以：『本案兩地號土地面積如在三公畝以內，供該所有權人居住之
用，並經辦竣戶籍登記，且無出租或供營業之使用者，其作為庭院
種植蔬菜及私人通行路使用之土地，又屬建築法規所必須預留之空
地範圍，自可視為自用住宅用地，依照實施都市平均地權條例第十
八條第二項（註：即現行土地稅法第十七條）規定課徵地價稅。』等
語紀錄在卷。應准依照上開會商結果辦理。」可知，自用住宅用地尚
包括建築法規所必須預留之空地範圍。

(3)**特定事業用地**：依據土地稅法第十八條第一及第二項之規定，
供下列事業直接使用之土地，按千分之十計徵地價稅。但未按目的
事業主管機關核定規劃使用者，不適用之：一、工業用地、礦業用
地。二、私立公園、動物園、體育場所用地。三、寺廟、教堂用地、
政府指定之名勝古蹟用地。四、經主管機關核准設置之加油站及依
都市計畫法規定設置之供公眾使用之停車場用地。五、其他經行政
院核定之土地。在依法劃定之工業區或工業用地公告前，已在非工

業區或工業用地設立之工廠，經政府核准有案者，其直接供工廠使用之土地，準用前項規定。

⑷都市計畫公共設施保留地：依據土地稅法第十九條前段之規定，都市計畫公共設施保留地，在保留期間仍為建築使用者，除自用住宅用地外，統按千分之六計徵地價稅。

再者，依據土地稅法第四十一條之規定，依土地稅法第十七條及第十八條規定，得適用特別稅率之用地，土地所有權人應於每年（期）地價稅開徵四十日前提出申請，逾期申請者，自申請之次年期開始適用。前已核定而用途未變更者，以後免再申請。適用特別稅率之原因、事實消滅時，應即向主管稽徵機關申報。

此外，依據第二十一條之規定，凡經直轄市或縣（市）政府核定應徵空地稅之土地，按該宗土地應納地價稅基本稅額加徵二至五倍之空地稅。惟財政部已於七十四年以臺財稅第二二六三八號函公告，空地稅自七十四年期起暫停徵收，一併敘明。

2.土地增值稅的稅率結構

⑴一般用地：依據土地稅法第三十三條之規定，土地增值稅之稅率，依下列規定：一、土地漲價總數額超過原規定地價或前次移轉時核計土地增值稅之現值數額未達百分之一百者，就其漲價總數額徵收增值稅百分之四十。二、土地漲價總數額超過原規定地價或前次移轉時核計土地增值稅之現值數額在百分之一百以上未達百分之二百者，除按前款規定辦理外，其超過部分徵收增值稅百分之五十。三、土地漲價總數額超過原規定地價或前次移轉時核計土地增值稅之現值數額在百分之二百以上者,除按前二款規定分別辦理外,其超過部分徵收增值稅百分之六十；惟自九十一年一月十七日起二年內，土地增值稅減半課徵。

⑵自用住宅用地：依據土地稅法第三十四條之規定，土地所有

權人出售其自用住宅用地者，都市土地面積未超過三公畝部分或非都市土地面積未超過七公畝部分，其土地增值稅統就該部分之土地漲價總數額按百分之十徵收之，惟自九十一年一月十七日起二年內，土地增值稅減半課徵；超過三公畝或七公畝者，其超過部分之土地漲價總數額，依前條規定之稅率徵收之。前項土地於出售前一年內，曾供營業使用或出租者，不適用前項規定。第一項規定於自用住宅之評定現值不及所占基地公告土地現值百分之十者，不適用之。但自用住宅建築工程完成滿一年以上者不在此限。土地所有權人，依第一項規定稅率繳納土地增值稅者，以一次為限。至於其中所謂的「自用住宅之評定現值」以及「自用住宅建築工程完成」之內涵，依據土地稅法施行細則第五十四條之規定，分別係指不動產評價委員會所評定之房屋標準價格以及建築主管機關核發使用執照之日，或依其他可確切證明建築完成可供使用之文件認定之。

就如何認定出售自用住宅用地適用優惠稅率的問題，有幾則實務上之見解，相當值得參考，茲分述如下：

I．行政法院八十一年判字第二五五八號判決

按「本法所稱自用住宅用地，指土地所有權人或其配偶、直系親屬於該地辦竣戶籍登記，且無出租或供營業用之住宅用地。」為土地稅法第九條第一項所明定。又「法院拍賣之土地適用自用住宅用地稅率課徵土地增值稅，應以拍定日有無於該地辦竣戶籍登記為準。」亦為財政部七十七年二月三日臺財稅第七六一一六一一九號函所明釋，該部係中央主管財稅機關，其本於職權所為上開函示，核與土地稅法有關規定，並無牴觸，自可適用。本件原告與訴外人許錦烈、許錦甲等三人共有系爭前開土地，該土地於七十八年十一月二十二日經臺灣新竹地方法院強制執行拍定，被告機關乃通知土地所有權人如合乎土地稅法第九條及第三十四條自用住宅用地之規定，請於文到三十日內檢附資料向被告機關提出申請按優惠稅率計

課土地增值稅，因渠等逾限未為申請，被告機關乃按一般用地稅率核課土地增值稅，並函請法院於七十九年二月十七日代為扣繳稅款。嗣原告於八十年十一月三十一日向被告機關申請改按自用住宅用地稅率計課土地增值稅並准由其代理許錦烈、許錦甲二人申請及領取。經被告機關以原告未設籍於該址與首開規定不符，且許錦烈、許錦甲二人並未受禁治產宣告，乃否准所請，揆諸首揭法條規定及說明，並無違誤。原告訴稱被告機關並未依土地法第三十四條之一第二項規定通知土地所有權人，僅通知許錦烈一人，然因其係精神分裂之病患，在心神喪失中，依法其行為無效，且伊原告住於被拍賣之土地，雖於七十四年間遷居現址，但有照顧許錦烈等二人之責任，況伊亦有於被拍賣之土地辦竣戶籍登記之事實云云。卷查臺灣新竹地方法院八十年十二月十三日新院成民致禁二八字第三五九〇三號函復被告機關略謂該院受理許錦烈、許錦甲宣告禁治產事件，正囑臺灣省立桃園療養院鑑定中，尚未宣告許錦烈、許錦甲等二人為禁治產人等語，有該函附原處分卷可按，則該二人既未受禁治產之宣告，自難認渠等係無行為能力人，而被告機關七十八年十二月一日函其受文者為許錦烈等三人，有該函附原處分卷足稽，自係包括原告與許錦甲在內，該許錦烈簽收被告機關通知申報適用優惠稅率之郵件，自非無效；又出售土地是否按優惠稅率計課土地增值稅，關係土地所有權人以後出售土地稅負之權益至大，為保障納稅義務人權益，均應以土地所有權人申請者為限，原告又未經許錦烈、許錦甲二人委任代為申請，則被告機關否准原告代理該二人申請改按自用住宅用地稅率計課土地增值稅，並無違誤。至原告另稱渠原居住於被拍賣之土地，於七十四年間遷居現址，渠亦有於該地辦竣戶籍登記事實云云乙節，經查前開土地於七十八年十一月二十二日拍定，而原告檢附之戶籍謄本影本載明原告及其配偶、直系親屬早於拍定日前遷出該址，依首揭法條規定及財政部函示旨意，自不合於自用住宅

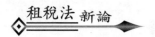

用地稅率課徵土地增值稅之要件。綜上所述，原告所為主張，均無可採。訴願、再訴願決定，遞予維持原處分，均無不合。原告起訴論旨，非有理由，應予駁回。

II.財政部六十六年臺財稅字第三四一六二號函

平均地權條例第四十一條第二項所稱：「……以一次為限」一節，係指土地所有權人出售其自用住宅用地適用優惠稅率計課土地增值稅，每人一生以一次為限。

III.財政部六十六年臺財稅第三五四三五號函

主旨：關於法院拍賣債務人所有土地，如合於土地稅法第九條及第三十四條有關自用住宅用地規定之要件者，准按自用住宅用地稅率計課土地增值稅；惟應以由債務人（即土地所有權人）申請者為限，否則應按一般稅率計課土地增值稅。

說明：二、依土地稅法第三十四條規定土地所有權人出售自用住宅用地享受優惠稅率繳納土地增值稅者，以一次為限。本案法院拍賣債務人所有自用住宅用地，是否按優惠稅率課徵土地增值稅關係土地所有權人以後出售土地稅負之權益至大，為保障納稅義務人權益，不論一般買賣或經由法院拍賣，均應以土地所有權人申請者為限。

IV.財政部六十七年臺財稅字第三一五七四號函

土地稅法第三十四條所稱「出售其自用住宅用地」，包括「被徵收」及「交換」之土地在內。

V.財政部六十八年臺財稅字第三一七六七號函

個人在自用住宅用地設有「個人計程車」登記，與一般營業登記後在住宅內營業之情形不同，因設有個人計程車登記僅屬形式而已，實際上並未在該住宅用地營業，似此情形該項住宅用地可不認為供營業用，如合於土地稅法第九條、第十七條及第三十四條規定之要件者，仍應按自用住宅用地計課地價稅及土地增值稅。

Ⅵ.財政部六十九年臺財稅字第三六○三四號函

查按適用自用住宅用地稅率徵收地價稅者，應以土地所有權人所有該筆土地辦竣戶籍登記，且無出租或供營業用之住宅用地者為限，如兼作律師會計師事務所用者，其地價稅不適用自用住宅用地稅率課徵。

Ⅶ.財政部七十一年臺財稅字第三○○四○號函

「贈與」移轉並非「出售」，不適用土地稅法第三十四條（平均地權條例第四十一條）規定，按自用住宅用地特別稅率課徵土地增值稅。配偶及三親等親屬間之土地「贈與」，自不得適用。但配偶及三親等親屬間之土地「買賣」，因依遺產及贈與稅法第五條第六款規定，未能提出支付價款證明，經稽徵機關核定以「贈與論」課徵贈與稅者，如符合自用住宅用地要件，仍准適用特別稅率課徵土地增值稅。

Ⅷ.財政部七十二年臺財稅字第三八一三五號函

同一土地所有權人持有多處自用住宅用地同時出售，如其合計面積不超過土地稅法第三十四條規定，可視為一次出售並按自用住宅用地稅率課土地增值稅，前經本部六十六臺財稅第三五七七三號函釋有案。所稱「同時出售」，除訂定契約日應相同外，並須在同一天申報移轉現值，始可視為一次出售。

Ⅸ.財政部七十四年臺財稅字第一四一三九號函

土地所有權人與媳婦既為直系姻親，依土地稅法第九條及同法施行細則第八條規定，即屬直系親屬，其所出售土地，如符合稅法規定之要件，應准按自用住宅用地稅率核課土地增值稅。

Ⅹ.財政部臺財稅字第七七○四二八○七六號函

主旨：補充規定土地稅法第二十四條第二項所稱「出售前一年內」之認定標準，出售土地於訂定契約之日起三十日內申報移轉現值者，以訂約日往前推算；逾三十日始申報移轉現值者，以申報日

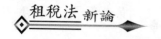

往前推算之一年期間為準。

說明：三、被徵收土地、法院拍賣土地、及拆除改建中出售之土地，應分別以公告徵收日、法院拍定日、及核准拆除日起往前推算之一年期間為準。

XI. 財政部八十年臺財稅字第七九〇四〇八一三六號函

土地稅法第三十四條第三項自用住宅之評定現值不及所占基地公告土地現值百分之十，不適用自用住宅用地優惠稅率課徵土地增值稅之規定，其「百分之十」之認定，應以該基地上全部建物之房屋評定總現值與該基地公告土地現值為準。

XII. 財政部臺財稅字第八〇〇四六四三六六號函

外僑所有土地出售，如經查明出售前一年內，在臺住滿一百八十三天以上，並在該地辦妥外僑居留登記，其出售之土地符合自用住宅用地有關規定者，應准適用自用住宅用地稅率課徵土地增值稅。

XIII. 財政部臺財稅字第八二一四八〇一五九號函

大陸地區人民秦××在臺灣地區繼承房地後，因無法辦竣戶籍登記，核與土地稅法第九條規定自用住宅用地要件不合，且該被繼承人並無榮民身分，故出售該土地時，並無本部 71.10.15. 臺財稅第三七五四九號函釋按自用住宅用地稅率課徵土地增值稅之適用。

XIV. 財政部臺財稅字第八三一六〇四五一四號函

嚴××君同時出售兩筆土地，一筆由嚴君本人設籍於該地，另一筆由其未成年子女設籍於該地，如經查明該兩筆土地均符合土地稅法第九條及第三十四條規定，應准併同按自用住宅用地稅率課徵土地增值稅。

(3)經重劃之土地：依據土地稅法第三十九條第四項之規定，經重劃之土地，於重劃後第一次移轉時，其土地增值稅減徵百分之四十。

(4)區段徵收之抵價地：依據土地稅法第三十九條之一第三項之

規定，區段徵收領回抵價地後第一次移轉時，應以原土地所有權人實際領回抵價地之地價為原地價，計算漲價總數額，課徵土地增值稅，其土地增值稅減徵百分之四十。

七、土地稅的申報、繳納與退稅

(一)土地稅的申報

地價稅的開徵，依據土地稅法第四十條之規定，係由直轄市或縣（市）主管稽徵機關按照地政機關編送之地價歸戶冊及地籍異動通知資料核定，每年徵收一次，必要時得分二期徵收；其開徵日期，由省（市）政府定之，納稅義務人並無申報的義務。至於土地增值稅，依據土地稅法第四十九條第一項之規定，土地所有權移轉或設定典權時，權利人及義務人應於訂定契約之日起三十日內，檢附契約影本及有關文件，共同向主管稽徵機關申報其土地移轉現值。但依規定得由權利人單獨申請登記者，權利人得單獨申報其移轉現值。

(二)土地稅的繳納

依據土地稅法第四十四條之規定，地價稅納稅義務人或代繳義務人應於收到地價稅稅單後三十日內，向指定公庫繳納。至於土地增值稅，依據土地稅法第五十條之規定，土地增值稅納稅義務人於收到土地增值稅繳納通知書後，應於三十日內向公庫繳納。

此外，依據土地稅法第五十一條之規定，欠繳土地稅之土地，在欠稅未繳清前，不得辦理移轉登記或設定典權。經法院拍賣之土地，依土地稅法第三十條第一項第五款但書規定審定之移轉現值核定其土地增值稅者，如拍定價額不足扣繳土地增值稅時，拍賣法院應俟拍定人代為繳清差額後，再行發給權利移轉證書。第一項所欠

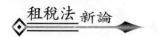

稅款，土地承受人得申請代繳或在買價、典價內照數扣留完納；其屬代繳者，得向納稅義務人求償。

◈ ㈢土地增值稅的退稅

依據土地稅法第三十五條之規定，土地所有權人於出售土地或土地被徵收後，自完成移轉登記或領取補償地價之日起，二年內重購土地合於左列規定之一，其新購土地地價超過原出售土地地價或補償地價，扣除繳納土地增值稅後之餘額者，得向主管稽徵機關申請就其已納土地增值稅額內，退還其不足支付新購土地地價之數額：一、自用住宅用地出售或被徵收後，另行購買都市土地未超過三公畝部分或非都市土地未超過七公畝部分，仍作自用住宅用地者。二、自營工廠用地出售或被徵收後，另於其他都市計畫工業區或政府編定之工業用地內購地設廠者。三、自耕之農業用地出售或被徵收後另行購買仍供自耕之農業用地者。前項規定土地所有權人於先購買土地後，自完成移轉登記之日起二年內，始行出售土地或土地始被徵收者，準用之。第一項第一款及第二項規定，於土地出售前一年內，曾供營業使用或出租者，不適用之。惟依據土地稅法第三十七條之規定，土地所有權人因重購土地退還土地增值稅者，其重購之土地，自完成移轉登記之日起，五年內再行移轉時，除就該次移轉之漲價總數額課徵土地增值稅外，並應追繳原退還稅款；重購之土地，改作其他用途者亦同。其中所謂的「原出售土地地價」及「新購土地地價」，依據土地稅法第三十六條之規定，分別係指該次移轉計徵土地增值稅之地價以及該次移轉計徵土地增值稅之地價或該次移轉計徵契稅之地價。

就如何認定土地增值稅退稅的問題，有幾則實務上之見解，可以作為補充之說明，茲分述如下：

Ⅰ.行政法院五十八年判字第五一七號判例

原告為業主代繳之地價稅，係前業主積欠而未完納者，其納稅義務人顯係前業主而非原告。縱令事實上係由原告代繳，但並不能因此變更公法上納稅義務之主體。是對該項地價稅如為退稅之申請，僅能由繳稅之原業主為之，其代繳稅款之原告，自無以自己名義請求退稅之權利。被告官署拒絕原告之請求，於法尚無違誤。

II．行政法院七十七年判字第二一九○號判決

按「土地稅法第三十五條既明定土地所有權人出售及新購自用住宅用地適用有關退還土地增值稅之規定，自應以同一土地所有權人所登記之土地為限，與夫妻聯合財產制無關，其出售及新購自用住宅用地登記之所有權人既非同一人，自無適用上開關稅法之退稅規定。」財政部六十八年十月二十三日臺財稅字第三七四四一號函釋示甚明。查上開函釋意旨與現行法律及解釋判例並無牴觸，應予適用。本件原告之妻於七十五年三月出售五筆自用住宅用地，嗣原告又於同年六月以自己名義購入一筆自用住宅。旋本件原告於七十七年二月，以其與其妻，係採夫妻聯合財產制為由，向被告機關所屬北投分處申請退還其妻已繳納之土地增值稅，被告機關以本件出售及購入土地之所有權人，既非同一人，與土地稅法第三十五條退稅之規定不符，未予准許，揆諸首揭說明，並無違誤。

III．財政部六十九年臺財稅字第三三九一二號函

主旨：依土地稅法第三十七條規定追繳原退還稅款時，應免加計利息，其追繳程序可依說明規定辦理。

說明：二、土地稅法第三十七條對於追繳原退還稅款，既未規定加計利息，自不得另加計利息追繳。三、上項追繳稅款，准按補徵稅款方式辦理。此項補徵稅款可在稅單上註明其係補徵已退還之土地增值稅，俾使納稅義務人有所瞭解。其稅款應列為補徵年度之稅收，稅款之分配依財政收支劃分法令有關規定辦理；如納稅義務人拒不繳納時，應移送法院就其財產為強制執行。如重購土地業已

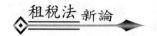

出售，當可就納稅義務人之其他財產為執行。

Ⅳ.財政部七十年臺財稅字第三五五一六號函

納稅義務人如符合土地稅法第三十五條之規定要件，重購土地退還原繳納土地增值稅之申請期限之限制，經查法無明文規定，本案既非稽徵機關有適用法令錯誤或計算錯誤之原因存在，從而對於土地所有權人重購土地退還已納土地增值稅之申請期限，自無稅捐稽徵法第二十八條規定之適用。

Ⅴ.財政部七十二年臺財稅字第三八○四五號函

主旨：納稅人×××君於六十四年間出售土地經依實施都市平均地權條例第三十三條規定退還土地增值稅後，復將其重購之自宅用地出售再購土地，得申請依土地稅法第三十五條規定退還土地增值稅。

說明：二、依土地稅法第三十五條規定，土地所有權人於出售土地或土地被徵收後，自完成移轉登記或領取補償地價之日起，二年內重購合於同條規定之土地，得申請退還其已納之土地增值稅。現行土地稅法對上開條文之適用，並無次數之限制。是以土地所有權人因重購土地經依該條規定退還土地增值稅者，該重購之土地屆滿五年如再行移轉後又重購土地，仍得依同條規定，申請退還其已納之土地增值稅。

Ⅵ.財政部臺財稅字第八○○四六○一九○號函

土地所有權人因重購自用住宅用地退還土地增值稅者，其重購之土地，自完成移轉登記之日起，五年內因繼承而移轉時，可免依土地稅法第三十七條規定追繳原退還稅款；但繼承人繼承土地後，於上述期間內再行移轉或改作其他用途時，仍應向繼承人追繳。

此外，依據促進產業升級條例第十三條第一項第五及六款之規定，公司為促進合理經營，經經濟部專案核准合併者，因合併出售

原供該事業直接使用之工廠用地，而另於工業區、都市計畫工業區或於促進產業升級條例施行前依獎勵投資條例編定之工業用地內購地建廠，其新購土地地價，超過原出售土地地價扣除繳納土地增值稅後之餘額者，得向主管稽徵機關申請，就其已納土地增值稅額內，退還其不足支付新購土地地價之數額。前款規定於因生產作業需要，先行購地建廠再出售原工廠用地者，準用之。而依據促進產業升級條例第十三條第二項之規定，前揭土地廠房出售及新購置，限於合併之日起二年內為之。

八、土地稅的罰則

◈ ㈠行為罰

1.滯納之處罰

依據土地稅法第五十三條第一及二項之規定，納稅義務人或代繳義務人未於稅單所載限繳日期內繳清應納稅款者，每逾二日按滯納數額加徵百分之一滯納金；逾三十日仍未繳納者，移送法院強制執行。經核准以票據繳納稅款者，以票據兌現日為繳納日。

2.土地買賣未辦竣權利移轉登記即再行出售

依據土地稅法第五十四條第二項之規定，土地買賣未辦竣權利移轉登記，再行出售者，處再行出售移轉現值百分之二之罰鍰。惟財政部六十九年臺財稅字第三六八七五號函卻認為：

主旨：關於××君以承擔共同債務，讓與財產交換共有土地，辦竣權利移轉登記，再行出售，不適用土地稅法第五十四條第二項及平均地權條例第八十一條規定科處罰鍰。

說明：二、案經本部函准內政部 69.8.8. 臺內密創地字第一五二六號函稱：「按買賣係指當事人一方移轉財產權於他方，他方支付價金之契約，此為民法第三百四十五條第一項所明定。故買受人所為之對待給付，必須為金錢給付，始得稱為民法上之買賣。若其對待給付，為金錢以外之財產權，則為互易，而非買賣。本案××君對土地讓與人所為之對待給付，係金錢以外之財產權與債務之承擔，自非民法上之買賣，應無平均地權條例第八十一條之適用。」又依土地稅法第五條第二項規定，係將「買賣」與「交換」二者併列，則土地稅法第五十四條第二項所定「買賣」，應不包括互易（交換）在內，自亦無上開土地稅法之適用。

然而，吾人以為上揭財政部函釋，將「出售」的法律概念解釋為僅限於「買賣」，而不及於「互易」，顯然並未深入探討「買賣」與「互易」二者法律特性的相關性以及其經濟實質的替代性，似乎與租稅法經濟實質的解釋原則有所違背。

3. 未按捐贈目的使用土地等

依據土地稅法第五十五條之一之規定，依土地稅法第二十八條之一受贈土地之財團法人，有下列情形之一者，除追補應納之土地增值稅外，並處應納土地增值稅額二倍之罰鍰：一、未按捐贈目的使用土地者。二、違反各該事業設立宗旨者。三、土地收益未全部用於各該事業者。四、經稽徵機關查獲或經人舉發查明捐贈人有以任何方式取得所捐贈土地之利益者。

◈ (二)漏稅罰

依據土地稅法第五十四條第一項之規定，納稅義務人藉變更、隱匿地目等則或於減免地價稅或田賦之原因、事實消滅時，未向主

管稽徵機關申報者，依下列規定辦理：一、逃稅或減輕稅賦者，除追補應納部分外，處短匿稅額或賦額三倍之罰鍰。二、規避繳納實物者，除追補應納部分外，處應繳田賦實物額一倍之罰鍰。

　　此外，在實務上，財政部究竟依據何種標準來進行租稅行政罰的裁處呢？一般而言，財政部皆會以「稅務違章案件裁罰金額或倍數參考表」內所列之裁罰金額或倍數作為其裁處之標準；因此，該參考表的重要性即不言而喻了。

九、土地稅的節稅與避稅

　　節稅乃憲法所保障的基本權利，且此一基本權利亦不容許政府機關恣意的剝奪，此一法則適用於所有的稅目，土地稅自然也不例外。至於納稅義務人透過法律形式的安排藉以減輕或免除其租稅的負擔，如果與租稅法的立法規範有所違背的話，即有可能會被認定為避稅。

❖ (一)土地稅的節稅方式

　　(1)土地所有權移轉的排除：也就是設法將擬進行的交易或安排以非土地所有權移轉的方式為之，如此，即可排除土地稅法的適用。

　　(2)土地稅的免徵：設法將擬進行之交易或安排以符合土地稅法或其他特別法所規定免徵土地稅要件的方式為之，如此的話，也可以達到節稅的目的。

　　(3)善用自用住宅用地的優惠稅率：設法將擬進行之交易或安排以符合土地稅法有關自用住宅用地優惠稅率要件的方式為之，如此的話，節稅的效用將大為提高。

❖ (二)土地稅的避稅技倆及其處置

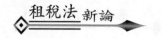

　　土地稅的避稅技倆主要就是借用上揭所示土地稅節稅方式的概念，然後再加上許多通謀虛偽的法律架構的安排來達成的，例如借用人頭等。面對納稅義務人種種避稅的行為，一般而言，實務上皆以「實質課稅原則」來因應。此外，有幾則實務上之見解，則可作為補充之說明，茲分述如下：

　　Ⅰ.司法院大法官會議釋字第三七九號解釋

解釋文

　　私有農地所有權之移轉，其承受人以能自耕者為限，乃土地法第三十條第一項前段所明定。申請農地所有權移轉登記者，依土地登記規則第八十二條第一項第一款前段規定，應提出承受人自耕能力證明書，登記機關應就所提自耕能力證明書為形式上的審查，則其於登記完畢後，經該管鄉（鎮、市、區）公所查明承受人不具備自耕能力而撤銷該自耕能力證明書時，其原先所有權移轉登記所據「具有自耕能力」之事由，已失所附麗，原登記機關自得撤銷前此准予登記之處分，逕行塗銷其所有權移轉登記。

解釋理由書

　　國家對於土地之分配與整理，應以扶植自耕農及自行使用土地人為原則，係憲法第一百四十三條第四項所揭櫫之國家土地政策；土地法第三十條第一項前段規定，私有農地所有權之移轉，其承受人以能自耕者為限，第二項復規定，違反前項規定者，其所有權之移轉無效，即屬首開憲法原則之體現。

　　地政機關受理農地所有權移轉登記之申請，依土地登記規則第八十二條第一項第一款前段之規定，係憑申請人戶籍所在地之鄉（鎮、市、區）公所核發自耕能力證明書為認定承受人具有自耕能力之依據。該管鄉（鎮、市、區）公所於核發自耕能力證明書後，如經查明承受人與內政部訂頒「自耕能力證明書之申請及核發注意事項」所載具備自耕能力之要件不符，因而撤銷該證明書者，地政

機關原先准予辦理所有權移轉登記所據「具有自耕能力」之事由，即失所附麗，前此准予登記之處分，既有瑕疵，地政機關自得撤銷之，逕將所有權移轉登記予以塗銷。行政院六十二年八月九日臺六十二內字第六七九五號函所為之解釋，符合上開土地法規定之意旨，並非以命令就人民之權利為得喪變更之規定。

承受人本於買賣契約辦理所有權移轉登記，固係依法律行為而取得所有權；然就地政機關准予辦理私有農地所有權移轉登記言，係以承受人已提出自耕能力證明書為前提，此一前提既因自耕能力證明書之撤銷而不存在，其在行政上原准予辦理移轉登記之要件，顯有欠缺，從而前此所為之登記，即不能謂無瑕疵，地政機關自得撤銷准予登記之處分，塗銷該移轉登記。地政機關係因自耕能力證明書被撤銷，而塗銷所有權移轉登記，並非逕行認定該買賣為無效，尚不涉及私權之認定。關於土地之買賣，是否因以不能之給付為契約標的而無效，買賣雙方當事人如有爭執，當然可訴由民事法院依法裁判。

按土地法第三十條第一項前段規定私有農地所有權移轉登記之承受人以能自耕者為限本係基於國家土地政策，即公共利益之維護而為之限制，私有農地承受人有無自耕能力，係由核發自耕能力證明書之機關認定，承受人明知無自耕能力，猶提供不正確資料以為自耕能力證明之申請，即屬不法，當不生信賴保護之問題，自應負此法律上可能發生之效果；若承受人未有不法之行為，而係行政機關之錯誤至核發不實之自耕能力證明書，經地政機關憑以辦理所有權移轉登記，基於公益之維護，且依土地法第三十條第二項規定，其所有權之移轉，亦屬無效，仍應認逕行塗銷登記為無不合。至如何補償其信賴利益，係另一問題。又善意第三人若信賴該登記而得土地權利時，依本院院字第一九一九號解釋之旨意，要不因登記處分之撤銷而被追奪，併此指明。

485

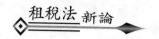

Ⅱ.行政法院八十四年判字第一四二九號判決

本件被告以原告於八十年一月將其所有坐落高雄縣鳥松鄉崎子腳段三六一一三地號之農業用地,讓售予具有自耕農身分之鄭麗月,並申准依土地稅法（行為時,下同）第三十九條之二第一項規定免徵土地增值稅計四、一二九、六〇〇元在案。嗣經高雄市調處查得原告於七十八、七十九年間因無法清償積欠趙動武債務,協議將前開土地過戶予趙某作為抵償,因趙某未具自耕農身分,乃以鄭麗月為人頭,將該筆農地移轉過戶在鄭君名義下,顯有利用農民免稅名義購買,藉以規避土地增值稅核課情事,乃據以補徵原免徵稅額四、一二九、六〇〇元,固非無見。惟查我國不動產物權之變動,採登記公示主義,此觀民法第七百五十八條規定,不動產物權,依法律行為而取得、設定、喪失及變更者,非經登記,不生效力。土地稅法第三十九條之二第一項規定:農業用地在依法作農業使用時,移轉與自行耕作之農民繼續耕作者,免徵土地增值稅。所稱「移轉」,係針對農業用地所有權變動而言,亦即農業用地所有權人將其農業用地之所有權轉予自行耕作之農民承受,因而產生之物權變動（參見財政部 73.12.15. 臺財稅第六四九一四號函）。如承受人於完成移轉登記後,有土地稅法第五十五條之二所列不繼續耕作之情形,可以處承受人免徵土地增值稅額二倍之罰鍰。如免徵土地增值稅之農業用地,於變更為非農地使用後再移轉時,依土地稅法第三十九條之二第二項規定,以其前次權利變更之日當期公告土地現值為原地價,計算漲價總數額,課徵土地增值稅,以防止所有權人於移轉作農業使用時,高報移轉現值,影響漲價歸公政策之執行。法律均無農地所有權移轉登記於現耕農民所有,補徵土地增值稅之規定。如謂第三者利用農民名義購買,登記名義人既為自行耕作之農民,自符合免徵土地增值稅之要件。至於該登記名義人購買農地資金係由第三者提供,係另成立他種法律關係,應否負擔其他稅負乃屬另一

問題，不在本件審究範圍。本件原告出售系爭土地與自行耕作之農民鄭麗月，為兩造不爭之事實，並有土地買賣所有權移轉契約書影本附原處分卷可稽。縱認系爭土地係因原告積欠案外人趙動武未償，經協議過戶予趙某抵償，因趙某未具自耕農身分，乃利用具有農民身分之鄭麗月名義登記，鄭麗月既為自行耕作之農民，則其取得土地依上開說明，自符合免徵土地增值稅之要件，被告援引財政部80.6.18.臺財稅第八○○一四六九一七號函釋：免徵土地增值稅之農業用地，如經查明係第三者利用農民名義購買，則原無免徵土地增值稅之適用，應予補徵原免徵稅額。

　　此一補徵土地增值稅是否適法，非無商榷之餘地，一再訴願決定，未予糾正，亦有疏失，原告起訴據以指摘，為有理由，爰由本院將再訴願決定、訴願決定及原處分均撤銷，由被告另為適法之處分。

　　Ⅲ.財政部臺財稅字第八○○一四六九一七號函

　　主旨：免徵土地增值稅之農業用地，如經查明係第三者利用農民名義購買，則原無免徵土地增值稅之適用，應予補徵原免徵稅額。復請　查照。

　　說明：二、取得依法免徵土地增值稅之農業用地，在地目未變更前興工闢建球場，如該球場係先經教育部依法許可設立，且已領有興工之建照者，尚非屬非法使用，依本部79.10.16.臺財稅第七九○三三○六七六號函規定，不宜引用土地稅法第五十五條之二第三款規定處罰。故取得依法免徵土地增值稅之農業用地，經繼續耕作一段時間後，供高爾夫球場申請設立登記，如係依法定程序變更使用，尚無補徵原免徵土地增值稅或處罰問題。惟類此情形，如經查明係第三者利用農民名義購買農地，則屬脫法行為，依實質課稅原則，應無免徵土地增值稅之適用。

第七章

遺產及贈與稅法

一、遺產及贈與稅法適用法則概要

遺產稅的課徵賦有社會財富重分配的政策意義，而贈與稅的課徵則乃係為了防堵遺產稅的規避而設；因此，兩種稅目皆採累進稅率，且最高級距的稅率皆高達百分之五十，其稅負不可謂不重。然而，遺產及贈與稅對一個國家稅收的影響並不彰顯，以國內為例，八十八年下半年及八十九年度的稅捐總收入約為新臺幣一兆九千億元，其中遺產及贈與稅卻僅約為新臺幣三百九十億元，約占了所有稅捐收入的百分之二而已。茲將遺產及贈與稅法適用法則概要分析如下：

❖ (一)遺產及贈與的定義

遺產及贈與稅，顧名思義，乃係針對遺產或贈與所課徵的租稅；因此，必須先要有遺產或贈與，才會有要不要課徵遺產及贈與稅的問題。反之，如果某一財產或行為非屬遺產或贈與的話，也就不會有要不要課徵遺產及贈與稅的問題了，此乃邏輯之當然推論。至於何謂「遺產」或「贈與」呢？首先，就「遺產」而論，依據遺產及贈與稅法第一條之規定，凡經常居住中華民國境內之中華民國國民，死亡時遺有財產者，應就其在中華民國境內境外全部遺產課徵遺產稅。至於經常居住中華民國境外之中華民國國民及非中華民國國民，死亡時在中華民國境內遺有財產者，應就其在中華民國境內之遺產課徵遺產稅。此外，依據遺產及贈與稅法第十五條之規定，被繼承人死亡前三年內贈與下列個人之財產，應於被繼承人死亡時，視為被繼承人之遺產，併入其遺產總額，依規定徵稅：一、被繼承人之配偶。二、被繼承人依民法第一千一百三十八條及第一千一百四十條規定之各順序繼承人。三、前款各順序繼承人之配偶。因此，遺

產及贈與稅法之「遺產」即包括了被繼承人死亡時所遺留之特定財產以及被繼承人死亡前三年內對特定人之贈與而言，其中的「死亡」則包括了自然死亡以及法定的宣告死亡。再者，就「贈與」而言，依據遺產及贈與稅法第三條之規定，凡經常居住中華民國境內之中華民國國民，就其在中華民國境內或境外之財產為贈與者，應課徵贈與稅。而經常居住中華民國境外之中華民國國民及非中華民國國民，就其在中華民國境內之財產為贈與者，應課徵贈與稅。其中所謂的「贈與」，依據遺產及贈與稅法第四條第二項之規定，係指財產所有人以自己之財產無償給予他人，經他人允受而生效力之行為。此外，依據遺產及贈與稅法第五條之規定，財產之移動，具有下列各款情形之一者，以贈與論，應課徵贈與稅：一、在請求權時效內無償免除或承擔債務者，其免除或承擔之債務。二、以顯著不相當之代價，讓與財產、免除或承擔債務者，其差額部分。三、以自己之資金，無償為他人購置財產者，其資金。但該財產為不動產者，其不動產。四、因顯著不相當之代價，出資為他人購置財產者，其出資與代價之差額部分。五、限制行為能力人或無行為能力人所購置之財產，視為法定代理人或監護人之贈與。但能證明支付之款項屬於購買人所有者，不在此限。六、二親等以內親屬間財產之買賣。但能提出已支付價款之確實證明，且該已支付之價款非由出賣人貸與或提供擔保向他人借得者，不在此限。因此，無論是贈與或是以贈與論的行為，只要符合特定要件，即應課徵贈與稅。然而，並非所有的遺產或贈與都會被課徵遺產及贈與稅，蓋因依據上揭遺產及贈與稅法的相關規定，只有特定身分的人死亡時所遺留之特定財產，或者是特定身分的人所贈與之特定財產，才符合遺產及贈與稅的構成要件，也就是說，就算某一特定之財產或行為為遺產或贈與，如果不符合遺產及贈與稅的其他構成要件的話，亦與遺產及贈與稅法無涉。

❖ ㈡遺產及贈與稅的納稅義務人

而當吾人確定了某一特定之財產或行為符合遺產及贈與稅的構成要件之後，即會產生究竟應由何人來負擔遺產及贈與稅的問題。基此，遺產及贈與稅法第六條即規定，遺產稅之納稅義務人如下：一、有遺囑執行人者，為遺囑執行人。二、無遺囑執行人者，為繼承人及受遺贈人。三、無遺囑執行人及繼承人者，為依法選定遺產管理人。而遺產及贈與稅法第七條則規定，贈與稅之納稅義務人為贈與人；但贈與人有左列情形之一者，以受贈人為納稅義務人：一、行蹤不明者。二、逾本法規定繳納期限尚未繳納，且在中華民國境內無財產可供執行者。

❖ ㈢遺產及贈與稅的減免

當政府為了達成特定的施政目的時，往往會以提供租稅優惠的方式來引導民間從事特定的經濟活動或其他行為，以期能藉由民間自主性的調整機制來完成此一特定的施政目的。譬如，政府為了照顧農民以推行農地農用的政策，遂運用遺產稅免稅的租稅優惠來達成此一施政目的，或者是為了國內教育、文化、公益、慈善及宗教團體能夠發揮穩定社會的功能，遂提供不課徵贈與稅的優惠，藉以扶植國內特定公益團體的發展。像這類有關遺產及贈與稅租稅優惠的規定真可謂林林總總。因此，縱使某一特定之財產或行為符合遺產及贈與稅的構成要件，只要此一財產或行為該當遺產及贈與稅減免之要件，則此一財產或行為即可以享受減免徵的優惠了。當然，如果某一特定之財產或行為符合遺產及贈與稅的構成要件且不該當遺產及贈與稅減免之要件者，則此一財產或行為即應被課徵遺產及贈與稅了。

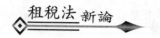

❖ ㈣遺產及贈與財產的估價標準

由於符合遺產及贈與稅構成要件的財產種類繁多,不一而足,且每一種類型的財產之特性亦有所差異;因此,其估價標準亦大異其趣。而依據遺產及贈與稅法第十條第一項之規定,遺產及贈與財產價值之計算,原則上以被繼承人死亡時或贈與人贈與時之時價為準;至於被繼承人如係受死亡之宣告者,則以法院宣告死亡判決內所確定死亡日之時價為準。其中所謂的「時價」,土地以公告土地現值或評定標準價格為準,房屋則以評定標準價格為準。

❖ ㈤遺產及贈與稅的計算方式與稅率結構

遺產及贈與稅的計算方式,茲分述如下:

1.遺產或贈與的範圍

首先,必須確定特定之財產或行為符合遺產及贈與稅的課稅構成要件,藉以界定遺產或贈與的範圍;然後,再依據遺產及贈與財產的估價標準,來設算遺產或贈與的總金額。

2.不計入遺產或贈與總額的項目

計算出遺產或贈與的總金額之後,如果其中包含了不計入遺產或贈與總額的項目的話,即應將該部分予以剔除。

3.遺產或贈與的扣除額

再者,如果有符合遺產及贈與稅法有關扣除規定情形的話,前項餘額尚可扣除依規定所定之金額。

4.遺產及贈與稅的免稅額

此外，前項餘額還必須減除遺產及贈與稅法所規定的免稅額之後，才是遺產及贈與稅的課稅淨額，也就是說，遺產及贈與稅的課徵係以此一淨額為基準。

5.遺產及贈與稅的稅率結構

將前項遺產及贈與稅的課稅淨額乘上其所適用之遺產或贈與稅的稅率之後，即為納稅義務人依法應負擔之遺產或贈與稅額了。目前，遺產及贈與稅的稅率級距皆分為十級，其中遺產稅的稅率最低為百分之二，最高為百分之五十；而贈與稅的稅率最低為百分之四，最高為百分之五十。

❖ ㈥遺產及贈與稅的申報及繳納

1.遺產及贈與稅的申報

依據遺產及贈與稅法第二十三條之規定，被繼承人死亡遺有財產者，原則上納稅義務人應於被繼承人死亡之日起六個月內，向戶籍所在地主管稽徵機關依本法規定辦理遺產稅申報；惟如被繼承人為經常居住中華民國境外之中華民國國民或非中華民國國民死亡時，在中華民國境內遺有財產者，應向中華民國中央政府所在地之主管稽徵機關辦理遺產稅申報。此外，依據遺產及贈與稅法第二十四條之規定，贈與人在一年內贈與他人之財產總值超過贈與稅免稅額時，原則上應於超過免稅額之贈與行為發生後三十日內，向主管稽徵機關依本法規定辦理贈與稅申報。惟如贈與人為經常居住中華民國境內之中華民國國民者，應向戶籍所在地主管稽徵機關申報；其為經常居住中華民國境外之中華民國國民，或非中華民國國民，就其在中華民國境內之財產為贈與者，應向中華民國中央政府所在地主管稽徵機關申報。

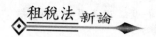

2.遺產及贈與稅的繳納

依據遺產及贈與稅法第三十條第一項之規定，遺產稅及贈與稅納稅義務人，原則上應於稽徵機關送達核定納稅通知書之日起二個月內，繳清應納稅款；必要時，得於限期內申請稽徵機關核准延期二個月。惟如符合特定要件者，尚可向稽徵機關申請分期繳納或以實物抵繳，茲簡要分述如下：

⑴**分期繳納**：依據遺產及贈與稅法第三十條第二項前段之規定，遺產稅或贈與稅應納稅額在三十萬元以上，納稅義務人確有困難，不能一次繳納現金時，得於前項規定納稅期限內，向該管稽徵機關申請，分十二期以內繳納；每期間隔以不超過二個月為限。

⑵**實物抵繳**：依據遺產及贈與稅法第三十條第二項後段之規定，遺產稅或贈與稅應納稅額在三十萬元以上，納稅義務人確有困難，不能一次繳納現金時，得於前項規定納稅期限內，向該管稽徵機關申請，准以課徵標的物或其他易於變價或保管之實物一次抵繳。

二、遺產及贈與的定義

❖ ㈠遺產的定義

依據遺產及贈與稅法第一條之規定，凡經常居住中華民國境內之中華民國國民，死亡時遺有財產者，應就其在中華民國境內境外全部遺產，依本法規定，課徵遺產稅。經常居住中華民國境外之中華民國國民，及非中華民國國民，死亡時在中華民國境內遺有財產者，應就其在中華民國境內之遺產，依本法規定，課徵遺產稅。由以上規定可知，所謂的「遺產」係指經常居住中華民國境內之中華民國國民，死亡時所遺留之財產，或者是經常居住中華民國境外之

中華民國國民及非中華民國國民，死亡時在中華民國境內所遺留之
財產而言。茲將其構成要件詳細分析如後：

1. 經常居住中華民國境內之中華民國國民

　　依據遺產及贈與稅法第四條第三項之規定，所謂的經常居住中
華民國境內，係指被繼承人或贈與人有下列情形之一：一、死亡事
實或贈與行為發生前二年內，在中華民國境內有住所者。二、在中
華民國境內無住所而有居所，且在死亡事實或贈與行為發生前二年
內，在中華民國境內居留時間合計逾三百六十五天者。但受中華民
國政府聘請從事工作，在中華民國境內有特定居留期限者，不在此
限。而所謂的經常居住中華民國境外，則係指不合前項經常居住中
華民國境內規定者而言。至於是否為中華民國國民究竟應如何認定，
原則上依國籍法有關之規定；惟遺產及贈與稅法第三條之一卻特別
規定，死亡事實或贈與行為發生前二年內，被繼承人或贈與人自願
喪失中華民國國籍者，仍應依本法關於中華民國國民之規定，課徵
遺產稅或贈與稅。此一規定依法應優先於國籍法有關規定適用之。

2. 死　　亡

　　死亡是一個自然或法律事實的存在，其包括了自然死亡以及法
定的宣告死亡。就此，有幾則實務上之見解，可供吾人酌參，茲分
述如下：

　　Ⅰ. 最高法院十八年上字第一〇六二號判例

　　未能證明被繼承人確已死亡或經宣告死亡程序，而被繼承人尚
在生死不明之狀態中，不能率謂其繼承已經開始。

　　Ⅱ. 最高法院二十八年上字第一五七二號判例

　　失蹤人受死亡之宣告者，依民法第九條第一項之規定，以判決
內確定死亡之時推定其為死亡，其繼承固因之而開始，若失蹤人未

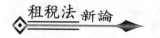

受死亡之宣告，即無從認其繼承為已開始。

3.遺有財產

死亡者尚必須遺有死亡者實質上所有或持有之財產方足以構成
「遺產」。而依據遺產及贈與稅法第四條第一項之規定，被繼承人所
遺之財產，包括動產、不動產及其他一切有財產價值之權利。此外，
依據遺產及贈與稅法第十五條之規定，被繼承人死亡前三年內贈與
下列個人之財產，應於被繼承人死亡時，視為被繼承人之遺產，併
入其遺產總額，依規定徵稅：一、被繼承人之配偶。二、被繼承人
依民法第一千一百三十八條及第一千一百四十條規定之各順序繼承
人。三、前款各順序繼承人之配偶。因此，遺產及贈與稅法之「遺
產」即包括了被繼承人死亡時所遺之財產以及被繼承人死亡前三年
內對特定人之贈與。

就如何認定「遺產」之範圍，亦有幾則實務上之見解，可作為
補充之說明，茲分述如下：

Ⅰ.行政法院六十年判字第三七號判例

遺產稅之課徵，以人民死亡時實際遺有之財產為標的，並不問
被繼承人取得是項財產之年份及原因，故被繼承人生前營利之所得，
於繼承開始時，實際上尚有遺留者，自應併入遺產總額，不得更就
其某一年度之所得，為計徵遺產稅之標的。被告官署對於遺產清冊
所列之遺產計徵課稅外，更就被繼承人生前於五十七年度之營利所
得課徵遺產稅，自欠合理。

Ⅱ.行政法院六十四年判字第三六一號判例

遺產稅係以被繼承人所遺留之財產為課徵標的，有遺產始行課
徵，此為遺產稅特有之性質，不發生繼承人無力清償問題，自無軍
人及其家屬優待條例第七條第一項之適用。

4.中華民國境內之財產

至於何謂「中華民國境內之財產」呢？依據遺產及贈與稅法第九條之規定，所謂的中華民國境內或境外之財產，係按被繼承人死亡時或贈與人贈與時之財產所在地認定之：一、動產、不動產及附著於不動產之權利，以動產或不動產之所在地為準。但船舶、車輛及航空器，以其船籍、車輛或航空器登記機關之所在地為準。二、礦業權，以其礦區或礦場之所在地為準。三、漁業權，以其行政管轄權之所在地為準。四、專利權、商標權、著作權及出版權，以其登記機關之所在地為準。五、其他營業上之權利，以其營業所在地為準。六、金融機關收受之存款及寄託物，以金融機關之事務所或營業所所在地為準。七、債權，以債務人經常居住之所在地或事務所或營業所所在地為準。八、公債、公司債、股權或出資，以其發行機關或被投資事業之主事務所所在地為準。九、有關信託之權益，以其承受信託事業之事務所或營業所所在地為準。前列各款以外之財產，其所在地之認定有疑義時，由財政部核定之。

然而，在實務上則有幾個法律概念與遺產經常發生混淆不清的情形，茲詳細分析如下：

1.信託財產

依據信託法第十條之規定，受託人死亡時，信託財產不屬於其遺產。因此，如有登記在受託人名下或受託人持有之信託財產者，於受託人死亡時，該部分之信託財產即非屬受託人之遺產。

2.遺族恤金

依據司法院二十五年院字第一五九八號解釋㈠之規定：「遺族恤金，係對於遺族所為之給予，既非亡故者之遺產，自無繼承之可言。

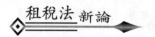

亡故者債務，如非基於民法繼承編之規定，應由該遺族負償還責任，即不得以領受恤金之故，令其負責。」因此，遺族恤金並非死亡者之遺產。

3. 已罹消滅時效之債權

依據財政部六十四年臺財稅字第三五八七四號函之規定：「本案被繼承人之債權及抵押權均發生於民國十三年，債權請求權依民法第一百二十五條之規定已罹消滅時效，抵押權依民法第八百八十條、民法物權篇施行法第二條之規定，雖未塗銷亦已消滅；該項債權，應准免予計入遺產課稅。」因此，已罹消滅時效之債權亦不列入死亡者遺產之中。

4. 公賻金

依據財政部六十四年臺財稅字第三七六七七號令之規定：「查公賻金，性質上係親友基於情誼對繼承人辦理喪葬事宜之捐贈，此項財物既非遺產稅法第一條所規定被繼承人死亡時所遺有之財產，自不應列入遺產計課遺產稅。」因此，公賻金也不在死亡者遺產之列。

5. 被繼承人生前提領之款項

依據財政部六十五年臺財稅字第三六〇九一號函之規定：「一、查『被繼承人生前之所有銀行存款，其已經被繼承人提取之款，於繼承開始時，已無此項財產，從而亦無遺產繼承之可言，除能具體證明或有其他積極證據證明被繼承人所提領之款，未經動用，由繼承人承受，或其生前所提領之款，經查明係贈與繼承人，得依遺產稅法第一條或第十三條（註：即現行法第一條或第十五條）規定，併同其他遺產課徵遺產稅外，現行遺產稅法既未規定被繼承人於其死亡前一定期間內不能處分其財產或處分其財產於繼承開始時應提

示用途之證明，則課繼承人對於被繼承人生前提領之款，負用途證明之責，而為免課遺產稅之要件，於法無據；且被繼承人處分其財產，強令繼承人負用途證明之責，亦有悖於一般舉證法則。」前經本部核復貴廳遵照有案。至「被繼承人死亡當日向金融機構提領之款項，如係被繼承人自往提領，未由繼承人承受其利益，則不應列入遺產課稅，如依事實足認係繼承人以被繼承人名義提取或雖經提取並未經處分，而確由繼承人承受其利益者，自應併入遺產課稅」，又經本部於核復貴廳遵照又有案。二、本案被繼承人生前一月餘，提用銀行存款，繼承人未能提供該項存款用途證明，希依上開部令規定辦理。」因此，原則上被繼承人生前提領之款項並非被繼承人之遺產。

6. 遺產及贈與稅法開始施行前，以妻名義登記之財產，係妻之財產

依據財政部六十八年臺財稅字第三三五三五號函之規定：「六十二年二月八日遺產及贈與稅法開始施行前，夫妻聯合財產中有以妻名義登記之不動產，如夫主張該項不動產已於六十二年二月八日前贈與其妻時，依民法第一千零十三條第三款規定，可認為係妻之特有財產之釋示，於動產亦適用。」因此，遺產及贈與稅法開始施行前，以妻名義登記之財產，為係妻之財產，非死亡之夫之遺產。此外，財政部六十九年臺財稅第三一八七九號函：「夫妻採法定（聯合）財產制者，在六十二年二月八日遺產及贈與稅法施行前，其聯合財產中有以妻名義登記之不動產，於夫先妻死亡時，如經妻主張該不動產係其夫所贈與，而無具體反證者，即可認屬妻之特有財產，免列為夫之遺產申報課稅。」亦持相同之見解。

7. 未辦財團法人登記之祭祀公業，派下員死亡，其派

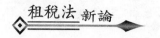

下權非派下員之遺產

依據財政部八十年臺財稅字第七九〇六八七三八八號函之規定：

「主旨：未辦財團法人登記之祭祀公業處分公業之土地，將其所得價款分配予各派下員個人所有時，准免納綜合所得稅；至將祭祀公業名義之土地，更名登記為派下員名義所有時，得比照適用，請　查照。

說明：二、案經函准司法院秘書長七十九年五月十七日（七九）秘臺廳㈢字第〇一五六六號函轉行政法院七十九年五月九日庭長、評事聯席會議決議：認為未辦財團法人登記之祭祀公業財產係全體派下公同共有之財產，為財產權之一種，該公業處分公業之土地，即為公同共有人對公同共有土地之處分，依所得稅法第四條第十六款規定，該所得應免納綜合所得稅。三、未辦財團法人登記之祭祀公業，派下員死亡，其派下權仍免課遺產稅；惟如派下員死亡時，有應領未領之祀產收益或祀產處分價金者，應以其應領金額課徵遺產稅。四、本部七十五年三月二十一日臺財稅第七五三〇四四七號函說明二之㈡、㈢及七十五年四月九日臺財稅第七五二二九七五號函但書規定，自本函發布之日起不再適用。五、本函發布前已確定之所得稅案件不再變更，尚未確定或尚未開徵之案件，應依本函規定辦理。」因此，未辦財團法人登記之祭祀公業，如其派下員死亡者，其派下權非屬該死亡派下員之遺產。

8.土地生前經徵收完竣後，於死亡後撤銷徵收回復所有權

依據財政部臺財稅字第八一〇五〇六七二五號函之規定：

「主旨：被繼承人××所有座落苗×市××段××地號土地生

前經徵收完竣後，如係以土地法第二一九條第一項第一款、第二款所列情形之一為理由，於死亡後撤銷徵收回復所有權，應免列為遺產課徵遺產稅。

說明：二、本案土地若係以土地法第二一九條第一項第一款、第二款所列情形之一為理由撤銷徵收，依前述內政部函（內政部八十一年十一月五日臺內地字第八一一三四七六號函）意旨，該撤銷徵收係使土地所有權人得行使收回權。因此，系爭土地於被繼承人死亡時，既經徵收完竣，已非死亡時所遺留之財產，免列入遺產課稅，而死亡時所遺應領未領之補償費屬遺產項目之一，應課徵遺產稅；至嗣後因土地撤銷徵收，繼承人取得土地收回權，應屬繼承事實發生後，其所繼承之權利義務產生變化，非被繼承人死亡時遺留之財產，應與本案遺產稅之核課無涉。」因此，土地生前經徵收完竣後，於死亡後撤銷徵收回復所有權者，該所有權並非被繼承人死亡時遺留之財產。

❖ ㈡贈與的定義

由於遺產及贈與稅法將贈與行為區分為一般贈與及視同贈與兩種，故而實有必要分別加以詳細分析。

1. 一般贈與

依據遺產及贈與稅法第三條之規定，凡經常居住中華民國境內之中華民國國民，就其在中華民國境內或境外之財產為贈與者，應依法課徵贈與稅。至於經常居住中華民國境外之中華民國國民及非中華民國國民，就其在中華民國境內之財產為贈與者，也應依法課徵贈與稅。而遺產及贈與稅法第四條第二項則規定，所謂的贈與，係指財產所有人以自己之財產無償給予他人，經他人允受而生效力之行為。因此，由以上規定可知，遺產及贈與稅法的「贈與」係指

經常居住中華民國境內之中華民國國民，就其財產為贈與，或者是經常居住中華民國境外之中華民國國民及非中華民國國民，就其在中華民國境內之財產為贈與而言。故而，其構成要件與遺產之構成要件大都雷同，茲不贅述。

然而，在實務上則有幾個法律概念與贈與經常發生混淆不清的情形，茲詳細分析如下：

⑴信託：信託與贈與最大的區別在於，信託財產名義上之所有人（即受託人）一般而言並無法享有信託財產實質上的經濟利益，至於信託財產實質上的經濟利益則歸受益人享有；反之，受贈人原則上即為贈與財產之所有人，同時也享有贈與財產實質上的經濟利益。此外，有幾則實務上之見解，亦持同一之看法，相當值得贊許，茲分述如下：

Ⅰ.行政法院七十九年判字第二〇九六號判決

按「凡經常居住中華民國境內之中華民國國民，就其在中華民國境內或境外之財產為贈與者，應依本法規定，課徵贈與稅」及「本法稱財產，指動產、不動產及其他一切有財產價值之權利。本法稱贈與，指財產所有人以自己之財產無償給與他人，經他人允受而生效力之行為」，固為遺產及贈與稅法第三條第一項及第四條第一、二項所分別明定。又以財產直接贈與之立法意旨，即不論動產贈與或不動產贈與，祇要當事人間有贈與意思表示合致時，即發生法律上之效力，則贈與人即應報繳贈與稅，惟如當事人之間另具其他類似信託之法律關係而不成立贈與時，能否即予課徵贈與稅，非無商榷餘地，本件被告機關以原告於七十二年間將其所有坐落桃園縣桃園市中路段一一五二之二號土地乙筆（面積計七、七六二平方公尺），與案外人許福進、黃文洲二人訂立合建房屋契約，原告計分得五層樓房十八棟，其中三棟房屋係以原告名義為建築執照起造人，所餘十五棟房屋分別以原告之兄長及姪輩為建築執照起造人，案經被告

機關依據財政部臺北市國稅局移送之有關資料，認原告顯有贈與之行為，乃按系爭十五棟房屋領取使用執照日期為贈與日，計七十三年三月七日取得八棟房屋；七十四年六月十七日取得七棟房屋，據以核課原告七十三及七十四年度贈與稅分別為二、二五六、〇四八元及一、六九八、〇九二元，固非毫無見地。惟據原告辯稱其名下之土地係其父承領之耕地，亦係其兄弟同居共財之物，不因所有權登記其一人所有而無視其兄弟未分產及共同耕作數十年之事實，且合建契約係其長兄呂理科出面訂立，十五棟房屋係有償取得自不符贈與課稅要件，並檢附「承諾書」及「誓言書」主張應免課贈與稅云云，經查原告檢附之誓言書，係原告與其兄長呂理科、呂理蟬、呂理白、呂理舜、呂龍典、呂榮治等六人於六十九年七月十六日訂立，其內容載明：「立誓言書人六兄弟依次為呂理科、呂理蟬、呂理白、呂理舜、呂龍典、呂榮治等承祖先庇佑共繼祖業（如後表）。惟六兄弟長大成人後，各自分道發展，祖業由長兄呂理科管理，並暫時分別登記為呂理科、呂榮治等名義，多寡不一，易生戚友誤會，而致鬩牆之爭，爰遵父命，願將所有祖業全部提出，連同雙親名義在內，以八份平分，並即分別辦理所有權移轉登記，如有隱匿為私有，或故為未提出公開者，一經查明，該隱匿未報者，即喪失分享該筆祖業之權利，絕無食言，特立此誓言書各持其壹份存照，附祖業表一件」等語，另就坐落桃園市中路段一一五二之二地號與建商許福進、黃文洲間於六十九年五月十六日所訂「合建公寓住宅契約書」則係由原告與呂理科共同出面簽訂，由呂理科受領保證金，至七十二年十二月二日補訂「協議書」，七十七年六月十四日又訂「承諾書」，載明：「立承諾書人許福進、黃文洲，前於六十九年五月十五日及七十二年十二月二日與呂理科、呂榮治先後訂立合建契約及協議書在案。承諾人因無法依約履行義務，蒙呂理科等六兄弟同情，未為追究，除建屋完工部分十八棟交由呂家六兄弟分別執管外，未

完工之土地，承諾人願退還呂家六兄弟，但呂家六兄弟亦願以新臺幣五百萬元補償承諾人，爰自立承諾書日起承諾放棄合建等之所有一切權利，又上開契約及協議書歸還呂家兄弟作廢，未建地（中路段一一五二之二號）當然歸還呂家六兄弟所有，同時收回前合建契約之保證金，退還清楚屬實，恐口無憑，特立此承諾書存照」等語，旋由呂家六兄弟呂理科、呂理蟬、呂榮治（原告）、呂龍典、呂理舜、呂理白共同籌集五百萬元予許福進、黃文洲二人，每人分攤八十四萬元不等，又提出郵政儲金簿（影本附卷）為證，並經協議書、承諾書見證人邱建勳於本院調查證據時到場結證屬實，記明筆錄。綜上以觀，原告主張系爭中路段一一五二之二號地，雖登記原告所有名義，實質上為上述呂家六兄弟所共有，而信託登記原告名下，故與建商成立合建契約及協議時，由長兄呂理科及登記名義人呂榮治（原告）代表出面訂立契約書及協議書，洎與建商終止合建契約時由六兄弟共同分攤、籌集五百萬元補貼建商等情，似非虛妄，是則因合建分得之房屋共十八棟，由六兄弟本人或其子女名義分配，每兄弟名下各分得三棟，能否謂係全部由原告分別贈與，洵堪研議。被告機關以系爭土地係原告於五十八年四月二十三日因買賣行為而取得。並非六兄弟因承領耕地或兄弟分產而共有，合建契約由其兄簽訂，應屬委任與代理之法律行為，縱非由原告親自簽約，亦不影響其應得之所有權，六兄弟共同籌集五百萬元補貼建商換回未建土地等語，未據舉證證明，遂對原告核課本件贈與稅，揆諸前開說明，尚嫌速斷，訴願、再訴願決定未予查明糾正，亦有欠妥，原告據以指摘其未合，尚非全無理由。

II.行政法院八十三年判字第一八〇號判決

本件被告課徵原告贈與稅，係以原告於六十九年三月二十七日購入林口高爾夫球俱樂部會員證，並登記原告為持有人，嗣原告與其配偶鄭碧惠於七十八年五月二十日離婚，同年六月十日將登記其

名義之該會員證變更名義為鄭碧惠，未支付價款，案經被告查獲，認係贈與行為，乃依遺產及贈與稅法第十條第一項之規定，以八十年一月三日查獲日之時價，核定贈與總額為六、二〇〇、〇〇〇元，贈與淨額為五、七五〇、〇〇〇元，發單課徵贈與稅為其論據，固非無見。惟按修正前民法第一千零十三條第四款規定，妻因勞力所得之報酬，為其特有財產。如系爭高爾夫球會員證係由原告前妻鄭碧惠以其勞力所得之報酬所購得，則該會員證仍應認屬鄭女之特有財產，雖鄭女購入後，形式登記為原告之名義，此即係名義信託，屬信託關係。嗣原告與鄭女離婚，雙方終止信託關係，原告將該會員證移還並變更為鄭女名義之行為，係屬債務之清償（返還信託物），自與贈與有別。是本件究竟為終止信託關係之債務清償行為，抑係無償之贈與行為，必須詳查事實，方足據以認定。據原告於復查時陳稱：鄭碧惠為藥師，任職於美商輝瑞大藥廠製造部經理，收入頗豐，鄭女購買會員證係由現仍任職於林口高爾夫球俱樂部之洪啟文介紹，並由洪某親自向鄭女收款，且購買價金係由鄭女開具華南商業銀行士林分行帳號二三四〇一四號支票支付，均可查證云云。惟被告並未訊問證人洪啟文，又未將本案之事實及法律關係調查清楚，遽以系爭會員證係由原告變更為鄭碧惠名義，而認定為贈與，殊嫌速斷。又查被告核定本件贈與總額六、二〇〇、〇〇〇元，贈與淨額為五、七五〇、〇〇〇元，係以報章刊登之高爾夫球會員證買賣行情表為依據。惟報章刊載之高爾夫球會員證買賣行情，僅屬傳聞證據，被告自應進一步向該林口高爾夫球俱樂部之管理人員或該俱樂部之其他會員進行查證，始得為認定之依據。被告以報章刊載之高爾夫球會員證之買賣行情，據以認定本案之贈與總額，其採證認事亦有未合。被告之原處分既有瑕疵，依法自無可維持，而一再訴願決定就此未予糾正，亦嫌疏略。原告起訴論旨，執此指摘原處分及原決定為不當，非無理由，應由本院併予撤銷，由被告詳查後另

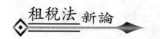

為適當之處分。

(2)借用人頭（消極信託）：依據財政部六十七年臺財稅字第三五四一九號函之規定：「公司辦理增資時，父母以未成年子女名義認股，在查獲前已自行轉回父母名義者，可認為無贈與事實，免徵贈與稅。」因此，借用人頭如已回復原狀者，即與贈與有別。

(3)變更名義：依據財政部六十五年臺財稅字第三五二八八號函之規定：「房屋所有人無償將房屋轉讓予公司，經該公司允受，或以顯著不相當之代價將房屋讓與該公司時，依照遺產及贈與稅法第三條、第四條第二項、第五條第一項第二款規定及契稅條例第二條規定，應課徵贈與稅及契稅。但如公司在設立登記前，以公司籌備處資金所興建之房屋，因公司未取得法人資格，無權利能力，致無法以公司名義申請建築執照，而以公司籌備處負責人名義申請，於申請時並表明係代該尚未設立登記之公司申請，俟公司設立登記後變更名義為該公司所有者則僅屬名義之變更，並非所有權之移轉，依法自不課徵贈與稅或契稅。」因此，如有上揭情形者，縱使財產所有人有所變更，亦不構成贈與。

(4)拋棄派下權：依據財政部六十六年臺財稅字第三四〇五一號函之規定：「准內政部 66.6.4. 臺內地字第七三八四五六號函釋復：『查祭祀公業，為公同共有財產，其派下員之權利義務依民法第八百二十八條規定，應依據以成立公同關係之規約定之。其派下員僅有派下權，對祭祀公業並無持分權利。如派下員之一拋棄其權利，除其規約另有規定者應依其規定外，僅除去其派下員名額而已，其派下權應歸併於其他之全體派下，而增加其他派下權利之份量。準此，祭祀公業派下權之拋棄，並非贈與行為。』本案臺南縣〇〇祭祀公業解散，其派下徐××將派下權全部拋棄，歸屬另一派下徐〇〇單獨取得其公業，此種拋棄派下權之行為，依上開內政部函釋，既非贈與行為，依法自不應課徵贈與稅。」故而，拋棄派下權即非屬贈

與。

(5)**遺產分割**：依據財政部六十七年臺財稅字第三五三一一號函之規定：「主旨：繼承人於繳清遺產稅後，持憑遺產稅繳清證明書辦理遺產繼承之分割登記時，不論繼承人間如何分割遺產，均不課徵贈與稅。請查照。

說明：二、查民法應繼分規定之設置，其目的係在繼承權發生糾紛時，得憑以確定繼承人應得之權益，如繼承人間自行協議分割遺產，於分割遺產時，經協議其中部分繼承人取得較其應繼分為多之遺產者，民法並未予限制；因之，繼承人取得遺產之多寡，自亦毋須與其應繼分相比較，從而亦不發生繼承人間相互為贈與問題。」因此，不論遺產如何分割，皆與贈與無涉。

(6)**拋棄繼承權**：依據財政部六十九年臺財稅字第四○四六○號函之規定：「主旨：被繼承人未婚死亡，無直系血親卑親屬，其父母又拋棄繼承權，所遺財產由其兄弟繼承者，不發生課徵贈與稅問題，請　查照。

說明：二、查關於繼承權之拋棄，民法第一千一百七十四條及第一千一百七十五條已有明文規定，其應繼分歸屬於其他繼承人，乃應得權利之拋棄，並非既得權利之移轉，就承受者言，則係繼承權之承認，其性質不同於贈與。本案被繼承人未婚死亡，無直系血親卑親屬，其父母又拋棄繼承權，致所遺財產由其兄弟繼承，依上開令釋規定，其性質既非贈與，應否應發生課徵贈與稅問題。三、至來函所引本部六十六臺財稅第三六九三三號函釋：『被繼承人死亡，遺有財產，由其配偶（妻）及未成年子女共同繼承時，如該未成年子女對應繼承之部分遺產，無償讓與其母者，應以贈與論，依法課徵贈與稅』之規定，係繼承人繼承後，將應繼分財產無償讓與他人核與繼承人拋棄繼承權，由他順位繼承人繼承之情形不同，況關於繼承人間未按應繼分取得遺產者，應不發生繼承人間相互為贈

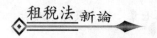

與問題，本部於六十七年八月八日以臺財稅第三五三一一號函亦另有解釋，請查案參考。」所以，拋棄繼承權並不發生是否要課徵贈與稅問題。

(7)**法院裁判分割：** 依據財政部七十年臺財稅字第三八四六〇號函之規定：「經法院裁判分割之共有土地，雖各人依法院判決分割後所取得之土地價值，與依原持有比例所算得之價值不相等，但法院如認為其價格相當而未判令當事人間須以金錢互為補償者，應免課徵贈與稅。」故而，經法院裁判分割之共有土地，無論分割比例為何，皆與贈與無關。

(8)**撤銷或解除贈與：** 依據財政部八十年臺財稅字第七九〇三一六八五一號函之規定：「納稅義務人以股票為贈與，提出贈與稅申報並經核定稅額繳訖，在未辦妥股東名義變更登記前撤銷或解除贈與，申請撤回贈與稅申報，如經查明該贈與標的仍屬贈與人所有，應予同意。」因此，贈與契約如經撤銷或解除者，由於原贈與行為已歸於無效或當事人之間的法律關係已回復原狀，故而，即不符合贈與稅之課稅構成要件。

此外，有關認定贈與行為之舉證法則，亦有幾則實務上之見解，相當值得參考，茲分述如下：

Ⅰ.行政法院八十三年判字第一八七八號判決

按凡經常居住中華民國境內之中華民國國民，就其在中華民國境內或境外之財產為贈與者，應依本法規定，課徵贈與稅，為遺產及贈與稅法第四條第一項所規定，惟「贈與」之事實須依證據認定，非可純憑臆測判斷（本院六十一年判字第七十號判例參照）。本件原核定認為原告七十八年六月十六日之匯款美金九四八、〇〇〇美元減除其美國購屋款三六〇、三一七‧七〇元及王偉、王凱在美之學費及生活費七四、三九四元之餘額美金五一三、二八八‧三元（折合新臺幣一三、四二七、六二一元），核課原告贈與稅，以及復查決

定（原處分）與訴願、再訴願決定遞予維持，固非無見。惟查原告一再主張：被告機關核定之贈與金額新臺幣一三、四二七、六二一元已於七十九年二月二十三日及同年二月二十六日用於購買美國地方公債計美金五〇七、三八七‧九八元，其子至今並未擁有任何不動產，縱然確曾有意以系爭款項為王偉與王凱購屋，惟迄未實踐，即無贈與其子系爭款項之情事云云，檢附美國 FINANCIAL SCI-ENCES 公司出具之證明文件、張黃嫣紅之聲明書、美國會計師於八十一年四月二十四日出具並經美國公證人及我國北美事務協調委員會認證之證明書為證。被告機關則謂原告對其美金九四八、〇〇〇元匯款之用途說詞不一，而所提示張黃嫣紅之聲明書係私文書陳述性質，不具證據力，此外並未提示購買美國地方公債之資金確係源自系爭匯款之確切證明文據，僅能認其有購置美國地方公債之事實，但無從證明購買美國地方公債之資金確係源自系爭款項美金五一三、二八八‧三元（折合新臺幣一三、四二七、六二一元），原告主張為不可採等語。經核，被告機關認定系爭款項為原告對王偉、王凱之贈與金，無非純依原告在被告機關之談話筆錄為判斷根據。查原告七十九年十一月十三日之談話筆錄，係謂：系爭匯款係匯款給其子王凱、王偉在美之學費、生活費，並供王偉在美購屋用（房屋已買好，準備送給兒子），惟資金交由姊姊（張黃嫣紅）代管等情，有該筆錄影本附原處分卷可稽，復為被告答辯意旨所不爭。依此談話內容，被告核定之使用金額為原告在美國購屋（原有意以其在美兒子名義購買，後以原告名義購買）三六〇、三一七‧七〇美元及王偉、王凱在美之學費、生活費七四、三九四美元，尚有餘額（即系爭款項）五一三、二八八‧三〇美元；則原告在復查及訴願程序檢證補充說明，已於七十九年二月二十三日及同年月二十六日用以購置美國地方公債計五〇七、三八七‧九八美元，能否謂原告前後說詞矛盾不一，非無商榷餘地；聲明書之證據力或內容存疑，應自

511

行查證或通知補行認證，被告機關捨此不為，遽謂私文書無證據力，不予核認，遽依原告不完整之談話筆錄內容，推測系爭款項為原告對其子之贈與金，亦嫌速斷；訴願、再訴願決定未予糾正，揆諸前開證據法則之說明，仍有可議。原告起訴論旨，執此為指摘，尚非全無理由，爰由本院將一再訴願決定及原處分均予撤銷，由被告機關更行查明，另為妥適處分，以昭折服。

II.行政法院判決八十六年判字第三一八五號

查本件被告以其於審理余惠君（原告之女）綜合所得稅時，查獲原告於八十一年五月十二日及同年七月六日，分別以定期存單轉存（第一信合社）方式，贈與余惠君五、〇〇〇、〇〇〇元及六、〇〇〇、〇〇〇元，乃核定本（八十一）年度贈與總額一一、〇〇〇、〇〇〇元，贈與淨額一〇、五五〇、〇〇〇元，贈與稅額二、三二三、七五〇元，並依行為時遺產及贈與稅法第四十四條規定，按應納贈與稅額處一倍之罰鍰二、三二三、七五〇元，固非無見。惟按「本法稱贈與，指財產所有人以自己之財產無償給予他人，經他人允受而生效力之行為。」為行為時遺產及贈與稅法第四條第二項所明定。本件原告主張本件存款係整存整付儲蓄存單，一向由原告保管，由原告支配使用，其經濟上處分權仍屬原告享有，該存款之利息，亦由原告收取，並非歸屬於受託人余惠君，故余惠君只是單純出名提供帳戶之人頭，性質上為受託人之身分，並非受贈人；又原告係用女兒余惠君名義存款，余惠君於七十九年十月至八十三年六月就讀高雄醫學院，其人在高雄，根本不可能動用在臺北一信之存款，亦不可能處理臺北一信存摺之利息存款。從余惠君存摺提款存款頻率之高，足以顯示該存摺確係由原告所占有使用，而非由余惠君占有使用，本件自非贈與，而為消費寄託云云，並提出余惠君出具之證明書及其學士學位證書為證。依上開法條第二項之規定，原告除有以自己之財產無償給予其女兒余惠君之意思表示外，尚須

受贈人之同意並接受贈與始能成立。本件余惠君自七十九年十月至
八十三年六月,既在高雄醫學院求學中,而原告於八十一年五月十
二日及同年七月六日,分別以定期存單轉存及電匯方式以余惠君名
義存款五、〇〇〇、〇〇〇元及六、〇〇〇、〇〇〇元,是否已得
余惠君同意並接受贈與,未據被告查明並舉證以實其說,且依原告
提出之余惠君所書立證明書影本載明「本人余惠君茲證明曾於民國
八十一年同意母親呂阿滿使用本人名義在銀行開戶存款,日後無條
件解約奉還。」等情,能否謂余惠君有允受贈與之事實,非無再行斟
酌之餘地;又上開存款以余惠君名義存入後,是否有由余惠君占有
及支配,暨該二筆存款之利息撥入以余惠君名義另行開立之帳戶,
是否亦由余惠君占有及支配?攸關本件贈與事實之認定,而此部分
被告並未查明;再被告既認定八十一年五月十二日及同年七月六日
以余惠君名義存入上開金融機構五、〇〇〇、〇〇〇元及六、〇〇
〇、〇〇〇元時,即已成立贈與,但其於八十四年四月一日被查獲
前,另案查獲原告之配偶贈與金額之其中二、〇〇〇、〇〇〇元償
還貸款及一、〇〇〇、〇〇〇元轉存余標平之帳戶內,被告遂將該
部分合計三、〇〇〇、〇〇〇元扣除,其認定前後事實顯有矛盾;
況查其中二、〇〇〇、〇〇〇元償還貸款部分,究係償還何人之貸
款,被告亦未究明,如果係償還原告或其夫余標平之貸款,似可證
明余惠君並未實際占有及支配該二筆存款。職是之故,原告主張系
爭存款均由其支配使用,其經濟上處分權仍屬其享有,該存款之利
息,亦由伊收取,本件自非贈與而為消費寄託等情,是否全不足採
信?亦非無推究之餘地,此與系爭存款究為贈與或消費寄託有關,
被告自應進一步查明以憑認定。其遽認本件為贈與,並據以補徵贈
與稅及處以罰鍰,不無率斷之嫌,一再訴願決定遞予維持,亦有可
議,是原告據以指摘,經核非無理由,應由本院將原處分及一再訴
願決定均予撤銷,由被告查明事實後,只為適法之處分,以昭折服。

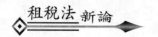

Ⅲ.行政法院判決八十七年判字第一三七四號

被告依行為時遺產及贈與稅法第五條第三款規定,核定贈與總額為一三、五〇〇、〇〇〇元,贈與淨額為一三、〇五〇、〇〇〇元,發單課徵贈與稅三、一九八、七五〇元。無非以原告於八十年八月十七日自其世華聯合商業銀行活期存款帳號二四〇六六四六號帳戶提領一三、五〇〇、〇〇〇元,以其配偶王振世名義電匯存入謝淑始(即王振世之兄王擇民配偶)華南商業銀行中山分行支票存款帳號一〇一八八七號帳戶內,謝淑始旋於當日自該帳戶開立金額七五、〇〇〇、〇〇〇元(其中包括原告前開資金一三、五〇〇、〇〇〇元)之支票一張為王擇民繳納認購寶島銀行股票,該一三、五〇〇、〇〇〇元應屬原告對王擇民之贈與云云為論據。惟原告主張其配偶王振世係證券公司營業員,其配偶之兄王擇民為寶島銀行發起人,平日二人為投資理財之便,即互有金錢往來借貸,有彼二人自七十九年至八十三年間之資金流程為證,被告之草率審核認定本件匯款為原告贈與王擇民,則自王擇民帳戶匯至原告配偶王振世帳戶者,豈不又變成王擇民對王振世之贈與。本件實因王擇民、謝淑始夫妻為寶島銀行發起人,系爭匯款實係償還王擇民之借款及支付購買寶島銀行之股票款等語。查原告之配偶王振世與訴外人王擇民雖為兄弟,惟既各自成立家庭,且王擇民又為寶島銀行發起人,其財力應較原告夫婦雄厚,原告夫婦似無對之為本件鉅額贈與之必要。而兄弟間互相金錢往來,或係基於投資理財之便,或係互通有無周轉,其原因應有多種,未必即為無償贈與。依原告所舉王振世與王擇民間資金往來流程,王擇民自其銀行帳戶開立支票予王振世之金額,計七十九年一月五日一、〇〇〇、〇〇〇元,同年月十三日一、〇〇〇、〇〇〇元,同年月十九日一四、四〇七、四二二元,同年二月五日七、五三二、九九八元,同年五月十五日二二、七七九、二〇〇元,及八十三年八月六日王擇民以配偶謝淑始名義移轉

面額一、四五〇、〇〇〇元寶島銀行股票一四五、〇〇〇股予王振世，合計為四八、一六九、六二〇元。而王振世流向王擇民夫婦之金額計七十九年五月十七日一三、五四〇、〇〇〇元、同年六月八日八、〇〇〇、〇〇〇元、同年六月二十五日一三、七二五、〇〇〇元、八十年八月十九日一三、五〇〇、〇〇〇元（此為本件匯款），共計四八、七六五、〇〇〇元。其相互往來金額相當接近。原告主張係基於兄弟間投資理財之便，互有金錢往來借貸，能否認全無可採，殊值商榷，且贈與為以自己財產無償給與他方，他方允受之契約，是贈與關係之成立須有贈與之合意，認定當事人間有贈與契約存在，即須有相當之證據，不能僅憑臆測。本件原告配偶王振世與其兄王擇民間既互有金錢往來，非僅系爭單向匯款一筆，被告未舉具體事證，徒以其每筆資金流程均未說明用途為由，遽認系爭匯款為贈與，即嫌率斷。又本件匯款雖提取自原告銀行帳戶，然係以王振世名義電匯予謝淑始之帳戶，用以支付王擇民購自寶島銀行之認股款，為被告所認定。原告既非匯款人，則能否認定系爭匯款係原告贈與王擇民，即能否認定原告與王擇民有贈與關係存在，亦不無商榷之餘地。綜上，原處分認系爭匯款為原告對王擇民之贈與，尚嫌無據，一再訴願決定予以維持，亦有可議。原告起訴意旨非無理由，爰將再訴願決定及原處分（復查決定）併予撤銷，由被告切實查明事實，另為處分，以期公允。

至於行政法院七十八年度判字第一一四四號判決所持之見解：「按凡經常居住中華民國境內之中華民國國民，就其在中華民國境內或境外之財產為贈與者，應依本法規定，課徵贈與稅；而本法稱贈與，指財產所有人以自己之財產無償給與他人，經他人允受而生效力之行為，行為時遺產及贈與稅法第三條第一項及第四條第二項定有明文。又贈與物未交前，贈與人得撤銷其贈與。其一部已交付

者，得就其未付之部分撤銷之。前項規定，於立有字據之贈與，或為履行道德上之義務而為贈與者不適用之。民法第四百零八條亦規定甚明。本件原告於七十五年四月二日將其持有之國泰建設股份有限公司股票八、四二八股及永豐餘造紙股份有限公司股票五、○○○股，合計價值新臺幣（下同）四三九、二二四元贈與林○杰，並於同年月四日向被告機關申報贈與稅，經核定免納贈與稅在案。嗣原告又於七十五年十二月十一日書立贈與契約書將其持有之東元電機股份有限公司記名股票一一、二七一股，價值四三九、五六九元贈與林○珠，並於同年十二月十六日向被告機關申報贈與稅，被告機關以原告在同一年內先後兩次贈與之金額已經超過全年免稅額，乃依遺產及贈與稅法第二十五條之規定，併予核定本年度贈與總額八七八、七九三元，應納贈與稅額一八、四三九元。原告見狀隨即以系爭一一、二七一股東元公司股票，尚未經其背書轉讓，仍由其持有中，亦未辦理過戶，請求准其撤銷贈與，被告機關以原告與受贈人林○珠訂有贈與契約書乃立有字據之贈與，不得撤銷，否准其所請，揆諸首揭法條規定並無違誤。原告雖主張：其在申報當場，以贈與內容有誤要求退件，被告機關櫃臺人員不准。查本贈與契約因受贈人不接受訂約，雙方已於七十五年十二月十六日同意解除契約，該贈與契約已自始歸於消滅。今受贈人自願放棄受贈，不請求交付贈與物並書立不受贈聲明與贈與人訂立同意解除贈與契約，贈與契約自始即不生效力，被告機關不准原告撤銷贈與，實欠允當云云。第查原告書立贈與契約書將東元公司股票贈與林○珠，有原告與林○珠簽章之贈與契約書附被告機關原處分卷可稽，原告向被告機關申報贈與稅之內容與契約所載均相符合，從而原告主張受贈人於受贈當時即表示不敢接受該項贈與及贈與人以贈與內容有誤，當場要求撤件云云，要非可採。至原告主張其與受贈人林○珠，已於七十五年十二月十六日同意解除契約，受贈人自願放棄受贈，固據

其提出林〇珠書立之不受贈聲明及其與原告訂立之同意解除贈與契約為證，並經林〇珠在本院受命評事行準備程序中證明無訛。惟查贈與稅係以贈與之債權契約為課徵之對象，系爭贈與契約，已經合法成立，既如上述，縱令嗣經合意解除，亦不影響系爭贈與稅之課徵，原告執以指摘原處分為不當，亦非可採。訴願、再訴願決定，遞予維持原處分，均無不合。」吾人以為其與贈與稅課徵的本質有所違背，也就是說，如果實質上受贈人並未享受到贈與財產之經濟利益的話，即不應有是否要課徵贈與稅的問題。

(9)離婚協議給付之財產：依據財政部臺財稅字第〇八九〇四五六三二〇號解釋：「**主旨：夫妻兩願離婚，依離婚協議一方應給付他方財產者，非屬贈與行為，免予課徵贈與稅**。請查照。說明：…二、本案楊君於離婚生效後，於離婚協議書記載外，再給予陳君之現金部分，是否屬離婚當時之約定？係屬事實認定問題，請本於職權查明認定。又本案離婚給付內容已載明於離婚協議書，則該書面記載以外之給付，楊君如主張亦屬離婚約定之給付，應由其負舉證責任，如無法證明係離婚當時約定之給付且屬無償移轉時，應課徵贈與稅。」

2.視同贈與

依據遺產及贈與稅法第五條之規定，財產之移動，具有下列各款情形之一者，以贈與論，依本法規定，課徵贈與稅：一、在請求權時效內無償免除或承擔債務者，其免除或承擔之債務。二、以顯著不相當之代價，讓與財產、免除或承擔債務者，其差額部分。三、以自己之資金，無償為他人購置財產者，其資金。但該財產為不動產者，其不動產。四、因顯著不相當之代價，出資為他人購置財產者，其出資與代價之差額部分。五、限制行為能力人或無行為能力人所購置之財產，視為法定代理人或監護人之贈與。但能證明支付

之款項屬於購買人所有者，不在此限。六、二親等以內親屬間財產之買賣。但能提出已支付價款之確實證明，且該已支付之價款非由出賣人貸與或提供擔保向他人借得者，不在此限。但是遺產及贈與稅法施行細則第二條卻規定，債務人經依破產法和解、破產、或依公司法聲請重整，以致債權人之債權無法十足取償者，其免除之差額部分，非屬視同贈與。此外，遺產及贈與稅法施行細則第三條則又規定，保證人因履行保證責任，而代主債務人清償債務，並無償免除其債務者，應以贈與論。但主債務人宣告破產者，保證人之代償行為不視為贈與。以保證債務為目的而為連帶債務人者，仍適用前項規定。因此，如有以上情形發生者，即使不符合贈與之構成要件，亦以贈與論，並應依法課徵贈與稅。

再者，在實務上則有幾個法律概念與視同贈與經常發生混淆不清的情形，茲詳細分析如下：

1. 信　託

依據行政法院八十一年判字第三三三號判決之理由：

「本件甘港、甘濱海及陳廷湧向原告借款一六、〇〇〇、〇〇〇元，嗣因無力償還，乃以柒等所有坐落花蓮縣壽豐鄉水璉段一三三、一三三之三、一三三之四、一三三之五、一三三之六、及一三三之七地號土地及地上建物等作價二四、〇〇〇、〇〇〇元抵償該項債務。並由原告以花蓮市農會取款條及現金支付餘額，原告除將上開土地中一三三及一三三之七地號土地及地上建物售與何國隆外，其餘均以其子林金源之名義登記為所有人，案經被告機關因花蓮縣稅捐稽徵處之移辦，認原告係以其資金為其子購買財產，乃依遺產及贈與稅法第五條第三款規定，以贈與資金核課贈與稅，固非無見。惟查原告購得上開土地及地上建物等後，嗣將其中一三三及一三三之七地號土地出售與何國隆，亦即該出售部分，自始未以林

金源之名義登記為所有權人，此就被告機關卷附之有關資料可以查
知。查甘港等三人將上開土地及地上物等折價抵償原告債款，係全
部土地及地上物籠統折價而非各筆計價後再計總，而原告購得後復
將其中一三三及一三三之七地號土地出售，則原告將之贈與其子林
金源究係以資金為其子購買上開土地及地上建物等，抑係購得上開
土地及地上建物等後，始將該土地及地上建物等贈與其子林金源，
因涉及課贈與稅之贈與額數，自須調查明晰，以為課稅依據。次查
原告一再主張，伊並無贈與林金源之情事，該花蓮縣壽豐鄉水璉段
土地登記為林金源，係基於信託關係而為，並非贈與，此經臺灣花
蓮地方法院判決確定在案云云。倘原告確與林金源約定，就該土地
許可林金源於經濟目的範圍內行使權利而為超過該目的之土地所有
權移轉之信託行為，臺灣花蓮地方法院民事確定判決之認定信託關
係，非基於該兩造當事人之通謀虛偽意思表示，而可證明其確為基
於信託關係所為之權利登記，能否謂原告有提供資金無償為林金源
購置財產，而合於遺產及贈與稅法第五條第三款規定？即值詳研，原
告執此指摘，尚非全無理由。原處分非無可議。一再訴願決定遞予
維持，亦難謂合，應將一再訴願決定及原處分均予撤銷，由被告機
關重行查明，另為適法之處分，以昭折服。」可知，信託行為顯然與
視同贈與有別。

2.股東為彌補公司帳面累積虧損，按股份比例放棄對公司之債權

依據行政法院七十六年判字第八六七號判決之理由：

「按在請求權時效內無償免除或承擔債務者，其免除或承擔之
債務以贈與論，依法課徵贈與稅，為遺產及贈與稅法第五條第一款
所規定。又股東為彌補公司帳面累積虧損，如不按股份比例放棄對
公司之債權者，應就所放棄之債權額，視為贈與課稅，經財政部六

十八年十月三十日（六八）臺財稅第三七五八七號函釋有案。查樺〇公司七十二年度總帳載明該公司應付原告款項（即原告代墊款項）四、二〇三、八九五‧九五元，於七十二年十二月三十一日與累積虧損沖轉，有該帳冊及傳票影本附於被告機關原處分卷可稽。核屬原告為彌補公司帳面累積虧損，放棄對公司之債權。又該公司章程載明原告出資四、八〇〇、〇〇〇元，占公司資本總額八、〇〇〇、〇〇〇元之百分之六十，而其以股東代墊款項四、二〇三、八九五‧九五元全數彌補公司累積虧損，既未按其出資比例彌補公司虧損，被告機關認應按其所放棄之債權額課徵贈與稅，揆之首揭規定，即非無據。原告起訴意旨，無非謂全體股東一致同意共同按出資比例彌補公司虧損，因除原告外其餘各股東一時籌措資金不及，乃由原告以其在公司之股東往來款項先行彌補公司虧損，俟各股東有錢再予償還，原告未向其他股東表示免除該項代墊之款項云云。惟原告於七十四年七月八日應被告機關詢問時，答稱：本公司於72、73年度來從未召開股東會和董事會。七十二年度總帳應收款項應付款項全係本人個人之墊款（即本人之股東墊款）等語，有談話筆錄附於原處分卷可考。原告當時既未陳明各股東同意出資比例彌補公司虧損之事，迨至七十四年十二月九日始提出『七十二年十二月三十日』之股東同意書影本，以為佐證，其為事後串作，至為明顯，自不足採取。」可知，股東為彌補公司帳面累積虧損，按股份比例放棄對公司之債權，即相當於實質上的「減資然後再增資」，並非視同贈與。

3. 因調解而放棄利息請求權

依據財政部臺財稅字第七五七〇六五四號函之規定：「債權人與××股份有限公司經臺東市調解委員會調解放棄利息請求權成立，並未取得利息，如經查明屬實，准免併計各該債權人之綜合所得課稅，至其因調解而放棄利息請求權，尚難謂債權人有藉無償免除債

務，以達成無償移轉財產之目的，應免予核課贈與稅。」由於因調解而放棄利息請求權的情況與單純之視同贈與有別，故而，其並非在視同贈與之列。

除此之外，就如何認定視同贈與的問題，有幾則實務上之見解，亦相當值得吾人酌參，茲分述如下：

Ｉ.行政法院七十九年判字第一六八八號判決

按「以顯著不相當之代價，讓與財產、免除或承擔債務者，其差額部分，課徵贈與稅。」及「未公開上市之公司股票，以繼承開始日或贈與日該公司之資產淨值估定之」分別為遺產及贈與稅法第五條第二款及同法施行細則第二十九條所明定。本件原告於七十六年十一月八日將其所持有之豐泰企業股份有限公司未公開上市之股份五、一三〇股及以其配偶郭一美名義登記之股份四、〇七八股轉讓予豐帝企業股份有限公司，出售金額係以票面金額每股一、〇〇〇元計算，合計九、二〇八、〇〇〇元，經被告機關依查得資料核算股份讓與豐帝企業股份有限公司七十六年度之稅後盈餘為三、五三〇、四七〇・四八元，經加計資本額九八、九八八、〇〇〇元及其累積未分配盈餘三五、一八〇、七四五・二二元總計其資產淨值為一三七、六九九、二一五・七〇元，並計算系爭轉讓股票之價值為一二、八〇八、九七〇・五七元，即每股為一、三九一・一〇元，而原告係按股票面額計算總價九、二〇八、〇〇〇元出售，兩者差價為三、六〇〇、九七〇・五七元，被告機關因認其係以顯著不相當之代價讓與財產，對該差額部分，課徵贈與稅，揆諸首揭法條規定，洵非無據。原告雖主張首揭法條之適用係以顯著不相當之代價為其成立要件，非謂一有「差額」即應課稅，又股票買賣行為發生時，買賣價格之訂定往往憑藉買賣雙方對該標的物之判定，於主觀中參酌客觀因素，諸如雙方協議，出售或買入意願之強烈或消極，資本市場活絡等因素，至於出售價值是否與帳上之價值一致，則無

521

絕對之關聯性。本件股票交易當時，依會計師查核簽證報告所查定換算之淨值每股僅為一、○二六元與原告售價之差異甚小，故應無以顯著不相當代價讓售情事等語。惟按核算遺產及贈與稅法施行細則第二十九條第一項所謂之「資產淨值」時，對於公司未分配盈餘之計算，應以向經稽徵機關核定者為準，有財政部七十年十二月三十日臺財稅第四○八三三號函釋可稽，經核該函釋與首揭法條所定意旨尚不違背，自得援用，本件被告機關依查得資料核算原告出售之系爭股票讓與日該公司七十六年度之稅後盈餘，加計資本額並依前開函釋加計經稽徵機關核定之未分配盈餘，計算每股淨值為一、三九一・一○元，核無不合，原告認依會計師簽證報告所查定換算之淨值每股為一、○二六元，並無以顯著不相當之代價出售云云，即無足採。又遺產及贈與稅法第五條第二款所謂「以顯著不相當之代價」者，就未上市股票之買賣而言，固非指出售之價額與依該公司之資產淨值所估定之價值，不論差額多寡即均屬之，惟其是否「顯著不相當」，屬該管稽徵機關職權範圍內之裁量事項，除其有踰越權限或濫用權力之違法情形外，原告縱有不服，除依訴願程序救濟外，尚非屬行政訴訟範疇。此觀諸訴願法第一條及行政訴訟法第一條規定甚明。原告既未經指明被告機關前開裁量行為有何違法情事，空言主張，自不足採，矧依原告公司結算申報帳載資料截至七十五年十二月三十一日該公司淨值總額為一二○、三六三、四○九・三四元，七十六年度純益經會計師查核簽證為五、一八○、一六七・八七元，有原告公司七十六年度營利事業所得稅結算申報書影本附原處分案卷可稽，依此項資料計算系爭股票之價格每股約為一、二五九・五五元，亦非一、○六二元，顯見原告主張並非真實，尚難執此指摘被告機關認定違法。又公開上市之公司股票與未公開上市之公司股票，其估價係分別依遺產及贈與稅法施行細則第二十八條及第二十九條規定為之，原告所稱上市公司股票之股價與公司資產淨

值所呈現之差距，即足證資產淨值並非衡量股價之唯一依據一節，核屬出售上市公司股票之範圍，與本件原告出售之股票為未上市公司之情形不同。另查被告機關對於原告出售系爭股票之交易價額，自始並無爭執，原告請求函囑受讓系爭股票之豐帝公司提供或說明系爭股票交易價格一節，被告機關縱未辦理，因與本案認定並無影響，原告執此指摘，亦非可採。綜之，原告所訴各節，均無足採憑。被告機關所為處分，核無違誤，一再訴願決定遞予維持，均屬允適。

Ⅱ.最高行政法院八十九年度判字第三四四七號

本件原告於八十二年三月五日將其所有長鴻證券公司未上市之系爭股票七七〇、〇〇〇股，以每股六元讓與訴外人林樹旺。被告以其轉讓價格較移轉日長鴻證券公司依八十二年度資產負債表核算之每股淨值十‧三一元為低，有以顯著不相當代價讓與財產之情事，乃依行為時遺產及贈與稅法第五條第二款規定，就其差額核定贈與總額為三、三一八、七〇〇元，淨額為二、八六八、七〇〇元等情，固非無見。惟按以顯著不相當之代價讓與財產、免除或承擔債務者，其差額部分以贈與論；又未公開上市之公司股票，以繼承開始日或贈與日該公司之資產淨值估定之，為行為時遺產及贈與稅法第五條第二款及同法施行細則第二十九條第一項所明定。本件原告轉讓系爭股票與他人是否應課以贈與稅，應先查明原告是否以顯著不相當之代價讓與系爭股票，亦即原告以每股六元讓與系爭股票，是否與客觀上之價值顯不相當，而後始有遺產及贈與稅法施行細則第二十九條第一項之按贈與日該公司之資產淨值估定之適用。本件原告訴稱股票價值受到相當多因素之影響，每股淨值是其中因素之一，並非判斷是否以顯著不相當之代價移轉股票之唯一標準，稽徵單位應考量其他客觀因素對股票價值之影響。本件系爭股票之買賣在八十二年三月至五月之間，當時上市公司之指數由七十九年二月底的一二、六二八點，一路下滑至八十二年四月底之四、五六三點，八十

八年七月二十七日上市股票約四百五十家左右，收盤股價指數為七千三百六十七點九七點，較八十二年四月底之指數為高，然當日收盤價低於淨值之股票竟高達一百五十九家，佔三分之一強，本件當時交易價格每股六元，應屬合理。且同一時段亦有多人均以每股六元轉讓，成交筆數有十三筆之多，已佔長鴻證券公司股票總股本百分之三十等情，已據其提出股市指數圖、收盤價與淨值明細表、證券交易稅一般代徵稅額繳款書等件附卷可稽，則原告所主張是否全不足採？亦非無推究之餘地，此與系爭讓與股票是否以顯著不相當之代價讓與財產而應以贈與論，至有關係，被告自應進一步查明以憑認定。又以現今上市、上櫃交易市場之股票，其股價大於淨值者甚多，而股票淨值大於交易價格者，亦比比皆是，此為公知之事實，是以核定每股價值仍應參考其他客觀因素對其讓售價格之影響，以作為核定之參考，不應以每股淨值作為判斷是否以顯著不相當之代價移轉股票之唯一標準，原告據以指摘，應認為有理由。從而被告所為之原處分，即有未洽，訴願及再訴願決定，未予糾正，亦有未合，自應由本院將再訴願、訴願決定及原處分均予以撤銷，另由被告為適法之處分。

Ⅲ. 財政部六十二年臺財稅字第三三六七○號函

遺產及贈與稅法第五條第六款但書之規定，並無形式上之限制，凡能提出支付價款之金錢來源及支付憑證，足以證明其買賣行為確屬真實，而非取巧虛構以逃避贈與稅之課徵者，自不應以贈與論課。

Ⅳ. 財政部六十八年臺財稅字第三二三三八號函

遺產及贈與稅法第五條係規定財產移轉時，具有所列各款情形之一者，即不問當事人間是否有贈與意思表示一致，均須以贈與論，依法課徵贈與稅，與同法第四條所規定之贈與人與受贈人意思表示一致，始能成立者，原有不同。本案既係依照上述釋函適用同法第五條第二款規定課徵贈與稅，雖受贈人未有允受之意思表示，其贈

與行為仍屬成立，故其申報案件，應准予受理。

Ｖ．財政部七十六年臺財稅字第七五七一七一六號函

依遺產及贈與稅法第五條規定，以贈與論課徵贈與稅之案，自本函發布之日起，稽徵機關應先通知當事人於收到通知後十日內申報，如逾限仍未申報，並經課稅確定者，始得依同法第四十四條規定處罰。

三、遺產及贈與稅的納稅義務人

◈ (一)遺產稅

依據遺產及贈與稅法第六條之規定，遺產稅之納稅義務人如下：一、有遺囑執行人者，為遺囑執行人。二、無遺囑執行人者，為繼承人及受遺贈人。三、無遺囑執行人及繼承人者，為依法選定遺產管理人。其應選定遺產管理人，於死亡發生之日起六個月內未經選定呈報法院者，或因特定原因不能選定者，稽徵機關得依非訟事件法之規定，申請法院指定遺產管理人。而遺產及贈與稅法第二條則規定，無人承認繼承之遺產，依法歸屬國庫；其應繳之遺產稅，由國庫依財政收支劃分法之規定分配之。

就此，有幾則實務上之見解，可作為補充之說明，茲分述如下：

Ⅰ．財政部六十六年臺財稅字第三〇五二三號函

主旨：被繼承人死亡遺有財產，如經指定有遺囑執行人依遺產及贈與稅法第六條規定應以遺囑執行人為納稅義務人，如其逾期不繳納稅款，自應依法移送法院強制執行。

說明：二、依遺產及贈與稅法第一條規定應課徵遺產稅之案件，其遺產稅納稅義務人，依同法第六條第一項第一款規定，遺囑執行人係第一順位之納稅義務人。故被繼承人死亡遺有財產，如經指定

有遺囑執行人時，不論有無繼承人，該遺囑執行人均有繳納遺產稅之義務。納稅義務人如逾期不繳納稅款時，稽徵機關自應依法移送法院強制執行。三、被繼承人死亡遺有財產者，如有繼承人時，該遺產依法應由繼承人繼承，如無人承認繼承時，該遺產依法應歸屬國庫。如依法應歸屬國庫而處理上有疑義時，希逕洽國有財產局辦理。

Ⅱ.財政部七十一年臺財稅字第三四六三九號函

依照遺產及贈與稅法第六條第一項第二款規定，無遺囑執行人者，遺產稅之納稅義務人為繼承人及受遺贈人。可見受遺贈人原本即屬納稅義務人，故繼承人於繳清遺產稅款後，要求於繳清證明書內加列受遺贈人為納稅義務人，依法尚無不合，應予照准。

◈ (二)贈與稅

依據遺產及贈與稅法第七條之規定，贈與稅之納稅義務人為贈與人。但贈與人有下列情形之一者，以受贈人為納稅義務人：一、行蹤不明者。二、逾本法規定繳納期限尚未繳納，且在中華民國境內無財產可供執行者。依前項規定受贈人有二人以上者，應按受贈財產之價值比例，依本法規定計算之應納稅額，負納稅義務。

就此，財政部六十六年臺財稅字第三六五一三號函之見解，可作為補充之說明：

「查依遺產及贈與稅法第三條規定，贈與稅之課徵，其贈與人以自然人為限，法人贈與不課贈與稅。至國內自然人股東因其投資之股份有限公司連年虧損，以其持有股份無償給與該股份有限公司，即係贈與行為，依首開法條規定，應予依法課徵贈與稅。」

四、遺產及贈與財產的估價標準

依據遺產及贈與稅法第十條之規定，遺產及贈與財產價值之計算，以被繼承人死亡時或贈與人贈與時之時價為準；被繼承人如係受死亡之宣告者，以法院宣告死亡判決內所確定死亡日之時價為準。本條修正前發生死亡事實或贈與行為之案件，於本條修正公布生效日尚未核課或尚未核課確定者，其估價適用前項規定辦理。第一項所稱時價，土地以公告土地現值或評定標準價格為準；房屋以評定標準價格為準。而遺產及贈與稅法施行細則第二十八條則規定，凡已在證券交易所上市（以下稱上市）或證券商營業處所買賣（以下稱上櫃）之有價證券，依繼承開始日或贈與日該項證券之收盤價估定之。但當日無買賣價格者，依繼承開始日或贈與日前最後一日收盤價估定之，其價格有劇烈變動者，則依其繼承開始日或贈與日前一個月內各日收盤價格之平均價格估定之。有價證券初次上市或上櫃者，於其契約經證券主管機關核准後，至掛牌買賣前，應依繼承開始日或贈與日該項證券之承銷價格或推薦證券商認購之價格估定之。至於遺產及贈與稅法施行細則第二十九條則規定，未上市或上櫃之股份有限公司股票，除前條第二項規定情形外，應以繼承開始日或贈與日該公司之資產淨值估定之。非股份有限公司組織之事業，其出資價值之估價準用前項規定。

就此，有幾則實務上之見解，儘管相當具有爭議性，亦可供吾人參考，茲分述如下：

Ⅰ.財政部六十五年臺財稅字第三四五九四號函

說明：二、在年度進行中發生繼承事實或贈與行為，而遺產或贈與標的中有未公開上市公司行號股票須核估遺產或贈與價額者，如該公司行號尚未辦理結算，致無法於申報時提出資產負債表，且

527

於稽徵機關核稅時，仍未能補送該項資料者，得由稽徵機關以該公司行號上一年度資產負債表所列資產淨值，加計本年度截至被繼承人死亡時或贈與人為贈與行為時止之營業收入額，按同業利潤標準計算之盈餘為該公司行號之淨值。三、公司行號於被繼承人死亡時或贈與人為贈與行為時，如未編製資產負債表，但於申報時或稽徵機關核定遺產稅或贈與稅時，已編有資產負債表者，得以該公司行號前期結算之資產淨值，加計前後兩期淨值之差額，按經過日數占兩結算期間總日數之比例，核算其股票價值。

Ⅱ.財政部六十六年臺財稅字第三五四四〇號函

遺產及贈與稅法施行細則第二十九條所稱「**資產淨值**」一詞，**係指營利事業資產總額與負債總額之差額而言**。

Ⅲ.財政部七十一年臺財稅字第三四五七三號函

被繼承人死亡遺有未公開上市之公司股票，或個人以未公開上市之公司股票為贈與者，稽徵機關於核算該項股票之價值時，有關公司未分配盈餘部分之計算，如因繼承開始日或贈與發生日，公司當年度營利事業所得稅尚未經核定致無法確定時，可就公司已核定累積未分配盈餘數額，加計當年度申報之本期損益額，調整計算其資產淨值，以憑核算該項股票之價值。

Ⅳ.財政部七十一年臺財稅字第三一八九七號函

主旨：被繼承人遺有未公開上市之公司股票，稽徵機關為核算該項股票之價值，於核估該公司之資產淨值時，對其公司資產中之土地及房屋，於依繼承開始日或贈與日之土地公告現值或房屋評定標準價格估價時，准予扣除土地增值稅準備及房屋累積折舊。

說明：二、遺產及贈與稅法施行細則第二十九條規定：「未公開上市之公司股票，以繼承開始日或贈與日該公司之資產淨值估定之」，稽徵機關於核算該法條所稱之資產淨值時，對於公司資產之土地價值部分，應依繼承開始日或贈與日當期之土地公告現值計算，

對於房屋部分，應依繼承開始日或贈與日之評定標準價格計算。三、依前項說明以繼承開始日或贈與日當期之土地公告現值計算土地價值時，准就該公告現值與原始取得價格間之增值差額，減除可提列之增值稅準備。至於以繼承開始日或贈與日之評定標準價格計算房屋價值時，准予減除依照規定提列之房屋累積折舊。

Ⅴ．財政部臺財稅字第七九○二○一八三三號函

主旨：稽徵機關於核算遺產或贈與財產中未上市公司股票之資產淨值時，對其轉投資持有之上市公司股票，應依遺產及贈與稅法施行細則第二十八條規定估價。

說明：二、遺產及贈與稅法施行細則第二十九條規定「未公開上市之公司股票，以繼承開始日或贈與日該公司之資產淨值估定」。稽徵機關於核算該法條所稱之資產淨值時，對於公司轉投資持有之上市公司股票價值，應依遺產及贈與稅法施行細則第二十八條規定計算。

Ⅵ．財政部臺財稅字第八四一六一四三六四號函

依遺產及贈與稅法施行細則第二十九條規定，未公開上市之公司股票，其遺產價值以繼承開始日該公司之資產淨值估定之。被繼承人死亡遺有未上市公司股票，而該未上市公司如經稽徵機關查明其已擅自停業或他遷不明，經研判確實已無財產價值者，可核實認定其資產淨值，以符實際。

然而，吾人以為既然遺產及贈與稅法中就有關未公開上市或上櫃之公司股票估價原則係以繼承開始日或贈與日該公司之「資產淨值」估定之；而所謂的「資產淨值」，依前揭財政部六十六年臺財稅第三五四四○號函釋規定，則係指營利事業資產總額與負債總額之差額而言，其中所謂的「營利事業資產總額與負債總額之差額」即是營利事業所編製之資產負債表中的「業主權益」或「股東權益」，

至為明確，且亦符合法律解釋的原則，誠屬難能可貴。惟財政部竟
以七十一年臺財稅字第三一八九七號函釋認定，被繼承人遺有未公
開上市之公司股票，稽徵機關為核算該項股票之價值，於核估該公
司之資產淨值時，對其公司資產中之土地及房屋，於依繼承開始日
或贈與日之土地公告現值或房屋評定標準價格估價時，准予扣除土
地增值稅準備及房屋累積折舊。此外，又以臺財稅字第七九〇二〇
一八三三號函釋規定，稽徵機關於核算遺產或贈與財產中未上市公
司股票之資產淨值時，對其轉投資持有之上市公司股票，應依遺產
及贈與稅法施行細則第二十八條規定估價。如此任意變更原來正確
的見解，歪曲原有法律條文的固有意義，恣意增加法律所無之限制，
明顯違背「租稅法律主義」之意旨。

　　蓋依遺產及贈與稅法施行細則第二十九條第一項規定：「未上市
或上櫃之股份有限公司股票，除前條第二項規定情形外，應以繼承
開始日或贈與日該公司之資產淨值估定之」，其中所謂的「資產淨
值」，顧名思義，顯係指營利事業於每會計年度終了時所編製之資產
負債表中的「業主權益」或「股東權益」而言，至為明確；此外，
依政大會計研究叢書／9011「會計學名詞辭典」（高造都主編，五
南圖書出版有限公司出版，1995年7月版）第278頁有關「資產淨
額」的定義：一會計單位之資產帳面價值，減去負債之餘額，即為
資產淨額，又稱淨資產；以及第220頁有關「淨資產」的定義：指
一個會計個體之資產總額，減負債總額所剩餘之淨額而言。此項淨
資產之所有權，應歸投資人或業主享有，等於淨值或資本淨值。再
者，丁文拯編著之「會計學綜合大辭典」（允晨文化實業股份有限公
司出版，1996年7月版）第336頁有關「淨資產」(net assets) 的定
義亦與「會計學名詞辭典」之定義相同。

　　由以上分析即可知所謂的「資產淨值」，其法律條文的固有意義
本係指「營利事業資產總額與負債總額之差額」，亦即營利事業於每

會計年度終了時所編製之資產負債表中的「業主權益」或「股東權益」而言，至為明確；今財政部捨此一正確之法律解釋不就，竟「天馬行空」的另行「創設」了一個「不倫不類」的「四不像」，將「資產淨值」的定義另行加了三個限制，亦即(1)對於未公開上市或上櫃之公司資產中土地價值部分，應依繼承開始日或贈與日當期之土地公告現值計算，並准就該公告現值與原始取得價格間之增值差額，減除可提列之增值稅準備，(2)對於未公開上市或上櫃之公司資產中房屋部分，應依繼承開始日或贈與日之評定標準價格計算，並准予減除依照規定提列之房屋累積折舊，(3)對於未公開上市或上櫃之公司資產中轉投資持有之上市公司股票部分，應依遺產及贈與稅法施行細則第二十八條規定估價，以致於使得「資產淨值」的定義變得有一點像會計方法中的「市價法」(market method) 或「公平市價法」(fair value method) ── 就未公開上市之公司轉投資持有之上市公司股票部分而言，又一點像強迫未公開上市或上櫃之公司必須依「商業會計法」第五十一及五十二條有關「資產重估」之規定辦理資產重估價 ── 未公開上市之公司資產中土地以及房屋部分而言，而其餘部分則依「一般公認會計準則」之相關規定計價。這樣的解釋完全曲解了「資產淨值」法律條文的固有意義，因此財政部七十一年臺財稅字第三一八九七號函以及七十九年臺財稅字第七九〇二〇一八三三號函之解釋顯然已經違反了法律解釋的原則，明顯違背「租稅法律主義」之意旨。更遑論，法律解釋應求其同一性以及一貫性，財政部曾於八十二年二月二十六日以臺財稅字第八二一四七八四四八號函：「主旨：營利事業出售未上市公司股票，其售價顯較時價為低者，比照營利事業所得稅查核準則第二十二條規定，除其提出正當理由及證明文據經查明屬實者外，應按時價核定其售價。說明：二、主旨所稱時價，應參酌該股票同時期相當交易量之成交價格認定，如同時期查無相當交易量之成交價格，則按交易日公司資產淨

值核算每股淨值認定之」作為營利事業出售未上市公司股票成本估價之依據，而其中所謂的「資產淨值」，法律條文與遺產及贈與稅法施行細則第二十九條規定中所謂的「資產淨值」相同，依理應做同一之解釋；而財政部八十二年二月二十六日臺財稅字第八二一四七八四四八號函釋中所謂的「資產淨值」，係指「營利事業資產總額與負債總額之差額」，亦即營利事業所編製之資產負債表中的「業主權益」或「股東權益」，至為明確，且財政部亦未於其他函釋中如同財政部七十一年臺財稅字第三一八九七號函以及七十九年臺財稅字第七九〇二〇一八三三號函就「資產淨值」另行加具上不必要與不合理之限制；此更足以顯示財政部七十一年臺財稅字第三一八九七號函以及七十九年臺財稅字第七九〇二〇一八三三號函解釋之不必要與不合理，更再一次證明該等解釋顯然已經違反了法律解釋的原則，明顯違背「租稅法律主義」之意旨。

五、遺產及贈與稅的計算方式與稅率結構

❖ (一)遺產及贈與的範圍

依據遺產及贈與稅法第十四條之規定，遺產總額應包括被繼承人死亡時依第一條規定之全部財產，及依第十條規定計算之價格。但第十六條規定不計入遺產總額之財產，不包括在內。而遺產及贈與稅法第十五條則規定，被繼承人死亡前二年內贈與下列個人之財產，應於被繼承人死亡時，視為被繼承人之遺產，併入其遺產總額，依本法規定徵稅：一、被繼承人之配偶。二、被繼承人依民法第一千一百三十八條及第一千一百四十條規定之各順序繼承人。三、前

款各順序繼承人之配偶。此外，八十七年六月二十六日以後至前項修正公布生效（八十八年七月十七日）前發生之繼承案件，亦適用前項之規定。至於贈與財產的範圍則依贈與或視同贈與之內容而定。

❖ ㈡不計入遺產或贈與總額之項目

1.不計入遺產總額之項目

依據遺產及贈與稅法第十六條之規定，下列各款不計入遺產總額：一、遺贈人、受遺贈人或繼承人捐贈各級政府及公立教育、文化、公益、慈善機關之財產。二、遺贈人、受遺贈人或繼承人捐贈公有事業機構或全部公股之公營事業之財產。三、遺贈人、受遺贈人或繼承人捐贈於被繼承人死亡時，已依法登記設立為財團法人組織且符合行政院規定標準之教育、文化、公益、慈善、宗教團體及祭祀公業之財產。四、遺產中有關文化、歷史、美術之圖書、物品，經繼承人向主管稽徵機關聲明登記者。但繼承人將此項圖書、物品轉讓時，仍須自動申報補稅。五、被繼承人自己創作之著作權、發明專利權及藝術品。六、被繼承人日常生活必需之器具及用品，其總價值在七十二萬元以下部分。七、被繼承人職業上之工具，其總價值在四十萬元以下部分。八、依法禁止或限制採伐之森林。但解禁後仍須自動申報補稅。九、約定於被繼承人死亡時，給付其所指定受益人之人壽保險金額、軍、公教人員、勞工或農民保險之保險金額及互助金。十、被繼承人死亡前五年內，繼承之財產已納遺產稅者。十一、被繼承人配偶及子女之原有財產或特有財產，經辦理登記或確有證明者。十二、被繼承人遺產中經政府闢為公眾通行道路之土地或其他無償供公眾通行之道路土地，經主管機關證明者。但其屬建造房屋應保留之法定空地部分，仍應計入遺產總額。十三、被繼承人之債權及其他請求權不能收取或行使確有證明者。而遺產

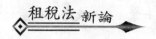

及贈與稅法施行細則第九條之一則規定，所謂的債權及其他請求權不能收取或行使確有證明者，係指下列各款情形：一、債務人經依破產法和解、破產、或依公司法聲請重整，致債權全部或一部不能取償，經取具和解契約或法院裁定書者。二、被繼承人或繼承人與債務人於法院成立訴訟上和解或調解，致債權全部或一部不能收取，經取具法院和解或調解筆錄，且無本法第五條第一款規定之情事，經稽徵機關查明屬實者。三、其他原因致債權或其他請求權之一部或全部不能收取或行使，經取具證明文件，並經稽徵機關查明屬實者。

2.不計入贈與總額之項目

依據遺產及贈與稅法第二十條之規定，下列各款不計入贈與總額：一、捐贈各級政府及公立教育、文化、公益、慈善機關之財產。二、捐贈公有事業機構或全部公股之公營事業之財產。三、捐贈依法登記為財團法人組織且符合行政院規定標準之教育、文化、公益、慈善、宗教團體及祭祀公業之財產。四、扶養義務人為受撫養人支付之生活費、教育費及醫藥費。五、贈與民法第一千一百三十八條所定繼承人之農業用地。但該土地如繼續供農業使用不滿五年者，應追繳應納稅賦。六、配偶相互贈與之財產。七、父母於子女婚嫁時所贈與之財物，總金額不超過一百萬元。八十四年一月十四日以前配偶相互贈與之財產，及婚嫁時受贈於父母之財物在一百萬元以內者，於本項修正公布生效日尚未核課或尚未核課確定者，適用前項第六款及第七款之規定。

❖ (三)遺產或贈與的扣除額

1.遺產的扣除額

　　依據遺產及贈與稅法第十七條之規定，下列各款，應自遺產總額中扣除，免徵遺產稅：一、被繼承人遺有配偶者，自遺產總額中扣除四百萬元。二、繼承人為直系血親卑親屬者，每人得自遺產總額中扣除四十萬元。其有未滿二十歲者，並得按其年齡距屆滿二十歲之年數，每年加扣四十萬元。但親等近者拋棄繼承由次親等卑親屬繼承者，扣除之數額以拋棄繼承前原得扣除之數額為限。三、被繼承人遺有父母者，每人得自遺產總額中扣除一百萬元。四、第一款至第三款所定之人如為殘障福利法第三條規定之重度以上殘障者，或精神衛生法第五條第二項規定之病人，每人得再加扣殘障特別扣除額五百萬元。五、被繼承人遺有受其扶養之兄弟姊妹、祖父母者，每人得自遺產總額中扣除四十萬元；其兄弟姊妹中有未滿二十歲者，並得按其年齡距屆滿二十歲之年數，每年加扣四十萬元。六、遺產中之農業用地及其地上農作物，由繼承人或受遺贈人，繼續經營農業生產者，扣除其土地及地上農作物價值之全數。但該土地如繼續供農業使用不滿五年者，應追繳應納稅賦。七、被繼承人死亡前六年至九年內，繼承之財產已納遺產稅者，按年遞減扣除百分之八十、百分之六十、百分之四十及百分之二十。八、被繼承人死亡前，依法應納之各項稅捐、罰鍰及罰金。九、被繼承人死亡前，未償之債務，具有確實證明者。十、被繼承人之喪葬費用，以一百萬元計算。十一、執行遺囑及管理遺產之直接必要費用。被繼承人如為經常居住中華民國境外之中華民國國民，或非中華民國國民者，不適用前項第一款至第七款之規定；前項第八款至第十一款規定之扣除，以在中華民國國境內發生者為限；繼承人中拋棄繼承權者，不適用前項第一款至第五款規定之扣除。而遺產及贈與稅法施行細則第十三條則規定，被繼承人死亡前因重病無法處理事務期間舉債、出售財產或提領存款，而其繼承人對該項借款、價金或存款不能證明其用途者，該項借款、價金或存款，仍應列入遺產課稅。

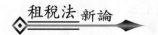

就此，有幾則實務上之見解，可作為補充之說明，茲分述如下：

Ⅰ.行政法院六十年判字第七六號判例

被繼承人死亡前未償之債務，具有確實證明者，於計算被繼承人遺產總額時，應予扣除，為遺產稅法第十四條第二款所明定。此項規定，並未附有提示債務發生原因及用途證明之條件，良以繼承人對於被繼承人舉債之原因以及借款之用途未必明瞭，更無從提出該項原因及用途之證明，故立法本旨著重於未償債務之存在，而不問債務發生之原因與用途，是以繼承人果能證明被繼承人死亡前有未償之債務，即應在遺產總額內予以扣除。

Ⅱ.行政法院六十二年判字第五三九號判例

在中華民國領域內未設住所之華僑，所有國外遺產既免課遺產稅，則其在國外之債務自不能在國內之遺產中扣除。

Ⅲ.行政法院七十五年判字第四〇三號判例

遺產及贈與稅法施行細則第十三條所定「被繼承人死亡前，因病重無法處理事務期間舉債或出售財產，而其繼承人對該項借款或價金不能證明其用途者，該項借款或價金仍應列入遺產課稅」，揆其本旨，乃認為被繼承人於死亡前，既因病重無法處理事務，則其繼承人代為舉債或出售財產，當能提出代為舉債或出售財產所得正當用途之證明，倘無從舉證或舉證而不能令人信其為真正者，該項借款或價金自仍為被繼承人持有，應列入遺產課稅。

Ⅳ.行政法院七十四年判字第一一四三號判決

本件被繼承人生前所借之二二、三三〇、〇〇〇元被告機關將之併入遺產總額課稅，無非以未發現被繼承人新買資產，而原告又未能提出該項借款之用途證明，乃依照遺產及贈與稅法施行細則第十三條規定辦理，為其論據，惟查遺產及贈與稅法施行細則第十三條規定：「被繼承人死亡前因重病無法處理事務期間舉債或出售財產，而繼承人對該項借款或價金不能證明其用途者，該項借款或價

金仍應列入遺產課稅」，適用此項規定之前提要件厥為「因重病無法處理事務」，而此項要件之存在，依法理應由稅捐稽徵機關先行舉證證明，繼承人始對該項借款或價金之用途負舉證證明之責，而所稱因重病無法處理事務，當係指被繼承人意識不清或精神耗弱而不能處理事務，並非僅手足不便，體力不足或不能行動之情形而言，本件被繼承人於七十二年三月二十四日至七十二年五月二十七日向金融機構借用上開款項期間，固適因肝癌病情不穩，再住南山醫院療養，且係於七十二年五月二十八日病逝，但此期間被繼承人是否因重病無法處理事務，被告機關未向南山醫院治療被繼承人之醫師查證其病情或調閱其病歷表，以資認定，徒擷取被繼承人之診斷證明書記載其曾於七十年九月十三日因肝出血休克，經緊急手術治療，於七十年十月九日出院，七十二年一月四日又因病情不穩再住院療養，七十二年五月二十八日因病情轉惡病逝，遽謂被繼承人重病無法處理事務，自屬有嫌率斷。又上開借款，皆係向金融機構借貸，被告機關未向各該金融機構詳查被繼承人借款及領款之經過，以確定原告是否已承受上開借款之利益，徒以被繼承人既無新購資產，原告又無法提出上開借款之用途證明，即應併入遺產總額課稅，亦嫌武斷，參酌財政部六十五年九月九日（六五）臺財稅第三六〇一號函重申該部五十九年七月二十二日（五九）臺財稅第二五五四二號函釋意旨，原處分亦屬有悖一般舉證法則。

Ⅴ.行政法院七十九年判字第一一四五號判決

查被繼承人死亡前，未償之債務，具有確實證明者，應自遺產總額中扣除，免徵遺產稅，為遺產及贈與稅法第十七條第一項第八款所明定。此項規定，並未附有提示債務發生原因及用途證明之條件，良以繼承人對於被繼承人舉債之原因以及借款之用途未必明瞭，更無從提出該項原因及用途之證明，故立法本旨著重於未償債務之存在，而不問債務發生之原因與用途，是以繼承人果能證明被繼承

人死亡前有未償之債務，即應在遺產總額內予以扣除，本院著有六十年判字第七六號判例可稽。本件系爭被繼承人生前未償債務，其中吳金火七五〇、〇〇〇元、張新福一、〇〇〇、〇〇〇元、王秋桐四〇〇、〇〇〇元、郭吳秀美四〇〇、〇〇〇元部分，經原告於申請復查時即提出被繼承人所開立之借據七紙，債權人銀行、農會存摺及郵政儲金簿、談話筆錄及償還債務召開協議會記錄等附原處分卷可稽，復據債權人吳金火於被告機關調查時說明渠係於七十六年六月十五日、十六日、二十七日分別從銀行提領五九、六〇〇元、一四五、〇〇〇元、一八〇、〇〇〇元及身邊現款，另將七十六年七月三日取款條金額三十萬元交予郭玉喜，而由郭玉喜於七十六年六月十八日開立借據七五〇、〇〇〇元交與收執。債權人張新福說明自七十五年間至七十六年三月二十日止陸續自郵局提款貸與郭玉喜，於七十五年十月二日及七十六年三月二十日由郭玉喜分別開立五五〇、〇〇〇元及四五〇、〇〇〇元借據交與收執，債權人王秋桐說明渠於七十六年七月十八日及七月二十日從虎尾鎮農會提領六〇、〇〇〇元及三〇、〇〇〇元另存於家內之現金三一〇、〇〇〇元合計四〇〇、〇〇〇元借予郭玉喜，由郭於七十六年八月一日開立四〇〇、〇〇〇元借據乙紙，交與收執。債權人郭吳秀美亦說明渠於七十六年七月十日及九月十日分別向郵局提領四五、〇〇〇元及一八〇、〇〇〇元，另加現金五、〇〇〇元合計二三〇、〇〇〇元借予郭玉喜，由郭玉喜於七十六年九月二十五日開立二三〇、〇〇〇元收據乙紙交與收執，另於七十六年十月二十七日、十一月七日分別提領三〇、〇〇〇元及一五〇、〇〇〇元，除自留一〇、〇〇〇元外，共計借予郭玉喜一七〇、〇〇〇元，由被繼承人於七十六年十一月五日開立一七〇、〇〇〇元借據乙紙交與收執等語。被告機關雖謂借據中，僅一張載有利息三分，餘均未載息，且全部均未約定清償日期，但借據上卻載有萬一到期借主不能償還者，連帶

保證人當出頭負擔完全責任，顯與常情不合；又債權人談話筆錄，大部分稱係零星自銀行領錢後，一次或分次借給被繼承人，於借款前或借款後書寫借據，此與一般經驗法則不合，且亦缺乏真實性，遂否准認列系爭未償債務。惟查借據未載息及未約定清償日期，及載有萬一到期借主不能償還者，連帶保證人自當出頭負擔完全責任等，誠難謂必與常情不合，又部分借款在立據之前，一部分在立據之後交付，僅相差十餘日，亦難謂有違一般經驗法則，是此部分被告機關未查明該等部分之真實性，即遽否准認列，自嫌率斷。

Ⅵ.行政法院八十三年判字第一八七八號判決

按被繼承人死亡前，未償之債務，具有確實證明者，應自遺產總額中扣除，免徵遺產稅，為遺產及贈與稅法第十七條第一項第八款所規定。本件原告原列報被繼承人死亡前未償債務扣除額四二、七一七、二五五元，原核定及復查決定以其未能提示借貸契約或資金流程以供佐證，且又無具體事證資以證實系爭債務確為被繼承人之借貸，應由其本人負擔而未清償，要難徒憑所提票據及法院依一造辯論而為之民事確定裁判率予採認，乃不准扣除，固非無見。惟查原告主張被繼承人生前積欠國際汽車公司、國安工業公司，及陳蟲昶之債務共計四二、七一七、二五五元之事實，既已提出債權人國安工業公司及國際汽車公司出具之債務證明（借貸經過及內容說明函），暨陳蟲昶委託律師陳錦隆提出之八十三年一月五日說明函各一份為憑，並有被繼承人生前挪用國安公司簽交託請向債權人劉育仁調現之臺灣中小企銀南京東路分行支存帳戶第二〇五九一二號支票二十張、被繼承人簽發償還部分挪用款與國安公司之彰銀南京東路分行支存帳戶第一六六五號支票四張、國安公司代被繼承人墊付票據債務所簽發彰銀南京東路分行支存帳戶第一六六五號之支票一張暨國安公司、國際公司與被繼承人間有關本件債務往來紀錄之明細表、傳票、帳簿影本在卷可稽，且有證明債權人國際汽車公司、

國安工業公司，及陳矗昶分別向債務人林錫俊之繼承人須貝ツギ等人迫償債務之臺灣臺北地方法院士林分院七十九年度促字第二一六八號支付命令，同院七十九年度重訴字第六十八號民事判決，臺北地方法院七十八年度訴字第九七二號民事判決等確定裁判影本為證，復經債權人先後據以聲請法院實施強制執行程序進行中，亦有臺北地院民事執行處八十二年度民執王字第二八九一號等相關民事強制執行函件可考。按普通法院民事判決所認定之事實及判決結果，固無當然拘束行政爭訟之效力，惟民事判決經調查證據後所據以認定之事實，該判決自得採為本院認定事實之重要證據，非有確切之反證，不宜率予否認其證據力。本件被繼承人生前對國安公司、國際公司及陳矗昶所負票據債務，既經債權人對林錫俊訴請償還，並經法院判決，且各債權人已分別向法院聲請強制執行，查封林錫俊遺產中。核其情形，一方面債權人持法院判決對林錫俊遺產積極迫償，另一方面被告否認上開債務自遺產總額中扣除，而課徵原告遺產稅，政府機關所為互相矛盾，無異使林錫俊之繼承人即原告蒙受雙重之負擔，實非事理之平，自應審慎處理。被告就應調查斟酌之證據未予查明審酌，已如上述，乃竟遽予課徵遺產稅，尚有可議，訴願、及再訴願決定未予查明仍予維持，亦有未洽。原告起訴意旨執以指摘，即非無理由。爰將再訴願決定、訴願決定及原處分併予撤銷，交由被告再行查明妥為審酌，另為適法之處分，期昭折服。

VII. 行政法院八十七年判字第一四八五號判決

本件原告王陳明珠、陳錦格因遺產稅事件不服行政院中華民國八十六年五月十三日臺八十六訴字第一九○九三號再訴願決定，起訴狀載明僅就駁回再訴願部分提起行政訴訟，本院自應就此起訴範圍審理，其中關於復查決定准予追減部分另以裁定為之，合先敘明。按「下列各款，應自遺產總額中扣除，免徵遺產稅：……遺產中之農業用地，由繼承人或受遺贈人，繼續經營農業生產者，扣除其土

地價值之半數。但由能自耕之繼承人一人繼承，繼續經營農業生產者，扣除其土地價值之全數。……執行遺囑及管理遺產之直接必要費用。」為行為時遺產及贈與稅法第十七條第一項第五款及第十款所明定。次按「公共設施保留地因依本法第四十九條第一項徵收取得之加成補償，免徵所得稅，因繼承或因配偶、直系血親間之贈與而移轉者，免徵遺產稅或贈與稅。」為都市計畫法第五十條之一所明定。本件被繼承人陳德深於七十八年八月十四日死亡，被告據申報內容及查得資料，核定遺產總額為三、三六一、四二一、〇七二元，淨額為三、二九九、〇〇八、八一七元，稅額為一、九五五、一九二、六九〇元，嗣以繼承人王陳明珠、陳德仁、陳錦格、王陳好完、廖陳錦香五人為納稅義務人發單補徵，另就繼承人等短報遺產額二、一五一、〇三三元，依法處罰鍰一、二九〇、六二〇元。陳德仁、王陳好完、廖陳錦香三人及原告王陳明珠、陳錦格二人於分別申經復查結果，准予追減遺產額一三六、一〇六、二六二元。原告等仍未甘服，就遺產股票部分之被繼承人名義股票、保管箱內他人名義之股票、陳德仁及陳周美捉名義之股票、南陽公司、六十公司名義之股票、陳重吉、陳重榮、陳俊嘉、周素貞、周美鳳名義之股票、被繼承人親屬十四人名義之股票、被繼承人經營公司之職員三十人名義之股票、被繼承人所經營之清泉投資公司等八家公司名義之股票、被繼承人死亡前三年贈與股票、被繼承人其他親屬名義之股票、公司職員名義之股票、被繼承人以清泉投資公司名義持有股票、公司股東往來之債權、抵押設定之債權、土地遺產、銀行存款、扣除額——公共設施保留地扣除額、農業用地扣除額部分、執行遺囑及管理遺產之直接必要費用扣除部分、不計入遺產總額之財產及罰鍰部分，分向財政部提起訴願，經遭駁回，遂就銀行存款以外部分，分向行政院提起再訴願。經再訴願決定：「原決定及原處分關於遺產股票（復查決定經已追減者外）、公司股東往來之債權、土地遺產、

以抵押權擔保之債權、不計入遺產總額之財產及罰鍰部分均撤銷，由原處分機關另為適法之處分。其餘部分之再訴願駁回。」原告就駁回再訴願部分，提起行政訴訟，其中關於復查決定准予追減部分另以裁定為之，茲就扣除額部分（包括公共設施保留地扣除額、農業用地扣除額、執行遺囑及管理遺產之直接必要費用扣除部分）分述如下：一、公共設施保留地扣除額部分：原告主張嗣後如有發現可扣除之公共設施保留地，仍請准予扣除云云。經查，原核定以被繼承人所有之土地價值計四九五、一七四、一三〇元，其中座落臺北縣蘆洲鄉和尚洲水湳段一六二地號土地為蘆洲仁愛國小用地，於被繼承人死亡前核准徵收，惟迄死亡後，始予實際徵收，是死亡時仍為公共設施保留地，另原告清查補報之座落臺北市木柵段二小段三〇〇、三三一地號、大安區瑞安段三小段二八八地號、中山區長春段二小段七八五、七八六地號等五筆土地均為公共設施保留地，符合免稅規定，乃自遺產總額中減除前述六筆土地價值四四、六二一、三〇〇元。原告以臺北市木柵段二小段三〇〇、三〇一、三三一地號、大安區瑞安段三小段二八八地號、中山區長春段二小段七八五、七八六地號等土地請予扣除，其餘查證後再補報云云，經復查結果，以系爭六筆土地除木柵段二小段三〇一地號在被繼承人死亡後七十八年十二月公告，不合免計入遺產之規定外，其餘五筆土地價款，合計三六、四二一、三〇〇元，原核定業予以計列扣除。至其餘土地，若尚查有合乎公共設施保留地免稅規定，可於法定期間內依法申請更正，乃未准變更，揆諸首揭規定，核無不合。原告此部分主張，難謂為有理由。二、農業用地扣除額部分：原告主張嗣後如能提示明確資料，請准予申請更正扣除云云。經查，原告等申報遺產稅時並未申報農業用地扣除額部分，且未提示相關證明供核，原處分未予認列，核無不合，而敘明嗣後若能提示明確證明資料，得於法定期間內按更正程序辦理，則原告此部分主張，亦非有理由。三、

執行遺囑及管理遺產之直接必要費用扣除部分：原告主張被繼承人遺產參拾餘億元，且散佈全省各地、各公司，就搜集資料、整理、申報遺產稅、抵繳遺產稅及執行遺囑等等均屬管理遺產所直接必要之管理行為，原告非委託專業人員協助辦理無法達成，原核定及復查決定及再訴願決定以會計師、律師之酬金非必要或無事務支出內容及由於執行遺囑係完納遺產稅以後之階段行為為由，不予扣除，惟被繼承人遺產散佈全省各地，聘請專業人士搜集遺產資料、申報遺產稅、鑑定遺囑真偽，配合被告抵繳遺產稅，均為執行遺囑管理遺產之必要行為，否則未申報遺產或漏報遺產，其補稅及罰款已大於遺產，焉有遺產可資管理，此項委任會計師酬金依財政部65.2.1.臺財稅第三〇六九五號函示：「會計師管理遺產所收取之酬勞金，原則上應為執行遺囑及管理遺產上之直接必要費用，如未超過會計師公會所規定之收費標準，應准自遺產總額中扣除」之規定，請撤銷原處分此部分，予追認或部分追認遺囑及管理遺產之必要費用云云。經查，原告申報執行遺囑及管理遺產費用一二五、六〇〇、〇〇〇元，未檢附證明文件供核。又執行遺囑管理遺產之費用得列作扣除額者，以該費用之支出，為直接執行遺囑內容或管理遺產所必要為限。由於執行遺囑係完納遺產稅以後之階段行為，遺囑執行人縱有因執行而為必要之費用支出，亦僅能於嗣後檢附費用明細表陳明支付原因申請追認。若僅因遺囑執行人之改選興訟而支付訴訟費用，尚非執行遺囑直接必要費用。次查，**管理遺產費用亦必須針對遺產標的有行必要之管理、使用、收益等行為所支付之費用而言**，財政部（六二）臺財稅字第三〇六九五號函雖釋明會計師管理遺產所收取之酬勞金，應准自遺產總額扣除，然亦必須給付之酬勞金與管理遺產之勞務項目有明確之關係且必要。原處分以原告雖提出林敏弘會計師、高林國際商務法律事務所及陳鄭權律師等出具之收據，惟各該收據並未載明細項收費原因及勞務支出內容，亦未說明遺囑執

行人委託其辦理之業務範圍及費用之約定，無從認定其與管理遺產有直接必要性。從而，原處分就執行遺囑及管理遺產之直接必要費用部分，未予認列扣除，洵無違誤，原告此部分之主張，尚不足採。綜上所述，原告所訴，核無可採，一再訴願決定，遞予維持原處分關於扣除額部分，均無不合，原告起訴意旨，難謂有理，應予駁回。

Ⅷ.最高行政法院九十年度判字第六七一號

按凡經常居住中華民國境內之中華民國國民死亡時遺有財產者，應就其在中華民國境內境外全部遺產課徵遺產稅，為行為時遺產及贈與稅法第一條第一項所明定。次按「聯合財產中，妻於結婚時所有之財產，及婚姻關係存續中因繼承或其他無償取得之財產，為妻之原有財產，保有其所有權。聯合財產中，夫之原有財產及不屬於妻之原有財產之部分，為夫所有。」「聯合財產中，夫或妻於結婚時所有之財產，及婚姻關係存續中取得之財產，為夫或妻之原有財產，各保有其所有權。聯合財產中，不能證明為夫或妻所有之財產，推定為夫妻共有之原有財產。」為七十四年六月三日修正前及修正後之民法第一千零十七條所規定。「聯合財產關係消滅時，夫或妻於婚姻關係存續中所取得而現存之原有財產，扣除婚姻關係存續中所負債務後，如有剩餘，其雙方剩餘財產之差額，應平均分配。但因繼承或其他無償取得之財產，不在此限。」為七十四年六月三日修正公布之民法第一千零三十條之一第一項所明定。又關於夫妻於民法第一千零三十條之一修正生效前取得之財產，是否有該規定之適用，財政部於八十六年十二月十六日邀集法務部及內政部等相關機關會商獲致結論，以八十七年一月二十二日臺財稅第八七一九二五七○四號函釋，依照最高法院八十一年度臺上字第二三一五號判決要旨「七十四年六月三日修正公布施行民法親屬編施行法未特別規定修正後之民法第一千零三十條之一規定，於修正前已結婚並取得之財產，亦有適用，則夫妻於民法親屬編修正前已結婚並取得之財產，自無

適用該修正規定之餘地。」故聯合財產制夫或妻一方死亡時，有關剩餘財產差額分配請求權之適用，以七十四年六月五日（含當日）後取得之財產為限。本件被繼承人蘇昭綣於民國八十四年三月二十四日死亡，原告等於八十五年六月四日申報遺產總額二、二七五、四九五、八五〇元。嗣於八十六年三月十九日以生存配偶蘇王柑、吳梅祝等二人財產計一九、一〇〇元，申請生存配偶對被繼承人剩餘財產差額二分之一之分配請求權一、一三七、六六八、一五四元自遺產總額中扣除。案經被告否准扣除，核定遺產總額二、二六四、一三〇、六五六元，遺產淨額一、一八四、七二三、八七〇元，應納稅額五七七、八五四、九三五元。原告等不服被告之初查核定，以行政院八十六年九月二十三日撤銷財政部臺灣省北區國稅局「對於七十四年六月四日以前夫妻婚姻關係存續中取得之財產不適用民法第一千零三十條之一規定剩餘財產差額半數請求權」之行政處分，採用從新從寬見解，即七十四年六月四日立法院增訂民法第一千零三十條之一條文之適用時點應是夫妻婚姻關係消滅時，亦即夫妻一方死亡於七十四年六月四日以後，則婚姻關係存續中所取得而現存之原有財產二、二六四、一三〇、六五六元，扣除婚姻關係存續中所負債〇元，剩餘二、二六四、一三〇、六五六元，生存配偶財產計一九、一〇〇元，剩餘財產差額半數一、一三二、〇五五、七七三元，配偶即有請求權，為被繼承人死亡之前未償債務，自應從遺產總額追減一、一三二、〇五五、七七三元云云，申經被告復查決定，以配偶剩餘財產分配請求權之基礎為七十四年六月三日新增訂民法第一千零三十條之一規定，依民法親屬編施行法第一條「關於親屬之事件，在民法親屬編施行前發生者，除本施行法有特別規定外，不適用民法親屬編之規定，其在修正前發生者，除本施行法有特別規定外，亦不適用修正後之規定」之規定，該施行法對剩餘財產分配請求權之適用無溯及適用之規定甚明。又被繼承人死亡時，

生存之配偶財產較被繼承人為少時，生存之配偶可就雙方財產差額請求分配二分之一，且該請求分配金額，可列為遺產稅之扣除額，然查土地登記簿謄本等資料，本件被繼承人所遺之土地、房屋、合作社股金及股票，均係七十四年六月五日以前所取得，自不得列入計算配偶剩餘財產差額之計算標的。再查被繼承人配偶蘇王柑及吳梅祝於繼承日所有之財產屬七十四年六月五日以後取得者，有銀行存款六、四六七、○七七元及第三信用合作社股金三、○○○元，合計六、四七○、○七七元，已較被繼承人所遺七十四年六月五日以後之銀行存款一四○、四四二元（原處分誤為一四○、四四六元）為多，原核定否准扣除，並無不合，乃未准變更，固非無見。惟查法律不溯既往原則，乃基於法安定性及信賴保護原則所生，用以拘束法律適用及立法行為之法治國家基本原則，其意義在於對已經終結的事實，原則上不得嗣後制定或適用新法，以改變其原有之法律評價或法律效果。至於繼續的事實關係或法律關係進行之中，終結之前，依原有法律所作法律評價或所定法律效果尚未發生，而相關法律修改時，則各該繼續的事實或法律關係一旦終結，原則上即應適用修正生效的新法，除法律有明文規定者外，不得適用已失效的舊法，此種情形，並非對於過去已經終結的事實，適用終結後始生效之新法（真正溯及），而是在繼續的事實或法律關係進行中，以將來法律效果之規定，連結部分屬於過去的構成要件事實（不真正溯及），既非法律溯及適用，於法治國家法安定性及信賴保護之要求，原則上並無牴觸。惟立法者如認為關係人有值得保護的信賴利益（包括對某項尚未發生但較有利的法律效果之期待），固得針對新法之效力，制訂不同程度之限制條款，以資過渡，惟如修法所欲達到的公益目的，較關係人的信賴利益更值得保護時，縱未制訂過渡法規，以特別保障關係人之期待利益，於法亦無不合，故性質上並非法律漏洞，法院於適用法律時，尚不得遽為補充。民法親屬編施行法第

一條規定「關於親屬之事件，在民法親屬編施行前發生者，除本施行法有特別規定外，不適用民法親屬編之規定；其在修正前發生者，除本施行法有特別規定外，亦不適用修正後之規定」，其立法理由略謂，不溯既往，乃法律適用之基本原則，如認其事項有溯及適用之必要者，即應於施行法中定為明文，方能有所依據。司法院釋字第四一○號解釋前段，亦同此意旨。因此關於親屬之事項，必須有關該事項所應適用之法律制訂或修改，同時對於原已發生之法律秩序，認不應仍繼續維持或須變更者，始應於施行法中為明文規定，以作為法律溯及適用之依據。查民國七十四年六月三日修正公布之民法第一千零三十條之一規定之聯合財產關係消滅時，配偶之剩餘財產差額分配請求權，乃對聯合財產關係之消滅，賦予新的法律效果，此一關於親屬事項法律之修正增訂，如同時對於原已發生之聯合財產關係消滅之法律秩序，認不應仍繼續維持其效力或須變更者，即應於施行法中為明文規定，始得適用修正增訂之民法第一千零三十條之一，惟因民法親屬編施行法中並未明文規定，民法第一千零三十條之一，於本法修正生效前已消滅之聯合財產關係亦有適用，因此民法第一千零三十條之一不得溯及適用於本法修正生效前已消滅之聯合財產關係，是為法律不溯既往原則；至於聯合財產關係如於七十四年六月五日該條規定修正生效之後消滅，而已依法發生配偶之剩餘財產差額分配請求權時，其請求之對象，該法條明文規定為「夫或妻於婚姻關係存續中所取得而現存之原有財產，扣除婚姻關係存續中所負債務後，如有剩餘，其雙方剩餘財產之差額」，而如何認定「夫或妻於婚姻關係存續中所取得而現存之原有財產」，係應依有關結婚及夫妻財產取得時之法律定之；是否發生法律溯及適用問題，亦應依有關結婚及夫妻財產取得之法律是否嗣後修改、有無溯及效力決之；修正增訂聯合財產關係消滅時配偶之剩餘財產差額分配請求權，既不能變更或不繼續維持夫妻之婚姻關係或夫妻於婚姻

關係存續中依法取得財產之事實或法律效果；結婚或夫妻於婚姻關係存續中依法取得財產之事實或法律效果，亦非適用修正增訂民法第一千零三十條之一始得確定或發生，其修正情形與民法第一千零十七條之修正不同，自難謂修正增訂民法第一千零三十條之一，同時對於原已發生之結婚或夫妻財產取得之法律秩序，有溯及適用之情形，自不能以民法親屬編施行法第一條規定，作為限制夫妻於民法親屬編修正前已結婚並取得之財產，不得計入民法第一千零三十條之一規定「夫或妻於婚姻關係存續中所取得之財產」中之法律依據。財政部八十七年一月二十二日臺財稅字第八七一九二五七〇四號函釋，略謂民法親屬編施行法未特別規定修正後之民法第一千零三十條之一規定，於修正前已結婚並取得之財產，亦有適用，故夫妻於民法親屬編修正前已結婚並取得之財產，並無適用該修正規定之餘地云云，顯有誤會，應不予適用。惟因聯合財產關係為繼續性法律關係，因此當事人如係於七十四年六月四日之前結婚，並取得財產，則適用民法第一千零三十條之一規定之結果，可能使該條向將來發生之法律效果，連結部分修法前已終結的構成要件事實，而發生前述法律不真正溯及適用之情形，因此立法者如欲保護聯合財產關係中，夫或妻依法取得財產後，另對將來夫妻聯合財產關係一旦消滅時，可能較有利之法律效果之期待利益者，必須以法律明文規定如何限制新法之效力範圍，以為依據，而非法律溯及適用問題。再查本件立法者修正增訂民法第一千零三十條之一規定時，並未訂定該條規定生效施行後，於如何之範圍及期間內，為其效力所不及之特別規定。審諸民國七十四年六月三日修正增訂民法第一千零三十條之一規定之理由略謂，聯合財產關係消滅時，以夫妻雙方剩餘財產之差額，平均分配，方為公平，亦所以貫徹男女平等之原則。是立法者修正增訂民法第一千零三十條之一規定之目的，係為貫徹男女平等原則，此一普遍落實憲法保障男女實質平等之修法目的，

顯然較關係人的信賴利益更值得保護，因為單純期待不符合憲法保障男女平等原則之法律繼續存在，以維護個人利益，於憲法上應不受保護。因此立法者修正增訂民法第一千零三十條之一規定時，對其可能連結之部分屬於修法前的構成要件事實，未作成限制規定，並無不合，尚難認定為法律漏洞，而自裁判上加以補充。又查本件被繼承人與蘇王柑、吳梅祝間之婚姻關係，係於民國七十四年以前存在，其財產關係為聯合財產關係，本件被繼承人於民國八十四年三月二十四日死亡，其所遺之土地、房屋、合作社股金及股票等，係於民國七十四年六月五日以前取得，本件被繼承人與蘇王柑、吳梅祝間之婚姻關係及聯合財產關係繼續存在，至被繼承人死亡時始消滅，以及本件全體繼承人對於蘇王柑、吳梅祝行使其剩餘財產差額分配請求權，並無異議等，均為兩造所不爭執，是本件依民法第一千零三十條之一規定之聯合財產關係消滅時配偶之剩餘財產差額分配請求權，係於該條規定修正生效之後將近十年發生，自應適用其請求權發生時有效之民法第一千零三十條之一規定，並不發生法律溯及適用問題。惟本件適用民法第一千零三十條之一規定所發生之法律效果，連結部分屬於修法前已終結的構成要件事實，但因立法者並未就民法第一千零三十條之一之效力，如何不及於婚姻關係存續中，而在民國七十四年六月五日以前取得之財產，訂定過渡條款，此一法律事實，復非法律漏洞，已如前述，本院亦無從自裁判上予以補充。因此本件適用民法第一千零三十條之一規定，而依該法條明文規定之時間範圍、事項性質，計算被繼承人與蘇王柑、吳梅祝於其婚姻關係存續中所取得之財產時，並無排除其中任何部分不予計算之法律上或法理上依據。被告答辯意旨，引據財政部上開函釋，以聯合財產制，夫或妻一方死亡時，有關剩餘財產差額分配請求權之規定，以民國七十四年六月五日（含當日）後取得之財產為限，因而駁回原告將生存配偶對被繼承人剩餘財產差額二分之一

之分配請求權一、一三七、六六八、一五四元自遺產總額中扣除之申請，揆諸上開說明，難謂有理由，原告據以指摘，並非全無可採，一再訴願決定遞予維持，亦有疏略，爰均予撤銷，由被告以被繼承人與蘇王柑、吳梅祝於婚姻關係存續中，適用財產取得時之法律，或與夫妻財產取得（非消滅）相關之特別規定所取得之財產為基礎，依法計算本件聯合財產關係消滅時，夫妻之剩餘財產差額，另為處分，以昭折服。至最高法院八十一年度臺上字第二三一五號判決、本院八十六年度判字第二六○號判決，並非判例，故無拘束本件判決之效力；又民法第一千零三十條之一規定增訂後，相關法律如何配合修訂，始符公平，核屬夫妻財產關係之立法問題，不能改變法律修改時，如何確定個案所應適用法律之基本原則，均併予指明。

IX. 財政部六十三年臺財稅字第三○六九五號函

會計師管理遺產所收取之酬勞金，原則上應為執行遺囑及管理遺產之直接必要費用。本案承辦繼承人蔡××遺產管理之○○會計師事務所收取酬勞金新臺幣×××元，如未超過會計師公會所規定之收費標準，應准自遺產總額中扣除。該項資料應通報○○會計師事務所所在地稽徵機關，作為核課○○會計師綜合所得稅之參考。

X. 財政部六十九年臺財稅字第三五七○二號函

本案高○君以高××名義投資臺灣××公司，投資期間分配符合獎勵投資條例第十二條規定之緩課增資股票及尚未具領之六十六年度盈餘分配金等，於高××死亡後，原投資股票及配發之增資股票、盈餘分配金等如確經高○訴請法院民事判決確定，應由高××之繼承人辦理繼承登記後，移轉登記為高○所有，自應依遺產及贈與稅法第一條規定列入遺產，惟可依同法第十七條第一項第六款（註：現行法為第八款）規定以死亡前未償之債務自遺產總額中扣除。

XI. 財政部臺財稅字第八七一九二五七○四號函

　　研商「民法第一千零三十條之一剩餘財產差額分配請求權之規定，於核課遺產稅時，相關作業如何配合事宜」之會商結論：一、民法第一千零三十條之一，係於民國七十四年六月三日增訂，而夫妻於民法親屬編修正前已結婚並取得之財產，是否有有關規定之適用，法無明文，惟依照最高法院八十一年十月八日八十一年度臺上字第二三一五號判決要旨「……七十四年六月三日修正公布施行民法親屬編施行法未特別規定修正後之民法第一千零三十條之一規定，於修正前已結婚並取得之財產，亦有其適用，則夫妻於民法親屬編修正前已結婚並取得之財產，自無適用該修正規定之餘地」，並無上揭規定之適用，故聯合財產制夫或妻一方死亡時，有關剩餘財產差額分配請求權之適用，以民國七十四年六月五日（含當日）後取得之財產為限。二、稽徵機關填發遺產稅申報通知書時，請併予通知納稅義務人，有主張民法第一千零三十條之一規定之剩餘財產差額分配請求權者，應檢附相關文件申報，所應檢附文件如次：1.法院確定判決書件或全體繼承人同意書。2.剩餘財產差額計算表。（應檢附土地、房屋之登記簿謄本，上市或上櫃有價證券及未上市或上櫃股份有限公司股票之持有股權、取得日期證明，未上市或上櫃非股份有限公司出資價值之出資額及出資日期證明，其他財產之取得日期、取得原因證明。債務發生日期、內容證明。）三、納稅義務人主張生存配偶之剩餘財產差額分配請求權價值自被繼承人遺產總額中扣除時，其有漏報生存配偶之財產或虛列負債情事者，尚不得依遺產及贈與稅法第四十五條規定論處，惟如經查明其有故意以詐欺或其他不正當方法逃漏時（例如：漏報財產、虛列負債），應可依同法第四十六條規定辦理。四、當事人主張剩餘財產差額分配請求權價值自遺產扣除之時效，參照民法規定以被繼承人死亡之日起算五年，惟如有具體證明請求權人知有剩餘財產差額之日者，應自其知悉之日起算二年。是以，八十六年二月十五日臺財稅第八五一

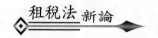
九二四五二三號函發布前之案件，無論已否確定，悉依上開結論決定應否受理更正。五、稽徵機關核算剩餘財產差額分配請求權之價值時，被繼承人於七十四年六月五日以後取得，且為不計入遺產總額之捐贈財產、政府開闢或無償提供公眾通行之道路土地、公共設施保留地及農業用地等，應列入計算。嗣於核算遺產稅額時，上揭不計入遺產總額或自遺產總額中扣除之財產，應扣除核屬配偶請求分配為其所有部分之價值（即准自遺產總額中扣除之剩餘財產差額分配請求權價值，所含上揭不計入遺產總額或自遺產總額中扣除部分之財產價值），俾免被繼承人之不計入遺產總額、自遺產總額中扣除之財產價值，重複計入配偶依民法親屬編上開規定請求分配，並經核屬為其所有之財產。六、配偶拋棄繼承權時，如仍主張剩餘財產差額分配請求權之價值自被繼承人遺產總額中扣除，稽徵機關仍應予受理。七、被繼承人配偶未行使剩餘財產差額分配請求權即告死亡，其繼承人仍可繼承並行使該項請求權，惟該請求權價值應列入被繼承人配偶之遺產課稅。

2.贈與的扣除額

依據遺產及贈與稅法第二十一條之規定，贈與附有負擔者，由受贈人負擔部分應自贈與額中扣除。而遺產及贈與稅法施行細則第十八條則規定，所謂的自贈與額中扣除之負擔，以具有財產價值，業經履行或能確保其履行者為限。負擔內容係向贈與人以外之人為給付，得認係間接之贈與者，不得主張扣除。前項負擔之扣除，以不超過該負擔贈與財產之價值為限。再者，遺產及贈與稅法施行細則第十九條則規定，不動產贈與移轉所繳納之契稅或土地增值稅得自贈與總額中扣除。

(四)遺產及贈與稅的免稅額

1.遺產的免稅額

依據遺產及贈與稅法第十八條之規定，被繼承人如為經常居住中華民國境內之中華民國國民，自遺產總額中減除免稅額七百萬元；其為軍警公教人員因執行職務死亡者，加倍計算。被繼承人如為經常居住中華民國境外之中華民國國民，或非中華民國國民，其減除免稅額比照前項規定辦理。

2.贈與的免稅額

依據遺產及贈與稅法第二十二條之規定，贈與稅納稅義務人，每年得自贈與總額中減除免稅額一百萬元。

◈ ㈤遺產及贈與稅的稅率結構

1.遺產稅的稅率結構

依據遺產及贈與稅法第十三條之規定，遺產稅按被繼承人死亡時，依本法規定計算之遺產總額，減除各項扣除額及免稅額後之課稅遺產淨額，依下列規定稅率課徵之：

⑴六十萬元以下者，課徵百分之二。

⑵超過六十萬元至一百五十萬元者,就其超過額課徵百分之四。

⑶超過一百五十萬元至三百萬元者,就其超過額課徵百分之七。

⑷超過三百萬元至四百五十萬元者，就其超過額課徵百分之十一。

⑸超過四百五十萬元至六百萬元者，就其超過額課徵百分之十五。

⑹超過六百萬元至一千萬元者，就其超過額課徵百分之二十。

⑺超過一千萬元至一千五百萬元者，就其超過額課徵百分之二

十六。

(8)超過一千五百萬元至四千萬元者，就其超過額課徵百分之三十三。

(9)超過四千萬元至一億元者，就其超過額課徵百分之四十一。

(10)超過一億元者，就其超過額課徵百分之五十。

2.贈與稅的稅率結構

依據遺產及贈與稅法第十九條之規定，贈與稅按贈與人每年贈與總額，減除扣除額及免稅額後之課稅贈與淨額，依下列規定稅率課徵之：

(1)六十萬元以下者，課徵百分之四。

(2)超過六十萬元至一百七十萬元者，就其超過額課徵百分之六。

(3)超過一百七十萬元至二百八十萬元者，就其超過額課徵百分之九。

(4)超過二百八十萬元至三百九十萬元者，就其超過額課徵百分之十二。

(5)超過三百九十萬元至五百萬元者，就其超過額課徵百分之十六。

(6)超過五百萬元至七百二十萬元者，就其超過額課徵百分之二十一。

(7)超過七百二十萬元至一千四百萬元者，就其超過額課徵百分之二十七。

(8)超過一千四百萬元至二千九百萬元者，就其超過額課徵百分之三十四。

(9)超過二千九百萬元至四千五百萬元者，就其超過額課徵百分之四十二。

(10)超過四千五百萬元者，就其超過額課徵百分之五十。

　　一年內有二次以上之贈與者，應合併計算其贈與額，依前項規定計算稅額，減除其已繳之贈與稅額後，為當次之贈與稅額。

六、遺產及贈與稅的申報及繳納

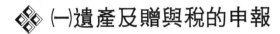

◈ (一)遺產及贈與稅的申報

1.遺產稅的申報

　　依據遺產及贈與稅法第二十三條之規定，被繼承人死亡遺有財產者，納稅義務人應於被繼承人死亡之日起六個月內，向戶籍所在地主管稽徵機關依本法規定辦理遺產稅申報。但依第六條第二項規定由稽徵機關申請法院指定遺產管理人者，自法院指定遺產管理人之日起算。被繼承人為經常居住中華民國境外之中華民國國民或非中華民國國民死亡時，在中華民國境內遺有財產者，應向中華民國中央政府所在地之主管稽徵機關辦理遺產稅申報。而遺產及贈與稅法施行細則第二十一條則規定，上揭規定之遺產稅申報期間，如被繼承人為受死亡之宣告者，應自判決宣告之日起計算。再者，遺產及贈與稅法施行細則第二十二條則規定，遺產稅納稅義務人為二人以上時，應由其全體會同申報，未成年人或禁治產人應由其法定代理人代為申報。但納稅義務人一人出面申報者，視同全體已申報。稽徵機關核定之納稅通知書應送達於出面申報之人，如對出面申報人無法送達時，得送達於其他納稅義務人，但應納稅額、滯納金、罰鍰及應加徵之利息，在不超過遺產總額範圍內，仍得對遺產及已受納稅通知確定之繼承人之財產執行之。

2.贈與稅的申報

依據遺產及贈與稅法第二十四條之規定，贈與人在一年內贈與他人之財產總值超過贈與稅免稅額時，應於超過免稅額之贈與行為發生後三十日內，向主管稽徵機關依本法規定辦理贈與稅申報。贈與人為經常居住中華民國境內之中華民國國民者，向戶籍所在地主管稽徵機關申報；其為經常居住中華民國境外之中華民國國民，或非中華民國國民，就其在中華民國境內之財產為贈與者，向中華民國中央政府所在地主管稽徵機關申報。而遺產及贈與稅法第二十五條則規定，同一贈與人在同一年內有兩次以上依本法規定應申報納稅之贈與行為者，應於辦理後一次贈與稅申報時，將同一年內以前各次之贈與事實及納稅情形合併申報。

3.申請延長申報期限

依據遺產及贈與稅法第二十六條之規定，遺產稅或贈與稅納稅義務人具有正當理由不能如期申報，應於規定期限屆滿前，以書面申請延長之。前項申請延長期限以三個月為限。但因不可抗力或有其他特殊之事由者，得由稽徵機關視實際情形核定之。

◈ (二)遺產及贈與稅的繳納

依據遺產及贈與稅法第三十條第一項之規定，遺產稅及贈與稅納稅義務人，應於稽徵機關送達核定納稅通知書之日起二個月內，繳清應納稅款；必要時，得於限期內申請稽徵機關核准延期二個月。惟如符合特定要件者,尚可向稽徵機關申請分期繳納或以實物抵繳,茲詳細分析如下:

1.分期繳納

依據遺產及贈與稅法第三十條第二項前段及第三項之規定，遺產稅或贈與稅應納稅額在三十萬元以上，納稅義務人確有困難，不

能一次繳納現金時，得於前項規定納稅期限內，向該管稽徵機關申請，分十二期以內繳納；每期間隔以不超過二個月為限。經申請分期繳納者，應自繳納期限屆滿之次日起，至納稅義務人繳納之日止，依郵政儲金匯業局一年期定期存款利率，分別加計利息；利率有變動時，依變動後利率計算。本條修正前所發生未結之案件，准予適用。

2.實物抵繳

　　依據遺產及贈與稅法第三十條第二項後段之規定，遺產稅或贈與稅應納稅額在三十萬元以上，納稅義務人確有困難，不能一次繳納現金時，得於前項規定納稅期限內，向該管稽徵機關申請，准以課徵標的物或其他易於變價或保管之實物一次抵繳。而遺產及贈與稅法施行細則第四十三條之一則規定，上揭規定所稱之課徵標的物，係指依法規定計入本次遺產總額或贈與總額並經課徵遺產稅之遺產或課徵贈與稅之受贈財產而言。再者，遺產及贈與稅法施行細則有幾項補充之規定，茲分述如下：

　　⑴遺產及贈與稅法施行細則第四十四條規定，被繼承人遺產中依都市計畫法第五十條之一免徵遺產稅之公共設施保留地，納稅義務人得以該項財產申請抵繳遺產稅款。依遺產及贈與稅法第七條第一項之規定，以受贈人為納稅義務人時，得以受贈財產中依都市計畫法第五十條之一免徵贈與稅之公共設施保留地申請抵繳贈與稅款。

　　⑵遺產及贈與稅法施行細則第四十五條規定，納稅義務人依規定申請以實物抵繳遺產稅或贈與稅時，應於核定繳納期限內繕具抵繳之財產清單，申請主管稽徵機關核准。主管稽徵機關應於接到申請後三十日內調查核定。申請抵繳稅款之實物，不合於規定者，主管稽徵機關應即述明不准之理由，通知納稅義務人仍按原核定繳納

期限繳納。如不准抵繳之通知書送達納稅義務人時，已逾原核定繳納期限或距原核定繳納期限不滿十日者，應准納稅義務人於通知書送達日起十日內繳納。申請抵繳稅款之實物，如有部分不合第三十條規定者，應通知納稅義務人就不合部分補繳現金。

(3)遺產及贈與稅法施行細則第四十六條規定，納稅義務人申請以繼承或受贈之課徵標的物抵繳遺產稅或贈與稅者，其抵繳價值之計算，以該項財產核課遺產稅或贈與稅之價值為準。前項抵繳之標的物為折舊或折耗性之財產者，應扣除繼承發生日或贈與日至申請抵繳日之折舊或折耗額；其經設定他項權利者，應扣除該項權利之價值或擔保之債權額。前項之他項權利為抵押權者，其擔保之債權於抵繳後經債務人清償，致抵繳價值超過原抵繳稅款者，準用遺產及贈與稅法施行細則第四十八條第一項規定辦理。納稅義務人申請以課徵標的物以外之財產抵繳遺產稅或贈與稅者，其抵繳價值之計算，以申請日為準，並準用有關遺產或贈與財產之估價規定辦理。

(4)遺產及贈與稅法施行細則第四十八條規定，以實物抵繳應納稅款者，用以抵繳之實物其價額如低於應納稅額，納稅義務人應於辦理抵繳時以現金補足。其價額超過應納稅額者，應俟實物處理變價後，就賣得價款，按抵繳時超過稅額部分占抵繳實物全部價額之比例，計算其應退還之價額，於處理變價完竣之日起一個月內通知納稅義務人具領。依前項及遺產及贈與稅法施行細則第四十五條第三項規定，應以現金補繳者，納稅義務人得依遺產及贈與稅法第三十條第二項規定申請分期繳納。

此外，就實物抵繳的問題，亦有幾則實務上之見解，可供吾人參考，茲分述如下：

Ⅰ.最高行政法院九十年度判字第一五六六號

按「左列各款，應自遺產總額中扣除，免徵遺產稅：一、……八、被繼承人死亡前，未償之債務，具有確實證明者。」、「……前項

第七款至第十款規定之扣除，以在中華民國國境內發生者為限；……」、「納稅義務人對依本法規定，應申報之遺產或贈與財產，已依本法規定申報而有漏報或短報情事者，應按所漏稅額處以一倍至二倍之罰鍰。」、「遺產稅及贈與稅納稅義務人，應於稽徵機關送達核定納稅通知書之日起二個月內，繳清應納稅款；必要時得於限期內申請稽徵機關核准延期二個月。遺產稅或贈與稅應納稅額在三十萬元以上，納稅義務人確有困難，不能一次繳納現金時，得於前項規定納稅期限內，向該管稽徵機關申請核准，分十二期以內繳納；每期間隔以不超過二個月為限，並准以課徵標的物或其他易於變價或保管之實物一次抵繳。」　行為時遺產及贈與稅法第十七條第一項第八款、第二項中段、第四十五條、第三十條第一項及第二項分別定有明文。本件被繼承人藍自傑於八十三年十一月一日死亡，由原告等共同繼承，遺產稅申報期限申准延至八十四年八月一日，嗣由原告藍費華代表全體繼承人於八十四年七月二十八日向被告申報遺產稅，經核定遺產總額為新臺幣（下同）二九、五七一、二三九元，遺產淨額二三、九二一、二三九元，應納稅額六、三四四、六二一元，並以渠等漏報被繼承人所有第一銅鐵工業股份有限公司投資額二、七三九元、臺灣銀行和平分行存款利息三一、四九二元、彰化商業銀行大安分行存款五七、三八四元及中華商業銀行營業部存款八、五〇〇、〇〇〇元，合計八、五九一、六一五元，乃依行為時遺產及贈與稅法第四十五條規定，按所漏稅額處以一倍罰鍰計二、九二一、一四九元。原告不服，循序提起行政訴訟主張被繼承人積欠張瑞凱之美金一五六、二五〇元以及被繼承人代藍明蕙出售房屋之部分款項二六〇萬元存入自己帳戶等二筆應屬未償債務，有售屋契約書、藍明蕙所立之證明書、美國公證人公證之借款證明可據，應自遺產總額中扣除。又被告認原告漏報遺產總額八、五九一、六一五元而據以裁處罰鍰二、九二一、一四九元，實則八、五九一、

六一五元除中華商銀現金八五〇萬元外，餘如臺銀和平分行利息三一、四九二元、彰銀大安分行五七、三八四元及投資第一銅鐵工業股份有限公司二、七三九元等三項確因被繼承人死亡後無資料顯示有上列三筆存款，致原告無從知悉，實無逃漏之故意。至於中華商銀之八五〇萬元，係因須償還藍明蕙售屋款二六〇萬元、向張瑞凱借貸之美金一五六、二五〇元、喪葬費用一、三九六、七六二元，及原告誤認藍費華之生母（即被繼承人之岳母）可減除二十五萬元之扣除額，故認八五〇萬元已扣除幾近，而未予申報，此實屬計算錯誤所致，並非故意漏報或短報。又原告藍費華名下臺北市大安區金華段二小段三四四地號土地係屬公共設施道路用地亦供道路使用，迄今政府仍未辦理徵收，依司法院釋字第四四〇號解釋意旨，政府有徵收補償之義務，是本件係政府積欠人民上開土地補償款，應許納稅義務人聲請以上開土地計價抵繳云云。查原告等雖舉被繼承人向張瑞凱借款之借據、支票以及美國公證人之公證書證明其確有上開借款，然未能提供借款之資金流程，僅憑上揭借據、支票及公證書尚難證明被繼承人負有此債務。且據原告藍費華於復查階段所提之補充說明書亦稱被繼承人向張瑞凱所借美金十六萬元係於美國發生，所出具之支票付款人係美國當地之銀行，且原告並未舉證證明上開債務係於中華民國境內發生，縱上開債務確成立，惟其並非發生於中華民國境內，依行為時遺產及贈與稅法第十七條第二項之規定，自不能准予扣除。又關於對藍明蕙所欠債務部分，原告雖提出藍明蕙房屋買賣契約書及其所立證明主張應予扣除，惟查上開房屋買賣契約書雖經公證，僅堪證明確有買賣房屋事實存在，尚不能以之為被繼承人曾有取得售屋款之事實，原告復未提出相關資金流向之證明，自難認被繼承人生前負有此債務。原告前揭主張，自不足採。又原告於八十四年七月二十八日辦理遺產稅申報時，漏報被繼承人中華商業銀行營業部存款八、五〇〇、〇〇〇元、彰化商

業銀行大安分行存款五七、三八四元、臺灣銀行和平分行存款利息三一、四九二元及第一銅鐵工業股份有限公司之投資額二、七三九元，有原告遺產稅申報書、臺灣銀行八十四年八月十六日銀平營字第三六○八號函、彰化商業銀行大安分行八十五年四月二十六日彰大安字第九三七號函、中華商業銀行八十四年八月二十二日(84)中銀總企字第八四○一○三六號函、上開三家銀行之存款餘額證明書以及第一銅鐵工業股份有限公司八十五年五月九日(85)第一股字第四四號函可稽，其應申報而未申報，依司法院釋字第二百七十五號解釋意旨，縱認非出於故意，亦難謂無過失。原告雖以其中中華商銀之八五○萬元，係因須償還藍明蕙售屋款二六○萬元、向張瑞凱借貸之美金一五六、二五○元、喪葬費用一、三九六、七六二元，及原告誤認藍費華之生母（即被繼承人之岳母）可減除二十五萬元之扣除額，故認八五○萬元已扣除幾近，而未予申報。惟查原告對於被繼承人生前向張瑞凱借貸美金一五六、二五○元、積欠藍明蕙新台幣二六○萬元乙節，並未能證明，業如前述。又依行為時遺產及贈與稅法第十七條第一項第九款規定，喪葬費用僅能自被繼承人遺產總額中扣除四十萬元。原告等主張應適用八十四年一月十三日修正後之遺產及贈與稅法，惟查本件繼承之時間為八十三年十一月一日，係在八十四年一月十三日修正遺產及贈與稅法之前，依中央法規標準法第十三條規定，應自八十四年一月十五日起生效，則除條文中已明定得溯及既往者外，依實體從舊之法律適用原則，遺產及贈與稅法修正公布施行後，尚未核定稅額之案件，仍應適用繼承或贈與行為發生時之法律規定辦理。原告等主張應適用修正後之遺產及贈與稅法，核不足採。又行為時遺產及贈與稅法第十七條第一項第三款規定被繼承人遺有父母者，每人得自遺產總額中扣除二十五萬元，並不包括被繼承人配偶之生母，原告主張自被繼承人遺產總額中扣除虞舜吳（被繼承人配偶藍費華之生母）二十五萬元，亦

無足採。原告等以上開債務、喪葬費及扣除額得自中華商銀之八五〇萬元扣除乙節，或不能舉證、或與法律規定不符，其據以主張無漏報之故意，洵無足採。被告按漏稅額二、九二一、一四九元處一倍罰鍰二、九二一、一四九元，要無不合。末查原告前主張以臺北市大安區金華段二小段三四四地號土地計價抵繳遺產稅，經被告於八十五年十一月二十日以財北國稅徵字第八五一九四六五二號函復原告等略以，因繼承遺產中計有銀行存款一一、九五一、三〇〇元，已逾應納稅額本稅六、三四四、六二一元及應納之罰鍰二、九二一、一四九元，不符合遺產及贈與稅法第三十條第二項不能一次繳納現金之規定為由，否准原告等抵繳之申請，經核亦無不符，所稱該條項之抵繳限於納稅義務人之一般財產而不包括公共設施用地云云，尚屬無據。綜上，被告核定原告等應納系爭遺產稅六、三四四、六二一元及科處罰鍰二、九二一、一四九元，並否准原告申請以臺北市大安區金華段二小段三四四地號土地計價抵繳遺產稅，揆諸首揭規定，並無違誤，一再訴願決定遞予維持，亦無不合。原告起訴論旨，難認有理由，應予駁回。

II.財政部臺財稅字第八二〇〇六一八八八號函

主旨：**遺產稅或贈與稅違章所處之罰鍰，准予比照各該稅款適用遺產及贈與稅法第三十條第二項有關實物抵繳之規定，並視罰鍰係法院所裁定或稽徵機關所科處，由當事人分向該管法院或稽徵機關申請核准。**

說明：二、稅捐稽徵法於八十一年十一月二十五日修正生效後，遺產稅或贈與稅違章案件，其由稽徵機關科處之罰鍰，當事人欲以實物抵繳者，准予比照遺產及贈與稅法第三十條第二項規定，向該管稽徵機關申請核准；至於該法修正施行前業經法院裁定，惟尚未繳納，或已移送法院嗣後始經裁定之罰鍰，當事人申請抵繳之時間，雖係在稅捐稽徵法修正生效之後，仍應依本部六十六年十月二十六

日臺財稅字第三七一九七號函釋，向該管法院申請核准。

Ⅲ．財政部臺財稅字第八五一九一四六七六號函

贈與稅之納稅義務人申請以已移轉為受贈人名義之未上市公司股票（贈與標的物）抵繳贈與稅，如經查明該稅額在三十萬元以上且贈與人一次繳納現金確有困難者，於取具受贈人同意書後，准按課徵標的物受理抵繳並依遺產及贈與稅法施行細則第四十六條第一項規定計算抵繳價值。

◆ (三)遺產及贈與稅的扣抵

依據遺產及贈與稅法第十一條之規定，國外財產依所在地國法律已納之遺產稅或贈與稅，得由納稅義務人提出所在地國稅務機關發給之納稅憑證，併應取得所在地中華民國使領館之簽證；其無使領館者，應取得當地公定會計師或公證人之簽證，自其應納遺產稅或贈與稅額中扣抵。但扣抵額不得超過因加計其國外遺產而依國內適用稅率計算增加之應納稅額。被繼承人死亡前二年內贈與之財產，依遺產及贈與稅法第十五條之規定併入遺產課徵遺產稅者，應將已納之贈與稅與土地增值稅連同按郵政儲金匯業局一年期定期存款利率計算之利息，自應納遺產稅額內扣抵。但扣抵額不得超過贈與財產併計遺產總額後增加之應納稅額。而遺產及贈與稅法施行細則第六條則規定，前揭規定所稱被繼承人死亡前三年內贈與之財產，應包括該三年內依遺產及贈與稅法第二十二條規定免稅贈與之財產。

◆ (四)證明書之發給

依據遺產及贈與稅法第四十一條之規定，遺產稅或贈與稅納稅義務人繳清應納稅款、罰鍰及加徵之滯納金、利息後，主管稽徵機關應發給稅款繳清證明書；其經核定無應納稅款者，應發給核定免稅證明書；其有特殊原因必須於繳清稅款前辦理產權移轉者，得提

出確切納稅保證,申請該管主管稽徵機關核發同意移轉證明書。依遺產及贈與稅法第十六條規定,不計入遺產總額之財產,或依遺產及贈與稅法第二十條規定不計入贈與總額之財產,經納稅義務人之申請,稽徵機關應發給不計入遺產總額證明書,或不計入贈與總額證明書。此外,遺產及贈與稅法第四十一條之一則規定,繼承人為二人以上時,經部分繼承人按其法定應繼分繳納部分遺產稅款、罰鍰及加徵之滯納金、利息後,為辦理不動產之公同共有繼承登記,得申請主管稽徵機關核發同意移轉證明書;該登記為公同共有之不動產,在全部應納款項未繳清前,不得辦理遺產分割登記或就公同共有之不動產權利為處分、變更及設定負擔登記。

❖ (五)未繳清稅款前處分的禁止

依據遺產及贈與稅法第八條之規定,遺產稅未繳清前,不得分割遺產、交付或辦理移轉登記。贈與稅未繳清前,不得辦理贈與移轉登記。但依遺產及贈與稅法第四十一條規定,於事前申請該管稽徵機關核准發給同意移轉證明書,或經稽徵機關核發免稅證明書、不計入遺產總額證明書或不計入贈與總額證明書者,不在此限。遺產中之不動產,債權人聲請強制執行時,法院應通知該管稽徵機關,迅依法定程序核定其遺產稅額,並移送法院強制執行。

七、遺產及贈與稅的罰則

❖ (一)刑事罰

依據遺產及贈與稅法第五十條之規定,納稅義務人違反遺產及贈與稅法第八條之規定,於遺產稅未繳清前,分割遺產、交付遺贈或辦理移轉登記,或贈與稅未繳清前,辦理贈與移轉登記者,處一

年以下有期徒刑。

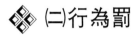㈡行為罰

　　依據遺產及贈與稅法第四十四條之規定，納稅義務人違反遺產及贈與稅法第二十三條或第二十四條之規定，未依限辦理遺產稅或贈與稅申報者，按核定應納稅額加處一倍至二倍之罰鍰，其無應納稅額者，處以九百元之罰鍰。

　　然而，繼承人如確係不知有遺產之存在以致於漏未於法定申報期間申報遺產者，依法准免送罰。蓋依司法院大法官會議釋字第二七五號解釋：「人民違反法律上之義務而應受行政罰之行為，法律無特別規定時，雖不以出於故意為必要，仍須以過失為其責任條件。但應受行政罰之行為，僅須違反禁止規定或作為義務，而不以發生損害或危險為其要件者，推定為有過失，於行為人不能舉證證明自己無過失時，即應受處罰。行政法院六十二年度判字第三〇號判例謂：『行政罰不以故意或過失為責任條件』，及同年度判字第三五〇號判例謂：『行政犯行為之成立，不以故意為要件，其所以導致偽報貨物品質價值之等級原因為何，應可不問』，其與上開意旨不符部分，與憲法保障人民權利之本旨牴觸，應不再援用」以及財政部七十二年七月六日臺財稅字第三四六五五號函規定：「被繼承人××所遺三筆土地，自日據時期即被××縣警察局××派出所無償使用至今，達四十年之久，且從未課徵地價稅或田賦，繼承人不知有該項遺產土地之存在，以致漏報，准免送罰」暨財政部七十九年五月十五日臺財稅字第七九〇六五四三五八號函規定：「主旨：遺產稅納稅義務人申報遺產稅後，經稽徵機關查獲有短、漏報情事時，如納稅義務人確因無法知悉被繼承人全部財產致有短漏報情事，且能於遺產及贈與稅法第二十條規定之六個月法定申報期限內或稽徵機關核准延期申報期限內提出補報者，應免移罰。說明：二、查遺產稅係由遺

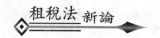

囑執行人、繼承人、受遺贈人及遺產管理人（以下簡稱納稅義務人）就被繼承人之財產辦理申報，由於該納稅義務人原非遺產之所有權人，容或無法知悉被繼承人全部財產，亦屬常情，其情形與依其他稅法（如所得稅法）應由納稅義務人申報之要件，其納稅義務人均為所得人或財產所有人，對自己之所得或財產狀況應有所了解者，尚屬有別，……」等之意旨即可知，人民因違反法律上義務而應受之行政罰，係屬對人民之制裁，原則上行為人應有可歸責之原因，故於法律無特別規定時，雖不以出於故意為必要，仍須以過失為其責任條件。但為維護行政目的之實現，兼顧人民權利之保障，應受行政罰之行為，僅須違反禁止規定或作為義務，而不以發生損害或危險為其要件者，推定為有過失，於行為人不能舉證證明自己無過失時，即應受處罰。故而，繼承人或其他納稅義務人如確已盡相當之注意或調查而依然無法知悉被繼承人尚有遺產之存在以致於漏未於法定申報期間內申報該遺產者，依前開司法院大法官會議釋字第二七五號解釋暨財政部七十二年七月六日臺財稅字第三四六五五號以及財政部七十九年五月十五日臺財稅字第七九〇六五四三五八號函釋之意旨應准免送罰。

◈ (三)漏稅罰

1.漏報或短報

依據遺產及贈與稅法第四十五條之規定,納稅義務人對依規定,應申報之遺產或贈與財產,已依遺產及贈與稅法規定申報而有漏報或短報情事者,應按所漏稅額處以一倍至二倍之罰鍰。

2.逃漏稅捐

依據遺產及贈與稅法第四十六條之規定，納稅義務人有故意以

詐欺或其他不正當方法，逃漏遺產稅或贈與稅者，除依繼承或贈與發生年度稅率重行核計補徵外，並應處以所漏稅額一倍至三倍之罰鍰。

❖ ㈣罰鍰最高額之限制

依據遺產及贈與稅法第四十七條之規定，遺產及贈與稅法第四十四條至第四十六條規定之罰鍰，連同應徵之稅款，最多不得超過遺產總額或贈與總額。

此外，在實務上，財政部究竟依據何種標準來進行租稅行政罰的裁處呢？一般而言，財政部皆會以「稅務違章案件裁罰金額或倍數參考表」內所列之裁罰金額或倍數作為其裁處之標準；因此，該參考表的重要性即不言而喻了。

❖ ㈤逾期繳納稅款

依據遺產及贈與稅法第五十一條之規定，納稅義務人，對於核定之遺產稅或贈與稅應納稅額，逾遺產及贈與稅法第三十條規定期限繳納者，每逾二日加徵應納稅額百分之一滯納金；逾期三十日仍未繳納者，主管稽徵機關應即移送法院強制執行；法院應於稽徵機關移送後七日內開始辦理。前項應納稅款及滯納金，應自滯納期限屆滿之次日起，至納稅義務人繳納之日止，依郵政儲金匯業局一年期定期存款利率，按日加計利息，一併徵收。

八、遺產及贈與稅的節稅與避稅

❖ ㈠節稅之道

遺產稅及贈與稅的合法節稅方法甚多，茲舉其犖犖大者以供酌

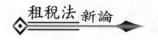

參:

(1)購買高額保險並指定繼承人或繼承人之子女為受益人；這樣的話，如被繼承人死亡，則保險人給付予受益人之保險金，不但依遺產及贈與稅法第十六條第九款之規定該保險金不計入遺產總額，且依所得稅法第四條第七款之規定該保險金對受益人而言亦屬免稅所得，真可謂一舉兩得，詳如後述。

(2)靈活運用每人每年一百萬元的贈與免稅額以及配偶相互贈與之財產不計入贈與總額的規定，例如父母二人每年即可贈與給子女共計二百萬元；財產較多的配偶一方即可贈與財產給財產較少之一方，藉以避免適用較高稅率級距來課稅。惟必須注意被繼承人死亡前三年內贈與給其配偶及其他法定繼承人等之財產視為被繼承人之遺產，應併入其遺產總額來課稅。

(3)贈與不動產時，如該不動產之公告現值或評定價格超過每人每年一百萬元贈與免稅額時，可採用分年以持分贈與的方式，也就是每年贈與依該不動產之公告現值或評定價格計算不超過一百萬元的比例之應有部分，例如土地公告現值為三百萬元則可分三年贈與，每年贈與該土地應有部分三分之一。或者贈與人與受贈人成立買賣關係，由贈與人將土地賣給受贈人，並約定分年分期給付價金，相當於該土地公告現值，然後贈與人再每年贈與一百萬元給受贈人，藉以償付土地買賣價金，惟須避免發生遺產及贈與稅法第五條第六款但書之情形。

(4)以財產出資成立股份有限公司，再以該公司股票贈與子女或其他受贈人。由於公司的資產，除了土地、房屋及上市或上櫃公司的股票應分別依公告現值、評定價格或收盤價格估定之外，皆可以其取得成本列帳，而無須強制依市價來調整；因此，其帳列成本可能遠低於市值、公告現值或評定價格。但是贈與時則以該公司於贈與日之資產淨值為估定價額；故而，以股票來贈與，其價值的估定

可能遠低於市值、公告現值或評定價格，對贈與人而言，可以儘早達成財產移轉予下一代的目的。

(5)將財產匯出國外並於租稅天堂的國家或地區設立公司進行投資，並以子女或其他受贈人為該公司之董事或經理人，藉以從該公司取得鉅額的報酬。透過這樣的安排，可將個人財產逐步的以投資虧損的方式移轉給下一代，而下一代所取得之中華民國境外所得又無須課稅，實在是划算。

(6)將個人財產移轉予受託人成立信託關係，並於每年將贈與免稅額度內之收益分配予受益人。這樣的規劃有幾個好處，第一是對信託財產不得強制執行，可免於將來債權人的追索，第二是即使將來被繼承人去世後，其法定繼承人亦僅取得受益權而非信託財產，因此，可避免後代子孫揮霍祖產，第三是就信託財產而言僅須課徵一次贈與稅或遺產稅，無須代代皆被課一次遺產稅，可以打破「富不過三代」的咒語。

(7)如擬贈與鉅額現金者，則應先以現金購置不動產或未公開上市或上櫃公司的股票，然後再以現金所購置之財產來贈與；如此的話，因為以現金所購置之財產之評估價格一般而言皆較現金為低，故而，透過這樣的安排，即可節省大量的贈與稅。

◈ (二)人身保險的節稅效用

在現今社會中，人身保險已儼然成為個人理財暨生活規劃中重要的一環；而隨著國人財富不斷的累積以及對風險管理概念的認識，如今人身保險更已逐漸演變成為人人皆需要購買的 「日常生活用品」，手中擁有數張保單的人比比皆是；其對個人的重要性，不論係就本身未來生活所可能面臨的各種風險的事先妥善規劃或者是對家人往後生活所可能面臨的經濟困境的防範而言，已不遜於銀行的儲蓄存款甚或股市的投資。政府為鼓勵國人能充分運用人身保險以做

為儲蓄和風險管理之工具，藉以能事前做好妥善規劃人生所可能面臨的各種風險而導致生活陷入困境的工作，遂於各種稅法之中制訂若干獎勵投保人身保險的租稅優惠條款，用以推廣人身保險的投保，來適度彌補政府對社會安全資源投入的不足以及某程度的避免個人或家庭因突發的鉅變而導致經濟陷入困境所造成的社會不安。由於有關投保人身保險的租稅優惠相關之稅法以及命令函釋的規定林林總總且亦不一而足，實有必要加以彙總整理，以方便擬投保者參酌之用。

1. 有關投保人身保險租稅優惠之相關稅務法令分析

(1)**遺產稅**：依據遺產及贈與稅法第十六條第九款之規定：「約定於被繼承人死亡時，給付其所指定受益人之人壽保險金額，軍、公教人員、勞工或農民保險之保險金額及互助金，不計入遺產總額」，以及保險法第一百十二條之規定：「保險金額約定於被保險人死亡時給付於其所指定之受益人者，其金額不得作為被保險人之遺產」，可知，被繼承人如於生前以自己為被保險人投保人壽保險並以自己死亡為危險事故時，則保險公司依保險契約給付予其所指定之受益人之保險金，依法不計入遺產總額之中；因此，如有財產總額超過遺產及贈與稅法中所規定之免稅額以及扣除額者，即應充分運用以自己為被保險人投保人壽保險並以自己死亡為危險事故，然後再透過指定受益人（可為其繼承人甚或其他任何人）之方式，將原來依法應用以繳納遺產稅之財產拿來繳交保險費，而使得該部分之財產轉化為免課徵遺產稅之保險給付，達到充分節稅的效用。

(2)**贈與稅**：依據遺產及贈與稅法第二十條第四款之規定：「扶養義務人為受扶養人支付之生活費、教育費及醫藥費不計入贈與總額。」因此，納稅義務人如為民法第一千一百十四條所規定之扶養義務人者，則其為其受扶養人所支付之生活費、教育費及醫藥費，即

可依法不計入贈與總額之中，且該納稅義務人為其受扶養人所支付之生活費、教育費及醫藥費依法亦無任何金額之上限。惟納稅義務人為其受扶養人要保之人身保險所支付之保險費，是否可以列入遺產及贈與稅法第二十條第四款規定中所謂的「扶養義務人為受扶養人支付之生活費」之中，而可依法不計入贈與總額之中，則容或有議。

　　蓋依最高法院五十六年臺上字第七九五號判例謂：「民法第一千零八十四條，乃規定父母對於未成年子女之保護及教養義務，與同法第一千一百十四條第一款所定，直系血親相互間之扶養義務者不同，後者凡不能維持生活而無謀生能力時，皆有受扶養之權利，並不以未成年為限。又所謂謀生能力，並不專指無工作能力者而言，雖有工作能力而不能期待其工作，或因社會經濟情形失業，雖已盡相當之能事，仍不能覓得職業者，亦非無受扶養之權利，故成年之在學學生，未必即喪失其受扶養之權利」可知，扶養權利人必須陷於不能維持生活而無謀生能力之狀態時，依法始有受扶養之權利，惟扶養權利人並不以未成年為限。再者依最高法院十九年上字第五五號判例謂：「家長對於其妾依法雖負有扶養之義務，而扶養之程度如果當事人間無從協商，須由法院判定時，除應斟酌扶養權利人之身分及需要外，並應調查扶養義務人之身分、財力，以定其標準」亦可得知，扶養義務人對扶養權利人扶養之程度，原則上逕依雙方當事人間之協議，且於法律上並無任何上下限之限制；惟倘雙方當事人間無從協商而須由法院來加以判定時，除應斟酌扶養權利人之身分及需要外，並應調查扶養義務人之身分、財力，以定其標準；此時亦無任何上下限之限制。

　　因此，究竟納稅義務人為其受扶養人要保之人身保險所支付之保險費，是否可以列入遺產及贈與稅法第二十條第四款規定中所謂的「扶養義務人為受扶養人支付之生活費」之中，而可依法不計入

贈與總額之中，則應依據前開最高法院十九年上字第五五號判例所列之標準來加以判定；亦即，於斟酌扶養權利人之身分及需要以及扶養義務人之身分、財力之後，再來判定納稅義務人為其受扶養人要保之人身保險所支付保險費之金額，是否合於扶養義務人對扶養權利人之扶養程度。

由以上之分析，參酌所得稅法第十七條第一項第二款第二目「列舉扣除額」中「保險費」規定之立法意旨以及政府為鼓勵國人能充分運用人身保險以做為儲蓄和風險管理之工具，藉以能事前做好妥善規劃人生所可能面臨的各種風險而導致生活陷入困境的工作之施政方針，原則上納稅義務人為其受扶養人要保之人身保險所支付之保險費，依法應可以列入遺產及贈與稅法第二十條第四款規定中所謂的「扶養義務人為受扶養人支付之生活費」之中，而可不計入贈與總額之中；惟如納稅義務人為其受扶養人要保之人身保險所支付保險費之金額，超過扶養義務人對扶養權利人扶養之程度時，該超過部分之金額即應計入贈與總額之中。如納稅義務人就上開超過部分之金額與稅捐稽徵機關間有所爭議時，即應由法院依據前開最高法院十九年上字第五五號判例所列之標準來做最後的判定。

2.如何運用人身保險進行節稅

⑴**遺產稅**：遺產稅的租稅規劃，就個人而言是非常重要的，尤其是財產眾多的個人。因此，個人宜於人生適當時機就其遺產能有一適切之規劃，特別是遺產稅方面的租稅規劃，以免身後的鉅額財富「淪為」國家的稅收，無法嘉惠後世子孫。由於遺產稅的稅率最高高達百分之五十，因此其對個人身後財富的「殺傷力」不言可喻；如此更加顯得事前妥善的租稅規劃的重要性。故而，個人如果預先設算其身後可能的財富與其依法享有之免稅額以及扣除額相較，其結果如果是超過的話，則其即可運用投保人身保險並以其繼承人甚

或第三人為該人身保險的受益人而將前開預估超過的金額全部作為
保險費來繳納的方式，把本來依法應課徵遺產稅的個人身後的財富
化為不計入個人遺產總額的保險給付。如此，國家即根本課不到個
人的遺產稅；反之，個人的財富亦可完全的移轉給下一代甚或其他
第三人，而無庸擔心「富不過三代」的咒語了。

(2)贈與稅：承前所述，原則上納稅義務人為其受扶養人要保之
人身保險所支付之保險費，依法應可以列入遺產及贈與稅法第二十
條第四款規定中所謂的「扶養義務人為受扶養人支付之生活費」之
中，而可不計入贈與總額之中；因此，納稅義務人即可充分運用為
其受扶養人（配偶除外，因為配偶相互贈與之財產依法本不計入贈
與總額之中）投保人身保險中的年金保險或生存保險並以其受扶養
人本身為人身保險之受益人，如此則其受扶養人因此所取得之保險
給付依法即可免納所得稅，這樣子即可合法的將上一代的財富在免
稅的情況下移轉到下一代。故而，吾人即可於每人每年新臺幣一百
萬元的贈與稅免稅額之外，善加運用為受扶養人投保人身保險中的
年金保險或生存保險並以受扶養人本身為人身保險受益人之方式來
避免贈與稅的課徵。

❖ (三)贈與稅的規避

贈與稅的規避，一般而言，多以「三角移轉」方式為之，亦即
藉由第三人的居中虛偽買賣，而將財產無償移轉予原擬贈與之人，
就此有幾則實務上之見解，可供參考，茲分述如下：

Ⅰ.行政法院七十五年判字第一一五○號判決

「關於高雄市博愛路五十一號房地併入遺產總額課徵部分： 1.
按被繼承人死亡前三年內贈與民法第一千一百三十八條及第一千一
百四十條規定之各順序繼承人之財產，應於被繼承人死亡時，視為
被繼承人之遺產，併入其遺產總額徵稅，為遺產及贈與稅法第十五

條第二款所規定。又被繼承人死亡前三年內贈與之財產，依上開規定併入遺產課徵遺產稅者，應將已納之贈與稅連同按當地銀錢業者通行之一年期定期存款利率計算之利息，自應納遺產稅額內扣抵，復為同法第十一條第二項所訂明，經查上開房地原為原告之父林×得所有，於七十一年六月二十九日以買賣名義移轉與莊×營，同日，復以買賣名義移轉登記予原告林×發、林×財、林×雄三人，被告機關以該項房地之移轉，係為規避稅負之贈與行為，並非買賣，遂發單課徵贈與稅，原告林×發等三人不服，循行政救濟途徑，經復查與一再訴願，以至行政訴訟，終因經本院七十五年判字第五八〇號判決駁回在案，次查原告之父係於七十二年一月二十四日死亡，距上開認定成立贈與之七十一年六月二十九日未及三年而受贈與之林×發等三人，復為法定繼承人中之一部分，即原告中之三人，衡之首敘規定，自應視為被繼承人死亡時之遺產，併入遺產總額課徵遺產稅，原處分關於房地部分，應無違誤。2.原告雖力主並非贈與係屬買賣，且已依法繳納契稅，完成移轉登記，指摘原處分違法不當，惟查上開房地移轉登記係被繼承人生前贈與行為之事實，業經本院上開判決所確定，從而在未經法定程序變更該判決確定之事實前，縱原告所訴非虛，亦不容任意指摘依據已確定之事實而為之原處分為違法不當，是原告關於本部分之主張與證據，應無庸再予審酌，其訴即難認為有理由。自不能僅以債務人遷移而謂無從追償，況此項債權既仍繼續存在，亦不得因一時不能行使而認為消滅。至漏報遺產應否處罰，現行法令規定屬普通法院權責（參遺產及贈與稅法第五十三條第一項規定），並非行政救濟審理之範圍，原告不向為裁罰之法院據理力爭，竟循行政救濟程序提起訴願再訴願及本件之訴，難謂合法。」可知，如有假借其他法律架構之安排來規避贈與稅的情形發生的話，稅捐稽徵機關可依法對納稅義務人發單課徵贈與稅，亦即引用「實質課稅原則」來對之加以課稅。

Ⅱ. 行政法院八十四年判字第三六六號判決

按「凡經常居住中華民國境內之中華民國國民，就其在中華民國境內或境外之財產為贈與者，應依本法規定，課徵贈與稅。」「遺產及贈與財產價值之計算，以被繼承人死亡時或贈與人贈與時之時價為準……但逾期申報、漏報、短報或隱匿不報者，如逾期申報日或查獲日之時價較死亡日或贈與日之時價為高者，以較高者為準。」「前項所稱時價，土地以公告現值或評定標準價格為準；房屋以評定標準價格為準。」為行為時遺產及贈與稅法第三條第一項及第十條所規定。本件原告不服被告核課其贈與稅，以系爭土地確為其父生前讓售與楊文騫、楊炳煌，渠等為免祖產變賣外人，乃集資向承購人買回，至買賣土地之資金係以儲蓄及借款支付，並無銀行進出帳目資料可供核對，買賣土地資料亦未保留，如認其買賣為贈與行為，應由被告負舉證之責，豈可以渠等無法提出買賣資料遽予否定地政機關依法完成登記之買賣事實，況系爭土地為農地，由渠等繼續作農業使用，無須繳納遺產稅，且依行為時遺產及贈與稅法第二十條第五款規定，系爭農地亦不計入贈與總額，何須以假買賣方式逃漏稅款；又縱因渠等未能舉證齊全而以贈與論處，其財產價值計算，亦應依財政部七十六年九月九日臺財稅字第七六〇一〇一四六一號函釋，以贈與日為準云云，請求撤銷原核定。案經被告復查決定，以楊文騫、楊炳煌及原告歷年綜合所得稅申報所得甚少，顯無置產能力，且彼等均無法提示買賣土地確切資金來源及價款支付證明，王炮將土地移轉予訴外人楊文騫、楊炳煌，數月間又由訴外人移轉予其子，即原告二人，涉嫌逃漏贈與稅，原核定贈與額為八、九四八、一八二元，加計王炮前次贈與王其珍部分一、七〇〇、六五〇元，核定贈與總額一〇、六四八、八三二元，並無不合。次查王炮係將其所有八筆土地贈與原告及王其珍三人，與行為時遺產及贈與稅法第二十條第五款規定不符，無該條不計入贈與總額之適用。又

本案係由王炮將土地移轉予楊文騫、楊炳煌後，隨即由原告購回，為一般贈與案件，非屬行為時遺產及贈與稅法第五條所定視同贈與之情形，且本件係經被告查獲，原告並未申報贈與稅，原核定按查獲日之時價核定，亦無違誤，乃未准變更。原告復以其父以財產售予楊文騫、楊炳煌，再由原告支付價金購回，即不屬贈與範圍，縱認所支付價金偏低，僅屬行為時遺產及贈與稅法第五條第二款所定視同贈與之情形云云。訴經財政部、行政院一再訴願決定，以系爭土地在二、三個月間由王炮名下移轉予訴外人，訴外人於過戶取得所有權後隨即移轉至原告名下，原告雖訴稱系爭土地二度移轉之原因，均為買賣，且均有支付土地價款，惟其與楊文騫、楊炳煌均無法提出具體事證，尚難認買賣為真實，應認系爭土地所有權之移轉為贈與行為，僅表面上以迂迴買賣方式加以掩飾，王炮顯係以不正當之方法規避贈與稅。至行為時遺產及贈與稅法第二十條第五款農地不計入贈與總額之規定，須以將家庭農場之農業用地，贈與由自耕之配偶或民法第一千一百三十八條所定繼承人一人受贈，而繼續經營農業生產者，方有其適用，惟原告之父已於七十九年八月四日將其所有座落清水鎮裕嘉段三四七、三四八、三四九地號農地移轉予其長子王其珍，並已繳納贈與稅，自無上述由一人受贈而免計入贈與總額規定之適用。又本件係經人檢舉查獲案件，並無財政部八十三年二月十六日臺財稅字第八三一五八三一九號函釋按贈與日時價核算贈與價值之適用，所訴核不足採。又贈與人王炮尚有一女陳王春仔亦為繼承人，業經原處分機關以八十三年八月十四日中區國稅法字第八三〇五九八二四號函增列為本件贈與稅納稅義務人，遂認原復查決定並無不合，遞為維持之決定，揆諸首揭規定，經核均無違誤。茲原告起訴仍執前詞主張，惟查本案係被告經人密函檢舉乃進行調查，而原告王清元為楊炳煌之妹婿，原告王清泰則為楊文騫之妹婿，業據原告二人及該楊炳煌、楊文騫於接受被告談話時陳

明在卷，有談話筆錄附原處分卷可稽。本件原告之父王炮死亡前以
買賣之原因將系爭土地分別移轉登記與原告王清元之妻兄楊炳煌、
原告王清泰之妻兄楊文騫。旋於二、三個月後，即再由該楊炳煌、
楊文騫復以買賣原因移轉登記與原告二人。其親屬間如此短期內之
賣出買進，顯悖一般常情，且均不能提出資金來源及付款之證明，
其係以迂迴方式之虛偽買賣行為，隱藏實際之贈與行為，藉達逃漏
贈與稅之目的，甚為明顯。被告將之認定為贈與而依法課徵贈與稅，
洵非無據。原告起訴意旨，設詞指摘，難謂有理。

附錄一　行政救濟制度之革命

隨著國內法治程度的逐漸深化以及人民對自我權益保護意識的日益高漲，行政救濟制度在行政法上的地位就顯得與日俱增了。政府為了順應此一時代的潮流，遂於民國八十七年十月二十八日分別將訴願法以及行政訴訟法，由原來的二十八條（以下稱之為「舊訴願法」）以及三十四條（以下稱之為「舊行政訴訟法」），大幅增修為一百零一條（以下稱之為「新訴願法」）以及三百零八條（以下稱之為「新行政訴訟法」）。這種「大刀闊斧」的徹底翻修，稱之為行政救濟制度的革命，實在是不為過。茲將訴願法及行政訴訟法之重大變革之處詳細說明分析如下：

一、訴願法

在新訴願法中，不但將行之經年的再訴願制度予以廢除，同時亦修訂了舊訴願法中許多不合時宜的規定，並增訂了不少新條文來強化訴願制度保障人民權益的功能。茲將其中犖犖大者，分述如下：

◈ (一)訴願客體

依據舊訴願法第一條之規定，人民對於中央或地方機關之行政處分，如果認為違法或不當，致損害其權利或利益者，得提起訴願。而舊訴願法第二條第二項則規定，中央或地方機關對於人民依法聲請之案件，於法定期限內應作為而不作為，致損害人民之權利或利益者，視同行政處分。至於舊訴願法第九條第二項則規定，第二條第二項規定之視同行政處分，人民得自該項所指之法定期限經過後滿十日之次日起，於三十日內提起訴願。因此，當中央或地方機關

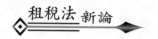

對於人民依法聲請之案件，於法定期限內應作為而不作為，致損害人民之權利或利益時，如果相關法律就法定期限並無明文規定者，則人民依法即無從對此一行政機關之怠惰行為提起訴願。

新訴願法為彌補此一漏洞，遂於第二條規定，人民因中央或地方機關對其依法申請之案件，於法定期間內應作為而不作為，認為損害其權利或利益者，亦得提起訴願。前項期間，法令未規定者，自機關受理申請之日起為二個月。

✧ (二)訴願主體

就何人可以提起訴願，亦即訴願人之資格，舊訴願法第一條僅規定，人民對於中央或地方機關之行政處分，認為違法或不當，致損害其權利或利益者，得依本法提起訴願。亦即訴願之提起，限於人民因官署之處分違法或不當而損害其權利或利益者始得為之。(行政法院五十五年裁字第二八號判例)

至於非行政處分相對人之利害關係人可否就該等行政處分提起訴願，則法無明文。不過，依據司法院 20.12.12. 院字第六四一號解釋：「不服受理訴願官署之決定者，雖非原訴願人亦得提起再訴願，但以因該決定撤銷或變更原處分，致損害其權利或利益者為限」以及行政法院五十四年判字第二五九號判例：「訴願人以外之利害關係人，因訴願決定撤銷或變更原處分，致損害其權利或利益，不服該項訴願決定者，雖非原訴願人，亦得提起再訴願」之旨意，顯然是持肯定之見解。

基此，新訴願法第十八條遂規定，自然人、法人、非法人之團體或其他受行政處分之相對人及利害關係人得提起訴願，將利害關係人明文列為訴願主體之一。

✧ (三)訴願期間

承前所述，利害關係人本身亦得以其名義就違法或不當之行政處分提起訴願。至於其提起訴願之期間，新訴願法第十四條第一及第二項則規定：「訴願之提起，應自行政處分達到或公告期滿之次日起三十日內為之。利害關係人提起訴願者，前項期間自知悉時起算。但自行政處分達到或公告期滿後，已逾三年者，不得提起。」

❖ ㈣訴願參加制度

為了避免非行政處分相對人之第三人之權益因訴願決定而可能遭受不當的侵害，新訴願法遂增設了訴願參加的制度，讓與訴願人利害關係相同或訴願決定因撤銷或變更原處分而影響其權益之第三人，有機會參與訴願並陳述意見，藉以保障其自身之權益。

準此，新訴願法第二十八條即規定，與訴願人利害關係相同之人，經受理訴願機關允許，得為訴願人之利益參加訴願。受理訴願機關認有必要時，亦得通知其參加訴願。訴願決定因撤銷或變更原處分，足以影響第三人權益者，受理訴願機關應於作成訴願決定之前，通知其參加訴願程序，表示意見。至於訴願參加之法律效力，則依據新訴願法第三十一條之規定：「訴願決定對於參加人亦有效力。經受理訴願機關通知其參加或允許其參加而未參加者，亦同。」因此，參加訴願之人即不得再行主張訴願決定對其無效而另行就系爭行政處分提起訴願或為其他相異之主張了。

❖ ㈤訴願代理人

就有關訴願人可否委任代理人代其提起訴願，舊訴願法並無任何規定。不過，依據行政法院六十年度判字第三一六號判決：「按人民不服官署之訴願決定，而提起再訴願者，應於決定書達到之次日起三十日內為之，訴願人於訴願程序委任有訴願代理人時，其代收決定書之送達，即生送達於訴願人之效力，自應以該代理人收受決

定書之次日起算再訴願之期間，如於此項期間內未提起再訴願，其原決定即屬確定，當事人不得對於同一事件，再依訴願程序有所爭執」之旨趣，顯然是持肯定之見解。

至於何人有資格擔任訴願代理人呢？除了㈠律師法第二十條第一及第二項規定：「律師受當事人之委託或法院之指定，得辦理法律事務。律師得辦理商標、專利、工商登記、土地登記及其他依法得代理之事務」、㈡會計師法第十五條規定：「會計師得在登錄之區域內執行下列業務：一、受當事人委託或受政府機關之指定，辦理關於會計之設計、管理、稽核、調查、整理、清算、鑑定、財務分析或資產估價等事項。二、承辦財務報告之查核、簽證。三、充任檢查人、清算人、破產管理人、遺囑執行人或其他信託人。四、充任稅務案件之代理人。五、充任工商登記或商標註冊及其有關事件之代理人。六、代辦其他與會計有關之事項」以及㈢專利代理人規則第二條規定：「專利代理人受專利呈請人委託，得辦理專利法第十三條規定之呈請專利及有關專利事項」等有明文規定之外，其他不具上開資格之人是否可以充任訴願代理人，相關法令及實務見解則相當不明確。

為了徹底釐清上揭規定不明確之處，新訴願法第三十三條遂規定，下列之人，得為訴願代理人：一、律師。二、依法令取得與訴願事件有關之代理人資格者。三、具有該訴願事件之專業知識者。四、因業務或職務關係為訴願人之代理人者。五、與訴願人有親屬關係者。前項第三款至第五款之訴願代理人，受理訴願機關認為不適當時，得禁止之，並以書面通知訴願人或參加人。

◈ ㈥訴願卷宗之閱覽權

訴願人就訴願卷宗是否享有閱覽權，一直以來都是經常引發爭議的課題。行政機關就訴願人閱覽之要求或申請，往往以於法無據

為由來搪塞訴願人，以致於民怨迭生。為了能夠有效發揮訴願制度保護人民權益之功能，新訴願法第四十九條即明文規定，訴願人、參加人或訴願代理人得向受理訴願機關請求閱覽、抄錄、影印或攝影卷內文書，或預納費用請求付與繕本、影本或節本。此外，新訴願法第七十五條亦補充規定，原行政處分機關應將據以處分之證據資料提出於受理訴願機關。對於前項之證據資料，訴願人、參加人或訴願代理人得請求閱覽、抄錄或影印之。受理訴願機關非有正當理由，不得拒絕。第一項證據資料之閱覽、抄錄或影印，受理訴願機關應指定日、時、處所。

◈ ㈦訴願程序

依據舊訴願法第十四條第一項之規定，訴願人於訴願書外，應同時繕具訴願書副本送於原行政處分或決定之機關。換言之，訴願人即應將訴願書正本直接向受理訴願之機關提出。

由於此一程序，除法律另有訴願前置程序（例如稅捐稽徵法上的復查以及關稅法上的聲明異議等）之規定外，並未賦予原處分機關自我省思的機會。為了彌補此一缺憾，新訴願法第五十八條遂規定，訴願人應繕具訴願書經由原行政處分機關向訴願管轄機關提起訴願。原行政處分機關對於前項訴願應先行重新審查原處分是否合法妥當，其認訴願為有理由者，得自行撤銷或變更原行政處分，並陳報訴願管轄機關。原行政處分機關不依訴願人之請求撤銷或變更原行政處分者，應儘速附具答辯書，並將必要之關係文件，送於訴願管轄機關。原行政處分機關檢卷答辯時，應將前項答辯書抄送訴願人。

◈ ㈧訴願審議程序

有關訴願審議之程序，舊訴願法第十九條僅規定，訴願就書面

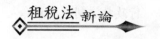

審查決定之，必要時，得為言詞辯論。至於言詞辯論究竟應該如何進行以及證據究竟應該如何調查等事項則完全付諸闕如。

為了使得訴願審議程序更能發揮保護人民權益的功效，新訴願法第六十三條第二項遂規定，受理訴願機關必要時得通知訴願人、參加人或利害關係人到達指定處所陳述意見。訴願人或參加人請求陳述意見而有正當理由者，應予到達指定處所陳述意見之機會。再者，新訴願法第六十五條亦規定，受理訴願機關應依訴願人、參加人之申請或於必要時，得依職權通知訴願人、參加人或其代表人、訴願代理人、輔佐人及原行政處分機關派員於指定期日到達指定處所言詞辯論。此外，新訴願法第六十七條則規定，受理訴願機關應依職權或囑託有關機關或人員，實施調查、檢驗或勘驗，不受訴願人主張之拘束。受理訴願機關應依訴願人或參加人之申請，調查證據。但就其申請調查之證據中認為不必要者，不在此限。受理訴願機關依職權或依申請調查證據之結果，非經賦予訴願人及參加人表示意見之機會，不得採為對之不利之訴願決定之基礎。

❖ ㈨信賴利益保護原則

信賴利益保護原則是行政法基本原則之一，舊訴願法雖未將此一原則形諸文字，然而此一原則早為行政法院所引用，行政法院76.3.17. 七十六年度判字第四七四號判決：「蓋以公法上之爭訟，應有信賴保護原則之適用，亦即當事人信賴行政機關之決定存在，已就其生活關係有適當的安排者，必須予以保護或給予合理之補償」以及行政法院 83.3.15. 八十三年判字第五六〇號判決：「核准免徵土地增值稅之處分，乃對人民之授益處分，此種授予人民利益之行政處分，因違法而發生是否應予撤銷時，依一般行政法理，應委諸行政機關裁量，故行政機關對於公益與信賴利益之孰輕孰重，自應加以審酌衡量，如撤銷對公益有重大危害，或受益人之信賴利益，顯

然大於撤銷所欲維護之公益，且其信賴並無不值得保護之情形時，自不得輕言撤銷該違法之行政處分」等即為最佳之例證。

為了使信賴利益保護原則能夠確實發揮其功能並杜絕不必要之歧見，新訴願法第八十條遂明文規定，提起訴願因逾法定期間而為不受理決定時，原行政處分顯屬違法或不當者，原行政處分機關或其上級機關得依職權撤銷或變更之。但有下列情形之一者，不得為之：一、其撤銷或變更對公益有重大危害者。二、行政處分受益人之信賴利益顯然較行政處分撤銷或變更所欲維護之公益更值得保護者。行政處分受益人有左列情形之一者，其信賴不值得保護：一、以詐欺、脅迫或賄賂方法，使原行政處分機關作成行政處分者。二、對重要事項提供不正確資料或為不完全陳述，致使原行政處分機關依該資料或陳述而作成行政處分者。三、明知原行政處分違法或因重大過失而不知者。行政處分之受益人值得保護之信賴利益，因原行政處分機關或其上級機關依第一項規定撤銷或變更原行政處分而受有損失者，應予補償。但其補償額度不得超過受益人因該處分存續可得之利益。

❖ ㈩不利益變更禁止原則

不利益變更禁止原則同樣也是行政法基本原則之一，儘管舊訴願法就此一原則亦隻字未提，然而此一原則卻早經行政法院所肯認，行政法院三十五年判字第二六號判例：「訴願係人民因行政官署之違法或不當處分，致損害其權利或利益時，請求救濟之方法。受理訴願官署，如認訴願為無理由，祇應駁回訴願，自不得於訴願人所請求範圍之外，與以不利益之變更，致失行政救濟之本旨」，即為此一原則的體現。

有鑒於此，新訴願法第八十一條遂將此一原則具體化為條文明文規定，訴願有理由者，受理訴願機關應以決定撤銷原行政處分之

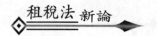

全部或一部，並得視事件之情節，逕為變更之決定或發回原行政處
分機關另為處分。但於訴願人表示不服之範圍內，不得為更不利益
之變更或處分。前項訴願決定撤銷原行政處分，發回原行政處分機
關另為處分時，應指定相當期間命其為之。

◈ ㈡情況決定

儘管訴願制度係為保護人民權益免遭行政機關不當或違法行政
處分侵害而設，然而有時縱使行政機關之行政處分有不當或違法情
形者，基於重大公益的因素，亦應予以維持，藉以平衡公私之間的
利益，此即為所謂的情況決定。

秉此原則，新訴願法第八十三條遂規定，受理訴願機關發現原
行政處分雖屬違法或不當，但其撤銷或變更於公益有重大損害，經
斟酌訴願人所受損害、賠償程度、防止方法及其他一切情事，認原
行政處分之撤銷或變更顯與公益相違背時，得駁回其訴願。前項情
形，應於決定主文中載明原行政處分違法或不當。而新訴願法第八
十四條則又補充規定，受理訴願機關為前條決定時，得斟酌訴願人
因違法或不當處分所受損害，於決定理由中載明由原行政處分機關
與訴願人進行協議。前項協議，與國家賠償法之協議有同一效力。

◈ ㈢停止執行

依據舊訴願法第二十三條之規定，原行政處分之執行，除法律
另有規定外，不因提起訴願而停止。但原行政處分機關或受理訴願
機關，必要時得依職權或依訴願人之聲請，停止其執行。至於具體
停止執行之事由則付之闕如。

為了使相關行政機關就停止執行之事由能有一準則可供遵循，
新訴願法第九十三條遂明文規定，原行政處分之執行，除法律另有
規定外，不因提起訴願而停止。原行政處分之合法性顯有疑義者，

或原行政處分之執行將發生難以回復之損害，且有急迫情事，並非為維護重大公共利益所必要者，受理訴願機關或原行政處分機關得依職權或依申請，就原行政處分之全部或一部，停止執行。前項情形，行政法院亦得依聲請，停止執行。

◈ ㈢重為處分原則

　　行政處分一經受理訴願機關撤銷後，如原行政處分機關須就該案件重為處分者，究竟其應依據何種標準為之呢？舊訴願法就此並無明文規定，然而在實務運作上，一般皆以行政法院六十年判字第三五號判例：「本院所為撤銷原決定及原處分之裁判，如於理由內指明由被告官署另為復查者，該官署自得本於職權，調查事證，重為復查之決定，其重為復查之結果，縱與已撤銷之前決定持相同之見解，於法亦非有違」之旨意作為原行政處分機關重為處分之原則。由於這樣的準則經常會造成原行政處分機關於重為處分時所持之見解與已撤銷之前決定所持之見解相同的情形，如此，不但有礙訴願制度功能的發揮，亦很容易引發人民的怨懟。有鑒於此，司法院83.12.9.大法官會議釋字第三六八號解釋之解釋文即認為，行政訴訟法第四條「行政法院之判決，就其事件有拘束各關係機關之效力」，乃本於憲法保障人民得依法定程序，對其爭議之權利義務關係，請求法院予以終局解決之規定。故行政法院所為撤銷原決定及原處分之判決，如係指摘事件之事實尚欠明瞭，應由被告機關調查事證另為處分時，該機關即應依判決意旨或本於職權調查事證。倘依重為調查結果認定之事實，認前處分適用法規並無錯誤，雖得維持已撤銷之前處分見解；若行政法院所為撤銷原決定及原處分之判決，係指摘其適用法律之見解有違誤時，該管機關即應受行政法院判決之拘束。行政法院六十年判字第三十五號判例謂：「本院所為撤銷原決定及原處分之裁判，如於理由內指明由被告官署另為復查者，該官

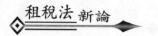

署自得本於職權調查事證，重為復查之決定，其重為復查之結果，縱與已撤銷之前決定持相同之見解，於法亦非有違」，其中與上述意旨不符之處，有違憲法第十六條保障人民訴訟權之意旨，應不予適用。

為了將前開司法院 83.12.9. 大法官會議釋字第三六八號解釋之精意徹底融入訴願制度之中，新訴願法第九十六條即規定，原行政處分經撤銷後，原行政處分機關須重為處分者，應依訴願決定意旨為之，並將處理情形以書面告知受理訴願機關。

◈ ㈥再審制度

承前所述，新訴願法已將再訴願制度予以廢除，取而代之的則是再審制度。新訴願法的再審制度係仿傚行政訴訟法的再審規定而來，其係針對確定訴願決定所為之特別救濟程序。依據新訴願法第九十七條之規定，於有下列各款情形之一者，訴願人、參加人或其他利害關係人得對於確定訴願決定，向原訴願決定機關申請再審。但訴願人、參加人或其他利害關係人已依行政訴訟主張其事由或知其事由而不為主張者，不在此限：一、適用法規顯有錯誤者。二、決定理由與主文顯有矛盾者。三、決定機關之組織不合法者。四、依法令應迴避之委員參與決定者。五、參與決定之委員關於該訴願違背職務，犯刑事上之罪者。六、訴願之代理人，關於該訴願有刑事上應罰之行為，影響於決定者。七、為決定基礎之證物，係偽造或變造者。八、證人、鑑定人或通譯就為決定基礎之證言、鑑定為虛偽陳述者。九、為決定基礎之民事、刑事或行政訴訟判決或行政處分已變更者。十、發見未經斟酌之證物或得使用該證物者。前項聲請再審，應於三十日內提起。前項期間，自訴願決定確定時起算。但再審之事由發生在後或知悉在後者，自知悉時起算。

二、行政訴訟法

在新行政訴訟法中，不但隨處都有民事訴訟法的影子，而且其大部分制度之架構亦皆承襲自民事訴訟法的相關規定而來；因此，新行政訴訟法與民事訴訟法兩者之間的關聯性不可謂不高。茲將其中較為重要之部分，詳細說明如下：

◈ (一)訴訟類型

舊行政訴訟法之訴訟類型僅有撤銷訴訟一種，亦即就中央或地方機關之違法行政處分所提起之行政訴訟。此外，舊行政訴訟法第二條第一項雖有規定，提起行政訴訟，在訴訟程序終結前，得附帶請求損害賠償；然而此一規定並不足以使給付訴訟成為一獨立之訴訟類型，其仍然必須依附在撤銷訴訟之下。

為了擴大行政訴訟的類型，藉以有效解決公法上之爭議，新行政訴訟法第三條遂規定，行政訴訟包括撤銷訴訟、確認訴訟及給付訴訟三種。其中所謂的確認訴訟，依據新行政訴訟法第六條第一項之規定，係指確認行政處分無效及確認公法上法律關係成立或不成立，或者是確認已執行完畢或因其他事由而消滅之行政處分為違法之訴訟而言。至於給付訴訟，依據新行政訴訟法第八條之規定，則係指人民與中央或地方機關間，因公法上原因發生財產上之給付或請求作成行政處分以外之其他非財產上之給付，或者是因公法上契約發生之給付，所提起之訴訟而言。此外，原則上，確認訴訟以及給付訴訟之提起，並無訴願前置程序之適用，而是以高等行政法院為第一審管轄法院。

◈ (二)訴訟主體

依據舊行政訴訟法第一條之規定，人民因中央或地方機關之違法行政處分，認為損害其權利，經依訴願法提起再訴願而不服其決定，或提起再訴願逾三個月不為決定，或延長再訴願決定期間逾二個月不為決定者，得向行政法院提起行政訴訟。其中就非行政處分受處分人之利害關係人是否有權單獨提起行政訴訟，並無明文。惟根據行政法院四十五年裁字第三六號判例：「行政訴訟之提起，應於再訴願決定到達之次日起二個月內為之，此為行政訴訟法第十條所明定。如由原訴願人以外之利害關係人提起者，因其未受原決定之送達，其提起行政訴訟之期間，自應參照司法院院字第一四三○號關於提起再訴願期間起算之解釋，自其知悉再訴願決定時起算」以及行政法院七十五年判字第三六二號判例：「因不服中央或地方機關之行政處分而循訴願或行政訴訟程序謀求救濟之人，依現有之解釋判例，固包括利害關係人而非專以受處分人為限，所謂利害關係乃指法律上之利害關係而言，不包括事實上之利害關係在內。訴外人陳某雖為原告同財共居之配偶，但並未因此使陳某違反廢棄物清理法致受罰鍰之處分，與原告有當然之法律上利害關係，而得以其自己之名義對陳某之處分案件為行政爭訟」之旨趣，利害關係人單獨提起行政訴訟之權利顯然已為實務所肯認。

為了杜絕未來不必要之爭議，新行政訴訟法遂於第四條規定，人民因中央或地方機關之違法行政處分，認為損害其權利或法律上之利益，經依訴願法提起訴願而不服其決定，或提起訴願逾三個月不為決定，或延長訴願決定期間逾二個月不為決定者，得向高等行政法院提起撤銷訴訟。逾越權限或濫用權力之行政處分，以違法論。訴願人以外之利害關係人，認為第一項訴願決定，損害其權利或法律上之利益者，得向高等行政法院提起撤銷訴訟。

❖❖ (三)訴訟參加

就訴訟參加，舊行政訴訟法第八條雖有規定，行政法院得命有利害關係之第三人參加訴訟；並得因第三人之請求，允許其參加。惟因該規定過於簡陋，為了避免不必要之爭議以及擴大訴訟參加的功能，新行政訴訟法遂大幅增修相關法條以資因應，茲分述如下：

(1)**訴訟參加的類型**

新行政訴訟法將訴訟參加的類型區分為三種，亦即：

(a)依據新行政訴訟法第四十一條規定，訴訟標的對於第三人及當事人一造必須合一確定者，行政法院應以裁定命該第三人參加訴訟。

(b)依據新行政訴訟法第四十二條規定，行政法院認為撤銷訴訟之結果，第三人之權利或法律上利益將受損害者，得依職權命其獨立參加訴訟，並得因該第三人之聲請，裁定允許其參加。前項參加，準用第三十九條第三款之規定。參加人並得提出獨立之攻擊或防禦方法。前二項規定，於其他訴訟準用之。訴願人已向高等行政法院提起撤銷訴訟，利害關係人就同一事件再行起訴者，視為第一項之參加。

(c)依據新行政訴訟法第四十四條規定，行政法院認其他行政機關有輔助一造之必要者，得命其參加訴訟。前項行政機關或有利害關係之第三人亦得聲請參加。

(2)**訴訟參加之法律效力**

依據新行政訴訟法第四十七條之規定，判決對於經行政法院依第四十一條及第四十二條規定，裁定命其參加或許其參加而未為參加者，亦有效力。此外，依據新行政訴訟法第四十八條之規定，民事訴訟法第五十九條至第六十一條、第六十三條至第六十七條之規定，於第四十四條之參加訴訟準用之。其中民事訴訟法第六十三條即規定，參加人對於其所輔助之當事人，不得主張本訴訟之裁判不當。但參加人因參加時訴訟之程序或因該當事人之行為不能用攻擊

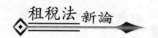

或防禦方法，或當事人因故意或重大過失不用參加人所不知之攻擊或防禦方法者，不在此限。因此，原則上，參加訴訟人不得主張判決對其無效或不當而另行就訴訟標的為相異之其他主張。

❖ ㈣訴訟代理人

舊行政訴訟法第七條第二項規定，當事人得委任代理人代理訴訟，代理人應提出委任書，證明其代理權。惟就代理人之人數以及資格等則隻字未提。為了使行政訴訟代理人的制度更有效發揮其功能，新行政訴訟法遂於第四十九條規定，當事人得委任代理人為訴訟行為。但每一當事人委任之訴訟代理人不得逾三人。行政訴訟應以律師為訴訟代理人。非律師具有下列情形之一者，亦得為訴訟代理人：一、依法令取得與訴訟事件有關之代理人資格者。二、具有該訴訟事件之專業知識者。三、因職務關係為訴訟代理人者。四、與當事人有親屬關係者。前項第二款、第四款之訴訟代理人，行政法院認為不適當時，得以裁定禁止之。

❖ ㈤裁判費用

依據新行政訴訟法第一條之規定，行政訴訟以保障人民權益，確保國家行政權之合法行使，增進司法功能為宗旨；因此，其本質上即與解決私人間糾紛的民事訴訟有別。有鑒於此，新行政訴訟法第九十八條第一項即重申，行政訴訟不徵收裁判費。亦即採行所謂的「無償主義」，以別於民事訴訟法的「有償主義」。

❖ ㈥撤銷訴訟期間

承前所述，依據新行政訴訟法第四條第三項之規定，利害關係人得單獨向高等行政法院提起撤銷訴訟。由於利害關係人並不受訴願決定書之送達，因此，新行政訴訟法第一百零六條遂規定，撤銷

訴訟之提起，應於訴願決定書送達後二個月之不變期間內為之。但訴願人以外之利害關係人知悉在後者，自知悉時起算。撤銷訴訟，自訴願決定書送達後，已逾三年者，不得提起。

❖ ㈦停止執行

就提起行政訴訟之後，原行政處分是否應繼續執行，舊行政訴訟法第十二條雖有規定，原處分或決定之執行，除法律另有規定外，不因提起行政訴訟而停止。但行政法院或為處分或決定之機關，得依職權或依原告之請求停止之。然而此一規定過於疏漏，相當容易引起爭議。

有鑒於此，新行政訴訟法遂於第一百十六條明文規定，原處分或決定之執行，除法律另有規定外，不因提起行政訴訟而停止。行政訴訟繫屬中，行政法院認為原處分或決定之執行，將發生難於回復之損害，且有急迫情事者，得依職權或依聲請裁定停止執行。但於公益有重大影響，或原告之訴在法律上顯無理由者，不得為之。於行政訴訟起訴前，如原處分或決定之執行將發生難於回復之損害，且有急迫情事者，行政法院亦得依受處分人或訴願人之聲請，裁定停止執行。但於公益有重大影響者，不在此限。行政法院為前二項裁定前，應先徵詢當事人之意見。如原處分或決定機關已依職權或依聲請停止執行者，應為駁回聲請之裁定。停止執行之裁定，得停止原處分或決定之效力、處分或決定之執行或程序之續行之全部或部份。

❖ ㈧言詞辯論

依據舊行政訴訟法第十九條之規定，行政訴訟就書狀判決之。但行政法院認為必要或依當事人聲請，得指定期日，傳喚原告、被告及參加人到庭，為言詞辯論。此即為所謂的「書面審理原則」。

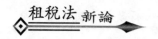
由於新行政訴訟法已將舊行政訴訟法的「一審一級制」改弦易轍為「二審二級制」，因此，就行政訴訟的審理程序亦由「書面審理原則」轉化為「言詞辯論原則」，藉以充分保障人民的權益以及增進司法的功能。秉此原則，新行政訴訟法第一百零九條遂規定，審判長認已適於為言詞辯論時，應速定言詞辯論期日。前項言詞辯論期日，距訴狀之送達，至少應有十日為就審期間。但有急迫情形者，不在此限。

❖ ㈨情況判決

基於與新訴願法中「情況決定」同一之立法理由，新行政訴訟法亦增設了「情況判決」的制度。其中，新行政訴訟法第一百九十八條規定，行政法院受理撤銷訴訟，發現原處分或決定雖屬違法，但其撤銷或變更於公益有重大損害，經斟酌原告所受損害、賠償程度、防止方法及其他一切情事，認原處分或決定之撤銷或變更顯與公益相違背時，得駁回原告之訴。前項情形，應於判決主文中諭知原處分或決定違法。而新行政訴訟法第一百九十九條則規定，行政法院為前條判決時，應依原告之聲明，將其因違法處分或決定所受之損害，於判決內命被告機關賠償。原告未為前項聲明者，得於前條判決確定後一年內，向高等行政法院訴請賠償。

❖ ㈩和解程序

誠然，行政訴訟是解決公法上爭議的方式，但卻不是唯一的方式。如果人民與行政機關可以透過其他更適當之方式來有效解決公法上爭議，只要與公益不相違背的話，吾人自當樂觀其成。基此原則，新行政訴訟法第二百十九條遂規定，當事人就訴訟標的具有處分權並不違反公益者，行政法院不問訴訟程度如何，得隨時試行和解。受命法官或受託法官，亦同。第三人經行政法院之許可，得參

加和解。行政法院認為必要時,得通知第三人參加。

至於和解之效力,則依新行政訴訟法第二百二十二條之規定,準用新行政訴訟法第二百十三條、第二百十四條及第二百十六條之規定,亦即具有終局判決之效力。

◈ (土)簡易程序

為了使司法資源能有效分配以符合訴訟經濟的原則,新行政訴訟法遂引進了簡易程序的制度。而依據新行政訴訟法第二百二十九條之規定,下列各款行政訴訟事件,適用本章所定之簡易程序:一、關於稅捐課徵事件涉訟,所核課之稅額在新臺幣三萬元以下者。二、因不服行政機關所為新臺幣三萬元以下罰鍰處分而涉訟者。三、其他關於公法上財產關係之訴訟,其標的之金額或價額在新臺幣三萬元以下者。四、因不服行政機關所為告誡、警告、記點、記次或其他相類之輕微處分而涉訟者。五、依法律之規定應適用簡易訴訟程序者。前項所定數額,司法院得因情勢需要,以命令減為新臺幣二萬元或增至新臺幣二十萬元。

此外,為了使簡易程序能夠發揮「速斷速決」的功效,新行政訴訟法第二百三十三條亦規定,簡易訴訟程序之裁判得不經言詞辯論為之。行言詞辯論者,其言詞辯論期日之通知書,應與訴狀或第二百三十一條第二項之筆錄一併送達於他造。

◈ (圭)上訴制度

承前所述,由於新行政訴訟法已將舊行政訴訟法的「一審一級制」改弦易轍為「二審二級制」,因此,即有上訴制度之必要。故而新行政訴訟法第二百三十八條第一項即規定,對於高等行政法院之終局判決,除法律別有規定外,得上訴於最高行政法院。

至於提起上訴期間,依據新行政訴訟法第二百四十一條之規定,

應於高等行政法院判決送達後二十日之不變期間內為之。但宣示或公告後送達前之上訴，亦有效力。

再者，由於上訴審係為法律審，因此，即有必要對上訴理由加以設限。新行政訴訟法第二百四十二條之規定，對於高等行政法院判決之上訴，非以其違背法令為理由，不得為之，即作如是之規定。

而何謂「違背法令」呢？依據新行政訴訟法第二百四十三條之規定，判決不適用法規或適用不當者，為違背法令。有下列各款情形之一者，其判決當然違背法令：一、判決法院之組織不合法者。二、依法律或裁判應迴避之法官參與裁判者。三、行政法院於權限之有無辨別不當或違背專屬管轄之規定者。四、當事人於訴訟未經合法代理或代表者。五、違背言詞辯論公開之規定者。六、判決不備理由或理由矛盾者。

此外，依據新行政訴訟法第二百五十三條之規定，最高行政法院之判決不經言詞辯論為之。但有下列情形之一者，得依職權或依聲請行言詞辯論：一、法律關係複雜或法律見解紛歧，有以言詞辯明之必要者。二、涉及專門知識或特殊經驗法則，有以言詞說明之必要者。三、涉及公益或影響當事人權利義務重大，有行言詞辯論之必要者。言詞辯論應於上訴聲明之範圍內為之。

最後，因為上訴審為法律審，因此，原則上最高行政法院並不就事實重新審究。基此，新行政訴訟法第二百五十四條遂規定，除別有規定外，最高行政法院應以高等行政法院判決確定之事實為判決基礎。以違背訴訟程序之規定為上訴理由時，所舉違背之事實，及以違背法令確定事實或遺漏事實為上訴理由時，所舉之該事實，最高行政法院得斟酌之。依前條第一項但書行言詞辯論所得闡明或補充訴訟關係之資料，最高行政法院亦得斟酌之。

 (圭)抗告制度

　　上訴制度係針對高等行政法院終局判決之救濟程序，至於高等行政法院裁定之救濟程序則為抗告制度。因此，依據新行政訴訟法第二百六十四條之規定，對於裁定得為抗告。但別有不許抗告之規定者，不在此限。而新行政訴訟法第二百六十七條則規定，抗告，由最高行政法院裁定。

　　至於提起抗告期間，依據新行政訴訟法第二百六十八條之規定，應於裁定送達後十日之不變期間內為之。但送達前之抗告亦有效力。

　　此外，依據新行政訴訟法第二百六十九條之規定，提起抗告，應向為裁定之原高等行政法院或原審判長所屬高等行政法院提出抗告狀為之。高等行政法院適用簡易訴訟程序之事件或關於訴訟救助提起抗告，及由證人、鑑定人或執有證物之第三人提起抗告者，得以言詞為之。

◈ (古)重新審理制度

　　依據新行政訴訟法第二百十五條之規定，撤銷或變更原處分或決定之判決，對第三人亦有效力。惟無過失而未參加訴訟之第三人如因撤銷或變更原處分或決定之判決而蒙受不利益者，亦應賦予其適當之救濟管道以資權衡。基此，新行政訴訟法遂引進「重新審理」的制度，於新行政訴訟法第二百八十四條中規定，因撤銷或變更原處分或決定之判決，而權利受損害之第三人，如非可歸責於己之事由，未參加訴訟，致不能提出足以影響判決結果之攻擊或防禦方法者，得對於確定終局判決聲請重新審理。前項聲請，應於知悉確定判決之日起三十日之不變期間內為之。但自判決確定之日起已逾一年者，不得聲請。

◈ (盂)保全程序

　　由於新行政訴訟法增加了給付訴訟，因此，為了確保將來勝訴

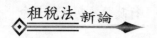

判決之執行，遂有增設保全程序的必要。新行政訴訟法採行民事訴訟法之相關規定，亦將保全程序區分為假扣押與假處分二種，茲簡要說明如後：

(1)假扣押

依據新行政訴訟法第二百九十三條之規定，為保全公法上金錢給付之強制執行，得聲請假扣押。前項聲請，就未到履行期之給付，亦得為之。

而行政訴訟法第二百九十五條則規定，假扣押裁定後，尚未提起給付之訴者，應於裁定送達後十日內提起；逾期未起訴者，行政法院應依聲請撤銷假扣押裁定。

此外，新行政訴訟法第二百九十六條亦規定，假扣押裁定因自始不當而撤銷，或因前條及民事訴訟法第五百三十條第三項之規定而撤銷者，債權人應賠償債務人因假扣押或供擔保所受之損害。假扣押所保全之本案請求已起訴者，前項賠償，行政法院於言詞辯論終結前，應依債務人之聲明，於本案判決內命債權人為賠償；債務人未聲明者，應告以得為聲明。

(2)假處分

依據新行政訴訟法第二百九十八條之規定，公法上之權利因現狀變更，有不能實現或甚難實現之虞者，為保全強制執行，得聲請假處分。於爭執之公法上法律關係，為防止發生重大之損害或避免急迫之危險而有必要時，得聲請為定暫時狀態之處分。前項處分，得命先為一定之給付。行政法院為假處分裁定前，得訊問當事人、關係人或為其他必要之調查。不過，就行政機關之行政處分，依據新行政訴訟法第二百九十九條之規定，不得為假處分。

◈ (共)強制執行

人民進行行政訴訟的目的，就是希望能夠實現勝訴判決之內容，

因此，強制執行即為有效落實行政訴訟制度所必須。準此原則，新行政訴訟法第三百零四條遂規定，撤銷判決確定者，關係機關應即為實現判決內容之必要處置。

再者，依據新行政訴訟法第三百零五條之規定，行政訴訟之裁判命債務人為一定之給付，經裁判確定後，債務人不為給付者，債權人得以之為執行名義，聲請高等行政法院強制執行。高等行政法院應先定相當期間通知債務人履行；逾期不履行者，強制執行。債務人為中央或地方機關或其他公法人者，並應通知其上級機關督促其如期履行。依本法成立之和解，及其他依本法所為之裁定得為強制執行者，或科處罰鍰之裁定，均得為執行名義。

此外，行政訴訟法第三百零六條亦規定，高等行政法院為辦理強制執行事務，得設執行處，或囑託普通法院民事執行處或行政機關代為執行。執行程序，除本法別有規定外，應視執行機關為法院或行政機關而分別準用強制執行法或行政執行法之規定。債務人對第一項囑託代為執行之執行名義有異議者，由高等行政法院裁定之。

行政救濟制度與民事訴訟制度及刑事訴訟制度係憲法賦予人民的重要基本權利，三者「相輔相成」、「鼎足而立」、「缺一不可」。此次行政救濟制度的徹底「大翻修」，一方面除了象徵著國內已逐漸落實法治國家的精神之外，另一方面，亦顯示了國內對人民基本權利的保障又邁出了一大步。吾人衷心期盼新的行政救濟制度能夠確實發揮其應有之功能，讓國人的法制觀念能夠生根苗壯。

附錄二　信託稅法

信託 (Trust)，這個被英國歷史學家及法律家 F. W. Maitland 喻為英美法學上最重要的一項創舉，係源自於日耳曼的 Treuhand 或 Salman 以及西元十一世紀被引進英國的 Uses。信託早期的發展，尤其是在西元十六世紀以前主要都是所謂的「消極信託」(Passive trust) ——即前開所稱之 Uses，也就是一般俗稱的「借人頭」；而其之所以會被創設並廣泛運用，主要的原因即在於藉由信託的安排可達到規避當時法令的目的。英國中世紀土地所有權人對於封建領主沈苛的義務以及禁止教會持有土地的法律 (Mortmain Acts) 等即是促成信託發展的時代背景。時至今日，在國內依然到處充斥著人頭股東、計程車靠行以及假借自耕農持有農地的現象，可見利用「消極信託」來規避法令的現象是古今中外皆然的。

信託法雖自八十五年一月廿八日方始生效，惟早於六十二年，最高法院判例 (六十二年臺上字第二九九六號) 即已承認其合法性，且財政部於其若干解釋函令中亦已針對信託應如何課稅有所解釋，更何況，銀行法第六章所規定的信託投資公司早已在國內存在數十年之久。其實信託的魔力早已深植國內，且不斷與日俱增。須知，存放於中央信託局金額高達新臺幣數千億元的勞工退休基金的運用管理關係即是一信託關係，更遑論募集發行金額高達新臺幣壹兆元以上的證券投資信託基金的法律關係也是一信託關係。信託的多樣性豈僅於此，實則近年來國內為數不少的上市（櫃）公司至海外所募集發行的可轉換公司債或存託憑證以及保險金信託也都是運用信託的明例。將來國內要發展資產證券化 (Assets securitization)，尤其是不動產證券化，不論是 REIT (Real estate investment trust) 抑或 MBS (Mortgage-backed security)，也是要靠信託才有辦法完成。藉由

信託的安排可使個人的財富在代代繼承中免於遭受遺產稅層層的剝削，靠著信託的創設可避免後代不肖子孫揮霍祖產，運用信託的制度個人可提早規劃不虞匱乏的未來生活，以及足敷支付子女生活教育費用支出的信託財產可以免於因個人投資失敗而遭查封拍賣，以上種種都是信託如此令人愛不釋手的原由。巧妙的搭配信託可設計出林林總總的法律關係，甚至可藉此而創設出不同類型的金融商品，其中奧妙之處不可言喻。信託目前在國內的發展正可謂方興未艾、無遠弗屆，「信託時代」的來臨已指日可待。

一、信託之成立

◈ ㈠信託之意義

依據信託法第一條之規定，稱信託者，謂委託人將財產權移轉或為其他處分，使受託人依信託本旨，為受益人之利益或為特定之目的，管理或處分信託財產之關係。因此，如果受託人就信託財產並無任何管理或處分的權限的話，例如單純的「借人頭」，即非信託法中所稱之信託。

◈ ㈡信託之類型

按信託關係，如以委託人及受益人是否同一，可區分為「自益信託」以及「他益信託」二種；其中「自益信託」係指委託人及受益人為同一之信託，至於「他益信託」則係指委託人及受益人並非同一之信託。由於「他益信託」具有「利益第三人」之特性，因此，就委託人與受益人之法律關係而言，則係屬「贈與」關係。

◈ ㈢信託之創設

依據信託法第二條之規定，信託，除法律另有規定外，應以契約或遺囑為之。因此，信託關係的創設，僅限於契約或遺囑二種方式。

❖ ㈣無效之信託

依據信託法第五條之規定，信託行為，有下列各款情形之一者，無效：一、其目的違反強制或禁止規定者。二、其目的違反公共秩序或善良風俗者。三、以進行訴願或訴訟為主要目的者。四、以依法不得受讓特定財產權之人為該財產權之受益人者。因此，信託關係即使成立，如有以上情形之一者，其信託關係依然不具任何法律效力。

❖ ㈤信託之登記

依據信託法第四條之規定，以應登記或註冊之財產權為信託者，非經信託登記，不得對抗第三人。以有價證券為信託者，非依目的事業主管機關規定於證券上或其他表彰權利之文件上載明為信託財產，不得對抗第三人。以股票或公司債券為信託者，非經通知發行公司，不得對抗該公司。因此，以不動產或有價證券為信託財產之信託關係縱使已成立且具法律效力，如未依法辦理信託登記者，將來一旦受託人違反信託本旨將信託財產移轉予第三人（無論是否善意），受益人即不得向第三人主張請求返還信託財產。

❖ ㈥第三人權益之保護

依據信託法第六條之規定，信託行為有害於委託人之債權人權利者，債權人得聲請法院撤銷之。前項撤銷，不影響受益人已取得之利益。但受益人取得之利益未屆清償期或取得利益時明知或可得而知有害及債權者，不在此限。信託成立後六個月內，委託人或其

遺產受破產之宣告者，推定其行為有害及債權。而信託法第七條則規定，前條撤銷權，自債權人知有撤銷原因時起，一年間不行使而消滅。自行為時起逾十年者，亦同。因此，如信託之創設有害委託人之債權人權利者，委託人之債權人即可向法院聲請撤銷該信託關係，請求受託人將信託財產返還於委託人；不過，如受益人已取得任何信託利益者，就此部分則不能要求受益人返還於委託人。

此外，信託法第三十三條亦規定，受託人關於信託財產之占有，承繼委託人占有之瑕疵。前項規定於以金錢、其他代替物或有價證券為給付標的之有價證券之占有，準用之。因此，信託之創設並無法阻斷委託人占有信託財產之瑕疵，換言之，如委託人占有信託財產有法律上之瑕疵，例如非法占有他人財產，受託人占有信託財產亦同樣有法律上之瑕疵，真正權利人依法可向受託人主張其占有信託財產有法律上之瑕疵，例如請求受託人返還其非法占有之財產。

二、信託法律關係

(一)信託法律關係之分析

任何信託之創設皆會涉及委託人、受託人、受益人（如為自益信託，則委託人即為受益人）以及信託財產，換言之，委託人必須將信託財產移轉予受託人，而受託人則應依信託本旨管理或處分信託財產，至於信託財產之利益則應分配予受益人。因此，信託法律關係即係指委託人、受託人及受益人三方之法律關係而言，換言之，欲瞭解信託法律關係，應就委託人、受託人及受益人三方之法律關係來加以分析。

(二)委託人之角色功能

依據信託法第八條之規定，信託關係不因委託人死亡、破產或喪失行為能力而消滅。但信託行為另有訂定者，不在此限。委託人為法人時，因解散或撤銷設立登記而消滅者，適用前項之規定。由此可知，委託人一旦將信託財產移轉予受託人而創設信託關係之後，其即不再扮演任何積極功能之角色，換言之，即使委託人死亡、破產、喪失行為能力或因解散或撤銷設立登記而消滅，亦不會對信託關係產生任何影響。

❖ ㈢受託人之角色功能

同樣的，依據信託法第八條之規定，信託關係亦不因受託人死亡、破產或喪失行為能力而消滅。但信託行為另有訂定者，不在此限。受託人為法人時，因解散或撤銷設立登記而消滅者，適用前項之規定。因為，只要有新繼任之受託人繼續依信託本旨就信託財產為管理或處分以確保受益人之權利，縱使受託人死亡、破產、喪失行為能力或因解散或撤銷設立登記而消滅，亦不會對信託關係產生任何影響。而信託法第四十六條規定，遺囑指定之受託人拒絕或不能接受信託時，利害關係人或檢察官得聲請法院選任受託人，但遺囑另有訂定者，不在此限，亦秉持同一法理。

由於受託人必須依信託本旨就信託財產為管理或處分，因此，信託法第二十一條即規定，未成年人、禁治產人及破產人，不得為受託人。

再者，由於受託人具有就信託財產為管理或處分之權限，如受託人亦同時為信託財產之受益人者，則其法律地位即與信託財產之所有權人無異，根本無須另行創設信託關係，徒增法律關係的複雜性，因此，信託法第三十四條即規定，受託人不得以任何名義，享有信託利益。但與他人為共同受益人時，不在此限。

此外，由於受託人具有就信託財產為管理或處分之權限，責任

重大，如任由其恣意辭任或恐有損受益人之權益，反之，如受託人違背其職務或有其他重大事由，亦應賦予委託人或受益人解任受託人之權，否則，勢必不利於受益人之權益；因此，信託法第三十六條遂規定，受託人除信託行為另有訂定外，非經委託人及受益人之同意，不得辭任。但有不得已之事由時，得聲請法院許可其辭任。受託人違背其職務或有其他重大事由時，法院得因委託人或受益人之聲請將其解任。前二項情形，除信託行為另有訂定外，委託人得指定新受託人，如不能或不為指定者，法院得因利害關係人或檢察官之聲請選任新受託人，並為必要之處分。已辭任之受託人於新受託人能接受信託事務前，仍有受託人之權利及義務。

受託人如有變更者，依信託法第四十八條之規定，由新受託人承受原受託人因信託行為對受益人所負擔之債務。前項情形，原受託人因處理信託事務負擔之債務，債權人亦得於新受託人繼受之信託財產限度內，請求新受託人履行。此外，依信託法第五十條之規定，受託人變更時，原受託人應就信託事務之處理作成結算書及報告書，連同信託財產會同受益人或信託監察人移交於新受託人。前項文書經受益人或信託監察人承認時，原受託人就其記載事項，對受益人所負之責任視為解除。但原受託人有不正當行為者，不在此限。

◈ ㈣受益人之角色功能

依據信託法第十七條之規定，受益人因信託之成立而享有信託利益。但信託行為另有訂定者，從其所定。受益人得拋棄其享有信託利益之權利。由此可知，信託財產之利益係由受益人所享有，且受益人就是否願意享有信託財產之利益亦有選擇權，不過，一旦受益人決定願意享有信託財產之利益，其受益權即受信託法之保障。

㈤信託關係人之權利保護

⑴受益人及委託人之權利保護

依據信託法第三條之規定，委託人與受益人非同一人者，委託人除信託行為另有保留外，於信託成立後不得變更受益人或終止其信託，亦不得處分受益人之權利。但經受益人同意者，不在此限。因此，他益信託一旦成立後，原則上，委託人即不得變更受益人或終止其信託，亦不得處分受益人之權利，此即所謂的「不可撤銷性信託」(Irrevocable trust)。

再者，依據信託法第十八條之規定，受託人違反信託本旨處分信託財產時，受益人得聲請法院撤銷其處分。受益人有數人者，得由其中一人為之。前項撤銷權之行使，以有下列情形之一者為限，始得為之：一、信託財產為已辦理信託登記之應登記或註冊之財產權者。二、信託財產為已依目的事業主管機關規定於證券上或其他表彰權利之文件上載明其為信託財產之有價證券者。三、信託財產為前二款以外之財產權而相對人及轉得人明知或因重大過失不知受託人之處分違反信託本旨者。由此可知，如受託人違反信託本旨處分信託財產時，在信託財產已依法為信託登記或相對人及轉得人明知或因重大過失不知受託人之處分違反信託本旨的情況下，受益人得向法院聲請撤銷該處分行為，請求相對人及轉得人將信託財產返還於受託人，藉以保障受益人之權益。不過，依據信託法第十九條之規定，上開撤銷權，自受益人知有撤銷原因時起，一年間不行使而消滅。自處分時起逾十年者，亦同。

此外，依據信託法第二十三條之規定，受託人因管理不當致信託財產發生損害或違反信託本旨處分信託財產時，委託人、受益人或其他受託人得請求以金錢賠償信託財產所受損害或回復原狀，並得請求減免報酬。

由於受託人必須履行忠實義務 (Fiduciary duty)，因此，當受益人之利益與其本身之利益有所衝突時，必須以受益人之利益為優先考量，而為了防止利益衝突 (Conflict of interests) 之情形發生，信託法第三十五條即規定，受託人除有下列各款情形之一外，不得將信託財產轉為自有財產，或於該信託財產上設定或取得權利：一、經受益人書面同意，並依市價取得者。二、由集中市場競價取得者。三、有不得已事由經法院許可者。前項規定，於受託人因繼承、合併或其他事由，概括承受信託財產上之權利時，不適用之。受託人違反第一項之規定，使用或處分信託財產者，委託人、受益人或其他受託人，得請求將其所得之利益歸於信託財產；於受託人有惡意者，應附加利息一併歸入。前項請求權，自委託人或受益人知悉之日起，二年間不行使而消滅。自事實發生時起逾五年者，亦同。

(2)受託人之權利保護

一般而言，受託人管理或處分信託財產皆受有報酬，因此，信託法第三十八條即規定，受託人係信託業或信託行為訂有給付報酬者，得請求報酬。約定之報酬，依當時之情形或因情事變更顯失公平者，法院得因委託人、受託人、受益人或同一信託之其他受託人之請求增減其數額。

由於受託人管理或處分信託財產皆會支出必要費用，因此，信託法第三十九條即規定，受託人就信託財產或處理信託事務所支出之稅捐、費用或負擔之債務，得以信託財產充之。前項費用，受託人有優先於無擔保債權人受償之權。第一項權利之行使不符信託目的時，不得為之。而信託法第四十條則補充規定，信託財產不足清償前條第一項之費用或債務，或受託人有前條第三項之情形時，受託人得向受益人請求補償或清償債務或提供相當之擔保。但信託行為另有訂定者，不在此限。信託行為訂有受託人得先對受益人請求補償或清償所負之債務或要求提供擔保者，從其所定。前二項規定，

於受益人拋棄其權利時，不適用之。第一項之請求權，因二年間不行使而消滅。此外，信託法第四十一條亦規定，受託人有第三十九條第一項或前條之權利者，於其權利未獲滿足前，得拒絕將信託財產交付受益人。至於，信託法第四十二條則規定，受託人就信託財產或處理信託事務所受損害之補償，準用前三條之規定。前項情形，受託人有過失時，準用民法第二百十七條規定。

三、信託財產

❖ ㈠信託財產之法律特性

依據信託法第九條之規定，受託人因信託行為取得之財產權為信託財產。受託人因信託財產之管理、處分、滅失、毀損或其他事由取得之財產權，仍屬信託財產。換言之，縱使信託財產之形態因故轉化為其他形態，轉化後之財產或權益依然是信託財產。

由於信託財產並非受託人之財產，因此，信託法第十條即規定，受託人死亡時，信託財產不屬於其遺產。且信託法第十一條亦規定，受託人破產時，信託財產不屬於其破產財團。

此外，由於信託財產亦非委託人之財產，且係為特定信託本旨而存續，故而有其獨立性，原則上，不容許任何人對信託財產為強制執行，以免損及受益人之權益；因此，信託法第十二條即規定，對信託財產不得強制執行。但基於信託前存在於該財產之權利、因處理信託事務所生之權利或其他法律另有規定者，不在此限。違反前項規定者，委託人、受益人或受託人得於強制執行程序終結前，向執行法院對債權人提起異議之訴。信託法第十三條之規定，屬於信託財產之債權與不屬於該信託財產之債務不得互相抵銷；以及信託法第十四條之規定，信託財產為所有權以外之權利時，受託人雖

取得該權利標的之財產權,其權利亦不因混同而消滅,亦秉持同一法理。

◈ (二)信託財產之管理處分

由於受託人具有就信託財產為管理或處分之權限,為確保受益人之權益,必須對受託人課以較重之義務,因此,信託法第二十二條即規定,受託人無論是否受有報酬,皆應依信託本旨,以善良管理人之注意,處理信託事務。至於信託財產之管理方法,依信託法第十五條之規定,得經委託人、受託人及受益人之同意變更。

再者,如信託財產之管理方法因情事變更致不符合受益人之利益時,依信託法第十六條之規定,委託人、受益人或受託人得聲請法院變更之。前項規定,於法院所定之管理方法,準用之。

此外,為了防止利益衝突之情形發生,信託法第二十四條即規定,受託人應將信託財產與其自有財產及其他信託財產分別管理。信託財產為金錢者,得以分別記帳方式為之。前項不同信託之信託財產間,信託行為訂定得不必分別管理者,從其所定。受託人違反第一項規定獲得利益者,委託人或受益人得請求將其利益歸於信託財產。如因而致信託財產受損害者,受託人雖無過失,亦應負損害賠償責任;但受託人證明縱為分別管理,而仍不免發生損害者,不在此限。前項請求權,自委託人或受益人知悉之日起,二年間不行使而消滅。自事實發生時起,逾五年者,亦同。

由於信託關係非常重視受託人本身的要素,因此,信託法第二十五條即規定,受託人應自己處理信託事務。但信託行為另有訂定或有不得已之事由者,得使第三人代為處理。如有第三人代為處理信託事務者,依信託法第二十六條之規定,受託人僅就第三人之選任與監督其職務之執行負其責任,但該第三人負與受託人處理信託事務同一責任。如受託人違反第二十五條規定,使第三人代為處理

信託事務者，依信託法第二十七條之規定，受託人就該第三人之行為與就自己之行為負同一責任，而該第三人應與受託人負連帶責任。

　　如同一信託之受託人有數人時，依信託法第二十八條之規定，信託財產為其公同共有，信託事務之處理除經常事務、保存行為或信託行為另有訂定外，由全體受託人共同為之。受託人意思不一致時，應得受益人全體之同意。受益人意思不一致時，得聲請法院裁定之。受託人有數人者，對其中一人所為之意思表示，對全體發生效力。而信託法第二十九條則規定，受託人有數人者，對受益人因信託行為負擔之債務負連帶清償責任。其因處理信託事務負擔債務者，亦同。至於受託人責任之範圍，依信託法第三十條之規定，受託人因信託行為對受益人所負擔之債務，僅於信託財產限度內負履行責任。

　　最後，依信託法第三十一條之規定，受託人就各信託，應分別造具帳簿，載明各信託事務處理之狀況。受託人除應於接受信託時作成信託財產目錄外，每年至少定期一次作成信託財產目錄，並編製收支計算表，送交委託人及受益人。

四、信託之消滅

　　依據信託法第六十二條之規定，信託關係，因信託行為所定事由發生，或因信託目的已完成或不能完成而消滅。再者，如信託利益全部由委託人享有者，依信託法第六十三條之規定，委託人或其繼承人亦得隨時終止信託。前項委託人或其繼承人於不利於受託人之時期終止信託者，應負損害賠償責任。但有不得已之事由者，不在此限。此外，如信託利益非由委託人全部享有者，依信託法第六十四條之規定，除信託行為另有訂定外，委託人及受益人得隨時共同終止信託。委託人及受益人於不利受託人之時期終止信託者，應

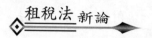

負連帶損害賠償責任。但有不得已之事由者，不在此限。

信託關係一旦歸於消滅時，信託財產之歸屬，信託法第六十五條之規定，除信託行為另有訂定外，依左列順序定之：一、享有全部信託利益之受益人。二、委託人或其繼承人。於受託人移轉信託財產於前條歸屬權利人前，依信託法第六十六條之規定，信託關係視為存續，以歸屬權利人視為受益人。

最後，依據信託法第六十八條之規定，信託關係消滅時，受託人應就信託事務之處理作成結算書及報告書，並取得受益人、信託監察人或其他歸屬權利人之承認。

五、公益信託

◈ ㈠公益信託之創設

依據第六十九條之規定，稱公益信託者，謂以慈善、文化、學術、技藝、宗教、祭祀或其他以公共利益為目的之信託。而第七十條則規定，公益信託之設立及其受託人，應經目的事業主管機關之許可。前項許可之申請，由受託人為之。因此，公益信託之設立與財團法人一樣皆應經目的事業主管機關之許可。

再者，依第七十一條之規定，法人為增進公共利益，得經決議對外宣言自為委託人及受託人，並邀公眾加入為委託人。前項信託於對公眾宣言前，應經目的事業主管機關許可。第一項信託關係所生之權利義務，依該法人之決議及宣言內容定之。此即為所謂的「宣言信託」(Declaratory trust)，亦即委託人及受託人為同一人之情形，換言之，委託人並未將信託財產移轉予受託人，此為一般信託之例外。

(二)公益信託之監督

由於公益信託具有公益的特性，與財團法人類似，因此，信託法第七十二條即規定，公益信託由目的事業主管機關監督。目的事業主管機關得隨時檢查信託事務及財產狀況；必要時並得命受託人提供相當之擔保或為其他處置。受託人應每年至少一次定期將信託事務處理情形及財務狀況，送公益信託監察人審核後，報請主管機關核備並公告之。而第七十三條則規定，公益信託成立後發生信託行為當時不能預見之情事時，目的事業主管機關得參酌信託本旨，變更信託條款。

由於第六十九條規定，公益信託之受託人，應經目的事業主管機關之許可，且公益信託之受託人具有就信託財產為管理或處分之權限，責任重大，如任由其恣意辭任或恐有損公益信託之受益人之權益，因此，第七十四條即規定，公益信託之受託人非有正當理由，並經目的事業主管機關許可，不得辭任。

為了有效監督公益信託之受託人，依第七十五條之規定，公益信託應置信託監察人。如公益信託違反設立許可條件、監督命令或為其他有害公益之行為者，依第七十七條之規定，目的事業主管機關得撤銷其許可或為其他必要之處置。其無正當理由連續三年不為活動者，亦同。目的事業主管機關為前項處分前，應通知委託人、信託監察人及受託人於限期內表示意見。但不能通知者，不在此限。

(三)公益信託之消滅

依據第七十八條之規定，公益信託，因目的事業主管機關撤銷設立之許可而消滅。公益信託關係消滅，而無信託行為所訂信託財產歸屬權利人時，依第七十九條之規定，目的事業主管機關得為類似之目的，使信託關係存續，或使信託財產移轉於有類似目的之公

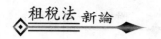

益法人或公益信託。

六、信託之課稅

㈠信託課稅之基本法則

信託行為形形色色，究竟要如何課稅，即為一值得深究的課題，基此，有必要就信託行為應如何課稅來加以釐清：

⑴必須先確定是否為信託？

根據信託法第一條之規定，稱信託者，謂委託人將財產權移轉或為其他處分，使受託人依信託本旨，為受益人之利益或為特定之目的，管理或處分信託財產之法律關係。如委託人僅將其財產在名義上移轉予受託人，而有關信託財產之管理、使用或處分悉仍由委託人自行為之，即消極信託，也就是俗稱的借人頭，依最高法院八十三年度台上字第三一七二號判決，除有確實之正當原因外，其助長脫法行為者，應難認為合法。因此，「消極信託」即非信託法中所謂之信託。

⑵受益人是誰？

受益人是誰也很重要，如果受益人是委託人自己，就是所謂的自益信託；反之，如果受益人是委託人或受託人以外之第三人，就是所謂的他益信託。兩者的課稅方式大異其趣。

㈑自益信託

如果是自益信託，在移轉財產權予受託人之時，依照信託法理，受託人僅取得該財產權之名義上所有權以及管理或處分該財產權之權利，實質上受益所有權還是在委託人（同時也是受益人）身上；因此，自益信託成立之時，本質上應不發生任何稅捐。譬如說申購基金或透過銀行指定用途信託投資國外有價證券所移轉之現金，並

不構成贈與，而土地信託中委託人移轉其土地予受託人時亦無須繳納贈與稅及土地增值稅。但是在信託期間，如果信託財產有任何孳息或收益的話，扣除相關的管理費用後，應歸屬於委託人本身，而不是信託財產名義上的所有人，即受託人，這就是所謂的實質所得人課稅原則。此外，在信託關係消滅時，受託人將信託財產返還委託人之時，本質上亦不應發生任何稅捐。

(b)他益信託

如果是他益信託，則在委託人移轉信託財產予受託人之時，應依遺產及贈與稅法（委託人為自然人）或所得稅法（委託人為法人）之相關規定來核課及稅或所得稅。如他益信託係以遺囑方式成立，則應依遺產及贈與稅法之相關規定核課遺產稅。至於在信託期間，如果信託財產有任何孳息或收益，則應依實質所得人課稅原則來加以課稅。此外，在信託關係消滅後，受託人將信託財產返還受益人時，本質上亦應無任何稅捐。

(3)信託或信託財產本身是否應將之視為課稅主體？

這是一個信託稅制設計上最基本的問題。由於國內所得稅之稅制，就課稅主體而言，原則上，只限於個人（即自然人）以及營利事業（或營業人），而不及於信託或信託財產。反觀，英美所得稅之稅制則是將信託本身視為課稅主體，並對之課稅。吾人以為信託本身具有財團法人的法律性質，且有相當的法主體性；因此，宜脫離委託人、受託人或受益人而自成一獨立的法主體，享有法主體的權利及義務，並將之視為課稅主體，對之課稅。

(4)信託行為因無效、被撤銷或受益人嗣後有變更時，原已繳納的稅款是否可申請退還？

法律行為（包括信託行為）的無效是自始，當然及確定的無效，課稅構成要件自始即不該當，已繳之稅款自當退還，但是行政法院就非自耕農購買農地的案例曾有不同的見解。而法律行為經撤銷者，

視為自始無效，依法理，已繳之稅款亦應予以退還；至於受益人嗣後變更，則視變更後的受益人是否為委託人而定，如為委託人則已繳之稅款自當退還；如非委託人，則原已繳之稅款亦應予以退還，並同時就新的「贈與」行為重新計核課稅。

　　(5)受益權的價值如何確定？

　　除非將信託本身視為課稅主體，否則受益權價值的認定將呈現技術上難以克服的現象。蓋因委託人如就變更受益人另有保留的話，將使受益人的受益權不具有既得權的性質，而僅為期待權，而此一期待權的價值如何認定，實在令人費解。此外，如為全權委任信託 (Discretionary trust)、禁止揮霍信託 (Spendthrift trust) 或是讓與人信託 (Grantor trust) 的話，則因受益權的價值及其範圍在信託行為成立當時無法確定，故而要事先預估受益權的價值成為相當困難的一項任務。以上技術上的困難，將使得遺產及贈與稅法第十條之一及之二有關信託利益之權利價值估定之標準，呈現捉襟見肘的現象。

　　(6)信託期間信託財產的收益要如何課稅？

　　誠然，實質所得人課稅原則或導管理論 (Conduit theory) 可作為處理上揭問題的原則，但是還是有必要澄清究竟是適用收付實現或應計基礎的原則。蓋如採用應計基礎的話，則將產生未取得所得而須先課稅的情形，如何與個人綜合所得稅收付實現的原則相調合，即為相當棘手的問題；但如採用收付實現原則，則可能產生信託財產的累積不分配而造成租稅遞延 (Deferral of tax) 的不公平現象，亦是難題一道。正本清源之道，就是將信託本身視為課稅主體來加以課稅。此外，受託人因處理信託事務所支出之費用以及收取之報酬，原則上皆可用之減除信託財產的收益，但如信託財產有免稅所得(如證券交易所得) 或租稅優惠所得 (如利息所得等)，則費用及報酬的減除亦應依比例為之，方符公平。

　　(7)信託關係消滅後，信託財產的返還是否要課稅？

　　由於信託財產的返還亦構成財產權的另一次移轉，但是這樣的移轉僅發生名義所有人與實質利益享有人合而為一，並非一般財產的移轉，依法理，不應該當任何租稅構成要件，無須課徵任何稅，此與公司解散清算將股本返還股東的情形有異曲同工之妙。

　　茲就信託行為之所得稅、遺產及贈與稅、土地稅及營業稅詳細分析說明如下：

◈ (二)所得稅

　　(1)委託人為營利事業之他益信託，應就受益人享有信託利益之權利價值，對受益人課徵所得稅。

　　依據所得稅法第三條之二之規定，委託人為營利事業之信託契約，信託成立時，明定信託利益之全部或一部之受益人為非委託人者，該受益人應將享有信託利益之權利價值，併入成立年度之所得額，依本法規定課徵所得稅。前項信託契約，明定信託利益之全部或一部之受益人為委託人，於信託關係存續中，變更為非委託人者，該受益人應將其享有信託利益之權利價值,併入變更年度之所得額，依本法規定課徵所得稅。信託契約之委託人為營利事業，信託關係存續中追加信託財產，致增加非委託人享有信託利益之權利者，該受益人應將其享有信託利益之權利價值增加部分，併入追加年度之所得額，依本法規定課徵所得稅。前三項受益人不特定或尚未存在者，應以受託人為納稅義務人，就信託成立、變更或追加年度受益人享有信託利益之權利價值，於第七十一條規定期限內，按規定之扣繳率申報納稅；其扣繳率由財政部擬訂，報請行政院核定發布之。

　　(2)信託財產因信託關係成立、不成立、無效、解除、撤銷或消滅、受託人變更或受託人依信託本旨交付信託財產予受益人而移轉或為其他處分，不課徵所得稅。

　　依據所得稅法第三條之三之規定，信託財產於下列各款信託關

係人間，基於信託關係移轉或為其他處分者，不課徵所得稅：一、因信託行為成立，委託人與受託人間。二、信託關係存續中受託人變更時，原受託人與新受託人間。三、信託關係存續中，受託人依信託本旨交付信託財產，受託人與受益人間。四、因信託關係消滅，委託人與受託人間或受託人與受益人間。五、因信託行為不成立、無效、解除或撤銷，委託人與受託人間。前項信託財產在移轉或處分前，因受託人管理或處分信託財產發生之所得，應依第三條之四規定課稅。

⑶信託財產發生之收入，應於所得發生年度，依實質所得人課稅原則或導管理論，對受益人課徵所得稅；如受益人不特定或尚未存在者，應於所得發生年度，對受託人課徵所得稅；惟依法經主管機關核准之共同信託基金、證券投資信託基金，或其他經財政部核准之信託基金，其信託利益應於實際分配時，再對受益人課徵所得稅。

依據所得稅法第三條之四之規定，信託財產發生之收入，受託人應於所得發生年度，按所得類別依本法規定，減除成本、必要費用及損耗後，分別計算受益人之各類所得額，由受益人併入當年度所得額，依本法規定課稅。前項受益人有二人以上時，受託人應按信託行為明定或可得推知之比例計算各受益人之各類所得額；其計算比例不明或不能推知者，應按各類所得受益人之人數平均計算之。受益人不特定或尚未存在者，其於所得發生年度依前二項規定計算之所得，應以受託人為納稅義務人，於第七十一條規定期限內，按規定之扣繳率申報納稅，其依第八十九條之一第二項規定計算之已扣繳稅款，得自其應納稅額中減除；其扣繳率由財政部擬訂，報請行政院核定發布之。受託人未依第一項至第三項規定辦理者，稽徵機關應按查得之資料核定受益人之所得額，依本法規定課稅。符合第四條之三各款規定之公益信託，其信託利益於實際分配時，由受

益人併入分配年度之所得額，依本法規定課稅。依法經主管機關核准之共同信託基金、證券投資信託基金，或其他經財政部核准之信託基金，其信託利益於實際分配時，由受益人併入分配年度之所得額，依本法規定課稅。

(4)營利事業設立之公益信託，如符合特定要件者，受益人享有該信託利益之權利價值免納所得稅。

依據所得稅法第四條之三之規定，營利事業提供財產成立、捐贈或加入符合左列各款規定之公益信託者，受益人享有該信託利益之權利價值免納所得稅，不適用第三條之二及第四條第一項第十七款但書規定：一、受託人為信託業法所稱之信託業。二、各該公益信託除為其設立目的舉辦事業而必須支付之費用外，不以任何方式對特定或可得特定之人給予特殊利益。三、信託行為明定信託關係解除、終止或消滅時，信託財產移轉於各級政府、有類似目的之公益法人或公益信託。

(5)信託財產發生之收入，扣繳義務人應於給付時，以信託行為之受託人為納稅義務人，受託人依規定開具扣繳憑單時，應以前項各類所得之扣繳稅款為受益人之已扣繳稅款；但扣繳義務人給付公益信託之收入，除短期票券利息所得、政府舉辦之獎券中獎獎金外，得免依第八十八條規定扣繳稅款。

依據所得稅法第八十九條之一之規定，第三條之四信託財產發生之收入，扣繳義務人應於給付時，以信託行為之受託人為納稅義務人，依前二條規定辦理。但扣繳義務人給付第三條之四第五項規定之公益信託之收入，除短期票券利息所得、政府舉辦之獎券中獎獎金外，得免依第八十八條規定扣繳稅款。信託行為之受託人依第九十二條之一規定開具扣繳憑單時，應以前項各類所得之扣繳稅款為受益人之已扣繳稅款；受益人有二人以上者，受託人應依第三條之四第二項規定之比例計算各受益人之已扣繳稅款。受益人為非中

華民國境內居住之個人或在中華民國境內無固定營業場所之營利事業者，應以受託人為扣繳義務人，就其依第三條之四第一項、第二項規定計算之該受益人之各類所得額，依第八十八條規定辦理扣繳。但該受益人之前項已扣繳稅款，得自其應扣繳稅款中減除。第三條之四第五項、第六項規定之公益信託或信託基金，實際分配信託利益時，應以受託人為扣繳義務人，依前二條規定辦理。

(6)受託人應於每年一月底前，填具上一年度各信託之財產目錄、收支計算表及應計算或分配予受益人之所得額、扣繳稅額資料等相關文件，向該管稽徵機關列單申報，並應於二月十日前將扣繳憑單或免扣繳憑單及相關憑單填發納稅義務人。

依據所得稅法第九十二條之一之規定，信託行為之受託人應於每年一月底前，填具上一年度各信託之財產目錄、收支計算表及依第三條之四第一項、第二項、第五項、第六項應計算或分配予受益人之所得額、第八十九條之一規定之扣繳稅額資料等相關文件，依規定格式向該管稽徵機關列單申報；並應於二月十日前將扣繳憑單或免扣繳憑單及相關憑單填發納稅義務人。

(7)受託人未依規定辦理相關事項之行為罰。

依據所得稅法第一一一條之一之規定，信託行為之受託人短漏報信託財產發生之收入或虛報相關之成本、必要費用、損耗，致短計第三條之四第一項、第二項、第五項、第六項規定受益人之所得額，或未正確按所得類別歸類致減少受益人之納稅義務者，應按其短計之所得額或未正確歸類之金額，處受託人百分之五之罰鍰。但最低不得少於一萬五千元。信託行為之受託人未依第三條之四第二項規定之比例計算各受益人之各類所得額者，應按其計算之所得額與依規定比例計算之所得額之差額，處受託人百分之五之罰鍰。但最低不得少於一萬五千元。信託行為之受託人未依限或未據實申報或未依限填發第九十二條之一規定之相關文件或扣繳憑單或免扣繳

憑單及相關憑單者，應處該受託人七千五百元之罰鍰，並通知限期補報或填發；逾期不補報或填發者，應按該信託當年度之所得額，處受託人百分之五之罰鍰。但最低不得少於一萬五千元。

◈ ㈢遺產及贈與稅

⑴遺囑成立之信託，於遺囑人死亡時，其信託財產，或信託關係存續中受益人死亡時，就其享有信託利益之權利未領受部分，應課徵遺產稅。

依據遺產及贈與稅法第三條之二之規定，因遺囑成立之信託，於遺囑人死亡時，其信託財產應依本法規定，課徵遺產稅。信託關係存續中受益人死亡時，應就其享有信託利益之權利未領受部分，依本法規定課徵遺產稅。

⑵委託人為自然人之他益信託，應就受益人享有信託利益之權利價值，對委託人課徵贈與稅。

依據遺產及贈與稅法第五條之一之規定，信託契約明定信託利益之全部或一部之受益人為非委託人者，視為委託人將享有信託利益之權利贈與該受益人，依本法規定，課徵贈與稅。信託契約明定信託利益之全部或一部之受益人為委託人，於信託關係存續中，變更為非委託人者，於變更時，適用前項規定課徵贈與稅。信託關係存續中，委託人追加信託財產，致增加非委託人享有信託利益之權利者，於追加時，就增加部分，適用第一項規定課徵贈與稅。前三項之納稅義務人為委託人。但委託人有第七條第一項但書各款情形之一者，以受託人為納稅義務人。

⑶信託財產因信託關係成立、不成立、無效、解除、撤銷或消滅、受託人變更或受託人依信託本旨交付信託財產予受益人而移轉或為其他處分，不課徵贈與稅。

依據遺產及贈與稅法第五條之二之規定，信託財產於下列各款

信託關係人間移轉或為其他處分者，不課徵贈與稅：一、因信託行為成立，委託人與受託人間。二、信託關係存續中受託人變更時，原受託人與新受託人間。三、信託關係存續中，受託人依信託本旨交付信託財產，受託人與受益人間。四、因信託關係消滅，委託人與受託人間或受託人與受益人間。五、因信託行為不成立、無效、解除或撤銷，委託人與受託人間。

(4)信託利益之權利價值估定之標準。

依據遺產及贈與稅法第十條之一之規定，依第三條之二第二項規定應課徵遺產稅之權利，其價值之計算，依下列規定估定之：一、享有全部信託利益之權利者，該信託利益為金錢時，以信託金額為準，信託利益為金錢以外之財產時，以受益人死亡時信託財產之時價為準。二、享有孳息以外信託利益之權利者，該信託利益為金錢時，以信託金額按受益人死亡時起至受益時止之期間，依受益人死亡時郵政儲金匯業局一年期定期儲金固定利率複利折算現值計算之；信託利益為金錢以外之財產時，以受益人死亡時信託財產之時價，按受益人死亡時起至受益時止之期間，依受益人死亡時郵政儲金匯業局一年期定期儲金固定利率複利折算現值計算之。三、享有孳息部分信託利益之權利者，以信託金額或受益人死亡時信託財產之時價，減除依前款規定所計算之價值後之餘額為準。但該孳息係給付公債、公司債、金融債券或其他約載之固定利息者，其價值之計算，以每年享有之利息，依受益人死亡時郵政儲金匯業局一年期定期儲金固定利率，按年複利折算現值之總和計算之。四、享有信託利益之權利為按期定額給付者，其價值之計算，以每年享有信託利益之數額，依受益人死亡時郵政儲金匯業局一年期定期儲金固定利率，按年複利折算現值之總和計算之；享有信託利益之權利為全部信託利益扣除按期定額給付後之餘額者，其價值之計算，以受益人死亡時信託財產之時價減除依前段規定計算之價值後之餘額計算

之。五、享有前四款所規定信託利益之一部者，按受益比率計算之。

此外，依據遺產及贈與稅法第十條之二之規定，依第五條之一規定應課徵贈與稅之權利，其價值之計算，依左列規定估定之：一、享有全部信託利益之權利者，該信託利益為金錢時，以信託金額為準；信託利益為金錢以外之財產時，以贈與時信託財產之時價為準。二、享有孳息以外信託利益之權利者，該信託利益為金錢時，以信託金額按贈與時起至受益時止之期間，依贈與時郵政儲金匯業局一年期定期儲金固定利率複利折算現值計算之；信託利益為金錢以外之財產時，以贈與時信託財產之時價，按贈與時起至受益時止之期間，依贈與時郵政儲金匯業局一年期定期儲金固定利率複利折算現值計算之。三、享有孳息部分信託利益之權利者，以信託金額或贈與時信託財產之時價，減除依前款規定所計算之價值後之餘額為準。但該孳息係給付公債、公司債、金融債券或其他約載之固定利息者，其價值之計算，以每年享有之利息，依贈與時郵政儲金匯業局一年期定期儲金固定利率，按年複利折算現值之總和計算之。四、享有信託利益之權利為按期定額給付者，其價值之計算，以每年享有信託利益之數額，依贈與時郵政儲金匯業局一年期定期儲金固定利率，按年複利折算現值之總和計算之；享有信託利益之權利為全部信託利益扣除按期定額給付後之餘額者，其價值之計算，以贈與時信託財產之時價減除依前段規定計算之價值後之餘額計算之。五、享有前四款所規定信託利益之一部者，按受益比率計算之。

⑸公益信託之財產，如符合特定要件者，該財產不計入遺產總額。

依照遺產及贈與稅法第十六條之一之規定，遺贈人、受遺贈人或繼承人提供財產，捐贈或加入於被繼承人死亡時已成立之公益信託並符合下列各款規定者，該財產不計入遺產總額：一、受託人為信託業法所稱之信託業。二、各該公益信託除為其設立目的舉辦事

業而必須支付之費用外，不以任何方式對特定或可得特定之人給予
特殊利益。三、信託行為明定信託關係解除、終止或消滅時，信託
財產移轉於各級政府、有類似目的之公益法人或公益信託。此外，
遺產及贈與稅法第二十條之一亦規定，因委託人提供財產成立、捐
贈或加入符合第十六條之一各款規定之公益信託，受益人得享有信
託利益之權利，不計入贈與總額。

❖ (四)土地稅

(1)土地為信託財產者，於信託關係存續中，以受託人為地價稅
或田賦之納稅義務人，並應與委託人（自益信託）或受益人（他益
信託）在同一直轄市或縣（市）轄區內所有之土地合併計算地價總
額。

依據土地稅法第三條之一之規定，土地為信託財產者，於信託
關係存續中，以受託人為地價稅或田賦之納稅義務人。前項土地應
與委託人在同一直轄市或縣（市）轄區內所有之土地合併計算地價
總額，依第十六條規定稅率課徵地價稅，分別就各該土地地價占地
價總額之比例，計算其應納之地價稅。但信託利益之受益人為非委
託人且符合下列各款規定者，前項土地應與受益人在同一直轄市或
縣（市）轄區內所有之土地合併計算地價總額：一、受益人已確定
並享有全部信託利益者。二、委託人未保留變更受益人之權利者。

(2)受託人就受託土地，於信託關係存續中，有償移轉所有權、
設定典權或轉為其自有土地時，以受託人為納稅義務人，課徵土地
增值稅；惟受託人依信託本旨移轉信託土地與委託人以外之歸屬權
利人時，以該歸屬權利人為納稅義務人，課徵土地增值稅。

依據土地稅法第五條之二之規定，受託人就受託土地，於信託
關係存續中，有償移轉所有權、設定典權或依信託法第三十五條第
一項規定轉為其自有土地時，以受託人為納稅義務人，課徵土地增

值稅。以土地為信託財產，受託人依信託本旨移轉信託土地與委託人以外之歸屬權利人時，以該歸屬權利人為納稅義務人，課徵土地增值稅。

⑶信託財產因信託關係成立、不成立、無效、解除、撤銷或消滅或受託人變更而移轉所有權，不課徵土地增值稅。

依據土地稅法第二十八條之三之規定，土地為信託財產者，於左列各款信託關係人間移轉所有權，不課徵土地增值稅：一、因信託行為成立，委託人與受託人間。二、信託關係存續中受託人變更時，原受託人與新受託人間。三、信託契約明定信託財產之受益人為委託人者，信託關係消滅時，受託人與受益人間。四、因遺囑成立之信託，於信託關係消滅時，受託人與受益人間。五、因信託行為不成立、無效、解除或撤銷，委託人與受託人間。

⑷依規定不課徵土地增值稅之信託土地，於所有權移轉、設定典權或轉為受託人自有土地時，以該土地不課徵土地增值稅前之原規定地價或最近一次經核定之移轉現值為原地價,計算漲價總數額，課徵土地增值稅。

依據土地稅法第三十一條之一之規定，依第二十八條之三規定不課徵土地增值稅之土地，於所有權移轉、設定典權或依信託法第三十五條第一項規定轉為受託人自有土地時，以該土地不課徵土地增值稅前之原規定地價或最近一次經核定之移轉現值為原地價，計算漲價總數額，課徵土地增值稅。但屬第三十九條第二項但書規定情形者，其原地價之認定，依其規定。因遺囑成立之信託，於成立時以土地為信託財產者，該土地有前項應課徵土地增值稅之情形時，其原地價指遺囑人死亡日當期之公告土地現值。前二項土地，於計課土地增值稅時，委託人或受託人於信託前或信託關係存續中，有支付第三十一條第一項第二款改良土地之改良費用或同條第三項增繳之地價稅者，準用該條之減除或抵繳規定。

◈ ㈤營業稅

⑴信託財產因信託關係成立、不成立、無效、解除、撤銷或消滅或受託人變更而移轉或為其他處分，不視為銷售。

依據營業稅法第三條之一之規定，信託財產於左列各款信託關係人間移轉或為其他處分者，不適用前條有關視為銷售之規定：一、因信託行為成立，委託人與受託人間。二、信託關係存續中受託人變更時，原受託人與新受託人間。三、因信託行為不成立、無效、解除、撤銷或信託關係消滅時，委託人與受託人間。

⑵受託人因公益信託而標售或義賣之貨物與舉辦之義演，其收入除支付標售、義賣及義演之必要費用外，全部供作該公益事業之用者，免徵營業稅。

依據營業稅法第八條之一之規定，受託人因公益信託而標售或義賣之貨物與舉辦之義演，其收入除支付標售、義賣及義演之必要費用外，全部供作該公益事業之用者，免徵營業稅。前項標售、義賣及義演之收入，不計入受託人之銷售額。

索　引

69	臺財稅第 36533	216	72	臺財稅第 34283	131
69	臺財稅第 36624	177	72	臺財稅第 34655	565
69	臺財稅第 37114	204	72	臺財稅第 36749	178
69	臺財稅第 37330	213	72	臺財稅第 38045	479
69	臺財稅第 38320	265	72	臺財稅第 38135	475
69	臺財稅第 39116	127	72	臺財稅第 38225	274
69	臺財稅第 39361	446	73	臺財稅第 56691	232
69	臺財稅第 40460	509	73	臺財稅第 57835	376
70	臺財稅第 30549	168,446	74	臺財稅第 14139	475
70	臺財稅第 34363	448	74	臺財稅第 14917	214
70	臺財稅第 34379	450	74	臺財稅第 17155	122
70	臺財稅第 35031	446	74	臺財稅第 18503	278
70	臺財稅第 35516	479	74	臺財稅第 21603	230
70	臺財稅第 35623	232	74	臺財稅第 23977	201
70	臺財稅第 35977	177,246	74	臺財稅第 24991	454
70	臺財稅第 38460	510	75	臺財稅第 7564235	202
71	臺財稅第 30040	474	76	臺財稅第 7519463	296
71	臺財稅第 31001	168	76	臺財稅第 7524799	369
71	臺財稅第 31466	217	76	臺財稅第 7558067	366
71	臺財稅第 31897	528	76	臺財稅第 7571716	525
71	臺財稅第 32197	240	76	臺財稅第 7575300	210
71	臺財稅第 33628	127	76	臺財稅第 75768785	271
71	臺財稅第 34573	528	76	臺財稅第 7585901	278
71	臺財稅第 34639	526	77	臺財稅第 761151061	244
71	臺財稅第 35903	107	77	臺財稅第 761153919	405
71	臺財稅第 36375	222	77	臺財稅第 761159161	380
71	臺財稅第 37492	278	79	臺財稅第 780388013	364
71	臺財稅第 38662	215	79	臺財稅第 780706120	180

重要名詞

310

十　劃

參考文獻

一、中文部分

㈠政府網站及電腦資料庫

1. 財政部新頒賦稅法令釋函公告及檢索系統
   （http://www.dot.gov.tw/mofdpc/index.html）
2. 立法院全文檢索系統
   （http://lyfw.ly.gov.tw/gaiswww2.htm）
3. 司法院法學資料全文檢索
   （http://wjirs.judicial.gov.tw:8000/）
4. 植根大法律資料庫，植根有限公司，植根雜誌社發行。

㈡書籍（按作者姓名筆劃順序排列）

1. 丁文拯，會計學綜合大辭典，允晨文化實業股份有限公司，八十五年一月十日初版。
2. 王澤鑑，基礎理論　民法實例研習叢書第一冊，著者發行，七十六年九月四版。
3. 王澤鑑，民法總則　民法實例研習叢書第三冊，著者發行，七十六年九月五版。
4. 吳庚，行政法之理論與實用，三民書局，八十二年七月。
5. 林山田，刑法通論（上冊），台大法律系，八十七年一月。
6. 林山田，刑法通論（下冊），台大法律系，八十七年十月。
7. 林美花，高級會計學（下冊），著者發行，八十六年一月。
8. 施啟揚，民法總則，著者發行，七十六年四月。
9. 城仲模主編，行政法一般法律原則，三民書局，八十三年八月初版。

10. 城仲模主編，行政法一般法律原則（二），三民書局，八十六年七月初版。

11. 翁岳生等著，行政法，翁岳生等發行，八十七年三月二十九日。

12. 康炎村，租稅法原理，文笙書局，七十六年二月初版。

13. 陳敏，行政法總論，著者發行，八十七年五月初版。

14. 陳清秀，稅法之基本原理，著者發行，八十二年九月。

15. 蔡志方，行政救濟法論，月旦出版社，八十四年十月。

16. 蔡震榮，行政法理論與基本人權之保障，三鋒出版社，八十三年十月。

17. 顏慶章，租稅法，月旦出版社，八十四年一月。

18. 鄭丁旺、林美花，高級會計學（上冊），著者發行，八十三年十月。

19. 鄭丁旺，中級會計學（上冊），著者發行，八十六年八月。

20. 鄭丁旺，中級會計學（下冊），著者發行，八十七年一月。

21. 財政部稅制委員會，促進產業升級、中小企業發展條例賦稅法令彙編，八十四年五月。

22. 財政部稅制委員會，土地稅法令彙編，八十四年五月。

23. 財政部稅制委員會，所得稅法令彙編，八十七年十月。

24. 財政部稅制委員會，遺產及贈與稅法令彙編，八十六年十二月。

25. 財政部稅制委員會，稅捐稽徵法令彙編，八十六年七月。

26. 財政部稅制委員會，營業、印花、證券交易稅法令彙編，八十五年六月。

二、英文部分

㈠書籍（按作者姓名字母順序排列）

1. Alexander, Gordon J., Sharpe, William F., Bailey, Jeffery V., Fundamentals of Investments, Prentice - Hall International, Inc., 1993.

2. Andrews, William D., Basic Federal Income Taxation, Little Brown and Company, 1991.

3. August, Ray, International Business Law - Text, Cases and Readings, Prentice - Hall, 1993.

4. Bankman, Joseph, Bittker, Boris I., Klein, William A., Stone, Lawrence M., Federal Income Taxation, Little Brown and Company, 1990.

5. Barber, Hoytl., Tax Havens - How to Bank, Invest, and Do Business and Tax Free, McGraw - Hill, Inc, 1993.

6. Bittker, Boris I, Eustice, James S, Federal Income Taxation of Corporations and Shareholders (6th), Warren, Gorham & Lamont, 1994.

7. Bittker, Boris I, Lokken,Lawrence, Fundamentals of International Taxation, Warren, Gorham & Lamont, 1997.

8. Bogert, George T., Trusts (6th), West Publishing Co., 1991.

9. Brealey, Richard A., Myers, Stewart C., Principles of Corporate Finance, The McGraw - Hill Companies, Inc., 1996.

10. Burke, Martin J. and Friel, Michael K., Taxation of Individual Income (4th), Matthew Bender & Company Inc., 1997.

11. Chasteen, Lanny G., Flaherty, Richard E., O'Connor, Melvin C., Intermediate Accounting (5th), McGraw - Hill, Inc., 1995.

12. Chirelstein, Marvin A., Federal Income Taxation - A Law Student's Guide to the Leading Cases and Concepts (5th), The Foundation Press, Inc., 1997.

13. Dodge, Joseph M., The Logic of Tax - Federal Income Tax Theory and Policy, West Publishing Co., 1989.

14. Fisher, Paul M., Taylor, William J., Leer, Arthur J., Advanced Accounting (5th), South - Western Publishing Co., 1993.

15. Garbis, Marvin J., Morgan, Patricia T., Rubin, Ronald B., Tax Procedure and Tax Fraud - Cases and Materials (3rd) (American Casebook Series), West Publishing Co., 1992.

16. Ginsberg, Anthony S., Tax Havens, New York Institute of Finance, 1991.

17. Goldstein, Arnold S., Offshore Havens - and Other Safe Places to Keep Your Money in Unsafe Times! Garrett Publishing, Inc., 1995.

18. Graetz, Michael J., Schenk, Deborah H., Federal Income Taxation-Principles and Policies (3rd), The Foundation Press, Inc., 1995.

19. Hampton, Mark P., The Offshore Interface - Tax Havens in the Global Economy, MacMillan Press Ltd., St. Martin's Press, Inc., 1996.

20. Holcombe, Randall G., Public Finance - Government Revenues and Expenditures in the United States Economy, West Publishing Company, 1996.

21. Hyman, David N., Public Finance - A contemporary Application to Policy, The Dryden Press, 1996.

22. Kaplan, Richard L., Federal Taxation of International Transactions-Principles, Planning and Policy (American Casebook Series), West Publishing co., 1998.

23. Kramer, John L., Pope, Thomas, R., Federal Taxation 1998, Prentice-Hall Inc., 1997.

24. Marlow, Michael L., Public Finance Theory and Practice, Harcourt Brace & Company, 1995.

25. Pennell, Jeffery N., Cases and Materials on the Income Taxation of Trusts, Estates, Grantors and Beneficiaries (American Casebook Series), West Publishing Co., 1987.

26. Siegel, Joel G., Shim, Jae K., Accounting Handbook (2nd), Barron's

Educational Services, Inc., 1995.

27. Slemrod, Joel, Bakija, Jon, Taxing Ourselves - A Citizen's Guideto the Great Debate Over Tax Reform, Massachusetts Institute of Technology, 1996.

㈡專業字典

Downes, John, Goodman, Jordan Elliot, Dictionary of Finance and Investment Terms, Barron's Educational Series, Inc., 1995.

三民大專用書書目——法律

三民大專用書書目──行政‧管理

書名	作者	服務單位
行政學（修訂版）	張潤書 著	政治大學
行政學	左潞生 著	前中興大學
行政學（增訂二版）	吳瓊恩 著	政治大學
行政學新論	張金鑑 著	前政治大學
行政學概要	左潞生 著	前中興大學
行政管理學	傅肅良 著	前中興大學
行政管理	陳德禹 編著	臺灣大學
行政生態學	彭文賢 著	中央研究院
人事行政學	張金鑑 著	前政治大學
人事行政學	傅肅良 著	前中興大學
人事管理（修訂版）	傅肅良 著	前中興大學
人事行政的守與變	傅肅良 著	前中興大學
各國人事制度	傅肅良 著	前中興大學
各國人事制度概要	張金鑑 著	前政治大學
現行考銓制度	陳鑑波 著	
考銓制度	傅肅良 著	前中興大學
員工考選學	傅肅良 著	前中興大學
員工訓練學	傅肅良 著	前中興大學
員工激勵學	傅肅良 著	前中興大學
運輸學概要	程振粵 著	前臺灣大學
兵役理論與實務	顧傳型 著	
行為管理論	林安弘 著	德明技術學院
組織行為學	高尚仁、伍錫康 著	香港大學
組織行為學	藍采風、廖榮利 著	美國印第安那大學、中國醫藥學院
組織行為管理	龔平邦 著	前逢甲大學
組織原理	彭文賢 著	中央研究院
組織結構	彭文賢 著	中央研究院
行為科學概論	龔平邦 著	前逢甲大學
行為科學概論	徐道鄰 著	前香港大學
行為科學與管理	徐木蘭 著	臺灣大學
實用企業管理學	解宏賓 著	臺北大學
企業管理	蔣靜一 著	逢甲大學
企業管理	陳定國 著	前臺灣大學